Talks at the Annual Meetings

MUNGERISM

1987—2022

每过完一天，
要努力比早上醒来时
更聪明一点点。

—

查理·芒格

2023 年 5 月 8 日，查理·芒格于洛杉矶家中（摄影：洪海）

大
方
sight

MUNGERISM

Charles T. Munger Talks at the Annual Meetings

1987 —— 2022

芒格之道

查理·芒格股东会讲话

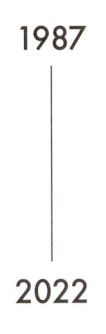

1987

|

2022

[美]查理·芒格 著

芒格书院 编 RanRan 译

中信出版集团 | 北京

图书在版编目（CIP）数据

芒格之道：查理·芒格股东会讲话：1987—2022 /（美）查理·芒格著；芒格书院；RanRan 译 . -- 北京：中信出版社，2023.6（2023.8 重印）
ISBN 978-7-5217-5484-1

Ⅰ . ①芒… Ⅱ . ①查… ②芒… ③R… Ⅲ . ①股票投资－基本知识 Ⅳ . ① F830.91

中国国家版本馆 CIP 数据核字（2023）第 041778 号

芒格之道——查理·芒格股东会讲话 1987—2022
著者： ［美］查理·芒格
编者： 芒格书院
译者： RanRan
出版发行：中信出版集团股份有限公司
（北京市朝阳区东三环北路 27 号嘉铭中心 邮编 100020）
承印者： 浙江新华数码印务有限公司

开本：710mm×1000mm 1/16　　印张：49　　字数：681 千字
版次：2023 年 6 月第 1 版　　印次：2023 年 8 月第 3 次印刷
书号：ISBN 978-7-5217-5484-1
定价：198.00 元

版权所有·侵权必究
如有印刷、装订问题，本公司负责调换。
服务热线：400-600-8099
投稿邮箱：author@citicpub.com

出版说明

经常参加伯克希尔·哈撒韦年度股东大会或观看其视频的观众,可能都比较习惯于看到沃伦·巴菲特侃侃而谈,查理·芒格则大多数时候不怎么说话,尽职尽责地扮演沉默的合伙人,"典型反应是一动不动、面无表情地说:'我没有什么要补充的。'这九个字已经变成了查理的标志。"但是,他一旦发言,却往往直率而尖锐,一针见血,给人们不少启迪,让人想要听到更多,学到更多查理·芒格的智慧。这也是《穷查理宝典》一书会问世,以及行销这么多年的原因。

其实,长期学习芒格的人们(比如编辑了《穷查理宝典》第三章"芒格主义:查理的即席谈话"的惠特尼·提尔逊)知道,要寻找芒格的智慧财富,除了不可绕过的《穷查理宝典》之外,还有另外一个丰富的"宝库"——就是他从1987年以来,先后在西科金融和每日期刊股东会上的讲话。作为这两家企业的董事长,他在年会上成了巴菲特那样的主角,不再偶露峥嵘,而是在数个小时的时间里,做大段大段的开场白,介绍每日期刊的现状,直言自己对人、对事的态度,随后也会更加坦率、完整地回答股东们的提问,让我们因此能够更加全面地领略到他的所思所想。而这批宝藏,正是本书的内容。

本书分为上下两编,上编为查理·芒格1987—2010年在西科金融股东会上的讲话,下编为查理·芒格2014—2022年在每日期刊股东会上的讲话。2012年和2013年芒格没有主持召开股东会，因此没有相关文本；另有若干年份虽然股东会正常召开，但因缺乏官方文本纪要，而未被收录。此外，读者朋友还会注意到，各篇讲话在格式上并不完全一致。这是由于较远年份和较近年份的记录方式不同，但各篇除编者按、注释和标题为编者所拟外，正文均为会议实录。

全书内容从1987年一直延续到2022年，时间跨度很长，涉及众多国内读者不太了解的历史背景及事件、人物，因此，我们增加了"编者按"。在上下编开篇时分别对西科金融和每日期刊两家公司进行了介绍，在每一篇讲话的开头对时代背景、该公司当时的状况，以及该年度股东会讲话的要点略作概述，以期帮助读者更好地理解芒格讲话的内容。

此外，我们还编制了索引，方便读者按主题查找芒格的相关论述。

经过两年多的整理、翻译、编辑历程，我们终于得以让这批宝藏结集成书，推出中文版，敬献给中国广大喜爱芒格的读者朋友们。不过，芒格讲话旁征博引，涉及甚广，编辑过程中有疏漏错谬之处，还请读者朋友不吝指出，与我们共同完善本书。书院邮箱：munger2021@163.com。

芒格书院

2023年2月

目录

上编　查理·芒格在西科金融股东会上的讲话（1987—2010）

1987 年　西科金融股东会讲话　　003
我们不愿持有市政债券，但没有更好的选择了　☆关于投资包厘街储蓄银行　☆保险业务进入了景气周期　☆我们的收购风格　☆我们眼中的优秀管理者　☆储贷行业乱象丛生　☆我们根本没有预知未来的能力，即使出手也是如履薄冰　☆精密钢材的优秀文化　☆1986 年是否有收购的机会？　☆汤姆·墨菲的故事告诉我们，只有经过失败，才能懂得谦卑

1988 年　西科金融股东会讲话　　015
好的投资机会难找　☆所罗门兄弟公司的生意怎么能不是好生意呢？　☆我们只能尽量如实地估算综合成本率　☆联邦储蓄贷款保险公司的新动态：看到了理智的曙光　☆向外国提供那么多贷款，非常愚蠢　☆西科将扩张还是收缩？　☆西科的房地产项目　☆衡量一家公司是否值得投资的标准　☆西科的收益率不可能超过伯克希尔　☆喜欢简单干净的财报　☆如何分析一家公司是否合理地使用了留存收益？　☆西科的清算价值　☆西科的股东因为信任管理层而买入

1989 年　西科金融股东会讲话　　025
我完成股东会流程没有路易斯·韦森特快　☆加州圣巴巴拉市的地产项目　☆商业财产保险行业的现状与未来　☆人身保险业务也有自己

的难题 ☆伯克希尔是否会对西科剩余的股份提出要约收购？ ☆投资所罗门兄弟公司的逻辑 ☆威廉·奥斯勒爵士信奉的名言，同样是伯克希尔的经营哲学 ☆西科投资可口可乐的规模有多大？ ☆互助储蓄前途坎坷、忧患重重 ☆西科贷款业务的条条框框 ☆消防员基金保险公司的前景很难说 ☆精密钢材将保持优秀 ☆蓝筹印花、伯克希尔纺织厂和沃尔玛的启示：形势比人强 ☆西科的内在价值

附录一　投资房地美的逻辑（摘自1989年西科股东信）
附录二　储贷行业危机的前因后果（摘自1989年西科股东信）
附录三　互助储蓄退出美国储蓄机构联盟的信

1990年　西科金融股东会讲话　　067

储贷行业危机中的各种错，还不知如何收场 ☆本·格雷厄姆教我们的重要一课 ☆风险套利如同发放贷款 ☆最重要的知识，商学院没教 ☆低级垃圾债，如镜花水月 ☆我们老派而保守，总是留有充足的安全边际 ☆我能看懂房地美，也看好它的发展 ☆房地产小开发商遭遇信用紧缩 ☆货币市场基金把铜板赚尽，早晚会崩 ☆天生丽质的公司，经得起时间的考验 ☆现在没"桶里射鱼"那么简单了，管理层却热衷收购 ☆快进快出、唯利是图，不是我们的行事风格

1991年　西科金融股东会讲话　　087

弹药充足，总有机会 ☆强生做得好，从错误中吸取教训是一种美德 ☆如何看待负债？ ☆富国银行有很多可取之处 ☆关于房地美的三个问题：意外损失、高杠杆、更多买入 ☆是否因新英格兰银行被其他州的银行收购而感到遗憾？ ☆本·格雷厄姆很了不起，但也有盲点 ☆亨利·辛格尔顿廉颇老矣，您和巴菲特呢？

1992年　西科金融股东会讲话　　099

我们只看通过最低标准的机会 ☆互助储蓄有可能收购破产的储贷机构吗？ ☆关注IPO市场犹如在下水道里淘金 ☆西科的保险业务与其他公司相比平凡无奇 ☆劳合社危机说明，制度漏洞会毁掉优良传统 ☆所罗门从危机中吸取了教训 ☆房地美、房利美都是好生意 ☆如何看待日本的泡沫破裂？ ☆美国房地产市场正在经历20世纪30年代以来最严重的一次衰退

1993 年　西科金融股东会讲话　　111

我们离开了储贷行业，不代表别人做不好　☆伯克希尔资本雄厚，能承受巨灾保险的大起大落　☆裁员成本是一项巨大的隐形负债　☆加州的危机很严重，我们只能坚持　☆加州的形势如此恶劣，为什么仍然看好富国银行？　☆我们有资金，在等大机会　☆当前的市场是否与 1970 年的市场类似？　☆房地美和房利美抢走了储贷行业的生意　☆所罗门已经重新走上正轨　☆全美航空优先股的投资还没完　☆我们打算提高旧印花票的兑换价值　☆劳合社再不复从前，金融业中的诱惑容易让人赌瘾发作　☆西科的发展策略是谁制定的？　☆这本书讲的是书呆子成功的故事，我喜欢这种故事

1994 年　西科金融股东会讲话　　133

收割机公司和百货商店的教训　☆汤普森出版和 AT&T 对比，要找不需要投入更多资本就能增长的公司　☆做股票投资的两种方法　☆最近的股市与"漂亮五十"时期没有相似之处　☆我们注意躲避困境，但也会在价格合适的时候承担风险　☆房地美有严格的管理和有效的对冲措施　☆所罗门特别努力在控制利率风险　☆隐性负债须注意，会计造假极恶劣　☆富国银行度过了危机，房地产生意很难　☆全美航空的危局需要各方面的共同努力　☆西科与伯克希尔都将尽力而为，但西科无法比肩伯克希尔　☆有些知识比别的知识更重要

1995 年　西科金融股东会讲话　　151

投行钱太多了、太好赚了，生意反而难做　☆保险生意不是那么好做　☆我们只能见步行步，抓住两三个大机会　☆今天的银行躺着赚钱，未来如何，不得而知　☆电视台和报纸还是好生意，但没过去那么好了　☆关于全美航空，我们不可能每次都赢　☆所有的现代金融机构都比我们更好动　☆自己有脑子不用非常危险　☆频繁交易的投机对社会有害无益　☆很多人是被投资的前景吸引走上投资之路的，我也不例外　☆赢的概率非常高时，要下重注

1997 年　西科金融股东会讲话　　165

好生意，每个决定都简单，容错率也高　☆房地美、房利美生意非常好，但是基数越大、增长越难　☆现在做投资更难了，年轻人的投资

之路还长 ☆我们关注的不是美联储，而是股市的估值状况 ☆华尔街闯进保险业会影响伯克希尔和西科 ☆我们应该训练自己的多元模型思维 ☆全美航空的投资时机实在太差了 ☆我们投资时的三种"不为" ☆学基本的东西，做踏实的工作 ☆这本书凝结了一位老人一生的智慧

1998 年　西科金融股东会讲话　　181

我们总是尽可能采用我们认为合理的激励方案 ☆西科很容易估值，与伯克希尔有天壤之别 ☆小型保险公司被收购后可以节省再保险费用 ☆盖可的生意好极了，投资也做得非常好 ☆经营企业和投资股票相得益彰 ☆多个因素形成的合力让人们做出了改变 ☆小盘股中肯定有好机会，就看你能不能挖掘到 ☆投资有正道 ☆学物理对我产生了很大的影响 ☆读年报要注意…… ☆关键是要用多个模型去分析现实世界 ☆最重要的因素绝对是资本收益率 ☆"漂亮"不只是公司的生意好，而且价格也得合适 ☆有智慧的人善于比较机会成本 ☆每个家庭都应该把《影响力》作为必读书 ☆学心理学，是为了学会正确的思考方式 ☆大多数人善于选择性地遗忘自己的错误 ☆全美航空这笔投资赚钱了，但以后可不做这样的投资了 ☆没回购并不是最严重的错误 ☆好生意发行股份交换差生意要斟酌 ☆铁路公司以前没买过，以后还不知道 ☆我绝对猜不到现在的原油价格 ☆普通投资者是否应该买指数基金？ ☆基金行业增速很快，但我对它没什么好感 ☆目前股票价格这么高，很多问题没那么简单

1999 年　西科金融股东会讲话　　211

伯克希尔保留子公司的激励制度，但股票期权除外 ☆总是见不着现金的公司，利润再多，也不值钱 ☆科技变革不新鲜，是投资者之痛，亦可能是投资者之幸 ☆有时候，牺牲短期利润是明智之举 ☆强式有效市场假说纯属胡说八道 ☆我们偶尔会跳出巴菲特的经典投资风格 ☆伯克希尔不排斥分析师，有一位优秀的分析师在关注我们 ☆汽车保险行业的生意不好做了，但盖可保险很强大 ☆伯克希尔的保险业务具有两大优势 ☆堪萨斯银行业担保公司和盖可保险完全不同 ☆银子弹是说一定要弄清楚威胁最大的竞争对手是谁 ☆如何决定投资 10 亿美元买入可口可乐？ ☆为别人管理投资，需要很强的责

任感　☆今天的股市，确实与20世纪六七十年代有相似之处　☆应该好好总结日本经济衰退的前车之鉴　☆读了洛克菲勒的故事，我们能从中得到很多启发　☆长期资本管理公司不会导致整个金融体系崩溃，但衍生品必然引发危机　☆多模型思维方式如何建立？　☆做投资，就要看懂公司的生意　☆识人察人也要多看多琢磨　☆菲利普·费雪鼓舞了我　☆房地美的生意很好，所以西科聚焦投资于房地美　☆不看电影公司，不看矿业公司，我一点都不觉得遗憾　☆喜诗奠定了伯克希尔未来发展的根基　☆认清困难，更有可能实现目标　☆"海军上将芒格"的由来

2000 年　西科金融股东会讲话　261

伯克希尔的子公司和人才拥有共同的美德　☆伯克希尔与西科的保险业务有其优势　☆我对衍生品的基本态度很明确，就是厌恶　☆违反会计原则的问题很严重　☆两本好书　☆进化论也适用于公司和行业　☆人们总是局限在狭隘的专业范围内，不会使用多个模型　☆包装基本的概念没有意义　☆为什么很少有人学伯克希尔呢？　☆我回答问题，不是为了逗乐，我讲的是生活的艺术　☆我本人对可口可乐充满信心　☆科特的租赁家具生意做得很不错　☆利捷现在吃苦进军欧洲，是为了将来不吃苦　☆作为一个现代人，谁都不可能对利率无动于衷　☆有些经济现象要结合经济学与心理学来解释　☆资产泡沫和信用扩张须警惕　☆互联网是大势所趋，但对投资者未必是好事　☆硅谷的房价上涨速度堪称史无前例　☆好生意的高利润被拉低，我们有过亲身经历　☆报纸业前景暗淡，互联网却未必会改变发电厂　☆投资要走自己的路，不要和别人比　☆我们进入股市时赶上了好时候

2003 年　西科金融股东会讲话　295

打 20 个孔，做 20 笔投资　☆如何遥遥领先指数？　☆嫉妒是一种愚蠢的罪　☆用机会成本的方式思考，并且留在能力圈之内　☆投资变难了，但还没难到日本那种程度　☆用单位净值法计算基金收益率更合理　☆格雷厄姆和费雪的基本思想永不过时　☆事件套利不太赚钱了，我们已经很少做了　☆要做好投资，必须大量阅读　☆与管理层交流怎么可能完全没用呢？　☆会计漏洞一直存在且很难解决　☆能源行

业的衍生品已经爆雷，下一个可能是金融行业 ☆我们有特殊事件保险领域的最强组合 ☆投资和人生，道理是相通的 ☆之前我们错过了沃尔玛，现在与它互相信任 ☆我们买入克莱顿房屋时正值行业低谷 ☆收购伯灵顿不是因为突然看好纺织生意 ☆科特的生意遭遇了寒冬 ☆解决石棉伤害赔偿的法律体系存在问题 ☆发行自创金融产品，只是沃伦闲着没事找事做 ☆银行的生意很好做，但这波繁荣到头了 ☆伯克希尔有独特的文化，不会轻易被大公司病侵蚀 ☆我对社保基金入市持怀疑态度 ☆读科学方面的书，也读这些传记 ☆按我的方法，一定能成功 ☆佛陀一语道出人生真谛

2007 年　西科金融股东会讲话　　333

伯克希尔和西科的教义永远不变 ☆巴菲特成功背后的各个因素 ☆很多聪明人在人生中总是做出错误的决定 ☆大学教育很多原来的老毛病仍然存在 ☆会计师是一个高尚的职业，但是他们竟然制造了安然丑闻 ☆真想成功，要甘坐冷板凳，日复一日地阅读 ☆我追求的是伟大的自由，而伟大的自由需要有物质基础 ☆以自我为中心是最严重的误判心理 ☆我们的"有所不为"清单 ☆垃圾债的始作俑者最为卑劣 ☆我要做像格兰特·麦克法登那样的人 ☆很多人固守错误的观念或做法不想改变 ☆杠杆收购基金的未来可以参考风投 ☆列清单有助于把问题考虑周全 ☆我们推翻了旧的观点，现在的铁路公司拥有巨大竞争优势 ☆伯克希尔是非常规模式，但一定会越来越流行 ☆做决定要充分考虑机会成本 ☆无效的市场有两种，我们资金规模太大难免束手束脚 ☆西科股价过高引发了一些问题 ☆我们正在为伯克希尔寻找更多的"卢·辛普森" ☆美国面临的三大威胁 ☆社保基金不足为忧，该担心的是不合理的税收 ☆全球变暖非常复杂，但我们能够解决 ☆沃伦拯救所罗门的故事 ☆伊斯卡、浦项钢铁等几家公司简评 ☆香港市场中有些吸引人的机会 ☆保险生意做得好，靠的是卓越的人才和不断学习 ☆巴菲特最执着的粉丝 ☆几本好书推荐

2010 年　西科金融股东会讲话　　379

嫉妒和野心导致了金融领域的悲剧 ☆如何能众人皆醉我独醒，是值得思考的问题 ☆两个商学院的故事，和一个特别好的道理 ☆这场

金融危机溯因：政府、投行、会计处理 ☆革旧立新，我们可以向新加坡的李光耀学习 ☆西科最终的归宿是伯克希尔，而伯克希尔后劲十足 ☆高科技公司总是难逃被颠覆的命运 ☆我们掌握了一个思考高科技公司的新模型——"狗鱼模型" ☆比亚迪是一家想不成功都难的公司 ☆中国在追求真正的产品升级 ☆比亚迪没有"分析瘫痪症"，我很高兴与它结缘 ☆高层对这次金融危机应对得宜 ☆风险没有完全消除，危机早晚还会到来 ☆衍生品的社会危害性极大 ☆我们是面临很多严重的问题，但我并不悲观 ☆银行不应把信用卡发放给超前消费成瘾的人 ☆德国、希腊的例子能说明失败的基本模型，教育孩子也要未雨绸缪 ☆国家的栋梁之材涌入华尔街是一种极大的浪费 ☆希腊的困局很难解决 ☆我们做投资，总是寻找愚蠢的竞争对手，挑软柿子捏 ☆保险行业，我没把握；铁路公司，我很放心 ☆总有一天，克莱顿的建造方法将得到推广 ☆关于新能源、可口可乐和科特 ☆我敬重伯克希尔的经理人，他们给了我很多启示 ☆多学科思维模型需要一些天赋 ☆约翰·保尔森的成功给年轻人造成了不良影响 ☆让特别小的孩子学投资不太合适，有比金钱更宝贵的东西 ☆这书里有不会说话的查理·芒格，可以随身携带

下编　查理·芒格在每日期刊股东会上的讲话（2014—2022）

2014 年　每日期刊股东会讲话　433

我们只愿意与我们信任和欣赏的人在一起 ☆我们的主营业务在萎缩，软件业务是未来 ☆商业史上只有极少数公司能成功转型 ☆软件业务可能赚不到大钱，但我们勤恳做事 ☆每日期刊的前景：软件业务、接班人、房地产、投资、出售 ☆许多事情我看不顺眼，但也看到很多伟大成就 ☆我们不应对中国颐指气使，皮凯蒂的解读有问题 ☆税收倒置有其合理性，应克服嫉妒 ☆货币增发我有很大顾虑，奥巴马医改不多做评论 ☆各阶层、各群体间的起伏流动无法完全消除 ☆银行可以本本分分经营，做光明正大的生意 ☆不理智的政客带偏了"两房" ☆在发展电动车的大趋势中，比亚迪已占据先机 ☆绝大多数大公司的命运与乐购类似 ☆年轻人每天应该读一份主流的

报纸 ☆《洛克菲勒传》写得特别好，谁还没读的话赶紧读 ☆ 埃隆·马斯克是个天才，但也非常大胆 ☆ 如果优中选优，三只股票就足够安全 ☆ 错过贝尔里奇石油太傻，但用不着懊恼 ☆ 在战胜市场方面，伯克希尔有很多值得学习的地方 ☆ 我主要做沃伦的参谋，起辅助作用 ☆ 我们只是掌握了一些做事的正确方法 ☆ 伯克希尔将保持稳定的收益，同时避免成为科技淘汰的对象

2015 年　每日期刊股东会讲话　　467

我们迎难而上，努力跟上时代 ☆ 富国银行这样的机会可遇不可求 ☆ 要学达尔文搜寻反面例证，不被进化淘汰 ☆ 教育体系和医保制度都很难改革 ☆ 我的成功靠的不是智商而是专注力 ☆ 有智慧的人远离害人精 ☆ 人性中最让我无法理解的是…… ☆ 长期来看，货币购买力必然越来越低 ☆ 竞争造成无法改变的客观事实 ☆ 我打算制作一尊李光耀半身像，摆在我家中的显著位置 ☆ 中国学的是新加坡发展经济的方式 ☆ 投资的道理很简单：别犯傻，别想太美，保持安全边际 ☆ 大灾大难，该来的总会来，但假设的情况我不太好回答 ☆ 私人保险公司没有底线，政府应严抓不懈 ☆ 美国运通和特斯拉都身处激烈的市场竞争中 ☆ 3G 资本和每日期刊都信奉精简之道，美国中部能源公司将带来良好收益 ☆ 我不认同卡尔·伊坎这样的激进投资者 ☆ 智能投顾与指数基金没区别 ☆ 指数基金发展起来自有道理 ☆ 耶鲁等大型捐赠基金不是那么好学 ☆ 互联网是 20 世纪最伟大的发明，我只能建议年轻人慢慢追求财富 ☆ 石油是必须保存的珍贵资源 ☆ 利率的状况超出人的想象，我已经蒙了 ☆ 沃伦与我都痛恨企业联合会计造假 ☆ 谈谈亚裔、工时计费、金融与丹麦 ☆ 我们尊重辛格尔顿的原因

2016 年　每日期刊股东会讲话　　505

每日期刊的新生意是风险投资 ☆ 期刊科技将努力建立竞争优势 ☆ IBM，答案在风中飘荡，但可口可乐依然强大 ☆ 关于家庭、婚姻、慈善及我敬重的人 ☆ 年轻时印象特别深刻的一笔投资 ☆ 从西科时代到现在，投资环境变化没那么大 ☆ 公司估值要具体问题具体分析 ☆ 伯克希尔的商业模式和管理方法 ☆ 投资比亚迪也是风险

投资 ☆没有整合的能力，不可能正确认识现实 ☆我们的日程表不是很满 ☆投资富国银行和美国银行的逻辑 ☆我能给的人生建议都是老生常谈 ☆原油问题让我困惑 ☆金融造假层出不穷，赌博文化在美国社会泛滥 ☆格林斯潘缺乏对现实的深刻认识 ☆风险投资人培育了大量初创企业，但他们也有污点 ☆投资通用汽车，以及汽车行业的现在和未来 ☆绝对的平等不现实，是不义之财让人心生怨恨

2017年　每日期刊股东会讲话　　533

每日期刊发展软件业务，是盖林的手笔 ☆每日期刊的工作方法 ☆富国银行错在没有及时纠正 ☆美国运通与油气勘探的未来，我都说不好 ☆先专精，再寻找不同知识的合奏效应 ☆选择职业要综合考虑兴趣和优势 ☆你们还以为我多了不起，我做了多少傻事啊！ ☆指数基金不会轻易失效 ☆教孙辈寻找商机与推荐一本书 ☆消除错误的想法和延迟满足都要坚持不懈 ☆特朗普、税改、瓦兰特与农业问题 ☆太姥爷的故事告诉我，做集中且长期的投资 ☆投资苹果和航空公司并没有十足把握，但买爱尔兰的银行是个错误 ☆印度前景不明，中国的机会更多 ☆要找到优秀的人共事，自己首先要优秀 ☆巴菲特合伙基金的收费方式在今天也公平合理 ☆人生因为难而充满挑战和意义

2018年　每日期刊股东会讲话　　569

软件业务占比已远超传统业务，但竞争激烈 ☆我们投资比亚迪和富国银行，很多人都看不懂 ☆彼得·考夫曼筛选基金经理的"五张王牌" ☆每日期刊没有会计问题，也不会欺诈 ☆伯克希尔的基因中有中西部价值观的成分 ☆伯克希尔只投资我们觉得放心的银行股 ☆心理学要和其他学科融合才能发挥最大威力 ☆学习模型思维没有捷径可走 ☆很难说哪种认知偏差影响更恶劣 ☆笑对苦难是一种态度，要坚持做有价值的人 ☆对大宗商品、互联网公司、人工智能，我所知甚少 ☆莫尼什与李录，两位优秀的基金经理 ☆美国的医保制度不改不行 ☆每日期刊完全没投资过石油相关公司 ☆建高铁似乎多此一举，但伯克希尔会为美国的电网建设做出重大贡献 ☆目前解决气候问题的方法不切实际 ☆通用电气的管理方法不合理 ☆开市客的公司文化特点鲜明，通用电气等则不然 ☆政府负债之高令人担心，

整治垄断问题暂无必要　☆我们的投资之道：关于国债、小资金、好公司和消费品品牌　☆我们的态度：关于保证金交易、量化交易、指数基金与比特币

2019 年　每日期刊股东会讲话　　601

每日期刊力图开拓软件业务的全球市场　☆投资公司妄想把铅变成金子　☆怎样才算"接受了良好的教育"及其在投资领域的应用　☆几个道出了投资秘诀的故事　☆我们从没忽悠傻子从我们手中接货赚钱　☆有些道理朴实无华，却让人受益终身　☆每日期刊的成果是瑞克和盖瑞的功劳　☆伯克希尔与《商界局外人》中的八家公司　☆小型银行有机会，追求高复利不如降低预期　☆中国的机会与比亚迪的成就　☆好多事情，把问题想明白就成功了一半　☆股票回购不该被干预，医疗改革与政府债务都是大难题　☆我选择与优秀而谨慎的人合作，对能力圈的认知或许是天生的　☆我支持李录，他是中国版的沃伦·巴菲特　☆斯多葛学派、林肯和赫布·凯莱赫的逸事，以及《穷查理宝典》的故事　☆伯克希尔的优势是没有官僚主义　☆投不投指数、苹果、医疗行业都在于能力圈　☆成功秘诀、幽默、睡眠、不怨天尤地，关于人生和生活的老生常谈　☆知识产权、次贷危机、非营利评级机构……不懂或无解的事情我选择远离

2020 年　每日期刊股东会讲话　　639

正式流程是这个样子的　☆没想到报纸就这样成了过去　☆每日期刊不会死是因为……　☆我们的原则是不签让自己偷懒的合同　☆资本对软件行业的炒作太极端　☆把好东西卖给别人反而会赚得更多　☆我是怎么成功的？　☆戏演多了，容易弄假成真　☆归根到底，投资只有价值投资一种　☆怎么研究公司和产业？　☆现在的情况不能和"漂亮五十"相提并论　☆加拿大、中国与日本，每个国家都有优点和毛病　☆现代金融没那么美好　☆对大多数人更好的投资选择　☆我们这样追求客观和理性　☆比特币纯粹是反社会的东西　☆凯恩斯和哈耶克　☆负利率让我不安　☆应大力研究发展新能源，并储存化石燃料　☆有的书我会重读　☆这次波音也将安然无恙，但要付出巨大代价　☆医疗行业乱象丛生　☆李光耀的小故事

2021 年　每日期刊股东会讲话　　677

每日期刊已经建立了优势，但股价太贵　☆瑞克·盖林从不垂头丧气　☆市场经济中出现投机热很正常　☆游戏驿站逼空、SPAC、罗宾汉券商都很恶劣　☆我不会改变投资方法，也不去和红杉、亨利·辛格尔顿比　☆企业文化成就开市客，毁掉通用电气　☆不卖富国银行，因为本来对银行管理层就不抱期望　☆吉恩·阿贝格这一套仍然管用　☆我不认为比特币将取代现有的交换媒介　☆比亚迪这样的公司我是边做边学　☆为什么选择开市客而不是亚马逊　☆盖瑞·萨尔兹曼的故事能告诉你我们怎么识人察人　☆中国和新加坡取得的瞩目成就，令人钦佩　☆臧否宏观金融政策没有意义，关键在于提高社会保障能力　☆房地产、创业、氢能、HAVEN……我无法胜任的问题多了去了　☆商学院的教育应该重在商业史，我提倡自学、跨学科学　☆关于慈善　☆人生的秘诀就是：降低预期，咬牙苦干

2022 年　每日期刊股东会讲话　　711

每日期刊的未来一片光明　☆投资中国，是因为能买到更多价值　☆加密货币、游戏驿站逼空，市场的疯狂从不曾停止，但价值投资永不过时　☆印钞的后果，我们不得而知　☆我不欣赏令人沉迷的游戏，怀念小时候读的《世界百科全书》　☆不支持削弱互联网公司，国会没有大的道德问题　☆发展新能源、保存石油能源是明智的做法　☆疫情带来了很多影响，我们应该适应　☆高管薪酬问题就是代理问题　☆邓小平推动了一场巨大的改革　☆金融系统正风气，在人性的阻力面前不可能做好　☆传统媒体的衰落是文明的重大损失　☆因为有臃肿的公司，才有 3G 资本的用武之地　☆很难预测好公司未来将如何，但微软、苹果、Alphabet、开市客会一直强大　☆关于助学贷款和无窗学生宿舍　☆指数基金影响太大不会有好结果，怎么投资还是看能力大小　☆现代文明社会，生活越来越好，幸福感却越来越低　☆我们合作无间、幸福生活的秘诀　☆李光耀与俾斯麦

索引　　751

查理·芒格
西科金融股东

编者按 西科金融公司（Wesco Financial Corporation）创立于 1925 年，1959 年在美国证交所挂牌。1974 年，沃伦·巴菲特、查理·芒格等人通过蓝筹印花公司（Blue Chip Stamps Co.）逐步收购了西科 80% 的股份。1983 年，之前控股西科的蓝筹印花公司成为伯克希尔的全资子公司，原本担任蓝筹印花公司董事长的芒格，从 1984 年开始，成为西科金融的董事长和总裁。此后很长一段时间，西科金融的股东大会就在旗下子公司互助储蓄（Mutual Savings）所有的一栋位于帕萨迪纳（Pasadena）科罗拉多大街一端的老楼举行，会场就是楼里

(1987-

上编

会上的讲话

的地下室餐厅，参加者不过几十人；后来又随互助储蓄搬到新楼的一家餐厅里，到 1997 年参加人数也不过 100 多人。1997 年该餐厅结业，会议移师另一家容量更大的餐厅，参加人数翻倍；此后从 1999 年到 2011 年，参加人数基本稳定在 500—600 人，其中许多都是连续多年出席的忠实听众。

2011 年 6 月，伯克希尔收购了西科剩余的 20% 股份，西科并入伯克希尔，芒格不再担任西科金融董事长，由他主持的西科金融股东会也就此终结。

2010）

1987年 西科金融股东会讲话

编者按

1987年时，西科金融有三个主要的分支机构：(1)位于加州帕萨迪纳的互助储蓄；(2)精密钢材（Precision Steel），由西科金融于1979年收购，总部位于芝加哥，从事钢铁制品批发和贴牌金属专用产品生产；(3)西科-金融保险公司（Wesco-Financial Insurance Company），总部位于奥马哈，主要从事再保险业务。

在1987年2月致西科金融股东的信中，查理·芒格披露了公司1986年的营收数据：1986年合并净运营收益（不计投资收益）为1193.4万美元，每股1.68美元；合并净收益为1652.4万美元，每股2.32美元。

1985年和1986年的合并净收益分解如下（收益单位为千美元，每股单位为美元）：

	1986年12月31日		1985年12月31日	
	收益	每股	收益	每股
"经常性"净运营收益（亏损）：				
互助储蓄	2159	0.30	3342	0.47
精密钢材业务	1701	0.24	2010	0.28

续表

西科-金融保险业务—				
承保业务	(1469)	(0.21)	(1584)	(0.22)
投资收益	8084	1.14	1225	0.17
	6615	0.93	(359)	(0.05)
其他"经常性"净运营收益	1459	0.21	3354	0.47
	11934	1.68	8347	1.17
GNMA[1] 远期合约市场价值波动	—	—	1671	0.24
出售有价证券的收益	4590	0.64	41523	5.83
西科合并净收益	16524	2.32	51541	7.24

1987年4月28日，西科在洛杉矶召开了股东会。芒格在会上介绍了储贷、保险和精密钢材各板块近期的业务状况，展望了一些发展趋势。他也分享了对好的管理者的看法、所坚持的收购风格，以及对"谦卑"这种品质的洞见。

在当时那个时点上，我们还要注意到，芒格反复指出，目前好的投资和收购机会均缺乏，明显感觉到市场环境不妙，但又表示实在没有预测未来的能力，只是对累积起来的风险感到不安。

从后视镜角度我们知道，就在大约半年后的1987年10月19日，美国股市遭遇"黑色星期一"，道指狂泻508点，单日跌幅超过20%。

我们不愿持有市政债券，但没有更好的选择了

这些年来，我们谨小慎微，积聚起了这么多的资产，而且资产质量还很高。**现在，我们持有大量现金，却找不到好的投资机会。**我们的母公司伯克希尔·哈撒韦持有西科80%的股份。伯克希尔也面临着和我们一样的问题，伯克希尔持有10亿美元左右的中期市政债券。

我们真不愿意持有市政债券这样的资产，但现在就是这个环境，放眼

望去，只能持有市政债券，没有更好的选择。

关于投资包厘街储蓄银行

纽约州有许多家历史悠久的储蓄银行，它们接受储蓄存款并支付利息，经营模式和储贷机构类似，但比储贷机构受到更严格的监管，包厘街储蓄银行（Bowery Savings Bank）就是其中之一。我们作为出资方之一，参与了对包厘街储蓄银行的联合收购。

纽约州的监管部门规定，储蓄银行发放贷款的利率上限为 8%，因此，储蓄银行持有的都是利率为 8% 的长期抵押贷款。后来，随着利率上升到 15%、20%，储蓄银行陷入了困境。

为了摆脱困境，储蓄银行开始相信风险越高、收益越高的理论。它们听信证券行业和房地产行业掮客的花言巧语，买入了大量充满风险的资产，结果它们越陷越深，甚至濒临破产。

我们作为出资人之一，参与了对包厘街储蓄银行的纾困行动。包厘街储蓄银行已经深陷泥潭，联邦存款保险公司（Federal Deposit Insurance Corporation，FDIC）拿出了大笔资金都不够，还要加上我们私人资本的出资，才有可能把它救活。

按照包厘街储蓄银行目前的股权结构，这家银行将来应该会整体出售，到时候，我们应该会赚到利润。这笔投资还是不错的，将来应该可以的。[2] 它的规模不大，在我们的总资产中所占比重较小。

投资包厘街储蓄银行，我们与联邦存款保险公司签的合同有 100 多页，一个条款套着一个条款，复杂、晦涩的程度远远超过《国内税收法规》（Internal Revenue Code）。除非是受虐狂，这么枯燥烦琐的东西，谁能读得下去？你们股东不用读，这个工作由我和拉里·蒂施（Larry Tisch）来做。

我们失去了一位重要的同事、我们的合伙人之一，迪克·罗森塔尔

（Dick Rosenthal）。迪克曾在所罗门兄弟公司工作，一路升迁到合伙人。在和他一起共事的日子里，我感到非常愉快。迪克是个坚守原则的投资者。他痛恨人类的愚蠢，痛恨不良资产。他有恒心、有韧劲。迪克是和我们志同道合的人。

他是西科金融的董事会成员之一。在一次驾驶私人飞机的过程中，他遭遇了事故，飞机的两个油箱都没油了，最后坠落到一座民宅，迪克不幸罹难。得知迪克去世，我们深感悲痛。我们非常怀念他。

好在我们还有和迪克·罗森塔尔一样的人才，我们的董事会中还有蒂施家族的成员。蒂施家族人才济济，都是脚踏实地的投资者。各位可以放心，有我们给大家守着呢。

从表面上看，包厘街储蓄银行与储贷机构非常类似。实际上，它不是储贷机构，而是一家银行。包厘街储蓄银行不是储蓄和贷款机构体系中的一员，而是银行体系中的一员。

保险业务进入了景气周期

我们经营保险业务，保险业务的好处在于，这个生意有容纳资金的能力，只要我们愿意，总是可以向保险生意中投入更多资金。现在，保险生意进入了周期的新阶段，这个阶段不是该投资的时候。从本质上说，保险生意销售的只是普通商品。和所有销售普通商品的公司相比，保险公司的定价特点没什么两样。处于景气周期时，各家保险公司竞相增发股票，扩充资金规模，不遗余力地争抢业务。保险生意现在就处于景气周期。

去年，保费下跌的程度令人大跌眼镜。有些大额风险保单的费率甚至下降了将近50%。从伯克希尔·哈撒韦进入保险生意的第一天起，我们从来没说过，不管费率如何，一定要把规模保住。保费太低，我们就往后退一步。

与消防员基金保险公司（Fireman's Fund Insurance Company）的合作到

期后，这项合作只能结束，不能继续了。为了回答这个问题，我给大家讲个小故事。

我刚来加州时，遇到了一个人。20世纪20年代，有一群人，他们专门炒作公用事业控股公司。我遇到的这个人，当年也参与其中，主要工作是担任助手。这群人开始是炒作，后来堕落到欺诈，最后几乎都进了监狱。我遇到的这个人，他从事助手的工作，所幸得以全身而退，手里还有1000万到1500万美元的现金。在20世纪30年代的凄风苦雨中，他来到了加州，终日酗酒、寻欢作乐，出入上流社会，过着纸醉金迷的生活。

一天，银行的客户经理请他吃饭，席间对他说："您整天酗酒、寻欢作乐，我们很担心。"这人听了，回答道："你放心吧，我喝酒，但我的市政债券不喝酒。"

我们的保险业务中的资产，也是同样的道理。即使保险业务停了，资产还在我们手里，资产的盈利能力还在我们手里。有这些资产，有这个盈利能力，我们可以游刃有余。

西科金融的资产质量非常让人放心。目前，我们手中掌握着大量富余的资产，只是找不到好机会，没地方配置这些资产。

我们把大量资产攥在手里，这是现在，不意味着永远。真有人拿枪顶着我的脑袋，逼我把这些钱投出去，迫不得已，我也能把这些钱投出去。

我们的保险业务不是一直都有好的投资机会，不是一直顺风顺水、尽如人意。大多数保险公司都如此，伯克希尔也不例外。

在与消防员基金保险公司签署合资协议的时候，我们就很清楚，保险生意是有周期的。

我们的收购风格

真有我们看好的公司，我们会尽全力追求，但现在没一个我们看好的。有的人做收购，请来一群投行员工，以为听他们的建议，就能做成一笔又一笔完美的收购。对于这种做法，我实在不敢苟同。即使是投资机会很多的时候，我们辛辛苦苦地研究和跟踪各个机会，一年也只能做成一笔收购。

在传媒领域，做收购最成功的当属执掌大都会通信公司（Capital Cities）的汤姆·墨菲（Thomas Murphy）。他每笔收购所用的时间，平均下来，一年可不够，两年都不够。

有些人钱多得烫手，四处收购，一笔接一笔的。这种收购方法，我不认同，很难有好结果。**真正做收购是好事多磨，要熬过辛苦的等待，经历反复的波折。**

以前，收购难做，我们还有别的出路。股市有好的投资机会，我们可以先投资股票。在等待收购某家公司的过程中，我们可以把资金先用于投资股票。我们西科以前一直是这么做的。我们在股市里投资过通用食品（General Foods）和埃克森（Exxon）这样的大公司，也投资过许多名不见经传的小公司。现在股市里好的投资机会没了，收购也很难做，两条路都不好走了，我们只能采取守势。

我们眼中的优秀管理者

沃伦对优秀的管理层青睐有加，但是在他的投资过程中，他从来没有因为管理层很优秀，而支付高于资产的价格。他买入资产的价格总是略低于资产的价值。**优秀的管理层是资产中的一部分，沃伦并不因为管理层优秀，而支付高出价值的价格。**

有的管理层还没证明过自己，没创造过大量资产价值，有人就断定，他们日后一定能取得非凡的成就。这样的逻辑经不住实践的检验，还是我们的做法更靠谱。

有哪个经理人是如此优秀，能让我们愿意以高于资产价值的价格买入一家公司吗？即使是在全美国范围内，也一个都没有。也许有人愿意为管理层支付溢价，而且还做得很成功，但那不是我们的风格。

巴菲特投资大都会通信公司，确实为管理层支付了更高的价格。这里我们要明白，对于巴菲特来说，"更高的价格"是怎样的概念。巴菲特原来是一块钱的东西，五角钱买。现在，他愿意出更高的价格，一块钱的东西，大概是八角五分钱买。

在伯克希尔致股东信中，巴菲特引用了大卫·奥格威（David Ogilvy）的话，总是聘请比我们高大的人加入我们，我们都将成为巨人。巴菲特非常认同这个理念，我也非常认同。

有的人对这句话的理解是这样的：只要愿意出大价钱，聘请最优秀的人才，那就一定行。他们眼中优秀的人才是这样的：以优异的成绩毕业于顶尖商学院，讲起现代管理理论头头是道，工作勤奋、人品正直、家庭和睦，总之是典型的精英。然而，这种典型并不是巴菲特眼中的优秀管理者。

在巴菲特眼中，优秀的管理者是这样的：你把他从火车上扔下去，扔到一个偏僻的小镇，不给他钱，他在这个小镇上诚实本分地经营，用不了多长时间，又发家致富了。这样的管理者不可多得，巴菲特自然是求贤若渴。巴菲特定义的优秀的管理者与来自商学院的典型截然不同。

大公司聘请人才的思路千篇一律，商学院毕业、品学兼优、勤奋正直，结果并不理想。如果这种聘请人才的思路行得通，所有美国公司都蒸蒸日上了，哪至于像现在这样存在诸多弊病。

储贷行业乱象丛生

我们重新开展了住房抵押贷款业务。[3] 只要市场条件允许，我们有意把这项业务的规模做得更大。我们应该会做得更大。

我们提供的住房抵押贷款与别的储贷机构不太一样。我们的贷款利率和贷款利差比较低。我们不担心出现利率达到上限的情况。我们对客户进行了挑选，即使利率上升，他们仍然有能力偿还贷款。我们也不向客户收手续费。我们希望通过这种差异化的贷款策略，赚取合理的利润。

许多储贷机构在发放贷款时，都尽可能让客户开始的时候多交钱。把年度业绩做得漂亮，管理层能得到大笔的期权。我们的文化截然相反。我们的贷款安排，让我们在开始的时候，没多少收入。我们愿意多做这样的贷款业务。最后，我们能赚得合理的利润，而且用不着担心坏账风险。现在，我们的业务规模还小，但一直在增长。

我们做的抵押贷款业务，几乎全是居民住房抵押贷款。别的储贷机构都积极地向开发商提供贷款，既然别人那么踊跃，我们就不去凑那个热闹了。

目前，储贷行业暴露出种种乱象，究其根源，在于政治。在储贷行业，有些从业人员滥用政府赋予的信用，为了美化业绩，无所不用其极；为了满足个人私利，用公司的钱购买飞机。他们招摇过市的行为，着实令人不齿。

储贷行业的监管者本来就没有履行好自己的监管职责，等他们想要履行自己的职责，做好监管工作，却有许多政客出来层层阻挠。这种现象让我们很担忧。

西科下属的互助储蓄是一家经营储蓄和贷款业务的公司。我们因为储贷行业的乱象，而支付了不少费用。储贷行业的风险是那些乱来的储贷机构造成的，与我们无关，但我们也向联邦储蓄贷款保险公司（Federal Savings and Loan Insurance Corporation，FSLIC）缴纳了评估费。联邦储蓄贷款保险公司势单力薄，没能力清理许许多多由骗子或蠢货管理的储贷机构，只能盼着问题自己消失。

任由骗子或蠢货管理储户的资金、行使联邦政府的信用，还盼着问题自己消失，这怎么可能？问题只能越来越严重。

联邦储蓄贷款保险公司如此孱弱，却没人呼吁增强它的实力，这个问题根本没得到重视。

我们根本没有预知未来的能力，即使出手也是如履薄冰

我要是真知道如何复制过去的成功，那可好了。其实，大多数时候，我们什么都不做。我们出手的时候很少。即使是出手的时候，我们也是如履薄冰，对可能承担的风险感到不安。以前的投资机会让我们感到踏实，现在我们觉得不踏实。

我们根本没有预知未来的能力。真有这个能力，还何必这么辛苦地投资？回头来看，大西部储蓄贷款公司（Great Western Savings and Loan Association）和阿曼森公司（H.F. Ahmanson & Co.）踏准了节奏，它们一路高歌猛进，赚得盆满钵满。

这两家公司冒了很大的险，我们没冒那么大的险。他们冒险了，他们赢了。到底是他们聪明呢，还是走运呢？反正只拿我们过去三年的业绩和他们的比，是他们聪明。

我们有一小块地产，是因无法收回贷款而没收得来的。这块地产，将来我们应该能赚取一定的利润。问题在于，要等多长时间，如果要等15年的话，那可不妙了。大家都知道复利的计算方法。有一幅梵高的作品，拍出了天价，被有史以来最蠢的一个买家买走了。这幅画作从100美元涨到3900万美元。尽管拍出了天价，可经过了从1888年到现在这么长的时间，计算下来，复利只有13%。

空置的地产最终的收益率可能没有预期那么高，况且还要支付维护费用、资本利得税等。这块地，最后能赚一些钱，但这只是很小的一块地，在整个西科中，根本不算什么。

精密钢材的优秀文化

精密钢材的创始人不愿意和大客户打交道，大客户的议价能力太强，最后把利润都压没了。他专做小额订单，把服务做到了极致，在全国范围

内，专门提供特殊材质、特殊尺寸的钢铁。

过去五年里，沃伦和我都没去过这家公司，西科或伯克希尔也从来没派人去过这家公司。它一直经营得很出色。

这证明，一家公司建立了好的文化之后，就能走上良性循环的轨道。 钢铁公司的生意普遍很难做，其他经营钢材仓储业务的公司，日子也不好过。精密钢材做得如此出色，肯定是有过人之处。

至于节省所得税方面，精密钢材创造的利润要交税，我们持有一些免税债券和优先股，另外，储蓄和贷款机构的子公司可以免交部分联邦所得税和州所得税。

1986 年是否有收购的机会？

我们大概看了一两个机会，但没有深入跟进。最近，有这样一个机会，是一家著名投行推销的。一家公司被当作商品进行拍卖，参与竞拍的是给别人管理资金的基金经理，他们出手很阔绰，就像那个买了梵高画作的日本人一样。这家公司还没完成出售，现在市场正火着呢，价格太高了。跟了一段时间，我不想再跟了，最后的价格肯定很高，我不可能买的。

最近，没碰着一个像样的机会，价格都太高了。

汤姆·墨菲的故事告诉我们，只有经过失败，才能懂得谦卑

我这一辈子，没遇到一个人说我谦卑。我非常欣赏谦卑这种品格，但我算不上一个谦卑的人。我周围有些人和我一样，他们也不谦卑。创建了内布拉斯加家具城（Nebraska Furniture Mart）的 B 夫人，她可不谦卑。她是个商业头脑特别强的人，但是她不谦卑。汤姆·墨菲也不是个谦卑的人。

我给大家讲一个关于墨菲的小故事。汤姆·墨菲掌管着大都会通信公司和美国广播公司（American Broadcasting Company）。他年纪轻轻就事业

有成，简直是没有他做不成的事。

墨菲收购过《女装日报》(*Women's Wear Daily*)等报纸杂志，妥善解决了它们的劳资纠纷。后来，他又收购了宾州威尔克斯-巴里市（Wilkes-Barre）的一家报纸。墨菲以为，这次自己也能解决好劳资纠纷。没想到，威尔克斯-巴里市的居民以煤矿工人为主，工会非常强硬。当地工会创办了一份新报纸，墨菲收购的报社则被手持棍棒的壮汉包围。劳资纠纷不但没解决，一年反倒亏了几百万美元。

墨菲由此学会了谦卑。墨菲告诉我："查理，我经常祷告。在祷告中，我祈求上帝让我懂得谦卑。"

墨菲说他祈祷，这不是开玩笑，他确实经常祷告。墨菲说："上帝回应了我的祷告。我祈求懂得谦卑，上帝让我去威尔克斯-巴里市学会了谦卑。"

有时候，只有经过失败的历练，我们才能懂得谦卑。

用"谦卑"这个词也许不太恰当，可能用"务实"这个词更合适。我们能取得今时今日的成就，不是因为我们的能力比别人高出多少，而是我们比别人更清楚自己能力的大小。清楚自己能力的大小，这个品质应该不能说是"谦卑"。

我有个朋友，他的脑子确实不灵。每次别人给他讲什么东西，他总是让别人给他讲好多遍，他才能听懂。但这个人有个特点，他特别有耐心。一件事，他没彻底弄明白之前，是绝对不会做的。一笔交易，等上五年，他都能等。他也从来不乱花钱。谁能想到这么笨的一个人，竟然那么富有？

真清楚了自己能力的大小，自然就谦虚了。有一种人，实际上智商130，自认为是128；另一种人，实际上智商190，自认为是250。还是和前一种人交往比较好，后一种人很危险，会害了你。

充分认清客观条件的限制，充分认识自身能力的限制，谨小慎微地在限制范围内活动，这是赚钱的诀窍。这个诀窍，与其说是"谦卑"，不如说是"有克制的贪婪"。

注释

1. 美国政府国民抵押贷款协会。
2. 后来，包厘街银行确实实现了整体出售，成交价两亿美元。西科金融投入了 900 万美元本金，在两年时间里赚了 100%，实现了翻倍的收益。
3. 前几年，与大多数储蓄和贷款机构不同，西科没有开展住房抵押贷款业务。此时，西科重新开展住房抵押贷款业务，但它开展此项业务的方式比较特殊。

1988年 西科金融股东会讲话

编者按

在1988年2月致西科金融股东的信中,查理·芒格披露了公司1987年的营收数据:1987年合并净运营收益(不计投资收益)为1661.2万美元,每股2.33美元;合并净收益为1521.3万美元,每股2.14美元。

1986年和1987年的合并净收益分解如下(收益单位为千美元,每股单位为美元):

	1987年12月31日		1986年12月31日	
	收益	每股	收益	每股
"经常性"净运营收益(亏损):				
互助储蓄	2895	0.41	2159	0.30
精密钢材业务	2450	0.34	1701	0.24
西科-金融保险业务—				
承保业务	(1394)	(0.19)	(1469)	(0.21)
投资收益	10853	1.52	8084	1.14
	9459	1.33	(6615)	(0.93)
其他"经常性"净运营收益	1808	0.25	1459	0.21
	16612	2.33	11934	1.68
互助储蓄注销预付给FSLIC的保险费[1]	(1935)	(0.27)	—	—
精密钢材的水灾损失	(672)	(0.09)	—	—
出售有价证券的收益	1208	0.17	4590	0.64
西科合并净收益	15213	2.14	16524	2.32

4月28日，股东会召开。从芒格所说"手握大量流动资产"我们可以知道，西科在股灾来临之前是有克制和收缩举动的，巴菲特同样从1987年3月开始，陆续在抛售股票。但是他们在1987年10月——就在股灾前夕，买入了所罗门兄弟公司的可转换优先股，与整个市场一起遭遇暴跌。这也成为股东会上的一个关注焦点。

好的投资机会难找

目前的西科，持有大量流动资产，但找不到什么好的投资机会。如果你能找到好的投资机会，那你比我们强。

我们不是说券商行业不赚钱，而是要提醒大家，对所有销售员的一个共同点保持警惕。

不仅仅是证券行业的销售员，所有拿佣金的销售员，都可能为了达成交易，而不讲真话。很多顾问、律师也不讲真话，与销售员比起来，他们甚至有过之而无不及。

多年以前，我在帕萨迪纳市有个朋友，是做渔具生意的。他出售的鱼钩五颜六色的。我以前从没见过色彩这么丰富的鱼钩。我问他："你这鱼钩五颜六色的，鱼是不是更容易上钩啊？"

他回答道："查理，我这鱼钩又不是卖给鱼的。"

你们笑归笑，所有人都有这个倾向。所有人的潜意识里都有这样的偏见：给别人提建议时，以为是在为别人考虑，其实是从自己的利益出发。

自己用不用理发，别问理发师。从自己利益出发的，不仅仅是券商。

所罗门兄弟公司的生意怎么能不是好生意呢？

作为美国排名前三的投资银行、做市商和承销商，所罗门兄弟公司（Salomon Brothers）[2] 的生意怎么能不是好生意呢？

所罗门这家公司拥有强大的盈利能力。它的盈利能力比表面上看到的要强大。华尔街上的公司都有利益均沾的文化。年景好的时候，公司大赚，员工的薪酬和分红也水涨船高。

我们根本不插手所罗门的经营，没那个必要。约翰·古弗兰（John Gutfreund）是一位有智慧的领导者，他才能卓越、经验丰富。

在所罗门兄弟公司的高层合伙人中，约翰·古弗兰作为首席执行官，非常看重信用质量。古弗兰对人性持有怀疑态度。所罗门是一家授出信用的公司，古弗兰对人性的怀疑态度，可以帮他做好监控信用风险的工作。

对大型华尔街公司而言，信用质量至关重要。不严格把关就授出信用，一旦市场环境风云突变，只能自己去收拾烂摊子。1987 年 10 月的股市大跌导致许多券商破产，因为它们向很多不够资格的客户授出了信用。

遭遇现代历史上股市最大单日跌幅，所罗门公司竟然没有出现多大的信用损失。受股灾影响，所罗门的套利业务亏损了，还有其他很多业务亏损了，但它没因为信用质量而亏损。

这笔交易，可以理解为我们向所罗门兄弟公司授信，我们买入所罗门的优先股，相当于借钱给所罗门。所罗门兄弟公司有义务赎回我们购买的优先股。我没记错的话，所罗门兄弟公司的评级是 AA 级，怎么能说是垃圾债呢？

我们只能尽量如实地估算综合成本率

你问我，西科的保险业务这几年的综合成本率如何？我估计，从我们签署合作协议起的四年里，我们的综合成本率大概是 104、105。

在估算综合成本率的时候，我们尽可能偏保守地估算。在我们的母公司，伯克希尔·哈撒韦，多年以来，我们也是尽可能偏保守地估算。结果，在很多年份里，我们的估算还是与实际数字有很大的出入。

伯克希尔·哈撒韦从事保险业务这么多年，通过保险生意获得了丰厚的利润。尽管如此，有些年份，我们对综合成本率的估算与实际数字相差甚远。我们也没办法，只能尽量如实地估算。保险行业的客观情况如此，当年无法得到准确的数字，我们能做的就是，尽量如实地估算。

沃伦在伯克希尔致股东信中说了，保险行业的会计惯例应该改一改，在专业术语中明确加上"估算"的字样。

综合成本率是我们自己估算的，进行审计的会计和我们没什么两样，也是全靠估算。

联邦储蓄贷款保险公司的新动态：看到了理智的曙光

最近，联邦储蓄贷款保险公司公布了关于调整保险费率的征求意见稿，拟向资产质量好的储贷机构征收较低的保费，向资产质量差的储贷机构征收较高的保费。我们举双手赞同这个提议，这样的制度才能让行业中的企业真正为自己的行为负责。

提议是好提议，但储贷行业中充斥着政治博弈，这个提议能否变成现实，还是未知之数。

储贷行业的大洗牌已经开始了，经营不善的储贷机构，日子会越来越难过。它们的债务不断膨胀，没有国会拨款救济，没有联邦储蓄贷款保险公司注入资金，等待它们的只能是倒闭。

有些储贷行业的从业者游说政府，希望能继续生存下去。有些地区的储贷机构已经奄奄一息了。

在联邦住房贷款银行委员会（Federal Home Loan Bank Board）监管乏力的情况下，联邦储蓄贷款保险公司挺身而出，它提出此项提议，表现出了极大的理智和勇气。联邦储蓄贷款保险公司在朝着正确的方向努力，它做了正确的事。

在西科金融的年报中，我分析了联邦储蓄贷款保险公司调整保险费率的可能性。我说我不知道结果会怎样。联邦住房贷款银行体系（Federal

Home Loan Bank System）中确实需要注入更多资金。联邦储蓄贷款保险公司有可能实施新的保险费率。

最终能否解决问题，一个是看能否注入足够的资金，另一个是看能否兴利除弊、摒弃旧的制度。

目前，银行体系中的联邦存款保险公司稍好一些，而储贷行业中的联邦储蓄贷款保险公司状况堪忧。很多资产质量良好的储贷机构已经离开了储贷业，进入了银行业。再不改革，会有更多优秀的储贷机构离开，最后留给联邦储蓄贷款保险公司的只能是质量差、实力弱的储贷机构，到那时，整个储贷行业将面临崩盘的风险。

现在的权宜之计是关闭大门，禁止储贷机构进入银行业，不让储贷机构的涌入给银行体系造成风险。

发展到这一步，都是因为政府当初缺乏预见性，颁布了错误的政策。很多问题都如此，提前预见到了，可以避免，事到临头的时候，悔之晚矣。

向外国提供那么多贷款，非常愚蠢

银行体系也有自己的问题。**我们向外国提供了那么多贷款，几乎全都逾期了。**

向一个主权国家发放的贷款，根本没办法强行收回。你让还款，人家说："你看，我们国家多少穷人还流落街头呢，拿什么还钱？"

我们能怎么办？难道把海军开过去？

西科将扩张还是收缩？

前几年，我们一直静观其变，最近开始扩大业务规模了。我们的贷款标准很严格。

银行业有句老话，我非常喜欢，"在发放贷款之前，就把贷款收回来了"。

西科没有大量分支机构。很早以前，我们就比同行更早地意识到，多开分支机构无益。[3]

西科的利差处于什么水平？

具体的数字，我没算过。整个储贷行业的利差有高有低，差异很大。

我们的利差应该是中等偏上的水平。有些储贷机构规模更大、质量更高、风格更激进，它们的利差比我们的高很多。在整个行业中，如果各家储贷机构把所有资产类别都计算在内，把所有的不良贷款都算上，这么计算利差，估计我们应该处于中等水平。

我们在计算利差时把所有资产都计算在内。其他机构未必严格按我们的方法计算。从表面上看，我们的利差低于平均水平。从目前的情况看，与我们自身相比，我们的利差已经比过去高了很多。

对于利率风险，我们考虑得很细致、很全面，我们有能力抵御利率风险。

我们提供利率上限为 25% 的浮动利率贷款，这种贷款方式似乎没什么吸引力。我们的工作人员很努力，每个月能发放四五百万美元的浮动利率贷款。越来越多的客户选择我们的贷款产品。

什么样的客户会选择我们的贷款产品呢？我很欣赏选择我们的客户，他们头脑很清楚，也非常有责任感。他们非常懂我们的产品，他们看中的是我们的还款条件清晰简单。

愿意选择我们的客户很少。虽然客户少，但我们的规模本来也很小，我们还是能实现盈利的。

西科的房地产项目

我们有一片因无法收回贷款而没收的土地,目前正在开发中。为了配合当局的考古要求,我们受了不少气。

一些监管部门的想法让我们觉得不可理喻。我们那片土地上有草坪,70多年来,上面长的一直是隐花狼尾草(Kikuyu grass)。隐花狼尾草是非常难根除的一种草,我们想尽了各种办法,都难以除尽。

隐花狼尾草很好看,人们常用它铺草坪,鸟类也很喜欢这种草。

当局的景观设计师要求我们必须把隐花狼尾草铲除,然后种上印第安人在此居住时生长的那种草。

我们把土挖了很深,我们喷洒了化学物质橙剂,怎么都难以根除隐花狼尾草。就因为草的品种,当局让我们废了好多口舌、花了很多钱。

作为西科的股东,你们为当地的考古事业做出了贡献。

我们计划建造20多栋房子。目前,一栋还没卖出去。按我的计算,每栋售价应该在70万美元左右。

现在有些无耻之徒制造麻烦,想阻碍我们开工。有人想占用我们的土地,还不交使用费。

一般的小地产商怕他们,我们西科有足够的财力,不怕他们。

当局给我们提出了很多苛刻的要求,我们积极配合,花了不少钱。尽管如此,我们仍然能取得盈利,说不定还能赚很多钱。

衡量一家公司是否值得投资的标准

在长期的投资实践中,我们总结出了一些标准。我们总结出了一些标准,不是说我们发明创造了什么公式。标准有,但公式没有。

最理想的公司,每年创造的现金高于净利润,能为所有者提供大量可自由支配的现金。杂志公司的生意就是如此。一家赚钱的杂志,一年创造了 100 万美元的利润，但创造的现金可能是 120 万美元。

一家理想的公司，可以为所有者创造高于净利润的现金，供所有者进行再投资。这种公司是凤毛麟角，描述起来很简单，但现实中很少见。

西科的收益率不可能超过伯克希尔

有些股东是这么想的：控股西科的巴菲特和芒格用了二三十年时间把伯克希尔发展壮大了，现在伯克希尔的规模已经大了，但西科还小呢，西科的复合收益率将远远超过伯克希尔，因此西科具有极高的投资价值。我明确地告诉各位，这种想法不对。

西科的收益率超过伯克希尔，有两种可能。一个是，我找到了一家特别好的公司，正好适合西科的规模，因为我是西科的董事长，西科会把这家公司买下来。

然而，巴菲特的投资能力比我强，而且也比我年轻。我是有可能找到适合西科的好机会，但我可不敢肯定。

另一种可能是，伯克希尔·哈撒韦的财富都蒸发了，巴菲特只剩下了西科的股权，那西科会快速增长，毕竟让小资金快速增长更容易。这只是个假设，不可能发生。

喜欢简单干净的财报

我们尽量把财报做得简单干净，这样我们自己看起来也清楚。

各位可以看看跨国石油公司的财报，里面涉及不同的国家、复杂的法律、纷繁的部门，让人看得头晕眼花。还是简单的公司，我们更容易看懂。

如何分析一家公司是否合理地使用了留存收益？

查看管理层的历史记录，可以了解一家公司对留存收益的使用是否合理。 问题在于，很多历史记录看不清楚。99%的管理层都把水搅得很浑，让你看不清留存收益的投资效率如何。

像麦当劳这样的公司，在发展初期，我们很容易看出来，它有能力开很多家分店。麦当劳在蒙大拿州（Montana）很赚钱，它的生意模式可以复制，到了爱达荷州（Idaho）一样赚钱。大多数公司不是麦当劳，没那么容易看出来。

西科的清算价值

我在哈佛法学院读书的时候，一位老教授说："有什么问题，来问我，我让你更困惑。"

估算西科的清算价值比较难，主要有两个因素：一个是要交税，这会降低西科的价值；另一个是，我能想到，我们有不少隐藏资产，这会增加西科的价值。

你算的可能比我算的还准呢，再说了，西科也不可能说清算就清算了。

有时候，清算价值是有办法实现的，但我们不会那么做，我们不想那么做。

老张是个老员工，勤勤恳恳地为公司工作了40年，我们不忍心把他辞掉。既然我们不愿做辞掉老张这样的事，估算公司的清算价值也没什么意义。

我又想起了一件趣事。在毕业典礼上，有一位校长对学生们说："你们中的5%将来会成为犯罪分子。我知道这5%是谁，但我不说，说出来，我不剧透了吗？"

西科的清算价值是多少？我不能向你们剧透。

西科的股东因为信任管理层而买入

西科的股东是一群特立独行的价值投资者。

他们最早买入的时候，西科很有价值。现在，西科已经没那么有价值了，他们还是愿意买。因为他们看好西科的管理者。他们不指望这笔投资能涨多少，而只是相信公司的管理者不会辜负他们。

这样买股票，好吗？我不知道。在今年的伯克希尔年报中，沃伦写道，回顾过去，他感到后悔，有些公司生意非常好，但是他因为不看好公司的管理层，而没有大量买入。

与之形成对照的是，西科不是好生意，但我们的股东因为信任管理层而买入。

注释

1. 由于联邦住房贷款银行注销了储蓄和贷款行业近 10 亿美元的次级保险准备金，包括预付给联邦储蓄贷款保险公司（FSLIC，为各家储蓄和贷款协会的账户提供保险的机构）的存款保险费。
2. 1987 年，伯克希尔以七亿美元买进所罗门兄弟公司 20% 的优先股，其中的一亿美元由西科及其子公司投资。沃伦和查理当选为所罗门的董事。
3. 多年前，西科卖掉了分支机构的办公室。芒格认为金融公司开设分支机构的做法已经过时了。

1989年西科金融股东会讲话

编者按

在 1989 年 2 月致西科金融股东的信中，查理·芒格披露了公司 1988 年的营收数据：1988 年合并净运营收益（不计投资收益）为 2356.4 万美元，每股 3.31 美元；合并净收益为 3008.9 万美元，每股 4.22 美元。

1987 年和 1988 年的合并净收益分解如下（收益单位为千美元，每股单位为美元）：

	1988 年 12 月 31 日		1987 年 12 月 31 日	
	收益	每股	收益	每股
"经常性"净运营收益（亏损）：				
互助储蓄	4694	0.66	2895	0.41
西科-金融保险业务	12094	1.70	9459	1.33
精密钢材业务	3167	0.44	2450	0.34
其他"经常性"净运营收益	3609	0.51	1808	0.25
	23564	3.31	16612	2.33
出售包厘街储蓄银行股权的收益	4836	0.68	—	—
出售有价证券的收益	1689	0.23	1208	0.17
互助储蓄注销预付给 FSLIC 的保险费	—	—	(1935)	(0.27)
精密钢材的水灾损失	—	—	(672)	(0.09)
西科合并净收益	30089	4.22	15213	2.14

1988年底,西科以820万美元的价格收购了新美国电器公司(New America Electrical)80%的股票。其中716.5万美元支付给新美国基金(New America Fund)的股东,103.5万美元以10年期年利率为10%的票据的形式支付给新美国电器公司首席执行官格伦·米切尔(Glen Mitchel)。格伦持有新美国电器其余20%的股份。新美国电器公司是一家生产各种电气产品的公司,包括开关设备、断路器、照明镇流器和启动器,以及用于游艇、移动房屋和游乐车停车场的电气设备,其工厂位于加利福尼亚州奥兰治县。芒格表示伯克希尔·哈撒韦越来越多地采用这种收购模式:他们因为欣赏和信任一家公司的管理层而收购;而管理层持有其余20%的股份,并不受干预地继续经营业务。

1989年4月25日,西科在帕萨迪纳市召开了股东会。一个拖了十几年的房地产项目备受关注,芒格也解释了投资所罗门兄弟公司的逻辑。此外,无论是对储贷、钢材业务的分析,还是对伯克希尔经营哲学的阐述,都可以落在他今年会上所说的"形势比人强"。

由于芒格提到互助储蓄的业绩压力与主要资产,本篇附上他在当年股东信中对储贷行业危机、房地美投资逻辑的阐述,作为补充。

我完成股东会流程没有路易斯·韦森特快

我完成股东会正式流程的速度很快[1],但还是没有路易斯·韦森特(Louis Vicente)的速度快。韦森特已经去世了,他曾经担任西科董事会主席很多年。他的夫人珍·韦森特是我们的老股东,今天也来到了这里。

韦森特开股东会的速度飞快,比较起来,我就像一只蜗牛。他是个从来不愿浪费半点时间的人。

有一次,我问他:"你上大学时体重不轻,怎么还能成为校乐团的首席小提琴手?"那可是斯坦福大学的校乐团,不是那么好进的。他回答说:"我速度很快。"

加州圣巴巴拉市的地产项目

我们历尽曲折

西科在圣巴巴拉市（Santa Barbara）做这个地产项目饱受折磨，好在终于要修成正果了。[2]

有一栋房屋的框架已经建起来了。其他房屋，我们正在逐一申请建筑许可。

我们已经在这个项目上花了大把的钱，包括请律师，包括为了保护文物古迹花的 80 多万美元。我们自己修了自来水给水管道、排水管道、所有的道路。按照圣巴巴拉市的要求，我们投入了大量资金营造景观。

按照正常的规划，我们应该得到更多的建筑面积。然而，为了照顾圣巴巴拉市居民的利益，我们把这片土地的一半让了出去。我们的土地紧邻当地著名的海湾，居民们当然希望能自由地去海滩休闲、冲浪、散步。

我们把土地的核心区域让给了公众，这才换来了在周边区域建几栋房子的许可。

现代的城市规划，我们不遵守不行。圣巴巴拉市是一个经济增长缓慢的地区，当地政府用各项法律法规给经济增长套上了枷锁，总是拿出各种条条框框限制经济的增长。我们和他们斗了 13 年。

《海岸区域管理法规》让我们处处掣肘。这项法规，我投了反对票，我夫人却投了赞成票。我们家都分成了两派，难怪最后投票结果是这项法规通过。在过去，有些人露天采矿，给环境造成了很大的破坏。以前，还有一些开发商，盖了一圈房子，把海滩圈起来据为己有。这样的矿主、开发商，当然让人憎恨。于是，人们制定了严格的法律约束他们。制定更严格的法律也是有必要的，否则那些人太肆无忌惮了。总之，现在的法律非常严格。

这还没完呢。上周，圣巴巴拉市颁布了一项重磅法规，推出了又一项抑制经济增长的有力举措。我们被拖了 13 年，被条条框框限制得动弹不得。

现在，政府颁布了新规定，每年在蒙特西托（Montecito）地区只颁发 36 个建筑许可。蒙特西托地区还有四五百块空置的土地，这些土地的所有者可成苦主了。

按照宪法的规定以及"法不溯及既往"的原则，我们应该不受此项新规的影响。更何况，我们向圣巴巴拉市让渡了大量利益，才换来开发许可，而且我们已经完成了"三通一平"，开始动工建设了。

我们对当地政府和居民简直是俯首帖耳、言听计从。我们的项目旁边有个邻居，她找到我们说，我们修的大门、铺的鹅卵石太气派了，把她家的大门给比下去了。她觉得，我们应该负责把她家的大门翻新改造成一模一样的，而且她还一分钱不出，全都让我们做。我们答应了。我们也说明白了，给她家的翻新可以，但不能因为开了这个先例，让我们沿着大街把圣巴巴拉市所有人家的大门都翻新了。

该做的，我们做了。不该做的，我们也做了。地下的给排水管道也是我们出钱修的，周围的居民区都从中受益。我们已经尽到了最大努力。

结果又来了这项新法规。我认为，按照宪法规定，我们不受新规的约束，可谁知道监管部门如何执行？是否会采取强硬的立场？在圣巴巴拉市开发房地产，想赚钱，实在太难了。圣巴巴拉市的市政部门以防止水资源短缺为由，宣布在全市范围内暂缓所有房地产建设项目。

我们感到很无语，只能苦笑了。我们那片土地下面有充足的地下水。这片土地之前的主人建有一个私人高尔夫球场，耗水量巨大。高尔夫球场还雇了 40 多个工作人员。我们的项目完工后，都入住了，也没那么多人，用不了那么多水。高尔夫球场都在那多少年了。

按照加州的水务法，与当地的蒙特西托区水务公司相比，我们具有优先级更高的用水权。我们的地下水充足，我们的自来水来自水井，拥有第一优先级的用水权。圣巴巴拉市之所以颁布这一抑制经济增长的法规，理由之一是担心圣巴巴拉市市区出现水资源匮乏的局面。他们为了保护低级别的用水权，无视法律规定的高级别用水权。

这好比把你家左右各扣减六米，分给两边的邻居，因为邻居的投票数比你多。为了保证具有低级别用水权的居民不出现水资源短缺，拥有高级别用水权的人被取消了建筑许可。我们有冤没处诉，有苦没处说。圣巴巴拉市的营商环境真是好啊。

更让我们感到无奈的是，监管部门的工作人员，他们都是聪明正直的好人。我们区的新任主管工作勤奋、头脑聪明、为人正直。她的助手也是和她一样的人。他们完全符合我们互助储蓄招聘员工的条件。从各方面来看，地区新任主管是很优秀的人。只是受政治团体的压力左右，他们遵循的是一套不同的价值体系。

我能理解为什么有些人竭力主张抑制增长。在加州居住的人应该深有体会，不加限制地让更多人涌入，高速路会越来越堵，都市区的人口会越来越稠密。

我想提醒各位股东，别高兴地盘算我们的地产项目能大赚多少，这个项目离完工还早着呢。

从好的方面看，我们应该能把这个项目做得很漂亮。我们历尽曲折，但总有交付的一天。我们的大部分客户以度假为目的而置业。他们不会带来治安问题，也不会增加当地学校的负担。他们是岁数很大的人，没有需要占用公共资源的小孩。

他们的房子很贵，他们会交很多税，每年都得交 1% 的房产税。他们会慷慨地捐助慈善事业。一方面，不是富人，买不起我们的房子；另一方面，不是乐善好施的人，我们也不把房子卖给他。

哪个社区不希望这样的业主入住？他们在哪居住，都会为当地贡献良多，而索取极少。他们一定会出钱出力，积极参与当地事务，增进当地居民的福祉。他们走到哪里，就把善行带到哪里。

我想把圣巴巴拉市的情况告诉大家，因为这是个趋势。圣巴巴拉市只不过是更极端、更典型一些，其他地方也和圣巴巴拉市越来越像。举例来说，帕萨迪纳市最近也颁布了一项抑制增长的法规，给房地产开发商带来了打击。

帕萨迪纳市向圣巴巴拉市看齐了。不过，就目前的情况而言，从法规的严厉程度来说，帕萨迪纳市与圣巴巴拉市相比，那是小巫见大巫了。

听我讲完我们在圣巴巴拉市遇到的小麻烦，大家是不是感觉很轻松？

房地产项目大约何时完工？

从过去的经验来看，我们很难估算出需要多长时间完工。我个人比较乐观。我对新上任的地区主管印象很好。虽然我是共和党的，她是民主党的，但我觉得她是个难得的人才。尽管如此，她背后是选举她出任这一职务的选民，他们在很多问题上与我们持有不同观点。我与这位主管只有一面之缘，我因为欣赏她，而持有乐观态度，但这不足以作为判断未来的依据。

我还是持有谨慎乐观的态度，我们的工期不会有太长的延误。我们这个项目因为流程烦琐，本身就快不起来，每栋房屋都要申请单独的建筑许可，每栋房屋的屋顶角度都要由两三个人审核。在这个地方盖房子太难了，全国没有比这更难的地方了——不能影响居民使用海滩，不能破坏自然景观，不能破坏印第安人的历史遗迹，处处掣肘、步履维艰。

在最理想的情况下，我们的项目进度仍然会非常缓慢。每一步都需要审批，怎么能不慢？圣巴巴拉市的人，生活节奏不紧不慢的，他们非常悠闲懒散，洛杉矶人来到圣巴巴拉很不适应。

我习惯了和路易斯·韦森特这样的人打交道，做事干净利落，毫不拖泥带水。圣巴巴拉市的居民，他们选择住在那，就是为了远离我和路易斯·韦森特这样的人。他们在当地培育了自己的文化。

他们的这种文化有很多可取之处。他们的文化之中有智慧，有对自然的尊重。我代表的这种文化之中倒很可能有许多弊端。总之，我们的房地产项目进度会很慢。

我认为圣巴巴拉市算得上全世界最宜居的地区之一。我很喜欢当地的居民，包括监管部门的工作人员，虽然他们给我们制造了很多麻烦。圣巴巴拉是个好地方，当地颁布的很多法律也是好法律。

我说圣巴巴拉好，我有个衡量标准。在圣巴巴拉市，只要是符合我们的条件的贷款，我都愿意发放。

商业财产保险行业的现状与未来

保险行业的现状让我们感到畏惧。我有个朋友，在一家世界知名的大型保险经纪公司任职。最近，他为某航空公司谈成了一个大额保单。这单保险由劳合社（Lloyd's of London）承保，保费比去年降低了一半。你可能觉得保费降低一半不算什么。问题是，去年的保费已经比前年降低一半了。连续两年，每年保费都降低一半，正常的保险公司怎么可能接这样的单子？

如今商业财产保险行业的保费一路走低，将来巨额亏损、血流成河的一幕，让人不敢想象。这么低的保费，还接单，不亏得很惨才怪。

与劳合社相比，消防员基金保险公司的经营管理更胜一筹。尽管如此，消防员基金保险公司也同样承受着商业财产保险行业中令人窒息的竞争压力。业绩规模是用了近百年时间才积累起来的，负责核保、理赔的众多员工和你共事多年，都是非常熟悉的老同事了，怎么可能轻而易举地说："算了，保费低到没法做了，我们要把规模削减80%。"伯克希尔·哈撒韦已经在保险业务上采取了大规模收缩的策略。[3]

真要削减业务规模，实在下不去手。即使是消防员基金保险公司这样懂分寸、知进退的公司，也没办法像伯克希尔做得那么坚决彻底。如果我是消防员基金保险公司的管理者，我也做不到，实在是于心不忍啊。比如说，我怎么可能走进西科的大楼，把我们四分之三的员工都辞退了？我不是那样的人。我珍惜和老员工相处多年的感情，感谢他们多年以来为公司做出的巨大贡献。

商业财产保险行业即将进入周期低谷，迎来黑暗时刻。

人身保险业务也有自己的难题

大家可能以为人身保险业务的竞争没那么激烈，可是人身保险业务也有自己的难题。最近，加州投票通过了"103号提案"。与"103号提案"相比，圣巴巴拉市的法律法规简直是太仁慈了。因为保费低，加州的人身保险行业去年已经亏了一年了。现在"103号提案"竟然要求人身保险公司把保费降低20%。这项提案一旦实施，很多保险公司多年积累起来的资本将化为乌有。

我预计加州最高法院将以五票反对、两票赞成的结果，宣布"103号提案"降低保费20%的要求不符合宪法精神。降低保费20%的要求太过分了，不符合传统法律文化，应该被驳回。**无论如何，人身保险公司的苦日子也要来了。**[4]

人身保险的销售模式效率很低。某些人身保险品种具有强制性。很多人觉得缴纳保费的负担很重，收入的增长速度，赶不上保费增加的速度。民主国家，有问题、有不满，可以通过投票解决。圣莫尼卡（Santa Monica）的居民觉得房租上涨太快，于是通过投票限制房租涨幅，谁管房东的感受呢？人身保险行业将承受越来越大的政治压力，尤其是在加州。

1906年，旧金山大地震爆发，消防员基金保险公司因成功完成了赔付工作而声名鹊起，如今它的主要业务仍然集中在加州。未来四年，消防员基金保险公司将如何？能否像过去四年一样平稳发展？这是一个很大的问号。

与消防员基金保险公司的合约到期后，西科旗下的保险部门将继续持有大量现金，而新增保险业务则显著减少。根据与消防员基金签订的协议，在未来的很多年里，我们将继续持有数亿美元的资金，只需在客户出险后支付理赔款项。

从过去四年到将来若干年，我们与消防员基金保险公司的这次合作将是一次成功的合作。通过此次合作，我们获得了大量可以用于投资的保险浮存金，西科必将从中受益良多。如果不是沃伦同意为消防员基金保险公司担任顾问，我们做不成这笔交易。我们沾了母公司的光，我们的这份合同是伯克希尔送给我们的。

伯克希尔是否会对西科剩余的股份提出要约收购？

这个问题，我以前回答过。大家很关心这个问题，每次开会都有人问。西科剩余的股份主要由卡斯佩斯家族（Caspers family）持有。当年，我们赢得了卡斯佩斯家族的信任，伯克希尔·哈撒韦才得以入主西科。目前，卡斯佩斯家族无意改变现状。

伯克希尔有个原则，如果不能换来同等的内在价值，伯克希尔绝对不会发行股票。要进行收购，必须保证绝对公平。另外，我们一定是在征得卡斯佩斯家族同意的前提下，才会进行收购。目前，卡斯佩斯家族没这个意向。

投资所罗门兄弟公司的逻辑

从所罗门这笔投资中可以看出来，我们有多擅长捕捉时机。我们刚达成这笔交易一个星期，股市就爆发了"黑色星期一"。自从杰伊·古尔德（Jay Gould）制造了"黑色星期五"之后，股市创下了单日最大跌幅。我们刚达成交易，市场就出现了百年一遇的暴跌。这点踩的，太背了。

做这笔交易的时候，根本找不到别的好机会，我们觉得与所罗门的这笔交易已经算相当不错的了。所罗门兄弟公司的信用评级是A。我们的本金有保证，所罗门将在规定日期赎回我们购买的优先股。我们相当于向一家信用评级为A的公司发放了一笔贷款，还获得了分享股价上升收益的额外好处。我们很欣赏所罗门的管理层，特别是约翰·古弗兰。

在当时的情况下，与手里的其他机会比较，我们觉得这笔交易可以做。

早知道一星期后股市会暴跌，我们肯定要等一等，等风暴平息了，再谈这笔交易。我们没有未卜先知的能力，这笔交易没赶上好时机。

从目前的情况来看，这笔交易仍然令人满意。现在，它的价值主要在于能保证定期派息，能保证按时赎回。

投资银行的生意波动很大，所罗门的生意肯定会起起伏伏，有年景不好的时候，也有年景好的时候。所罗门人才济济，他们应该有能力克服将来遇到的困难。

所罗门的员工，给我们留下了很深刻的印象。按照我们设定的价格，买入 240 万股联邦住房抵押贷款公司（Federal Home Loan Mortgage Corporation，简称 Freddie Mac，即房地美），这可不是一件轻而易举的事。所罗门兄弟公司的员工出色地帮我们完成了这项工作。他们干得很漂亮，一般的公司没这个本事。我们曾经多次与所罗门兄弟公司的员工打交道。所罗门在芝加哥有一位合伙人，名叫布莱恩（Bryan），他为我们做了很多工作，是一个特别有能力的人。所罗门汇聚了很多优秀的人才。

威廉·奥斯勒爵士信奉的名言，同样是伯克希尔的经营哲学

我们走到今天，靠的不是预测未来的利率高低，预测经济周期的变化。我们没有做那种预测的本事。我们倒是经常做一些踏错节奏的事，遭遇周期的逆境。我们也有踏对节奏的时候，赶上周期的顺境。在周期的交替更迭中，遇到顺境也好，逆境也罢，都是长期投资中的一部分。我们始终把眼前所有的投资机会进行比较，力求找到当下最合理的投资逻辑，这才是重中之重。找到了最合理的投资逻辑之后，无论周期波动如何剧烈，是顺境还是逆境，我们都泰然自若。这就是我们的投资之道。我们不去做各种短期预测，我们追求的是长期的良好结果。

我完全不知道，明年的道指将是涨是跌，利率是 14%，还是 6%。我不知道，投行的生意将迎来一波繁荣潮，还是将进入衰退的寒冬期。我们真

不知道。我们相信所罗门是一家信得过的公司。我们和所罗门有过多年的合作关系，他们会对我们信守承诺。我们欣赏所罗门的员工。与当时的其他机会比较，投资所罗门是很好的选择。

我从来不觉得长期规划有什么用。无论是现代商学院，还是联邦住房贷款银行体系，都提倡制定长期规划，我则不以为然。很多公司制定五年计划。除非是监管部门要求的，伯克希尔·哈撒韦从来不制定长期规划。

威廉·奥斯勒爵士（Sir William Osler）一砖一瓦地建成了世界著名的约翰斯·霍普金斯大学医学院（The Johns Hopkins University School of Medicine）。威廉·奥斯勒爵士信奉托马斯·卡莱尔（Thomas Carlyle）的一句名言："与其为朦胧的未来而烦恼忧虑，不如脚踏实地，做好眼前的事。"这同样是伯克希尔的经营哲学。

每天、每星期、每个月、每年，我们都集中精力了解眼前的新情况，应对眼前的新挑战，例如，躲开可能出现的灾难，化解难缠的困局，抓住绝好的投资机会。每件事，我们都打起十二分精神来把它做好。谁不想看得远一些？问题是，想看得远，也看不了多远。只要开动脑筋、埋头苦干，把眼前的每件事处理好了，你最后很可能会打造出一家优秀的公司。威廉·奥斯勒爵士用的是这个方法，伯克希尔·哈撒韦用的也是这个方法。

有人臆测，当年的伯克希尔·哈撒韦守着一个濒临破产的小纺织厂，在某一天，勾勒出了一幅宏伟蓝图，制定了详细的计划，目标是20年后买入数十亿美元的可口可乐股票。他们以为伯克希尔的每一步都是预先安排好的，似乎我们有预言家诺查丹玛斯（Nostradamus）的本事。在我们的世界观中，我们不相信预言。我们不是纯粹的机会主义者，但我们确实信奉见机行事。我们也做长期预测，但做得很少。也许正是因为我们努力做好眼前的事，很少做长期预测，我们的长期预测才更加准确。

我们也做长期的准备，主要是尽可能地保守，防范大灾难的冲击。我们为可能出现的最恶劣的环境做好准备。长期以来，我们的资产负债表始终非常保守。

还有一个方面也能体现出我们的保守——我们尽量远离人品有问题的人。我们的大厦往外出租办公室。发现有的租户人品有问题，租约到期之后，我们就不租给他们了。无论是律师、会计、租户，还是清洁工，我们希望我们周围都是品行端正、作风正派的人。

我们与品行端正的人来往，我们保持雄厚的财务实力，这是我们多年来总结出的经验。经验告诉我们，人品差的人是祸害。

除了人品差的，还有一类人，也是我们要远离的。这是从《法国陆军操典》（French Army Manual）中学来的。《法国陆军操典》把军人分为四类。

有一类人，愚蠢而又懒惰，军队中绝大多数的士兵属于这类人。

有一类人，聪明而又懒惰，这类人是指挥官的绝佳人选。总参谋部提出的大量作战方案中，有很多根本不可行。只有聪明而又懒惰的指挥官，才能去粗取精，从中挑选出一两个最合理的方案。

有一类人，聪明而又勤奋。这类人适合进总参谋部。他们能不停地出谋划策，制定出大量方案。有了足够多的方案，才便于从中挑选出最合适的用于实战。

最后，还有一类人，愚蠢而又勤奋。按照陆军操典所说，此类人必须遣散。

我们深有同感。一类是品行不端的人，一类是愚蠢而又勤奋的人，这两类人都是祸害。

前面给大家讲了我们的哲学，我们做好充分的准备，防范大灾大难。除此之外，关于未来，我们基本上采取见机行事的态度。各位股东，你们持有的西科拥有大量现金，等到与消防员基金保险公司的合约到期后，现金会更多。你们持有的西科不知道该怎么用这么多的现金，不是管理者不告诉你们，而是管理者自己也不知道。

手握大量现金，我们向威廉·奥斯勒爵士学习。脚踏实地，做好眼前的事，让公司顺其自然地长期发展。我们是一家特立独行的公司。

在西科的资产负债表中，绝大部分资产是高流动性的类现金资产。占比如此之高的流动资产，该如何配置？管理层还一无所知。哪有几家公司是像我们这样的？

西科投资可口可乐的规模有多大？

我们有个规矩，除非是法律要求披露，我们不谈论我们的有价证券投资活动。我们一般也不会公开谈论我们的投资逻辑，房地美算是个特例，因为我们已经达到了买入上限，不能买入更多了。

我们不发表评论，既不代表我们正在大量买入可口可乐（Coca-Cola），也不代表我们已经停止买入。不发表评论就是不发表评论，没什么隐藏含义，不必揣摩猜测。

互助储蓄前途坎坷、忧患重重

国会推出的储蓄和贷款体系改革方案将给西科的互助储蓄带来大量不利影响，互助储蓄将备受冲击。

事情也有好的一面。放到三四年前，让我展望互助储蓄的前景，我看不见一点光亮。没承想，房地美的股票从天而降。房地美的股价特别便宜，还只有储贷机构有资格购买，真是山重水复疑无路，柳暗花明又一村。也许我们还会再交好运呢。

实际上，在西科的年报中，我花了大量篇幅，深入讨论了这个问题，很多股东可能读得头都大了。我们看不到互助储蓄有任何利好，等待它的只有重重负面影响。**我们的存款保费将上升，我们的投资灵活性将下降，还在苟延残喘的竞争对手将继续得到补贴，抬高我们的成本，抢走我们的贷款份额。**

无论做什么行业，对手不如你，却能得到补贴，那还怎么竞争？你在一条街上开了一家干洗店，这条街上还有其他家干洗店，它们能得到政府的补助，你的生意还怎么做？人家的价格会低到你根本经营不下去。储贷行业的现有体系是病态的。

最重要的是，我在年报中也详细讲了，政府为了整顿储贷行业而推出的新举措，虽说聊胜于无，但完全没有力度。要解决储贷行业的沉疴痼疾，这么轻描淡写的政策远远不够。本以为监管部门走上了正路，结果他们却退缩了。新的立法通过后，必将造成众多负面影响。[5]

混乱局面出现了，你拥有雄厚的财力，可能会有好机会。别人都把子弹打没了，你可能会有好机会。

西科贷款业务的条条框框

只要是符合我们的贷款条件的业务，我们都愿意做。我们的贷款政策在储贷行业中比较另类。

我们做长期贷款业务，特别注重防范利率上升的风险。 在储贷行业中，大多数贷款产品设有限制利息上涨幅度的条款，我们不愿发放这样的贷款。在当前的市场中，浮动利率贷款产品普遍存在 14% 的利率上限。我们的产品不同，我们的利率上限设在了 25%。竞争对手愿意主动为未来的利率上涨风险买单，我们的产品没什么优势。

我们做贷款业务，还有其他一些老派的条条框框。一旦客户遭遇变故，无力偿还贷款，我们不愿落井下石，没收客户的房产。就算我们能做到利率上限设在 25%，而且能保证 100% 完全收回贷款，但是最终要没收房产，让一些勤劳本分的人痛苦万分，我还是不愿做这样的贷款。

我还设置了一个限制条件：不在沙漠地区发放贷款。你可能觉得我的想法很怪。棕榈泉（Palm Springs）是个沙漠小镇。当地人顶着 40 多摄氏度的高温在沙漠之中用水泵打水。要住酒店，只能乘船前往。我们不在这样的沙漠地区发放贷款。这确实是很奇怪的限制条件。

沙漠地区很多，只要是沙漠，我们都不开展业务。我更愿意在开发成熟的地区发放贷款。我设置了这么多条条框框，我们负责贷款业务的鲍勃·阿斯顿（Bob Aston）很难把业务规模做上去。

只要是符合我们全部条件的，我们发放贷款的速度快、额度大。虽然条条框框多，从开展此项业务以来，我们也发放出了 5500 万到 6000 万美元的贷款。

从开展此项业务之初，我们就发现，我们的产品还是有市场的，只是要努力去开拓。鲍勃能力出众，他具有很强的风险意识，非常适合做发放贷款的工作。我们的贷款业务已经开展起来了，我们希望把它的规模做大。在我们设置的条条框框中，要把规模做上去，非常不容易。

我们的贷款产品有人接受，是因为我们的贷款更便宜，利差比其他机构的利差低，我们也不收手续费。 对于某些申请贷款的人来说，我们是非常理想的选择。我们开辟了一个细分市场。

当年，在房地产行业如火如荼时，互助储蓄发放了大量住房贷款，收取 10 个点的手续费，按贷款总额计算利息，它赚了很多钱。现在的互助储蓄，与当年不可同日而语了。我们新推出的贷款业务不可能赚什么大钱，但我们还是很愿意做这项业务的。

此项新贷款业务的资金全部来源于我们的子公司互助储蓄。在通过派息的方式，将大部分资金从子公司互助储蓄中抽离之后，互助储蓄中仅保留计提的坏账准备金 4700 万美元。

西科的主要资金已经不在储蓄和贷款子公司了，我们不会使用互助储蓄子公司之外的资本发放住房贷款。

消防员基金保险公司的前景很难说

与消防员基金的合约到期之后，我们将结束合作。这也不全是坏事。在签订这份合约的时候，我们尽可能选择了对我们有利的条款。从现在的情况来看，我们没吃亏。

消防员基金保险公司的前景很难说。一方面，消防员基金保险公司有两位出类拔萃、积极进取的领导者。一位是董事会主席鲍勃·布鲁斯（Bob Bruce），他是个非常聪明的人，赚钱能力非常强。另一位是首席执行官杰克·伯恩（Jack Byrne），他也是一个非常聪明的人，学过高等数学，做过精算师，赚钱能力也非常强。消防员基金保险公司拥有两位卓越的人才掌舵。

另一方面，他们身处的行业，环境非常残酷。他们从事财产保险生意，行业已经明显进入周期逆境，他们要面对巨大的困难。

结果如何，很难说。一方面，他们两个都是非常有可能取得成功的人。任何一家公司，只要有他们两个人之中的一个掌管，我都不会看空；另一方面，形势确实非常不利，更何况，还有那么高的杠杆。

精密钢材将保持优秀

今天上午，我正好看了一份资料。这也是一家从事钢铁服务业的公司，规模和精密钢材差不多，正在标价出售。于是，我找出了精密钢材的财务报表，比较了两家公司的各项数据。精密钢材比这家公司好得多。精密钢材的会计政策更保守，历史记录更优秀。

可惜，在当前的情况下，精密钢材已经在钢铁服务业中做到了极致。它的管理已经做到了无可挑剔。这意味着，精密钢材没什么上升潜力了。作为一家从事钢铁服务业的公司，它的管理已经非常出色了，它已经达到了业内最优秀的水平。

从长期来看，精密钢材将一如既往地保持优秀。只是精密钢材在整个西科中所占比重很低，我们的钢铁服务业务做得再好，对西科的贡献也十分有限。

顺便说一下，我看的那家公司，要价很高。如今，杠杆收购大行其道，大量公司被高价兜售。虽然不如我们的精密钢材，但这家公司也还可以，只是近两倍净资产的价格，我们觉得太贵了。

蓝筹印花、伯克希尔纺织厂和沃尔玛的启示：形势比人强

各位西科股东，你们的现任董事会主席，即本人，曾经领导过一家经营印花票的公司，眼看着它的销售额从 1.2 亿美元跌落到 200 万美元。销售额下跌幅度高达 99%。眼看着它的销售额节节走低，我却无能为力。我想过各种办法，希望能止住颓势，可惜都无功而返。

这个经历让我懂得了一个深刻的道理。决定结果的主要有两个因素：一个是形势，另一个是人。形势太强，任凭你有多大能力，都无济于事。

有句俗话，表达方法不一样，但说的是同样的道理。以前，有一位久经沙场的投资界老前辈，我们很尊重他。每当年轻人建议他冒险的时候，他总是说："河里淹死的都是会水的。"

遇到了旋涡，水流太强，任你游泳本领再高，也难以逃脱。印花票生意走下坡路的大势太强，无论是靠聪明，还是靠勤奋，都无法扭转，至少我和沃伦两人真没那么大的本事。

伯克希尔·哈撒韦当年的纺织厂也是很好的例子。伯克希尔从纺织厂提取了大量资金，投资到了别的地方。如果伯克希尔不服输，坚持和纺织业走下坡路的大势对着干，不断往里投入资金，这个纺织厂能把伯克希尔的资金耗尽。打得过就打，打不过就跑。

有个小故事，讲的是同样的道理。在南方有个小镇，一家全国连锁超市在这里开了一家分店，这家分店是当地规模最大的超市。很多年来，这家分店的生意一直很红火，在小镇上稳坐头把交椅。

一天，沃尔玛的山姆·沃尔顿（Sam Walton）宣布，沃尔玛将在这个小镇新开一家规模更大、产品更全、价格更低的超市。小镇上原有的那家连锁超市，在行业里摸爬滚打很多年了，做得也非常成功。他们没等山姆·沃尔顿的新店开张，就宣布关店了。

很多生意人没这个斩钉截铁的魄力。举个例子，你对我说："查理，走上拳台，挑战全盛时期的穆罕默德·阿里（Muhammad Ali），放手去拼吧。"

我会用沃伦在伯克希尔年报中的话回答你。我会说："谁爱去谁去，反正我不去。你的提议不错，但我不干。"

印花票生意是个典型，这样的生意，任凭你再怎么挣扎，它都不会有起色。投资这样的生意只能血本无归。

我不是说，伯克希尔·哈撒韦只要遇到了竞争对手，就退避三舍。只是说，遇到了山姆·沃尔顿这样的劲敌，还是走为上策。

西科的内在价值

我们从来不向股东提供内在价值的具体数字。无论是在西科，还是在母公司伯克希尔，我们都尽可能详尽地披露信息，并清楚地阐明我们自己进行估值时遵守的原则，然后让股东自己去估算内在价值。

在互助储蓄大量买入房地美的股票后，互助储蓄的价值有了明显的提升。大家知道，当我们卖出互助储蓄持有的房地美股票时，当我们分配互助储蓄持有的 4700 万美元的坏账准备金时，我们需要缴纳巨额税款。在计算清算价值的时候，很大一部分资产将用于缴纳税款。

从经营层面来讲，我们每年都在说，已经说了很多遍了，我们的能力有限，经营互助储蓄，很难获得比较高的净资产收益率。

不考虑房地美股票的影响，在其余资金用于派息之后，互助储蓄将剩下 4700 万美元的净资产。我估计，我们将来继续如履薄冰地经营，互助储蓄真有清算的一天，按照这 4700 万美元的净资产计算，我们实现的税后净资产收益率应该不至于太低。但指望我们实现非常高的净资产收益率，那可能不太现实。

去年的大环境对互助储蓄有利，现在的大环境非常不利。目前，国债市场的短期利率高于长期利率，储贷行业前景堪忧。收益率曲线倒挂，储贷行业将遭受损失。目前，储贷行业已经感受到了压力。今年，互助储蓄的业绩很难有好的表现。

互助储蓄的主营业务对应的资产在整个西科中占比很低。西科是从互助储蓄的储贷业务起家的，然而，储贷业务已经风光不再。目前，互助储蓄最主要的资产是它持有的大量房地美股票。互助储蓄持有的房地美股票的规模远远超过了储贷业务资产的规模。

附录一　投资房地美的逻辑

在1989年2月的西科股东信中，芒格阐述了投资房地美的逻辑，具体内容如下：

西科对房地美的投资

长期以来，与行业中的其他储贷机构相比，我们旗下的子公司互助储蓄始终是个另类。1988年，互助储蓄又有不同寻常之举。互助储蓄通过连续增持，共买入240万股房地美的预发行优先股。我们的持股数量占总流通股的4%，达到了单一股东持股比例上限。在撰写年报之时，所有240万股优先股均已发行并全额缴纳股款。

互助储蓄买入的平均成本为每股29.89美元。1988年末，此优先股在纽约证券交易所（New York Stock Exchange）的交易价格是50.50美元。按照1988年末的市场报价计算，通过买入房地美的股份，互助储蓄获得了4950万美元左右的税前未实现收益。按照目前的税率计算，税后收益约为2920万美元，约合西科每股收益4.10美元。

房地美的生意

房地美是一个混合体，它仍然接受联邦住房贷款银行委员会的监管，但已经完全由私人出资，股东主要是机构投资者。房地美为支持住房抵押贷款市场而生。它的业务模式是买入住房抵押贷款，随即将贷款打包为住房抵押贷款证券，为其提供担保并在市场上出售。在此过程中，房地美可以赚取担保费和"利差"，而且不必承受利率变化的风险。房地美的生意很好，大多数储贷机构望尘莫及。近年来，房地美超高的净资产收益率即是明证。

亮眼的财务数字

按照房地美目前平均每股1.60美元的股息计算，以互助储蓄平均每股29.89美元的买入成本为基数，我们的税前股息率只有5.35%，税后股息率更低，只有4.4%。

从房地美的历史记录来看，它有能力稳步提升盈利和派息，从而带动股价走高。房地美的优先股实际上相当于它的普通股。以下为房地美1985—1989年的数据（除年份，以及收益率单位为百分比之外，其余单位为美元）：

截至 12月31日	每股 盈利	每股 派息	年末 股价	净资产 收益率
1985	2.98	0.53	9.19	30.0
1986	3.72	1.13	15.17	28.5
1987	4.53	1.10	12.13	28.2
1988	5.73	1.25	50.50	27.5
1989	?*	1.6	?	?

* 股东信发出时，1989年相关数据尚未披露

如此亮眼的财务数字，1988年末50.50美元的股价非常便宜。

股价低迷的原因

投资者对房地美的股票反应冷淡，我们认为主要有两点原因：（1）投资者对房地美不熟悉；（2）投资者担心房地美的监管部门可能失

职，或者迫于国会的压力，给予私人资本不公平的待遇。

确实，房地美的生意虽好，但投资者担心很多风险。它有可能违反对私人股东的承诺；有可能放松信用标准；有可能押注于利率走势。我们则认为，出现上述风险的可能性不大。

投资者之所以有上述担心，主要是联邦储蓄贷款保险公司的前车之鉴让他们心有余悸。联邦储蓄贷款保险公司曾经肩负着为储贷行业提供保险的职责。由于监管部门失职，这家公司轰然倒塌，数百亿美元灰飞烟灭。随着真相逐渐浮出水面，人们认识到，联邦储蓄贷款保险公司的破产主要归咎于监管部门的失职。监管部门未能及早出手干预，把问题扼杀在萌芽之中，结果风险迅速膨胀，最终到了无法收拾的地步。投资者因此对监管部门持有怀疑态度，这完全可以理解。

联邦储蓄贷款保险公司的灾难不会在房地美上演

我们认为，联邦储蓄贷款保险公司已经倒下了，监管部门不可能让房地美步其后尘。联邦储蓄贷款保险公司与房地美公司没有任何关联。两家公司的历史和现实情况也截然不同。

联邦储蓄贷款保险公司之所以病入膏肓，是因为存在许多监管部门也无力改变的因素。房地美则一直发展得很健康。国会应该会吸取教训，不敢再贸然推出宽松政策，反而会从严监管，提高对储蓄和贷款行业的资产质量要求，完善储贷行业监管体系的建设。

尽管美国政府没有明确表示为房地美出售的证券担保，但是，在目前的住房抵押贷款证券市场和债券发行市场，房地美发行的证券几乎等同于无风险的政府债券。坐拥如此优异的信用资质，房地美的管理者只要不冒大的风险，守住这块金字招牌，就能稳稳地取得良好的经济效益和社会效益。

与房地美每年为购房者筹集的庞大资金规模相比，它每年向股东派发的股息微不足道，还不到筹集资金规模的1%。这样的派息安排是正确的。房地美只要保证股息的安全和稳定增长即可，它不会为了追求更高的股息而冒险。

另外，最近产油区出现的房贷违约潮也给房地美敲响了警钟，提醒房地美坚持严格的信贷标准。在产油区，曾经的优质住房抵押贷款，集中爆发了风险。当年，这些贷款的发放者都是尽职尽责的机构，这些贷款的申请人都有稳定的工作、良好的信誉，而且支付了高比例的首付款。这次产油区的违约潮足以让房地美警醒，作为担保信用的高杠杆企业，必须恪守安全边际原则。

经历了 20 世纪 30 年代的血雨腥风，在那以后的很长时间里，银行一直都维持着严格的信贷标准。见证了 20 世纪 80 年代住房抵押贷款的大规模损失，在今后的很长时间里，房地美也将保持严格的信贷标准。只要房地美走在正确的道路上，只要房地美谨慎地防范好利率变化的风险，它就会成为互助储蓄一笔良好的长期投资。

我们为何公开关于房地美的投资逻辑

我们公开了我们投资房地美的逻辑，这不符合伯克希尔·哈撒韦这个团体的惯例。我们一般不谈论我们的投资逻辑。公开投资逻辑之后，我们后续的买入或卖出活动可能遭遇阻力。（另外，我们经常犯错，不谈投资逻辑，也是不想把自己的错误公之于众。这倒不是主要原因。）

这次我们破了例，是因为我们已经买到了法律规定的上限，应该没办法继续买入更多房地美的股票了。既然如此，我们选择了披露此项信息。

披露这笔投资的逻辑，不代表我们建议西科股东买入房地美的股票。我们从来不鼓励西科的股东模仿西科的投资行为，照抄西科的投资。

附录二　储贷行业危机的前因后果

多年以来，巴菲特和芒格一直呼吁社会各界关注储贷行业的隐患，在 1989 年 2 月的西科股东信中，芒格鞭辟入里地分析了储贷行业危机的前因后果。具体内容如下：

早期的储贷行业

20 世纪 30 年代，政府颁布了一套法律制度，规定了储蓄和贷款行业如何发展。在随后的几十年里，储贷行业一直在这套法律制度的框架内运转。那时候，法律限制了利率水平，无论是银行，还是储贷协会，都只能为存款支付较低的固定利率。但是，储贷协会享受了政策倾斜。首先，为了帮助储贷协会吸收存款，法律规定储贷协会可以多支付 0.25% 的利率。其次，与银行相比，储贷协会还享有税收优惠。

20 世纪 20 年代，各家金融机构为了争夺储户，无所不用其极，最终导致全行业哀鸿遍野。正是为了不让这一幕重演，政府才采取了控制利率的政策，希望以此削弱行业竞争。政府不但为储贷协会提供优惠政策，还为整个行业提供存款保险。在此基础上，政府对储贷协会提出的要求是，只能把资产用于住房贷款，并且采取保守的经营方式，尽力避免坏账风险。

在这样的制度之下，储贷协会普遍采取"借短放长"的经营模式，即吸收活期存款，并以固定利率发放长期的住房抵押贷款。与政府规定的低水平存款利率相比，住房抵押贷款利率高两个百分点左右，这个"利差"是储贷协会的生存基础。

行业制度存在死穴

政府为储贷行业制定的这套制度本身存在死穴。一旦利率全面迅速上扬，政府也只能顺应趋势，允许储贷机构提升存款利率，否则储贷机构的储户将大量流失。一方面，存款利率被迫提升；另一方面，原有的住房抵押贷款签的都是固定利率。如此一来，储贷机构将腹背受敌，出现严重亏损。

此后，在通货膨胀率低位运行，政府管控的存款利率缓慢上升的大环境中，储贷机构找到了生存的办法，它们通过不断做大规模，规避了因利差被抹平而导致亏损的问题。储贷机构不断增加新的住房抵押贷款业务。新签的贷款合同利率更高，新签的业务规模越大，越能拉高整个住房抵押贷款投资组合的平均利率。政府限制了存款利率，但是储贷机构享受政策倾斜，可以支付高 0.25% 的存款利率，这是储贷机构能不断做大的主要原因。

政策的初衷是好的

这套制度蕴含了高明的智慧和对世事的洞察，让我想起了我们的开国元勋。储贷行业的政策制定者有两个目标，一个是，储贷机构能为实现"居者有其屋"做出贡献；另一个是，储贷机构不能给政府的联邦储蓄贷款保险公司造成损失。这些政策制定者深知本·富兰克林（Benjamin Franklin）的名言："空面口袋，站不起来。"因此，他们给了储贷机构竞争优势和税收优惠，在保证储贷机构的盈利能力的前提下，让它们对社会做贡献。

此外，政策的制定者从 20 世纪 20 年代得到了教训，看清了资本主义制度的激进可能带来的危害。因此，即使是效率低一些，他们也更愿意选择有社会主义倾向的制度，他们认为联合互助模式是最好的选择。所有持有联邦牌照的储贷机构和绝大部分持有州政府牌照的储贷机构都是"互助"机构。此类机构由储户所有，不以追求股东利益为目的。

在储贷行业最初的几十年里，这套胡萝卜加大棒的制度成为美国历史上最成功的制度之一，联邦住房管理局（Federal Housing Administration）成为最高效的政府机构之一。这套制度行之有效，为社会做出了巨大贡献。

激进者占了便宜

有少数储贷机构，它们持有州政府颁发的牌照，但归股东所有，西科旗下的互助储蓄就是如此，公司名称中的"互助"仅是形式而已。自然而然地，时间久了，这些归股东所有的公司与其他真正意义上的"互助"机构分道扬镳了，它们开始凭借政府给予的竞争优势为股东谋利。恰好房地产行业进入了长期繁荣阶段，归股东所有的储贷机构进军美国房地产最火热的地区，在住宅密集区集中开展了大量住房贷款业务，获得了不菲的利润。

看到同行赚钱了，许多"互助"机构眼红了，它们纷纷从"互助"模式转到股东所有制，并且制定了种种激励机制，鼓励管理层为了获得高薪而冒险。后来，冒险逐利的风气几乎扩散到整个储蓄和贷款行业，一些曾经保守并仍保持着"互助"模式的机构也难以不为所动。

繁荣总有尽头

储贷机构一心想着顺风顺水的时候怎么赚钱，毫不考虑逆水行舟的时候如何应对。最终，由于政府长期推行货币贬值的政策，通胀高企，利率迅速走高，储蓄和贷款行业的繁荣走到了尽头。利率迅速走高，击中了储贷行业的死穴。有些储贷机构比较保守，持有高等级长期固定利率抵押贷款，即便如此，它们也难免出现巨大损失。至于那些冒了很大风险，资产质量较差的储贷机构，则直接陷入破产。

在前所未有的高利率环境下，大多数储贷机构无法再凭借"做大"摆脱困境。另外，原来是银行与储贷机构二者的竞争，突然又杀出了货币市场基金和美国国债。货币市场基金的利率更高，还有开支票的便利，而购买国债的渠道更便捷了。储贷机构的存款非但没法增加，反而遭到了外部竞争的分流。

监管部门的补救措施

为了避免储贷机构的存款持续外流，为了避免波及房地产市场，监管部门解除了对所有储蓄账户的利率限制。还有一项措施，拖了很长时间才推出。监管部门效仿了英国已经实施很多年的做法，允许住房贷款利率随市场利率波动。

即便如此，很多储贷机构仍然岌岌可危，负债端对应的是迅速上升的高利率，而资产端对应的是以往的低利率，二者不相匹配。有些储贷机构还能继续经营下去，但是没有了行业早年享受的政策倾斜，失去了竞争优势，难以维持充足的资本金。

储贷行业如此困难，国会和各州立法机构似乎应当倾听储贷机构的呼声，满足它们追求自由市场经济的要求，给它们赚钱的机会，帮它们从财务困境中走出来。于是，监管部门修改了对储贷机构投资的限制，允许它们尝试风险更高、难度更大的投资，允许它们追求更高的收益率，允许它们想方设法扩大利差。与此同时，存款保险制度却按原样保留了下来。

修改限制的后果

保留了存款保险、解除了资产配置限制、解除了存款利率限制，新制度产生了意料之外的严重后果。在新制度之下，任何储贷机构，哪怕是偏远地区由骗子或傻子经营的储贷机构，几乎都可以不受限制地疯狂扩张。

试想一家储贷机构，有政府做信用背书，储户要多高的利率就给多高的利率，把存款规模做大还不容易？对于储贷机构做大，只剩一个限制了，就是资本金要保持在存款的一定比率。对于真要做大的储贷机构而言，这点限制根本不成问题。政府甚至主动降低了对储贷机构的资本充足率要求。

虚增短期利润，手段花样百出

监管部门推出一系列纾困措施之后，储贷机构的规模很快膨胀了起来，需要更多的资本金来满足资本充足率的要求。储贷机构在不断做大，把资本金在账面上做足，有何难处？任何一家银行或储贷机构，只要把短期利润做上去，就可以迅速增加资本金。无非是发放贷款或配置资产，先把眼前的高利息或高利润拿到手，不考虑风险，不考虑将来最终要承受的损失。

储贷机构可以和房地产开发商合作。总是有一些房地产开发商，为了拿到资金，他们能许下任何承诺，做出任何预测。房地产开发商里有很多充满野心的自大狂，也有很多信口开河的骗子。

还有一种很简单的做法，也可以提升短期业绩——以固定利率发放长期贷款。这样的贷款，信用质量可能没问题，但是将来要承受利率变化的风险。无论是信用风险，还是利率风险，都同样致命。

通过上述手段，许多小型储贷机构迅速做大。在此过程中，为了扩大存款规模，很多储贷机构甚至聘请股票经纪人等中介拉存款。很多聘请中介吸收存款的储贷机构，后来都破产了。

储贷行业用纳税人的钱赌博

一定要避免陷入恶性循环，这个道理很简单，可储贷行业的新制度偏偏制造了恶性循环效应。在新制度之下，品行不端的人会做出不良行为。受新制度的影响，有些原本奉公守法的储贷机构，因为陷入了经营困境，现在也会钻法律漏洞。对于濒临破产的储贷机构而言，新制度给了它们一个翻身的机会。自己的钱已经赔光了，没关系，可以拿国家的钱豪赌一把，赌利率、赌将来能赚钱。赢了，还有机会活下来。第一次输了，没关系，输后加倍下注。新制度给了输家博一把的机会。

储贷机构能提供高利率存款，可以请中介拉存款，有政府为存款提供保险，这样周到的安排，足以保证输家的赌局开得很快、赌注很大。

新制度导致的结果如同《爱丽丝梦游仙境》一样荒诞不经。正如《巴伦周刊》（*Barron's*）的约翰·利西奥（John Liscio）所说，"储贷机构原本只是小病，在政府的推波助澜之下，资金大量涌入，小病竟然变成了大病"。在监管储蓄机构的历史上，此次储贷行业的制度调整，算得上最大的败笔之一。

赌赢了，吃香的喝辣的

最早参与赌局的那批储贷机构，它们敢冒险，或是有头脑，或是运气好，基本上都赚了很多。有一个经营储贷机构的家族，短时间内就做到了资产过亿。这家储贷机构论功行赏，提议将一位担任高管的家族成员的年薪提高到1000万美元。由于监管部门反对，它只好把年薪定在了500万美元。

年薪没达到那么高，为了鼓励这位高管提升业绩，这家储贷机构为他准备了其他激励机制。具体而言，只要高管买入垃圾债，公司就会授予他特权，允许他以储贷机构享有的优惠价，购买垃圾债发行机构的其他产品。

垃圾债是最劣质的贷款

垃圾债的利率高，但信用等级非常低。银行的监管体系非常严格，对银行购买垃圾债的态度很严厉。近年来，发行垃圾债主要有两种情况：一种是筹集资金进行杠杆收购；另一种是筹集资金进行重组，抵制恶意收购。

目前，在规模庞大的公司债中，最安全的部分由银行购买。银行的存款由监管机构提供保险，因此银行购买公司债必须保证安全，不触犯监管机构的红线。银行购买完之后，其余的部分，由储贷机构购买。优先级债券已经被银行买走了，留给储贷机构的只有偿还顺序靠后的垃圾债。垃圾债是最劣质的贷款。

九龙治水，难以有效监管

储贷机构监管失灵，一个很重要的原因在于，监管部门各自为政。储贷行业的监管职责分散在四个部门：国家级的储贷机构监管部门、国家级的银行监管部门、州一级的储贷机构监管部门、州一级的银行监管部门。各个部门之下又层层分设下级监管部门，形成"九龙治水"的局面，难以有效监管。

赚钱效应让人趋之若鹜

某些储贷机构赌赢了，一夜暴富，人们听着羡慕，看着眼红，于是纷纷效仿。更何况，还有中介在旁边煽风点火，希望通过拉贷款或推销高风险投资，自己也能赚上一笔。由此一来，行业陷入恶性循环的旋涡。从目前来看，这场大赌局方兴未艾，还没到收场的时候。在这场投机泡沫中，我们已经看到了所有投机泡沫初期阶段的显著特征。它也会像所有投机泡沫一样，逃不掉破灭的结局。

劣币驱逐良币

监管部门一方面放松限制，另一方面又为存款提供保险，没想到有些储贷机构因此走上了赌博之路。受这些害群之马的影响，稳健经营的储贷机构也被拉下了水。或是为了摆脱困境，或是为了一夜暴富，有些储贷机构承诺非常高的利率，拼命做大规模。结果经营保守的储贷机构，被迫向它们看齐，不得不承受更高的存款成本。

存款成本上升了，为了覆盖成本，原本保守的储贷机构别无选择，只能考虑风险更高、收益更高的资产。

于是，因为存款有保险、利率不受限制，储贷行业上演了"劣币驱逐良币"的一幕。

政策调整引发了乱象

储贷行业中"劣币驱逐良币"的问题有着深层次的原因。监管部门为储贷行业提供存款保险、为困难企业提供很长的缓冲期、储贷机构的利率不受限制、资产配置不受限制，这些是既定政策，难以改变。储贷行业的问题也许根本无解。

储贷行业的政策调整引发了种种乱象。在复杂的体系中，牵一发而动全身，本来只想提高一个变量的作用，却往往导致其他变量的作用降低，产生意料之外的后果。

在储贷行业中，监管部门调整政策之后，所有储贷机构都可以轻易得到大量存款，而且可以拿着大笔资金随意进行投资。国会改变了储蓄和贷款行业的制度，储贷机构的负债端成本显著上升，但难以在资产端安全地开展贷款业务。国会提高了储贷机构吸收存款的能力，却严重削弱了储贷机构盈利的安全性。或许是生物学家加勒特·哈丁（Garrett Hardin）说过，或许是经济学家乔治·斯蒂格勒（George Stigler）说过："这是必然的结果！"

这不是自由市场经济制度，而是毁灭价值的经济制度

总之，事情发展到现在，所有经营稳健、业务清晰、管理良好的储贷机构，它们谨慎地防范利率变化风险和信用损失风险，结果却根本无法实现盈利。一家储贷机构，想要生存下去，只有三条路：第一，拥有超强的预测能力；第二，承受信用损失的风险；第三，承受利率变化的风险。

即使是资产质量优良的储贷机构，想获得正常的盈利也很难，只能看天吃饭。按照现行规定，住房贷款利率存在浮动上限，最多只能比贷款发放之时的利率高 2.5%。至于资产质量较差的储贷机构，管理层的能力和素质也差一个档次，它们很容易出现巨额亏损。把股东的本金消耗殆尽后，所有亏损要由为存款提供保险的政府机构买单。也许政府把所有存款保险金都拿出来，也无法覆盖储贷机构的全行业亏损。

监管机构给行业参与者设定了宽松的资本金要求、不受限制的投资自由、不受限制的规模自由，指望储贷机构能严于律己、尽职尽责，这简直是异想天开。在如此制度之下，必然出现巨额亏损，所有保险金将付之一炬。如今的制度，根本不是自由市场经济制度，而是毁灭价值的经济制度。

为什么银行和联邦存款保险公司安然无恙?

如果上述逻辑正确，我们很自然地会想到一个问题：为什么银行没陷入困境？联邦存款保险公司为银行存款提供保险，它为什么没像联邦储蓄贷款保险公司一样陷入困境？

我们认为，上述逻辑同样适用于银行。银行体系也为存款提供保险，当银行体系中的利率限制被解除后，我们观察到了同样的现象，即贷款质量明显下降、亏损明显增加。与联邦储蓄贷款保险公司相比，联邦存款保险公司的亏损较少，原因主要有两点：

第一，很长时间以来，银行业积累了丰厚的利润，因此它们追求短期利润的压力较小。银行能积累丰厚的利润，原因有很多。长期以来，银行业一直在支票账户业务中占据垄断地位。银行业有强大的壁垒，新的竞争对手很难加入。银行业通过调整贷款利率，有效地防范了利率变化的风险。

第二，银行业的监管机构实施了更严格的监管措施，银行的国内资产质量受到了更严格的控制。

其中，第二点非常关键。监管更严格，才能减少存款保险金的损失。银行监管机构可以提升监管的严厉程度，例如，效仿证券交易所和商品交易所的清算机制，只要银行的亏损触及资本金，不等它出现大量损失，就立即暂时关闭。如此一来，看哪家银行还敢冒险？存款保险金的安全自然能更有效地得到保障。

即使监管到了非常严厉的程度，银行还是可能触犯一种风险。这种风险是所有银行同时触犯了一种风险。大家都犯了，都心照不宣，再严厉的监管措施摆在面前，也不当回事。法不责众，难不成监管机构把所有银行都关了？

这种情况已有先例。银行业向外国发放贷款，造成了很大的损失。如果涉事的只有一家银行，监管机构的处理肯定会非常严厉。问题是，几乎所有大型银行都持有大量难以收回的国外贷款。国内贷款质量出了问题，银行监管机构很严格。国外贷款质量出了更大的问题，银行监管机构却没那么严格。

坏制度助投机分子谋财

当储贷行业的监管机构放松管制之时，恰逢全国范围内投机钻营、坑蒙拐骗之风盛行。在这样的大环境之中，监管机构的新制度为投机倒把的人提供了土壤，让储贷机构成为他们牟取不义之财的工具。

新制度存在巨大的漏洞，大量缺乏诚信的社会败类拿到了储贷执照，利用政府的信用背书疯狂吸储，短短时间内就积聚起千亿美元的资产。新制度起到了助纣为虐的作用，投机分子的坑蒙拐骗造成了巨额损失，数十亿美元转瞬间化为乌有。

屋漏偏逢连夜雨——油价大跌

油价大跌加速了储贷行业的危机进程。此次油价大跌，生产石油的地区遭到了沉重的打击，陷入了20世纪30年代以来最严重的经济衰退。在生产石油的地区，大量曾经很安全的住房贷款爆发了逾期潮。通货膨胀、存在漏洞的行业制度已经让联邦储蓄贷款保险公司叫苦不迭，油价大跌导致的逾期潮又带来了巨大的损失。

软弱无力的监管

即使在新制度之下，监管人员和会计师如果能早一些采取行动，联邦储蓄贷款保险公司也不至于亏损到如此境地。可惜，会计师是储贷机构聘请的。在遵守职业准则的同时，他们也要效忠于客户。自然而然地，从客户的利益出发，他们要让联邦储蓄贷款保险公司活着。非等到它病入膏肓、无可救药的地步，才肯宣判死刑。

监管人员的薪酬很低，没见过这么大的阵仗，就像突然把他们扔到了野战医院，在艰苦的工作条件下，救治火线上抬下来的伤员。监管人员的职责如同医生，但是国会竟然不允许他们尽早救治联邦储蓄贷款保险公司。与一些储贷机构一样，国会也在逃避。要破解行业困境，要真实地清理账目，产生的损失如何承担？国会可能需要通过增加税收来弥补损失，这是国会不想面对的后果。很多议员甚至直接干预联邦住房贷款银行的工作，为某些傻子或骗子提供保护，不让某些储贷机构破产。

监管机构的工作人员如同身处野战医院，条件艰苦、任务艰巨。他们的职责如同医生，但国会不允许他们让伤员承受短暂的痛苦，也不允许他们为伤员输血。

随着危机不断爆发，联邦储蓄贷款保险公司最终的亏损总额很可能轻松超过1000亿美元。储贷危机将成为美国历史上最严重的金融灾难之一。有些储贷机构暂时得到了救助，更换了所有者，将来它们还是可能给联邦储蓄贷款保险公司造成损失。资产配置不受限制，新的管理者可能继续冒险投机，造成更多损失。

幕后真凶——法律制定者和自私自利的行业高管

联邦住房贷款银行委员会没能阻止联邦储蓄贷款保险公司的破产。鉴于储贷行业所处的宏观环境以及后续法律制度的诸多漏洞，联邦储蓄贷款保险公司的破产或许是难免的。挽救联邦储蓄贷款保险公司的行动失败了，但是监管人员已经尽力了。他们的工作环境像野战医院一样艰难，还没有新鲜血浆可以输送给伤员，我们不能对他们有太多苛求。

欧·亨利（O. Henry）写过这样一篇短篇小说。有一位罪恶多端的年轻女人被带到了上帝面前。上帝判定，抓错人了，于是，派遣天兵缉捕元凶——她的父亲。他没尽到教育子女的责任，导致女儿误入歧途。

我们也要找到联邦储蓄贷款保险公司破产的幕后真凶。幕后真凶不是涌入行业之中的骗子和傻子，也不是不堪重负的行业监管人员。真凶是储贷机构中为了追求一己私利而毫无顾忌的高管，是联邦政府和州政府中将制度搞得漏洞百出的立法人员。问题早已露出端倪，他们却坐视不理。最终问题爆发，他们必须要承担责任。

回头来看，联邦储蓄贷款保险公司走向了破产之路，美国储蓄机构联盟难辞其咎。美国储蓄机构联盟盲目地以成员利益为重，盲目地维护错误的行为，不惜颠倒黑白、混淆是非。联盟盲目地维护行业利益，给正常的监管和积极的立法制造了极大的阻力。我们感到很惭愧。在过去，互助储蓄一直按时缴纳会费，从来没有对联盟的行为表示过反对。我们对自己的行为感到后悔。

联盟以维护储贷行业的长期利益为名，不惜损害全社会的利益。我们的沉默是对联盟错误行为的纵容。我们将改正错误。如果联盟仍然坚持不负责任的行为，互助储蓄将退出联盟。

新法律将何去何从？

1989年，联邦政府将颁布新的法律，以期解决联邦储蓄贷款保险公司破产的问题。新法律可能包含以下内容：

（1）显著提高向联邦储蓄贷款保险公司缴纳的存款保险金。

（2）增加对储贷机构的资本金要求，不将无形资产计算在内。一旦触及最低资本金红线，必须立刻削减资产规模。

（3）加强对投资的限制，严格控制投资垃圾债等高风险资产，并对高风险的储贷机构进行严格监控。

（4）严格限制每年的存款增长规模。

（5）禁止聘请中介吸收存款。

（6）实施更严格的会计准则，禁止通过提前收取手续费等手段，虚增当期利润。

（7）执行更严厉的关停措施，在破产之前就关闭出现损失的储贷机构。

（8）严禁国会议员干涉监管行动和关停决定。

（9）改革联邦政府的监管机构设置，从而集中监管资源，提高监管能力。

（10）暂停审批新的储贷机构营业执照。

（11）规定联邦政府的法律高于州政府的法律。

包括显著提高缴纳的存款保险金这条在内，上述所有内容都有益于减少联邦储蓄贷款保险公司的亏损。要成功救助联邦储蓄贷款保险公司，1989年的新法律中必须至少包含这些内容。

难以把握的分寸

显著提高向联邦储蓄贷款保险公司缴纳的存款保险金，这条政策可能产生多种影响：其一，提高存款保险金，联邦储蓄贷款保险公司可以获得更多资金，偿还过去由于错误的政策而欠下的旧账；其二，新政策执行后，联邦储蓄贷款保险公司能得到多少资金，这是未知之数；其三，显著提高存款保险金，储贷机构将承受更大的压力。

为了支付更高的保费，储贷机构可能追逐收益率更高、风险更大的资产，进而有可能埋下隐患，将来给联邦储蓄贷款保险公司造成更大的损失。以总负债为基数，把每年的存款保险费率提高0.25%，这个上升幅度似乎很低，不至于给储贷机构带来太大的压力。

储贷机构的净资产归私人所有，不是政府所有。储贷机构的所有者完全可以把自己的资本从储贷行业中撤出去。很多储贷机构会打一个小算盘，算算每年总负债的0.25%是多少，再和自己的净利润作对比，会觉得很不合适。更何况，储贷机构还面临着激烈的外部竞争。货币市场基金成本更低，因为无须支付存款保险。银行经验更丰富，更善于安全稳健地提高收益率。

在竞争中处于劣势地位，又要想方设法每年多赚0.25%，很多储贷机构迫于压力，必然会铤而走险，最终走向亏损。还有一些储贷机构看到净资产收益率太低，会干脆离开储贷行业。资金从储贷体系中撤离，将进一步削弱联邦储蓄贷款保险公司承受损失的能力。

存款保险金提高多少才合适？法律制定者如何把握这个分寸？法律制定者好像手里拿着一把剪子，面对着一群绵羊，要剪羊毛，却不知道该剪下去多少。

在不知道该剪多少的情况下，该怎么办？是要留足安全边际？还是不管三七二十一，一剪子剪到底？

对于1989年的新法律，我们不持乐观态度

目前的政治决策，大多数是拍脑门，很少经过深思熟虑。对于1989年的新法律，我们没什么信心，联邦储蓄贷款保险公司将来还是可能陷入危机。

法律制定者一错再错，让人难以信任

不妨看看即将制定法律的这些人，他们的历史记录如何。储贷行业诞生之初，那时的制度为了防范破产风险，采取了两手措施：

（1）让储贷机构免于全面竞争并享受税收优惠。当年的制度设计者深知，在经营无差别普通商品的行业中，竞争极其激烈。储贷行业经营的是货币，而货币完全是一种无差别的商品。

（2）要求储贷机构配置低风险资产。

当年的制度设计者见证了20世纪20年代的投机行为导致的巨大损失，因此设计出了这套"胡萝卜加大棒"的制度，对储贷行业加以限制，让储贷行业保持长期平稳发展。现代立法者并非不明白这套制度的用意在于防止储贷行业陷入亏损，然而，在储贷行业失去"胡萝卜"以后，他们的做法竟然是放下监管的"大棒"，以此作为对储贷行业的补偿。现代立法者还有一个失职之处。负债端的利率已经放开了很长时间，他们仍然不允许资产端的住房贷款采用浮动利率。

他们似乎还嫌制度的漏洞不够多，又吸引坑蒙拐骗的不法之徒进入储贷行业，让他们胡作非为、迅速做大，最终给联邦政府的存款保险体系造成了巨大的冲击。

联邦储蓄贷款保险公司出现亏损以后，立法机构一拖再拖、遮遮掩掩，最终导致问题愈演愈烈，损失高达100亿美元。现在，危机爆发之后，我们听到的却是不绝于耳的口水战，争抢着把责任推卸给别人。

我们应该正视这一问题，探寻根本的解决之道：

（1）研究并借鉴更有效的储蓄和贷款体系，例如，英国的储贷制度。

（2）私人养老金体系是一个巨大的存款池，这部分资金享受税收优惠，承受利率变化的能力强。目前，私人养老金体系中的资产主要用于投资高换手率的股票和高杠杆的公司债。可以考虑从私人养老金体系中拿出一定比例的资金,用于投资住房贷款市场。

(3)可以根据当前的情况,考虑其他更加彻底的解决方案。

实际上,危机爆发后,立法机构以表决的形式通过了一项提案,宣布联邦政府只能动用预算外资金解决此次危机。这样的措施毫无力度,最终只能付出更大的代价。回顾立法机构的一系列历史记录,着实难以对他们抱有信心。

问题的难度超出了人们的解决能力

摆在我们面前的确实是一个非常棘手的问题。在合奏效应(lollapalooza)的影响下,储贷行业陷入的危机错综复杂,我们现有的法律制定者没有化解这个危机的能力。

在化学中,把某些化合物混合起来,让它们发生反应,能制成硫酸。在微观经济学中,多个原理共同作用,能形成强大的合力。在现代条件下,在我们的储贷制度背后,代表不同利益的各个政治团体有着不同的诉求,例如,借款人希望限制住房贷款长期利率的上浮空间。在各种因素的交织中,希望建立一套长期稳定运行的储贷制度,并为储贷机构提供存款保险,这几乎是不可能完成的任务。

因此,我们对1989年的新法律不抱什么希望。为了推动教育改革,一位乡巴佬出身的议员曾提议将圆周率简化成整数3。这次化解储贷危机的立法,同样不会高明到哪去。

我们无意嘲笑这位国会议员,而是想指出一个事实——所有人类的大脑天生存在缺陷。在面对复杂问题的时候,我们的大脑总是难以破旧立新,难以从过去的老路中走出来。诺贝尔奖得主马克斯·普朗克(Max Planck)曾说,尽管物理学家是人类的精英,以探索真理为己任,然而,大多数老教授固执己见,不肯接受新的观念。只有老一代退出历史舞台,新一代不受旧观念的束缚,正确的新理念才会得到普及。

我们认为，储贷行业的危机是个难题，我们都缺乏破旧立新的能力。我们说它是个难题，也许是我们在为自己辩护。毕竟，20世纪80年代，我们领导的互助储蓄因利率变化而遭受了很大的损失。如果不是难题，如果破旧立新很容易，我们的亏损如何解释？

无论如何，互助储蓄都将继续遭受打击

如果我们的预测正确，西科股东将会看到互助储蓄在1989年以及未来的年份中继续受到打击。导致其他储贷机构破产的种种行为，互助储蓄一种都没有沾边，然而互助储蓄同样需要缴纳更高的存款保险费，同样会在投资方面受到诸多限制。

新法律推出之后，互助储蓄可能因以下三个方面而承受损失：

（1）制定了行之有效的新法律。
（2）立法机构争论不休，没能力彻底解决这个难题，制定了无济于事的新法律。
（3）立法机构因危机爆发而对储贷行业采取惩罚措施，制定了有害无益的法律。

我们最担心出现最后一种情况。有一位维多利亚时代的英国首相，他说过一句话，我们发现在现实中屡次应验。这句话的大意是，"变化总在发生，你不去迎接进步的变化，就会等到退步的变化"。

总之，除了对房地美的投资，互助储蓄没什么光明的前景。

附录三 互助储蓄退出美国储蓄机构联盟的信

事实上，在储贷行业爆发危机之前的很多年里，芒格和巴菲特已经多次发出警告。1989年，互助储蓄正式宣布退出美国储蓄机构联盟，以下为芒格递交的辞呈：

寄件人：加利福尼亚州帕萨迪纳市东科罗拉多大街315号，互助储蓄。
邮编：91109
收件人：华盛顿特区纽约大道西北区1709号，美国储蓄机构联盟。
邮编：20006

1989年5月30日

先生们：

本人谨在此正式提交辞呈，宣布互助储蓄退出美国储蓄机构联盟。

互助储蓄是美国证券交易所上市的西科金融公司，以及纽约证券交易所上市的伯克希尔·哈撒韦公司的子公司。西科与伯克希尔均支持互助储蓄与美国储蓄机构联盟脱离关系。

互助储蓄已加入联盟多年，此次宣布退出，并非草率之举。我们认为，联盟目前的游说行为存在严重错误，让我们深感羞愧，因此我们不愿继续留在联盟之中。

储蓄和贷款行业引发了美国金融机构历史上最严重的一场乱局。诚然，正如我们在今年的西科年报中所述，此次爆发的危机有很多原因，然而美国储蓄机构联盟确实难辞其咎。第一，多年以来，联盟一直通过政治游说，庇护一小撮坑蒙拐骗、经营不善的储贷机构，阻挠监管机构的正常执法；第二，多年以来，联盟一直拥护宽松的会计政策，让储贷机构有空子可钻，实际资本充足率根本不达标，无法为储户的存款提供保障。

国会要救治已经患上了癌症的储贷行业，而联盟正是主要的致癌物。如果国会没有足够的智慧和勇气，不能把致癌物斩草除根，储贷行业的危机将再次发生。

目前，储贷行业亟须深入整改，制度改革已经迫在眉睫。然而，联盟仍在兴风作浪，不断通过游说为改革制造障碍。联盟提出的主张尤其不负责任。例如，不顾监管机构的反对，极力支持将看不见摸不着的"商誉"作为资本金，极力主张降低资本充足率的要求。

联盟没有因为自己过去的游说行为导致了如此之大的危机而认识到自己的错误,反而继续一意孤行,要求维持宽松的会计政策,要求保持低于充足率的资本金,让众多储贷机构继续存在漏洞。储贷危机发生之后,联盟的所作所为无异于在"瓦迪兹"号(Valdez)漏油事件[6]发生后,埃克森公司仍然允许油轮船长随意饮酒。

联盟正确的做法是向国会公开道歉。长期以来,联盟一直在误导政府,给纳税人造成了巨大的损失。联盟应该给公众一个道歉,而不是变本加厉、一错再错。

有很多人认为,行业协会就应该像美国储蓄机构联盟这样,为行业争取利益,没必要遵守什么道德准则。在他们看来,每个行业协会,都只有一个目的:通过鼓动如簧之舌和提供政治献金,游说立法机构,与其他行业协会竞争,为自己的行业争取利益。至于在犯下大错后,如实公开真相、真诚表达歉意,这根本不是行业协会的分内之事。各个行业协会背后,在各个国会选区,都有观点鲜明和财力雄厚的选民的支持,因此行业协会凝聚了强大的影响力。如果行业协会只顾一己之私利,那么它们的影响力是国家的心腹大患。储贷行业的危机就是前车之鉴。黑袜丑闻(Black Sox Scandal)[7]之后,美国职业棒球大联盟进行了彻底的改革。美国储蓄机构联盟也应从公众利益出发,改弦易辙。即使从成员机构的利益考虑,联盟也应该改过自新。在过去,联盟盲目追求眼前利益,酿成了行业危机,导致成员机构深陷困局。如今,联盟继续盲目追求眼前利益,将来成员机构仍将受到伤害。

出于上述原因,沃伦·E.巴菲特先生和本人要求互助储蓄退出美国储蓄机构联盟。另外,为了表明我们与联盟的不同立场,我们还会将此封辞呈向媒体公布,以期引起社会的关注。

此致

互助储蓄董事会主席
查尔斯·T.芒格

注释

1. 西科的股东会和伯克希尔·哈撒韦的股东会一样，正式流程都很快就进行完了。芒格只用了五分钟左右就完成了西科股东会的正式流程。
2. 西科金融有一块土地，是因无法收回贷款而没收得来的。这块土地位于海边，是西科的一项主要资产。关于这块土地，芒格在今年的西科股东信中写了以下内容：

    "我们因无法收回贷款而没收了一片土地，这片土地有九万平方米，位于圣巴巴拉市，紧邻海岸线。我们持有这片土地很多年了，它的实际价值已经远远超出了资产负债表上 540 万美元的账面价值。受到土地使用法律法规的制约，我们必须充分考虑当地居民的利益，遵守监管部门提出的诸多规定。因此，这片土地的开发拖了 13 年之久。皇天不负有心人，我们终于实现了水通、电通、路通和场地平整，正式的建筑工作已经展开。我们将建造 32 栋房屋。无论是开阔气派的空间，还是别具一格的景观，整个项目在方方面面都堪称一流。"
3. 伯克希尔·哈撒韦收缩了保险业务的规模，但没有裁员。伯克希尔收缩起来很容易，因为伯克希尔本来在保险业务中配备的员工人数就非常精简。
4. 后来，加州最高法院以全票赞同通过了"103 号提案"，但是删除了其中绝大多数关于降低保费的内容。
5. 股东会召开后不久，西科愤然退出了储蓄和贷款行业的游说组织美国储蓄机构联盟（U.S. League of Savings Institutions），芒格所书的辞信全文见附录。
6. 1989 年 3 月 24 日，埃克森公司的一艘巨型油轮在美加交界的阿拉斯加州威廉王子湾附近触礁，原油泄出达 800 多万加仑，造成极大的环境破坏。事故因油轮船长饮酒昏睡、擅自离岗而造成。
7. 1919 年美国棒球世界大赛中，芝加哥白袜队的球员被赌博庄家收买，故意打假球输掉比赛。"黑袜"即是对白袜队的嘲讽。

1990年西科金融股东会讲话

编者按

在 1990 年 3 月致西科金融股东的信中，查理·芒格披露了公司 1989 年的营收数据：1989 年合并净运营收益（不计投资收益）为 2441.4 万美元，每股 3.43 美元；合并净收益为 3033.4 万美元，每股 4.26 美元。

1988 年和 1989 年的合并净收益分解如下（收益单位为千美元，每股单位为美元）：

	1989 年 12 月 31 日		1988 年 12 月 31 日	
	收益	每股	收益	每股
"经常性"净运营收益：				
互助储蓄	4191	0.59	4694	0.66
西科-金融保险业务	14276	2.00	12094	1.70
精密钢材业务	2769	0.39	3167	0.44
其他"经常性"净运营收益	3178	0.45	3609	0.51
	24414	3.43	23564	3.31
出售包厘街储蓄银行股权的收益	—	—	4836	0.68
出售有价证券的收益	5920	0.83	1689	0.23
西科合并净收益	30334	4.26	30089	4.22

继对储贷行业做出深入分析，并宣布退出美国储蓄机构联盟之后，在1991 年 3 月的西科股东信中，芒格还将就储贷危机和对银行业的影响做总结分析，被巴菲特称为"我所看到的对银行业最清晰、最有见地的讨论"。从中我们可以感受到，这几年美国上下对这个问题的关注。也难怪在 1990 年的西科年会上，储贷危机的因与果成为焦点。同样获得点评的，还有1989 年集中爆发的垃圾债信用危机以及相关的风险套利投资方法。由于巴芒在风险套利方面乃是师从本·格雷厄姆（Benjamin Graham），芒格于是也分享了格雷厄姆教他们的重要几课。

储贷行业危机中的各种错，还不知如何收场

储贷行业因为愚蠢自私犯下大错

储贷行业把自己的名声毁了。有的储贷机构首席执行官动用 100 万美元的公款购买名画，挂在自己的客厅里欣赏。有的首席执行官给自己发 600 万到 1000 万美元的年薪。有的储贷机构，前段时间还在电视上播放宣传片，突然之间就破产了。储贷行业的公众形象怎能不一落千丈？

由于储贷行业的愚蠢和欺诈行为，社会蒙受了巨大的损失。储贷行业遭到了公众的唾弃，再怎么洗白，也无法挽回声誉。我们储贷行业把自己的名声毁了。

储贷行业的游说行为堪称可耻。我倒不认为储贷行业是蓄意作恶，只不过是因为愚蠢和自私。 行业联盟确实因为自身的愚蠢，而犯下了大错。

如果储贷机构完全保持当年的互助模式，也许国家不至于遭受这么严重的损失。这个假设可能遭到很多质疑，但我认为，这个说法有一定的道理。英国就一直采取互助模式，取得了长期的成功，没像我们这样陷入巨大的混乱。

资本主义不是万能的。资本主义制度是一套理想的制度，但它也有解决不了的问题，有时候需要采用少许的社会主义。

以保险业中的财产保险公司为例，州立农业保险公司（State Farm Insurance Company）是公认的行业翘楚，它就是一家互助性质的公司，不归股东所有。

可惜，在储贷行业采取互助的组织形式，限制银行和储贷机构向储户支付的存款利率，这样的主张有悖于里根和撒切尔时代的主旋律，得不到多数人的支持，必然不会成为现实。

依我之见，不可能一方面由政府提供信用背书，另一方面又不限制存款利率。这样的制度难以长久，因为它会驱使银行和储贷机构去冒险。

把贷款发放出去，获得漂亮的短期业绩，这谁都做得到。有个故事，说两个人各持利刃，决一死战。一个人劈了一刀出去。另一人说："你没砍着我。"出刀的人答道："晃晃你的脑袋试试。"

发放贷款时只考虑短期业绩，无异于饮鸩止渴。为了争抢储户，各家机构纷纷提高存款利率，导致成本增加。所有储贷机构都承受着巨大的压力，毕竟赚不到足够的钱，就没办法满足资本充足率的要求，没办法覆盖成本。重压之下，它们很容易铤而走险，追求不切实际的高收益投资。最终的结局，必然是整个行业分崩离析。

无论是在银行体系，还是在储贷机构体系，目前的会计政策仍然存在巨大的漏洞，容易造成极大的危害。最近，由于监管机构和会计行业的努力，储蓄行业的会计政策有所改进，但是仍然存在严重的漏洞。

例如，在现行会计政策下，储蓄行业仍然可以将某些贷款收入提前计入利润。**如果让我来制定会计政策，我会规定，在发放浮动利率贷款时收取的手续费，只有在贷款收回后，才能记录为利润。**我绝不允许任何提前将手续费记为利润的行为。现在的会计政策比以前严了，但是储蓄行业仍然可以钻空子，发放高利率、高风险的贷款，它们还是可以提前把一部分收入当作利润。按照现行会计政策，会计师无法阻止储蓄机构把收到的利息全部算作利润，我们没办法提前发现问题，防患于未然。

应对危机的措施还不够

储贷机构之所以承受巨大的压力,主要有两个原因:第一,储贷机构享受政府的信用背书;第二,储贷机构的存款利率不受限制。

迫于压力,储贷机构铤而走险,主要有两种做法:第一种是买入高风险的资产,追求远远高于正常水平的利润或收益率;第二种是寅吃卯粮,把未来的收入提前入账。到了第二年,为了让利润继续增长,为了让总裁和董事长的薪酬继续提高,就要继续冒险,把更多的收入提前入账。**于是,储贷机构像染上了毒瘾一样,只能不断地继续吸食,根本顾不上考虑成本。**

在清理储贷危机的过程中,整个储蓄行业的制度得到了明显的改善。然而,在我看来,我们做得还远远不够,制度还是不够严格。

最近,《华尔街日报》(*Wall Street Journal*)刊登了一篇由梅耶尔(Mayer)撰写的文章。作者揭露了银行的不良行为。在提高收益率、增加收入的压力下,银行买入了大量住房抵押贷款凭证。住房抵押贷款凭证是投资银行开发出来的非常复杂的产品。投行将住房抵押贷款证券化,按照风险高低,把住房抵押贷款分成了七个不同的等级。

在向银行推销住房抵押贷款证券化产品时,投资银行表示,只要买入它们开发的此类证券化产品,再支付给它们一笔高额费用,购买在期货市场进行对冲的服务,就能十拿九稳地实现远远高于平均水平的收益。投资银行表示,这么操作不存在风险,而且投行还可以出具证明,证明已经采取了复杂的对冲策略,消除了相关贷款的利率风险。

这样一来,银行心里就有底了。联邦存款保险公司和储蓄机构管理局(Office of Thrift Supervision)的监管人员来检查也无可奈何,什么毛病都挑不出来。再说了,储蓄机构管理局等监管部门不是强调了吗,储蓄行业要把避免利率风险放在第一位,防止因为借短放长而造成重大损失。

银行买入了隐藏在复杂策略之下的高风险产品,在期货市场对冲分成多个层级的住房抵押贷款证券,还振振有词地宣称自己在谨慎地防范利率风险。

梅耶尔认为，银行的所作所为值得怀疑。他认为，他自己根本看不透，不相信银行能很好地对冲利率等风险。互助储蓄的所有员工，包括本人在内，都赞同梅耶尔的观点。在投行的帮助下，银行突然之间长本事了，买住房抵押贷款证券，在期货市场对冲利率风险，能稳稳地赚大钱。我们怎么就不信呢？

储贷行业将愈发艰难

早期的储贷行业很稳健，主要是那时候的制度好，把人为因素造成的破坏给限制住了。制度不允许从业者乱来。行业的使命是为诚实守信的公民提供第一套住房抵押贷款。一旦开始尝试高难度动作，背后还有政府做信用担保，那就坏了。

我们现场正好有几位储蓄行业的监管人员。请你们发表一下高见。如果一家银行买入了第四层级的住房抵押贷款证券并通过期货市场进行了所谓的对冲，你们能判断出其中的风险吗？

监管人员：您讲的话切中要害，这里的风险很难排查。在检查时，我们看到的信息都是投行提供的，而投行是证券化产品的卖方，它们在里面有自己的利益。

目前，监管部门已经关注了这个问题，并且正在修改规则，限制此类行为。

这戏还没完，只是我不知道将如何收场。随着时间的推移，越来越多的人会发现，储贷行业的生意太难做了。

现在，很多业内人士已经感受到了艰难。有的储贷机构曾经不缺钱，现在却陷入窘境，被迫融资；有的储贷机构本来很重视资产质量，现在却因为业绩太低，而不得不做出妥协。

提高存款保险金、加强监管，法律的变化加重了储贷机构的负担。每个月，在我的办公桌上，关于行业法律更改的文件，堆得像一座小山。有已经做出的更改，也有即将做出的更改。我发现，这么多文件，连律师都看不过来，更别提外行了。

法律变化很大，合规成本明显增加。面对纷繁复杂的法律变化，监管人员一时也很难适应。我们不妨问问在场的监管人员。你们觉得能跟上现在法律变化的步伐吗？

监管人员：完全跟不上。

看看吧，这变化，连监管人员都跟不上了。

谁让现在的形势这么紧迫呢？不赶快采取措施，不行啊。监管机构已经在努力了。我们的大多数监管人员都是聪明正直的人。问题在于，他们肩上的担子实在太重了。

在座的监管人员正在审计互助储蓄。请问你们已经工作几天了？

监管人员：有六个星期了。

审计我们这样一家小公司尚且需要这么长时间，如果要审计一家问题重重的大型储贷机构呢？

监管人员：最近我们审计了一家濒临破产的储贷机构，用了九个月的时间。

感觉快崩溃了吧？我想起了很久以前遇到的一位国税局审计员。他是来蓝筹印花公司做审计的。这位审计员在国税局工作了18年，专门负责调查税务欺诈案件。他遇到的形形色色的人，都是骗子，一张嘴就说谎。

干这行18年了，无论看谁，他眼睛里都带着凶光，那眼神就像一只疯狗一样。这个人非常不好相处。我很理解他。看到了太多的丑恶，很容易对周围的世界充满敌意。让我去审计一家声名狼藉的储贷机构，看高管睁着眼睛说瞎话，我肯定受不了。每天都要面对人渣，怎么能不崩溃？

骗子见多了，有的监管人员会觉得所有人都像骗子。工作久了，有的监管人员不愿太较真了，实在是心力交瘁了，于是，他们选择得过且过。

我不是要批评监管人员。审计恶劣的储贷机构，如同打一场艰苦的持久战。谁都不可能在残酷的战场上坚持很长时间。

本·格雷厄姆教我们的重要一课

在哥伦比亚大学读书时，无论是物理、数学，还是音乐、文学，本·格雷厄姆每个科目都名列前茅。他能很流利地讲希腊语和拉丁语，用拉丁语创作诗歌。格雷厄姆知识渊博、天赋过人。

在格雷厄姆的学生里，有些人关系很要好，他们定期组织活动，把大家聚到一起。有一次，大家把格雷厄姆也请来了。在这次聚会上，格雷厄姆把事先准备好的一个小测验拿了出来，考大家。出席那次聚会的人，平均智商怎么也得在 150 以上。

格雷厄姆准备的小测验很简单，都是是非题，只要打钩打叉就行。虽然都是是非题，在参加那次聚会的所有人之中，包括本人和沃伦·巴菲特，只有一个人答对了超过半数的题目。

怎么会这样呢？因为格雷厄姆是个非常聪明的人。他在题目中故意设置了陷阱，让我们都中计了。答对最多的那个人，真会做的只有三道，其他都是蒙的。连蒙带猜，才勉强答对了一半多点。

格雷厄姆始终没告诉我们，他给我们上这一课，是想让我们明白什么道理。我觉得，他是想让我们知道：如果比你聪明很多的人要骗你，你再怎么判断和分析，也很难不受骗。

制定一套奖励丰厚的销售制度，招聘一批高智商的员工，告诉他们，他们的工作是向储贷机构大量推销采用复杂策略的产品，卖不出去，不准吃饭。这些销售员能不拼吗？肯定都挖空了心思，把储贷机构忽悠得团团转。

也许大多数储贷机构的高管定力很强，能不为所动。反正格雷厄姆设置陷阱，让我和沃伦·巴菲特上当，我们是没逃过去。

好在本·格雷厄姆是个天才，在我们遇到的人中，很少有像他那么聪明的。另外，我们很清楚自己的不足，很清楚有很多事我们做不到，所以我们谨小慎微地留在我们的"能力圈"之中。"能力圈"是沃伦提出的概念。

沃伦和我都认为，我们的"能力圈"是一个非常小的圆圈。

我年轻时，有个朋友说："芒格只研究自己生意里的那点事，和他的生意无关的事，他一概不知。"在自己的已知与未知之间，我们画出明确的界线，我们只在已知的圆圈内活动。

风险套利如同发放贷款

我们做的风险套利是跟本·格雷厄姆学的。当机会出现的时候，我们会做风险套利这种投资。风险套利的机会出现得很少，发现风险套利的机会，西科还是会做的。举个例子，一家公司发布公告，宣布将以现金或其他形式出售公司，交易将在 60 天后达成。交易达成，则股东将得到 90 美元。有时候，我们有机会在市场上以 85 美元左右的价格买入股票。

这样的操作和发放贷款差不多。发放贷款要判断信用风险，做这种风险套利要判断交易达成的可能性。风险套利本质上和发放贷款类似。风险套利这种投资方法是本·格雷厄姆研究出来的。在我们做风险套利之前，本·格雷厄姆已经做了 30 多年了。

格雷厄姆是犹太人，他把风险套利称为"犹太人的短期国债"。历史上，犹太人流离失所、四处漂泊，他们别无选择，只能从事银行业。久而久之，犹太人成了精通银行业的民族。他们进入金融市场，把银行业发放贷款的做法也带到了这里，这就是风险套利。

把格雷厄姆和巴菲特的投资经历加起来，在风险套利方面，我们已经积累了 60 多年的经验。长期以来，我们做风险套利实现了良好的收益。我们做风险套利还没遭遇过重大损失。将来，我们一定会有失手的时候，这个我可以向大家保证。风险套利这种投资不是万无一失的。

风险套利是发放贷款的另一种形式。从我们的性格和经验方面来说，我们适合做这种投资。

最重要的知识，商学院没教

在商学院，能学到很多知识。商学院教了很多有用的东西。但是，有一项重要的知识，商学院没教。商学院没教学生如何分辨好生意、一般的生意和烂生意。

现在的商学院总是教学生从经理人的角度看公司，研究一家公司如何管理。商学院应该多教学生从证券分析师的角度看公司，研究一家公司是否值得买入。学会了从这个角度分析，经理人会发现，很多管理问题都迎刃而解，他们能更好地管理公司。

我希望斯坦福法学院的商科课程能吸收现有商学院的长处，并补足短板，教会学生如何辨别生意的好坏，把商科教育做得更好。

当年，沃伦·巴菲特在哥伦比亚大学商学院读书，师从本·格雷厄姆。格雷厄姆绝对是名师大家，而巴菲特则是他的得意弟子。格雷厄姆把投资技艺传授给了巴菲特，但从来没教他如何区分好生意和烂生意。即使是大型机构，也难免百密一疏。就连我们最顶尖的教育机构，也存在盲点。

商学院需要大公司的捐赠，商学院的毕业生需要到大公司就业。所以说，从自己的利益出发，商学院不可能谴责大公司的不良行为，除非一家大公司已经遭到全社会的谴责，那商学院倒是可以跟着进行批判。即使是在商学院的象牙塔中，受利益驱使，也不能完全保持客观公正。

本·富兰克林说过："结婚之前，擦亮双眼。结婚之后，睁一只眼闭一只眼。"商学院就是这么做的。它们已经嫁给了大公司，有些事情，只能睁一只眼闭一只眼。

低级垃圾债，如镜花水月

大家可能记得，伯克希尔曾经大量买入华盛顿公共电力供应系统（Washington Public Power Supply System）的免税债券。我们做这笔投资的时候，市场气氛风声鹤唳，关于这家市政公司即将破产的新闻铺天盖地。我觉得，在别人避之唯恐不及的地方发掘投资机会，是一种很好的投资方式。我不是说，垃圾债市场中遍地黄金，谁都能在垃圾债市场中捡钱。**但是，在垃圾债市场中，好机会肯定是有，我们也会去找。**

本·格雷厄姆讲过，高等级公司债往往不值得投资。高等级公司债的收益率只比国债收益率略高一些，向上的潜力丝毫没有，向下的风险却特别大。

在过去，大公司刚发行的债券都是高等级的，等到后来出现了违约，信用状况则一落千丈。这时候，本·格雷厄姆可能从中发现一些机会，他会说："现在这个债券值得买了：一方面，向上的潜力很大；另一方面，有大量资产价值做缓冲，向下的保护很充足。加权计算上涨和下跌的概率，得出的净期望值很高，值得投资。"

在座的许多人都觉得，现在很难找到好的投资机会。不妨去垃圾债市场翻一翻，也许能找到一些机会。

我们观察到了一个巨大的风险，特别要提醒在场的储蓄行业监管人员，这个风险或许应该引起重视。过去，储蓄监管法律明确规定，储蓄机构只能投资第一级的抵押贷款。20 世纪 30 年代，市场下跌幅度超过了 50%，第二级和第三级的抵押贷款全部灰飞烟灭。96% 到 99% 的第二、三级抵押贷款蒸发了。有鉴于此，监管机构明令禁止投资次级抵押贷款。

近年来，垃圾债疯狂吸纳资金。投行把债务分成了很多级，一级、二级、三级、四级，最低能到六级。

过去，大多数债务只有第一级，少数情况下，有第二级。**现在，垃圾债搞得层层叠叠的。冷眼看，都是镜花水月。市场真大跌了，这些垃圾债，60%、70%、80%，甚至 90%，都会变成废纸。**

迈克·米尔肯（Mike Milken）那帮人，四处兜售他们的理论，鼓吹第六级的债券很安全，更高的收益率平均下来可以抵御风险。如果公司发行的债券只有一个层级，那倒有可能。但像现在这样一层叠一层，只要稍微有个风吹草动，最底层的人就被横扫了。米尔肯的那一套纯属胡扯。

有些社会地位很高的商学院教授，也出来撰写论文，为米尔肯的理论提供学术支持。他们这是昧着良心说话。常言道："拿人家的手短，吃人家的嘴软。"

这些专家从金融理论中搬出一大堆公式唬人，其实根本经不起推敲。真正用金融理论严格地分析，可以很容易得出结论：最底层的第六级抵押贷款，市场稍一下跌，就可能出现 90% 的违约率。

被收买的专家学者们，好比是在通过分析一堆橘子的数据，来预测长颈鹿的预期寿命，纯属胡说八道。伽利略（Galileo）说过，数学是上帝的语言。商学院的教授们用公式说谎，他们玷污了"上帝的语言"。

一帮人胡说八道，学术界帮腔作势，成百上千亿美元的低层级垃圾债满天飞，储蓄监管机构有麻烦了。

如果你打算投资垃圾债，那可要小心了。买入优先级非常低的垃圾债，在市场全面下跌时，风险非常大。即使是高度分散的第六级垃圾债，也能让你亏损 95%。这和汽车贷款不一样。做汽车贷款，偶尔可能出现损失一辆车的情况，例如，有人用这辆车贩毒，车被没收了。从统计上看，这种情况造成的损失是可以承受的。第六级垃圾债与汽车贷款不同。如果把第六级垃圾债比作车贷，可以说，在第六级垃圾债中，存在所有车辆都被没收的风险。

我们老派而保守，总是留有充足的安全边际

西科旗下有一家业务规模比较大的保险公司，现在它承销的保险业务量很低。我们已经暂时选择了用脚投票。

无论是在我们的储贷业务，还是圣巴巴拉市的房地产业务，我们都留有充裕的安全边际。想让我们出现巨大亏损，没那么容易。除非整个社会都遭了大灾，人们都活不下去了，那我们才会陷入困境。

有一次，有人向哈佛大学的校长德里克·博克（Derek Bok）提出了同样的问题。那时候，哈佛大学的捐赠基金规模最大，哈佛大学的学术声誉和社会影响力都处于巅峰时期。有人问博克教授，如果政府持续削减投向高校的教育经费，哈佛大学会受到怎样的影响。博克沉吟了片刻，回答道："我们不会是第一个倒下去的大学。"

我们发放贷款的时候就谨小慎微，留足了安全边际。我们发放的贷款占资产评估价值的比例较低。我们发放贷款的信用标准设置得很高。我们持有的长期贷款，99.999% 都是安全的。在我们持有的贷款中，很多属于房产价值高、贷款金额低的情况，例如，房产价值 40 万美元、贷款金额两万美元。

虽然我们已经很保守了，但还是会零星出现违约的情况，可能是借款人得了老年痴呆，或者到了酗酒晚期。几百笔贷款，做到了足够保守，有可能实现整体零亏损，但很难避免个别违约。有些借款人总是不能按时还款，这一部分贷款在我们的贷款总量中占 0.5% 左右，但是我们有足够的抵押物价值做担保。

与很多储贷机构不同，我们对贷款金额没限制，100 万美元的住房贷款，我们也能做。但是，在发放高额贷款时，我们会考虑具体是在什么地区。而且，我们会要求首付比例不低于 40%。

我们只在人口稠密、开发成熟的地区发放贷款。例如，奥马哈这样的地方，虽然有大片的玉米地，但是它有很多成熟的社区。在南加州的一些地方也可以。南加州有些地方依山傍水、气候宜人。在这样的地方，只要有 40% 以上的安全边际，即使发放 100 万美元的贷款，也非常安全。

我们不在得州或俄克拉荷马州发放贷款。几年前，我们的一位员工，在人烟稀少的棕榈泉发放了贷款，造成了损失。棕榈泉位于炎热的沙漠之中，严重缺水，去酒店只能乘船，还有很多火山。所以，我们吸取了教训，再也不敢去环境恶劣的地方了。那样的地方，利率低、风险高，可能出现严重的损失。

西科是一家老派保守的公司。我们所有的董事坐在一起，传阅审查贷款文件。

我们的贷款业务规模不大，我们的业务员很少，我们不想随便把贷款的权力下放给许多人。我们把发放贷款的权力控制得很严，不设贷款任务指标，没有繁多的管理层级和复杂的官僚主义。在内部，发放贷款的权责很清晰。我们做出这样的安排，是为了竭力避免严重的贷款损失。

即便如此，将来还是会有出现损失的时候。但是，我们不至于出现严重的贷款损失，伤害股东的利益。这一点，我们敢和任何一家储贷机构比。

房地产贷款业务到底该怎么做？我想从加州的供水系统说起。当初，在设计供水系统时，参考的是很短一段时间内的气象记录。短期的记录很详尽，长期的记录没那么详尽，所以做设计的人只考虑了短期记录。如果把几百年前的情况都考虑在内，他们就会发现，他们设计的供水系统有缺陷，没办法应对严重的旱灾。

这种情况普遍存在。有些信息包含具体数字，一是一、二是二，有些信息没什么具体数字，比较模糊。于是，人们只看有具体数字的信息，只用这部分片面的信息做决定。更重要的那部分信息，虽然对得出正确认知结论很重要，但因为比较模糊，没有准确数字，直接被扔到了一边。

我可以明确地告诉大家，在西科、在伯克希尔，我们对这种现象保持着高度警惕。我们始终牢记凯恩斯（Keynes）勋爵的箴言，这也是沃伦经常引用的一句话："宁要模糊的正确，也不要精确的错误。"**对于至关重要的信息，没有准确数字，我们会尽力估算，绝对不会只靠准确的部分信息做决定。**

开展房地产贷款业务，同样是这个道理。例如，过去五年，所有机构的住房贷款业务都很顺利。现在有些机构开展住房贷款业务，只要求一成、两成的首付，它们肯定是只看到了过去三五年的好年景，以为将来还是如此。现在做首付低至两成以下的住房贷款，按过去五年的经验看没问题，也符合储贷行业的一般标准，也没违反监管机构的规定，但是将来说不定什么时候，可能出现严重亏损。把眼光拉长，参照更长时期的历史数据，就会发现目前绝大多数的住房贷款存在风险。

我能看懂房地美，也看好它的发展

我们仍然看好房地美。只要房地美继续严防信用风险，将来不愁不赚钱。

我在年报中说了，房地美的生意是好生意，我们的生意和它没法比。没有大批监管人员对它进行审计，它用不着支付这项合规成本。它没有上一级的监管部门，不必缴纳存款保险金。只要房地美坚持做好自己，它将来能赚很多钱。

房地美的生意模式非常好，基本上能避免利率风险。房地美做的是好生意。

房地美将来有没有可能陷入政治纠葛、染上官僚习气，把自己的好生意毁掉呢？现在我没看到有这个迹象。我非常欣赏房地美的董事。例如，第一银行（Bank One）的麦考伊（McCoy）。第一银行的经营记录在业内首屈一指。麦考伊是个非常有能力的人。还有亨利·考夫曼（Henry Kaufman），他被誉为"末日博士"，曾任职于所罗门兄弟公司。考夫曼绝对是一个对风险嗅觉非常敏锐的人。房地美的董事会阵容很强大。

房地美的管理很严。房地美有个特点，它对很多房地产开发商一上来就抱着非常不信任的态度。这就对了。房地美甚至有专门的规定，与很多开发商打交道的时候，就是不信任它们。有人可能会问，房地美是政府为支持住房抵押贷款市场而设立的，怎么能如此排斥开发商呢？房地美不是对所有开发商都采取排斥的态度，而是具有严格的把关标准。房地美一开始就很清楚，市场中可能存在大量不良行为。它这么做是对的。

我们有很多老股东，之所以长期持有西科，不也是因为认同我们的行事风格吗？互助储蓄也和房地美一样，有很严格的把关标准，在选择开发商时非常挑剔。我们都已经严格挑选了，还是会遇到开发商跑路的情况。有的开发商资金链断了，没法继续还款，也没法继续施工，只留下一堆烂尾的楼盘。这些开发商还都是社会名流、正派人士，并非偷鸡摸狗之徒。如果他们是品行不端的人，我们一开始也不会和他们合作。所以说，就算严格把关，还是有马失前蹄的时候。至于那些不严格把关的储贷机构，早亏得找不着北了。

房地美不是麻木不仁的官僚机构，对于房地产开发商可能带来的巨大风险，它有着清醒的认识。房地美总是不断地完善程序，封堵漏洞，把问题消灭在萌芽之中。与置身于大多数银行相比，置身于房地美之中，我感觉更踏实。我觉得我更能看懂房地美，也更看好房地美的前景。

房地美健康发展，能赚很多钱，实现很高的资本收益率。唯一有一点，让我不满意的是，去年它没有增加派息。我觉得，作为一家金融机构，房地美要提高自己的声誉，应该每年都稳定地提升股息。如果我是房地美的管理者，我会每年都提升股息。

作为一家大型上市金融机构，每年都稳定地提升派息，可以在股东群体中形成良好的声誉，进而在整个社会中提升影响力。我认为，应当将派息比例维持在保守水平，但每年都提升股息。伯克希尔·哈撒韦不派息，但房地美和伯克希尔不一样。

房地产小开发商遭遇信用紧缩

监管部门修改了规则，限制了对单个开发商提供贷款的规模，这确实给很多房地产企业造成了信用紧缩，进而在一定程度上减少了住房的供给。受影响的主要是小型房地产开发商，它们规模太小，没办法从花旗等大型银行获得信用额度，只能从储贷机构融资。现在，融资政策收紧，小开发商扩张的能力受到了限制。房地产开发市场确实出现了一定程度的信用紧缩。

在现有住房市场，没出现信用紧缩的现象。一些房贷出现违约，或是因为之前房价炒得太高，或是因为部分地区的经济出现了大滑坡，与监管部门无关。监管部门并没有收紧现有住房市场的贷款。

货币市场基金把铜板赚尽，早晚会崩

目前，商业票据还没造成太大的损失，但是，不排除商业票据出现集中违约的可能性。赚尽最后一个铜板，这是银行和储贷机构犯过的错误。如今，货币市场基金重蹈覆辙，也想赚钱赚到尽。

在伯克希尔的不同时期，我们制定过管理闲置资金的各种规定。为了防范风险，我们制定的规矩，恰恰是不赚最后一个铜板。例如，我们会规定：参照高信用等级的标准收益率，如果某品种的收益率高出 0.125%，则禁止投资。一笔投资，利率超出了正常水平，我们绝对不碰。另外，对于发行人，我们也有限制条件，只投资符合条件的发行人的品种。

货币市场基金和当年的储贷机构没什么不同，要赚尽最后一个铜板，无非是想把业绩做得漂亮，虚增资产，管理层好从中分一杯羹。为了中饱私囊，管理层有美化业绩的冲动，自然想方设法把钱赚尽。太尽了，早晚有崩的一天，就像洛马普里塔（Loma Prieta）[1] 突然爆发了大地震。

货币市场基金这个生意还是很赚钱的。在今年的伯克希尔股东会上，有股东问我，为什么不把互助储蓄变成一家货币市场基金。我都不知道怎么回答好了。

天生丽质的公司，经得起时间的考验

在伯克希尔与西科之间，一笔投资，谁来做、做多少，我们不是分得很细。主要是看机会出现的时候，谁正好有现金。伯克希尔收购 PS 集团的时候，西科的资金已经用在别的地方了。

另外，当时我人在欧洲。这笔投资，西科没做，没什么大不了的。

世上不存在 100% 的确定性。很少有投资，能让我们称为高确定性。《华盛顿邮报》(The Washington Post) 和可口可乐算是确定性最高的了，其他的投资都没法和它们比。

房地美和可口可乐做的是高收益率的生意，我们间接持有它们的股份。像可口可乐这样的投资，最能经得起时间考验。

这几家公司都经营管理得很好。它们天生丽质，谁来经营都差不了。这种好公司的股份，我们会牢牢抓在手里。

我们在西科的年报里讲过，我们的生意不是能躺着赚钱的，储贷生意很难做。西科不是迷你版的伯克希尔。在防范亏损方面，西科和伯克希尔一样，丝毫不敢大意。在资产质量方面，在生意的质地方面，与伯克希尔相比，西科望尘莫及。西科的底子很薄。[2]

如果伯克希尔的股价大涨，西科的股价大跌，两者的股价一个天上、一个地下，那你们抢着买西科，或许还有一定的道理。按现在的实际情况，换作是我，我才不会以为西科盘子小、潜力大，抢着买西科，不买伯克希尔。买西科、不买伯克希尔，是脑子糊涂了。

现在没"桶里射鱼"那么简单了，管理层却热衷收购

做每一笔投资，我们都希望我们的预期收益率高于平均水平。最近几年，大的投资机会很少。20 世纪 70 年代早期，出现了很多机会，我们感觉就像"桶里射鱼"一样。现在可不行了。

现在我们手里持有大量资金，却找不到足够的机会，只能做一些预期收益率很一般的投资。

例如，最近我们买了一些可转换优先股，预期收益率就很一般，只是比市政债和国债强一些。买大公司的可转换优先股，买的时候，我们就没指望能赚什么大钱。[3]

现在要想买到好公司、价格还合适，非常难，用现金收购更难。如果自己公司的股票是高估的，用自己公司的股票收购同行，倒也不吃亏。至于像我们这样用现金收购的，那就难了。特别是最近一段时间，非常难。

现在人们热衷于收购。刷厕所、搬砖头，这些脏活累活没人干。收购多潇洒，大家都抢着干。管理层喜欢四处收购。再说花的又不是自己的钱，为了把收购做成，管理层总能编出很多理由。

最新一期的《经济学人》(*The Economist*)中有一篇文章，分析了管理层和股东之间的利益冲突问题。这篇文章长达 20 页。《经济学人》经常刊登精彩的长篇文章。

在文章中，作者引用了亚当·斯密（Adam Smith）的观点，提出了管理层和股东之间的利益冲突问题。在大公司中，股东是分散的，股东聘请的经理人控制着董事会，管理层不可能尽心尽力地为股东管理公司。

作者说，有两家公司用它们的实际行动表明了，经理人以公司所有者利益为重，才能造福股东。这两家公司一个是伯克希尔·哈撒韦，另一个是汉森工业（Hanson Industries）。作者还认为，经理人以公司所有者利益为重，也能提高效率、减少浪费，进而造福整个社会。

快进快出、唯利是图，不是我们的行事风格

西科不会随意卖出子公司。伯克希尔不会因为旗下的子公司遇到了困境，就一卖了之。只有当子公司出现我们根本无法解决的问题时，我们才会卖出。一家子公司，管理层诚实正直，在行业中表现中规中矩，但盈利能力不让人满意。遇到这样的情况，我们就吸取教训，以后不做类似的投资了。但是，我们不会把它卖掉。我们不会像打牌一样，抓一张、扔一张。

沃伦·巴菲特在伯克希尔的年报中讲过，随意卖出子公司，那不是我

们的行事风格。我都想不起来，上一次伯克希尔卖出子公司是什么时候了。也许是卖出联合零售商店（Associated Retail Stores）那次。联合零售商店，我们确实经营不下去了。买方是一家储贷机构，它想开拓商业贷款业务。

我们觉得，联合零售商店，我们实在经营不好。那家储贷机构觉得，它买过去之后，可以为它提供贷款。后来，这家储贷机构也没成功。

西科不打算出售它旗下的任何一家子公司。唯利是图、倒买倒卖，那不是我们的风格。我们也不绝对保证，永远不出售任何一家子公司。

最可能被我们卖出去的，也许是储贷业务。如果整个监管环境让我们无法生存下去，我们会选择卖出。这样的情况，应该不至于出现。

注释

1　1989年，美国加州的洛马普里塔发生了7.1级大地震，造成约62人死亡，超过3700人受伤。

2　在1989年的西科股东信中，芒格谈到了西科的问题：

"在西科的全部内在价值中，只有很小的一部分具有商业优势，能保证长期实现较高的资本收益率。西科的母公司伯克希尔·哈撒韦则完全不同。在伯克希尔的全部内在价值中，大部分是好生意，能长期获得较高的资本收益率。

西科的底子薄是天生的。当年，西科的母公司收购西科时，西科就非常孱弱。那时候，除了一些现金，西科旗下只有互助储蓄一家主要企业。互助储蓄的主营业务是吸收活期存款，发放固定利率的长期贷款。

在进行这笔收购时，本来有更好的投资机会，但我们被西科便宜的价格吸引住了，只看到它的价格比清算价值还低，于是做了一笔不划算的投资，买了一家内在价值并不高的公司。

低价买入质地较差的公司，除非能迅速转手卖出去，否则长期持有，只能获得中等偏下的收益。买入时低廉的价格，看似让你占了便宜。时间长了就会发现，任凭你怎么努力，这种公司都难以摆脱平庸的本质。

虽说我们也有点睛之笔，例如，1985年投资通用食品公司，获得了丰厚的收益，但西科终归是一家平凡的公司，我们没有化腐朽为神奇的能力。

好生意内在价值高，如同兔子。普通生意内在价值低，如同乌龟。西科是一只与兔子赛跑的乌龟，而且是一只不好动的乌龟。"

3　在1990年的西科股东信中，芒格总结了1989年期间西科及其子公司投资的可转换优先股的情况：

"（1）吉列（Gillette）

1989年7月20日，西科金融保险公司投资4000万美元买入吉列公司新发行的可转换优先股。该股票每年派发 8.75% 的股息，吉列必须在 10 年内赎回，并可按每股 50 美元的价格转换为吉列普通股。沃伦·巴菲特已经加入了吉列的董事会。

（2）全美航空（USAir）

1989 年 8 月 7 日，西科金融保险公司投资 1200 万美元购入全美航空新发行的可转换优先股。该股票每年派发 9.25% 的股息，全美航空必须在 10 年内赎回，并可按每股 60 美元的价格转换为全美航空普通股。

（3）冠军国际（Champion International）

1989 年 12 月 6 日，西科和它的一些子公司投资 2300 万美元买入冠军国际新发行的可转换优先股。该股票每年派发 9.25% 的股息，冠军国际必须在 10 年内赎回，并可按每股 38 美元转换为冠军国际的普通股。"

1991年 西科金融股东会讲话

编者按

在 1991 年 3 月致西科金融股东的信中,查理·芒格披露了公司 1990 年的营收数据:1990 年合并净运营收益(不计投资收益)为 2503.8 万美元,每股 3.52 美元;合并净收益为 2542.9 万美元,每股 3.57 美元。

1989 年和 1990 年的合并净收益分解如下(收益单位为千美元,每股单位为美元):

	1990 年 12 月 31 日		1989 年 12 月 31 日	
	收益	每股	收益	每股
"经常性"净运营收益:				
互助储蓄	4099	0.58	4191	0.59
西科-金融保险业务	14924	2.10	14276	2.00
精密钢材业务	1985	0.28	2769	0.39
其他"经常性"净运营收益	4030	0.56	3178	0.45
	25038	3.52	24414	3.43
出售有价证券的收益	391	0.05	5920	0.83
西科合并净收益	25429	3.57	30334	4.26

1991 年时，美国仍没有从 1987 年开启的这一轮衰退中走出来，房价更是跌至 1982 年以来的最低点。这让息息相关的银行股承压。富国银行坏账增多，当年提取了 13.35 亿的减值拨备，造成净利润接近零。而从 1989 年开始，伯克希尔却在陆续买入富国银行的股票，哪怕前期仓位腰斩被套也是越跌越买，越买越多。在今年的股东会上，芒格就历数了富国银行和这笔投资的可取之处。

美国经济当时陷入困境在很大程度上是由于针对公司和个人的信贷都过于宽松，芒格也重点谈论了对负债的看法。此外，他对怎样从自身和他人（本·格雷厄姆、亨利·辛格尔顿）的错误、局限中不断学习的评述，也给我们不少启发。

弹药充足，总有机会

目前，我们确实遇到了这个问题，持有大量现金，却找不到特别好的投资机会。**钱多机会少，总比钱少机会多强。**

现在我们是找不到好机会。以前，我们不也有好长一段时间找不到好机会吗？然后，大量买入房地美股票的机会就从天而降了。因为那时候我们抓住了买入房地美的机会，现在我们账面上已经赚了几千万美元。

我的搭档沃伦·巴菲特讲过，手握大量资产，可以自由配置，就像手握棒球棒，等待好球扔过来，愿意等多久都可以，你不挥棒击打，也没人罚你出局。我们过去的耐心等待都是值得的。现在我们仍然耐心等待，将来还是会有收获。现在我们眼前确实没什么好机会，我们的股票没什么利好。

我们是没好机会，但我们的境况比很多银行和储贷机构可强多了，它们正深陷泥潭呢。

只要我们坚持到底，就能等到机会。如果保险行业还是每年保费仅提高 3%、损失却上升 10%，终有一天，行业会爆发巨亏。等到全行业都陷入严重亏损，价格就该上来了，那时候就有机会了。

现在我们没机会，等到行业形势转变以后，我们雄厚的资本就有用武之地了。

强生做得好，从错误中吸取教训是一种美德

有人发现了今年的年报中存在错误，感谢帮我们挑出了这个错的人。

最近，我结识了强生公司（Johnson & Johnson）的首席执行官。他给我留下了很好的印象。他告诉我，他们定期反思和总结自己的收购策略。每过五年，他们会把所有高管集中起来，逐一剖析过去一段时间做过的所有收购，回顾当初收购的逻辑是什么、总结收购成败的经验和教训。当初提出收购建议的经理人都出席会议：收购成功的，得到表扬；收购失败的，接受批评。

这样的制度非常好。如果人人能养成自我反省的习惯，可以推动整个社会文明的进步。很多人总是逃避，不敢面对自己的错误。强生公司做得好，不怕接受批评、不怕丢面子。从失败和错误中吸取经验教训，这是一种美德。

如何看待负债？

就我们自己而言，西科现金流充裕，负债水平非常低。我们一直避免债台高筑。多年来，我们把负债保持在较低的水平，一直经营得很稳健。

一家公司，日子过得好好的，很舒服、很安稳，上杠杆纯属瞎折腾。多赚那点钱，不值得。我有个朋友，他说过这样的话，"一夜回到起跑线的滋味，不好受，我再也不想尝那种滋味了"。

我们天生就是谨小慎微的人，总是如临深渊、如履薄冰。我们要是追求创造全世界最高的收益率纪录，那我们早就采取高杠杆了。我们没那个野心。

至于整个国家的负债水平如何，是否太高了，这个问题倒真让我们担忧。现在，为了刺激经济，国家大力支持消费信贷。我个人对这样的政策保持怀疑态度。消费信贷大开方便之门，很多人如同酗酒一样，深陷其中无法自拔，每个月都把信用卡刷爆。我觉得，这样的现象对我们的文明有害无益。

日本人和德国人不提前消费，他们的经济制度比我们的更健康。我非常不赞同提前消费。

还有，我们的很多公司也负债累累，被垃圾债搞得乌烟瘴气。有些人为了牟利，不择手段。国家应该立法，禁止滥用垃圾债的行为。垃圾债的始作俑者应该感到羞愧。

我们确实需要一套允许个人破产的制度。推销消费信贷服务的业务员，他们有很多套路，特别会操纵人们的心理，人们很容易被他们说服，掉进利率高达 20% 的陷阱。这就像很多人都被劝着喝酒，其中有 10% 一定会成为酒鬼。

美国如此大规模地提倡消费信贷，将来可能有 15% 到 20% 的人被信贷牵着鼻子走，成为消费信贷的受害者。有些人深陷消费信贷，无力偿还。放贷机构先诱使他们消费成瘾，然后催收高额利息。我觉得，对于掉入消费信贷陷阱的人，不能让放贷机构把他们逼到绝路，而应该给他们一个申请破产、重新再来的机会。

允许个人申请破产是非常合理的，而且个人申请破产的流程也非常简单。发放消费信贷的机构是大公司，这点损失，它们承受得起。

可也有些骗子套取贷款，赖着不还。例如，在佛罗里达州，有些骗子申请贷款后买入 300 万美元的豪宅，然后利用当地的宅地法做挡箭牌，拒不还钱。很多骗子跑到了佛罗里达，骗了很多钱。

个人申请破产很简单，但公司的破产流程特别烦琐。很多公司的出资结构非常复杂，例如，有两种类型的股票，一笔银行贷款背后涉及 120 家银行，债务按照优先顺序分为六个层级。进入破产程序以后，怎能不陷入混乱？

大量普普通通的公司，债务危如累卵，最后肯定有一大部分会陷入困境，资不抵债。由于资本结构错综复杂，公司破产之后，收拾残局要付出极大的代价。

公司资不抵债后，各家银行因为贷款损失而相互指责，根本达不成一致。不同的债券持有人团体，为了保住自己的利益，带着各自的律师和代理人争执不休。债权人委员会也不能对推动进度起到多大的作用。

在公司这样的社会机构陷入困境之后，我们解决问题的机制非常低效。从最开始，就不应该允许公司使用极其复杂的高杠杆资本结构。

金融机构和投资银行把美国公司的资本结构搞得纷繁复杂、利益纠葛。这好比美国生产的汽车，坏了之后，不能直接修，必须把整车全部拆开，然后请 27 个律师介入。美国不能这样生产汽车，也不能这样搞公司的资本结构。

我们的公司破产制度效率太低，代价高、时间长，造成了大量的浪费。破产制度如此低效，持有各种股权和债权的机构只能眼看着事情毫无进展，一拖就是一两年。

美国公司的资本结构存在严重的问题，现有的破产制度和信托契约存在严重的问题，整个社会为处理破产公司付出了太高的代价。

富国银行有很多可取之处

正如沃伦在今年的致股东信中所说，富国银行（Wells Fargo）是一家管理有方的银行。富国银行拥有高效的分支机构。它所在的加州具有良好的经营环境。

富国银行吸收存款的成本比较低。从这方面来讲，富国银行与美国银行类似。美国银行也有高效的分支机构，能够以较低的成本吸收存款。与花旗银行（Citibank）、大通银行（Chase Bank）、化学银行（Chemical Bank）相比，富国银行吸收存款支付的实际利率成本都是比较低的。即使把经营分支机构的成本考虑在内，富国银行仍然具备明显的成本优势。

富国银行的分支机构还能给它带来大量利润丰厚的个人银行业务。总的来说，富国银行具有很明显的竞争优势。

另外，富国银行的管理层人品正直、能力出众，在控制成本方面特别严格。只要此次房地产危机的影响没到伤筋动骨的地步，富国银行一定能迅速恢复过来，并继续创造大量利润。

我们的买入价格非常保守。我们认为，眼前的困难很可能是暂时的，富国银行应该很快就会渡过难关。沃伦说了，按照我们买入的价格，就算这次富国银行亏 10 亿美元，也没什么大不了的，只是小浪花而已。

再说了，说不定还不至于那么严重呢。根据我了解的情况，最坏的时候或许已经过去了。我们确实摸不清楚，这次的危机有多严重。但是，我们已经考虑过各种可能的情况了，这笔投资和做风投差不多。富国银行有可能成为我们一直持有的一只股票。

富国银行这笔投资和可口可乐不同。买可口可乐的时候，按照我们的买入价格，只要长期持有，根本不可能亏钱。富国银行这笔投资有亏损的可能，但是它向上的潜力足够大，还是值得投资。我们也看好富国银行的管理层，愿意投资他们管理的生意。

根据我们的经验，就算你本人在富国银行担任信贷员，认真审查每一笔贷款，也仍然会遇到出乎意料的风险。再怎么做尽职调查，也很难预测未来的风险。

我们的时间是有限的，到底是该一笔一笔地仔细查账，还是靠察人识人做出大面上的判断？多年以来，我们形成了自己的一套办法。我们的办法很管用，所以我们也一直在用。

我从来没听说过，收购哪家银行，把账上所有的贷款都查一遍的。根本查不过来。**我们的做法是间接地判断贷款质量。我们主要观察管理层的为人处世，看他们的文化背景，从他们过去做过的事中寻找蛛丝马迹。**

美国很多银行向欠发达国家发放了贷款，结果无法收回。在所有银行中,富国银行是最敢于面对这个问题的。富国银行很快就把这些贷款毫不留情地进行了减记处理。别的银行都有借口,说:"政府要求我们做的。"富国银行的卡尔·雷查德(Carl Reichardt)则直截了当地说,那些贷款不该做,而且再也不做那种贷款了。雷查德是我们欣赏的类型。以前,我们与雷查德这样的人合作过,合作得非常愉快。

无论是西科,还是伯克希尔,都从来不做任何宏观预测。我们不知道此次加州的房地产危机会有多严重,也不知道银行会受到多大的冲击。我们没有做宏观预测的本事。

我们只是认为,加州的情况可能没很多人想象得那么严重。当然,我们也不能完全排除情况比较严重的可能性。

就商业地产而言,办公楼和酒店的情况比较惨烈,临街商铺的情况要好一些。办公楼和酒店普遍凋零,一片萧条冷清的景象。个别项目没什么问题,个别开发商仍然会信守承诺。

富国银行以房地产贷款起家,富国银行的高管都在房地产贷款业务中摸爬滚打历练过。我有位朋友,任职于另一家银行。他说过这样一句话:"所有骗人的伎俩,我都清楚。大多数骗子,我都认识。"这种经验是非常宝贵的。

富国银行的高管是从洛杉矶老牌的联合银行(Union Bank)中走出来的,他们继承了一种严格审慎的文化。他们在年轻时受到了严格的训练。他们的经验是富国银行宝贵的资产。我估计,与其他银行相比,富国银行受到的损失会少一些,恢复的速度也会快一些。

另外,加州的移民源源不断,他们可以给它的房地产市场不断注入活力。新英格兰地区的人口持续流出,而加州的人口持续流入,两个地方的房地产市场自然存在天壤之别。加州的银行可能遭受严重的损失。但受益于移民潮,加州的房地产市场必然会再次兴旺。只要能挺过去,加州的银行也能再次走强。

关于房地美的三个问题：意外损失、高杠杆、更多买入

房地美也会遭遇意外损失

像房地美这样的大型金融机构，总是存在一些难以预料的风险。[1] 我以前讲过，房地美的管理层头脑聪明、人品正直。我们觉得，我们自己也算是聪明、正直的，我们不也照样偶尔遭遇意外的损失吗？

任何一家高杠杆的金融机构，无论管理者多么尽职尽责，都可能遭遇意外的损失。

关键是遭遇意外之后，能否第一时间解决问题。在问题暴露出来以后，很多公司首先想到的是如何隐瞒，如何用会计手段蒙混过去。我们认为，应该不遮不掩、立即解决。

这次遭遇意外损失，房地美解决问题很及时。房地美如实地记录了损失，改革了程序，堵住了漏洞，防止类似问题再次发生。房地美的生意非常好，比我们的储贷生意好得多。正因为如此，我们才买了房地美的股票。

房地美是否用高杠杆实现了高利润？

只要能连续多年始终保持较高的净资产收益率，如何实现的高净资产收益率，没那么重要。有的公司靠专利，有的公司靠商标，有的公司靠规模效应，还有的公司靠善用杠杆、从不出现严重损失。如何实现的净资产收益率不重要，关键是能长期取得较高的净资产收益率。

为什么没有买入更多房地美？

按照惯例，我们不对这样的问题发表评论。我想说，我们也不是全知全能的。

有时候，好机会来了，我们能看懂，也抓住了。机会光看懂没用，抓住了才算数。有些机会，我们确实抓住了。

还有很多机会，我们看懂了，却没抓住。没抓住就没抓住，又能怎样

呢？我们发现，我们只能抓住几个确定性特别高的大机会，不可能对什么机会都特别有信心。

很多公司以为自己什么都能做、什么都行，结果样样不行。它们以为设立 27 个子公司，让每个子公司都在各自的领域独占鳌头，整个公司就会成为横跨 27 个行业的大集团。这样的想法愚不可及。

我们只在很少的时候，能看透重大的机会。

是否因新英格兰银行被其他州的银行收购而感到遗憾？

是的，我感到很遗憾。我支持选择同在波士顿的波士顿银行作为新英格兰银行（Bank of New England）的收购方。

我觉得我们国家的银行确实太多了。我认为联邦存款保险公司把资不抵债的银行卖出去是对的。但是，在选择买方时，我认为应该优先选择财务状况健康的本地银行，而不是其他州的银行。选择其他州的银行，最终联邦存款保险公司会支付更高的成本。

我不认为，把新英格兰银行出售给此次的买方，可以帮助联邦存款保险公司节省成本。此次被选中的买方获得了 KKR 公司的支持。KKR 公司的人确实都是精英，办事雷厉风行。但是，如果我是联邦存款保险公司，我会选择本地银行作为买方。

本·格雷厄姆很了不起，但也有盲点

格雷厄姆的《证券分析》（Security Analysis）中有一部分内容永远不会过时。但是，在《证券分析》成书之后的几十年里，我们学到了很多新东西。

格雷厄姆讲的买股票就是买公司，看内在价值而不是价格波动，这些永远不会过时。

本·格雷厄姆很了不起，但是他也有盲点。他不会欣赏好生意，不知道有些公司值得高价买入。

在某个版本的《聪明的投资者》(*The Intelligent Investor*)中,格雷厄姆在一条脚注中说,他长期实践自己的这套价值理论,取得了良好的收益,然而,最后因为偶然投资了一只成长股,他一下子赚了很多钱。这一只成长股给他赚的钱,竟然占到了他一生赚的钱的一半。

格雷厄姆没想明白的是,有的公司值得长期持有,能获得良好的收益,哪怕买入的价格是净资产的好几倍。可口可乐就是这样的股票,它现在的价格比净资产高很多。

大家可能会发现,我们不是全盘照抄照搬格雷厄姆和多德的经典理论。

亨利·辛格尔顿廉颇老矣,您和巴菲特呢?

这个问题问得很好。亨利·辛格尔顿(Henry Singleton)是个天才。在一系列收购的基础上,他创造了强大的企业集团,连续多年利润超过通用电气(General Electric),真是堪称奇迹。

可惜,奇迹总是会消失。公司总会经历跌宕起伏、兴衰更替。不管谁是公司的掌舵者,这些都是难免的。亨利·辛格尔顿的企业帝国失去了光辉,不是因为亨利·辛格尔顿廉颇老矣,而是因为他旗下的生意失去了竞争优势。

可口可乐没那么容易失去竞争优势。可以说,与辛格尔顿的企业帝国相比,伯克希尔旗下的生意具有更强的竞争优势。辛格尔顿创造的收益率比我们的高很多,他曾经连续多年长期保持 50% 以上的净资产收益率。他确实创造了奇迹。可惜,我刚才说了,奇迹总是难以持续。

早年间,我们做过印花票生意、经营过铝制品、开过纺织公司,还一度经营过一家生产风车的农具公司。有时候,沃伦和我都很好奇,如果我们从一开始就买好生意,那会怎样呢?

我们是花了很长时间,才学聪明的。

注释

1 在 1991 年的西科股东信中，芒格提到了房地美的这次损失：

"房地美的股票在 1990 年的市值下降了 27%（从每股 67.12 美元降至每股 48.75 美元）。下降的原因之一是公寓房贷款的意外损失，特别是在纽约和亚特兰大。因此，房地美明智地停止了其公寓房贷款购买计划中最明显的危险部分，但它仍然是一些旧贷款（幸运的是只占公寓房贷款总额的一小部分，也是贷款总额中非常小的一部分）的担保人或所有者，这些贷款将在几年内造成影响。房地美原来只与有诚信有能力的抵押贷款发放者和服务者打交道，后来却将杠杆资源扩展到了其他任何人那里。这就像一个人冒着失去他所拥有和需要的东西的风险，去获得他所没有和不需要的东西，是不明智的。"

1992年

西科金融股东会讲话

编者按

在 1992 年 3 月致西科金融股东的信中,查理·芒格披露了公司 1991 年的营收数据:1991 年合并净运营收益(不计投资收益)为 2287.2 万美元,每股 3.21 美元;合并净收益为 2952.2 万美元,每股 4.15 美元。

1990 年和 1991 年的合并净收益分解如下(收益单位为千美元,每股单位为美元):

	1991 年 12 月 31 日		1990 年 12 月 31 日	
	收益	每股	收益	每股
"经常性"净运营收益:				
互助储蓄	3644	0.51	4099	0.58
西科-金融保险业务	13986	1.96	14924	2.10
精密钢材业务	1414	0.20	1985	0.28
其他"经常性"净运营收益	3828	0.54	4030	0.56
	22872	3.21	25038	3.52
出售有价证券的收益	5825	0.82	391	0.05
出售止赎财产的收益	825	0.12	—	—
西科合并净收益	29522	4.15	25429	3.57

1992 年的股东会上充满了对各种错误的分析：所罗门、劳合社、IPO 市场、错过房利美、日本泡沫破裂、美国房地产市场严重衰退等。会上也有正面的展示：客观看待西科保险业务、房地美变中求进。归根到底，市场很艰难，但唯有坚持原则，明白简单的道理，强迫自己与众不同，为人做事踏实和诚信，才能长期走下去。

我们只看通过最低标准的机会

我们设有最低标准，只看通过了最低标准的机会。在过去整整一年，所有通过了最低标准的机会，没一个我们看上眼的。大多数被我们直接扔进了垃圾桶，还有很多超出了我们的能力圈或者是我们不感兴趣的。

大家可能觉得，市场中应该有很多好机会。其实，当前的市场比较特别。一方面，市场经历了一次彻底的去泡沫的过程；另一方面，真正质地优异的公司，股价非但没有下跌，反而上涨了。在我们眼里，有些公司天生丽质，具有稳固的竞争优势，能实现很高的收益率。现在市场虽然跌了，但我们眼里的好生意，在市场中的价格却更高了。

股市学聪明了，我们看好的生意，它也开始看好了，这自然给我们带来了困难。

西科的投资原则与伯克希尔的投资原则是一样的。沃伦把投资原则明确地写出来，应该主要是为了让自己记住，提醒自己不要违反这些原则。我们和所有人一样，虽然已经很小心了，但偶尔还是会违反自己的原则。

互助储蓄有可能收购破产的储贷机构吗？

只要合适的话，有这个可能。目前，我们还没看到什么好机会。银行业和储贷业陷入了混乱，谁都不知道最后会怎样。

我没想到，在银行业陷入混乱之后，竟然出现了这么大规模的整合。

我怎么也想不到，美国银行和平安太平洋银行（Security Pacific）竟然合并了。我到现在还反应不过来，不太敢相信平安太平洋银行已经变成了美国银行。这项合并的规模可真不小。

国民城市银行（City National）以前只是一家小银行，现在它已经跻身为加州第五大银行。真不知道银行业的格局还会如何变化。

储蓄和贷款行业同样出现了整合，但规模比较小，不像银行业出现了美国银行并购平安太平洋银行那么大规模的整合。如果真出现了富国银行合并第一州际银行（First Interstate）的情况，那加州的银行业可真要发生巨变了。那样的话，加州的银行体系将展现出全新的面貌，会变得更加合理，更接近加拿大的银行体系。

关注 IPO 市场犹如在下水道里淘金

目前的 IPO 市场，我们不会关注。今天上午，我恰好和别人谈到了一家正在谋求上市的企业。这家企业为了冲击 IPO，正在伪造利润表。我一清二楚地看到了伪造财务数据的过程。造假的手段简单粗暴。经过包装，不久这家企业就会加入 IPO 的行列。然而，我已经看到了这家企业的内幕，它的一切都是虚假的，没有任何长期前景可言。

目前的 IPO 热潮中存在严重的造假行为，而且是明目张胆地造假。为了赚钱，不择手段，没有任何顾忌。很多新股的招股书，读了我都觉得恶心，沃伦应该也读不下这样的东西。太恶心了，那感觉如同在下水道里淘金。

我从西科领取的薪酬是零，而且我已经到了退休的年纪了，我可不想捂着鼻子掏下水道。我们不关注 IPO 市场。

西科的保险业务与其他公司相比平凡无奇

西科有优势，但劣势也很明显

伯克希尔的保险业务拥有自己的员工。与其他大型保险公司相比，伯克希尔的保险业务员工人数算少的，但还是比西科多。西科的保险业务没有专门的员工。我们把保险业务中需要做的工作外包给了母公司，母公司只收我们很少的费用。我们的保险业务成本几乎为零。在全美国的所有保险公司中，西科的保险业务或许是平均成本最低的。我们没有专门的员工，成本低，这是我们的优势。可是，没有大量员工，我们也不具备开拓业务的能力。

伯克希尔的保险分部在全国只实现了 10 多亿美元的新增业务。伯克希尔的资本实力那么雄厚，10 亿美元的业务规模是非常小的。

伯克希尔尚且如此，西科就更不行了。除非是碰上千载难逢的机会，西科的保险业务很难再次兴起。

我们持有大量资金，却找不到条件合适的保险业务。只要条件合适，我们愿意在保险业务中投入几千万、几亿美元。

现在很难找到合适的保险业务，除非是经历了几十年的积淀，建立了一套独一无二的模式。例如，州立农业保险、盖可保险（GEICO），这两家公司都有自己独特的模式。它们的生意模式好、管理水平高，而且有几十年的历史。像它们这样的公司，不愁没有新业务。

我们西科就不行了。州立农业保险、盖可保险那样的公司不是随随便便学得来的。西科的保险业务实在平凡无奇。

与消防员基金保险公司合作的时机把握得很好

从现在的情况看，在与消防员基金保险公司的几年合作中，我们很可能会获得良好的利润。在我们承担的那一部分保险中，综合成本率略高于 100。但是，我们通过投资浮存金获得了收益，足以抵消赔付造成的损失。

从长期来看，西科有望从此次合作中获得良好的收益。

可惜，我们与消防员基金保险公司的合作已经到期了。我们从此次合作中获得的利润如同一口油井中的油，越采越少。按照合作协议，我们的浮存金不会再增加，而是每个月都会减少。

伯克希尔的浮存金是向上增长的，而西科的浮存金则是向下减少的。幸好在此次合作中，我们的时机把握得很好。

所有承销了大量责任险的保险公司都倒霉了。它们都得拨备大量资金，用于赔付石棉造成的疾病，以及其他各种与污染环境以及产品危害相关的风险。谁能想到保险公司要为过去埋下的风险承受如此之重的负担？

根据我们与消防员基金保险公司签订的协议，对于它在20世纪30—50年代签署的保单，我们无须承担责任。在将来的很长一段时间里，消防员基金保险公司等很多保险公司都将继续为历史风险买单。我们逃过了这一劫。

工伤险与车险不同

我还没和伯克希尔总部确认过，但西科和伯克希尔应该不会因为洛杉矶暴乱[1]受到冲击。

保险公司承保工伤险，可能受到政治因素的干扰。立法部门等政府机构可能突然更改法律规定，例如，司法系统突然修改司法解释，更改后的法律要求追溯保险公司的历史责任，导致保险公司承担巨额赔付。

对于开展工伤险业务的保险公司而言，政府更改法律可能给它们造成巨大的损失。工伤险是一种长尾险种，政府有权界定赔付范围。

虽然有政治因素的干扰，但是有的保险公司兢兢业业地耕耘这个领域，还是能取得不错的成绩，特别是处于领先地位的几家保险公司。我认为，工伤险这个业务很难做，它存在意外的干扰因素，面对着法律更改的不可抗力。处于领先地位的公司也许能把工伤险做好。

工伤险业务存在长尾风险，可能因政府更改法律规定，导致保险公司破产。汽车保险业务则不同。对于从事汽车保险业务的公司来说，只需要赔付交通事故即可。交通事故的赔付额很明确，从事汽车保险业务的公司，可能付出的成本是一定的。

工伤险的赔付额则没么明确，从事工伤险业务的保险公司，可能要付出巨额成本。例如，环境污染导致员工身患重病，丧失劳动能力，承销了工伤险业务的保险公司可能要支付 40 年的医药费。汽车保险业务的风险不在于过去承接的保单可能爆发危机，导致保险公司陷入破产。汽车保险业务的风险在于，监管部门强制要求降低车险价格，导致保险公司陷入亏损。

价格太低了，保险公司只要停止开展车险业务，就可以止住亏损。例如，新泽西州的保险部门强制要求降低车险费用，很多保险公司选择了用脚投票。

从事车险业务的公司可能被迫停止业务，好在只要承受有限的亏损，就能全身而退。开展工伤险业务，说不定哪一天，埋藏在过去的风险突然找上门来，一下子就要赔付五亿美元。

车险业务只是存在被迫退出的风险，风险的大小，各个州有所不同。车险业务不存在历史保单暴雷的风险。

保险业和银行业的问题终会浮出水面，我们强迫自己与众不同

劳合社危机说明，制度漏洞会毁掉优良传统

劳合社的巨额亏损不会对我们造成什么影响。这次劳合社爆发的危机[2]说明它需要进行彻底的改革。

劳合社创造过光辉的历史，它曾经拥有良好的声誉，它有很多优良传统。劳合社陷入了今天的困境，是因为它的制度出了问题，违反了一些基本的心理学规律。劳合社规定，签单之后，员工可以按一定比例从销售额

中获得提成。在这样的制度之下，员工一门心思地冲业绩。

劳合社的制度明显存在问题。重要的应该是净利润，而不是销售额，公司却按销售额给员工提成。人类具有从自己利益出发的本性，即使追求自己的利益，可能给别人带来巨大的损失，人们也仍然会从自己的利益出发。员工一味追求自己的利益，不顾公司的利益，导致了劳合社遭受重大损失。

劳合社虽然有着诚实守信的优良传统，最终还是因为制度漏洞而大伤元气。激励机制不合理，员工纷纷谋求私利。即使拥有诚实守信的优良传统，时间久了，制度漏洞还是会毁掉优良传统。

劳合社已经很了不起了。虽然制度早已存在漏洞，它竟然能坚持这么多年，到现在才爆发问题。这说明劳合社确实具有深厚的底蕴，英国的文明确实有很强的生命力。

银行业存在同样的问题。银行按照发放贷款的规模给员工提成，至于七八年后贷款能否收回，都不影响员工的薪水。这也是一种存在漏洞的制度，可能导致严重的问题。

我说的这个道理，只要是受过基本教育的人，都明白。然而，很多公司，拥有大量受过良好教育的员工，却违背了如此简单的道理。为什么会这样呢？这个问题，我们的商学院、我们的高等教育机构，应该好好研究研究。

未来如何，很难预测。在伯克希尔的股东大会上，我说了，过去12年的投资环境顺风顺水，大家都赚钱了。作为大型机构投资者，财险公司也赚了很多钱。丰厚的投资收益掩盖了财险公司的深层次问题。

将来，财险公司的投资收益肯定会降下来，那时候，它们的问题就会浮出水面了。

不做过于便宜的保险生意

我们目前几乎没承接什么保险业务。行业的价格太低了，我们不愿意做。西科、互助储蓄、伯克希尔·哈撒韦有一个共同点：如果我们不喜欢别人做的事，我们就不跟着做。至少我们过去始终如此，但我不保证，我们将来能仍然如此。

大多数人，看到竞争对手都朝着一个方向跑，自己在那傻站着，就受不了了，明知大家跑的方向是错的，也还是跟着跑。这种行为有着深层次的心理学原因。我们不一样，我们强迫自己与众不同。

所罗门从危机中吸取了教训

我说了，大家可以问我各种问题，但是这个问题，我不能完全回答。

我认为，所罗门的信用体系其实比许多大型银行更严格。可惜，我刚才说了，劳合社因激励机制存在漏洞而陷入巨额亏损，所罗门也毁于错误的激励机制。现在所罗门已经有了明显好转。我只能说这么多了。

大企业的文化一旦建立起来，是很难改变的。除非是所有人都感受到了强大的外部压力，文化才可能在短时间内发生巨大的改变。处于一种文化的惯性之中，人们不会主动做出改变。

所罗门的实力还在。过去，所罗门具有强大的盈利能力。现在，所罗门仍然如此。有的人可能以为所罗门已经丧失了盈利能力。他们错了。所罗门的优秀员工还在。虽然遭受了此次危机，但所罗门并没有失去盈利能力。

沃伦是所罗门的临时董事会主席。沃伦卸任此项职务之后，他仍然会关注所罗门的发展。原因有两点：第一，我们是所罗门的大股东；第二，我们现在对所罗门进行的改革，是为了在我们离开之后，所罗门仍然能良好运转。既然我们管理了所罗门，我们就要对它负责。[3]

沃伦不会一直管理所罗门的事务，沃伦在伯克希尔·哈撒韦有他自己热爱的工作。

如果在开往欧洲的"女王伊丽莎白二世"号邮轮上，大雾弥漫，有人突发疾病需要手术，而你是船上唯一的神经外科医生，你左看右看，别人都不行，作为一个有良心的人，你只能挺身而出，拿起手术刀，尽自己最大的可能去救治病人。所罗门的危机爆发后，沃伦处于和这位神经外科医生同样的处境。沃伦在关键时刻挺身而出，救了所罗门。

我认为，即使我们不持有所罗门七亿美元的优先股，但沃伦在所罗门的董事会担任董事，他一样会挺身而出。

所罗门调整股权和债务结构，并不是为了保护伯克希尔·哈撒韦持有的优先股。所罗门重组是为了保证它在今后能够更加负责任地经营，特别是保证偿付所有债务。

所罗门的重组工作，旨在保证所罗门兄弟公司和它的控股股东所罗门公司能诚实地对待所有债权人和股东，而不是为我们提供什么特别保护。

无论是银行控股公司、储贷控股公司、保险控股公司，还是券商控股公司，所有的控股公司结构都可能藏匿风险。钻制度的漏洞是人性使然，人们总是会在控股公司结构中玩弄手段，例如双重杠杆（double leverage）等。几乎一半以上的银行控股公司搞过双重杠杆。

我们人类天生好折腾。拿自己的钱，都已经很能折腾了。拿别人的钱，更是不知道怎么折腾好了。

这次所罗门到鬼门关走了一趟，它虽然没死，但是已经吓得失魂落魄了。这次与死神擦肩而过的经历，让所罗门深刻地吸取了教训。其实，即使是过去的所罗门，我也不认为，它是个不负责任的公司。

总之，现在的所罗门是改过自新了。

房地美、房利美都是好生意

房地美能在变化中寻求进步

从现在的情况来看，互助储蓄用不着卖出房地美的股票。监管部门更改了规定。我们只需要遵守监管部门制定的会计政策，分阶段把房地美的股票减记为零即可。只要我们向互助储蓄注入更多资金，就不必卖出房地美的股票。

互助储蓄必须满足监管机构规定的资本充足率要求。在房地美的股票减记为零后，也许我们不会把房地美的股票一直留在互助储蓄。我们买入房地美股票的成本是 7100 万美元。将来，我们可能会向互助储蓄注入更多资金，也可能卖出一些房地美的股票。我们可以根据具体的情况自由选择。

在我们看来，房地美的生意特别好。我们在年报中讲了，与一般的储贷生意相比，房地美的生意要好得多。房地美可以作为中间商赚取利差，实现较高的资本收益率。即使是很优秀的储贷机构，也没有房地美那么强的盈利能力。

这就是为什么我们大量买入房地美的股票。我们认为，房地美的生意比我们的生意好。于是，我们把资金从自己的生意中拿出来，投到了房地美的生意里。法律允许我们这么做，投资的逻辑也再清晰不过了。

如今，房地美面临着种种变化。总的来说，我认为，房地美具备变中求进的能力。

房地美曾经遭受过公寓贷款欺诈，它立即采取了有力的措施，止住损失并堵住漏洞。总的来说，我们看好房地美应对变化的能力。

买了房地美没买房利美，犯的错是"咬手指"

沃伦在伯克希尔的年报中回答了这个问题。他说，我们买了房地美，但没买房利美（Fannie Mae），是因为他当时傻了。他说，如果他那时候脑子好使，是不应该错过房利美的。这是沃伦给出的解释，不是我说的。

沃伦只用一个词就回答了这个问题，他说他犯的错是"咬手指"。意思是说，你明明知道该做一件事，就是不做，光在那咬手指头了。这是一种很常见的人类行为，人们总是改不掉婴儿时期咬手指的习惯。

如何看待日本的泡沫破裂？

日本的金融业应该向它的制造业学习

这个问题问得很好，不过我对日本不是非常了解，可能回答不了。

我只能谈谈我个人的感觉。在过去一二十年里，日本凭借踏踏实实的努力，在制造业奋起直追，达到了世界领先水平，确实很了不起。制造业凝结着人类的智慧。以飞机为例，为了保证飞机安全地飞行，制造过程容不得半点疏忽。当然了，就飞机制造而言，美国走在全世界的最前列。

一个国家，它的制造业能崛起，能生产出质量可靠的产品，获得其他国家的赞誉，这是了不起的成就。谁制造的产品最好，其他国家都要跟着学习。日本的制造业处于世界领先地位。

与日本的制造业相比，日本的金融业可差远了。造假、欺诈、传销等恶劣的行为，源于人类的缺德和无知。日本的金融行业表面上伪装得如同日本的制造业一样品质高尚，实际上却是金玉其外、败絮其中。在日本的金融机构中，我们可以看到人类普遍存在的缺德和无知。日本的经济泡沫正是源于金融机构的恶劣行为，现在到还债的时候了。

我们经历过很多次经济危机，最后都平息下去了，相信这次日本也能转危为安。在日本的这场经济泡沫中，人们相信通过场外配资，高杠杆买股票，能稳赚不赔。显然，日本的金融领域存在欺诈和哄骗行为。

与日本的制造业相比，日本的金融业少了那份踏实和诚信。希望日本的金融业能向它的制造业看齐。

是否对日本的经济泡沫破裂感到担忧？

我不是很了解日本的情况，可能回答得不好。我感觉，日本人民有优秀的品质，他们在逆境中学会了坚毅。相信他们有办法渡过难关，解决金融体系中出现的严重问题。

美国房地产市场正在经历 20 世纪 30 年代以来最严重的一次衰退

我猜到了会有人问房地产的问题。目前的美国房地产市场正在经历 20 世纪 30 年代以来最严重的一次衰退。《财富》(Fortune)杂志中刊登了一篇卡萝尔·卢米斯(Carol Loomis)撰写的文章。卡萝尔是我们的朋友,她是一位非常杰出的记者。我推荐大家读一下卡萝尔写的这篇文章。目前,在全国范围内,房地产的抵押价值和实际价值都出现了巨大的下跌。20 世纪 30 年代以来,我们还是第一次经历这么严重的房地产危机。

房地产开发商有野蛮扩张的本性,即使债台高筑,也要建造更大规模的项目。现在没人借钱给开发商了。大家都知道,开发商拿不到新资金了。很多商业地产公司陷入了资金短缺的困境。

有些项目已经接近完工了,银行不可能停止提供资金,而是会让开发商把项目做完。有些项目距离竣工还远着呢,烂尾的主要是这样的项目。我看到一座办公楼,建了三分之一,烂尾了,只剩下生锈的钢筋耸立着。

那些停不下来的项目,只能硬着头皮往下做。**房地产市场过度扩张造成的恶果还没完全显现出来,房地产市场更严重的亏损还在后面呢。**

注释

1 1992 年洛杉矶发生暴动,起因是一场警察暴力事件。最初零星的打砸抢烧事件演变为万人规模的暴动,大量的抢劫、攻击、纵火甚至谋杀在骚乱中发生,最终导致 53 人丧生,超过 2000 人受伤,财产损失超过 10 亿美元。

2 20 世纪 90 年代上半叶,以石棉为代表的长时段理赔案集中爆发,劳合社的个体承保人接保单时对赔偿力度估计不足,无力赔付,并把矛头指向劳合社,集体提起诉讼。内忧外患导致劳合社出现危机,1992 年巨亏达 20.6 亿英镑。

3 1991 年,所罗门兄弟公司因一名债券交易员违规超买美国国债陷入危机。沃伦、查理及芒格、托尔斯 & 奥尔森律师事务所努力挽救该公司。沃伦出任公司临时董事会主席九个月,直至 1992 年 6 月情况逐步好转才卸任。

1993年西科金融股东会讲话

编者按

在1993年3月致西科金融股东的信中,查理·芒格披露了公司1992年的营收数据:1992年合并净运营收益(不计投资收益)为2250万美元,每股3.16美元;合并净收益为500.1万美元,每股0.70美元。

1991年和1992年的合并净收益分解如下(收益单位为千美元,每股单位为美元):

	1992年12月31日		1991年12月31日	
	收益	每股	收益	每股
"经常性"净运营收益:				
互助储蓄	3746	0.52	3644	0.51
西科-金融保险业务	13146	1.85	13986	1.96
精密钢材业务	2075	0.29	1414	0.20
其他"经常性"净运营收益	3533	0.50	3828	0.54
	22500	3.16	22872	3.21
出售有价证券的收益	147	0.02	5825	0.82
出售止赎财产的收益(亏损)	(146)	(0.02)	825	0.12
与互助储蓄放弃储蓄和贷款业务有关的费用[1]	(17500)	(2.46)	—	—
西科合并净收益	5001	0.70	29522	4.15

这一年，西科旗下互助储蓄出售了它的存款业务。其房地产（包括但不限于它的圣巴巴拉海滨房产）转让给一个新成立的西科子公司，该子公司此后将管理这些房地产并进行适当的处置。在这些交易之后，互助储蓄将保留以前的大部分资产（主要包括房地美的股票和证券化抵押贷款形式的间接贷款）。互助储蓄随后被并入西科金融保险公司，后者此后将继续开展互助储蓄近年来的业务。不过，这一业务的延续，包括对抵押贷款的投资，将全由内布拉斯加州（Nebraska）的保险部门监管，取代现在管理互助储蓄等机构的许多不同的州和联邦官员。芒格预计，未来合并后业务的运营成本将大大低于以前，资产配置的选择也将增加。

我们离开了储贷行业，不代表别人做不好

西科的主要业务集中到了中西部

我们已经签订了合同，决定出售互助储蓄的存款业务。这笔交易已经递交给监管机构进行审批，预计几个月之后可以完成。我们经营储贷业务很多年了，如今把仅剩的两个分支机构卖出去了，还真有些依依不舍。买方是帕萨迪纳市另一家声誉卓著的储贷机构。

互助储蓄的其他业务将并入我们在内布拉斯加州的保险公司。出售互助储蓄，标志着我们退出了在帕萨迪纳市经营多年的储蓄和贷款业务。

西科将仍然是一家上市公司。现在我们在加州没什么业务了，主要业务都在中西部。

一家保险公司把总部设在内布拉斯加州，与总部设在加州相比，有什么优势吗？对我们来说，有优势。沃伦和我是在内布拉斯加州长大的，我们的根在那里。伯克希尔在内布拉斯加州远近闻名。<mark>内布拉斯加州的营商环境和保险监管制度让我们非常满意。</mark>在过去二三十年里，内布拉斯加州的金融丑闻很少，加州的金融丑闻很多。内布拉斯加州的风气很正，是企业设立总部的好地方。

另外，中西部的运营成本非常低。在全国的所有保险公司中，伯克希尔·哈撒韦的总部运营成本应该是最低的。

有一次，有一栋大楼廉价出售，沃伦本来想买下来，作为伯克希尔的总部。后来，沃伦担心办公场所太高档了，容易滋生奢靡风气，于是就没买。我们仍然留在非常低调的场所办公。

卖出互助储蓄是否会对西科的净资产产生影响？

对于这个问题，我想这样回答：第一，会有影响；第二，有影响又能怎样？

会计政策的规定很奇怪。我们持有房地美的股票。现在的会计政策要求我们提高房地美股票在账目上的价值，将房地美的股票按照市值入账并减去卖出时需缴纳的资本利得税。这样一来，西科的净资产将出现明显增长。净资产虽然增长了，但我们股东的长期利益并没发生任何实质变化。

房地美按市值入账之后，保险分公司的净资产将是多少？

这个我没算过，应该变化很大。1992 年底，保险分部的净资产是 3.5 亿美元。房地美按市值入账后，保险分部的净资产可能至少增加三亿美元。

伯克希尔拥有大量好生意，它们竞争优势强大，前景良好。另外，伯克希尔还有保险业务。西科旗下现在有一个高杠杆的保险业务，还有从事钢铁服务业的精密钢材，再就是一些房地产项目。

如果西科的股价大跌，伯克希尔的股价大涨，两者的股价差距到了一定程度，那西科这只股票可能更值得买。然而，单就生意的质地来讲，以现在的基础发展，伯克希尔的前景远远超过西科。

决定退出是因为我们不适合

储贷行业仍将继续存在。有些储贷机构始终保持着良好的经营记录。我们退出了储贷行业，并不代表所有储贷机构都没前途了。我们的组织方式以及我们的思维方式不是特别适合从事储贷行业，有的人却非常适合从事储贷行业。

世界储蓄公司（World Savings）是全国一流的金融机构。金西部金融公司（Golden West Financial）的经营水平非常出色。大西部储蓄和贷款公司以及美丰储蓄（Home Savings of America）也都是经营有方的储贷机构。由于南加州的房地产危机，这几家储贷机构遭受了沉重的损失。从历史业绩来看，这些公司连续多年稳健经营，它们堪称储贷行业中的佼佼者。

按照监管要求，我们需要在互助储蓄中保留一定的资本金。这部分资本金只占我们总资本的 10% 左右。这些年来，由于历史原因，我们留在了储贷行业。可以说，帕萨迪纳市的互助储蓄是西科的发祥地。然而，西科的未来并不在这里。

按照西科的整体市值计算，互助储蓄只占很小的比例，但是我们因此背负了沉重的监管负担。我们选择离开是合理的。我们离开了这个行业，不代表别人做不好。

我们没资格坐在这里对其他储贷机构品头论足。像世界储蓄公司那样优秀的储贷机构倒是可以给我们好好上一课。

在我们完全退出储贷行业之前，我们可能还会损失两三百万美元，都是因为我们在发放贷款时出现了疏忽。我们做了很多傻事，我们活该亏钱，自己种的苦果自己尝。经营一家金融机构，总是要打起十二分精神，稍微一放松警惕，损失就找上门来了。

有一次，我和一家大型储贷机构的管理者聊天。我问他："你用过贷款中介吗？惹没惹上麻烦？"听完我的问题，这位管理者如同一位 85 岁的老太太唠叨自己身体的小毛病一样，说起来一发不可收拾。

他说："我很清楚，贷款中介不能用。可是那些年轻的经理，他们非要用。于是，我们公司用上了贷款中介。结果好，他们说谎、夸大其词，为了赚佣金，什么花招都使出来了。"

世界储蓄公司怎么就没这个问题呢？**世界储蓄有个规定，不准贷款中**

介自己填表格。贷款中介把客户带来之后，就得走人，绝对不允许贷款中介自己在表格上写一个字。

大家可能觉得，这么简单的道理，谁不明白啊。我就没世界储蓄那么聪明。我刚才说到的那家大型储贷机构，也没那么聪明。这么简单的道理，我们就是不明白。所有的金融机构，包括我们，在回首往事的时候，总会觉得有几分后悔。

很多储贷机构抢着做手续简便的贷款。如果贷款对象是特定的移民群体，那还款是有保证的。某些移民群体吃苦耐劳、勤俭节约，拼了命也要出人头地，他们保证能还款。但不是所有人群都像这些移民群体一样，能保证还款。如果储贷机构对贷款群体不做任何选择，一律提供手续简便的贷款，必然会出现贷款损失。

监管政策的改变让中小企业成为受害者

《金融机构改革复兴与实施法案》（FIRREA）采取了强有力的措施，保证了储贷行业不会再次给国家造成损失。可以说，很多方面的措施矫枉过正了，这是难免的。很多措施确实非常严厉。银行业的监管机构同样推出了非常严格的改革措施。

监管政策的更改带来了一些新的变化。在过去，如果你勤勤恳恳地经营着一家小装修公司，我是和你打交道的银行，我很保守，资本很充足，盈利能力很强，在装修生意不景气的时候，我看你是个本分的人，以后生意也能再好起来，我可以让你暂缓偿还贷款，帮你渡过难关。如果我需要补充少量的资金，可以向美联储求助，暂时从美联储那里借一点。

现在的情况不一样了。为了避免存款保险金出现严重损失，监管机构修改了法律规定。通过修改法律，监管机构相当于对我这家银行说："以前，你可以觉得自己很有钱、很稳健，对于陷入困境的小装修公司，可以发善心拉他一把。现在不行了。你当你是银行，在我们监管机构眼里，你就是个保证金账户。保证金比例，我们说了算。只要你的贷款出现损失，只要你有客户破产，我们就会收紧管控，你要么增加保证金，要么把损失处理干净。"

如今，监管部门下了命令，银行不敢不从，只能向小装修公司催收贷款。监管法规修改之后，压力转移到了很多勤恳踏实的小公司身上。在我们的文明社会中，当危机出现的时候，不应该把压力施加在小公司身上。

我认为，应该让银行体系和美国的大公司来顶住压力才对。我们不应该让小公司和小公司的员工承受资本主义周期波动产生的冲击。为了保证存款保险金不受损失，我们现在的制度无意之间让最弱小的群体来承受最大的压力。

我也不知道如何制定更好的政策。我们必须遏制住有风险的贷款，必须控制住不良行为，必须保证存款保险金不受损失。政策的初衷是好的，只是有些矫枉过正了。

伯克希尔资本雄厚，能承受巨灾保险的大起大落

伯克希尔拥有雄厚的资本，非常适合开展巨灾保险业务。做巨灾保险生意的过程像坐过山车一样，但是最终能取得良好的效益。

有些年份，我们只需收取保费，装到自己的口袋里即可，没有存货，没有应收账款，只收钱就行。有些年份，我们要赔付客户的损失，送出很多张大额支票，赔付的金额可能是保费金额的好几倍。

这个生意用不着出多大的力气。可是，很多人做不了这个生意，因为受不了像坐过山车一样的大起大落。只要概率站在我们一边，我们能忍受过程中的颠簸。

如果赔率是 2:1，胜率是 60%，虽然输了很难受，我还是愿意大量下注。这就是伯克希尔的经营方式。我们不怕过山车的跌宕起伏。每当别人特别害怕过山车的大起大落的时候，每当别人因为无力赔付再保险合同而

陷入破产的时候，我们反而可能迎来一段业务繁荣的时期。

夏威夷的那场台风没给我们造成什么损失，但是飓风"安德鲁"（Hurricane Andrew）给我们造成的损失很大，我们把去年一整年收的保费都赔出去了。飓风"安德鲁"也给盖可保险造成了严重损失。总的来说，去年，飓风"安德鲁"确实给伯克希尔造成了损失。

飓风"安德鲁"给保险行业造成了有史以来规模最大的损失。伯克希尔在佛罗里达州的业务规模不算大，但很多其他保险公司遭受了灭顶之灾。有的保险公司，因为概率很低的大灾难而陷入严重亏损，这证明它们承销保险业务的策略存在问题。举个例子。按理说，上一次地震过去的时间越长，下一次地震发生的风险越大。然而，有的保险公司在承销地震险的时候，距离上一次地震的时间越久，保费定得越低。现在被飓风"安德鲁"狠狠地教训了一顿，它们应该学乖了。

在过去的很多年里，全国的保险公司都把飓风灾害的保费定得太低了。所有的保险公司都低估了巨灾险可能带来的危害。刚过去一场直径 30 千米的飓风，谁都觉得不可能再来一场直径 100 千米的。飓风"安德鲁"席卷而过，大片房屋和建筑同时被摧毁。受灾面积太大，甚至超出了救援能力。保险公司的损失直线上升。

眼看着索赔要求如同雪片一般纷至沓来，一开始，保险公司准备了三亿美元。三个星期后，提高到五亿美元。又过了三个星期，再提高到 6.2 亿美元。面对急剧上升的损失，保险公司已经不知所措了。

现在大家知道了，佛罗里达州可能遭遇飓风的侵袭，长岛（Long Island）也可能遭遇飓风的侵袭，而且是直径超大的飓风。飓风"安德鲁"给保险行业上了一课。

在伯克希尔股东会上，沃伦说："很多人不知道，美国最大的一场地震之一，出现在密苏里州（Missouri）的新马德里镇（New Madrid）。即使不位于地震带，也可能遭遇大地震。"

伯克希尔承接了风险之后，不会让渡给其他再保险商。还有一家公司，也和伯克希尔一样，完全自己承接风险，不购买再保险服务。这家公司是州立农业保险公司。州立农业保险公司不购买再保险服务，也不承接再保险业务。

州立农业保险公司是一家我非常敬重的公司。我们在圣巴巴拉市的房地产项目购买了保险，但不是从伯克希尔子公司购买的，而是选择了州立农业保险公司投保。州立农业保险公司更专业。在公寓和住房开发保险领域，它积累了几十年的经验，业务模式非常成熟。州立农业保险公司效率高、服务好。它拥有诚实正直的文化。按资本衡量，州立农业保险公司是美国最大的保险公司。

州立农业保险公司采取互助的组织形式。有人说互助这种组织形式不行，但州立农业保险公司经营得很好。

巨灾保单一般设有很高的触发金额。没达到触发金额，保险公司无须承担赔偿责任。我们承销的每笔巨灾险的合同不尽相同。总的来说，大多数保单规定，只有在24小时或更长一些的时间段内出现几千万、上亿美元的财产损失，才会触发损失赔偿。有的时候，在合同中，还会额外加上一条限定条款，即保险购买方本身必须在灾害中遭受了巨大损失，才会触发赔偿。巨灾保单很少触发，一旦触发，就要支付巨额赔偿。

承接巨灾险的保险公司都是财力雄厚的大公司。一般的风险，不能把它们怎么样，就怕出现20年一遇的大灾，那公司可能一下子就垮了。为了排除这个隐患，承接巨灾险的保险公司每年都会购买再保险。

伯克希尔承接的所有巨灾险保单都设有赔付上限。但是，有的保单规定，我们必须允许客户续签一次。这样的话，如果飓风"安德鲁"过境一周之后，又来了一场超级飓风，伯克希尔这一年一定会亏钱。

巨灾险等业务是否有足够的机会，能把我们的承保能力全用上？

这么问就有问题。总是有人对伯克希尔说："你们那么多资金，为什么只接那么少的业务？所有的保险公司都在做大规模。你们这么多资金，把业务规模扩大一倍都没问题啊。你们的保险业务有 100 亿美元的资金，为什么只做了 10 亿美元的业务？"

一段时间之后，可能会有人问我们："为什么别的保险公司都倒下了，你们还活着？"这前后两个问题之间或许有些联系。

有人问一个登山家，你为什么喜欢登山，他回答说："因为山在那里。"有些保险公司的经营态度也是如此。它们觉得自己是保险公司，有保险业务可做，就一定要做，一定要把保险业务做大。

我们不会因为自己是一家保险公司，就什么保险业务都要接。我们只做合理的、值得承接的保险。在合理、值得承接的基础上，业务规模才是越大越好。合理的、值得承接的业务少，我们就少做，宁缺毋滥。好在伯克希尔拥有独特的架构，如果保费太低，计算后发现不合适，我们没办法做大保险业务的规模，我们的资金也不会飞走。即使我们无法把资金用在保险业务上，我们的资金也不会消失。

将来一定会有我们愿意承接的业务。只是我们要继续做好两个准备：一个是业绩像过山车一样有起有落；另一个是有的年份业务兴旺，有的年份业务冷清。

我没关注过在芝加哥期货交易所（Chicago Board of Trade）交易的巨灾指数期货。在我们的文明中，人们开发出越来越多的新品种用于交易。对于这种现象，我并不赞同。**如果让我来管理世界，我会大量减少交易。**

裁员成本是一项巨大的隐形负债

股东： 除了股票期权激励和退休医疗福利，还有哪些资产负债表外的项目也没有计算为成本？

最大的一项当属裁员成本。很多公司和 IBM 一样，在业务出现衰退的时候，大量裁员，大笔发放遣散费，导致资产负债表上的流动资产大量减少。

这好比一家汽车经销商，在银行存了 100 万美元的现金，但银行有个规定，一旦这家汽车经销商的销售额下降 30%，银行就会从 100 万美元的现金中扣除 70%。按照美国通用会计准则，这 100 万美元绝对属于现金。然而，这笔钱可能突然消失一大部分。所以说，这笔资金没那么真实。

我们知道，股票期权激励和退休医疗福利没计算为成本。很多公司还有另外一项隐形负债，也就是裁员时要支付的大笔遣散费。

这种支付大笔遣散费的做法是随着经济的发展而逐渐产生的。在过去，人们很看重资产负债表。员工走了，公司的资产没有任何变化。当年，彼得·基威特（Peter Kiewit）还在世的时候，有人问他，为什么不把高管的名字写在总部办公室的门上。他回答说："高管是流水的兵，办公室是铁打的营盘。"

在过去，很多人持有彼得·基威特这样的态度，认为员工再怎么流动，公司的资产都不会变化。现在，时代变了，文化也变了。公司只要一裁员，就必须向离职的员工支付大笔遣散费。

我们也支付过。我不是说，员工失去了工作，不应该给他们补偿。我只是觉得，会计处理没考虑到公司因裁员而可能产生的负债。试想，只要公司决定进行一次中等规模的裁员，公司的资产负债表上就会突然冒出 70 亿美元的负债。

丹尼斯，这个问题，你怎么看？

丹尼斯·尼尔（Dennis Neer）： 我想模仿您对巴菲特说的话，"我没什么补充的"。

现在的会计准则已经修改了。您刚才提到的退休医疗福利，现在需要进行摊销。还有一项规定说，公司在决定裁员之后，必须将未来可能产生的成本进行摊销，其中包括退休福利、医疗费用报销等所有项目。但是，只有在公司决定裁员之后，才需要进行摊销。**按照这样的会计处理，决定裁员的公司，好像眼看着一艘巨大的战舰朝它缓缓驶来，等待着战舰的撞击。**

裁员的遣散费是一大笔开支。如果你们从事证券分析工作，一定要小心这笔开支。

很奇怪，在欧洲，公司裁员付出的代价更高。欧洲各国对裁员有非常严格的规定。例如，你在法国开了一家只有 40 个员工的小工厂，如果你决定关闭工厂，你就必须养着这 40 个员工，一直养到他们退休。

尼尔：上个星期，我正好在法国，帮一个客户处理裁员事宜。在法国，裁员规模在九人以下，可以不经过工会或政府审批。裁员规模在 10 人以及 10 人以上，必须经过政府批准，而且必须把补偿项目清清楚楚地列出来。公司在法国的裁员成本非常高。至于在比利时，那就更高了。

在同质的文化中，制定高标准的补偿要求可能是行得通的。在一个非常稳定的国家，可以通过法律法规强制要求公司支付高额补偿金。然而，在差异很大的文化中，竞争非常激烈，差距非常明显，有的公司仍然在依靠廉价劳动力，有的公司已经在发展高科技，那么很难一视同仁地采取支付高额赔偿金的做法。

一个外国人，去法国开工厂，不知道这个风险，工厂一开，就承担了一项巨额的隐形负债。

如何避免这项负债呢？最好的办法是，你做的是特别好的生意，不需要考虑裁员问题。 在过去 20 年里，山姆·沃尔顿的公司应该没怎么考虑过裁员成本。可惜，不是哪家公司的生意都像沃尔玛那么好。

在大多数公司，裁员都是个痛苦的过程。员工痛苦、股东痛苦、所有人都痛苦。然而，裁员是资本主义制度的一部分。IBM 的裁员造成了剧烈的影响。很多人曾经在 IBM 拥有稳定的工作,现在突然之间让他们离开,多少人的生活都将面临巨大的变化。这是资本主义制度残酷的一面。

有些行业,例如高科技、航空等领域,更新换代的速度非常快,公司难免会大规模裁员,很多人可能遭遇突如其来的变故。

加州的危机很严重,我们只能坚持

加州有好几个行业的大公司进行了裁员,其中商业地产是重灾区之一。加州遭遇了 20 世纪 30 年代以来最严重的房地产危机,所有的房地产商都奄奄一息了。

房地产危机也扩散到了其他行业。西科旗下的小公司新美国电器也受到了影响。新美国电器的销售额大跌,我们靠过去积累的利润勉强撑着,虽然不至于裁员,但今年是一分钱赚不到了。很多家电行业的公司比我们还惨。有的公司不惜把产品降价 50%,以低于成本价销售,只是为了回笼资金,保证公司能继续经营下去。

加州的航空业在裁员,房地产业在衰退。房地产开发已经停滞不前。有些房产五六年前就卖出去了,一直保持着良好的还款记录,现在竟然也出现了断供的情况。位于航空工业区的一些房产已经被银行收走了。加州的情况确实不容乐观。

我还没看到衰退结束的迹象。加州确实一片惨淡。没想到这次房地产危机把开发商搞得那么惨,连很多经营保守、负债率低的开发商都亏光了。房子根本卖不出去。

就拿我们在圣巴巴拉市的项目来说,哪有什么人买?可是,在整个圣巴巴拉市,我们的销售情况还算好的呢。和我们紧挨着的一个楼盘,只卖出了三套房子,其中两套还是熟人买的。

人们的信心跌到了冰点。在很多家庭中,夫妇二人中都有一个人失去了工作。专业人士的收入大幅度下跌。诊所、律师事务所、会计师事务所的生意都很萧条，特别是在南加州。加州南部的情况比北部恶劣得多。

很多时候，降价不是解决问题的办法。很多年前，我还是个年轻的傻小子的时候，和别人一起合伙做过一个房地产项目。我们也赶上了一次经济衰退，房子卖不出去了。大家一商量，觉得就算我们降价20%，销售也不会有什么起色。于是，我们按兵不动，每两个月才能卖出一套房子，也始终不降价，一直到最后把所有的房子都卖出去了。

互助储蓄有过同样的经历。很多老股东应该还记得互助储蓄1968年在邦尼梅德（Bonnymede）开发的房地产项目。当时担任董事会主席的路易斯·韦森特说："无论互助储蓄怎么做，四年都只能卖出两栋住宅，就是这个节奏。"

在房地产市场低迷时期，降价没用，只能熬过去。

我们互助储蓄在蒙特西托开发过三个进展缓慢的项目了。我们经历过三次房地产衰退期。就算我们再笨，也应该明白了，降价是没用的。

从过去的经验来看，只要坚持下去，最后的结果总是不会太差。更何况我们现在手里的这个项目，绝对是高品质的。

加州的形势如此恶劣，为什么仍然看好富国银行？

社会仍然需要银行，需要银行提供的储蓄和贷款等服务。现在加州已经只剩下四家大型银行了，它们占据了绝大部分市场份额。

零售银行业务是一门好生意，只要管理得当，即使是在现在的环境中，仍然能赚钱。 零售银行业务与批发银行业务面对的客户不同。加州的大型银行具有明显的竞争优势，只要管理好了，它们能实现非常高的资本收益率。

富国银行在开拓业务方面比较进取，而且在加州有大量的业务，但是它遭受的贷款损失竟然并不是很大，这要归功于富国银行的严格管理。

我们有资金，在等大机会

西科是否仍然有意收购其他公司？

当然了，只要有好机会的话。大家也知道，最近我们找不到什么好的投资机会。现在我们的资金多，机会少。现在的收购的确很难做。

以伯克希尔为例。去年，伯克希尔收购了一家生产护士鞋的小公司。这笔收购还是伯克希尔旗下的布朗鞋业（H.H. Brown）做的。鞋业不存在更新换代的问题，去年生产的 41 号鞋，今年还可以卖。

伯克希尔还收购了一家小型保险公司。这家保险公司的总部恰好也在奥马哈，它想加入伯克希尔·哈撒韦，而且不要现金，只要伯克希尔的股票。

我们已经很久没做过大型收购了，太难了。我真希望我们有好消息告诉你们，可是我们没有。我们在等大机会，也许机会就在眼前。我们手里有钱，不怕没机会。

当前的市场是否与 1970 年的市场类似？

我们不预测宏观经济变化，也不预测股市走势。我们不是靠预测做投资的。**我们基本上始终拿住自己的投资，不随意变化。**另外，我们始终把自己手里的机会与整个市场进行比较，选择我们最看好的机会进行投资。我们不会因为看多或看空股市而杀进杀出。

也许有人脑子聪明，有预测股市涨跌的本事。其实，我不相信有这样的人。反正我们是真没那个本事。

房地美和房利美抢走了储贷行业的生意

房地美和房利美前途无量

电台经常播放房地美和房利美的广告。这两家公司抢占了大量的市场份额。因为这两家公司的壮大，贷款中介也随之发展起来了。房地美和房利美从储贷行业抢走了大量生意。

储贷机构需要按存款金额的 0.25% 缴纳存款保险金,还需要承担其他大量监管成本。房地美和房利美不需要支付存款保险金,仅凭这一项,它们的成本就比储贷机构低很多。房地美和房利美采用中介机构开展住房抵押贷款业务。由于中介机构的门槛很低,两家公司拥有大量中介机构为它们服务。

房地美和房利美加上众多的中介机构让很多储贷机构没生意可做了。房地美和房利美实际上成了两大巨头,这两家公司前途无量。

它们占据如此之大的优势,想不赚钱都难。

房地美和房利美如何防范贷款中介机构的欺诈行为?

房地美和房利美也是吃过亏的。这两家公司和我们储贷机构一样,都吃过中介机构的亏,已经知道吸取教训了。被欺骗的感觉非常不好。那感觉应该很像狗拉在了地上,你按着狗鼻子让它自己去闻。贷款中介骗了你,整个世界按着你,让你自己去闻。那感觉实在太恶心了。经历过中介欺诈造成的亏损之后,房地美和房利美知道了该怎么严格管理。

房地美和房利美的管理非常严格。中介机构也心知肚明,它们就像钻石经销商一样,有过一次骗人的行为,就别想在这个行当混了。中介机构需要房地美和房利美,它们可不想把自己的饭碗砸了。

到现在为止,房地美和房利美没吃过大亏,主要是因为它们制定了严格的管理制度。它们就像世界储蓄公司一样,管理得非常严格。不能吃一百个豆不嫌腥。为了防范人性的缺陷,制度必须得严。

所罗门已经重新走上正轨

所罗门失去了很多员工,有些犯错的员工被裁掉了,有些优秀的员工自己走了。失去了优秀的员工是所罗门的损失,特别是当它正处在风口浪尖的时候,正需要优秀的员工帮它渡过难关。

我认为现在的所罗门已经洗心革面了。所罗门公司，无论是在集团层面，还是子公司层面，都选出了新任首席执行官。所罗门有了非常优秀的领导者。

投行这个生意本身具有业绩时高时低的特点，所罗门也不例外。只是因为所罗门的业绩有了些波动，利润降低了一些，评级机构就把所罗门的评级降低了，我觉得这是不对的。伯克希尔·哈撒韦每年的业绩也有波动啊，评级机构怎么没把伯克希尔也降级呢？或许是评级机构明白，伯克希尔有意识地承受一些波动，反而不断获得了更强的实力。

所罗门公司人才济济，它应该有很多员工专门负责对冲风险。那么，所罗门还存在风险吗？不久之前，纽约联储总裁发表了一篇演讲，他认为是存在风险的。

我们现在的金融体系太复杂了。很多期货交易没有清算机构、没有逐日盯市制度，蕴藏着极大的风险。所罗门等很多金融机构的大量仓位确实能做到逐日盯市。我们的很多衍生品合约设置了追加保证金的条件。即使出现最坏的情况，风险可能也不至于特别恶劣。但是，当前的衍生品种类繁多，交易规模巨大，其中确实存在系统性风险。

所罗门的每笔交易都经过了缜密的计算，它很清楚自己有可能出现大笔亏损。如果两笔大交易连续失败，所罗门一个季度的业绩就泡汤了。像所罗门这样的投行，它们从事的衍生品交易本身存在着系统性风险，即使经过了缜密的计算，还是可能出现单季度亏损，它们存在业绩波动的风险。

与其他投行相比，所罗门应该不算差的。在很多方面，所罗门甚至可以说是比较好的。

但是，所罗门毕竟不是伯克希尔·哈撒韦。美国有 14 家信用评级为 AAA 的公司，伯克希尔是其中之一。依我之见，永远不可能有投行获得 AAA 的评级。投行这个生意本身就存在一定的风险。

现在沃伦和我已经不再管理所罗门的事务了。沃伦出任所罗门的首席执行官，在所罗门工作了八九个月吧。沃伦连具体的天数都记得。

所罗门已经恢复正常了。它在很多方面得到了改善，应该不会再轻易闯下大祸了。

全美航空优先股的投资还没完

沃伦说这笔投资是他的非受迫性失误

我们持有全美航空的优先股。我在全美航空的董事会担任董事。全美航空规定的退休年龄是70岁，我再过几个月就要离任了。

全美航空现在比其他航空公司能稍微强一些。至于价格战会打到什么程度，打多久，这很难说。

按照我们的成本计算，我们持有的全美航空优先股能实现9.25%的收益率。到目前为止，它一直在派发优先股的股息。然而，全美航空也一直在增发普通股，最近刚刚增发了两亿美元的普通股。

沃伦说，这笔投资是他的非受迫性失误。我们对这只优先股进行了减值处理，但这笔投资还没完呢。

英国航空入股全美航空，是否有助于提升伯克希尔这笔投资的安全性？

我们认为会有帮助。英国航空（British Air）是全世界最优秀的航空公司之一。科林·马歇尔爵士（Sir Colin Marshall）领导英国航空多年，取得了出色的业绩。马歇尔爵士出身于社会底层，他从事过租车行业，当过轮船乘务长。他早年间在服务业打拼，积累了丰富的经验。掌管英国航空以来，马歇尔爵士尽职尽责，把公司管理得井井有条。

全美航空与英国航空携手合作，符合双方的共同利益。

对于此次合作，其他航空公司颇有微词。他们表示，既然英国航空能入股全美航空，英国也应该允许美国的航空公司进入英国。在我看来，这纯属无稽之谈。英国现在只是个小国，它的经济一直笼罩在阴云之中。我们的传统、我们的文化、我们的语言,都起源于英国。一家声誉卓著的英国航空公司持有一家美国航空公司的部分股权,这有什么大不了的?英国和美国公司交叉持股的情况多了。

美国的航空公司之间的互掐由来已久,不斗个你死我活决不罢休,这是脑子不好。美国航空公司之间的价格战该收敛一些了,打到最后整个行业都被拖垮了。

我非常欣赏全美航空的管理层,他们诚实正直、工作勤奋,我相信他们。

有的美国航空公司说,英国航空买了全美航空的股票,全美航空就变成英国人控制的了。

全美航空不是英国人控制的,大量股票由其他股东持有。全美航空具有独立的董事会。全美航空与英国航空的合作完全符合法律规定。有的航空公司仍然不信,他们说,不管合同上是怎么写的,英国航空肯定是取得控制权了。其实真没有。

我和沃伦在董事会担任董事就可以证明这一点。沃伦和我怎么可能为一家外国航空公司充当傀儡?我们欣赏英国航空。但是,我们担任全美航空的董事,完全独立于英国航空,我们代表的是伯克希尔和西科的利益,以及其他全美航空股东的利益。

PS 集团的很多问题赶到一块了

PS 集团这笔投资,我们也失利了。PS 集团的很多问题赶到一块了。PS 集团中的大量资产和全美航空息息相关。全美航空的困境导致 PS 集团出现了大量损失。全美航空的股东净资产曾一度跌到了零。

我问大家一个问题。你们猜猜,扣除历史收购遗留的商誉,通用汽车(General Motors)现在的净资产是多少?大概是零。现在的美国公司都怎么了?为什么争着抢着把净资产搞到零呢?我年轻的时候,美国公司可不是这样的。

我们打算提高旧印花票的兑换价值

蓝筹印花是西科的母公司。鲍勃·博德（Bob Bird）负责管理蓝筹印花。告诉大家一个好消息，我们打算提高旧印花票的兑换价值。不过，可供兑换的商品选择有限。

鲍勃，我们什么时候能提高印花票的兑现价值？

鲍勃·博德：大概9月吧。我们会为股东兑换价值更高的商品。

我们即将显著提高兑换价值。在所有从事印花票生意的公司中，从来没有一家像我们这样做的。

作为蓝筹印花的管理层，我们本事很大，把这家公司的销售额从每年1.2亿美元搞到了30万美元。这可不是什么值得骄傲的事。

尽管蓝筹印花的主营业务偃旗息鼓了，但我们还是取得了一定的成功。蓝筹印花的股票，现在的价值，估计有10多亿美元。

多年以前，在我们还没收购蓝筹印花这家公司的时候，蓝筹印花遭到了一项集体诉讼，法院判决蓝筹印花将少量股票寄送给加油站经营者，作为对他们的补偿。我妻子有一家常去的加油站，她告诉那个加油站的老板，拿到的蓝筹印花的股票，不要卖。后来，有一天，那个加油站的老板看到她了，一个劲地向她表示感谢。

要不我们再收购一家奄奄一息的公司？如果我们当年买的不是这么差的生意，而是好生意，我们是否会有更大的收获呢？不过，我们也有可能被好生意惯坏了，结果没现在这么好。

劳合社再不复从前，金融业中的诱惑容易让人赌瘾发作

保险公司中有好的、也有坏的。有的经营稳健，有的早晚要倒闭。很多金融机构中存在大量不良行为。

金融行业中的诱惑实在太大了，人性根本经不住考验。只需要动动手

指头，大笔大笔的钱就来了，人很容易被冲昏头脑。一站在老虎机前面，人就失去了理智，不断地投注，不断地赌，沉迷其中无法自拔。

保险公司的管理层也是好赌的，他们沉迷于做交易。

最近，劳合社陷入了风雨飘摇的境地。劳合社犯下了金融机构最典型的错误。世界的变化太快了，劳合社、通用汽车、IBM、西尔斯百货（Sears Roebuck）、柯达（Kodak），这些昔日的巨头一个接一个地倒下了，它们失去了往日的光彩，也给投资者造成了巨大的损失。

劳合社拥有悠久的历史，应该不至于活不下去。但也没法说，它就一定能活下去。就算活下去了，它也不是原来的劳合社了。

名声很重要。在劳合社的这次危机中，它下面很多承销保险的个人自杀了。试想，如果伯克希尔·哈撒韦的很多股东跳楼了，我们的名声还能好吗？因为劳合社的这次危机，自杀的人还不少。以后谁还愿意和劳合社合作？

劳合社卷入了大量丑闻，欺诈诉讼、巨额损失、保险承销人自杀。早知今日，何必当初啊！

西科的发展策略是谁制定的？

我们的管理层都参与了策略制定。总的来说，**西科背后最了不起的总设计师不在这里，他的名字是沃伦·巴菲特**，他在内布拉斯加州。

我看巴菲特还非常年轻，精力很充沛。62 岁的沃伦仍然充满了工作热情，一点没老。

伯克希尔的董事会主席可能会变老，但伯克希尔的资产摆在那呢。另外，伯克希尔的组织架构不需要更换大量人员，就能保证正常运转。我们的组织架构非常精简，只需要更换两三位关键人物即可。

天主教会则不同，在波士顿，牧师群体的平均年龄高达 59 岁。天主教会存在牧师群体老龄化的问题，这可不是只换一两个人能解决的。我们伯克希尔用不着换那么多人。

这本书讲的是书呆子成功的故事，我喜欢这种故事

我推荐大家读一下加勒特·哈丁的新书《生活在极限之内》(Living Within Limits)。哈丁在这本书中总结了他毕生所学。哈丁是一位真正的思想家。这是一本特别精彩的书，是牛津大学出版社出版的。

在座的各位，应该不是科技迷。你们大多数人和我一样，喜欢更简单的东西。不过，我还是向你们推荐比尔·盖茨（Bill Gates）的传记，平装本的，读了很有启发。读了这本书之后，你就知道了，在软件革命中，比尔·盖茨是怎么写软件和卖软件的。这本书读起来很有意思。可以说，这本书讲的是书呆子成功的故事。我喜欢书呆子成功的故事。原因是什么，应该不用我说了吧？

注释

1 包括针对约 4700 万美元的互助储蓄银行净资产的所得税准备金，这些净资产之前未被课税，因为一直被视作所得税方面的坏账准备金。由于互助储蓄决定放弃储蓄和贷款业务，触发了对坏账准备金的征收，所以需要在 1992 年终记录。

1994年西科金融股东会讲话

编者按

在 1994 年 3 月致西科金融股东的信中,查理·芒格披露了公司 1993 年的营收数据:1993 年合并净运营收益(不计投资收益)为 2038.2 万美元,每股 2.87 美元;合并净收益为 1971.8 万美元,每股 2.77 美元。

1992 年和 1993 年的合并净收益分解如下(收益单位为千美元,每股单位为美元):

	1993 年 12 月 31 日		1992 年 12 月 31 日	
	收益	每股	收益	每股
"经常性"净运营收益:				
互助储蓄	2458	0.35	3746	0.52
西科-金融保险业务	12434	1.75	13146	1.85
精密钢材业务	2189	0.31	2075	0.29
其他"经常性"净运营收益	3301	0.46	3533	0.50
	20382	2.87	22500	3.16
出售有价证券的收益	1156	0.16	147	0.02
出售止赎财产的收益(亏损)	—	—	(146)	(0.02)
不寻常的所得税费用	(1109)	(0.16)	(17500)	(2.46)
处理互助储蓄的存款和贷款的收益	906	0.13		
处理新美国电器约 80% 的股权的损失	(1617)	(0.23)	—	—
西科合并净收益	19718	2.77	5001	0.70

如表中所显示的那样，西科出售了它于 1988 年收购的新美国电器。1993 年，按股权比例，西科在出售业务之前的六个月期间的净损失为 192000 美元，在最终处置其权益时实现了 160 万美元的额外税后损失（每股 0.23 美元）。出售的决定是由新美国电器公司的首席执行官格伦·米切尔做出的，他不能再忍受自 20 世纪 30 年代以来的糟糕商业环境。芒格认为，西科进入电气设备领域的时机不佳，是他误判的结果。

1993 年，美国市场上蓝筹股大幅上行，而在 1994 年一季度的几个月里，或许是美联储加息和墨西哥政治动荡等内外因素叠加，蓝筹股持续下跌。于是，1994 年 5 月 25 日西科股东会召开时，股东们十分关注好不容易恢复些元气的市场是不是再次风险加剧，尤其提到了与 20 世纪 70 年代初"漂亮五十"时期的对比。芒格对此做了回应，也具体谈到了富国银行、所罗门、房地美面临的风险和应对措施。对于如何在商业上从别人的经验中学习、什么样的知识会更加重要，芒格也结合自己的亲身经历做了分享。

从别人的经验学习很重要，生意上的道理还要自己体会

收割机公司和百货商店的教训

股东： 您更愿意投资好生意。您是怎么获得的这个认识？是从实际的经营和投资中总结出来的，还是通过理论上的分析得出来的？

你这个问题问得很好。我们大家都在追寻智慧。我多想告诉你，我只要读读报纸，看看别人的经验，就能得出正确的结论。我确实从别人的经验中学到了很多东西。一个不能从别人的经验中学习的人，一辈子注定一直摔跟头。

但是，有很多道理，是我自己吃过亏才明白的。年轻的时候，我在一家收割机经销公司担任董事。这家公司位于中央山谷（Central Valley），它是国际收割机公司（International Harvester）的分销商。这家经销农机的公

司生意非常差，总见不着现金。到了年底，盈利在空地上堆着呢，是一堆旧机器。做这样的生意，不管亏了，还是赚了，都看不着现金，太难受了。我目睹了这家公司经营惨淡的状况，它多少年都看不着现金。

后来，我又做了电子产品的生意，生产录制声音的设备。没想到出现了磁带这种新技术，我们的产品直接被淘汰了。我根本不知道磁带会横空出世，不知道我们的产品会被淘汰。那是很痛苦的一段经历。

有些道理，是我们吃过亏以后才明白的。

还有一次，也是年轻的时候，沃伦·巴菲特和我买下了巴尔的摩（Baltimore）的一家百货商店，那也是个错误。这笔投资做错了，因为我们那时年轻、无知。其实，那时候我们已经不小了，不应该犯这个错误，主要是当时我们没能从别人的错误中吸取教训。

好在我们很快醒悟过来了，百货这个烂生意不是我们能驾驭得了的。后来的事态发展让我们明白了，百货这个生意太难做了，谁都做不好。巴尔的摩的那个百货大楼，任由谁来经营，都是束手无策。

我们买入那家百货商店的时候，当地有四家连锁百货，大概平分市场份额。四家百货公司之间的竞争越来越激烈。你得不断烧钱，才能把这个生意做下去。

好在我们走运，把这家百货公司卖出去了，收回了成本，好像还赚了每年 2% 的利息。通过这笔投资，我们学到了一个非常宝贵的教训。

汤普森出版和 AT&T 对比，要找不需要投入更多资本就能增长的公司

沃伦在商学院讲课的时候，也给学生们讲这个道理。他拿出两家公司的历史业绩，让学生们对比，先不告诉学生是哪两家公司，其中一个是报纸行业的汤普森出版公司（Thompson Publishing），另一个是美国电话电报公司（AT&T）。

很明显，在 30 年的时间里，投资电讯行业的这家公司没赚着钱，因为它总是要投入更多资本，不停地发新股，赚来的利润也都投进去了。它完

全是依靠投入更多资本，才保证了盈利数字的上升，根本没有现金可以分给股东。我们说的是历史上的美国电话电报公司。后来它拆分了，前几年进行了转型，现在已经是一个完全不同的公司了。

汤普森出版公司比美国电话电报公司强多了。它是一个报业集团，经营了很多地方报纸，总是有源源不断的现金。除非是收购另一家报纸，汤普森出版公司的业务根本不需要投入更多资本。自然而然地，汤普森出版公司的股东富了，美国电话电报公司的股东穷了。

之所以有这么大的差异，主要是因为一家公司不需要投入更多资本就能增长，而另一家公司必须投入更多资本才能增长。

如果追加投资，能实现很高的投资收益率，投资者是愿意投入更多资本的。问题在于，很多公司，股东投入了更多资本，表面上看，净资产收益率数字还过得去，但实际上股东无法获得真正的收益。

例如，我前面提到过的那家经销收割机的公司，就算它的净资产收益率达到了10%，其实根本达不到10%，也没法拿出一个子来给股东分红，公司连一分钱现金都拿不出来。像这样的公司多了去了，都是投资者的坑，都是虚的。

投资就要买现金流殷实的公司，钱多到喘口气能被钱淹死才好呢。

做股票投资的两种方法

做股票投资，可能会有一笔投资亏损概率比较大，但是赚钱的话，可能赚得也非常多，这样的投资，我们偶尔会做。我们的大多数投资是长期持有的。我们做的这些投资，我们认为，只要长期持有，几乎不可能亏损，我们做的主要是这种投资。

这两种投资，我们都做。这两种投资的做法不完全一样。做长期的股票投资，一个是能看懂，另一个是概率站在自己这一边。

有些人按第一种投资方法去发放贷款。他们知道自己放出去的贷款逾期率很高，所以他们收36%的利息。他们知道有人借了钱之后会去贩毒，然后被警察抓了，贷款就收不回来了。只要利息足够高，可以弥补大量贷款损失，这样的贷款生意也有可能赚钱。只是我们可不想做这样的生意。

当今的股市算不上疯狂，对于风险应该小心防范

最近的股市与"漂亮五十"时期没有相似之处

股东：您说过，要善于总结投资的经验和教训。我们回顾过去几百年的历史，可以得出很多经验教训。参照各种客观衡量标准，在过去三年的金融市场中，或许出现了有史以来最大的一场投机泡沫。

第一，您是否同意这个看法？第二，历史上的投机泡沫没有一个不是以破裂收场。您认为当前的这场泡沫会怎样结束？

我们不预测市场何时崩盘，也不预测大的宏观趋势。我们没那个本事。我们根据相对价值选择股票。选好了之后，无论宏观经济如何波动，我们都安之若素。

回到你的问题，我不认为，现在的股市正在经历有史以来最严重的一场泡沫之一。1973 年、1974 年股市崩盘之前的"漂亮五十"（Nifty Fifty）时期，美国证券交易所（American Stock Exchange）中的股票鸡犬升天，那才是真正的泡沫。我们现在的股市投机没到那个程度，其实只是可口可乐这样的好公司市盈率高了。好公司贵了，这未必有什么不对。

股东：那么在债券市场中呢？似乎在债券市场中存在比较严重的投机。

确实，有些对冲基金在债券市场中存在比较明显的投机行为。但是它们亏损了，应该不至于影响整个金融市场。如果说有一天，连饭店服务员都开了保证金账户，上杠杆买股票了，那股市要是崩了，才会对整个社会造成强烈的冲击。

由于某些系统自身的特点，其中必然包含着小概率的高风险事件。所罗门的业务结构复杂、规模庞大，即使再努力控制风险，也无法彻底消除出现大灾难的可能性。这是无法从它的系统中去除的，所以才称为系统性风险。这种风险，只能尽量把它发生的概率降到最低，但不可能从系统中完全消除。

所罗门的杠杆那么高，那么多员工都可以通过口头指令或键盘操作掌控数十亿美元，当然存在系统性风险。

像所罗门这样的投行，它们倒了，美联储可能见死不救。如果所罗门出现了巨额亏损，毕恭毕敬地来到纽约联储求救，纽约联储可能点头答应，也可能扔给它一句"走开"。当年，德崇证券（Drexel）去求救，就遭了白眼。纽约联储横眉冷目，铁了心让德崇破产。

如果去求救的是银行，监管机构可不能坐视不理。监管机构会动用存款保险解救银行。大型的券商和中介机构没银行那个待遇，它们得不到政府的救济。陷入困境的时候，得不到政府的救济，这也增加了投行的系统性风险，所罗门上一次命悬一线的时候对此深有体会。

我们注意躲避困境，但也会在价格合适的时候承担风险

在加州承接大量房屋保险业务，存在一定的系统性风险。最近，加州的保险公司尝到了系统性风险的滋味。这种系统性风险出现的概率很小，但是一定会发生，而且发生以后造成的损失特别大。

20世纪保险公司承接的房屋保险业务太多了，远远超出了它的净资产的承受能力。我们绝对不会冒这么大的风险。我们的所有巨灾险都设有上限，也就是说，我们的每一张保单都设有最高赔付金额。我们把所有的最高赔付金额加起来，如果我们觉得总额太高了，有些不安全了，我们就不再承保了。20世纪保险公司则不然，它不停地承接新业务，不知道即将摧毁整个公司的风险已经悄然而至。

我们非常谨慎地控制系统性风险。除非是我们犯了特别严重的错误，

否则我们不至于遭遇系统性风险。

很多保险公司作茧自缚。很多财险公司承接了大量房屋保险业务。现在它们醒悟过来了，只要飓风"安德鲁"稍微偏一点，从大城市的中心横扫而过，它的破坏力可以轻而易举地翻四倍。果真如此，这些保险公司全都得破产，一个都跑不了。

这些财险公司因为愚蠢，走到了今天这一步。它们要是敢说自己改变主意了，不想做了，保险监督官肯定会告诉他们："我代表的是公众的利益，我不管你们的风险如何。你们不干了，投保人能饶了我吗？"

保险监督官偏向投保人，才不管对于保险公司来说公不公平呢。已经接了的保险，不想做了，那是不可能的，除非退出整个加州市场。谁让这些保险公司贪心，承接了那么多的房屋保险，现在骑虎难下了吧？

我经常琢磨人类为什么总是把自己弄到这样的境地。我看过一幅漫画。漫画里画了一个牛仔，他骑着一头骡子。骡子一脚踩空了，顺着斜坡往大峡谷的谷底冲。牛仔拼命拉着缰绳，边拉边喊："你给我停下！停下！"已经晚了，再怎么喊都没用了。

做投资，很容易陷入这个牛仔的困境。管理公司，也很容易陷入这个牛仔的困境。

在以前的股东会上，我引用过银行业的一则格言。这句格言是得克萨斯州的一位老银行家说的。他说："在发放贷款之前，就把贷款收回来了。"

很多时候，还真是只有在发放贷款之前，才能把贷款收回来。这话太有道理了。

我们像躲避瘟疫一样，远离无法摆脱的困境。伯克希尔·哈撒韦愿意承担较大的风险，不怕亏损数十亿美元。西科也愿意承担较大的风险，不怕亏损几千万美元。**但我们承担风险是有前提的——价格必须合适，风险发生的概率比较小，即使风险发生，我们的净资产也足以应付**，不至于影响贝蒂·彼得斯（Betty Peters）的财务状况，不至于影响她去远洋旅行。贝蒂刚从远洋旅行回来。

贝蒂·彼得斯：谢谢你，查理。

我们希望即使风险出现了，我们的股东只是感到恼火而已，不至于亏得大伤元气。

你问的这个问题很有意义。很多公司的激励制度非常不合理。管理层让公司承受特别大的风险，但在大多数年份里，风险没爆发，管理层的位置坐得很稳。一旦风险爆发，管理层则作为打工者置身事外，损失都是股东的。

从股东的角度出发，这种决策机制非常不合理。

房地美有严格的管理和有效的对冲措施

股东：房地美的杠杆也非常高，它是否也存在系统性风险？

当然了。到目前为止，房地美的管理还是非常严格的。房地美其实已经经历过风险了。在很多州出现经济衰退和信用紧缩时，房地美已经经受住了考验，没出现特别大的损失。在房地产市场危机之中，额度低、信用记录好的住房抵押贷款表现良好，没出现太大的损失。

一个人借的是小额住房抵押贷款，每月只需还款 800 美元，就算他失业了，他的亲戚朋友可以帮他一把，不至于还不上贷款。一个人借的是大额贷款，每月要还一万美元，亲戚朋友可能也帮不上什么忙。在房地产市场衰退时期，大额抵押贷款的损失更严重。房地美和房利美主要经营小额抵押贷款，它们没遭受太大的损失。

房地美和房利美都表示，它们已经采取了有效的对冲措施，充分地防范了利率风险。我还是比较相信房地美和房利美的。

其实，对于复杂的对冲操作，我始终持有怀疑态度。前不久，亨利·考夫曼在一次演讲中说了一句话，他说："在现代的商业界中，'风险管理'是个很时髦的词，似乎只要把'风险管理'挂在嘴上，风险就真被管住了。"

股东：大概四个月之前，债券市场出现了大家都没预见到的风险，也就是债券组合的久期风险。您谈到了，房地美和房利美的投资组合经受住了信用风险的考验。请问久期风险是否会对这两家公司造成影响？

我们之所以拿出大量资金投资房地美，很重要的一个原因是看好它的商业模式。从房地美经营之初，它就把大部分久期风险转移出去了。这个经营策略很吸引我们。

近年来，房地美开始自己承担少许的久期风险了。总的来说，房地美的策略还是没变，它仍然让别人去承担久期风险，也就是利率风险。

所罗门特别努力在控制利率风险

所罗门投入了大量资源控制利率风险。它采用了很多复杂的模型，安排了很多员工专门做这项工作。所罗门特别努力在控制利率风险，竭尽全力试图摆脱利率风险。

所罗门已经很努力了，但我觉得，想要彻底消除利率风险是不可能的。不管怎样，所罗门已经在尽力控制了。

控制利率风险的操作，实际上是把部分利率风险转化为信用风险。在防范利率风险的操作中，涉及一系列复杂的交易，而所有这些交易，只有在对方信守承诺的情况下，才能发挥作用。降低利率风险，实际上是在信用风险和利率风险中寻求一个平衡。

做好这个操作，需要有非凡的能力，需要有准确的判断力。所罗门人才济济，而且也一直在努力。

股东：所罗门是否也像基德尔·皮博迪（Kidder Peabody）一样持有大量住房抵押贷款证券？

我没具体看过，可能基德尔·皮博迪持有的规模更大。你拿这个问题去问基德尔·皮博迪，他们肯定会说："放心吧，我们已经做好对冲操作了。"至于到底做没做好对冲，谁知道呢？

人人都说自己对冲了。现在的金融界，不说自己对冲了，都不好意思，特别是那些持有 MBA 学位的。在金融领域，对冲很流行，交易越来越多，操作越来越复杂。**我从来没听沃伦·巴菲特说过他对冲了**。

隐性负债须注意，会计造假极恶劣

股东：您以前提醒我们，要防范资产负债表之外的债务。事实证明，您非常有先见之明。去年，您说了，保险公司只参考过去很短一段时间内的经验，不充分考虑风险大小，盲目地承接保险业务。今年，20世纪保险公司就巨亏了。您还说过，退休医疗福利没有记录为成本。现在会计政策改了，这笔开支要记录为成本了。

我想请教一下，您认为，在资产负债表以外，还有哪些负债，是需要我们注意的？

裁员成本也是一项实际存在的、规模非常大的债务，但是没有反映在资产负债表上。一家公司，它非常清楚，将来决定裁员的时候，资产负债表上的资产会大量减少，但是它现在的资产负债表上并没有记录这笔可能因裁员而产生的巨额负债。在这种情况下，我认为，会计政策存在漏洞，没有充分地反映真实情况。

很多公司因为裁员而支付的成本高达几亿、几十亿美元，裁员成本之高令人咋舌。**公司明明要为缩小规模而付出成本，但这项成本并没有在资产负债表上体现出来**。明明存在一项规模很大的债务，却非要事到临头才能记在账上，这不合理。

投资者一定要小心这笔负债。财务报表上的会计数字只是分析的起点。从投资者的角度来看，报表中的很多数字是错的。

丹尼斯，你是不是必须完全遵守会计准则，不管你自己有什么不同意见？

丹尼斯·尼尔： 是这样。就裁员成本而言，只有公司管理层正式做出裁员的决定，才需要记录这项成本。公司可能清楚地知道要裁员了，但是可以拖着不正式宣布。按照现行会计政策的规定，只要没正式宣布，公司就不必记录裁员成本。

您说得很对。虽然是早晚都要发生的，但只有正式宣布了，这笔负债才会出现在公司的资产负债表上。这笔负债何时记录，公司在很大程度上可以自己决定。这样一来，公司就有机可乘了。

这是会计政策上的一大漏洞。巨额的裁员成本还没引起人们充分的重视。裁员成本可能是一项庞大的隐形负债。不信大家看看 IBM，它因为裁员，净资产少了多少。

一家公司走到崩溃边缘的时候，最有可能做出恶劣的会计舞弊行为。因为走投无路，只好做假账，使出各种造假手段虚增收入，例如，把存货算成应收账款。造假动机最强烈的公司，搞出来的会计舞弊行为最恶劣，这非常符合逻辑。

我个人认为，好大喜功的那种人，遇到一些逆境，很容易搞歪门邪道。毕竟，他们本来就是一心想着不劳而获的人。这样的人千万不能信任。现在我有时候会接到诈骗电话，想想电话那头的骗子都是什么样的人啊。

很多年以前，我还年轻的时候，南加州有一家有名的石油公司，老板是个大骗子。这家公司在场外市场交易，它的绰号是"超级骗子"。经纪人都这么叫它。"超级骗子报价多少？""15.25 美元。"

大家都说，就算这家公司找到石油了，也得被管理层偷走。

富国银行度过了危机，房地产生意很难

富国银行的完美答卷

股东： 您认为加州的房地产市场和银行体系还有继续下行的风险吗？

因为我们是富国银行的股东，所以我们一直很关注加州的房地产市场和银行体系。在这次严重的房地产危机中，富国银行用自己的优异表现，交出了一份完美的答卷。富国银行同样出现了比较大的亏损，但是它的亏损完全在承受范围之内。我认为，富国银行的局面已经基本稳定了。

股东：这么严重的一场危机能安然无恙地度过，富国银行是怎么做到的？

富国银行的房地产贷款在总资产中所占的比重应该不比其他银行低。富国银行的损失之所以比较少，主要有两个原因：第一，富国银行的客户群体信用更好，贷款质量更高；第二，在发现了危机的端倪之后，富国银行果断地采取了行之有效的措施。

西屋信用（Westinghouse Credit）则绝对是个反面教材。它把发放贷款的权力交给了一个傻子。这个傻子把钱借给了开发商，用于建设酒店。不但把钱借给了开发商，还借给了盖酒店的开发商，这真是错上加错。在这场危机中，西屋信用一夜之间就垮了。

富国银行没做那样的蠢事，没被危机打倒。一家银行的房地产贷款质量如何，不能只看总金额，也不能只看简单的分类。有些银行的贷款质量远远高于其他银行。

现在，加州北部已经稳住了，加州南部可能还需要一段时间才能走出来。

就过去的情况来看，在房地产上赚大钱的是少数

股东：您在年报中说，从长期来看，房地产上市公司没给股东创造太多的价值。是因为上市的房地产公司需要缴纳企业所得税吗？还是有别的原因？

缴纳企业所得税是一部分原因。即使不考虑税收因素的影响，我觉得房地产这个生意也是很难做的。在过去40年里，投入了大量资金的大型房

地产项目有很多，但真正实现良好复合收益率的没几个。

当年，美国铝业公司（Alcoa）买入洛杉矶西部的世纪城地块，地价才50多美元一平方米。那是个黄金地段，那个地区当时治安情况良好，居民的素质比较高，非常有发展前景。美国铝业买这块地的时机也好，它买了之后没多久，正好赶上了南加州最繁荣的时期。可惜，尽管用这么便宜的价格，买了这么一大片地，经过很多年的开发，扣除利息成本，美国铝业却没赚什么钱。

我们西科也有一块地，地价成本才10美元一平方米，而且紧邻圣巴巴拉市的海岸线。我们很多年前就拿到这块地了，也没赚什么钱。

大块的土地，哪怕处于黄金地段，也会让开发商竖着进去，横着出来。偶尔有人能赚大钱，但那是少数。总的来说，房地产是很难做的生意。

全美航空的危局需要各方面的共同努力

这笔投资做错了

股东： 西科投资了全美航空的优先股。您能否评价一下这笔投资？您将这笔投资减记为原值的75%，请问您是如何得出的这个数字？

估算这个数字的时候，我们参考了全美航空发行的其他优先股当时的价格。我们尽量准确地进行了估算，尽量按照当时的情况估算出一个公允的数字。[1]

我非常乐意回答这个问题。对于我们犯的错误，我认为应该像驯狗一样处理，让狗自己拉的自己闻。我愿意深刻反省自己的错误。我愿意反省，虽然反省的过程不好受，但我知道反省是对的。

我们的这笔投资做错了。全美航空的生意太难做了，它面对的困难太多了。航空业提供的服务属于没有差别的普通商品。工会的行为已经发展到非常极端的程度。现在公司陷入了混乱，各方面完全达不成一致。

全美航空的高管一定会和所有员工同心同德，共克时艰

如果我是一名飞行员、机械师或空乘，我愿意完全放弃与工会签署的合同，从而保住 80% 左右的工作岗位。他们是工会的成员，他们能不能像我这样想，那我就不知道了。

我不是在开玩笑。我要是工会中的一员，我真会这么想。

如果他们不能以大局为重，做出一定的让步，全美航空可能难逃厄运。

全美航空的董事会主席赛斯·斯科菲尔德（Seth Schofield）是从行李管理员做起，一步步做到今天这个位置的，他非常了不起。赛斯诚实、直爽、富有智慧，每周工作 70 个小时。他是个好人。赛斯还有个特点我也非常欣赏，他是个活到老学到老的人，很多人做不到这一点。

以赛斯的背景，他可能更容易获得工会的信任。他的职业生涯别具一格，与大多数航空公司的董事会主席不同。

很多航空公司的高管具有金融背景，他们自己仍然拿着丰厚的薪酬，却不遗余力地压榨工会。这不是我的行事风格，大家应该有难同当才对。当年，通用汽车一边让普通员工降薪或离职，一边增加高管的退休金，这种行为令人难以接受。现在的通用汽车已经换了管理层，应该不会再有当年的行为了。

赛斯是挽救全美航空的合适人选。全美航空的高管一定会和所有员工同心同德，共克时艰。很多公司的高管做不到这一点，他们无论如何都不愿放弃自己的利益。

股东：航空业是否也和百货业一样，是无可救药的？

我们把这笔投资进行了大笔的减值，这说明我们认为，确实存在无可救药的可能性。

我不认为是完全没救了。赛斯·斯科菲尔德也许能挽回局面，他是个诚实正直、令人敬重的人。工会的领导者也不傻，他们很清楚其中的利害关系。

西科与伯克希尔都将尽力而为，但西科无法比肩伯克希尔

收益率目标是估算的，尽最大努力实现

股东：伯克希尔·哈撒韦定下的长期目标是每年净资产增长 15%。西科是否也有类似的目标？如果有的话，具体的目标是什么？

除非我们运气特别好，否则我们每年实现的收益率将低于伯克希尔定下的目标。过去这些年里，我们都没达到 15%，将来也应该达不到。

我们的目标是尽力而为，其实尽力而为也是沃伦的目标。过去每年 23% 的收益率，股东们已经习惯成自然了。沃伦定下了 15% 的目标，是想告诉大家，每年 23% 的收益率不是天经地义的。15% 这个数字，是他估算的，在伯克希尔现有规模的基础上，他尽最大努力可能实现的收益率。

西科和伯克希尔都会尽力而为，但是西科的收益率会比伯克希尔低。

西科和伯克希尔都是保险公司，但是西科和伯克希尔没法比。伯克希尔拥有大规模的保险浮存金，西科没有。伯克希尔旗下的一些保险公司拥有经过几十年的积累形成的竞争优势，西科也没有。伯克希尔的保险业务的实际价值远远高于账面价值，西科的不是。就这么简单。

业务转让与换股收购

股东：我发现伯克希尔·哈撒韦把 4000 万到 5000 万美元的保险业务分给了其他保险公司。伯克希尔为什么不分给西科一部分？

我在年报中讲过了，只有在对双方都有利的情况下，西科才会从伯克希尔承接业务。这次伯克希尔是出于偶然因素而转让了部分业务，将来伯克希尔可能还会因偶然因素而转让业务。

股东：您能否分析一下，如果伯克希尔通过换股收购西科，对各方有何利弊？

早年间，换股是行得通的，可那时候有一部分西科股东不同意。现在

情况不一样了,换股对伯克希尔来说不合适。

除非伯克希尔能获得同等价值,否则它不可能发行股票。西科也遵守同样的原则。

从我们入主西科起一直到今天,我们的流通股数量始终没变,20多年了都没变。我们绝不会轻易发行新股。

我在西科的年报中讲了,伯克希尔具有西科无可比拟的价值。然而,西科最近的股价很高,远远超过了它的清算价值。按现在的情况,没办法换股。

我们不可能把伯克希尔的结构搞复杂

股东: 在今后的五六年里,伯克希尔是否会考虑将它旗下的众多子公司单独上市,从而把投资组合中各个子公司的真正价值释放出来?

沃伦回答过这个问题。我们觉得伯克希尔现在这样就很好,非常符合股东的利益,我们根本不考虑把子公司拿出来单独上市。

其实,我们特别讨厌那种像一团乱麻一样的复杂结构。说实话,我们的脑容量真的非常有限,我们想把有限的脑容量用在更有意义的事上,不想让一团乱麻把我们的精力消耗殆尽。让子公司单独上市,伯克希尔将只持有大量子公司的部分股权,我们不愿意这样。

有些子公司,伯克希尔确实只持有部分股权。主要有两种情况:一种情况是像西科这样的,是历史原因造成的;另一种情况是,在我们收购一些家族企业时,售出企业的家族希望保留部分股权。伯克希尔部分持股的子公司都有其各自的原因。我们不可能主动把伯克希尔搞成一团乱麻,把伯克希尔的结构搞得特别复杂,充斥着各种利益冲突。我们对那种复杂的公司结构不屑一顾。很多复杂的公司结构是投行兜售的。投行把复杂的结构吹得天花乱坠,脑子里装满了金融理论的公司高管听了深以为然。

有时候,把一家子公司彻底拆分出去,是合理的。但是,把子公司

20%到30%的股份拿出来单独上市，很多时候不是什么好事。

如果我们有更多机会就好了。我们不妨回头看看伯克希尔的子公司蓝筹印花的收购记录，我们可以发现，它平均五年做成一笔大收购。

我们都已经尽力了，五年才能做成一笔大收购。 沃伦反复说过很多了，现在以合理的价格收购整个公司不容易。我们的竞争对手出价很大方，他们用的是别人的钱。在考虑每一笔收购的时候，**我们把伯克希尔的钱当成自己的钱。**

我们年富力强的时候，每五年才能做成一笔收购。那时候的竞争还不像现在这么激烈。现在想做成大规模的收购，只能靠上天眷顾了。

倒也不是完全没机会。我们一直在努力，相信皇天不负有心人。只是大家别抱太高的期望，对我们来说，要做成大收购，确实很难。

有些知识比别的知识更重要

股东： 如果让您来负责教育系统，为了培养未来的商业人才，您会如何安排课程？您认为哪些课程是必修的，哪些是选修的？

在我的学生时代，当我学到排列组合的知识的时候，我眼前为之一亮。我记得应该是在高中二年级时学的。一学到这个知识，我就知道这个知识特别有用。很奇怪，我的数学老师讲排列组合这一课的时候，只是把它当成一般的知识来讲，没觉得它有什么重要的。

我带着求知若渴的眼神学了这一课。我真是用心地学，把它学会了。后来，我在生活中始终自觉地使用排列组合的方法思考。

排列组合很重要，二次方程没那么重要。排列组合这么重要的知识怎么能像二次方程一样教呢？我不知道你们是不是和我一样，反正我从事商业和投资这么多年，从来没用过二次方程。从事商业和投资，却不懂排列组合，**不会用排列组合的方式思考，我有个经常用的比喻，可以描述这种情况：独腿人参加踢屁股比赛。**

注释

1 芒格在当年的股东信中写道:"我们估计1200万美元的全美航空股票的价值比我们购买时少了25%。"

1995年 西科金融股东会讲话

编者按

在 1995 年 3 月致西科金融股东的信中,查理·芒格披露了公司 1994 年的营收数据:1994 年合并净运营收益(不计投资收益)为 2465.9 万美元,每股 3.46 美元;合并净收益为 1897.2 万美元,每股 2.66 美元。

1993 年和 1994 年的合并净收益分解如下(收益单位为千美元,每股单位为美元):

	1994 年 12 月 31 日		1993 年 12 月 31 日	
	收益	每股	收益	每股
"经常性"净运营收益:				
西科-金融保险业务	21582	3.03	12434	1.75
精密钢材业务	2900	0.40	2189	0.31
互助储蓄	—	—	2458	0.35
其他"经常性"净运营收益	177	0.03	3301	0.46
	24659	3.46	20382	2.87
出售有价证券的收益	163	0.02	1156	0.16
全美航空优先股减值	(5850)	(0.82)	—	—
非经常性所得税费用	—	—	(1109)	(0.16)
处理互助储蓄的存款和贷款的收益			906	0.13
处理新美国电器约 80% 的股权的损失	—	—	(1617)	(0.23)
西科合并净收益	18972	2.66	19718	2.77

1995 年 5 月 25 日，西科金融在帕萨迪纳市召开了股东会。所罗门虽经巴菲特的力挽狂澜，但此时仍未恢复信誉和元气，针对这一年媒体对所罗门所作的负面报道，芒格综观投行生意，展望所罗门的前景，表示了对这笔投资最终结果的信心。这一年，盖可保险成为伯克希尔的全资子公司，但总的说来，芒格认为保险生意并不好做，此外，他也点评了银行业、电视台和报纸行业。他坦言自己也是因为投资收益高而转行，但投资到底要怎么做，还是要自己多思、少动，看准机会下重注。

投行钱太多了、太好赚了，生意反而难做

投行的死亡率很高

股东：最近，媒体中出现了很多关于所罗门兄弟公司的负面报道。有的文章说所罗门的管理层人品正直，但能力不行。请问您如何看待所罗门的前景？

好的。所罗门是一家投行，咱们先从投行这个行业说起。回顾过去 50 年、60 年、70 年的历史，我们可以发现，死掉的投行很多。翻看 30 年前的发行公告，承销商名单中赫然在目的那一长串投行，40 家可能有 38 家都无影无踪了。在一家公司的发行公告中，名单中的投行甚至一个都没有了。

有些投行没彻底破产，它们只是遭受了巨大的亏损，然后被其他投行并购了。总的来说，在过去 100 年里，活跃着的投行可能不下 100 家，现在却只剩下四五家了。

所罗门是投行界的后起之秀。二三十年前，它还只是一家交易债券的小型机构。凭着冲劲和智慧，所罗门逐渐壮大，发展成了一家大型投行。从投行的发展历史来看，一家投行想长久地活下去，非常不容易。

多少投行被并购了，消失得无影无踪。那些投行也曾名噪一时，最后却难逃覆灭的厄运。

投行从事证券交易，赚取佣金和交易利润，它们活下去怎么就那么难呢？因为钱太好赚了，人们很容易迷失自己。投行里流传着很多一夜暴富的神话，很多人听了会心驰神往。有些销售人员为了钱，不惜触犯法律或道德的底线。

投行里每天有大量资金流动，连后勤部门的工作人员都可能利用职务之便侵占公司财产。所以说，投行的生意很难做。

所罗门不但能活下去，而且还能活得很好

换个角度来看，最后活下来的这些大型投行，例如，美林（Merrill Lynch）、高盛（Goldman Sachs）、摩根士丹利（Morgan Stanley），这些年来，它们的业绩波动很大，但总的来说是非常赚钱的。

按规模和行业地位来看，所罗门大概能排在行业第五或第六，在全球也算得上声誉卓著了。所罗门有大量精英员工，有雄厚的资本实力。我认为，所罗门是行业幸存者之一。我相信，所罗门不但能活下去，而且还能活得很好。

尽管如此，至少从近期来看，所罗门不可能每年、每个季度都非常平稳地赚钱。所罗门的业务规模庞大，它还开展了大量自营业务。与美林相比，所罗门的盈利必然呈现出更加剧烈的波动。多年以来，所罗门一直采取这个生意模式，业绩一直具有波动性。

只要能到达正确的终点，路途再颠簸，我都受得了

这种波动，很多人受不了，我受得了。只要能到达正确的终点，路途再颠簸，我都受得了。在持有一笔投资期间，如果让我忍受更多的颠簸，能换来每年高一两个百分点的收益，我会非常乐意。与其他投行相比，所罗门带来的颠簸更多一些。我看好所罗门。

我欣赏和信任所罗门的两位领导者。如果所罗门再次陷入同样的危机，他们是否能做出不同的决策？当然能了，换了是谁，都应该知道吸取教

训了。

我们持有的是所罗门的优先股,而且具有强制赎回条款。当年我们做这笔投资的时候,是用它来替代市政债券的。

早知道后来要为所罗门收拾残局,我们是不可能做这笔投资的。刚做这笔投资的时候,我们不知道会发生所罗门违规投标国债事件,不知道沃伦将被迫出任所罗门的首席执行官。

总之,投行是难做的生意。我们做这笔投资必然要经历颠簸起伏。不过,我不担心西科的这笔投资会亏钱。

保险生意不是那么好做

股东:这些年来,西科和伯克希尔的保险生意越做越大。您以前说过,保险生意的竞争特别激烈,而且这个生意还有个特点,做出了错误的决策,反而会得到更多现金。现在保险行业还是这个情况吗?

保险生意不是那么好做的。不信看看劳合社,现在还生死未卜呢。劳合社曾经是拥有金字招牌的百年老店,现在它可能连三四年都撑不下去了。

很多曾经辉煌的保险巨头都陨落了。20世纪保险公司曾经也非常优秀,堪称业界标杆。结果只因为一次大地震,它就走到了破产的边缘,不得不寻求再保险。伯克希尔承接了这笔业务,西科也承接了一小部分。保险生意真不是那么好做的。

话说回来,很多保险公司的生意是非常好的。伯克希尔持股的盖可保险,它的生意就非常好。还有很多其他保险公司,也深耕某个细分领域,都具有非常好的生意。在大型保险公司中,州立农业保险公司独树一帜,它虽然可能遭遇比较大的风险,但它的生意也是非常好的。它是一家经营有方、恪守道德的公司。

总的来说,财产保险公司给投资者带来的长期收益很一般,保险生意不是那么好做的。

保险行业中的每家保险公司各不相同，不能一概而论。西科和伯克希尔有自己做保险生意的方式，和其他保险公司不一样。我们有自己的细分领域，有自己独特的经营方式，我们和其他保险公司不一样。

如果一场超级飓风席卷长岛，或者一场大地震袭击南加州，很多经营良好的保险公司可能遭遇破产，它们承受不起那么大的冲击。

西科和伯克希尔肯定会安然无恙。我们始终遵守严格的纪律，把防范重大风险放在第一位。

我们只能见步行步，抓住两三个大机会

股东：去年，伯克希尔很活跃，收购了大量股权。然而，西科却按兵不动。请问这是为什么？是受到了现金流的客观限制，还是主动选择不进行收购？

西科的投资活动主要取决于是否有闲置资金。去年，我们主要是持有已有的投资。最近，房地美、吉列和可口可乐的表现不也不错吗？

股东：请问如果今后西科要进行大笔投资，现金将从何而来？

如果将来出现大机会，我们的资金主要有两个来源：一个是现有业务和投资的利润与股息；另一个是卖出持有的部分投资。我们和大家一样，需要资金的时候，也是需要筹措的。

如果我们看到特别好的机会，我们有可能借些钱进行投资。过去，我们借过少量资金用于投资。总的来说，在伯克希尔的文化中，我们对高杠杆采取敬而远之的态度。这并不是说我们永远一分钱不借。

股东：西科旗下的保险业务是否能带来更多的浮存金？如果能的话，西科是否可以用浮存金进行投资？

目前，西科旗下的保险业务创造不了多少浮存金。过去，我们曾经达

成一两笔交易，使得我们的浮存金显著增加。现在我们只能尽力而为，没办法预测将来浮存金是否能增加。

西科的保险公司不是那种特别好的生意。虽然资本规模比较大，但是**现在的保险业务并没有实现大量盈利的能力**。我们会想办法提升保险业务的盈利能力，可惜，做起来没那么容易。

股东：在过去 10 年、15 年里，伯克希尔的保险浮存金增长速度很快。请问伯克希尔将来能继续保持它过去的增速吗？

在过去十几年里，伯克希尔并不是按照事先定好的计划按部就班地发展，而是见步行步，抓住了两三个大机会，才达到了今天的规模。相信将来伯克希尔仍然会见步行步，抓住大机会。至于伯克希尔的浮存金能否继续增长，那就不好说了。如果伯克希尔能抓住大机会，它的浮存金将继续增长。

这需要我们能敏锐地把握时机才行，浮存金不可能自己增长。

今天的银行躺着赚钱，未来如何，不得而知

股东：最新一期的《杰出投资者文摘》(*Outstanding Investor Digest*) 刊登了您在南加州大学（University of Southern California）发表的演讲。您在演讲中谈到了分销体系的效率越来越高。随着科技的进步，银行的分销体系似乎也实现了更高的效率，能更快捷地吸收存款，请问您认为是这样吗？

我们在现场来个小测试。去年，你们有多少人去银行的次数不到五次？过去两年，你们有多少人根本没去过银行？

看看大家举手的情况，这个问题应该不用回答了。银行的分销体系变了，变得更快捷、更方便了。整个世界都在变。

股东： 各大银行仍在努力扩大存款基数，争取实现规模效应。它们的努力有意义吗？互联网或者其他电子储蓄的方式是否可能取代银行？

经过了很多年的经营，银行才建立了那么多实体网点。它们现在对未来感到忧心忡忡，害怕比尔·盖茨等互联网新贵抢走它们的饭碗。如果我真有预测未来的能力，那我以前不做什么都成功了？我不知道将来会怎样。

如今的银行，在精明的管理者手中，很多业务实现了自动化，是一个躺着赚钱的生意。银行给储户的利息很低，它们自己的利润很高。银行能否保住自己的好生意？它们对比尔·盖茨的担忧是否会变成现实？我们拭目以待吧。

早年间，银行发明了信用卡。最早大力发展信用卡业务的银行找到了赚钱的宝藏。说不定将来银行还能发明新产品，找到新宝藏。还有一种可能是，银行的业务日益普通商品化，银行将失去昔日赚钱的能力。我也不知道银行的未来如何。

大家知道，我们把自己的储贷机构卖掉了。我们以前有一家小型储贷机构，但监管负担过于沉重，合规成本太高，所以我们退出了这个行业。将来储蓄行业的监管会更松，还是更严？我个人认为会越来越严。

股东： 众所周知，银行业是一个周期性很强的行业。但是，现在银行都在发展多元化经营，有很多不同的业务，例如，信用卡、基金等。银行业是否逐渐变成一个具有成长性的行业了？

当年电视机发明之后席卷了全世界，那时候的电视机是一个具有成长性的行业。我们现在的银行数量很多，银行不可能具备像当年的电视一样那么高的成长性。人口的数量是有限的，对银行业务的需求是有限的，存款可能达到的规模也是有限的。所以，我不认为银行突然间变成了一个具有高成长性的行业，所有银行都能一飞冲天了。

一家银行，如果经营管理水平高，那是非常好的生意。银行业将来有危也有机。至于将来到底会怎样，我不知道。

我们还是非常看好银行业的，伯克希尔持有大量富国银行的股份，西科也持有富国银行的股份。

电视台和报纸还是好生意，但没过去那么好了

股东：作为一个分销体系，电视台的竞争优势不如从前了。电视台还能维持过去的定价权吗？您还会投资电视台吗？

在美国，电视台仍然是非常好的生意。电视台可以把有声音的彩色画面以很低的成本传输到千家万户，由于无线电频段和频率是有限的，所以电视台一直是非常赚钱的生意。

现在的竞争多了，出现了有线电视、卫星电视等，电视台的生意没过去那么好了。如果没有这些竞争对手，电视台会更赚钱。

我有个同事，有一次，在一艘船上，他遇到了箭牌（Wrigley）口香糖家族的一位继承者。我这个同事对箭牌公司赞不绝口，他说箭牌是个好公司。他还对这位女继承者说，她继承了箭牌公司的伟大财富，一定感到很光荣。

这位女继承者回答说："箭牌现在的生意是很好，当年我爷爷瑞格理（Wrigley）垄断全球糖胶树胶的时候，箭牌的生意更好。"

现在的电视台和箭牌一样。如果还拥有以前那么多的市场份额，它们能赚更多的钱，不过现在它们的生意仍然非常好。

股东：您觉得现在报纸行业的生意如何？报纸会被淘汰吗？还是仍然值得投资？

关于这个问题，沃伦在年报中说了很多。报纸仍然是好生意，但和过去是不能比了。

报纸行业现在面临很多不利因素。读报的人越来越少，有些地区的居

民虽然读报，但读的是其他语言的报纸，这是一个不利因素。很多零售商不怎么投放广告，也取得了巨大的成功，例如，普莱斯会员店（Price Club）和开市客（Costco），这也是一个不利因素。

报纸仍然是好生意，但明显不如过去了。

关于全美航空，我们不可能每次都赢

全美航空和工会是一条绳上的两只蚂蚱

股东：去年，在股东会上，您说全美航空仍然有可能与工会达成和解，从而走出困境。最近，全美航空表示，它与工会的谈判取得了进展。然而，问题多拖延一天，全美航空就多亏损一天。

您认为全美航空的前景如何？

这个很难说。在去年的股东会上，我说了，问题有可能得到解决。前提条件是，工会能理智地思考，认清自己的长远利益，做出合理的让步。

然而，工会的领导者、工会的顾问都承受着巨大的压力，他们很难做出理智的决策。最后能不能谈拢，我也说不好。

如果全美航空倒闭了，飞行员的损失是最大的。飞行员将丢掉原来的高级职位和丰厚的薪水。飞行员可能完全找不到工作。就算找到了新工作，来到一家新的航空公司，他们只能从头做起。他们的损失可不是一点半点。一位飞行员，原来的薪水是一年15万美元，他所在的航空公司倒闭了，他的下一份工作可不是降一个级别而已。他找到的下一份工作，不可能是一年12万美元的，他的收入会跌很多。

为了多占一点小小的便宜，或者少吃一点小小的亏，人们能把对自己十分重要的东西都豁出去了，连那么好的工作都不要了。我真是搞不懂。

如果我在飞行员工会说了算，这事早解决了。闹了这么久，实在太离谱了。我这些话是站在飞行员的立场说的，不是为了维护全美航空的利益。[1]

PS 集团，我还能说什么呢？

股东：您认为 PS 集团的前景如何？

西科没参与对 PS 集团的投资。几年以前，伯克希尔收购了 PS 集团的大量股权，现在亏了不少钱。PS 集团自己做出了一两个错误的决策，又受到了航空业陷入混乱的影响，结果出现了重大损失。

PS 集团的管理层应该在竭力带领公司走出困境。别对它抱什么希望了。我还能说什么呢？我们不可能每次都赢。

股东：PS 集团的子公司瑞肯泰克（Recontek）从事工业固废处理业务，它违反了环保法。请问 PS 集团是如何处理的？已经把它关闭了吗？

没关闭，但是进行了减值处理。从股东的角度来说，可以当这家子公司已经不存在了。

我们不可能让所有人采取和我们一样的处世态度

所有的现代金融机构都比我们更好动

股东：在西科买入房地美后，您在年报中列举了您看好房地美的理由。然而，最近房地美把 10 亿美元交给了一些基金经理，投资了一些花里胡哨的东西。房地美是不是走偏了？

我不是对房地美的每个细节都特别关注。所有的现代金融机构都比我们更好动一些，金融机构天生有这个毛病。我们投资的任何一家金融机构，无论是银行，还是其他机构，都不可能指望它有像我们这样的定力。

看到它们多动的时候，我们只能摇摇头、叹叹气。你提到的房地美的这个操作，我不知道是对是错。我只知道，房地美的生意是稳妥的。多年以来，房地美一直稳稳地坚守主业。

人们做的很多事，不如不做。我讲过，如果有人把厚厚的招股书递给你，而他是靠这个赚佣金的，你最好不要看。就算有可能错过几个机会，也别看。记住这个规则，你能少受很多损失。

我们有很多这样的小规矩，我们不可能让所有人都遵守我们的规矩。我们也不可能让所有人都像我们这样，甘愿承受过程的颠簸。

人各有志，我们不可能让所有人采取和我们一样的处世态度。

自己有脑子不用非常危险

股东：在新时代慈善基金会（Foundation for New Era Philanthropy）的庞氏骗局中，为什么会有那么多人上当？他们怎么会相信能在六个月里收益翻倍？

要回答这个问题，必须对人性有深刻的理解。为什么有身份、有地位、头脑聪明的人一下子傻了，能掉到这么明显的骗局里？这值得我们深入分析。

这场骗局利用了心理学中所说的"社会认同"（social proof）现象。看到两三个名人带头做了，其他人就信了。"连高盛的董事长都参加了，还能有假吗？""连宾夕法尼亚大学（University of Pennsylvania）都参加了，还能有假吗？"这种思维方式非常危险。自己有脑子不用，随波逐流，盲目地跟着别人走。

只要承诺捐给慈善机构，就能实现六个月翻倍的收益。成年人竟然相信这种鬼话。这是个经典案例。人们经常看到别人做什么了，自己也跟着做。

频繁交易的投机对社会有害无益

股东：您如何看待当前的投机行为？

在我看来，当今的世界存在太多的投机行为，而且投机的风气丝毫没有收敛的态势。

投机行为对社会无益。疯狂的投机行为甚至有可能给社会造成严重的危害。投机之风盛行不利于一个国家的长治久安。我们的社会太热衷于短期交易了。

按现代的观点来看，像我这样憎恨投机的人应该属于老顽固了。要我说，把美国的证券交易减少 80%，我们的社会会更好。如果我有那个权力，我会把税收调高，让现在的交易减少 80% 以上。

在我们的社会中，很多优秀的人才整天坐在那交易纸片，各种中间商像赌场里的荷官一样发牌和处理筹码，这对我们的文明有什么好处？我实在想不出来。

你去问商学院的金融教授，他们会说，交易越多越好。也是，没了市场中那么多的投机交易，金融教授还不失业了？

试想市场中没了投机行为会怎样。"买入可口可乐的股票，持股不动。"然后，市场一片寂静。"纽柯钢铁公司（Nucor）需要新建一座厂房，发行了 A 级的 10 年期债券。"然后，市场又是一片寂静。

市场中没了投机，公司金融就没用了，人们就觉得很无聊了。

很多人是被投资的前景吸引走上投资之路的，我也不例外

股东：您是学法律的，但是后来走上了投资之路。请问您是如何成功转行的？

很多人是被投资的前景吸引，而走上了投资之路的，我也不例外。当年，我要养活一大家子人。我觉得，如果我能学会做投资，我有可能赚很多钱，实现财富自由。继续从事法律，我可能没有出头之日。于是，我逐渐从法律行业转到了投资行业。

在转行的过程中，我是非常谨慎的。虽然我已经要转行做投资了，但我还是继续从事法律行业。直到后来赚到了足够的钱，我才完全不做法律了。

股东：您为最初的一批客户管理了多长时间的投资？

在我给别人管理投资的过程中，我的客户一直不多。我自己从投资中赚的钱足够了，不需要很多客户。我的客户很少，有些是我做律师时的客户，有些是家人和朋友，他们都信任我。

在为别人管理资金期间，我的规模非常小。我以前算过，在我的所有财富中，只有非常小的一部分来自从事法律服务和资金管理行业获得的薪酬，其他绝大部分财富是我通过滚动投资自己的资金积累起来的。

赢的概率非常高时，要下重注

股东：您认为，投资组合应该集中持股。您是怎么得出这个结论的？能不能给我们讲讲您的思考过程？

好的。20 世纪 60 年代初期，我曾经把一张复利终值系数表摆在面前，我不会用电脑。我推算了各种情况，计算自己可能领先大盘多少。我计算了如果我只持有三只股票，可能要承受怎样的波动，可能实现多少领先优势。拿着一张复利终值系数表和一个计算器，用一些高中的代数知识，我推算了很多种情况。

我得出的结论是，只要我能受得了波动，同时持有三只股票就足够了。我是通过粗略的计算和逻辑推理得出的这个结论。作为一个扑克玩家，我知道，赢的概率非常高的时候，要下重注。

我也很清楚，集中持股的波动更大。我知道自己是个心理承受能力很强的人。我从我父母那里学会了在困难面前不低头。我自己的性格非常适合集中持股这种方法。

我也确实吃到了波动的苦。查一下惠勒芒格合伙公司（Wheeler, Munger & Co.）1973 年和 1974 年的收益率，你就知道我那时候多狼狈了。[2] 其实，大跌的那两年是在积蓄力量，没有那两年的磨砺，就没有后来的爆发。在 1973 年和 1974 年跌得最厉害的时候，我很清楚，我自己手里的股票的价值是市场价格的三倍。

　　只要我自己能坚持住，市场不能把我怎么样。市场跌得很厉害，我需要坚持下去，但还远远没到破产的程度。那段时期确实很难熬。我觉得，**年轻人就该有股拼劲，就该吃点苦头，好好历练历练**。不敢拼、怕吃苦，那不太怂了？

注释

1　自担任全美航空的董事以来，查理和沃伦便一直在应付无休止的法律诉讼、运营难题，以及工会带来的麻烦。到了今年，纠缠许久的压缩成本问题依然没有得到工会的让步，芒格和巴菲特双双从董事会辞职。

2　惠勒芒格合伙公司前期的表现十分骄人。到了 1973 年，公司在大熊市中遭到打击，资产缩水了 31.9%（道琼斯工业指数下跌了 13.1%），1974 年则缩水了 31.5%（同期道指跌 23.1%）。后来到 1976 年初清算公司时，元气有所恢复。最终，从 1962 年到 1975 年，公司的年均复合回报率是 19.8%（同期道指的年均复合增长只有 5%）。

1997年西科金融股东会讲话

编者按

在 1997 年 3 月致西科金融股东的信中,查理·芒格披露了公司 1996 年的营收数据:1996 年合并净运营收益(不计投资收益)为 3073.4 万美元,每股 4.32 美元;合并净收益为 3061.9 万美元,每股 4.30 美元。

1995 年和 1996 年的合并净收益分解如下(收益单位为千美元,每股单位为美元):

	1996 年 12 月 31 日		1995 年 12 月 31 日	
	收益	每股	收益	每股
"经常性"净运营收益:				
西科金融保险和堪萨斯银行业担保公司的保险业务	27249	3.83	26496	3.72
精密钢材业务	3033	0.43	2386	0.33
其他"经常性"净运营收益	452	0.06	1326	0.19
	30734	4.32	30208	4.24
出售有价证券的收益(亏损)	(115)	(0.02)	4333	0.61
西科合并净收益	30619	4.30	34541	4.85

1996 年第三季度初，西科金融保险公司以大约 8000 万美元的现金收购了堪萨斯银行业担保公司（Kansas Bankers Surety Company）。堪萨斯银行业担保的业绩已经与西科金融保险的业绩合并，在根据合并会计惯例进行调整后，为保险业务的正常净运营收益贡献了 228.8 万美元。

堪萨斯银行业担保公司成立于 1909 年，为堪萨斯州的银行承保存款保险。多年来，它的服务不断适应银行业不断变化的需求。它的客户群主要为中小型社区银行，遍布 22 个主要的中西部州。除了为超过联邦存款保险公司承保范围的存款提供保险的银行存款担保债券外，它还提供董事及高级职员责任险、银行雇主责任险、银行年金和共同基金责任险以及银行保险代理人职业过失与疏忽大意责任险。当时它由总裁唐纳德·托尔（Donald Towle）及 13 名专职人员管理。

1997 年 5 月 21 日，西科金融在帕萨迪纳市召开了股东会。芒格就好生意、房地美和全美航空的投资、关注个股估值而不是宏观政策等问题做了阐述，他还谈到了多元模型思维的重要性、投资时的三种"不为"，以及自己今年重读的一本书。

好生意，每个决定都简单，容错率也高

要辨别资本投入是否有效

股东：餐饮业、酒店业、博彩业等行业的公司，可能没什么自由现金流。有的像麦当劳一样需要买入更多地产，有的需要投入大量资金用于新店装修和购买设备。

此类公司的盈利可能不低，但是它们实现的自由现金流却不多。那么该如何对这些公司进行现金流折现分析？您会对具体的数字进行调整吗？还是估值完之后再打个折？

你要看资本投入是否有效。开新店是有效的新增投资。旧店搬迁，销售额不变，不是有效的新增投资。不能只看资本开支的总额，还要看其中

<u>哪些投入确实可以扩大业务规模，哪些投入只是用于维持现有业务。</u>

关键要分清资本投入的性质，搞清楚资本开支是不是为了维持现有业务而不得不投入的。资产收益率高的公司，投入大量资本，有助于将来的成长，这样的资本投入是好的。你得有辨别能力，分清资本投入是否有效。

有时候是不太好区分。例如，一个公司，投入资金维护和修复旧有业务。投资之后，旧业务焕发出了新的生机。所以说，表面上看是支出了维护费用，实际上投资之后，公司的业务规模扩大了。这就需要我们在分析资本开支的时候，能透过现象看本质。

我们估值的时候，只是非常粗略地进行现金流折现分析。我从没看过沃伦用现金流折现法一步一步精确地计算公司的价值。不是那种脑子一转，就觉得特别合适，想都不用想的，我们就不投资。

伯克希尔旗下的子公司可能会进行精确的现金流折现计算，分析购买新设备等投资是否合适。我个人认为，即使是公司分析固定资产投资的合理性，也最好做那种想都不用想的投资。

沃伦经常讲好生意和烂生意的区别。他说，好生意，每个决定都简单，想都不用想；烂生意，每个决定都困难，总是在进退维谷、步履维艰。

<u>我们喜欢好生意，好生意扔给我们的球软绵绵的，我们一打一个准。</u>

投资要选容错率高的好生意

股东： 富国银行收购了第一州际银行。我听说在第一州际银行融入富国银行的过程中，出了很多乱子。您认为，这个融入过程还需要多长时间？到底是出了什么问题？另外，您认为现在的管理层与卡尔·雷查德相比如何？

收购之后，融入过程中出现磕磕绊绊很正常，能顺利融入的倒很少见。此前，富国银行收购了克罗克国民银行（Crocker National Bank），那笔收购的融入过程非常顺利。也许是因为收购克罗克的过程很顺利，所以富国银行又收购了第一州际，结果这次的融入却没那么顺利。

这让我想起了好时公司（The Hershey Company）的故事。很多年前，好时决定进军加拿大的糖果市场。好时深知，来到了一个新的国家，不能丢了原来的味道。好时坚持传统工艺，不用现代化的离心机，而是使用原始的石磨研磨可可脂。为此，好时必须把石磨研磨的生产工序完全复制到加拿大。

它用了五年时间，才在加拿大复制出了正宗的好时风味巧克力。换个地方生产，表面上看很容易，其实要克服很多困难。好时公司必须调试好一系列生产设备，一次做到让消费者满意。好时还面对着竞争对手的挑衅，它们在广播电视中投放了大量广告，让消费者买它们的产品，不买好时的。

所以说，好时融入加拿大市场的过程真不是一帆风顺的。

当年，我们把西科的主要银行账户从平安太平洋银行转到美国银行，出现了账户不平的情况，美国银行的工作人员怎么查都对不平。最后，我们只好把资金取出来，把这个账户销了，然后做了调整分录。

谁能想到换个银行账户竟然这么麻烦？

五年以后，没人会记得富国银行今天收购第一州际遇到的问题。五年以后，富国银行将和美国银行一样，在加州占有大量市场份额。好生意就是好生意。遇到点困难，遭受点打击，做出几个错误的判断，好生意还是好生意。

我年轻的时候，曾经在一家矿业公司当律师。这家矿业公司的老板是个慈祥的老人。他告诉过我一句话："查理，好矿不怕管理差。"

投资要选容错率高的好生意。有点管理问题，有点困难，有点错误，好生意照样还是好生意。

房地美、房利美生意非常好，但是基数越大、增长越难

股东：在过去八年里，房地美的生意非常好。现在房地美的生意仍然很好，但资本收益率略有降低。您认为，在今后 15 年里，房地美的生意会如何？

房地美的生意确实非常好。房地美和房利美两大巨头已经垄断了住房抵押贷款市场。过去，在住房抵押贷款市场中，最活跃的是互助储蓄等储贷机构。现在，两大巨头取代了储贷机构，它们能更高效地提供住房抵押贷款服务。

两大巨头继承了传统储贷行业中最合理的经营模式。**它们只为单户住宅提供贷款，而且每笔贷款都有上限。这样一来，它们就没那么容易出现巨额亏损了。**

现在，加州的房地产危机已经逐渐平息了。这场危机可以说是20世纪30年代以来最严重的一场房地产危机。房地美虽然也遭受了损失，但整体损失不大。

有的人贷款80万美元买了100万美元的房子。在房地产危机中，经济不景气，他们还不上月供了。一个月要还一万四，父母或兄弟姐妹想帮一把，也帮不上忙。

有的人月供只有800美元，就算经济不景气，遇到困难了，找亲戚朋友帮一把，或者再去多打一份工，怎么都不至于断供。因为房地美的经营模式合理，所以它遭受的损失比较少。

房地美和房利美建立了独特的竞争优势。它们服务千家万户，提供了一种非常基本的信用服务。它们的业务流程越来越方便快捷。房地美和房利美通过中介机构获得贷款业务。它们对中介机构采取铁腕手段，有效地遏制了中介机构的不良行为。

这两大巨头拥有合理的业务模式和庞大的中介网络，它们的生意非常好。正因为如此，我们卖掉了自己的储贷机构，买入了房地美的股票。

在讲到长期投资业绩时，沃伦说过，基数越大，增长越难。公司的经营业绩也如此，增长到一定程度就会碰到天花板。一家大公司，不可能始终保持较高的复利，一直增长下去。房地美不可能一直像过去一样高速增长。不过，我们认为，房地美仍然是好生意。

现在做投资更难了，年轻人的投资之路还长

股东：伯克希尔现在关注的股票池有多大？现在你们能看懂、一直在关注、只等价格合适就买入的股票有多少？

我先问你一个问题：你现在觉得寻找投资机会是更容易了，还是更难了？

股东：我觉得更难了。

那咱们是同病相怜。

股东：有些公司我很喜欢，但就是太贵了。我大概关注了 50 家公司，其中只有五家价格合适，可以买。我想知道，你们的股票池有多大。

你比我们强多了，你比我们多四个。现在，大家都觉得，投资没以前那么好做了。

在座的投资者中，有很多人坚守传统的投资方法，追求买入远远低于清算价值的股票。清算价值是指假设把整个公司解散清算可以实现的价值，这个数字很容易计算。

但是，几个因素叠加到一起，导致这种传统风格的投资变得更难了。首先，税法改革了。如果一家公司拥有商誉等增值的资产，它在出售资产后获得了额外价值，则必须在公司层面缴纳税款。这样一来，股东获得的价值就减少了。因为要缴纳这部分税款，股东得到的清算价值少了一大块。

另外，现在很多财大气粗的买家出手非常豪爽。有的是做杠杆收购的，有的是掌管退休基金的，他们有源源不断的资金。

人们看到了，在过去很长一段时间里，投资股票实现了丰厚的收益。人们发现，过去两三年、过去四五年、甚至过去 15 年，股票投资的收益非常好。这产生了一种正反馈效应，大家都来买股票了。像我们这样的价值投资者，日子就不好过了。我们没那么容易找到好机会了。

不信你看，我们现在哪有什么动作。**不是我们的投资能力不行了，是**

投资环境恶化了。

咱们都是价值投资者，但我们的规模比你们大，投资环境恶化了，你们难，我们比你们更难。好在我们早已升级了思路：有的公司，即使我们以很高的价格买入，但还是远远低于其内在价值。

按我们这种方式投资，必须准确判断一家公司的前景。也就是说，你不但要能看出来，一家公司现在的生意是好生意，而且要能看出来，它在将来的很长时间里仍然是好生意。在过去，传统的价值投资者认为，我们这种投资方式不可取。其实，这种投资方式是行得通的，但必须要把生意看准了才行。只要真能从"漂亮五十"中筛选出最漂亮的五个，仍然能取得良好的投资业绩。

我刚才说的这种投资思路，**关键是要把握好度。**再好的生意，价格太高，也不值得投资了。这不是明摆着的吗？再好的公司也不值天价啊。

总之，现在的投资没以前那么好做了。在座的各位中，有很多我熟悉的面孔，你们凭借传统的投资理论和方法，积累起了今天的大量财富。你们已经很富有了，现在赚钱难点，对你们来说，不算什么，多少人还不如你们呢。我们也常常这样安慰自己。

股东：我是一个新手小白股东。我还没积累起大量财富呢。我也想生活富足。您刚才说现在的机会不多了，有点把我吓着了。请问我们这样的菜鸟还有希望吗？

你们这些菜鸟是新一代的投资者，在你们今后的一生中，你们会有属于你们自己的机会。但是，如果说，你们想在今后五年里轻松致富，那可能不太现实。与你们周围的老鸟相比，你们的投资之路可能会更难一些。

难就难一些，别灰心。

股东：我还年轻，我有 10 年、20 年的时间。

你们年轻人前面的投资之路还长着呢。**有时候需要播种，有时候需要**

收获，也有时候需要熬过寒冬、保住命。有个孩子问他的爷爷在法国大革命期间做了什么。他爷爷说："我活下来了。"

有时候能活下去就不错了。到什么时候，做什么事。把各种情况都考虑到，事先做好准备。

我们关注的不是美联储，而是股市的估值状况

股东：美联储似乎是一个特别大的未知因素，美联储的行动总是让人捉摸不透，这似乎和别的国家不太一样。

我们可能无法消除你对美联储的担忧。过去几十年里，我们没关注美联储的一举一动，这没影响我们做投资。现在和将来，我们仍然不会关注美联储的动向。

我们始终关注的是股市的估值情况。就股市的长期估值而言，我们最担心的情况，不是突然出现 1987 年那样的暴跌。在将来的很长一段时间里，我们将一直买股票，而不是卖股票。我们的资金源源不断，年复一年，我们将一直买入股票。

像我们这样长期买入股票，我们可能在乎 50 年以后的股价，但是我们不愿看到短期内股价一直上涨。

我们不怕再次出现 1987 年那样的暴跌。**我们担心的是股价一直涨，涨到很高的价格，然后在高位形成一个平台，**每年都小幅上涨，根本没什么回调。其实，我们最担心的就是现在市场的情况一直持续下去。

大多数人希望市场一直像现在这样涨。股价一直往上涨，基金公司、基金经理、券商会笑逐颜开，我们却乐不起来。西科或伯克希尔的股东是长期投资者，股价一直涨对我们的股东也不利。

股价完全有可能出现我说的一直上涨的情况。与过去相比，大家可能觉得美国公司的股价太高了。然而，如果美国公司能继续保持现在的资本收益率，如果国债利率仍然保持在 7% 左右，美国公司现在的价格未必

很贵。

我觉得美国公司有可能继续保持当前这么高的资本收益率，我只是说有可能，没说一定会出现这样的情况。股价确实可能一直上涨，股价保持在高位，股息收益率保持在低位。

你们中的很多人自己也做投资。股价越涨，你们的投资越难做。三元的资产、两元的价格，你们早已习惯了这种无脑买入的机会。股价继续这么涨下去，你们很难找到那么明显的投资机会。股价有可能一直涨，持续很长时间。

股价长期上涨，在今后 50 年里，伯克希尔和西科的股东获得的收益会减少。

股东：您刚才说股票价格上涨了，那么请问现在收购私人公司是否也要付出非常高的价格？

有的私人公司具有成为上市公司的潜力。上市公司的价格涨了，此类私人公司的价格也随之上涨。另外，现在进行收购，很容易获得资金支持，收购资金的增多加剧了竞争，也抬高了私人公司的价格。

南方有个企业家，名叫帕克，他有个小型集团公司，经营电视台和报纸。他去世以后，他的继承者决定把公司卖出去。我们看了一下这笔收购，后来放弃了。

有个人从阿拉巴马州（Alabama）的退休基金借到了钱，做了这笔收购。他用于收购的所有资金几乎都是从退休基金那借的，利率很高，至少有 10%、12%。他收购这家小型集团公司的价格非常高，价格高得令人瞠目结舌。结果呢，前段时间，他已经把所有贷款都还上了。

现在连退休基金都为收购提供资金支持，收购价格屡创新高。在这样的环境中，我们的竞争对手抬高了价格，西科或伯克希尔的收购很难做。

在我们最近做成的几笔收购中，伯克希尔都发行了股票。只出现金，收购根本没法做。

华尔街闯进保险业会影响伯克希尔和西科

股东： 华尔街正在推销保险风险证券化产品。您如何看待这个现象？这个现象对西科的保险业务会产生怎样的影响？

华尔街将保险风险证券化，确实会影响伯克希尔和西科的保险业务。**投行的本质，或者说现代金融的本质在于，只要能赚钱，就无孔不入。**投行将保险风险证券化，确实可能产生一系列的影响。投行的人鼓动如簧之舌，只要能引来资金，他们什么都敢说。他们只惦记着自己的提成，才不管投资者结果如何。这种激励机制会导致很多问题。

为了逐利，华尔街闯进了保险业。投行宣称自己可以把保险风险变成证券，其实也就是用电脑算一算，再用打印机打出来，然后就开始四处推销了。

有一笔再保险生意，投行想证券化，没做成，结果伯克希尔做成了。这笔再保险生意的投保方是加州政府。开始的时候，是摩根士丹利在做，它想把一个层级的风险证券化。他们怎么算也算不出来，迟迟拿不出一个成型的方案。后来，加州政府忍不了了。加州政府找到了我们，我们看了一眼就接下来了。华尔街所谓的将保险风险证券化的本事有多大，由此可见一斑。

但是，很多时候，投行确实会抢走我们的生意。如果投行没有进入保险业，我们的生意会更好做。至于证券化的潮流会持续多久、发展到多大规模，我不知道。我只知道华尔街会拼命把证券化的规模做大。

我们应该训练自己的多元模型思维

股东： 您在南加州大学发表过一次演讲。在演讲中，您说您是用模型思考的，而且您同时用好几种模型思考。在伯克希尔和西科的经营过程中，似乎是始终以金融服务的模型为中心。您还讲了，在和别人交流的时候,要把做一件事的内容、原因和结果讲清楚。您能再讲讲您说的模型吗?

毫无疑问,人类的大脑必须使用模型才能正常运转。语义学家已经通过研究充分证明,大脑是使用比喻进行思考的,而比喻也是模型中的一种。大脑使用模型思考。我的大脑、你的大脑、所有人的大脑都使用模型思考。

最基本的模型,工作效率最高,你把最基本的模型熟练掌握了,你的大脑就会比别人的大脑更好用。在科学中,有少数几个公式,它们分量最重、作用最大。同样地,在复杂的现实生活中,也有少数几个模型,它们也是最重要、最常用的。只要理解并熟练掌握这几个最重要的模型,你的人生就能得到很大的提升。

要提升自己,必须掌握多个模型。很多人只明白一两个模型。在生活中,他们总是拿自己的这一两个模型去生搬硬套。我们说过很多次了:一个人,手里拿着锤子,看什么都像钉子。这就是大脑的工作方式。

我们必须有意识地训练自己,改掉只用一两个模型的习惯,这样才能获得智慧。我们必须掌握多个模型,用多个模型去分析世界。

我们还要知道,多个模型叠加共振可能产生的影响。有时候,两个模型同时发挥作用,可能产生叠加效应。在这种情况下,二加二未必等于四,而是可能等于六,甚至八。物理学中有个临界质量的概念。有时候,现有物质只是普通的混合物,但是只要向其中再添加一克的普通物质,就可能发生爆炸。有些现象,不能用简单的加法计算。

多个模型的叠加效应有正面的,也有负面的。如果两三个模型产生的都是不利因素,它们叠加共振,可能产生巨大的破坏力。

我觉得我说的这些是显而易见的东西,每个人都应该从小就学会使用多个模型。学校应该把这种思维方式教给学生,但是我们现在的教育存在很大的欠缺。我们现在的教育总是把学生的思想限制在学科的围墙之内。

人们离开学校之后,只懂得一个学科内的一两个模型,无论遇到什么问题,都拿这一两个模型去生搬硬套。这肯定是行不通的。不会用多个模型的人，在生活中会吃很多亏。

我不是危言耸听。生活中确实有很多这样的人，他们只懂一两个模型，人生的道路走得特别不顺，一辈子磕磕绊绊的，总是摔跟头。

同时使用多个模型，可以体会到思考的乐趣。 在我们投资的公司中，既有食品饮料行业中的可口可乐，又有国防工业中的通用动力（General Dynamics），还有金融行业中的银行以及生产剃须刀的吉列。显然，同时投资这么多种公司，我们的头脑中必然有一套以多个模型为基础的思维体系。另外，从表面上看，我们投资的公司各不相同。其实，它们有一些共性，例如，资本收益率都很高。

全美航空的投资时机实在太差了

股东： 全美航空这笔投资，一度表现很糟糕，现在已经好起来了。您现在如何评价全美航空这家公司的生意？

谢谢你提这个问题，给我一个展现谦卑的机会。英国航空刚刚卖出了它持有的全美航空优先股，大赚了一笔。可惜，按全美航空现在的股价，我们的优先股仍然无法通过行使转换权获利。我们买入这笔投资的时机实在太差了。

当初做这笔投资的时候，我们本来是打算用它来替代固收类。我们看中的是全美航空的优先股具有强制赎回条款，能定期派发股息。

另外，我们在这笔投资中加了一个条款。如果全美航空的优先股出现违约，停止派发股息，则未来除了支付累积股息之外，还必须额外支付最优惠利率加 5% 的利息。当全美航空陷入困境的时候，如果停止派发我们的优先股股息，它每年就要多承受几千万美元的利息，将来要支付给我们的利率高达 13% 到 14%。因为有这个条款，后来，全美航空陷入了困境，但仍然按时派发我们的股息。

做这笔投资的时候，我们确实构筑了牢固的安全防线。我们考虑到了航空公司可能出现经营困难的局面，停止派发我们的股息，所以我们加上了这样一个条款以防万一。没想到全美航空真陷入了困境，全美航空的优先股险些冲破我们的最后一道安全防线。

从现在的情况来看，我们应该能收回本金和 9% 的股息。说不定还能有些额外收益。

不管怎么说，这笔投资做得不好。

我们投资时的三种"不为"

我们不太会投资生产普通商品的生意

股东：多年以前，伯克希尔投资过克利夫兰·克利夫斯公司（Cleveland Cliffs）和汉迪·哈曼公司（Handy Harman）。您如何看待金属行业的前景？伯克希尔是否会再次投资金属行业？

我们不擅长投资自然资源类的公司。自然资源类公司生产的是普通商品。我们习惯买入后长期持有，用这种模式投资生产普通商品的公司，可能不太合适。

我想起了一家矿业公司。这家公司确实特别好，我特别想买下来。加州有一个露天硼矿。硼元素是无法人工合成的。这个矿是露天矿，可以直接开采，成本非常低。加州的社会治安良好。硼没什么危害，而且这座矿还位于人迹罕至的沙漠腹地，所以也没有环境问题。

能把这座矿买下来就好了。可惜，这座矿的主人也知道是好矿，人家不可能卖的。

高科技行业的大机会不是我们的

股东：最近，政府放松了对电信行业和公用事业行业的管制。伯克希尔和西科是否看到了其中的投资机会？能否从中挑选出未来的赢家？

不太可能。电信行业和公用事业行业不是我们擅长的领域。有些行业，我们能比别人看得更明白，我们习惯在这样的行业里投资。

放松管制以后，各家公司纷纷争抢地盘，这样一来，竞争的压力只会加大，不太可能有什么好的投资机会。另外，我们搞不懂复杂的现代科技，所以不投资变化迅速的高科技行业。

也许其中有大机会，但应该不是我们的。

我不会为股票支付溢价，但卓越的人值得追随

股东： 您说过，如果特别看好一家公司的基本面，应该敢于支付高于内在价值的价格。请问您愿意支付多少溢价？

我没说过这样的话，你记错了。我从来不会以高于内在价值的价格买入股票。有些公司的生意特别好，与传统的本·格雷厄姆追随者相比，我们能看到更高的内在价值。但是，我们仍然是坚持以低于内在价值的价格买入。

我能想到一个例外的情况。如果你在生活中遇到了一个卓越的人，有机会追随他，你知道他不会欺骗你，虽然他现在还没做出成绩，但你相信他将来一定行，在这种情况下，你可以考虑抓住机遇。

这样的人可不多，年轻时的沃伦·巴菲特是其中之一。年轻时的巴菲特没有漂亮的业绩、没有丰厚的资产，但他最初的投资者信任他，把资金交给他管理，同意付给他业绩分成，他们的做法属于支付了高于内在价值的价格。

卓越的人很少，有机会追随他们，和他们走到一起，或许值得付出溢价，将来可能获得丰厚的回报。

有个人就是这么想的。这个人给我寄来一张五万美元的支票。他想给我五万美元，换一个为我免费打工的机会。他这个人挺有想法的，只是在我这没什么用，我连他叫什么都想不起来了，当时倒确实引起了我的注意。

他的做法不是完全没有道理，只是他找错人了。肯定有人值得他跟，

也愿意收下五万美元，给他一个免费打工的机会。这样的人很少，能找到的话，他的投资是非常值的。

总的来说，无论是你们做投资，还是我们做投资，都仍然要坚持以低于内在价值的价格买入。只是我们也要认识到，有些公司的生意特别好，它们的内在价值可能特别高。

学基本的东西，做踏实的工作

股东：除了本·格雷厄姆、菲利普·费雪（Philip Fisher）以及您和沃伦，还有哪些投资者值得我们学习？

现在有很多顶着光环的新一代基金经理。我们和他们不是一代人，和他们没有交集。我们的投资方法应该不会过时。你要是想学如何在衍生品和英国国债之间做收敛交易（convergence trading），我们教不了你。

你要是想学传统的股票投资技艺，我们的基本方法不会过时。

我们的方法是非常基本的东西。像我们这样做投资，你只需要在股票市场中找到定价错误的机会。你自身有一定的能力，应该发挥自己的长处，去自己擅长的领域中筛选，找出定价错误的机会。与别人相比，在某些领域，你具备优势，在其他的领域，你处于劣势。你应该在自己具备优势的领域中寻找机会。

我们讲的东西是非常基本的，把这些最基本的东西做到了，就足够了。如果你希望像我们这样做投资，把我们说的最基本的东西做到了，就可以了，用不着再学这学那的了。把 $F=ma$ 和 $E=mc^2$ 学透了，用不着再琢磨其他公式了。

首先，要找自己能看懂的机会，不做自己看不懂的投资。然后，要踏踏实实地去做大量实际的工作。

这本书凝结了一位老人一生的智慧

股东： 查理，去年您向我们推荐了《自私的基因》(The Selfish Gene) 这本书。请问今年您读了什么值得推荐的好书？

今年我把一本经典的书重温了一遍。我读的是加勒特·哈丁写的《生活在极限之内》，这本书刚出版的时候，我就读了，今年又读了一遍，有了不少新的感悟。

加勒特的这本书写得非常好。写这本书的时候，他已经七十八九岁了。这本书荣获了美国大学优等生荣誉学会科学图书奖（Phi Beta Kappa Award in Science）。加勒特是一位生物学家。《生活在极限之内》这本书值得一读。

加勒特举了很多有趣的例子，其中有一个是关于复利的。假设耶稣受难那年，把两克黄金存进银行，利率每年 5%。按每年 5% 的复利增长，经过 2000 年之后，这两克黄金的质量竟然变成了地球质量的亿万倍，真是非常惊人。

从这个例子中，我们也可以明白一个道理，在现实世界中实现长期复利增长是非常困难的。

相信你也能从这本书中得到一些启发。这本书凝结了一位老人一生的智慧，建议大家把这本书读两遍。

他的文笔非常好，在书中旁征博引，举了很多例子、引用了很多名言警句。只是匆匆泛读一遍，很难把书中的智慧全部吸收进去。希望你们能享受阅读这本书的乐趣。

1998年西科金融股东会讲话

编者按

在 1998 年 3 月致西科金融股东的信中，查理·芒格披露了公司 1997 年的营收数据：1997 年合并净运营收益（不计投资收益）为 3826.2 万美元，每股 5.38 美元；合并净收益为 10180.9 万美元，每股 14.30 美元。

1996 年和 1997 年的合并净收益分解如下（收益单位为千美元，每股单位为美元）：

	1997 年 12 月 31 日		1996 年 12 月 31 日	
	收益	每股	收益	每股
"经常性"净运营收益：				
西科金融保险和堪萨斯银行业担保公司的保险业务	33507	4.71	27249	3.83
精密钢材业务	3622	0.51	3033	0.43
其他"经常性"净运营收益	1133	0.16	438	0.06
	38262	5.38	30720	4.32
已实现的证券收益（亏损）	62697	8.80	（115）	（0.02）
出售止赎财产的收益	850	0.12	14	—
西科合并净收益	101809	14.30	30619	4.30

1997 年 11 月 28 日，西科及其子公司收到了 4000 万美元面值的旅行者集团（Travelers Group）9% 的优先股和 1784204 股普通股，以换取所持有的所罗门股票（这与所罗门合并到旅行者有关）。1998 年 3 月 13 日，西科将所持全美航空优先股转换成 309718 股普通股。这些股份是在 1989 年以 1200 万美元购入，1994 年调整减记为 300 万美元。

1989 年的几笔投资到现在，(1) 最初投资所罗门的 8000 万美元如今转换为了旅行者的股票，净值比当时支付的多 1.121 亿美元；(2) 1200 万美元的全美航空优先股于 1998 年转换成普通股后以 2173.8 万美元售出，税前收益 1873.8 万美元（税后 1218 万美元）；(3) 投资吉列优先股的成本为 4000 万美元，1991 年转换为吉列普通股，以 3.214 亿美元的年终市场价值计入；(4) 1995 年，出售冠军国际的优先股，初始成本 2300 万美元实现了 690 万美元的税前收益（税后 420 万美元）。芒格对此的感受是："我曾说很少有投资者通过投资领先公司的可转换优先股而获得巨大收益。但经验再次证明，我们是糟糕的预言家。"

西科与伯克希尔是少数派

我们总是尽可能采用我们认为合理的激励方案

西科金融公司第 39 届股东会现在开始。截止股权登记日，西科金融公司共有流通股 7119807 股。在过去几十年里，我们的流通股数量始终保持不变。

西科公司过去没有股票期权计划，将来也不会实施股票期权计划。

股东：我非常认同西科对于股票期权的态度。我还没发现哪家公司和西科一样，也不用期权作为激励措施。您知道还有哪些公司不用股票期权吗？

我没具体查看过哪些公司不用期权。可以肯定的是，绝大多数美国公司现在都采用股票期权作为激励措施。

百年老店三花公司（Carnation Company）从来不用期权奖励管理层。三花是一个家族企业。三花公司的办公室提供咖啡，但是高管必须从自己的口袋里拿钱购买。这是创始人埃尔布里奇·阿莫斯·斯图亚特（Elbridge Amos Stuart）打造的公司文化。我非常欣赏三花这样的公司。

随着三花公司的发展，它的高管也富有了。他们是因为持有公司的股票而变富的，但是他们的股票不是通过行使期权得来的，而是像其他股东一样，用自己的钱买来的。三花的理念很保守、很老派，于我心有戚戚焉。我甚至比创立了三花的斯图亚特更老派。

像伯克希尔和西科这样不用期权的公司太少了。一家公司用了，其他公司都用。有样学样，美国已经没几家公司不发行股票期权了。

公司采取期权激励措施，管理层可以得到好处。在某些行业，所有公司都用期权，你不用期权还真不行。例如，硅谷的公司就是如此。硅谷的竞争非常激烈，像斯图亚特那么老派，难以和对手竞争。**不管期权制度合不合理，在硅谷，不发期权，恐怕不行。**

如果我管理一家硅谷的公司，不得不发放期权，**我会尽量把期权成本如实地记录在账目中。**我是想如实记录，但公司的会计可能会告诉我，我的记录方法不符合会计政策的规定。

在伯克希尔股东会上，沃伦说了，我们收购的一些公司，有的原来采用了期权计划，我们将其换成了金额等同、但不用期权的激励方案。更改激励方案之后，高管薪酬的税收政策和入账方法也相应发生了变化。我们认为，我们的方案更诚实。我们总是尽可能采用我们认为合理的激励方案。

我们并非不赞成按照业绩发放薪酬的激励措施，**我们只是不认可股票期权的会计处理。**

现在，采用股票期权激励高管已经成为大多数公司的普遍做法。我们认为，这种激励措施不合理。我们和别人的看法不一样，我们属于少数的另类。我们不在乎我们是另类。如果你在乎，你可以买其他公司的股票。

请原谅我们选了这么豪华的会场

我们这次开会的地方太豪华了，我向大家道个歉。你们中很多人都是老股东，都知道我们以前最早是在互助储蓄大厦的地下室开股东会。后来，我们换了个地方。那个地方也是西科拥有的一栋楼，租给了一家饭店。再后来，那家饭店关门了，现在那栋大楼空着呢。

我们没在那栋大楼里开会，因为那个地方现在空着，需要打扫卫生、搬桌椅，算下来费用比较高，还不如租这个地方开会，两三个小时就完事了。虽说出席此次会议的股东很多，我们没浪费这么大的场地，但我知道，西科选了这么豪华的地方开股东会，你们中的很多人感到很不舒服。

股东：我关注西科很多年了。以前，西科的交易量很小。在过去两三年里，西科的交易量有了明显的增加。请问为什么会出现这样的情况？

可以说，伯克希尔和西科发展到今天，已经形成了一个独特的教派，这是我们无心插柳的结果。大家能感受到，我们的教派是亲和的、向上的，加入这个教派的都是同道中人，我们确实有这种感觉。有些追随者特别关注我们的动向，特别乐意加入我们，和我们一起投资。这样一来，西科和伯克希尔的股价自然随之走高。

除了与会的各位，还有许许多多和你们一样的投资者，正是你们这个群体日益庞大，才成就了伯克希尔和西科今天的股价。我记得，最早的西科股东会，只有十来个股东出席，而且基本是帕萨迪纳市本地人。

西科很容易估值，与伯克希尔有天壤之别

股东：您在斯坦福大学演讲时，有人引用了您的话，说伯克希尔的股票已经太贵了。您立即做出了澄清，您说您的原话是伯克希尔不

便宜了。您表示，您从来没说过伯克希尔太贵了。

是的。

股东：在以前的股东会上，您和沃伦经常告诉我们，在过去一年里，公司的内在价值与股票的价格之间的关系，是股价增长超过了内在价值增长，还是内在价值增长超过了股价增长。请问您能不能告诉我们去年的情况？去年，西科和伯克希尔的内在价值与股价之间的关系如何？

西科和伯克希尔差别很大。西科的大部分资产是流动资产，我们的子公司业务规模很小，计算西科的资产价值非常简单。西科的清算价值是多少，大家很容易就能算出来。

因为西科的估值很容易，所以我们在西科的年报中估算了西科的内在价值。伯克希尔和西科不一样，我们始终不公开估算伯克希尔的内在价值。我们公开估算西科的内在价值，除了因为西科估值容易，主要是为了打压一些人对西科股票的吹嘘。有些人鼓吹西科的股票，他们说西科是迷你版伯克希尔，他们吹嘘小规模的西科前途不可限量。[1]

他们把西科捧得太高了。他们的话，不能信。正如沃伦所说，我们希望自己的股价始终与内在价值保持同步。

很多公司的管理层怕自己公司的股价低，我们却怕自己公司的股价高。我们这样的公司可真少见。我们就是这样的想法。

一个是西科的估值好算，另一个是可以打击对西科的吹捧，所以我们在西科的年报中采取了公开估值的做法。

伯克希尔与西科有天壤之别。首先，伯克希尔的保险等业务都是好生意，伯克希尔拥有大量无形资产；其次，伯克希尔的管理层更有能力，更善于驾驭企业。很多投资机会，是伯克希尔才有的，西科根本没有。有的公司希望加入伯克希尔，它们希望把自己的生意换成伯克希尔的股票，它们要的不是西科的股票。伯克希尔的前景和机遇是西科无法比拟的。

早年间，伯克希尔没这么多好生意。如果我们还用老眼光看现在的伯克希尔，那就会认为伯克希尔的价格高于内在价值了。还是用旧的思维给伯克希尔估值，我们会觉得，与过去相比，现在的伯克希尔的股价高于内在价值。

这种思维方式无异于刻舟求剑。要知道，现在的伯克希尔已经今非昔比。市场上凡是像样点的公司，股价都达到了净资产的好几倍。与其他股票相比，我不认为伯克希尔的估值太高了。

问题在于，伯克希尔现在的体量已经很大了，估算它的内在价值要费一番功夫，不是一下子就能算出来的。我们很难在每年的年报中都公开估算伯克希尔的内在价值，并详细说明我们的估值逻辑。

以通用电气为例，你能算出它的内在价值是多少吗？通用电气的内在价值也没那么好算。通用电气不但拥有多元化的庞大经营实体，还发展了每年以 15% 的速度增长的金融业务。单单是金融业务，每年就能让通用电气的资产和负债规模增加 100 亿美元、200 亿美元，甚至 250 亿美元。

像通用电气规模这么大、增速这么高的公司，历史上还没有先例。我不是说通用电气不可能保持现在的增长势头，现在的市场认为通用电气有这个实力，它也确实有可能继续发展壮大。我举这个例子，只是想说明，像通用电气这样的公司，很难估值。

总的来说，现在不像过去了，好的投资机会没那么容易找了。**我们已经进入了资本主义的困难（Hard）模式。**

股东：伯克希尔不公开计算内在价值，只是因为给伯克希尔估值太难了吗？

估值难不是唯一的原因。还有个原因是，我们不希望因为公开内在价值，而涉及炒作的嫌疑。我们有个不成文的规矩，让每位股东独立计算伯克希尔的内在价值。沃伦和我从来没正式地坐下来一起给伯克希尔估值，分别算完再互相比较，我们从没这么做过。我们当然会计算伯克希尔的价值，但都是自己算自己的。我们把估值所需的所有数据提供给大家，让每位股东自己做自己的估值。

伯克希尔现在已经积蓄了巨大的发展潜力。即使将来沃伦不在了，伯克希尔仍然能继续发展下去。

小型保险公司被收购后可以节省再保险费用

股东：在被西科收购之前，堪萨斯银行业担保公司在承接保险业务之后，需要购买大量再保险服务。被西科收购之后，它基本不需要购买再保险了。这样的小型保险公司被收购之后，由于无须购买再保险，承保利润会有明显提高。西科是否还有机会收购类似的保险公司？

你说得对。一家小型保险公司被一家资本雄厚的保险公司收购之后，它对波动性的承受能力增强，购买再保险服务的费用相应减少，利润率确实会有所提高。

有些小型保险公司，被大型保险公司收购后，可以提升盈利能力。毕竟，在被收购之前，为了控制盈利的波动性，小型保险公司不得不支付大量再保险费用。有了规模更大、资金实力更雄厚的母公司的支持，可以省去这笔费用。

盖可的生意好极了，投资也做得非常好

盖可会成为伯克希尔的中流砥柱

股东：在今年的伯克希尔股东会上，沃伦表示，从长期来看，盖可保险有望发展成为伯克希尔最重要的保险业务部门。是因为盖可所在的车险市场规模庞大，而盖可目前的渗透率仍然较低，所以有很大的发展潜力吗？还是因为盖可拥有卓越的风险控制能力？请问为什么

盖可有可能成为伯克希尔最重要的保险业务部门？

盖可保险采取低成本策略，向消费者让利。很多人选择盖可保险可以节省一大笔保费。另外，盖可的分销体系也越来越高效。盖可的生意非常好。

如果伯克希尔的保险业务在现有基础上继续发展，没有收购别的大型保险公司，盖可保险一定会成为伯克希尔保险业务的中流砥柱。

10 到 15 年后，在汽车责任险和碰撞险领域，盖可保险的保费规模至少会达到现在的三倍。盖可的生意好极了。

卢·辛普森完全独立地做投资，而且做得非常好

股东：查理，您和沃伦都认为盖可保险是伯克希尔的一颗明珠。我们知道，卢·辛普森（Lou Simpson）负责管理盖可的投资组合。有传闻说，如果您和沃伦出了什么状况，辛普森将负责伯克希尔的投资决策。

请问您和沃伦目前参与辛普森的工作吗？还是他独立管理盖可的投资组合？能否让辛普森登上伯克希尔股东会的舞台？

我们会考虑你的建议。辛普森是个杰出的投资者，他取得了连续多年跑赢市场的投资记录。

辛普森和我们是完全独立的，但是他的投资方法与我们的投资方法非常相似。盖可保险的投资组合也是集中持股，六到八只股票占了投资组合中的绝大部分比重。他通过自己研究，找到了和我们同样的投资方法。他的投资风格是自己摸索出来的，没我们的参与，可以说，我们殊途而同归。

辛普森完全独立地做投资，他自己做研究、找机会，他看的股票可能和我们看的不一样。让辛普森全权负责盖可的股票投资，我们非常放心。

我们愿意把大量资金交给卢·辛普森这样的人，让他们自己做主管理投资。辛普森完全独立地做投资，而且他做得非常好。

我们的进步来源于吃亏、领悟和适应环境

经营企业和投资股票相得益彰

股东：巴菲特先生曾经只购买远远低于资产价值的股票，是您影响了巴菲特先生，让他认识到了具有特许经营权的企业的价值。

您是怎么认识到特许经营权的价值的？这是否和您自己经营企业的经历有关？

沃伦说过，因为他是一个职业投资者，所以他是一个更好的企业管理者；因为他是一个企业管理者，所以他是一个更好的投资者。我非常赞同沃伦的这句话。经营企业和投资股票之间是相得益彰的。

我们也从错误中获得了深刻的教训。一个孩子用手摸了滚烫的炉子，你看他还敢再摸吗？吃了苦头，能不长记性吗？

在投资中犯了愚蠢的错误，好不容易积累起来的财富打水漂了，这和小孩子摸火炉没什么两样，得到了教训，以后再也不敢了。

商业和投资当然是相辅相成的。股票是一种用于交易的凭证，但股票代表着对企业的所有权。一个人如果具有丰富的商业经验，当然会对他做投资有帮助。

同样地，一个人在一家公司担任销售经理，主要工作是销售产品、解决客户的问题，如果他具有丰富的投资经验，了解很多其他公司，他可以更好地开展销售工作。因为他有投资经验，这位销售经理可以更深入地理解客户的需求，更高效地帮客户解决问题。

确实，同时具备商业经验和投资经验的人，可以更好地做投资。因为我们具有商业和投资的双重背景，无论是管理企业，还是投资股票，沃伦和我都更加得心应手。

多个因素形成的合力让人们做出了改变

股东：我想知道，你们是不是受到了某个事件的启发，在某个时

间点突然顿悟了，领会到了特许经营权的好处？你们是因为看到了喜诗糖果（See's Candies）的价值而得到了启发吗？如果不是顿悟的，那是通过长期的积累，从经验中逐渐领悟的吗？

我们从早年间做投资的经历中学到了很多道理。例如，我们收购喜诗糖果的时候出了很高的价格。要知道，我们那时候把清算价值作为衡量标准。按这个标准衡量，我们买喜诗的价格非常贵，我们之前从没买过这么贵的公司。[2] 结果呢，这笔投资给我们赚了很多钱。喜诗让我们明白了什么是好生意。从投资喜诗的经历中，我们学到了很多东西。

我们那时候做投资比现在容易。那时候，只要去人少的地方，例如，粉单市场、小盘板块，在大资金不关注的地方四处翻、四处找，总能很容易地找到股价不到清算价值三分之一的股票。那时候，沃伦在奥马哈管理一家小型合伙基金，他可以像自己的老师本·格雷厄姆当年一样，找到很多不起眼的赚钱机会，获得很高的收益率。

以清算价值三分之一的价格买入股票，特别是建一个这样的组合，安全边际非常高，基本是稳赚不赔的。

买低于清算价值的股票，这种投资方法容纳不了大资金。捡烟蒂的人越来越多，这种投资方法就没那么好用了。我知道有这样一个人，他看准了很多储贷机构即将从互助模式转化为股份制公司，他随即去很多小型储贷机构开设了储蓄账户，等待变化发生后从中获利。这也是一种赚钱的方法，但同样容纳不了大资金。

在现在的投资环境中，就算你再怎么努力地四处翻、四处找，也找不到几个股价不到清算价值三分之一的股票。

一个是投资喜诗获得了成功，另一个是以前的大量机会消失了。在这两个因素的共同作用之下，我们改变了我们原来的认知模式。很多时候，人们改变想法，是多个因素共同作用的结果，它们形成的合力让人们做出了改变。我们也是如此。

股东：您在伯克希尔股东会上说，下一个沃伦·巴菲特可能具有不同的风格。您认为，下一个巴菲特的风格可能有哪些不同之处？

人和人不一样，风格也不一样。比尔·盖茨和他的团队有他们自己的风格，他们的风格适用于他们所处的行业。很多人成功了，都是因为找到了适合自己的风格。

例如，在投资领域，我们可以发现，很多成功的投资者都别具一格、自成一派。投资不是只有一种风格。每个人要根据自己的品性和能力，选择适合自己的风格。沃伦和我选择的风格是适合我们自身特点的，我们的风格未必适合别人。

小盘股中肯定有好机会，就看你能不能挖掘到

股东：红杉基金（Sequoia Fund）的管理者与您是同一代人。红杉基金擅长投资小盘股以及低市盈率的股票。您曾经在南加州大学发表过一次演讲。在演讲中，您说如果重新来过，您会在小盘股中寻找投资机会。您能详细地展开讲讲吗？

我们现在不看小盘股了，因为我们现在的资金规模已经很大了，小盘股根本容纳不下。所以说，现在我们根本不研究怎么投资小盘股。在那次演讲中，我还说了，如果我要在普通商品领域投机，我可能会选择货币。实际上，我没投机货币，也没投资小盘股。

我只是想告诉大家，赚钱的方法不止一种。现实中肯定有人特别擅长投资小盘股。

股东：您的意思是说，在小盘股中还能找到值得投资的机会？

小盘股中的好机会肯定有，关键看你够不够聪明、够不够勤奋，能不能挖掘到这样的好机会。有这样一个人，一次，别人问他："你会弹钢琴吗？"他说："我现在还不知道，我还从来没试过。"我们现在没投资小盘股，我们也不知道我们投资小盘股能不能做好。

投资有正道

股东： 我正在读大卫·德雷曼（David Dreman）写的《逆向投资策略》(Contrarian Investment Strategies)。德雷曼认为，普通人根本不具备挑选成长股的能力，也跑不赢指数。他说，只要以市盈率、市现率和市净率作为选股条件，买入最便宜的股票，普通人能跑赢90%的基金经理。请问您怎么看？

你说的这套方法，我年轻的时候花了很长时间研究过。我始终不太相信这种方法。随着投资阅历的增多，我越来越不相信这种方法了。

我觉得，买入好生意长期持有才是正道。持有好生意才是硬道理。就拿伯克希尔来说，德雷曼的玩法，我们当年也玩过，可能比他玩得更溜。后来，我们却不那么玩了，换成了现在的思路。

股东： 德雷曼认为，你们是例外，你们有能力找到优秀的公司，而普通投资者没这个能力。

有的人以公式选股作为投资理念，发行了基金，持有道指中最便宜的股票并且每年调整组合。不少这种类型的基金，成立多年以后，业绩仍然乏善可陈。过去20年管用的东西，将来20年未必管用。谁能预测未来呢？

股东： 德雷曼在书中列出了过去50年的数据。

50年也没用，未来50年的世界可能和过去50年的世界截然不同。现实世界不像物理学中那么完美。谁也不敢保证过去管用的东西，将来仍然管用。

本·格雷厄姆提出的基本投资理念永不过时。但是，我认为，用公式选股，在电脑中输入公式筛选股票，最终只能是竹篮打水一场空。我不相信公式选股这种机械的方法，特别是从长期来看，这种方法行不通。

学物理对我产生了很大的影响

股东：巴菲特受到了格雷厄姆和您的影响。那您呢？是否有什么人或什么书对您产生了很大的影响？

学物理对我产生了很大的影响。我学物理，没学到量子物理等那么难的程度，但是我从物理中学到的东西，让我对整个世界有了新的认识。我觉得，只要是有能力学物理的人，都应该学一学，即使将来从事的工作与物理无关，也要学些物理知识。通过学物理，我们可以获得一套物理学的思维方式，这是在别的地方学不到的。学物理能让我们重新认识世界。

物理学的方法要求我们永远追求事物的本质。在现实世界中，学会看透本质，我们能生活得更从容。探究本质并非朝夕之功，必须有板凳要坐十年冷的精神。我喜欢这种精神，这是一种持之以恒、不达目的不罢休的精神。

大家都知道要买好公司，关键在于你是否有能力找到真正的好公司

读年报要注意……

股东：在伯克希尔·哈撒韦的股东会上，您说了，您在读年报的时候，您希望公司的年报清晰易懂，例如，像可口可乐公司的年报一样，把公司的经营状况写得一清二楚。请问您在读年报时，从哪入手？看什么内容？如何分析？

当我想研究一家公司的时候，如果这家公司对我来说很陌生，是我完全不熟悉的，我不会先读它的年报。我会先看《价值线》(*Value Line*) 提供的报告，里面有一家公司过去 15 年的历史数据以及股价走势。我认为这完美地呈现了一家公司的历史情况。

我先看《价值线》，然后再读年报。看完《价值线》之后，我可以对

背景信息有个大概的了解。之后再读年报，效果更好。没背景信息，上来直接读年报，很容易摸不着头脑。看《价值线》可以很方便地获取背景信息。

别人可能觉得我是在这给《价值线》做广告呢。我确实觉得《价值线》的图表和报告非常有用。如果《价值线》能出一个这样的产品，把所有大公司从1910年起的历史数据都收集整理出来，我绝对愿意购买。如果我去商学院任教，我会把这些大公司过去八九十年的数据当作教学材料，让学生们边看数据边联系实际，分析企业的兴衰成败。

我觉得，在读年报之前先建立背景信息特别有用。

了解了背景信息之后，可以开始读年报了。读年报的时候，当然要关注具体的数据，包括附注以及会计处理等。我还会仔细阅读"管理层讨论与分析"这部分的内容。

在读很多公司的"管理层讨论与分析"时，我都感到失望，因为很多公司的这部分内容写得很空洞。很多公司的"管理层讨论与分析"，根本不是管理层亲自写的，而是别人代笔的。很多公司在年报中千篇一律地吹嘘公司发展得多么好，我读都读腻了。

绝大多数公司吹捧自己发展得如何如何好，很少有公司说自己生意不好、生存困难。公司年报中盛行浮夸和空洞的风气，确实让人感到厌倦。

只能说这是人性使然。追求异性时，谁会先把自己的缺点和盘托出呢？管理层从公司领取薪酬，他们或多或少地都会粉饰自己的成绩。尽管如此，我还是更喜欢实话实说的管理层。

读年报时，还要提防会计诡计。有的公司担心业绩达不到分析师的预期，导致股价下跌，于是它们把下个季度的订单挪到这个季度。有的公司制定了不合理的激励机制，它们根据销售额给员工提成。这样一来，有的员工自然会弄虚作假，虚报销售数据。为了获得提成，员工报告的销售额可能根本是子虚乌有的。

有些会计诡计，连审计师都难以发现。我们可以问问我们的审计师，有的公司把下个季度的销售额提前挪到这个季度,这种造假容易识破吗?

审计师:这得看造假水平如何。

如果水平比较高,应该很难发现吧?

审计师:如果和供应商串通好了,几乎不可能发现。

公司可能在年报中要很多小伎俩误导投资者。只要认真看,有些伎俩比较容易识破。读年报的时候,既要找公司的优点,又要挑公司的毛病。那么,应该多找优点,还是多挑毛病呢?我觉得还是两者兼顾比较好。

读年报的时候,要带着明确的目的搜寻信息。弗朗西斯·培根(Francis Bacon)最早提出了归纳法,倡导用归纳法来研究科学。我们读年报可不能用归纳法,先收集一大堆信息,然后再试图从中理出头绪。我们应该带着问题读年报,一边读一边找答案。

例如,我们研究一家生意特别好的公司,我们会问一个问题:"这家公司的好生意具有可持续性吗?"我的方法是,带着这个问题读年报,研究这家公司现在的生意这么好,主要源于哪些因素,这些因素将来是否可能发生变化。

关键是要用多个模型去分析现实世界

关键是要熟练掌握多个模型,用多个模型去分析现实世界。听起来可能觉得很难,但只要用心,长期坚持,其实没那么难。最重要、最常用的模型就那么几个,例如,资本收益率。

股东:复利效应,还有费马(Fermat)和帕斯卡(Pascal)提出的排列组合原理,也都是很重要的模型吧?

当然了,这两个都是最基本的模型。在投资中,我们要找那种可以长期保持高资本收益率的公司。去年,沃伦在加州理工学院(Caltech)做了一个演讲,他说:"积累财富如同滚雪球,要想雪球滚得大,一定要选很长的山坡。"做投资,我们要利用各种模型找到很长的山坡。

品牌的价值有多高？看看箭牌就知道了。箭牌是享誉世界的口香糖品牌，这个品牌给它带来了巨大的优势。箭牌早已在人们心中占据了难以替代的位置。买口香糖的时候，人们根本不会考虑其他的牌子。绿箭口香糖一条两元五角，杂牌子的口香糖一条两元。没人会为了省五角钱，买个杂牌子的放在嘴里嚼。品牌是一种巨大的竞争优势。我们都能看懂箭牌的竞争优势。

像箭牌这种公司，可以说是家喻户晓，谁都知道是好生意。一看股价，箭牌公司的股价是净资产的八倍，而一般的公司，股价只有净资产的三倍。箭牌确实是好生意，问题在于这么贵的价格，还值得买吗？

这个问题不好回答，这就要考验你的投资水平了。

最重要的因素绝对是资本收益率

股东：您在一次演讲中说过，要买好公司的股票。哪怕是在市场高估时期，好公司的股价涨得太多，跑到了基本面的前面，也最好不要换股。你举了一个例子，您说如果真能从"漂亮五十"中找到最漂亮的五个，不管市场如何波动，长期持有这五只股票，能取得良好的投资收益。

没错。

股东：在筛选过程中，应该考虑很多因素，例如，资本收益率、竞争优势的可持续性等。您认为，在筛选过程中，最重要的一两个因素是什么？

就长期投资而言，最重要的因素绝对是资本收益率。问题在于，入选了"漂亮五十"的公司，资本收益率都很高，所以用资本收益率这个条件去筛选，可能没什么大用。选出最漂亮的五个，没那么容易。

在《巴伦周刊》的一篇文章中，作者计算了如果从1972年"漂亮五十"的最高点起开始，长期持有这50只股票，会取得怎样的投资收益。

他选取的起始点是"漂亮五十"的最高位,那正是"漂亮五十"的估值最疯狂的时候。在当时的市场中,只要有些成长性的公司,估值都非常高,连一家生产家庭缝纫图案的公司,市盈率都达到了 50 倍。

在随后的 1974 年和 1975 年,"漂亮五十"跌得很惨,下跌幅度高达 75% 到 80%,真是爬得越高、摔得越狠。

文章的作者计算了在最高位买入"漂亮五十",不管波动如何,一直持有到现在的复合收益率。他也计算了,在相同时期内,不买高估的"漂亮五十",而是买入标普指数的复合收益率。比较计算结果发现,前者的年化复合收益率只比后者低 1%。要知道,"漂亮五十"那个组合可是在估值非常疯狂的最高位买入的。

在此期间,如果只取"漂亮五十"之中表现最好的五只股票,即使是在 1972 年的高位买入,它们的表现也远远领先指数。

"漂亮"不只是公司的生意好,而且价格也得合适

在那次演讲中,我还提到了,长期持有好公司,投资者可以少交很多税。投资者不动如山,稳稳地持有可口可乐三四十年,可口可乐能不停地复利增长。

持有期间,用不着交资本利得税。只有最后卖出时,才需要交税。在一生的投资中,始终延期支付税款,可以提升最终的年化复合收益率,最多可能提升高达两个百分点。

买入"漂亮五十"中最漂亮的五个,长期持有,一动不动,投资者最终能获得丰厚的收益。

我说的这个方法是个好方法,也是所有人都明白的方法。但是,所有人都用这个方法,可能会出现过犹不及的情况。物极必反是资本主义市场经济难以克服的弊端,在股市交易中同样如此。

我不是说,现在市场的估值已经走到极端了。如果现在我必须买一些股票,这些股票必须是我现在没有的,而且必须让我的家族在我去世之后

仍然持有，例如，持有 30 年，始终不卖，那么我选出来的一些股票可能在你们看来是非常贵的。

说了这么多，我只是想告诉大家，真正的好公司，现在的价格，大家可能觉得很贵，其实不贵。

刚才讲的这些，是我个人的想法。我举那个例子，是说我在别无选择的情况下，必须现在买股票，而且必须一动不动地持有 30 年。我说的好公司是"漂亮五十"中真正漂亮的公司。你得有本事把真正漂亮的那几个找出来。

"漂亮"不只是公司的生意好，而且价格也得合适。

股东：您提倡持股不动、始终不卖。如果公司的经营环境发生了明显的变化，公司的生意不如从前了，《世界百科全书》（*World Book*）就是个很好的例子，我们仍然要持股不动吗？如果已经看到公司即将走向末路，我们是否该及时离开？

你提的问题很好。的确，在我们的投资过程中，有时候会出现你说的情况，已经看出来公司将来没希望了，尽早卖出可以减少损失。确实有不少公司因为经营环境的变化而失去了前途。

尽管如此，我仍然认为，普通投资者最好还是持有"漂亮五十"中最漂亮的五家公司，而不是持有 30 只股票，耍小聪明，不断买入、卖出，频繁换股。股市早已证明，大多数人频繁买卖股票，连指数都跑不赢。

有智慧的人善于比较机会成本

股东：在盖可保险的年报中，卢·辛普森表示，他以 10 年期国债的收益率作为参照标准。您刚才讲了，持有股票 30 年。请问投资那么长的时间，该如何选择参照标准？

我的意思是，如果我别无选择，只能买入并持有 30 年，我很可能买那些生意非常好的公司。我只是举个例子，我不是别无选择。在现实中，我们买入股票之后，可以改变想法，可以卖出。

买股票的时候，我们都要看价格是否合适。怎么看呢？一定要多和别的机会比较。生活本身就是一系列机会成本的选择。有智慧的人善于比较机会成本。从机会成本的角度考虑，很多问题会迎刃而解。

我在伯克希尔股东会上说过，在选择人生伴侣时，你要在你能接触到的，并且愿意和你携手的人中，挑选一位最优秀的。有的人愿意和你携手，但你接触不到，那就不在考虑范围之内。你要根据机会成本做出选择。

再举个例子，你奶奶去世了，给你留下了100万美元。买什么股票？买不买股票？这都要比较机会成本。10年期国债是个可以选择的机会。股票也是个可以选择的机会。确实可能出现股票太贵的情况。如果你在比较之后发现，股票太贵了，还不如买国债，那买国债可能就是正确的选择。

人类天生的思维方式存在缺陷，需要通过学习加以完善

每个家庭都应该把《影响力》作为必读书

股东： 在南加州大学的一场演讲中，您告诉我们，应该懂得一些重要的模型。您谈到了心理学在实际生活中的用处，您谈到了人类的错误判断，还讲到了排列组合。请问如果想多了解一些这方面的知识，有哪些书可以读？

罗伯特·西奥迪尼（Robert Cialdini）写的《影响力》（*Influence*）是一本通俗易懂的好书。在这本书中，西奥迪尼详细讲解了六七种基本的心理学原理，他告诉我们，别人如何利用这些心理学原理操纵我们。

西奥迪尼讲得深入浅出。每个家庭都应该把《影响力》作为必读书。不但父母自己要读，还应该让子女也读。真把这本书读懂了，能少吃很多亏。作者在书中揭露了推销员常用的一些伎俩，他告诉了我们这些伎俩为什么好用，背后有哪些心理学原理。《影响力》确实是一本好书。

《影响力》写得虽好，但还不够全。人类做出错误判断，还有更多的心理学原因，西奥迪尼的书没有完全讲到。应该有这么一本书，讲得比《影响力》更全面，用心理学原理透彻地分析人类所有的愚蠢错误。可惜，到现在为止，我还没看到有这样一本书。

世界上有这么多在高等学府任教的著名心理学教授，竟然连一本全面揭示人类错误背后的心理学原理的书都没有，真是令人遗憾。

学心理学，是为了学会正确的思考方式

股东：关于排列组合，请问有什么书可以读？

排列组合是高中数学的内容。我们之所以需要学心理学，是因为我们与生俱来的认知系统存在缺陷，就像我们与生俱来的高尔夫球挥杆动作存在缺陷一样。我们必须学习规范的挥杆动作，才能打好高尔夫球。同样的道理，我们也必须完善自己的思考方式，才能正确地思考。挥杆动作要规范，思考方式要正确。学会了正确的思考方式一生受用。

高中数学的排列组合没学好，那就重学一遍。学会了正确的思考方式之后，一定要有意识地在日常生活中学以致用。我们天生的思考方式是经过长期进化形成的，有很多缺陷和漏洞。完善之后的思考方式更强大、更高效，当然要多用完善之后的思考方式。

大多数人善于选择性地遗忘自己的错误

股东：我们从错误中可以吸取很多经验教训。我记得在罗杰·洛温斯坦（Roger Lowenstein）的书中读到过，有一次，您还有巴菲特等几个人在一起，你们每个人都说出了自己一生中犯过的最愚蠢的五个错误。请问，您犯过什么错误？从中得到了哪些经验教训？

是有这么回事。是我提议的，每个人说出自己最严重的错误，但不是五个，而是最严重的一个错误。我们所有人，每个人必须说出一个错误。我记得，每个人差不多都是脱口而出，一下子就能说出自己犯过的愚蠢错

误。当时在场的人，可以说都是成功人士，每个人却毫不费力地说出了自己犯过的严重错误。

至于我当时说的是什么，我现在已经想不起来了。我不是装，真忘了。当时别人说的错误，我倒一个不差地都记得。这是人类的一个心理缺陷，自己觉得丢脸的事，总是忘得很快。

大多数人善于选择性地遗忘自己的错误。强生公司却有一种难能可贵的复盘机制。每过几年，它都把过去一段时间做过的收购拿出来，一个一个地复盘。原来的业绩预测是否实现了？原来的收购逻辑是否成立？当初主张进行收购的经理人要到场，亲自参与复盘过程。

强生公司的这种做法非常好，很少有公司能做到这一点。我只知道两家公司对收购进行复盘，一个是强生公司，另一个是荷兰皇家石油公司（Royal Dutch）。我很敬佩强生公司，它的复盘机制非常了不起。

大多数人、大多数公司善于忘记自己的错误，就像我一样。

我们确实犯过很多错

全美航空这笔投资赚钱了，但以后可不做这样的投资了

股东： 您刚才谈到了错误。去年，我向您请教了一个关于全美航空的问题。您去年说，投资全美航空是个错误。现在，这笔投资应该赚了很多钱了。请问您还持有全美航空吗？您现在认为全美航空的生意如何？

我们不谈论我们买入和卖出的具体价格。我们只按照证监会的要求披露我们的有价证券投资活动。

我们投资全美航空是个错误。眼看着我们的财富蒸发，1.5 亿美元没了，两亿美元没了，那种感觉很不好受。工会只考虑自己的利益，不肯做出半点让步。破产的竞争对手，已经无力偿还贷款，却还亏本经营，把活着的航空公司也一起拖下水。全美航空这笔投资给我们带来了很多烦恼。

航空公司的经营杠杆高，业绩有很大的弹性。航空业进入了景气周期，包括全美航空在内的所有航空公司，业绩都出现了强势反弹。大家也看到了，伯克希尔的这笔投资赚钱了。我们以后可不做这样的投资了。[3]

没回购并不是最严重的错误

股东：在伯克希尔股东会上，沃伦表示，如果说伯克希尔的管理层过去有什么错误的话，这个错误应该是没有回购伯克希尔的股票。请问伯克希尔是否进行过复盘，分析管理层没有回购股票的原因？

大家知道，长期以来，我们一直明确支持好公司大力回购自己的股票。如果我们说，伯克希尔没回购股票，是因为伯克希尔特殊，那可能会显得我们很虚伪。所以，还不如干脆说，我们没回购，是做错了。

过去，我们是没回购自己的股票，但我们买了很多其他公司的股票，我们买的这些股票实现了巨大的涨幅。沃伦自己承担了错误，说自己没回购伯克希尔的股票。其实，从机会成本的角度考虑，我们回购自己的股票，收益未必胜过我们买入其他公司的股票。我们买入的其他公司，表现都非常好。

现在回过头看，与买入其他公司相比，我们回购自己的股票获得的收益并不会高出多少。

然而，我们确实犯过很多错。**伯克希尔犯的最严重的错误在于，我们让很多好机会从指尖溜走了。**这种错误才真正给股东造成了巨大的损失。有些投资，我们本来该做的，却没有做，让股东少赚了很多钱。

我们从来没犯过大错，让股东亏很多钱。我们很少亏钱，这方面我们做得很好。然而，有一种错误是不会出现在审计报告中的。那些好机会，我们眼睁睁地看着它们溜走了，那么多该赚到的钱却没赚，每次想起来，我们都觉得非常遗憾。

没深入研究过的事，我确实没有什么特别的看法

好生意发行股份交换差生意要斟酌

股东： 吉列收购了金霸王公司（Duracell）。这笔交易，您怎么看？吉列的好生意是否会因收购金霸王而降低成色？

你提的这个问题很好。我不想过多评论。沃伦在吉列公司担任董事，他没对这笔收购提出异议。沃伦应该不反对这笔收购。

我确实没什么特别的看法。20年后，回头来看，这笔收购该不该做？我觉得可能是五五开吧。吉列的这笔收购做得对不对？现在还没法下结论，不能说对，也不能说不对。

在剃须刀领域，吉列占有绝对垄断的地位。在电池领域，金霸王的地位算不上绝对垄断。比较而言，金霸王的生意不如吉列。确实，吉列的生意更好，这在吉列收购金霸王的换股比例中也体现出来了。

然而，我觉得，<u>一个真正的好生意发行自己的股份，去和比较差的生意交换，就算在换股比例上得到了补偿，也还是不值。</u>

铁路公司以前没买过，以后还不知道

股东： 您说过，如果把一个城市里唯一的一座收费大桥买下来，会很赚钱。目前，美国的铁路行业正在进行整合，您认为，将来铁路公司是否也能像收费大桥一样赚钱？

做投资这么多年，我还从没买过铁路公司的股票。我在中西部长大，小时候经常看见铁路。在我的印象中，铁路公司的工会非常强势。铁路公司的管理层非常官僚。

我没深入研究过铁路行业，也从没买过铁路公司的股票。以前是没买过，以后还不知道呢。

尽管如此，我觉得，有些铁路公司确实可能带来不错的投资收益。与过去相比，铁路行业的状况已经发生了很大的变化。工会更温和了，铁路

网也建得差不多了。在运输某些货物方面，铁路仍然具有独特的优势。投资某些铁路公司，可能获得良好的收益。

铁路公司和可口可乐没法比。投资铁路公司，有可能实现中规中矩的收益。

我绝对猜不到现在的原油价格

股东：新闻中说，理查德·雷恩沃特（Richard Rainwater）投资了石油行业，他认为石油行业产能不足，在未来10到15年里，石油行业的公司会有很好的表现。最近，伯克希尔投资了白银和原油。请问你们的投资逻辑是什么？也是因为预见到了长期的产能不足吗？

我见过很多涉足石油行业的聪明人，他们对石油价格做出的预测没一个准。我怎么都想不到，阿拉斯加北坡原油的价格现在才每桶12美元。我以前根本想不到油价会像现在这么低。雷恩沃特也许是相信，从长期来看，油价将上涨。

问题在于，这个长期是多长？油价不可能一直维持在每桶12美元这么低的价格，早晚会涨起来。

明确知道长期油价将上涨，不代表你一定能赚到这个钱。如果再过50年，油价从每桶12美元涨到15美元，雷恩沃特的投资是失败的。如果在很短的时间内，油价从每桶12美元涨到15美元，雷恩沃特会很赚钱。

我真不知道原油价格的走势如何。如果我在过去预测，我的预测肯定是错的，我绝对猜不到现在的原油价格。

普通投资者是否应该买指数基金？

股东：在伯克希尔的年报中，沃伦·巴菲特说，普通投资者最好买指数基金。请问您怎么看？

大多数主动管理的基金，扣除了管理费和交易成本，收益还不如指数基金，现实就是如此。

那么，作为一个普通投资者，你是否应该买指数基金呢？第一，要看你自己的投资能力如何，你的投资能力是否高于平均水平？第二，要看你能不能找到优秀的基金经理，你找到的基金经理是否绝对有能力跑赢大盘？这些问题只能每个人自己回答。

股东：如果大家都认同普通投资者应该买指数基金，所有人都去买指数基金了，而所有指数基金投资相同的股票，指数中的成分股是否会被抬高，从而导致购买指数基金这种投资方法失效？

所有人都买指数基金，这种方法就失效了。你说得对。所有人都买指数基金，指数基金原来的运行机制就被打破了。如果只有 8% 的人买指数基金，那指数基金不会失效。买指数基金的人多到一定程度，完全有可能出现你说的情况。人太多，指数基金有可能被挤爆。

如果联邦政府要求社保基金把 30% 的资金用于投资美国股市，巨额资金涌入股市，可能导致指数成分股被拉升。即使联邦政府不这么要求，社保基金中的大量资金也会投资指数成分股。将来，大量资金买指数的情况真有可能出现。

至于达到什么程度，会导致买指数失效，我觉得 8% 的比例没问题。要是 60% 的人都去买指数了，那指数投资肯定就失效了。

基金行业增速很快，但我对它没什么好感

股东：您如何看待基金这个生意？

在美国的众多行业中，基金可以说是一个高增长的行业。基金公司中所谓的"独立董事"根本不独立，无论管理层有什么提议，他们都投赞成票。大学里的法学院给学生们讲独立董事的职责，现实中基金公司的独立董事却没履行他们的职责。法律规定中是一套，现实操作中又是一套。

基金行业的发展速度很快，规模越来越大。基金公司拿着基民的钱投资，还向基民收销售服务费等各种费用。我对基金做生意的方式没什么好感。

股东： 20 世纪 30 年代，银行出现过挤兑潮。现在，有人担心基金出现赎回潮会引发很大的危机。

基金以前遭遇过小规模的赎回潮。将来，基金也一定还会遇到赎回潮。我觉得，基金遭遇赎回，不至于给整个金融体系造成巨大的混乱。真发生了赎回潮，说不定市场中可能出现好机会呢。

目前股票价格这么高，很多问题没那么简单

通过回购来提高资本收益率，效果是有限的

股东： 现在很多人认为，高资本收益率已经成为新常态。记得您以前讲过，如果挤掉财务数据中的水分，美国公司的资本收益率没这么高。请问您怎么看？

美国公司的资本收益率确实上升了。资本收益率上升，很重要的一个原因在于，很多公司大量回购了股票。公司本身的资本收益率实际上并没有明显的变化，资本收益率的上升主要是通过大量回购股票实现的。**我们要注意，回购不可能一直进行下去。通过回购来提高资本收益率，效果是有限的。**

在现实世界中，一家公司已经积累了巨额资本，不可能仍然长期保持每年 20% 的资本收益率。巨额资本不可能始终保持高速增长。

也许只是现在的股票达到了公允的价格……

股东： 您以前讲过，公司用股票期权激励管理层不合理。期权的会计处理是否导致公司虚增了利润？

是的。确实，当前对股票期权的会计处理，导致公司少计算了成本，增加了利润中的水分。然而，即使挤掉这个水分，与过去相比，美国公司的资本收益率还是明显上升了。我真没想到，美国公司的资本收益率能达到现在这么高的水平。

股东： 请问您说的资本收益率，是总资产收益率，还是净资产收益率？

净资产。

股东： 您说了，与其他股票相比，伯克希尔的股票不算高估。

伯克希尔的股票没到贵得不得了的程度。

股东： 您觉得其他股票的估值是否到了非常疯狂的程度？伯克希尔和西科还能买其他公司的股票吗？

另外，通用电气树立了远大的目标。可口可乐也树立了远大的目标。道格·艾华士（Doug Ivester）表示，可口可乐将把自己的全球市场份额提升一倍。很多公司都树立了非常远大的目标。您觉得它们的目标能实现吗？

我相信可口可乐的目标一定会实现。用不着 50 年的时间，在道格·艾华士退休之前，可口可乐就能把自己的全球市场份额从 2% 做到 4%。对可口可乐公司来说，这个目标不是遥不可及的，而是完全可以实现的。

通用电气能保持每年 15% 的增长率，稳健地把自己的金融资产从 2000 亿美元增加到 6000 亿美元吗？我只能说，也许吧。到目前为止，通用电气做得还不错。

这种问题很难回答。目前，股票价格这么高，很多问题没那么简单。

假如你奶奶去世了，给你留下了 100 万美元，按现在的股市行情，能把这 100 万都拿去买股票吗？能不能买？很难决定。过去，股价没这么高，很容易就能决定买。现在，看了又看，还是举棋不定。**正如沃伦所说，安全边际变小了。**

也许只是现在的股票达到了公允的价格。你们在座的投资者，是绝对不愿意出公允价格的，你们只想以便宜的价格买入。你们希望有一眼能看出来的机会，不愿像现在这样，研究了很久，仍然一无所获。我和你们一样。

没办法，现在的客观环境如此。投资变难了，我们只能适应。

注释

1 芒格从 1994 年开始公开西科的估值。在 1998 年 3 月的股东信中，他写道：

"正如所附的财务报表所示，西科的净资产从 1996 年底的 12.5 亿美元（每股 176 美元），增加到 1997 年底的 17.6 亿美元（每股 248 美元），这是会计师根据其惯例计算的。

1997 年报告的净资产增加了 5.13 亿美元，这是三个因素造成的：（1）4.19 亿美元来自投资的持续净增值，并扣除了未来的资本收益税；（2）9400 万美元来自 1997 年的净收益留存；（3）收到的股息。

上述每股 248 美元的账面价值近似于清算价值——假设西科的所有非证券资产在税后将以账面价值清算。也许这个假设太保守了，但计算出的每股价值最多也就低了两到三美元。因为（1）西科持有的合并房地产的清算价值（现在潜力几乎完全在于西科对帕萨迪纳的办公物业的产权）只包含 125000 个净可出租平方英尺，以及（2）其他资产（主要是精密钢材）的未实现增值。相对于西科的整体规模，这些增值不会大到对税后清算价值的整体计算产生很大的影响。

当然，只要西科不进行清算，也不出售任何升值的资产，它实际上就有一笔来自政府的无息'贷款'，相当于在确定其净资产时减去未实现收益和 1997 年所罗门并入旅行者的递延收益的递延所得税。这笔无息'贷款'目前为西科股东所用，1997 年末在西科每股价值中占到 102 美元。

但终有一天，随着资产售清，这笔无息'贷款'大部分将要偿付。因此，西科股东们并不能享有每股 102 美元的长期权益，相反现有权益在逻辑上必须远远低于每股 102 美元。根据作者的判断，西科从其临时无息'贷款'中获得的权益价值在 1997 年底可能是每股 25 美元。在估计了无息'贷款'所带来的权益价值后，可以对西科每股的内在价值做一个合理的近似估值。这个近似值是通过简单地将（1）西科每股的无息'贷款'的权益价值和（2）西科的每股清算价值相加来实现的。其他人可能会有不同的看法，但在作者看来，上述方法作为估计西科每股内在价值的一种方式是合理的。

因此，如果在 1997 年末，来自无息延税'贷款'的权益价值为每股 25 美元，而当时的税后清算价值约为每股 248 美元（在作者看来是合理的数字），那么在 1997 年末，西科的每股内在价值将为约 273 美元，比 1996 年底的类似计算中猜测的内在价值增长

39%。最后，273 美元这个对作者来说合理的数字，应该与其在 1997 年 12 月 31 日的每股 300 美元的价格进行比较。这种比较表明，西科当前的股价比内在价值高出 10%。

由于西科的未实现升值在繁荣的证券市场上持续增长，我们应该记住，它受到市场波动的影响，可能会出现剧烈的下跌，不能保证其最终完全实现。截至 1997 年底，未实现的税后增值占西科股东权益的 73%，而一年和两年前分别为 70% 和 63%。

考虑到所有因素，西科的业务和人员素质仍然不如伯克希尔·哈撒韦公司的好。西科不是伯克希尔·哈撒韦的一个同样好但更小的版本（它规模小并不能使增长更容易）。相反，西科的每一美元的账面价值仍然明显地比伯克希尔类似的一美元的账面价值提供的内在价值要少得多。此外，近年来，它们在这方面的差距一直在扩大。"

2 查理和沃伦通过蓝筹印花公司以 2500 万美元（约为账面价值的三倍）收购了喜诗糖果。
3 1994 年，全美航空停止支付优先股的分红。1996 年，巴菲特和芒格试图出售全美航空的股份，但没有成功。1997 年，全美航空形势逆转，发布了一份极好的季报。1998 年 2 月 3 日，全美航空回购了伯克希尔持有的 35800 万股优先股。

1999年

西科金融股东会讲话

编者按

在 1999 年 3 月致西科金融股东的信中,查理·芒格披露了公司 1998 年的营收数据:1998 年合并净运营收益(不计投资收益)为 3762.2 万美元,每股 5.28 美元;合并净收益为 7180.3 万美元,每股 10.08 美元。

1998 年和 1997 年的合并净收益分解如下(收益单位为千美元,每股单位为美元):

	1998 年 12 月 31 日		1997 年 12 月 31 日	
	收益	每股	收益	每股
"经常性"净运营收益:				
西科金融保险和堪萨斯银行业担保公司的保险业务	34654	4.87	33507	4.71
精密钢材业务	3154	0.44	3622	0.51
其他"经常性"净运营收益(亏损)	(186)	(0.03)	1133	0.16
	37622	5.28	38262	5.38
已实现的证券净收益	33609	4.72	62697	8.80
出售止赎财产的收益	572	0.08	850	0.12
西科合并净收益	71803	10.08	101809	14.30

1998年8月，星光熠熠的长期资本管理公司错误估计了金融风险，轰然倒塌，震惊了整个市场。在1999年的股东会上，芒格回答了相关问题，认为其造成的实质影响并没有那么大，但真正的隐患却在于衍生品的大行其道。另一个芒格着重谈到的问题，是正火热的科技股投资，他既谈了科技变革与投资的关系，又谈到目前整体估值过高，已与20世纪60年代末、20世纪70年代初类似，最后，还不忘提醒吸取日本泡沫的前车之鉴，一场投机泡沫之后，可能面临的是漫长的衰退。

伯克希尔保留子公司的激励制度，但股票期权除外

股东：您和沃伦都认为发行股票期权的做法不合理。请问，如果不用股票期权的话，公司该如何激励管理层？你们具体是怎么做的？

与很多大公司"一刀切"的方式不同，伯克希尔旗下的子公司各有各的激励机制。伯克希尔采取高度放权的组织结构。我们把公司收购过来之后，基本上保留原有的激励机制不变。

唯一例外的是，如果原有的激励机制中包含股票期权，那我们一定会改。股票期权的问题，不是一天两天了，在我的印象中，股票期权已经在美国公司存在50多年了。伯克希尔收购来的一些子公司原来采用股票期权，我们把股票期权取消，换成奖金相同的其他激励方案。我们认为，经过我们的更改，新的激励方案更诚实，激励成本能真实地反映在利润表中。原来存在股票期权激励的，我们会修改激励制度，在财务报表中如实地把发给管理层的奖金记录为成本。

1947年，哈佛法学院成立了一个课题小组，专门研究美国公司对股票期权的会计处理。那时候，我正在哈佛法学院读书。从那时起，**我就认为股票期权是一种愚蠢而错误的制度，完全违背了严谨可靠的工程学原则**。从那时起，我就对股票期权产生了反感。

50多年过去了，这套愚蠢而错误的会计制度不但没消失，反而成为美

国各大公司的普遍做法，被美国的商学院广泛接受。

50多年前，只有一小部分公司使用股票期权，现在股票期权已经成为标准的薪酬制度，没几个公司不给管理层发放期权。

以思科（Cisco）为例，即使是思科这样的好公司，也发放期权。思科的管理层有能力，配得上拿高薪。但是，长期以来，在这些高管的薪酬中，很大一部分是股票期权。用股票期权激励管理层的制度，已经在思科根深蒂固了。

因为大量使用股票期权，很大一部分薪酬成本没有入账。即使现行会计制度对利润进行了调整，稀释后的利润中仍然有水分。思科是一家软件公司，非常赚钱，但是因为采用了股票期权，它的利润中存在水分。

股票期权制度与庞氏骗局非常相似。 思科虽然用了股票期权，但它是一家受人尊敬的好公司。思科这样的好公司，也因为用了股票期权，而与庞氏骗局沾了边。思科整体是好的，只是激励制度中的股票期权给它抹黑了。股票期权就这样在美国蔓延了这么多年，到现在已经非常普遍了，连好公司都在所难免。

传销组织呈金字塔结构，处在中高端的成员迫切地希望有更多新人加入。底层成员越多，他们收割的利益越多。**一个传销组织的中高端成员绝对是它最坚决的捍卫者。通过股票期权，硅谷的精英们发财致富了。** 在自己发财致富的同时，这些精英也为公司背后的群体创造了巨额财富。他们是既得利益者，也是现有传销制度的坚决捍卫者。

每次有人站出来提议改变股票期权制度，批评股票期权制度存在漏洞，不利于社会文明长期发展，既得利益者总会跳起来表示反对。他们宣称，股票期权制度符合美国国情，股票期权制度促进了美国现代软件业的发展。我就不信，难道不发行股票期权，美国的软件业就不能发展了？

我怎么说都没用，我再怎么反对股票期权也无济于事，现在股票期权已经无处不在了。商学院教授、公司高管、会计行业从业人员是我们这个社会的上层人物，他们欣然接受错误而愚蠢的股票期权，真是令人感到遗憾。

会计从业人员有自己的苦衷。他们表面上维持着行业的尊严，实际上却不得不做出让步。毕竟，拿人家的手短，吃人家的嘴软。

大型会计师事务所的合伙人没一个敢公开批评股票期权，他们怕被告上法庭。私下和他们交谈，他们会诚恳地说，自己是出于无奈。我和他们一样，也只能徒呼奈何。

话说回来，如果我领导一家软件公司，为了留住管理层，我可能也别无选择，只能发行股票期权。我不知道自己会不会低头。我觉得我还是宁可失败，也不低头。我还是很理解软件公司的，理解它们为什么要发行股票期权。软件行业的竞争很激烈，其他软件公司都在发行股票期权吸引人才，你不给股票期权，你就没法和别的公司竞争。

软件公司可能身不由己，但因此产生的影响有多大，我们可以算一下。一家软件公司发行股票期权，它的经营成本可能会少算 12% 到 14%，因此虚增的利润有多少？更有甚者，软件公司的市盈率非常高，在资本市场，这部分虚增的利润会被放大很多倍。因为使用股票期权，庞氏骗局渗透到了美国公司的文化之中，让美国公司多了一分欺骗、少了一分诚信。这不是好事。

伯克希尔的子公司各不相同，我们制定的薪酬制度也各不相同。有的子公司不需要投入大量资本，就能实现非常高的资本收益率。在这种类型的子公司中，我们直接从净利润中拿出一定比例作为管理层的薪酬。有的子公司需要投入大量资本，我们在利润中扣除使用资本的费用，然后再计算发放给管理层的薪酬。

总是见不着现金的公司，利润再多，也不值钱

伯克希尔有个公开的秘密，我们最喜欢那种每年年末的利润都是大笔现金的公司。多年以前，我有个朋友，他做的是工程机械行业的生意。工

程机械行业，生意很难做，总是有大量的存货和大量的应收账款。我的朋友说，不管他多努力地经营企业，每年年末所有的利润都是堆在空地上的工程设备。他总是看不着现金，空地上堆积的工程设备却越来越多。

我们对这种生意避之唯恐不及。我们喜欢那种现金流源源不断的生意。收购了一家现金奶牛公司之后，我们可以把现金拿出来，再买一家现金奶牛公司，然后再买一家。现金奶牛是伯克希尔的最爱。有的公司的利润永远是账面的，它们根本没有创造现金的能力，我们不碰这样的公司。

伯克希尔能发展到今天的规模，很重要的一个原因在于我们很早就明白了，要远离那种不能创造现金利润的公司。在给一家公司估值的时候，不区分利润的性质，不看是现金利润，还是躺在空地上的机器，拿着利润数字，直接就算，得出的估值肯定是不准的。利润是堆在空地上的机器，是难以收回的应收账款，总是见不着现金，这样的公司，利润再多，也不值钱。有源源不断的现金利润，这样的公司才值钱。

科技变革不新鲜，是投资者之痛，亦可能是投资者之幸

计算机技术的作用没那么夸张，人们低估了流程再造的贡献

股东：您刚才提到了两种公司，一种是能见着现金的，另一种是见不着现金的。见不着现金的公司是因为总要进行再投资，购买设备、购买存货。

是的，那种见不着现金的公司，所有的现金都用于维持经营了。它们必须把大量资金用于投资，生意才能继续做下去。

股东：现在很多人都说市盈率太高了。确实，很多公司的市盈率很高。但是，我们也要看到，随着计算机技术的发展和机器设备的进步，很多公司的资本利用效率也提高了，投入更少的资本能创造更多的收益。

投资者分成了两派：有的投资者说，因为科技进步了，所以公司更值钱了；有的投资者则认为，现在的公司太贵了，如今的市盈率堪比 1960 年和 1972 年。您如何看待这两派投资者的争论？您支持哪一方？

你刚才说，计算机技术的进步提高了生产效率。我觉得没那么夸张。当年，互助储蓄雇佣大学生甚至高中生做兼职，计算储户的存款利息。老股东们都记得，互助储蓄的董事长路易斯·韦森特不愿意用电脑，因为雇佣兼职的学生用计算器计算，成本更低，而且计算的准确率也没什么问题。在很长时间里，互助储蓄一直雇用兼职的学生计算利息。后来，加州的储贷机构差不多都不用兼职的学生了，都换成电脑了，互助储蓄才改为使用电脑。

最后，韦森特决定改用电脑，不是因为用电脑更节约成本，而是电脑可以节省时间。以前，我们一直采用人工计算的方式，顾客等待的时间比较长。为了提升服务水平，互助储蓄才决定改用电脑。

科技进步对现代制造业的贡献功不可没。然而，**我认为，现代制造业取得的成就，在很大程度上，来源于实践经验的积累，也就是制造业中的流程再造**。制造业中的流程再造极大地促进了生产效率的提高。人们只看到了科技进步，以为科技进步对提高生产效率起到了非常大的作用，其实，流程再造对提高生产效率的贡献应该更大。

企业的变革和发展总是有着残酷的一面。裁员、优化、推广最佳实践、实施五西格玛、六西格玛质量管理，在这一波又一波的流程再造之中，许多公司、许多人被迫经历一次又一次的巨大变化。环境更无情了，要求更严格了，不能适应的人，只能被淘汰。

投资者应该关注科技变革的时代意义及其行业壁垒

从投资的角度来看，我们应该关注的，不是那种简单地提高生产效率的科技进步。飞机的空间更大了，搭载的乘客更多了，或者飞机的航程更远了，只用两个引擎就能横跨大洋。这些是科技进步，确实能提高航空公司的生产效率。但是，这种科技进步在文明社会中很普通、很常见，没什么了不起的。

我们应该关注的，是那种具有划时代意义的科技进步。例如，空调发明以前，整个美国南部地区环境恶劣、人烟稀少，文明程度远远不如北方。密西西比州、佐治亚州的农业区以及路易斯安那州的沼泽地，都是很落后的地方。那时候，我在空军服役，驻扎在北卡罗来纳州的戈尔兹伯勒市（Goldsboro）。在当地最繁华的商业街上，竟然有三个马圈。那地方非常闭塞、非常落后。

后来，空调问世，南方的面貌才得以彻底改变。因为有了空调，南方再也不是人迹罕至的穷乡僻壤了。随着人口的增多，南方的制造业发展起来了，经济也增长了。

火车发明之前，人们通过运河运送货物，纤夫在运河两岸拖拽驳船，或者通过马车运送货物，路面坑坑洼洼的，马车一路颠簸。有了火车以后，这一切都变了，火车堪称是划时代的发明。还有冰箱，冰箱的发明也改变了世界。当然了，空调的工作原理和冰箱类似。

后来，人们发明了收音机。有了收音机，所有人都可以收听最优秀的喜剧演员的表演，最优秀的交响乐队的演奏。再后来，人们发明了电视机。有声音的彩色画面走进了千家万户。很快，家家有了电视机，每天都开六七个小时。有了电视机，老年人和久病卧床的人按一下遥控器，就能看到外面的世界，他们的生活不再那么寂寞。电视机改变了人类的生活。

然而，最早投资铁路公司的人亏了，最早投资航空公司的人也亏了。火车和飞机的发明推动了社会的发展，但投资者却损失惨重。

同样是科技进步，电视机与火车、飞机截然不同，它给投资者带来了丰厚的回报。由于电磁波谱之间存在相互干扰，在某一地区，可以播出的频道数量是有限的。另外，由于电视台需要购买版权，不同地区的电视台自然而然地组成电视网，共同出资购买好莱坞大片的版权以及体育赛事的转播权。这样一来，电视网形成了天然的寡头垄断，是非常赚钱的生意。只要拥有一家中等规模的电视台，就能赚很多钱。

首先要发现科技变革，然后要看这个行业是否拥有强大的壁垒。 拥有强大的壁垒，才不至于出现惨烈的竞争。航空行业和铁路行业属于科技变革的产物，但这两个行业没有竞争壁垒。电视行业也是科技变革的产物，它的不同之处在于，拥有竞争壁垒。找到类似电视行业这样的科技变革，那才真是好风凭借力，送我上青云。

现在人们都说电脑的计算能力显著增强了，按现在的速度发展，未来千家万户连接互联网将不受带宽限制，互联网将再一次改变世界。

互联网是会改变世界，但我觉得它对世界产生的影响，不可能有电视机那么深远。试想，电视机没发明之前，人类的生活是怎样的？电视机对人类产生的影响是难以估量的。因为电视机的诞生，整个社会的方方面面都发生了深刻的变化，例如，电视这一媒体成就了很多著名品牌。**我觉得，互联网带来的效率再高，它对人类社会产生的影响也很难超越电视机。**

突破带宽的限制、芯片成本降低、计算能力提升、软件行业迎来爆发，这些确实会改变世界，也令很多人为之痴狂。

我们应该保持冷静。本·格雷厄姆告诫过我们："大家都不看好的机会，投资者的亏损不至于特别严重。越是大家都看好的机会，投资者的亏损越惨烈。"你可能想不明白其中的道理。格雷厄姆的意思是，一个机会，大家都不看好，就不会疯狂地往里冲。大家一眼就看出来了，明显不是好机会，不至于引发太多亏损。如果是大家都看好的机会，那就不一样了。谁都知道这个机会很真实、很合理，前景令人振奋，简直不容错过，人们必然会蜂拥而上，从而发生严重的踩踏。**所有人都看好的机会，最容易发生踩踏，造成的损失最惨烈。**

狂热投身于互联网将引发巨额亏损

市场中的踩踏事件屡见不鲜。火车、飞机、空调等科技进步，都曾导致人们一拥而上。20世纪20年代,佛罗里达州出现了房地产投机潮。从一开始,大家就都知道,佛罗里达州的房地产市场要火了。这个机会,大家都看到了,而且大家都看得很准。所有人都看好佛罗里达州的房地产市场,所有人都去佛罗里达州买地,房价节节走高,价格越涨,人们越买。机会是好机会,只是抢的人太多,就应了物极必反的道理。

以史为鉴,20世纪20年代的佛罗里达州房地产投机潮是否可能在今天的互联网行业重新上演?人们是否可能被互联网的前景冲昏了头脑,不顾一切地要抓住互联网的好机会,结果损失惨重?我觉得,答案是肯定的。芯片成本的降低、计算机性能的提高、互联网的高速发展将引发一场科技革命,很多人狂热地投身其中,等待他们的是巨额亏损。

每次出现巨大的科技进步,总是会有一批企业被颠覆。随着互联网的兴起,同样会有一批企业死去。因为汽车的发明,很多与马有关的公司,生产马掌、鞭子的,都倒闭了。随着互联网的兴起,有些生意将走向消亡。

美国的各家报业公司前途未卜,它们忧心忡忡,担心自己的广告业务受到互联网的冲击。

互联网能带来巨大的机会,也蕴含着巨大的风险。**投资者一旦被互联网的前景冲昏了头脑,很容易盲目冒进,犯下严重的错误**。冷眼旁观互联网热潮的发展,其中必然有许多事件值得玩味、值得思考。

你可能会说:"我不愿意思考,我就想短时间内赚大钱,还不用承担一点风险。"你要真这么想的话,恕我爱莫能助。

股东:您刚才说,今天的互联网与当年的佛罗里达州房地产投机潮如出一辙。互联网引发的这场技术革命,能极大地提升生产效率。通用电气、箭牌等公司难道不会从生产力的提升中受益吗?

我觉得,互联网的兴起不会提高箭牌的生产效率。**口香糖生意不会有什么大的变化,互联网对箭牌的影响不大**。

关于箭牌公司,有个小故事,我印象很深。多年以前,有个人在船上遇到了一位瑞格理家族的继承者。这个人热情地称赞箭牌的生意。瑞格理家族的继承者说："嗯，箭牌确实是好生意。当年我爷爷瑞格理垄断全球糖胶树胶的时候，箭牌的生意更好。"

有时候，牺牲短期利润是明智之举

股东：最近，《华尔街日报》刊登了一篇文章。作者认为，追求利润的老一套做法已经过时了，现代企业应该注重成长性，追求市场份额和规模效应。有了市场和规模，利润是水到渠成的。请问您如何看待这种全新的理论？

其实，这算不上全新的理论。为了追求长远的盈利能力，暂时牺牲短期利润，这种经营策略早已有之。目前，盖可保险拿出了大量资金投放广告，我们的短期利润明显减少了，但我们投放广告是为了建立长期优势。

有时候，企业放弃眼前利益、着眼长远发展的做法是明智之举。

20世纪20年代，佛罗里达州的房地产市场是值得投资，但最后人们连沼泽地都抢着买了。牺牲短期利益、换取长远发展，有时候是行之有效的经营策略，就怕人们走极端，搞到物极必反。目前的互联网热潮是否已经走到了极端，我不知道。扩大市场份额，形成规模效应，这种经营策略本身是没错的。

前面我讲了，大家都觉得是正确的事，一拥而上，做得过头了，最后必然要付出沉重的代价。大家都不看好的机会，倒没什么事。越是大家都看好的，亏损越惨烈。互联网现在是不是过热了？从目前的大量现象来看，很可能已经过热了。我没法给出具体的例子。我只知道，人们如此狂热、口号如此之响、躁动如此之大、争抢如此之激烈，现在的场面必然以一地鸡毛收场。最后，很可能只有极少数的人笑到最后，成为最大的赢家。

强式有效市场假说纯属胡说八道

股东：我是一名您经常批评的金融学教授，而且还是从落后的路易斯安那州的沼泽地来的。

这是我第二次参加西科股东会。每次参加伯克希尔和西科的股东会，总是听到您和巴菲特批评金融学教授。我们金融学教授是知错就改的。如果我们提出的有效市场理论错了，我们愿意改。作为金融学教授，我们认认真真地做研究，尽职尽责地教学生。我们也在逐渐完善我们提出的理论。每次听到别人批评金融学教授，我总是感到愤愤不平。我们是犯过错，但我们确实是在很努力地做研究和教学生。我想在此为金融学教授正名。

对于参加西科或伯克希尔股东会的金融学教授，我当然会另眼相看。你们不是我批评的那种金融学教授。

我说话经常得罪人，沃伦比我强，他说话更有分寸。在过去的很长一段时间里，强式有效市场假说在金融学中占据了统治地位。强式有效市场假说纯属胡说八道。

有些金融学教授坚持错误的理论，而且还给学生们大讲特讲，我们实在看不下去。有些金融学教授认为，市场中的大多数股票，在大部分时间里价格是有效的，他们的理论被称为弱式有效市场假说，这个理论才符合实际情况。然而，在过去的很长一段时间里，大多数金融学教授支持强式有效市场假说。

如果我们在批评一部分金融学教授时，误伤了你，我在此向你表示歉意。

我们偶尔会跳出巴菲特的经典投资风格

联合多美的管理层没有那么差

股东：沃伦的英国之行引发了很多猜想，这让我想起了檀香山房地产泡沫中的日本大亨。日本大亨乘坐一辆豪车，只是随意用手指点，就买下了多处房产，根本都不下车实地查看。后来，只要一看到豪车，人们就以为日本大亨来了。豪车出现在哪栋房子附近，这栋房子立即提价四五万美元。沃伦去英国走了一趟，玛莎百货（Marks & Spencer）等公司的股票纷纷上涨，人们称为"巴菲特效应"。

后来，谜底揭晓了，实际上，巴菲特投资的是联合多美公司（Allied Domecq）。当我从新闻中得知这一消息后，我感到很意外。首先，我没觉得联合多美的管理层水平有多高；其次，联合多美经营烈酒，烈酒行业可能步烟草行业的后尘，成为下一个集体诉讼目标。美国的烟草行业遭到了法律诉讼的沉重打击，烟草公司被迫赔偿数十亿美元。胜诉的律师正在寻找下一个目标。

也许，我对联合多美管理层的判断有失公允。请您告诉我，这笔收购是作为一个烟蒂买入的呢？还是说联合多美的生意特别好，什么样的管理层都能经营？

说实话，我对这笔投资不太了解。可以告诉大家的是，我们喜欢拥有著名品牌的公司，我们喜欢充满理性的公司。从联合多美的表现来看，我估计它的管理层应该没你说的那么差。

还记得当年伯克希尔投资通用动力的股票吗？当时大家可能都看不懂，不知道为什么伯克希尔要投资一家军工行业的公司。那时候，别的军工公司都在大力扩张，高价收购其他公司。唯独通用动力反其道行之，它主动精简业务，不断回购股票，集中精力在公司内部做了很多实际的工作，努力提升公司自身的质量。通用动力笑到了最后，它的股票跑赢了大多数军工股。

大家很熟悉巴菲特的经典投资风格，但我们偶尔会跳出这种风格，做一些大家可能觉得看不懂的投资，例如，通用动力。我们的投资不是每笔都成功，我们也有失手的时候。每笔投资都成功，那就没意思了。

我对联合多美不太了解。它拥有著名品牌，在自己的行业已经取得了一定的建树，将来应该能发展得不错。

至于你说的"巴菲特效应"，很多人抄我们的作业，我们确实很无奈。随着我们的名声越来越大，追随者也越来越多。每年和大家聚一两次，我们非常高兴，你们中的很多人都是我们的老朋友了。问题是，有很多人盯着我们的一举一动，听到我们买了什么的风声，就跟着来了。这给我们的投资造成了很大的困难，我们对此很反感。没办法，大家都知道我们取得了良好的长期业绩。别人抄我们的作业，这是我们要为成功付出的代价。

高度放权是我们的风格

股东：在今年的伯克希尔股东会上，沃伦说，他没买房地产投资信托基金（Real Estate Investment Trust），有可能是伯克希尔的子公司通用再保险（General Reinsurance）或盖可保险买的。尽管如此，在新闻媒体中，仍然有大量关于伯克希尔买了房地产投资信托基金的报道。我很高兴地看到，卢·辛普森也出席了此次西科股东会。请问通用再保险以及盖可保险的投资组合管理者是如何做投资决策的？他们是独立做投资，还是需要事先请示您和沃伦？

我这个人，要么完全放权，彻底撒手不管，要么亲力亲为，什么事都自己干。在这方面，我就不知道该怎么折中。要做到既放权、又监督，沃伦能比我强点，但也强不了多少。我们伯克希尔是一家高度放权的公司。卢·辛普森完全独立地做投资，通用再保险的欧洲分部也是独立地做投资。

至于资本配置，则一直由总部集中负责。我从来没查看过通用再保险的投资，也从来没查看过卢·辛普森的投资。

伯克希尔的子公司可以独立投资大量资金，我们并不是完全了解它们的投资活动，特别是规模比较小的投资活动。沃伦热爱投资，喜欢研究投资的细节，他可能比我更留意一些。

现在让我们热烈欢迎卢·辛普森莅临西科股东会，这是辛普森第一次出席西科股东会。

卢·辛普森： 查理，我持有西科十七八年了，觉得该来西科检查一下工作了，所以我就来了。

欢迎欢迎。多年以来，辛普森一直担任盖可保险的联席董事长。在他的任期之内，盖可保险取得了巨大的发展，无论是在投资业务方面，还是在保险业务方面，都取得了长足的进步。以前，伯克希尔是盖可的大股东。现在，伯克希尔已经收购了盖可的所有股份。成为伯克希尔的全资子公司后，盖可保险的发展速度更快了。

沃伦偶尔还会回味捡烟蒂的乐趣

刚才我讲了伯克希尔高度放权的组织结构，然后向大家介绍了卢·辛普森，现在我来回答你关于房地产投资信托基金的问题。我来解释一下沃伦的回答。沃伦的意思是说，他负责管理的伯克希尔投资组合没有买入房地产投资信托基金，他不知道卢·辛普森以及通用再保险是否买了房地产投资信托基金。

伯克希尔总部确实没买，伯克希尔的子公司也没买，其实是沃伦本人买了一些房地产投资信托基金，引发了媒体沸沸扬扬的猜测。公司购买房地产投资信托基金，股息收入不能享受税收优惠。房地产投资信托基金更适合个人投资者购买。沃伦仍然保留着当年的捡烟蒂情结，当他看到房地产投资信托基金遭到抛售，价格下跌，与清算价值相比打了八折，他就动心了，用自己的私房钱买了一些。

大家知道，沃伦只从伯克希尔领取微薄的薪酬。他的夫人是一位慷慨的慈善家，沃伦需要为她提供资金支持。另外，沃伦也为他的夫人购买了利捷航空（NetJets）的私人飞机服务。**沃伦偶尔会捡捡烟蒂，赚些私房钱，顺便回味过去的美好记忆。** 现在大家应该清楚是怎么回事了。

伯克希尔不排斥分析师，有一位优秀的分析师在关注我们

股东：据我所知，伯克希尔·哈撒韦没什么分析师跟踪。伯克希尔·哈撒韦不是特别欢迎分析师，不愿与分析师交流，请问是这样吗？

我们对分析师没有任何成见，我们只是认为，分析师受到一些制度的约束，无法充分发挥自己的能力。证券分析师是一个聪明勤奋的群体，他们知识丰富、业务扎实，对上市公司有着深刻的理解。对于证券分析师这个群体本身，我们是非常认可的。

以前，没什么分析师跟踪伯克希尔。由于我们收购了通用再保险，覆盖伯克希尔的分析师可能会多一些。我们欢迎分析师覆盖伯克希尔。毕竟，伯克希尔是一家上市公司。

伯克希尔不会召开小型的分析师会议，向分析师提前透露经营数据，向他们透露普通股东无法提前掌握的信息。我们在互联网发布季报，所有股东都可以在同一时间看到。很多公司优待分析师，提前告诉他们经营数据。伯克希尔对分析师采取一视同仁的态度，跟踪我们的分析师和所有股东一样，都是在同一时间看到我们的经营数据。

分析师别指望从我们这提前获得信息。但是，如果他们是真心想要了解伯克希尔，我们非常乐意配合，我们真诚地欢迎这样的分析师。有位分析师，来自普惠公司（Paine Webber），我们特别愿意配合她的工作。她应该也在现场。

对，就是那位穿红衣服的女士。请把麦克风递给这位分析师。你有什么问题想问吗？请你站起来，做一下自我介绍。很多股东以为没有分析师覆盖我们呢。

把麦克风递给她，我问她一个问题。我们没向你提前透露经营信息吧？

爱丽丝·施罗德（Alice Schroeder）：没有，完全没有。我做分析

师很多年了。只有伯克希尔一家公司,是我不需要向管理层提出任何问题,就能建好一个整整 30 年的盈利模型。伯克希尔在年报以及 10-K 报告中披露的信息非常详尽,根本不需要问公司的管理层。通过读伯克希尔的年报,我了解了伯克希尔的很多生意是如何做的,特别是我不熟悉的生意,例如,利捷航空。伯克希尔从来没向我透露过任何非公开信息。

伯克希尔愿意把自己的生意讲明白,让股东明白,让分析师明白。你有这个感觉吗?

施罗德: 确实。伯克希尔的年报非常有用。

伯克希尔热爱教育、鼓励求知。 我们不可能把所有时间都用于无私奉献,但是只要有机会,我们愿意通过伯克希尔这个载体分享知识。**我们已经吸引到了一位优秀的分析师关注我们,将来会有更多分析师关注我们。**

股东: 西科能否把施罗德女士撰写的研报分发给股东?

爱丽丝·施罗德撰写研报付出了辛苦的劳动,我们不能免费提供给股东。爱丽丝·施罗德是普惠公司的员工。普惠公司的客户能看到爱丽丝·施罗德撰写的研报,但普惠公司的客户是要付费的。要看爱丽丝·施罗德撰写的研报,请与普惠公司联系。

保险行业竞争愈发激烈,但我们会逆势上行

汽车保险行业的生意不好做了,但盖可保险很强大

股东: 20 世纪 70 年代,在利率走高的同时,通货膨胀高企,保险公司的浮存金价值降低,遇到了严重的经营困难。在如今的宏观环境中,保险公司是否会再次经历 20 世纪 70 年代的困难?伯克希尔是否会受到影响?另外,美国国际集团(American International Group)收购了 20 世纪保险公司,大举进军车险领域,请问您对此有何评价?

毫无疑问，财产保险行业的竞争将更加激烈，财产保险公司的生意会更难做。在过去 15 年里，财产保险公司取得了非常靓丽的投资收益率。在将来 15 年里，财险公司不可能继续保持那么高的投资收益率。竞争加剧，投资收益率降低，财产保险行业未来的日子不好过了。财产保险公司的生意肯定会出现特别大的下滑。

虽然整个行业的利润将走低，但伯克希尔仍能保持自己独特的竞争优势。确实，受行业前景影响，盖可保险的承保利润也会降低。除此之外，为了提高盖可的知名度，吸引更多客户，我们投放了大量广告，巨额广告费也拉低了我们的利润。但我们认为，广告费的投入有利于盖可的长期发展。

我觉得，与其他大多数保险公司相比，我们的保险生意更胜一筹。过去，我们比其他保险公司强。将来，我们还会比其他保险公司强。伯克希尔的保险业务犹如一艘在大海上航行的轮船。虽然海面上的波涛将更加汹涌，但伯克希尔这艘轮船也比过去更强大了，我们能更快地航行，更灵活地躲避暗礁。总之，我认为，我们的保险生意将优于行业平均水平。

不过，你说得完全正确，目前的宏观环境对财产保险行业不利。

伯克希尔的保险业务具有两大优势

股东：伯克希尔的保险业务拥有雄厚的资金实力。这个优势，该如何在估值中体现出来？根据伯克希尔过去的数字进行推算似乎不太合理，毕竟整个行业的盈利前景都不明朗。请问我们到底该如何给伯克希尔的保险业务估值？

很显然，保险业务是伯克希尔最重要的生意。我们有两大优势：第一，我们的规模比其他保险公司大；第二，我们的投资能力比其他保险公司强。这两大优势已经非常了不起了。具备这两大优势，已经足以让伯克希尔遥遥领先了。

在分析股票的时候，看出一家公司是好公司，具有明显优势，这不难，

难的是判断价格是否合适。这个难题，我们总是交给你们自己解决。

股东：我发现，美国国际集团等公司把规模做得很大，而且也能实现盈利，综合成本率保持在 100 到 103 之间。如果伯克希尔也做大规模，利润也应该能增加很多。我明白，现在的市场可能风险较高，现在扩大业务规模，将来可能要付出代价。我想请教您一下，伯克希尔是否有可能也把规模做大？

你这个问题问得很好。我们不傻。如果我们知道一种方法，能把保险业务的规模越做越大，而且还没有一点风险，综合成本率始终不超过 101，我们当然早就那么做了。

从伯克希尔的实际情况出发，我们现在采取的业务策略应该是很合理的。**我们为每家子公司量体裁衣，选择最适合它的发展策略。**像伯克希尔这么大的公司，"一刀切"肯定不行。我们不是在总部统一制定计划，然后自上而下地传达给每家子公司。伯克希尔的每家子公司各有各的特点。

以喜诗糖果为例。有人说："你看，喜诗糖果多赚钱，你们为什么不把分店开到全球的每个大城市？"在全球开店，不符合喜诗糖果的生意特点。真看懂了喜诗的生意，你就知道了，很多市场早已被别的糖果公司牢牢占据，无论是巴黎，还是新英格兰，不是我们想去就去，去了就能打开市场的。我们非常了解每家子公司的生意特点。

我们的管理方式是充分放权。我们尊重每家子公司的实际情况，让子公司自主经营，而不是坐在总部对每家子公司发号施令。多年以来，这种组织形式给伯克希尔带来了巨大的竞争优势。

我们的每家子公司各不相同，它们都有适合自己的发展策略。有的子公司，我们大力发展，例如，我们向盖可保险投入了大量资金。有的子公司，留着只能消耗资本，不能创造任何收益，我们选择逐步清算。

有些职业经理人，满肚子是从商学院里学来的管理理论，在工作岗位上完全以自我为中心，拿着理论生搬硬套，不顾企业的实际情况，只为自己的利益考虑。企业早晚毁在他们的手里。

我们充分尊重每家子公司的实际情况，根据每家子公司的实际情况制定发展策略。我们不可能让盖可保险去学美国国际集团。与它相比，我更喜欢盖可保险的生意。美国国际集团的生意也很好，但我就是更喜欢盖可。

堪萨斯银行业担保公司和盖可保险完全不同

股东：我发现，堪萨斯银行业担保公司的赔付率上升了，从三年前的 30% 上升到了去年的 60%。我知道，盖可保险的综合成本率一般保持在 100%。请问这两家保险公司的生意是否存在很大的差异？

这两家保险公司完全不一样。

股东：好的。那么请问为什么会出现赔付率明显上升的情况？

不必太在意赔付率的变化，关键是要看懂这两家公司的生意。堪萨斯银行业担保公司主要从事雇员忠诚保证保险（fidelity bond）业务，而盖可主要从事车辆保险业务，两家公司的生意完全不同。堪萨斯银行业担保公司的业务没什么浮存金，主要以获取承保利润为主。

以前，堪萨斯银行业担保公司是一家独立的小型保险公司，它没能力承担全部风险，必须把一半的保费让渡给别的保险公司。加入伯克希尔之后，就不一样了。伯克希尔愿意承受短期的波动，换取更高的长期收益。有了伯克希尔的支持，堪萨斯银行业担保公司不用购买再保险了，它自己承担全部风险，所以赔付率的波动范围更大了。

另外，最近，堪萨斯银行业担保公司还修改了一项保险政策，也对赔付率产生了一定的影响。只看一两个数字就下结论，未免太武断了。好比说，有个人，鱼刺卡在了脖子里，快窒息了，你还给他量体温，那怎么行？**要把一家公司看懂，必须找对地方，知道看什么。**

银子弹是说一定要弄清楚威胁最大的竞争对手是谁

股东：我听您和沃伦说过，用银子弹干掉对手，但是我从来没听你们说过，具体要干掉哪些公司。

银子弹这个比喻，是从安迪·格鲁夫（Andy Grove）那里来的。安迪·格鲁夫领导的公司处于一个竞争特别激烈的行业，他总要考虑哪些竞争对手可能威胁到自己的公司。他必须先发制人，才能生存下去。沃伦说，要问自己最主要的竞争对手是谁，他是从安迪·格鲁夫那学的。

银子弹这个比喻，主要意思是说，一家公司，一定要弄清楚，威胁最大的竞争对手是谁。我们可不是真要把竞争对手置于死地。我们希望弄清楚，自己的主要竞争对手是谁，但我们可不是日思夜想地要干掉竞争对手。

股东：请问盖可保险最主要的竞争对手是谁？为什么？

在不同的市场，盖可保险面临着不同的竞争对手。以加州南部为例，20世纪保险公司是盖可保险最主要的竞争对手。

正好卢·辛普森在这，卢，你来回答一下吧，你肯定比我答得好。

辛普森：好的，查理。我同意你说的。在加州南部，20世纪保险公司是非常强劲的一个竞争对手，它的成本特别低，费用率才10%。前些年，20世纪保险公司偏离了自己的主业，在非常狭小的地理范围内，承保了大量房屋保险，结果遭遇了大地震，因而元气大伤，现在还没完全恢复过来。

在首席执行官托尼·奈斯利（Tony Nicely）的带领下，盖可保险取得了巨大的发展。特别是加入伯克希尔以后，盖可保险更是日益壮大。如果让托尼来回答这个问题，我觉得他给出的答案，很可能是前进保险（Progressive）。前进保险很强大，增长速度很快。盖可保险主要承保风险较低的优良风险。如今，前进保险也开始拓展优良风险业务，与盖可形成了竞争态势。

我们还有两个不容忽视的潜在竞争对手：一个是美国国际集团，

另一个是通用电气。美国国际集团准备进军加州南部市场，它正在寻求收购20世纪保险公司，目前已经持有60%以上的股份。通用电气也不容小觑，它最近收购了克罗尼尔·佩恩公司（Colonial Penn），正式进军保险领域。美国国际集团和通用电气都是财大气粗的公司，它们如果加入战圈，绝对是难缠的对手。目前，这两家公司都对私家车保险市场虎视眈眈。

另外，还有两家公司，州立农业保险和好事达保险（Allstate），它们属于沉睡的巨头，目前，这两家公司的市场份额在下降，但是它们有可能东山再起。

我认为，在今后五年里，财产保险行业的竞争将更加激烈。查理刚才也讲了，财产保险公司的业绩很可能会下滑。

行业竞争更激烈，业绩可能下滑，我一点都不怕。我看好盖可保险的前景。未来20年，整个行业的日子都不好过，我们反而可能逆势上行。行业困难，大家都困难，就看谁的承受能力更强了。

在加州南部，还有一家保险公司不能不提，这就是默邱利通用公司（Mercury General）。它采用代理人销售模式，而不是直接销售给客户，所以容易被我们忽视。默邱利通用公司的创始人乔治·约瑟夫（George Joseph）是保险行业的老前辈，他比我的年纪还大。乔治·约瑟夫绝对是独一无二的。他领导一家采用代理人模式的公司取得了卓越的成绩。在某些业务领域，默邱利通用公司创造了比盖可保险更漂亮的数据。

乔治·约瑟夫绝对是个天才，他对保险行业了如指掌。他永远把问题扼杀在萌芽之中，他懂得如何设计行之有效的激励制度。他还是国际象棋高手、桥牌冠军，真是个非常了不起的人。在保险行业，乔治·约瑟夫充分展现了自己杰出的能力。

投资，要找毫不含糊的好机会

慧眼识珠，收益最可观

股东：价值来自公司创造的收益。长期持有一家公司，我的投资收益将与公司创造的收益一致。因此，在挑选投资标的时，我应该把资产收益率作为一个主要的筛选条件。找到资产收益率高的公司之后，我还要研究公司能否长期如此，将来可能有哪些因素导致公司的资产收益率降低。如果回答不了这些问题，我就换一家公司，继续研究。

我看你讲得挺明白的，好像没什么问题。

股东：至于时机，是不是就不用考虑了？因为我长期持有，不理会宏观波动，也没有摩擦成本。请问我的理解对吗？

你说得基本上都对。还有一种方法，可以赚更多的钱。如果你能慧眼识珠，找到一家现在资本收益率很低，但将来资本收益率很高的公司，在价格非常便宜的时候买入，你能赚更多的钱。例如，最早进入伯克希尔的一批股东，他们在沃伦·巴菲特入主伯克希尔之前，就买入了伯克希尔，见证了伯克希尔从一家小小的纺织厂发展到今天的大型集团，他们可真是赚翻了。

有些公司已经证明了自己能实现较高的净资产收益率，财务数据在那摆着呢，这样的公司很好找。好找是好找，价格却太高了。谁都知道是好公司，它们的价格也贵，往往是净资产的三四倍。好公司太贵了，怎么办？投资还要跨过这道难关。

你刚才说了很多，但没提到市场价格。找到将来能长期保持较高的净资产收益率的公司，这只是投资的第一步，还有更大的难题等着你呢。我经常举箭牌公司的例子，公司是好公司，但价格太贵了。找到好公司之后，你还得琢磨45倍市盈率的价格合不合适。世界充满了变数，就算是好公司，净资产收益率很高，但它真能在未来长期保持下去吗？

从长期来看，盈利能力更重要

股东：我有两个问题。第一个，我们最应该问您什么问题？第二个，市净率和市盈率两个指标，您觉得哪个更重要？

第二个问题，在大多数情况下，与市净率相比，**市盈率更能反映一家公司的盈利能力。从长期来看，一家公司最重要的是盈利能力。**在大多数情况下，我们要优先看盈利，而不是净资产。也有一些例外，有时候，市净率比市盈率更重要。

至于第一个问题，你问我，我最应该问自己什么问题。你这个问题问得很好。问问自己，该问自己什么问题，这是一种非常有效的思维方式。我经常用这种方式思考问题，建议你们也试试。好方法不能藏着掖着，大家都学一学、试一试。这个问题我先不回答，可能稍后再和大家说，我们继续。

如何决定投资 10 亿美元买入可口可乐？

股东：我来自文明比较落后的密西西比。

因为有了空调，密西西比的文明进步了。我在南方生活过，那时候，南方还没普遍用上空调。

股东：10 年前，伯克希尔买入了可口可乐。我非常想知道，您和巴菲特是怎么做出的这个决定。如果我没记错的话，伯克希尔投入了 20 亿美元，拿出了保险分部三分之一的净资产，买入可口可乐。当时您和沃伦是怎么商量的呢？你们是用了六个月，还是一个月？你们是否经历了犹豫和迟疑？

如果我们买了 20 亿美元的可口可乐就好了，实际上，我们买了 10 亿美元左右。

股东：能说说您和沃伦是怎么商量的吗？

好的。试想，你找到了一个非常好的投资机会，手里又有大量资金，然后该怎么做？当然是买买买。在买可口可乐的时候，我们恨不得把市场上的所有可口可乐股票都买下来，但我们又得十分小心，不能把股价拉起来。这样一来，在每天的成交量中，我们只能占 30% 左右。我们尽量在不打草惊蛇的情况下，尽可能多地收集股票，一直到最后买了 10 亿美元的可口可乐。

只买了 10 亿美元，我们就收手了，这是我们犯的一个大错，我们应该继续买才对。我们没继续买，让股东少赚了很多钱。作为股东，你们只因为看到我们买了 10 亿美元的可口可乐而高兴，但不知道我们本该再买 10 亿美元却没买，让你们少赚了很多钱。我们没做到有风使尽帆，辜负了大好机会。

已经明确知道是好机会了，还有什么好商量的？干就完了，该出手时就出手，用不着浪费口舌。做投资，就是要找到这种毫不含糊的好机会。我多希望我们能有更多这样的好机会啊。

我们让很多好机会从指尖溜走了。我们真正抓住了、大手笔买入的好机会并不多。即便如此，我们这么多年的投资也做得还不错。

股东： 在两年前的股东会上，您提到了，您通过《价值线》的图表和报告了解可口可乐公司，您还赞扬了可口可乐公司的年报。您也非常欣赏可口可乐的董事长郭思达（Roberto Goizueta），非常认可他提升股东价值的做法。

是的。可口可乐的生意非常好，公司财力充足，郭思达可以游刃有余地提升股东价值。

股东： 您对《价值线》的图表和报告赞赏有加。

确实，《价值线》是非常实用的投资工具。《价值线》把大量数据一目了然地呈现在我们面前。我们问问在场的这位分析师，了解一下她对《价值线》的看法。你在工作中用《价值线》的产品吗？

施罗德：用。

在具体研究一家公司之前，你是否会先了解这家公司的背景？一般通过什么途径了解？

施罗德：我们主要挖掘原始数据，主要看 10-K 报告和年报。

在正式研究一家公司之前呢？怎么先有个大概的了解？我的做法是，遇到不熟悉的公司，我会先看价值线报告，了解背景信息。

施罗德：我们分析师覆盖的公司数量有限，我们长期专门研究少数几家公司。

所以说，《价值线》中的数据，你早都滚瓜烂熟了。

施罗德：我们的工作要求我们深入研究我们覆盖的公司，我们必须深挖所有数据，价值线对我们用处不大。

她研究的范围比较窄、比较深，所以用不上价值线。如果研究的范围更广，需要快速了解一家公司的背景信息，价值线确实非常好用。

为别人管理投资，需要很强的责任感

股东：您和沃伦都很早就关闭了自己的合伙基金。在那以后，你们继续为股东管理投资，只领取微薄的薪酬，你们似乎只是在享受这份工作的乐趣。我想知道，你们是否后悔过，后悔当初关闭了合伙基金？如果重新来过，你们还会那么做吗？你们的基金运行得好好的，为什么要关闭呢？

你提了一个很好的问题。为什么沃伦和我很早就不再收费给别人管理投资了？第一，我们觉得我们赚的钱已经够多了，我们不是铺张浪费的人，当时我们的钱对我们来说已经足够了；第二，我们天生有很强的责任感，如果我们辜负了别人的托付，我们会非常内疚。关闭了合伙基金之后，我们不再从投资收益中获取提成。我们仍然保留着那份责任感，但不必再承

受原来那么重的心理负担了。

在伯克希尔，我们也投了很多钱，我们是大股东，和其他股东赚了一起赚、赔了一起赔。按现在的安排，我们没那么大的压力，用不着像很多基金经理一样四处路演，宣传自己的投资理念。

因为我们是这样的人，所以我们选择了现在的模式。按现在的模式，我们更安心、更踏实。

每当看到不负责任的行为，我总是感到愤慨。有一家大型美国银行就做出了背信弃义的事。在这家银行成立之初，一些少数族裔找到了银行的创始人，在这家银行建立了信托基金，旨在为残疾儿童提供帮助。当初，银行承诺与这些来自少数族裔的家庭一道，做好信托基金的传承工作。结果呢，当这家银行遇到困难的时候，它把整个信托部门都卖出去了，原来承诺要妥善管理的信托基金，竟然撒手不管了。它只在乎卖个高价，早把当初的承诺抛在脑后了。

我可干不出来这样的事。如果我是那家银行，接受了少数族裔家庭的重托，我得负责，不能只认钱。

同样地，资产管理公司也不能只考虑赚钱，丝毫没有责任感。资本集团（Capital Group）旗下的资产管理部门就很有责任感，他们收购了公司之后，即使公司遇到困难，也仍然与公司同心同德，帮助公司渡过难关。

我们之所以选择结束合伙基金，是因为我们天生有责任感，也是因为我们从小受到了奥马哈传统价值观的熏陶。如果我们辜负了别人，我们会非常内疚。

很多人根本不懂什么是惭愧、什么是内疚。我不是那样的人，也不想成为那样的人，沃伦也不是那样的人。

沃伦和我都知道有这样一个人，他通过给别人管理资产，为自己赚了一亿多美元，但他的客户基本上没怎么赚到钱。沃伦对我说："查理，咱们要是他，心里该多难受啊。他可一点不难受。他就想着赚钱，反正一亿美元是到手了，别的他才不管呢。"

我觉得，人还是要有点责任感。换位思考，如果我要托付别人，我希望他是个受人之托、忠人之事的人。

每一场投机都有所不同，但都有相似之处

今天的股市，确实与 20 世纪六七十年代有相似之处

股东：20 世纪 60 年代末、70 年代初，沃伦卖出了所有股票，关闭了合伙基金。请问今天的投资环境与那个时期是否有相似之处？

1968 年、1969 年，股市投机达到了高潮，连垃圾股都飞上了天。似乎一夜之间，美国的股民突然爱上了垃圾。美国证券交易所的所有股票都涨起来了。沃伦是专门捡便宜的，股票这么贵，让他感到无所适从。

20 世纪五六十年代，沃伦赚钱是信手拈来，好比"桶里射鱼"。"桶里射鱼"这个说法，来自我的老朋友桑迪·戈特斯曼（Sandy Gottesman）。他做投资，专挑十拿九稳的。他有个比喻，先把桶里的水倒干净，然后等着，看什么时候鱼不扑腾了，再用喷子对着鱼，砰的一枪。

20 世纪五六十年代，"桶里射鱼"的好机会遍地都是，沃伦的投资事业一路高歌猛进。到了 60 年代末，市场越来越疯狂，投资越来越难做。股市疯涨创造了巨大的财富效应，投机风潮愈演愈烈，基金公司受到追捧，人们对股市的热情一浪高过一浪，那个场面堪比荷兰的郁金香狂潮。沃伦觉得，这个市场不属于他了。正如萨缪尔·高德温（Samuel Goldwyn）[1] 的金句所说，"把我包括在外"（Include me out），沃伦选择了急流勇退。

沃伦并没有把所有的股票都卖了。他的合伙基金解散后，他分得了属于自己的伯克希尔股票。他没卖自己手里的伯克希尔股票，也没卖蓝筹印花公司的股票。当时，是因为投资环境过于恶劣，沃伦才解散了合伙基金。

今天的伯克希尔，我们会一直经营下去，永远也不会清算。 今天的股市，确实与 20 世纪 60 年代末、70 年代初的股市有相似之处。

每次投机潮，人们为之疯狂的对象都有所不同。20 世纪 20 年代，人

们爆炒佛罗里达州的沼泽地。20世纪20年代初期，洛杉矶出现了房地产热。20世纪60年代，垃圾股飞上了天。后来，"漂亮五十"粉墨登场。在"漂亮五十"之中，有一家公司是生产家庭缝纫图案的。乍一看，还以为缝纫技术将引领美国未来的高科技发展呢。连一个生产家庭缝纫图案的公司，股价都飙升了，"漂亮五十"的疯狂可见一斑。从1970年到1972年，那大概是"漂亮五十"的巅峰时期，我们在默默地经营伯克希尔。

在每一场投机潮中，人们为之癫狂的对象都有所不同，但所有投机潮都有相似之处。如果当前的环境让你感到不安，我觉得你还是很敏感的。现在的市场确实存在比较大的风险，说不定什么时候就会爆发。

应该好好总结日本经济衰退的前车之鉴

我觉得日本泡沫经济这一现象非常耐人寻味。日本的科学技术很发达。在门阀的主导之下，日本政府的实力很强大。在几十年的时间里，日本创造了经济奇迹，它的人均国民生产总值增速在全球遥遥领先。日本的公司越做越大，公司的股价越来越高，土地价格也越来越高。

经过长期高速增长，日本的股价和地价都达到了前所未有的高位。在价格最高的时候，日本东京的地价能买下整个美国西部。日本的经济泡沫达到了疯狂的程度。美国银行在日本有一个供高管临时居住的小房子。就这么个小房子，一个月租金才200多美元一平方米，美国银行卖了5500万美元。房价实在是涨疯了。

在日本经济泡沫期间，股价达到了净资产的很多倍。虽然市净率高高在上，但日本的大多数公司资本收益率很低。日本公司主要以低价抢占市场份额，不怎么注重净资产收益率。没想到，这么高的股价，这么高的地价，竟然持续了那么长时间。眼看着已经涨过头了，却还接着涨，一年接一年地涨。

日本的金融业真应该多向日本的制造业学习。在经济泡沫期间，日本的金融机构扮演了非常不光彩的角色。券商向投资者做出私下承诺，保证回购他们的股票。银行明目张胆地做假账。大型金融机构与黑社会有千丝万缕的联系。日本的金融机构做了很多丑事。

后来，所有人都麻痹了，都相信股票能一直涨。连政府支持的日本邮政银行也加入了买股票的行列，给这场投机热潮又加了一把火。从日本的这次经济泡沫中，我们可以看出来，它的金融机构确实是积弊深重。最后，泡沫破裂了，一切戛然而止。

日本的经济泡沫破裂之后，日本政府不遗余力地复苏经济。它请来了全世界的各路专家，用尽了凯恩斯主义的各种手段。凯恩斯理论说，把利率降到接近零，日本政府照办了，结果没用。凯恩斯理论说，增加财政赤字、扩大政府支出，日本政府照办了，把财政赤字在国内生产总值中的占比提高到了10%，还是没用。面对日本的情况，整个经济学界束手无策。

一个文明如此发达的国家，用尽了经济学理论中的种种手段，仍然无法摆脱经济衰退的阴霾，直到现在还是处于停滞状态，真是令人不胜唏嘘。

日本的经济衰退没有美国20世纪30年代的大萧条那么惨烈。日本这场经济衰退的特点是规模大、持续时间长。日本政府无论怎么做，似乎都无法再次唤起日本民众的消费欲望。在今天的日本，我们看到了"财富效应"的可怕后果。

日本经济仍在衰退之中，我们应当引以为戒。在经济泡沫期间，日本的金融机构暴露出了种种弊端，券商私下向投资者承诺回购股票，银行隐匿不良资产。我们美国呢？美国的会计制度没有充分反映股票期权的成本，这是我们的金融行业存在的弊端。我们应该好好总结日本经济衰退的前车之鉴。如果我们能正本清源，彻底消除会计制度中关于股票期权的弊端，我们的软件行业照样会蓬勃发展。我一直在呼吁，但我势单力薄，我的声音很微弱。

资本主义制度的威胁来源于不良的企业文化

整个社会的公司文化都跑偏了，资本主义制度就危险了

股东：在读研究生时，会计理论这门课，我只得了"B"。我在论文中是这样论述的：在一家上市公司中，股东委托管理层代为管理公司。管理层是内部人，他们掌握着大量关于公司和行业的信息，外部股东无法轻易获取。我在论文中提出，上市公司应该在年报中拿出一定的篇幅，向股东坦诚地讲解应该如何分析公司的生意、如何评估公司的业绩、公司在行业中的地位如何、公司未来五年的前景如何。

我说的这种做法，伯克希尔和西科做到了，但是很多上市公司没做到，请问为什么会这样？

与很多其他国家的上市公司相比，美国上市公司的年报质量算是好的。美国的股市制度还是比较健全、比较规范的。然而，美国的股票市场也有很多亟须完善的方面。

沃伦·巴菲特的行事风格给伯克希尔打上了深深的烙印。每个公司都有自己独特的风格。一家公司的风格，来自这家公司背后的人。有很多公司也和伯克希尔一样，以股东利益为重，但它们可能有着与我们不同的风格。

美国的公司文化有善的一面，也有恶的一面。每次讲到作恶的公司文化，我总会想到加州的"四大爱尔兰流氓"，费尔（Fair）、弗勒德（Flood）、麦基（Mackay）、奥布莱恩（O'Brien）。他们控制的"大富矿"（Big Bonanza）位于康姆斯托克矿脉（Comstock Lode），是美国最大的银矿。这四个人出身卑微，他们做过酒店服务员，当过矿工。他们一路打拼，爬到了社会上层。19世纪50年代的旧金山遵从的是弱肉强食的丛林法则。

这四个人合伙开了一个矿业交易所，肆意操纵股票，根本不讲规则。他们兵分两路，一路控制矿山，一路在旧金山坐镇。那时候，矿业公司按

月派发股息。他们先加快开采速度，提高每月派息金额，把股价拉起来。然后，旧金山的同伙大量卖空股票。接着，矿山那边，放水把矿淹了，把股价打下来。这样，他们的做空操作就成功了。

一手赚采矿的钱，一手赚欺诈股东的钱，真是两头获利。像他们这样的人，是资本家中的败类。

同一时代的洛克菲勒（Rockefeller）和科尼利厄斯·范德比尔特（Cornelius Vanderbilt）则截然不同。那时的社会比现在残酷，洛克菲勒和范德比尔特对竞争对手毫不留情，但是他们对合伙人和股东非常讲道义。在洛克菲勒的公司总部，高管不拿薪酬或只领取象征性的薪酬。在他们的观念里，赚股东的钱不体面，应该和股东一起赚钱才对。"四大流氓"与洛克菲勒、范德比尔特处在同一个时代，他们对待股东的态度却大相径庭。

在我看来，一个社会要正常运转，资本家应当恪守道德规范，公平地对待股东。一家公司，公平地对待股东，才能取得长远的发展。洛克菲勒的公司秉持诚信正直的文化，蓬勃发展了几十年，为投资者创造了丰厚的收益。

去年，我在基金会投资管理者协会（Foundation Financial Officers Group）发表了一篇演讲，提到了洛克菲勒的公司。标准石油托拉斯（Standard Oil Trust）经历了很多变迁，我觉得，如果洛克菲勒家族的后代能牢牢拿住手里的股份，一股都不卖，今天的洛克菲勒家族会更兴盛。

19世纪有恶劣的资本家，20世纪同样有。20世纪20年代，股市乱象丛生，有一位银行大亨靠做空自己的股票牟利。在他身上，我们可以看到当年"四大爱尔兰流氓"的影子。这位银行大亨同样是贪得无厌、两头获利，吃相实在难看。

今天，美国社会也存在善恶两种公司文化。有的公司坑害股东，有的公司以股东利益为重。

我们伯克希尔站在洛克菲勒一边，不屑与"四大流氓"为伍。公司文化很重要，整个社会的公司文化都跑偏了，资本主义制度就危险了。

读了洛克菲勒的故事，我们能从中得到很多启发

股东：在去年的股东会上，您推荐了西奥迪尼写的《影响力》，我回去读了。请问您现在正在看什么书？能否再推荐几本值得读的？另外，我们最应该问您什么问题，您想好了吗？

咱们不局限于投资，而是谈整个人生，我觉得最有价值的问题是："我该怎么做，才能让自己的脑子更好使？才能活得更明白？"自问自答，我认为，一个人应该养成熟练使用多种模型思考的习惯，这样才能看透现实。好好想想这个问题，这比琢磨明天、下个星期、下个月、明年多赚几万块钱更有意义。

你们最应该问我的问题是："如果我诚实正直，我该怎么做，才能活得更明白？"诚实正直是最基本的，连最基本的诚实正直都做不到，那趁早别和我们学了，学也学不好。借用沃伦的一句话："我们用真丝编织真丝钱包，猪耳朵做不成真丝钱包。"

相信在座的各位几乎都是诚实正直的人，你们要活到老学到老，掌握多模型并用的思维方式，这样才能让人生更有意义。利用多个模型思考，我们能享受思考的乐趣，收获智慧带来的成果。教育是一项神圣的事业，然而很多学校、很多老师却没尽到自己的职责。很多人接受了多年的学校教育，仍然不知道如何思考。怎么办？我们只能自己学。

在伯克希尔股东会上，我说了，荣·切尔诺（Ron Chernow）写的大部头《工商巨子：约翰·戴维森·洛克菲勒传》（*Titan: The Life of John D. Rockefeller, Sr.*）是本好书。书中介绍，洛克菲勒在宾州发现了大量石油，此后 30 年里，美国再没出现新的大型油田。其实，美国的其他地方还蕴藏着丰富的石油，只是一直没人发现。那时候，石油开采出来之后，加工成煤油，主要用于照明。在很长时间里，洛克菲勒的宾州油田垄断了石油生产。洛克菲勒家族获得巨大的财富有一定的偶然性，得益于长期没有出现新的油田。

但洛克菲勒也确实抓住了机遇，他与合伙人携手，在俄亥俄州开创了一番事业。洛克菲勒的公司由多位合伙人共同管理，所有合伙人一起制定

公司的发展策略。洛克菲勒的公司与伯克希尔·哈撒韦有相似之处，都是由合伙人共同掌舵，只是他们有多位合伙人，在伯克希尔，是沃伦和我两个人。

在洛克菲勒的公司，有时候，有的合伙人不想参与一项投资。那时的洛克菲勒已经非常富有了。洛克菲勒会说："我帮你们出钱。我来投资，风险由我承担。两年后，如果成了，我再按成本价转让给你们。"

听洛克菲勒这么一说，持有异议的合伙人表示："既然您愿意冒这个险，也算我们一份吧。"洛克菲勒的合伙人也都是非常富有的人，我们不能说他们的行为有多么高尚。但是，洛克菲勒能这么做，就很不简单。他想的不是怎么损人利己，而是如何担当更多，让整个企业实现更大的发展。

洛克菲勒还在世的时候就把自己一半的财富都捐给了慈善事业。他从得到第一份工作起，在每周只有三美元的微薄收入时，就开始捐款了。读了洛克菲勒的故事，我们能从中得到很多启发。在一个星期三的下午，你们来到这里参加西科的股东会，像你们这样的人，一定爱读洛克菲勒的故事。

投资顾问是现代社会的占卜师

股东：您写了一篇文章，批评慈善基金会聘请大量基金经理和投资顾问的做法。您在文章里写的道理很清楚，基金会怎么就不明白呢？

股票期权的会计处理存在缺陷，为什么这个漏洞始终堵不住？因为有利益在里面。现有的基金会管理体系养活了很多人。这种体系自古有之，历朝历代的国君周围总是有占卜师的身影。从古代起，人们就渴望预知未来。国君拥有无上的权力和财富，他们寻求占卜师的指点，希望自己的江山能千秋万代。

人们的这种心理始终没变。即使到了现代社会，有了财富之后，人们仍然渴望寻求指点，希望花钱能买到基业永续、富贵延绵。资本主义社会，只要你愿意出钱，还愁没人给你指点？顾问一抓一大把，只是鱼龙混杂。我们的文明就是如此，很难改变。

大型基金会的做法非常荒谬。我们的顶尖学府的毕业生，走出了哈佛大学、麻省理工学院，去基金会充当投资顾问，靠蒙人为生。想到我们的文明中的这一幕，我不禁心寒。

很多基金会以高薪聘请"占卜师"。先聘请第一批"占卜师"，然后第一批再挑选第二批，接着第二批挑选第三批。第三批"占卜师"负责挑前两批的毛病。这简直是一团乱麻。

我仿佛看到，一出出讽刺喜剧在我们的社会上演。我们的社会有很多弊端，现在有，将来也还会有，谁都无法改变。

我在演讲中说的是明摆着的事。我的这次演讲，传播范围比较广，引起了比较大的反响。可惜，各大基金会仍然我行我素，没有丝毫改变。各大基金会继续雇佣三四批顾问，听顾问们高谈阔论，向顾问们支付丰厚的薪酬，对顾问言听计从。

更令人遗憾的是，当顾问的那些人是我们这个社会的精英。**美国最杰出的人才都去大型基金会当投资顾问了，他们的工作对社会毫无贡献可言。**社会精英去做投资顾问，无益于文明的发展。

伯克希尔发行股份收购，有亏有赚

股东： 多年以来，西科的股份数量始终没变，但伯克希尔的股份数量略有增加，请问伯克希尔是否从发行股份中得到了好处？

伯克希尔发行过一些股份用于收购。沃伦是个非常诚实的人，所以他在年报中说了，伯克希尔的股份很值钱，伯克希尔发行股份做的几笔收购，有些吃亏了。我们做的那几笔收购，对方都非常诚信，没有任何欺骗我们的行为。我们收购的公司也都是好生意。然而，伯克希尔发行股份做收购，基本没占到什么便宜。在有些交易中，我们发行股份，略微赚了一些。在有些交易中，我们发行股份，我们的股东吃亏了。总的来说，伯克希尔发行股份的做法，没得到太大的好处。

没得到太大的好处，可也没吃什么大亏。我觉得，放眼未来，伯克希尔发行股份进行收购，能为股东创造长期收益。前几年，我们发行股份收购鞋业公司，收购之后不久，就遭遇了鞋业的大衰退，我们真是点背。

除非我们给出去的内在价值能换来更高一些的内在价值，否则我们不会轻易发行股份。伯克希尔旗下的公司、持有的股票都是一流的，很少有生意能比得上。沃伦在年报中也总结了，回顾过去发行股份做的收购，有些时候，我们不该用自己的股票去换。

伯克希尔发行股份做收购，过去没给股东带来太大的损失。从长期来看，将来伯克希尔的股东能从中受益。西科保持股份不变的做法，未必适用于伯克希尔。

伯克希尔发行股份是着眼于长远发展。我们收购通用再保险也发行了股份。我觉得这笔收购能行，虽然我们暂时遇到了点小困难。通用再保险的子公司持有一家德国再保险公司 80% 的股份。这家德国再保险公司爆出了巨亏，通用再保险也感到非常意外。这笔亏损恰好出现在我们达成交易之后，导致通用再保险的季度盈利下降。

尽管如此，我仍然看好这笔收购，仍然觉得我们发行股份是值得的。从长期来看，通用再保险是家好公司。发行股份收购通用再保险，符合伯克希尔股东的长远利益。

在过去的 30 多年里，西科的股份数量始终保持不变，也符合西科股东的利益。

芒格家族将长期持有伯克希尔的股票

股东： 沃伦在年报中讲了伯克希尔未来发展的几个阶段。沃伦和苏珊去世后，他们的大部分股票将由巴菲特基金会持有，而巴菲特基金会将按照每年 5% 的比例，把他们的股票捐给慈善事业。请问巴菲特基金会卖出伯克希尔的股票，是否会影响股东的长期利益？

每年按 5% 的比例捐赠，根本不会影响伯克希尔的发展，你的忧虑是多此一举。

股东： 按照沃伦所说，在他去世后，伯克希尔将由管理层经营，由巴菲特的家族成员和董事会成员监督。近年来，很多公司的前车之鉴告诉我们，家族成员斗不过管理层。家乐氏（Kellogg）、道琼斯（Dow Jones）、《读者文摘》（Reader's Digest）、梅隆银行（Mellon Bank）都是典型案例。我担心伯克希尔的安排未必稳妥，请问您怎么看？

这个问题还值得说几句。<u>作为一个内部人，我非常了解伯克希尔的管理层。他们不可能渎职、不可能犯傻、不可能误入歧途。</u>为这个问题而担心，同样是多此一举。

在芒格家族的财富中，伯克希尔股票占 90%。我希望，在我去世之后，芒格家族能牢牢拿住伯克希尔的股票。我对伯克希尔是一百个放心。

长期资本管理公司不会导致整个金融体系崩溃，但衍生品必然引发危机

股东： 长期资本管理公司（Long Term Capital Management）破产了，请您告诉我们，它的破产是否险些导致整个金融体系崩溃？它是怎么走向破产的？我们能从中吸取哪些教训？

通过各方面的努力，我们避免了一场系统性风险。因为危险没发生，谁都不知道我们距离危险有多近、危险可能多严重。我们只知道，如果长期资本管理公司的风险真的扩散了，肯定会震动整个金融体系。好在这场

风险平息了下来，几家财力雄厚的大型机构各出了三四亿美元，市场没陷入混乱，国家也没遭受什么损失。

整个金融体系崩溃不是不可能发生的。日本的例子近在眼前。即使是在现代社会，日本的金融体系照样轰然倒塌，怎么重建都建不起来。

美联储组织了救赎长期资本管理公司的行动。在美联储的要求下，几家大公司出钱收拾了烂摊子。从我们自身的角度出发，如果美联储没有组织救赎行动，我们能获得更多的利润，因为我们可以用现金购买大量便宜的资产。很可惜，美联储没给我们这个机会。

事实表明，美联储的救援行动非常成功，美联储干得很漂亮。

股东：您和巴菲特多次批评衍生品交易泛滥的现象。请问长期资本崩盘的事件是否可能再次上演？如果再次出现衍生品崩盘，我们是否可能有捡便宜的机会？

下次再出现衍生品崩盘，我们也许不会买。长期资本管理公司这次，我们买了，是因为我们了解长期资本的管理层。虽然他们犯了大错，但我们知道，他们都是聪明绝顶的人。我们了解他们的投资方式，能看懂他们的投资组合。因为把握很大，所以这次我们非常乐意出手买入。下次再出现衍生品崩盘，我们不可能像这次这么熟悉情况。

然而，大规模的崩盘将来肯定会出现。如今，衍生品交易泛滥，根本没有中央清算系统，不崩盘就怪了。

衍生品大行其道，会计行业难辞其咎，针对衍生品的会计政策漏洞太多。坐在下面的德勤的审计师，听了我的话，一定觉得很刺耳。刚才鸣不平的金融学教授，你有伴了。

说真的，会计政策存在漏洞，不怪你们会计师。咱们都很无奈，都改变不了现状。很多人想利用衍生品虚增利润，从而拿到更多奖金。在他们的压力之下，针对衍生品的会计政策越来越松懈。我倡导使用"模型"思考。衍生品的定价也用"模型"，但这种模型经常被用于操纵利润，把将来的利润挪到现在。这就是现实，我们很难改变。

衍生品必然会引发危机。由于会计政策不够严格，衍生品得不到约束，危机爆发的次数会更多，后果会更严重。

我不明白，为什么所有人不能都像我这样想呢？我明白为什么，但我真不愿看到眼前的现实。如果我们的会计政策能秉持保守、严谨的工程学标准，我们的世界会更好。重压之下，会计行业没能挺直自己的脊梁。

打磨思维方式，乐趣无穷

学习模型思考，作为入门，推荐《影响力》

股东：有时候，您和巴菲特先生会去大学等场所发表演讲。我想冒昧地提个建议，能否把你们二位的演讲稿发布在伯克希尔网站上？

谢谢你的建议，我觉得最好还是别了。我就发表了几个演讲，已经招致了不少非议，最好还是别发到伯克希尔网站上了。

我在南加州大学发表的演讲刊登在了《杰出投资者文摘》上，沃伦把这份演讲稿寄给了伯克希尔的所有股东。再广泛传播我的演讲稿，恐怕我会树敌更多。

股东：我正好想请教您一个关于南加州大学演讲的问题。您告诉我们，要使用模型思考，我非常感兴趣。对于一个刚刚踏上追寻智慧之路的新人来说，应该学习哪些基础的模型？应该读哪些入门的书？

这个问题经常有人问。作为入门，最值得推荐的一本书是鲍勃·西奥迪尼写的《影响力》。这本书已经卖出了 40 多万本。作者在书中揭露了一些常见的心理操纵手段。

西奥迪尼是一位优秀的老师，他写的这本书非常经典。西奥迪尼 30 多岁的时候就成为亚利桑那州立大学（Arizona State University）的终身校董事讲席教授（Regents Professor）。为了进行研究，他亲自去做"卧底"，卖过墓地、管理过饭店、做过推销员。西奥迪尼是个富有探索精神的人。谁还没读过《影响力》的话，可以买来读一读。这本书，你们不但可以自己读，还可以给子女读，子女读了，也会非常有用。

多模型思维方式如何建立？

我在几次演讲中都说了，要正确地思考，必须建立多模型的思维方式，必须熟练掌握所有主要的模型。重要的模型，一个不能少。你的头脑中少了一个重要的模型，好比一只职业足球队，各方面都很强，就是不会传球。不会传球的球队，没法在职业联赛中生存；缺了重要模型的人，没法正确地思考。掌握的模型不够，只懂得几个模型，思考的时候，必然只能把头脑里有限的几个模型翻来覆去地用，很多时候甚至生搬硬套。如此行事，必然四处碰壁。

我的要求很明确：所有的主要模型，必须全部熟练掌握。最主要的模型，数量不多，只要全部掌握，就能把世上 98% 的事分析透彻。我的要求，你们完全可以做到。只是没有速成的方法，只用一两天、一个星期，那是不可能的，必须经过长时间的琢磨才行。

我自己非常享受打磨思维方式的这个过程。我总是能找到新的案例，不断验证和充实我的模型体系，这其中有无穷的乐趣。从前，有个人，他想写一本书，书名叫《中西部混蛋全收录》，可是书还没写完，他就去世了。去世之前，他在书稿中写道："很遗憾，我没能完成这部书。因为总是有新的混蛋出现，这本书总是写不完。"

打造模型思维方式，也是没有尽头的。总是能找到新模型，或者遇到新案例，可以充实旧模型。不断打磨思维方式，生活充满了乐趣。研究和整合模型的过程，是一个发挥创造力、充满收获感的过程。最重要的几个模型就能让思维发挥出巨大的威力。

以庞氏骗局这个模型为例，这个模型很容易理解，大家也都明白，为什么庞氏骗局最后必然难以为继。更进一步，我们可以发现，庞氏骗局经过包装，穿上各种光鲜的衣裳，伪装性更强、破坏力更大。能把认识上升到这一层，看透包装过的庞氏骗局，你对庞氏骗局模型的理解就更深刻了，你的智慧也随之增长了。很多模型，我们可以不断加深对它们的认识。

在股市历史上，曾经有一段时间，综合企业概念股红得发紫，其实它的内核无非是庞氏骗局模型。一家公司，先把自己的市盈率炒高，然后大量发行股票，四处收购没经过炒作的公司。它宣称自己是综合企业，未来的规模能越做越大。究其本质，明显是庞氏骗局。事先就可以预见到，早晚有崩塌的一天。

很多事情背后是同一个模型，只是换了个套路，可以说是换汤不换药。 过去，综合企业概念股很流行。现在，整合收购理论受到热捧。其实，都是空手套白狼的发财手段。以前打的旗号是"综合企业"，现在打的旗号是"整合收购"，都是先把公司炒起来，然后以高市盈率的股票作为货币，收购还没被炒起来的公司。一家公司，用自己 25 倍市盈率的股票，不断收购同一行业内的小型企业，进行所谓的行业整合，这种做法与当年的综合企业如出一辙，只不过是把庞氏骗局又演了一遍。

有时候，不该出现庞氏骗局的地方，却出现了庞氏骗局，你可能想不明白。例如，科瓦斯（Cravath）是一家声誉卓著的律师事务所。它规定，公司为合伙人设立退休基金，每年从公司的利润中拿出 10% 发给退休的合伙人。科瓦斯设立的退休基金之中并没有资金，而是每年从公司利润中提取一部分作为退休金。从表面看，你可能觉得，科瓦斯的退休基金之中没有资金，不符合保守、严谨的工程学原则。

其实，科瓦斯的做法符合它独特的文化，我觉得它支付退休金的方案是稳妥的。真正理解科瓦斯这家公司，你就会知道，这种做法在别的地方可能不合理，但是在科瓦斯这家公司是可以的。同样的模型，用在一个地方是错的，用在另一个地方却是对的，这就需要我们自己去权衡和分析。

做投资，就要看懂公司的生意

股东： 多年以来，您和巴菲特先生投资了很多公司，涉足了众多行业。请问您如何在比较短的时间内分析一个行业，确定一个行业是否值得投资？

首先，可以看一家公司的历史记录，从它的历史记录中推断它的未来。不过，肯定没这么简单。真这么简单的话，谁都会做投资了。

从根本上来说，还是要看懂一家公司的生意，清楚一家公司面临哪些威胁、拥有哪些机遇、竞争地位如何等。只看过去的业绩增长情况、过去的资本收益率、过去的销售额，难以准确地预测公司的未来。只有在深入了解生意的基础上，才能比较准确地预测公司的前景。做投资，还是要真把生意看懂了。

有些生意比较好懂。我在开市客公司担任董事。开市客就是一个非常容易理解的公司。只要是受过教育、有一定文化基础的人，都能搞明白连锁超市的生意，都能看懂超市的发展历史、经营方法以及超市可能遇到的困难。如果我在商学院任教，我会从零售业教起，因为零售业很容易理解。学生们把零售业研究明白了，我再带他们看更难一些的，例如，家电制造业等。

很多公司，你们可以按照自己的理解，将其总结成模型。箭牌公司的模型，大家都能看懂吧？箭牌的生意很好懂。研究行业的时候，没什么固定的顺序。就我个人而言，我觉得从零售业开始，再逐步深入，是最合适的。具体的顺序，没有一定之规，因人而异。研究每一家公司，分析它们的生意，我觉得这个过程是非常有意思的。

以汽车销售行业为例。我们都买过车。像沃伦和我这样的人，我们一走进汽车销售公司，脑子里自然而然地会浮现出一些问题，例如，这个生意好不好？好的话，为什么？不好的话，为什么？对于我们来说，分析公司的生意已经成了一种习惯。这是个充满乐趣的过程，也是个熟能生巧的过程。

另外，与一些汽车经销商打交道，你会发现，他们是赚钱，但赚钱的方法是骗人。有些经销商也赚钱，但不骗人。读过西奥迪尼的书，你会比汽车经销商还了解那些骗人的伎俩。

识人察人也要多看多琢磨

股东：在资本配置领域之外，您是否也有一些思维模型，可以用来识人察人？例如，判断一个人是否诚实、是否正直。您如何评估经理人，判断他们是否称职？

无论是投资股票，还是管理企业，识人察人都非常重要。看人如何看得准，如何才能不走眼？这个问题没那么简单。只能你自己多经历、多领悟。刚才说了，走进一家福特 4S 店，你就琢磨这家公司的生意好不好、原因是什么。看人也是同样的道理，多看多琢磨。

看人的时候，我会思考，这是个能成事的人吗？他能不能担当重任？我会用自己的一系列模型对号入座，看他是不是那些废材中的一种。也有可能他和麦克阿瑟（MacArthur）是从一个模子里刻出来的，能成大事，但也有明显的缺点。我用脑子里的模型进行检索，分析一个人是否值得重用。也许是我运气好吧，我看人很少有看走眼的时候。

沃伦看人也很少看走眼。很多年前，沃伦的一个家人结识了一位著名的政治人物。沃伦的直觉告诉他，这个人有问题。沃伦明确告诉家人，不能和那个政治人物有任何瓜葛。没过多久，那个政治人物果然陷入了一宗挪用公款案。沃伦的嗅觉很敏锐，对所有股东来说，这是好事。

钱被别人骗走了，多冤啊。我可不想受骗。

我按照自己的喜好选择聚焦投资

菲利普·费雪鼓舞了我

股东： 沃伦经常讲本·格雷厄姆对他产生的影响。我觉得，菲利普·费雪对您的影响更大。

是的，确实如此。

股东： 请问费雪对伯克希尔的影响有多大？

当年，在我听说菲利普·费雪之前，我已经在按他说的方法做投资了。看过费雪的阐述，我对自己的投资方法有了更坚定的信心。我还是非常感谢费雪。他提出应该只投资几家公司，把这少数几家公司研究透。我的投资方法与他的主张不谋而合，这对我是很大的鼓舞。

我很不理解，为什么学费雪的人不多。我估计在座的大多数人应该都是学费雪的。咱们统计一下。你们有多少人持有的股票数量低于 12 只？你们有多少人持有的股票数量高于 12 只？大概九成的人持有不到 12 只股票。在我们的会场里，费雪的信徒占大多数。但是，在整个投资群体中，你们属于极少数。

虽然信的人少，但费雪讲的投资方法是对的。有些人只会搞噱头、玩概念，把费雪的理论包装一下，称为"聚焦投资"，似乎是搞出了什么新发明。其实，费雪的理论早已有之，而且历久弥新。

房地美的生意很好，所以西科聚焦投资于房地美

股东： 您最初决定投资房地美，是因为与西科自己的储贷生意相比，房地美的生意要好得多。如今，在西科的资产中，房地美已经占有举足轻重的地位。

没错。我们投资房地美属于"聚焦投资"。我也会用新名词了。似乎一用新名词，顿时就高大上了。

股东： 房地美似乎总是隐隐约约地伴随着一些政治风险，请问您怎么看？另外，西科是否考虑过增持房地美？

房地产行业是一个特别敏感的行业，而房地美与房地产行业休戚相关，所以它确实存在一定的政治风险。房地美持有政府颁发的许可，政府几乎不参与公司的事务。房地美拥有众多优势，如果它不必承担任何政治风险，那它的生意就更好了。

现实总是没有想象中的那么完美。房地美凭借政府背景，享受了巨大的优势，因此承担一些政治风险，没什么不合理的，我觉得这很公平。

但愿政府不会随意改变现有体系。到目前为止，房地美和房利美一直在努力地维护现有体系。这两家公司为解决美国的住房问题做出了巨大的贡献。过去，房地产贷款主要由储贷行业负责。房地美和房利美取代了储贷机构之后，美国民众购房更方便了。对于最终的消费者，也就是购房者来说，现在的体系更高效、更快捷。

股东： 您能否谈谈房地美的生意模式？我感觉房地美的周转越来越快了。

房地美和房利美经常会对业务进行一些小的调整。目前，它们的做法是减少担保贷款业务，增加直接贷款业务。无论如何调整，从根本上来说，房地美和房利美赚的是利差的钱，以较低的利率吸收存款，以较高的利率发放贷款，是典型的银行业经营模式。

两家公司的杠杆很高，所以它们采取保守稳健的做法，确保安全。它们挑选信用记录良好的贷款者，要求缴纳较高的首付比例，只针对总价适中的房产发放贷款。这些做法是房地产贷款行业经过几十年检验的金科玉律。两家公司沿用了这套成熟稳妥的做法，能有效地控制风险。

此外，发放贷款的银行依赖房地美和房利美。只要发现哪家机构风险意识淡薄或者存在蓄意欺骗行为，房地美和房利美会立即把它们踢出去。如今，两家公司已经有了一套成熟的机制，能及时发现欺骗行为，并立即把不良机构清除出去。房地美和房利美组建的现有体系非常可靠,不像我前面批评过的日本金融体系。

成立之初,房地美吃过骗子的亏,早就长记性了。当年,房地美受到了蛊惑,发放了大量公寓住房贷款,贷款人没选好、地方没选对、房产类型也没选对,亏了一笔钱,用了好几年的时间才收拾完烂摊子。房地美早些年已经犯过错,吸取过教训了,这对我们股东来说是好事。

不看电影公司,不看矿业公司,我一点都不觉得遗憾

股东: 我来自佛罗里达州。多年以来,我一直非常喜欢迪士尼。得知伯克希尔将成为迪士尼的股东之后,我非常高兴。伯克希尔已经投资大都会通信公司很多年了。巴菲特先生一直对大都会通信公司赞赏有加。目前,迪士尼遇到了一些问题,请问您仍然看好迪士尼的前景吗?

我不太了解迪士尼公司。年轻的时候,我在一家律师事务所任职,因为工作的关系,接触过二十世纪福克斯公司(Twentieth Century Fox)。**我非常不喜欢电影行业,看不惯腐败的工会,看不惯很多人不遵守合同规定,看不惯某些经纪人,看不惯某些律师,看不惯虚假报销的行为。** 作为一个来自奥马哈的年轻人,我很不习惯电影行业的风气,对电影行业有一种非常强烈的排斥感。

虽然我很排斥电影行业,但是我也知道,电影行业人才辈出,很多从业人士德艺双馨。我们有优秀的编剧、优秀的演员、优秀的导演,电影行业汇聚了很多杰出人物。在过去 60 年里,美国电影独步全球,电影成为一种主要的消遣娱乐方式。

就我个人而言,从我一开始接触电影行业,我就对电影行业很反感,接受不了电影行业的文化。因为我很早就排斥电影行业,所以后来也没研究过电影行业的公司。

除了电影行业,我也不喜欢采矿业。我同样是在年轻时接触过矿业公

司。我目睹了矿业公司的艰辛，于是把矿业公司也从我的列表中划去了。**不看电影公司、不看矿业公司，我一点都不觉得遗憾。我按照自己的喜好做出了选择。**我真不了解迪士尼公司。

我只能说，迪士尼公司确实做得不错。与其他电影公司相比，迪士尼的品牌更响。对比迪士尼公司的过去和现在，我们就可以知道，迈克尔·艾斯纳（Michael Eisner）为迪士尼的发展做出了很大的贡献。至于电影行业的将来如何，我真不知道。

杰弗瑞·卡森伯格（Jeffrey Katzenberg）与迪士尼对簿公堂，闹得沸沸扬扬。迪士尼给出的解决方案是分两步赔偿卡森伯格。我不认同这种做法。难道分两次切掉狗尾巴，一次切一段，狗就没那么疼了？分两步，太拖泥带水了，第一笔赔完了，第二笔赔偿还要再仲裁。换了是我，我肯定一次解决，长痛不如短痛。

我说了，我对迪士尼不太了解。总的来看，迪士尼的发展很好，各方面都做得不错。

喜诗奠定了伯克希尔未来发展的根基

股东：我小时候经常看到喜诗糖果的店铺。从表面看，喜诗似乎是个平凡无奇的公司，没想到喜诗竟然这么赚钱。伯克希尔投资喜诗获得了巨大的成功。请问伯克希尔是如何帮助喜诗取得今天的成就的？是因为巴菲特把他的管理方式带到了喜诗吗？

我们对喜诗的贡献很简单，我们只是不干预它的发展。**我们买入喜诗的时候，喜诗已经拥有优秀的文化、著名的商标和良好的声誉。我们对喜诗的贡献只是把它守护好，不自作聪明地改变喜诗。**如果是别人买了喜诗，他们可能摆出总部高高在上的架子，发号施令，胡乱改革，把好好的喜诗给毁了。

我们对喜诗没做出什么贡献，倒是喜诗为伯克希尔和西科做出了巨的贡献。喜诗给我们上了宝贵的一课。收购喜诗的时候，创始人家族的要价再高 10 万美元，我们肯定就不买了，我们当时就是傻到这种程度。我们确实差点与喜诗失之交臂。我们能得到喜诗，不是因为我们独具慧眼，而是因为我们运气好。

喜诗教给了我们很多。我们亲眼看到了喜诗的好生意，它对我们的触动很大。于是，我们逐渐改变了想法，转为追求质地更好的公司，愿意出高一些的价格买入好生意。喜诗教给我们的这一课，奠定了伯克希尔未来发展的根基，伯克希尔和西科的股东都受益匪浅。我们没为喜诗做出什么贡献，是喜诗为我们做出了巨大的贡献。

认清困难，更有可能实现目标

股东： 伯克希尔的长期目标是每年提升内在价值 15%。

最高也就 15%。我们希望伯克希尔能增长得更快，但我们觉得 15% 已经是我们能做到的极限了。这个目标难度很大，我们无法保证一定能实现。

股东： 伯克希尔的净资产是 570 亿美元，巴菲特先生说了，伯克希尔的内在价值远远高于净资产价值。

是的。

股东： 内在价值取决于资本收益率和折现率，为了讨论方便，我们不妨假设伯克希尔当前的内在价值在 800 亿美元到 1000 亿美元之间。在此基础上，按 15% 的增速计算，10 年之后，伯克希尔的内在价值将介于 3200 亿美元到 4000 亿美元之间。

你的数学不错。

股东：三四千亿美元，可不是小数字啊。

你说得对。

股东：您和巴菲特先生多次表示，投资环境困难重重。在如此困难的环境中，伯克希尔怎么才能实现巨大体量的增长？我觉得有些难度，您认为呢？

当然难了。换个角度说，清楚地认识到困难，总比觉得简单要好。**认清困难，更有可能实现目标。**

股东：在选择投资对象时，伯克希尔的要求很高，首先要能看懂，而且生意要好，管理层还必须得优秀。目前，伯克希尔拥有160亿美元的现金，每个月还有两亿美元的现金流进账。伯克希尔的投资要求这么高，还拥有这么多资金，请问伯克希尔是否会考虑分散投资决策权，选一些值得信任的投资管理人，让他们分别做投资？

我们管理投资的方法不会变。将来，可能有新成员加入伯克希尔负责投资。等我们退休的时候，我们的接班人将继续管理投资。但是，除非太阳从西边出来了，伯克希尔不可能雇佣20家资产管理公司来打理投资。

"海军上将芒格"的由来

股东：听说您开船的时候差点把沃伦淹死，真有这回事吗？

没那么夸张。我们乘的船是借来的一艘滑水艇，船尾横梁比较低。我缓慢地驾驶着那艘小艇，寻找合适的位置钓鲈鱼。我开自己的船的时候，都是很自然地前进、后退，很多钓鲈鱼的人都像我这么操作。我没注意，这艘借来的滑水艇有个问题，它的船尾横梁只比水面高出两三厘米。

我倒船的时候，水迅速涌入了小艇。我那时候正在专心驾驶，寻找钓鲈鱼的好位置，没注意到船进水了。沃伦和瑞克·盖林（Rick Guerin）一边挥手、一边喊叫。我以为他们在故意捣乱，干扰我钓鱼呢。很快水就灌满了，船一下子翻了。

我们离岸边只有几十米。船虽然翻了，但没沉下去，船底有20厘米左右的部分浮在水面上，我们把手搭在船上，能漂在水面上。船翻的时候，我扫了沃伦一眼，他的眼神中确实掠过了一丝恐惧，但他很快就发现自己平安无事，立刻恢复了镇静。瑞克·盖林经常锻炼，身体很好，他立即脱下衣服潜入水里，从船里拿出了救生圈。沃伦和我套着救生圈扑腾到了岸边。

其实，我们根本没遇到什么真正的风险。因为这件事，我的名声可坏了。我的朋友拿我寻开心，给我封了个"海军上将芒格"的头衔。

有时候，我说你们这些来开会的股东是一群痴子。我这是在夸你们。我经常说自己是传记痴。你们是伯克希尔和西科的铁粉。你们热爱伯克希尔和西科。

为什么我们一群痴子聚到了一起？因为我们都热爱思考。我们不是眼里只有钱。

还有哪家美国公司像伯克希尔和西科这样开股东会？我们已经成为一道独特的风景。换了别的公司，你去它的总部，找到投资者关系部，找到董秘，对他们说："请你们的首席执行官出来回答我的问题。"可能吗？

注释

1　萨缪尔·高德温，出生于波兰华沙的美国电影制片人。他常常罔顾英语习惯用法，自相矛盾地选择词语组成一个滑稽的语句，被称为高德温式妙语（Goldwynism）。

# 2000年 西科金融股东会讲话

编者按

在 2000 年 3 月致西科金融股东的信中,查理·芒格披露了公司 1999 年的营收数据:1999 年合并净运营收益(不计投资收益)为 4590.4 万美元,每股 6.44 美元;合并净收益为 5414.3 万美元,每股 7.60 美元。

1999 年和 1998 年的合并净收益分解如下(收益单位为千美元,每股单位为美元):

	1999 年 12 月 31 日		1998 年 12 月 31 日	
	收益	每股	收益	每股
"经常性"净运营收益:				
西科金融保险和堪萨斯银行业担保公司的保险业务	43610	6.12	34654	4.87
精密钢材业务	2532	0.35	3154	0.44
其他"经常性"净运营收益(亏损)	(238)	(0.03)	(186)	(0.03)
	45904	6.44	37622	5.28
已实现的证券净收益	7271	1.02	33609	4.72
出售止赎财产的收益	968	0.14	572	0.08
西科合并净收益	54143	7.60	71803	10.08

2000年，伯克希尔一口气收购了好几家公司，2月，西科也以3.84亿美元现金收购了科特家具租赁公司（CORT Business Services）100%股权。此外，科特还保留了约4500万美元的现有债务。科特成立已久，是美国租赁家具领域的领导者。在这一年的股东会上，芒格介绍了科特的业务情况，另外也谈论了利捷航空现状，以及"心头好"可口可乐。但处在互联网泡沫正逼近最高点的时候，这个话题必然是当年的热点。芒格表示，互联网已是大势所趋，但对投资者来说，却未必是好事。

伯克希尔的子公司和人才拥有共同的美德

我们选人很准，所以很少换人

股东：在你们的工作中，选贤任能是非常重要的一项内容。多年以来，在选人用人方面，你们做得非常好。但是，有时候，你们也会发现有的经理人不称职，必须换掉。我知道，每次决定换人，情况不完全一样。您在人事方面积累了丰富的经验。请您谈一谈，在发现问题以后，该如何判断到底是经理人本身能力不行，还是经理人运气不好，偶然犯了错？

我们经营几十年了，换人的次数非常少。与别的公司相比，我们在人事方面非常稳定。我们很少换人，不是因为我们软弱或愚蠢，而是因为我们一开始就把人选对了。

就算选人用人的眼光很准，从事大量的选人用人工作，也难免有出错的时候。所有善于用人的管理者，都容易犯同一个错误：该换人的时候，犹豫不决，换人换得太慢。

很多公司犯过这个错。估计德勤也一样，经常犯行动迟缓的错误，不能及时与某些客户或合伙人断绝关系。这是人性使然，当断不断，反受其乱。

总的来说，我们看人还是很准的。也许是因为我们非常老派吧，我们选的人，基本上都没让我们失望。

在科特家具租赁公司加入西科的时候，沃伦对我说："保罗·阿诺德（Paul Arnold）是个难得的人才。"沃伦看得很准。保罗还在法学院读书的时候，就进入科特公司工作了。如今，他已经成为科特的领导者。保罗与科特共同走过了将近30年，他非常熟悉科特，对科特有很深的感情。在他的带领下，科特发展得非常好。在平凡的家具租赁行业中，科特创造了漂亮的经营业绩，这一切都要归功于保罗卓越的管理。

我们相信，像保罗·阿诺德这样的人才加入伯克希尔之后，即使我们不在了，他们也仍然会留在伯克希尔。我们一次又一次地挑选像保罗这样的人，他们从来没让我们失望。

最近，精密钢材的首席执行官大卫·希尔斯特罗姆（David Hillstrom）退休了，他为公司勤勤恳恳地工作了50多年。他的继任者特里·派珀（Terry Piper）也是一位老员工，已经在公司工作了40多年。

伯克希尔子公司的美德在加入之前就已经具备了

爱丽丝·施罗德： 去年，我花了很长时间走访伯克希尔子公司的管理者。按照伯克希尔自己的描述，伯克希尔没有统一的文化、不采取集权式管理，各个子公司完全独立运营。

然而，我有一个特别明显的感觉，我发现伯克希尔实际上存在着一种统一的文化。在伯克希尔的所有子公司中，都可以感受到这种文化。我觉得，这种文化可以归结为两点：第一，伯克希尔的所有管理者都对自己的能力圈有着清醒的认识，他们坚守在自己的能力圈之内，绝对不会做超出自己能力范围的事；第二，伯克希尔的所有管理者都信守自己对客户的承诺，把履行对客户的承诺，看得比什么都重。

请问这种文化从何而来？是收购的时候就已经存在了，还是收购之后培育出来的？

你的观察很准确，伯克希尔的子公司中确实存在共同的文化。这种共同文化之中的美德是我们所推崇的，也是我们挑选公司时遵循的标准。然而，伯克希尔子公司展现出的美德不是我们创造的，而是它们在加入伯克希尔大家庭之前就已经具备的。在它们加入之后，我们不用教它们什么，只是把它们守护好就行了。

我们子公司的经理人汇聚到了伯克希尔大家庭，当他们在年会上相遇的时候，当他们在其他社交场合走到一起的时候，他们互相聊起对方的生意，倾听对方不平凡的成功经历，他们一定会有惺惺相惜之感。如此一来，心理学中的强化效应（reinforcement）会发生作用，各个子公司的文化因为互相吸引而变得更加强大。

我非常希望各个子公司之间能互相学习、互相借鉴。以家具零售业为例，我们的几家子公司各有所长。犹他州的 R.C. 威利公司（R.C. Willey）发行了自己的信用卡，信用卡业务做得风生水起，值得奥马哈的内布拉斯加家具城学习。当然，内布拉斯加家具城也有自己的长处，同样值得 RC 威利学习。希望我们的子公司能相互借鉴，共同发展。

这只是我们的希望，我们从来不对子公司指手画脚。伯克希尔和别的公司不一样，我们不会摆出总部的架子，拿出一副颐指气使的态度，强迫下属公司和我们保持步调一致。我们本来就是因为志同道合而走到一起的。

伯克希尔与西科的保险业务有其优势

业绩波动大，但我们承受得起

股东： 在开会之前，我和其他几位股东聚到了一起，在聊到伯克希尔的时候，我们都非常担心伯克希尔承保的巨灾险。伯克希尔承保巨灾险，收了大量保费。从资产负债表来看，伯克希尔的资本似乎难以承受规模如此之大的巨灾业务。如果大灾难真爆发了，伯克希尔承保的巨灾险全部触发顶格赔偿，以伯克希尔现有的资本，能承受得起亏损吗？请问你们是否考虑过这种情况？

可以告诉大家，**我们做每一笔保险业务都会考虑最高风险**。伯克希尔的每张大型保单都由阿吉特·贾因（Ajit Jain）和沃伦共同把关。在阿吉特和沃伦的思维方式中，他们总是首先考虑可能出现的最大亏损。

伯克希尔不承接没有赔偿上限的保单。有些金额比较小的保单，例如，个人购买的汽车保险，我们用不着设置赔偿上限。但是，对于金额庞大的巨灾险，我们接每一张保单，都一定会设置最高赔付限额。

有些巨灾险合同包含自动续约条款。最怕的是刚发生了一场大地震，紧接着又来了一场。按我的估算，一场大灾难给我们造成的损失，最多不会超过伯克希尔净资产的 6% 到 7%。

我们愿意承接规模庞大的巨灾险业务。其实，真有大灾难爆发，损失最严重的往往不是承接巨灾险的公司。有些保险公司承接了大量普通保单，但都与飓风等灾难有关，而且它们把所有的风险都自己留着了，没购买再保险。真有超强飓风登陆，整个风圈从大城市横扫而过，这样的保险公司可能亏得分文不剩。

加州本地的 20 世纪保险公司就是一个典型。一场大地震袭来，它所有的资本都赔光了。20 世纪保险公司在加州这个狭小的地理范围内，集中承接了大量小额普通保单，恰好加州爆发了一场大地震，对它形成了致命的精准打击。

伯克希尔遭遇毁灭性打击的风险非常低，这一点，我们敢和任何一家保险公司比。然而，与大多数保险公司相比，我们更有可能在某一年出现较大的亏损，例如，某一年遭遇沉重打击，亏损高达 6% 的资本。

股东： 在读西科年报的时候，我发现了一个问题，堪萨斯银行业担保公司把自己承接的一部分风险让渡了出去，我想也许是让渡给伯克希尔了。为什么西科不自己承担全部风险呢？

你读年报读得很仔细。其实，在加入西科之后，堪萨斯银行业担保公司已经自己承担了绝大部分风险，减少了购买再保险的规模。在现阶段，它还没有完全自己承担风险，仍然购买少量的再保险。你提的问题非常好。

股东：将来有可能自己承担全部风险吗？

当然可能了。对于再保险，我们的态度很明确，尽量少买，但要多卖。

股东：我感觉西科的再保险业务时多时少。西科的再保险业务是否过于集中，不像母公司伯克希尔那么稳定？

西科的再保险业务有个特点：经常零敲碎打，但偶尔会做一笔大的。因为这个特点，我们和别的保险公司不一样，我们的业绩波动更大。业绩波动不是什么问题，我们有足够的财力，承受得起波动。

多年以来，我们的业绩一直起伏波动比较大，但总的结果是好的。现在我们的家底很厚实，偶尔亏个一两年，不能把我们怎么样。长期来看，我们的再保险业务能实现良好的收益。

承受得起波动，这是我们做保险生意的优势。为了取悦华尔街，很多公司有意识地平滑利润。我们根本不在乎业绩波动，这是我们的巨大优势。

你担心西科的业绩波动，很多人觉得业绩波动是个缺点，我倒觉得，敢于承受业绩波动是一种明显的优势。

保险业务规模占比低的两个原因

股东：我没记错的话，目前西科的净保费占净资产的比重为 10%。请问目前伯克希尔的净保费在其净资产中的占比是多少？

无论是西科，还是伯克希尔，与其净资产规模相比，两家公司目前承接的保险业务规模都非常小。我们的保费规模占净资产的比重很低，与占比非常高的公司相比，我们在投资上具有更大的灵活性。

占比较低，是为了保证投资的灵活性，也是因为目前保险业务中没有太多合适的机会。如果能找到大量合适的机会，我们非常愿意承接更多保险业务。

盖可保险的浮存金降低可能是因为挤掉了水分

股东： 自从盖可保险被伯克希尔收购以来，它的浮存金与保费增速比一直在下降，也就是说，它的浮存金增长速度低于保费增长速度。请问这个指标是否可能企稳回升？盖可保险的浮存金增速能否跟上来？

我只能告诉你，我根本不知道这个指标下降了。你问这个指标为什么降了，我只能说说我的猜测。

加州地区的浮存金规模降低，有可能是因为监管部门加大了对车险理赔欺诈的查处力度，清除了部分虚假的车险业务。如果随便制造个小剐蹭，说脊椎受伤了，就能索要到一大笔赔偿，那骗子肯定越来越多，车险浮存金中肯定有水分。

加州的监管部门完善了法律，加强了对车险诈骗行为的审查，消除了车险业务中的大量欺诈行为。这只是我的猜测，至于对不对，我就不敢保证了。

钻漏洞、造假的行为不曾消歇，只是愈加隐蔽

我对衍生品的基本态度很明确，就是厌恶

股东： 在收购通用再保险之后，伯克希尔的衍生品业务至少增长了 50%。把 20 多亿美元的资金用于投资衍生品是否合理？其中是否蕴藏着极大的风险？

我没特别关注通用再保险的衍生品业务。我曾经在所罗门公司担任过董事，非常仔细地跟踪过所罗门的衍生品业务。

公认会计原则（Generally Accepted Accounting Principles）对衍生品的处理，尤其是对利率掉期交易（Interest Rate Swap）的处理，让我感到深恶痛绝。整个会计行业丢了气节。在著名投行中，摩根大通坚持到了最后，最终也还是随波逐流了。现在的公认会计原则存在明显的漏洞，从事衍生品交易的公司可以提前确认利润。在我看来，这是会计行业的耻辱。

由于衍生品的会计处理存在漏洞,很多人利用衍生品交易虚增利润,骗取高额薪酬。我对衍生品的基本态度很明确,就是厌恶。

我相信,在保险行业中,通用再保险的经营风格和会计政策应该是比较保守的。通用再保险是一家风险意识很强的公司。最近,它遇到了点小麻烦。但总的来说,通用再保险拥有良好的文化,也善于经营,是一家让人放心的公司。

对于大量利率掉期交易,我只能嗤之以鼻。低劣的会计处理给了很多人钻营的机会。

鲍勃·德纳姆(Bob Denham)也在场。他曾经在所罗门担任首席执行官,为了把所罗门带出泥潭,他遭了不少罪。现场有很多老朋友、老熟人,我不想让鲍勃站出来回顾那段经历。我岁数大了,没什么顾忌的,有什么说什么。我就是看不惯衍生品的会计处理,看不惯衍生品交易员的赚钱方式。

通用再保险和伯克希尔能用好衍生品交易

凡事不能绝对,在所罗门的时候,我就觉得不应该把衍生品彻底铲除,留一点还是有必要的。通用再保险和伯克希尔也有用得上衍生品的时候。关键是看谁用。以所罗门公司为例,对于约翰·梅里韦瑟(John Meriwether)团队做的衍生品交易,我非常放心。但是,所罗门公司里还有从事做市商业务的部门,他们做的衍生品交易,我觉得应该砍掉。

只要使用得当,衍生品可能是一种很有效的工具。例如,伯克希尔非常善于通过衍生品市场做期权交易。但总的来说,现在人们滥用衍生品交易,衍生品市场乱象丛生。通用再保险已经明确表示,它将削减衍生品业务的规模。

违反会计原则的问题很严重

股东:我的问题是关于会计的。最近,会计欺诈层出不穷,违反公认会计原则的事件时有发生。作为外部的小股东,我们怎么才能保护好自己的权益？会计造假行为将对市场产生什么影响？如何才能减少市场中的造假行为？

财务数字背后牵涉巨大的利益。受贪念的驱使，很多人操纵财务数字。造假之风愈演愈烈，就产生了"谢皮科效应"（Serpico Effects），别人都造假，你不跟着造假都不行。如今，上市公司做出了大量违反会计原则、虚增利润的行为。现在问题很严重，将来问题会更严重。

人性永不变。回顾美国社会早期，在那个无法无天的时代，人性之恶暴露无遗。以经营康姆斯托克矿脉的"爱尔兰流氓"为例，他们已经拥有了康姆斯托克储量最丰富的矿山，能轻而易举地开采出大量白银，但是他们还不知足。

他们想出了一个歪点子，利用自己控制的矿山公司两头获利。在那个年代，矿业公司按月派发股息。他们先把股息提高，放出大量利好消息，把股价拉起来。然后，他们两边一起动手，一边狠狠地做空股票，一边破坏矿山，把矿山灌满了水，把股息也停了。于是，股价被打下来了，他们通过做空赚了一大笔。他们用这个手段一遍又一遍地坑害股民。他们利用矿山两头获利，一边采矿，一边割韭菜。

如果没有法律的束缚，割韭菜的行为会越来越猖獗。如今，很多上市公司钻会计制度的漏洞，虚增利润，在性质上和当年的"四大爱尔兰流氓"没有什么不同。但是，当年的"四大爱尔兰流氓"，费尔、弗勒德、麦基、奥布莱恩，他们赤裸裸地收割韭菜，现在的上市公司不敢那么明目张胆了。

现在割韭菜的手段更高明了，主要是利用传销的模式骗人。骗子给传销披上了合法的外衣，例如，风投了、创新了什么的，看起来非常的光鲜亮丽。在评价这一现象时，我说了一句话，让我的夫人很生气。我说："把葡萄干搅拌到大便里，大便还是臭大便。"话糙理不糙，骗子再怎么包装，也还是骗子。

如今，升级了的割韭菜模式横行无忌。很多高明的骗子把传销套路巧妙地隐藏在合法企业之中，会计制度对他们没有任何约束力。

好书实有真义，新词徒有其表

两本好书

股东：迈克尔·刘易斯（Michael Lewis）写了一本新书，《将世界甩在身后》（The New New Thing），您读了吗？如果读了，请问您觉得这本书怎么样？

我读了，很好看，我是一口气读完的。我从中看到了硅谷文化中畸形的一面。诚然，硅谷文化以其创新精神，为整个人类社会做出了很大的贡献，但是硅谷文化中也有丑陋的一面。

英国有个叫吉姆·斯莱特（Jim Slater）的资本家，他最擅长做资产剥离。一位英国首相说，斯莱特是"资本主义中丑陋的一面"。《将世界甩在身后》这本书描述的很多现象也可以说是"资本主义中丑陋的一面"。

股东：在今年的伯克希尔股东会上，您没推荐值得读的好书。我们很多人想向您学习。请问在您读过的所有书中，您觉得哪几本是最值得推荐的？

让我挑出几本书来，还真不好挑，因为我的脑子里装的书实在是太多了。几十年来，我一直广泛涉猎，什么学科的知识都学，我看书和吃书差不多，把很多书里的好东西融会贯通、为我所用。咱们对面是富勒神学院（Fuller Theological Seminary）。神学院的牧师会告诉你，一本《圣经》中包含全部真理。让我挑出一本包含全部真理的书，我做不到。

举个例子，通过阅读理查德·道金斯（Richard Dawkins）写的《自私的基因》，我了解了现代进化论，增长了生物学方面的知识。如果你也像我一样，非常希望了解人类的来龙去脉，你可以读一读这本书。这本书的思维方式可能会让你有眼前一亮的感觉。达尔文提出的生物进化论是一个非常基本的理论，我们不能不懂。

道金斯讲的不是新东西，他讲的还是达尔文的生物进化论。道金斯的贡献在于，他把复杂的生物进化论讲得深入浅出。

道金斯写的《自私的基因》是本好书，谁还没读过，可以读一读。

进化论也适用于公司和行业

股东：我们是否可以借用生物进化论的知识来分析公司和行业？生物学研究动植物的结构、功能和演变，我们是否可以用生物学的知识来分析企业？

答案是肯定的。所有成功的商业行为都来源于实践进化。在漫长的进化过程中，动物发展出了眼睛、翅膀和爪牙，养成了独特的行为习惯，它们具备了捕食的本领，从而能够繁衍生息。人类的企业也是一样，在经过无数次成功和失败的磨砺之后，才总结出一系列的生存法则。

所有巨大的商业奇迹都不是凭空想象出来的，那都是多少次碰得头破血流，多少次试错才找对路子，一路披荆斩棘才取得的成就。非凡的商业成功源于长期的实践进化。

以西科收购的科特家具租赁公司为例。科特是一家非常有底蕴的公司。经过长期的实践进化，在人事管理以及公司经营方面，科特积累了大量行之有效的经验。所有的公司都是实践进化的结果。作为股票投资者，我们看一家公司，就是要分析它实践进化的成果如何。我们要投资进化得好的公司。

科特从事的家具租赁行业很乏味，租车行业同样平凡无奇。然而，赫兹租车（Hertz）和企业租车（Enterprise）在平淡的租车行业摸爬滚打多年，两家公司都取得了成功，它们都通过实践进化，分别积累了自己的一套人事体系、租赁制度和奖励机制。这和生物界的现象非常类似。赫兹租车与企业租车犹如同一个属的两个物种，它们都完成了实践进化，就像两种不同的蝴蝶一样。它们有所不同，但都找到了适合自己的生存之道。

从生物进化的角度分析公司是可行的。作为投资者，有能力看透企业的实践进化，不愁在股市赚不到钱。

用生物进化论分析公司,现代资本主义历史中的特百惠(Tupperware)可以作为一个经典案例。特百惠公司主要经营塑料食品容器,它总结出了一套很恶俗的销售方法,通过操纵人们的心理推销产品。当年,贾斯汀·达特(Justin Dart)向董事会提议收购特百惠,几个董事直接辞职了。他们瞧不起特百惠,不想和它沾边。

贾斯汀·达特则不以为然。他的想法是,特百惠的销售员组织聚会,又是喊口号,又是演节目的,虽然看起来很傻,但肯定管用啊,要不在那忙活什么呢。他觉得特百惠的那一套是实践进化的结果。

一传十、十传百,当年特百惠的塑料罐子卖得就是火。特百惠的聚会活动,吸金能力非常强。特百惠风光了好几十年,当然现在早就过气了。

特百惠的销售模式不是贾斯汀·达特发明的,但是他看出了这套模式管用。达特认为,特百惠从实践进化中得出的销售模式仍然有效,别人觉得特百惠恶俗不愿意要,他愿意要。总之,达特看到了特百惠的过人之处,将其收入囊中,赚了很多钱。

生物学理论确实可以用于指导投资。有时候,按照普通的基本面分析方法,可能看不出来什么,但是换成实践进化的视角,我们可能得出全新的认识,发现公司的独特魅力,找到良好的投资机会。我们要像贾斯汀·达特发现特百惠那样,善于用生物学的知识做投资。学会这种投资逻辑,你就又多了一个投资利器。

西科之所以收购科特,正是因为看中了科特经过长期积累形成的公司文化。科特的公司文化也是通过实践进化形成的。

人们总是局限在狭隘的专业范围内,不会使用多个模型

股东:您告诉我们,必须熟练掌握多个模型,才能解决好生活中的问题。您的阅历很丰富,您的知识很渊博,您已经熟练掌握了很多概念和模型。我想请教一下,您在具体运用概念和模型解决问题时,是否有一套固定的思维框架?

我讲的思维方式，说起来非常简单，但是我很少看到有人像我说的这样思考。一个人，必须学习所有重要的学科，掌握其中的所有重要理论。遇到特别复杂的问题，必须把所有重要的理论都用上，不能只用几个理论。

在现实社会中，人们都局限在狭隘的专业范围内，学经济的、学工程的、学市场营销的、学投资的等。人们只知道几个模型，无论遇到什么问题，只能用有限的几个模型去应对。人们只懂自己专业范围内的模型，没法跳出狭隘的小圈子，不会借鉴别人的模型。

我的做法则不同。我主动去学所有的重要模型，把所有的模型为我所用，而不是局限在自己的专业领域，只守着有限的几个模型。俗话说得好："一个人，手里拿着锤子，看什么都像钉子。"看见什么东西，都拿锤子敲，遇到什么事，都用老掉牙的模型套，实在是愚不可及。

包装基本的概念没有意义

股东：在《探寻价值》（*The Quest for Value*）一书中，作者贝内特·斯图尔特（Bennett Stewart）介绍了"经济增加值"（Economic Value Added，EVA）的概念。贝内特·斯图尔特还专门以巴菲特先生为例，说巴菲特先生是为股东创造价值的典范。请问您和巴菲特先生认同 EVA 原则吗？你们在分析公司的过程中使用 EVA 原则吗？

EVA 是个新名词，其实它讲的无非是如何实现较高的资本收益率。一家公司，资本收益率高，而且追加投资后仍能保持很高的资本收益率，它能给股东带来丰厚的回报。

不发明个新名词，像我这么讲大白话，书哪能卖得动啊。

很多人把一个很基本的概念包装得花里胡哨的，申请个什么专利，然后就开始高价提供咨询服务了。他们把一些含糊不清的东西和正确的基本概念搅和到一起，例如，资金成本之类的，根本没什么实际意义。

我不想多说了，我的意思大家应该听明白了。包装炒作的套路经常很灵。徒有虚浮的外表，人们或许还能保持一定的警惕。但是，虚浮的外表之下，如果包裹着具有一定真实性的内核，很多人就打消了疑虑，很容易被带到沟里。包装炒作的行为实在令人不齿。怎么说呢？包装炒作给人的感觉和心理分析有些类似。

我们的大道上人烟稀少，但我一直在努力传播思想

为什么很少有人学伯克希尔呢？

股东： 请您从心理学的角度谈谈，为什么模仿伯克希尔的公司寥寥无几？专门管理投资的基金公司很多，专门经营实业的公司也很多，可很少有像伯克希尔这样双管齐下的。为什么很少有人效仿伯克希尔呢？

你问的这个问题，我们自己也琢磨过。伯克希尔取得的辉煌成绩有目共睹。沃伦和我是伯克希尔的管理者，我们的经理人是子公司的管理者，我们的股东是伯克希尔的投资者。无论是管理者，还是投资者，我们大家都对伯克希尔怀着一份深深的热爱。不信可以去看看我们的股东大会。来到我们的股东大会，一定能感受到伯克希尔上上下下对这家公司有多热爱。为什么很少有人学伯克希尔呢？应该有更多人学我们才对啊。

其实，伯克希尔不是很难学。人们觉得伯克希尔难学，很重要的一个原因在于，伯克希尔与众不同。正因为伯克希尔与众不同，人们不愿学伯克希尔。伯克希尔不是一家墨守成规的公司。我们的管理方法和一般的公司不一样。我们不安排预算、不制定目标、没有季度汇报。我们的人事制度和一般的公司不一样。我们管理投资的方法也和一般的公司不一样，我们的投资更集中。

伯克希尔有什么难学的？我们做的不都是很简单、很正确的事吗？然而，学我们的人确实很少。

有人学我们。怎么学的呢？有些人把我们的东西拿去，改头换面，起个新名词包装包装，例如，"聚焦投资"之类的。他们宣传说："我们要学

伯克希尔。我们买股票，不买 400 只，也不买 40 只，我们只买 10 只。"宣称学我们，打着类似"聚焦投资"的旗号，这样的人有一些，但也不多。

我在基金会投资管理者协会做过一次演讲。在演讲中，我批评了雇用一批又一批投资顾问的做法。聘请大量投资顾问制定资产配置策略，聘请投资顾问管理投资顾问，这才是投资界的主流，这才是现在最盛行的风气。大学里的商学院教的也是这套东西。

在伯克希尔股东会上，我遇到了杰克·麦克唐纳（Jack McDonald）。杰克在斯坦福大学商学院任教，主要教学生们如何用伯克希尔的方法管理投资组合。你知道他怎么说的吗？他说他经常有一种曲高和寡的感觉，他觉得很孤独。孤独就对了，不孤独不足以称其为大道。

我们周围总是有很多难以摆脱的窠臼。上大学的时候，我参加过陆军预备役军官训练营。训练营的文化非常守旧，制度非常刻板，根本没什么新东西。根据我的观察，越是等级森严的地方，越是博士、博士后头衔满天飞的地方，越是难以打破条条框框的束缚。这是人类社会的现实。

我搞不懂为什么学伯克希尔的人很少。按理说，伯克希尔的管理费用那么低，应该有很多人效仿才对啊。我们的管理费用低，原因之一是我们以身作则，带头建立了良好的薪酬制度。单说伯克希尔的这套高管薪酬制度，就让很多公司望而却步了。

我回答问题，不是为了逗乐，我讲的是生活的艺术

股东：您在哪个领域造诣最深？我应该问您一个什么问题，才能让我们领略到您在这个领域的造诣？

对于高尔夫球、会计、桥牌等这些日常生活中常见的兴趣爱好，我不是特别着迷。我一生致力于追求理性，总是希望能用理性更好地解决问题。我相信我的思维方式很有用，一定会有更多的人像我这样思考。我提倡采用基本的、跨学科的思维方式解决复杂的人类问题。这种思维方式一定会得到广泛传播。

我拿出很长时间在这里回答问题，主要是希望能传播我的思想，只要有几个人懂了，我的努力就没白费。我可不是在这收钱说相声逗乐的，更不可能免费在这逗大家一乐。

我们不只是谈投资，还讲了很多别的东西。我的回答应该对你们的生活具有普遍指导意义。我讲的是生活的艺术。

学伯克希尔也是学如何做人、如何生活。无论是内布拉斯加家具城的管理者，还是西科的两家子公司的管理者，他们都过着良好的生活。虽然西科最初的储贷生意已经消失了，但西科总部的员工基本上也都过着良好的生活。

西科的股东会规模虽小，但它的教育意义很深远。

我本人对可口可乐充满信心

股东：从长期来看，您认为可口可乐的销售件数（unit case volume）增长率和每股收益增长率分别能达到多少？可口可乐制定的长期目标是，销售件数在美国增长 5%—6%，在世界其他地区增长 7%—8%。最近，《饮料文摘》（Beverage Digest）进行了一项问卷调查，大多数装瓶商认为，如果可口可乐不打价格战，它可能无法实现这一目标。

在我看来，就评估可口可乐的长期目标而言，与可口可乐的管理层相比，装瓶商的观点可信度更高。我想听听您的想法。

关于可口可乐未来的具体增长率，我不是这方面的专家，我说不上来。但是，有一点我可以肯定，在今后的二三十年里，可口可乐的销量必然会大幅上升，而且价格也会小幅上调，带动利润率随之走高。

如果我的看法是对的，你长期持有可口可乐，一定能获得良好的收益。至于可口可乐的目标能否实现，我不是这方面的专家，就不多说了。

公司该如何设定目标？管理学专家分成了两派。一派认为，公司必须把目标定得高、大、难、远。这种管理方法主张把目标定得遥不可及，这样才能鞭策员工拼命努力。正所谓,取乎其上,得乎其中;取乎其中,得乎其下。目标定得越高,取得的成就越大。

这种说法有一定的道理。举个例子,你儿子很贪玩,平时考试总是 80 多分,你对你儿子说,考个 80 分就行了,结果他最后可能只考个六七十分。你要是对他要求严点,说不定能考得更好一些。

另一派管理学专家则认为,目标高得不切实际相当于变相鼓励人们弄虚作假。这种情况在公立学校出现过。教育部曾经颁布一项规定,要求所有公立学校提高学生的阅读分数,并把学生的阅读分数与教师工资水平挂钩。于是,在学生参加阅读考试的时候,老师在旁边帮学生作弊。我们不能忽略人性。公司把目标定得太高了,上至高管、下至普通员工,都有可能弄虚作假。

一方面,我们不希望有弄虚作假的行为;另一方面,我们又希望能最大限度地调动公司员工的积极性。这是一对矛盾,很难处理好。

常见的一种解决办法是,制定远大的目标,同时严惩造假行为。通用电气就是这么做的。通用电气明确地告诉高管:"目标务必完成,别提任何借口,也别弄虚作假。做不到的话,可以走人。"很多美国公司都采用这种做法。

我不知道怎么才能把这对矛盾处理好。目标定低了,取得的成绩也低。目标定高了,人们容易造假。每家公司只能自己解决这个问题。

股东:我明白您的意思,通用电气的远大目标确实带动它取得了巨大的成就。

对于可口可乐公司的估值,我还是没搞明白,您能帮我看一下吗?在估值时,我首先取可口可乐过去几年的最高盈利,然后以较高的增长率推算,第一个 10 年,设每年的增长率为 9%,第二个 10 年,设每年的增长率为 7%,再假设 20 年后,每年以 3% 到 4% 的速度增长,最后用 8% 的贴现率计算现值。我不明白,为什么无论我怎么算,都觉得现在的可口可乐有些贵？请您指点一下。

你说的是个很常见的估值问题。我们知道，如果成长性非常确定，哪怕收益率只比利率等参照标准略高一些，则预测时间拉得越长，计算出的现值越高。就可口可乐这只股票而言，很多人都对可口可乐非常有信心，相信 20 年后，可口可乐产品在全世界饮用水中所占比例，将从现在的 2% 增长到 4%，而且可口可乐产品的价格也会提高。尽管每年的增长率不是特别高，但因为人们预测它持续增长的时间很长，所以最后得出的估值非常高。

这没什么奇怪的，只要会计算现值，都能明白这个道理。即使每年的增长率不高，但持续增长的时间很长，计算出的现值仍然会很高。为什么按你计算的结果，你觉得可口可乐有些贵呢？因为可口可乐最近几年虽然遇到了一些困难，但投资者仍然对它的未来充满信心，短期的起起伏伏只是小浪花。20 年后，可口可乐的销售额和盈利必然会大幅增长。**我本人也对可口可乐充满信心。**

科特的租赁家具生意做得很不错

股东：你们投资了两家新公司，一个是大湖化工（Great Lakes Chemical），另一个是从事家具行业的一家公司。请问您为什么投资这两个行业？

我不想评论化工行业。另外，你在问题中用的是"你们"，**投资确实是"我们"做的，包括卢·辛普森。**卢·辛普森买了什么、卖了什么，我根本不看。有时候，有人问我，"你为什么买了某某股票？"经常搞得我一头雾水，因为我没买啊，可能是辛普森买的。

至于家具行业，我可以说几句。机缘巧合，我们进入了家具行业。如今，伯克希尔旗下的家具零售商在六个州占据领先地位。我们旗下的家具公司各有所长。最近新加入的科特家具租赁公司也有自己的特点，它主要做家具租赁业务。把我们所有经营家具业务的子公司汇聚到一起，伯克希尔在家具分销行业中具有举足轻重的地位。

这是无心插柳的结果。总的来说，卖家具不是什么好生意。然而，做得好的家具零售商，例如，在市场份额、经营理念等方面有独到之处的，生意还是不错的。

科特拥有出色的长期历史业绩。一般人可能觉得，做租赁家具生意，赚不了什么钱，但科特确实很赚钱。所以，我们收购了科特。

利捷现在吃苦进军欧洲，是为了将来不吃苦

股东：我们是乘坐利捷航空的飞机来的。我们和飞行员聊了聊。飞行员告诉我们，利捷航空计划在年底之前把飞行员数量从目前的 700 多名增加到 1000 名。我觉得这个增长数量可不小。您能给我们讲讲吗？

我也买了利捷航空的服务。我挑了最便宜的一种机型，买了其中一架十六分之一的飞行时间。

股东：在和飞行员聊天的时候，他们还提到了，利捷航空在欧洲发展得不顺利，原因之一是很难招到合格的飞行员。

确实，在欧洲做生意真是处处掣肘。欧洲有很多国家，每个国家都有自己的一套规定，欧洲各国的工会也非常强硬。利捷航空进军欧洲现在是亏钱的，在将来的很长一段时间里，它还会亏钱，我们已经做好了准备。

做生意就是这样，谁先进去了，谁先把苦吃了，谁先做成了，谁就占据了先机，后来者不但要把所有苦头再吃一遍，而且还要面对已经占据了先机的利捷航空。我们现在苦，后来的竞争对手会比我们更苦。

正因为如此，很多公司宁愿先吃苦。可口可乐开拓世界市场，每到一个新的国家，它都是硬着头皮干。现在可口可乐总算苦尽甘来了。利捷航空进军欧洲也是同样的道理，我们现在吃苦，是为了将来不吃苦。

作为一个现代人，谁都不可能对利率无动于衷

我们预测不了利率，只能做好准备

股东：沃伦说过，即使艾伦·格林斯潘（Alan Greenspan）在他的耳边告诉他利率将如何变化，也不会改变他做投资的方法。你们真的完全不关注、不在乎美联储的政策吗？当前的高利率环境是否对伯克希尔旗下的公司造成了不利影响？

沃伦和我从来没靠猜测美联储动向或利率走势赚过大钱。

尽管如此，作为一个现代人，谁都不可能对利率无动于衷。在我这一生中，1% 的利率和 20% 的利率，我都经历过。从 1% 到 20%，这个幅度可够大的。你们可能想象不到会出现利率为 1% 的情况。然而，日本现在的短期利率就不到 1%。

我在法学院读书的时候，我记得，在很长的时间里，利率始终在 1% 到 1.5% 之间徘徊。那时候，股票的收益率在 6% 到 7% 之间，道指只有几百点。在我的记忆里，低利率持续了很长时间。

同样，很多人也想象不到，最优惠利率可能高达 20% 到 21%，国债收益率高达 15% 到 16%。其实，这种高利率的情况，我们也经历过，而且也持续了很长时间。

我们始终做好准备，真出现了极端利率的情况，例如，低到 1% 或者高到 20%，我们仍能处变不惊。当利率比较平稳，运行在中间区域时，我们不知道，也不预测未来的利率走势。我们只是做好自己的事。我们没有预测利率走势的能力，即使是长期利率走势，我们也预测不出来。

有些经济现象要结合经济学与心理学来解释

日本的经济衰退已经持续了 10 年之久。日本把利率降到了接近零的水平，扩大了政府的赤字规模，但仍然无法走出衰退的困境。日本把能用的货币政策都用了，穷尽了凯恩斯主义的手段，危机的阴影仍然挥之不去。

与美国 20 世纪 30 年代的经济危机相比，日本的这场经济危机没那么惨烈，但它的持续时间之久，让很多人迷惑不解。

"二战"后，经济学界形成了一套成熟的理论，凯恩斯等经济学家为各国政府提供了一整套调控宏观经济的工具。按照他们的理论，日本出现的现象是不可能发生的，可它却实实在在地发生了。

作为一项调控工具，利率本身的作用是有限的。我们不妨对比一下中国香港地区和日本。香港也出现过疯狂的资产泡沫，泡沫破裂后，特区政府也采取了救市行动，且干预的效果立竿见影，崩盘的缺口很快就被填补了。在很短的时间内，香港就恢复了往日的繁荣。但日本的资产泡沫破裂之后，却怎么都走不出来，10 年过去了，仍然是一片愁云惨淡。日本的现象不能只从经济学的角度解释。

我们必须把经济学和其他学科结合起来。把经济学和心理学结合起来，我们就能看懂了。

在遭到风险重创之后，日本民众患上了紧张症。无论政府怎么撒钱，都没用。日本人害怕批评、注重脸面。日本的银行遭遇了严重的亏损，也受到了大量谴责，它们生怕再犯错，都不敢发放贷款了。

沃伦经常借用马克·吐温（Mark Twain）的一个比喻。马克·吐温说，一只猫坐在炉子上，把屁股烫了，它再也不敢往炉子上坐了，不管热的、凉的，都不敢坐了。**日本的银行业和这只猫一模一样。在上次的危机中，它们伤得很重，不敢再发放贷款了。日本的消费者也同样遭受了严重的心理创伤。**

香港的情况不同，是因为参与香港市场的是中国人，而中国人和日本人有很大的不同。与日本人相比，中国人的赌性更重，投机心理更强。

经济学教科书才不会讲心理学知识，这是经济学的不足之处。只有更多地从其他学科汲取养分，经济学才能更好地指导实践。

从近些年的情况来看，经济学已经开始借鉴其他学科的知识了。所有研究社会科学的学科都有唯我独尊、故步自封的倾向，经济学已经算是好的了。**经济学已经学会了"拿来主义",以开放的心态吸收其他学科的知识**。经济学应该朝着这条路一直走下去,这样才能有更大的发展。我说过,伯克希尔已经成为一个独特的教派。作为伯克希尔的副掌教,我认为,融合了其他学科的知识,经济学能走得更远。

利率是很重要

利率始终是个热门话题。你们做股票投资,无论是自己做投资,还是给客户管理资金,利率都非常重要。

如果利率保持在 3%,你们可以说,股票很便宜。如果利率达到 9% 或 10%,股票可就没那么便宜了。我们没有预测利率的本事,也不靠预测利率做投资。

利率很难预测。或者是凭借聪明的头脑,或者是凭借内部消息,有人也许能准确地预测短期的利率变化,但是一两年或者五六年的长期利率,没人能准确预测。

预测个大概区间是可以的,例如,我可以预测利率可能在 1% 到 20% 之间。想要准确预测利率,那可就难了。关于利率,我说了这么多,最后告诉你们没法预测,你们可能觉得,说了这么多,不等于没说吗?

我和你们说了,日本长期无法摆脱经济衰退,经济学家大跌眼镜。这不是我在开玩笑,经济学家们确实束手无策了。

我能看懂日本的现象,因为我用的是不同的模型。假设现在我们在一个经济学大会的会场,我站起来发言,说日本的现象主要是因为日本人和中国人不一样,这还不得引起一片哗然啊。

资产泡沫和信用扩张须警惕

股东: 请问美联储是否应该给经济降降温?您觉得现在有没有通货膨胀的苗头?

在美国的经济体制中,工会具有广泛的影响力,政府掌控经济的能力很强。尽管存在一些固有的束缚，在过去几年里，美国仍然取得了巨大的经济进步，这已经很不容易了。

我们都知道，在美国的经济发展背后，存在信用消费的大规模扩张。整个社会掀起了信用卡借贷和资产抵押借贷的风潮。以买车为例，现在很多人选择以租代购。在座的各位，你们大多数不是超前消费的人。但是，在我们的整个社会之中，超前消费的行为非常普遍。

超前消费有什么好处？我只能想到很多坏处。

美国经济能有今天的成绩，格林斯潘和他的团队功不可没。格林斯潘对资产泡沫的担忧不无道理。

出现资产泡沫之后，该如何应对？科威特曾经出现过严重的资产泡沫，投机之风愈演愈烈，甚至出现了开空头支票炒股的情况。最后，科威特政府兜底，收拾了残局。如果科威特政府不及时出手，任其发展下去，最后可能导致整个国家破产。科威特政府拥有大量石油，它财大气粗，有足够的财力收拾残局。

香港股市的泡沫破裂后，香港特区政府直接下场，采取了大规模的救市行动。中国人富有百折不挠的进取精神，遭遇了多少次打击，他们从来没有一蹶不振的时候。每次遭遇打击之后，他们总是很快就站起来了。

沃伦还讲过土地泡沫。在沃伦说的土地泡沫中，农场价格被爆炒，按照农场的产量计算，农场土地价格达到了正常价格的三倍。最后，泡沫破裂，很多银行破产了。那是一场局部的泡沫，很快就烟消云散了，没对整个经济造成什么影响。

为什么非得靠扩张信用消费来拉动经济增长呢？很多国家没有大规模扩张信用消费，不也照样取得了巨大的经济发展吗？"二战"后的德国就是很好的例子。我们不能沿着这条路一直走下去，我们应该找到一种更合理的经济发展方式。

总是靠扩张信用消费拉动经济，早晚有一天要算总账。我们已经把信用消费的弓拉得很满了。以现在的汽车金融为例，购车不需要付首付，只需每个月付租金，租约到期还保证残值。在风险投资领域，融资方式更是玩出花来了。当今的美国社会已经透支得很厉害了。

面对当前的资产泡沫和信用扩张，只要是头脑稍微清醒一些的人，都会感到忧虑。格林斯潘不时地发出警告是有道理的。

互联网是大势所趋，但对投资者未必是好事

硅谷的房价上涨速度堪称史无前例

股东：硅谷的房价高不可攀，利率高低和硅谷的房价没什么关系，因为在硅谷买房的人都是拿股票期权的。

您如何看待硅谷的整体工资水平，包括股票期权在内？受高房价影响，普通工薪族是否可能逃离硅谷，导致硅谷陷入衰退？

硅谷的房价确实太高了。我还没见过房价这么高的情况，就连 20 世纪 20 年代佛罗里达州房地产泡沫时，也没出现过这么高的价格。我在斯坦福法学院捐赠了一个冠名讲席。担任这一职位的教授在来斯坦福任教的时候，买了一个小房子，花了 40 万美元。现在，这个房子已经值 450 万美元了。硅谷的房价上涨速度堪称史无前例。

房价上涨速度过快，可能引发很多社会问题。在硅谷从事服务业的阶层，很多是外地人，他们看到巨大的贫富差距，心理肯定会不平衡。有人五年前买了一套房子，有人没买，结果两种人的生活一个天上、一个地下。巨大的贫富差距容易滋生不满情绪。就在我们眼前，硅谷的房价飙涨，这是一种非常极端的现象，可能引发很多社会问题。

至于说硅谷将来的房价如何，是继续涨，还是能掉下来，这就不好说了。我觉得，从长期来看，硅谷的房价是跌不下去的。硅谷不可能变成沙漠。帕洛阿尔托市（Palo Alto）是个好地方，教育资源、居民素质、气候、环境，各方面都非常适合居住。

想在帕洛阿尔托市安家，又想等房价跌回从前，可能永远上不了车。

互联网能使消费者受益，但投资者未必受益

股东： 在今年和去年的伯克希尔股东会上，沃伦都表示，在互联网时代，更要注重品牌传播。喜诗糖果是否会考虑在雅虎（Yahoo）或美国在线（America Online）投放广告，当人们搜索"糖果"或"巧克力"等关键字时，在搜索结果中展示喜诗糖果的广告？

具体采用什么市场营销方式，由喜诗自己定，我们不干涉。喜诗已经通过互联网卖出了不少糖果。喜诗的互联网销售量相当于三四个实体店的规模。通过互联网销售，生产成本是一样的，但经销成本很低，所以利润更高。

通过互联网销售糖果，喜诗必须想办法解决快递运输的问题，保证运输途中糖果的品质。例如，在炎热的夏天，如何保证顾客收到糖果时，糖果不会融化。目前，喜诗正在改善网上销售的运输方法。

互联网是划时代的发明，它将带来天翻地覆的变化。我们鼓励伯克希尔的所有子公司拥抱新变化。

很多人宣称，随着互联网的兴起，公司更值钱了，股票更值得买了。你们作为投资者，要保持清醒，要认识到互联网发展的另一面。作为股东，作为投资者，我们得知道，很多公司之所以能赚取高额利润，靠的是信息不对称性。

以伯克希尔的子公司精密钢材为例，它主要做小规模的个性化订单，根据每个客户的具体需求切割钢铁。精密钢材的很多客户是处于信息劣势的一方，他们需要的是小批量的、定制化的钢材，而且都是急单，他们总是找精密钢材满足他们的需求。客户信任精密钢材，精密钢材总是能迅速地响应他们的需求。

将来也许有一天，无论需要买什么样的钢材，买家都能在互联网上找到现货，敲敲键盘，就可以和卖家直接联系。对精密钢材的客户来说，这是好事。对精密钢材来说，这不是好事。真有这么一天，精密钢材就不可能像现在这么赚钱了。

随着科技进步，经销渠道更顺畅了，市场竞争更充分了，全社会的财富总量随之上升。但是，在此过程中，美国公司的整体资本收益率可能遭到挤压。举个例子，过去，在新型纺织机器问世以后，纺织公司纷纷上马新机器，但它们的利润水平却不如从前了。新机器带来的效益，转移到了消费者手里，消费者穿上了质量更好的睡衣，用上了质量更好的浴巾。纺织公司投资新机器，到头来是白忙活一场。

各种新技术、新发明，虽然有利于推动社会文明进步，但对股票投资者来说，未必是好事。随着互联网的发展，将来有一天，所有买家都能找到所有卖家，形成一种类似竞价的机制。到那时，美国公司的整体利润水平，乃至全世界公司的利润水平，都会被拉低。

如今，所有人都在畅想互联网带来的美好前景。但是，你们和别人不一样，你们以投资股票为生，互联网的发展可能对你们不利，可能对我也不利。

随着带宽的增加，公司的利润率很可能会被拉低。在互联网大潮的冲击下，公司利润率降低很可能是一个无解的问题。生活中有很多无解的难题，例如，变老。对于这样的难题，我们不能改变，只能接受。

好生意的高利润被拉低，我们有过亲身经历

当年，在 IBM 被迫放弃打孔卡的垄断地位之后，沃伦投资了一家生产打孔卡的小公司。那时候，打孔卡的市场很大，电话公司、百货商场等都购买大量打孔卡。

由于市场上同时出现了好几家生产 IBM 打孔卡的公司，打孔卡的采购量又很大，所以买方逐渐采用招标的方式采购打孔卡。这样一来，价格一下子就掉了很多。毕竟，打孔卡只是一种普通商品，各家公司生产的打孔卡没什么差异性。IBM 垄断经营打孔卡的时候，打孔卡业务创造的利润高达公司总利润的四分之一。

在打孔卡这个产品本身，IBM 并没有任何专利。IBM 只是持有一种打

孔机的专利，它生产的打孔机速度更快。在很长一段时间里，IBM 垄断了打孔卡的生产，不是因为它拥有什么专利或知识产权。也许是通过实践进化，也许是因为机缘巧合，总之，IBM 垄断了打孔卡很长时间。

最主要的原因在于，IBM 大型机价格高昂，比较起来，打孔卡的价格微不足道。那么贵的大型机都买了，人们就不怎么在乎打孔卡这种耗材的价格了。不管 IBM 如何取得了打孔卡的垄断地位，反正在市场上出现了好几家生产打孔卡的公司之后，价格战就爆发了，打孔卡的价格一落千丈，特别是政府采购的大单，价格更是压得特别低。

在互联网的变革中，会有一些大赢家出现，但整体资本收益率会降低。

你们一直在向我提问，我也问你们一个问题。你们说说，为什么互联网不会拉低商品的利润？互联网能提高效率，但怎么就不会压低企业的利润率呢？谁来给我讲讲。别让我一直在这讲，你们也给我讲讲，让我也学习学习。

股东：我来试试。作为一个投资者，我看的不只是利润率，我更关心的是资本收益率。有些公司，它们的利润率非常低，但是资本收益率非常高，例如，开市客、史泰博（Staples）、家得宝（Home Depot）、戴尔（Dell）等。随着互联网的发展，它们的利润率是降低了，但是它们也进一步减少了库存，显著提高了生产效率。

以电脑制造业为例，产品的价格虽然承压，但是在整个行业层面，由于生产效率明显提高了，资本收益率并不会降低。凭借出色的商业模式，戴尔和捷威（Gateway）两家公司将成为行业中的最大受益者。我认为，整个电脑制造业都会受益于生产效率的提高，为股东创造更多价值。

我的观点是，互联网的发展可能挤压利润率，但同样会提升资本利用效率，从而让股东受益。

我明白你的意思。我在表达的时候很谨慎，我一直在说整体的资本收益率。毫无疑问，有些公司能乘着新科技的东风勇立潮头，像开市客一样占据独特的优势地位，获得丰厚的利润。但是，开市客能发展得好，不代表整个零售业都能发展得好。

开市客的生意模式的受益者是开市客和它的消费者，其他的零售商则只能在旁边看着。一旦开市客或沃尔玛进入它们所在的区域，它们只能自求多福了。

我说的是平均结果。举个例子，假如让你在"二战"中上前线，参与50次对德军的进攻，冒着炮火往前冲，你周围的人一大片一大片地倒下，要是你活下来了，那是你命大。总的来说，上战场不是闹着玩的。我讲的是资本主义中的平均结果。

显然，在新的分销模式下，会涌现出很多大赢家。你说的这一点，我完全认同。**但我认为，从整体来看，随着互联网的发展，资本收益率会被压低。股票投资者的平均收益率会降低。**

如果说咱们在座的各位都是投资高手，投资水平都能排在前10%，那没必要考虑什么平均收益率。但是，如果我们没那个水平，互联网的发展碾压的就是我们的收益率。

报纸业前景暗淡，互联网却未必会改变发电厂

股东： 展望未来，您认为报纸行业的前景如何？

20年前，报纸行业绝对是好生意。现在，报纸行业的确定性大打折扣了。报纸行业面临的最大威胁，大家都很清楚。互联网可能取而代之，成为全新的信息传播媒介。无论是具有获取信息需求的消费者，还是具有购物需求的消费者，可能都会被互联网抢走。

面对即将到来的互联网时代，很多报业公司希望能抓住机遇，把它们在平面媒体的优势与电子商务结合起来。

然而，如今的报业公司，就持续增长的确定性而言，与20年前相比，完全不能同日而语。在我看来，现在的报纸行业前景暗淡。有人认为，报

纸行业将迎来更大的发展。我不敢苟同。咱们拭目以待吧。

股东： 请问报纸行业是否可能完全消失？

我觉得不至于完全消失，但是可能再也没有过去那么好的生意了。

股东： 您和沃伦表示，美国中部能源公司（MidAmerican Energy）应该能实现良好的收益。但是，沃伦在伯克希尔股东会上讲过，中部能源没有成本优势。您刚才谈到了，随着互联网的发展，经营普通商品的公司，资本收益率会降低。既然中部能源是一家生产普通商品的公司，在互联网时代，它为什么还能实现良好的收益呢？

我年轻的时候，奥马哈有个面粉中间商，名叫 A. 贺拉斯·埃里克森（A. Horace Erickson），他每天都坐在办公室里交易面粉。为了得到不同等级或不同种类的专用面粉，各家面粉厂需要搭配不同的面粉，把它们按一定的比例混合到一起。各家面粉厂都会找埃里克森，通过埃里克森做交易，购买自己需要的面粉品种。有了埃里克森牵线搭桥，各家面粉厂能高效地完成配粉交易。在每笔交易中，埃里克森都赚一些手续费，积少成多，他发家致富了。

如今的发电厂和当年的面粉厂有些类似。早在 1937 年，面粉厂只通过电话，就能完成复杂的配粉交易。互联网的高科技不会对发电厂产生多大的影响，不至于颠覆发电厂之间进行的电力交易。

大规模地发电和输电需要大量基础设施，不是通过网络传输信息就能完成的。互联网应该不会对中部能源产生多大影响。

随着带宽的增加和计算能力的增强，在互联网时代，很多工作的生产效率确实能得到提高。但是，中部能源是一家发电和输电的公司，互联网的发展未必会给它带来多大改变。

投资要走自己的路,不要和别人比

伯克希尔的困难增加了,但也有一些优势

股东:您和沃伦说了,以前伯克希尔的规模小,实现较高的资本收益率相对容易。现在伯克希尔的规模很大,实现较高的资本收益率非常困难。

没错,虽然以前容易、现在难,但我们不想回到过去。

股东:那么,伯克希尔如何解决这个问题呢?你们考虑过派息或回购吗?我知道,沃伦是非常不愿意派息的。伯克希尔坐拥大量现金,而且还有源源不断的现金流。请问你们对未来有何打算?是已经准备好如何利用大量现金了吗?还是就一直持有大量资金不动,不理会资本收益率降低?

目前,在投资有价证券方面,我们主要有两方面的困难。我们的规模太大了,只能看盘子比较大的公司。这是第一个难处。我们可以选择的投资标的有限,而且大盘股的竞争更激烈,大盘股被很多聪明人研究透了,例如,像爱丽丝·施罗德这样的人。投资大公司,对手都是聪明人,我们的困难自然增加了。

我们还有个困难。沃伦写了一篇文章,发表在《财富》杂志上了,而且我们把这篇文章寄给了伯克希尔的所有股东。我完全赞同沃伦在文章中表达的观点。从当前的投资环境来看,与过去15年、20年相比,在未来15年、20年中,股票投资的收益率可能明显降低。

所以说,**我们面临两个困难:一个是我们的规模太大,投资范围很小;另一个是在将来的投资环境中,收益率可能明显降低。**纵观西方文明史,惨痛的悲剧数不胜数,我们面临的这点小困难,算不上什么。其实,我们甚至有些庆幸我们有这样的难处。虽然我们的态度很乐观,但困难确实摆在我们面前。

我们也有一些优势。首先，我们进退自如。你说得对，伯克希尔每年都会增加几十亿美元的现金，西科也在储备现金。伯克希尔拥有雄厚的财力，我们游刃有余、进退自如。

另外，虽然我们的规模太大了，买小盘股对我们来说已经没意义了，但是现在伯克希尔声誉卓著，很多公司会主动找到我们，希望加入伯克希尔。一般的基金没我们这么高的声誉。我们的声誉优势有多大，难以具体估量，但绝对是很大的一个优势。

我们财力雄厚、进退自如，而且我们严守纪律，绝对不会轻举妄动，不会因为忍不住寂寞而胡乱出手，这也是我们的巨大优势。

《大卫·科波菲尔》（David Copperfield）中的米考伯先生（Mr. McCawber）有句口头禅："机会总会有的。"确实如此，我们总能等到机会。

我们有时候做一些投资，你们可能觉得看不懂。例如，我们收购了中部能源，它主要在美国的艾奥瓦州以及英国的英格兰经营电力输送业务。

我觉得这笔投资很值。这不但是一笔成功的投资，而且它可以给我们提供一个窗口，让我们有机会了解电力行业。美国的电力行业存在很多问题，我们或许可以破解困局，找到一条合理的出路。

我们一直在摸索，一直在寻找合适的机会。好在伯克希尔财力雄厚，能做到进退从容、游刃有余。

我仍然对伯克希尔充满信心。我只是觉得，你们各位股东要清楚，在今后 15 年里，伯克希尔给你们创造的收益不可能有过去那么高了。当然了，也许你们能在别的地方找到收益率更高的投资机会。

你们中有很多人，我都非常熟悉。根据我的了解，你们在别的地方也找不到太多的好机会。我们难，你们也难。

投资要走自己的路，不要和别人比

股东：在过去这两年里，投资界的愚蠢，真是让我开眼了。请您从心理学的角度分析一下当前投资领域中的愚蠢现象。

我想给大家讲一个道理。这个道理，一般的投资顾问根本不懂，但你们作为投资者应该明白。如果你已经很富有了，而且按自己的方式继续平稳地做投资，能守住自己的财富，那就老老实实地接着走自己的路。就算别人找到了发大财的门路，一下子比你赚的多很多，你也不要和别人比。

看到别人比你赚钱快、比你赚钱多，你心里就不平衡了？这不是给自己找罪受吗？和别人比是比不过来的，无论是做什么，都是一山更比一山高，强中更有强中手。泰格·伍兹（Tiger Woods）还经常输球呢。

斯坦利·德鲁肯米勒（Stanley Druckenmiller）是怎么陷入巨亏的？他总是觉得自己必须当第一，把别人都比下去。他生怕自己被落下，明知已经很危险了，还是奋不顾身地冲了进去。

要想生活幸福，投资成功，一定要非常清楚，有些事坚决不能让它发生，例如，过早死亡、婚姻不幸。很多事是大灾大难，必须离得远远的，才能平安幸福。莎莎·嘉宝（Zsa Zsa Gabor）把很多男人迷得神魂颠倒。那样的女人，我害怕，我可不敢娶。

我们进入股市时赶上了好时候

股东：我这个问题，您可能不会回答。如果您现在是个年轻人，资金不多，您会买什么？

我年轻的时候投资机会很多，现在的年轻人和我那时候没法比。20世纪30年代的大萧条给人们造成了严重的心理创伤，几代人都不愿再碰股票了，大型机构也都不愿持有股票。我赶上了好时候，生在了经济危机之后。我做投资的时候，人们普遍不愿投资股票。经历了20世纪20年代的金融市场，见证了大量欺诈行为，人们对资本市场失去了信心。无论是英萨尔公用事业公司（Insull Utilities），还是高盛交易公司，都让大量投资者亏损累累。

喜剧演员埃迪·坎特（Eddie Cantor）也没能逃过这一劫，他深有感触地说："别人忽悠我买了一只养老股，结果还真灵，不到六个月，我真老了。"沃伦和我进入股市时，大多数人还没从大萧条的阴影中走出来，我们赶上了好时候。

在过去的 20 年里，股票的平均收益率高达 15%，股市一片欣欣向荣的景象，大家都觉得买股票赚钱很容易。你们年轻人现在入市，难度大一些。具体的原因，沃伦已经在《财富》上刊登的那篇文章里讲过了。

虽然难了点，但也不是没机会了。只要你们能学到我们的精髓，像我们一样把买股票当成买公司，像我们一样耐心，像我们一样果敢，能抓住少数几个大机会，你们一样能做好投资。只是你们可能要投入更长的时间。

你们还年轻，前面的路还长着呢。投资难点怕什么，正好用来打发时间。

2003 年

西科金融股东会讲话

编者按

在 2003 年 3 月致西科金融股东的信中,查理·芒格披露了公司 2002 年的营收数据:2002 年合并净收益为 5271.8 万美元,每股 7.40 美元。

2001 年和 2002 年的合并净收益分解如下(收益单位为千美元,每股单位为美元):

	2002 年 12 月 31 日		2001 年 12 月 31 日	
	收益	每股	收益	每股
"经常性"净运营收益:				
保险业务	49471	6.95	45254	6.36
科特家具租赁业务	2442	0.34	13076	1.84
精密钢材业务	250	0.03	388	0.05
商誉摊销	—	—	(6814)	(0.96)
其他 [1]	555	0.08	632	0.09
西科合并净收益	52718	7.40	52536	7.38

科特的业务表现不佳,2000 年全年的税后营业收入(商誉摊销前)为 3340 万美元,而 2002 年只有 240 万美元,2001 年为 1310 万美元。芒格在股东信中写道:"当我们在 2000 年初购买科特时,它的家具租赁业务正

在迅速增长，反映了美国经济的强劲、惊人的商业扩张以及 IPO 和高科技领域的爆炸性增长。随着互联网泡沫的破灭、'9·11'事件，以及经济的持续疲软，科特的业务受到了冲击。显然，当我们购买它时，我们对家具业务的近期行业前景预测不足。"此外，科特在 2001 年期间成立了一个新的子公司迁移中心（Relocation Central），希望通过它成为公寓行业家具租赁的主要来源。

2003 年 5 月 7 日，西科金融在帕萨迪纳市召开了股东会。芒格在这一年就什么是巴芒"自己的路"做了很多阐述，比如 20 个孔法则、看准机会下重注、能力圈、机会成本等原则，格雷厄姆和费雪的影响，伯克希尔的独特文化，以及不太做事件套利、重视管理层走访等方法，乃至投资-人生哲学方面的根基等，值得仔细研读。

学术界和投资机构不懂我们，我们走自己的路

打 20 个孔，做 20 笔投资

在座的各位，你们都是铁粉。你们有的人刚刚参加过伯克希尔的股东大会，又马不停蹄地赶到了这里。在你们之中，少数人来这开会的费用可以报销，但绝大多数人是自费来的。你们有些人从很远的地方来到这里，例如，我知道有从欧洲来的。大家可以向四周看看，你的前后左右都是和你一样的铁杆粉丝。

为什么伯克希尔和西科有这么大的吸引力？为什么我们有这么多坚定的追随者？首先，肯定是大家都看到了我们的长期投资收益率。但是，各位追随我们，不只是因为我们的收益率，更是因为你们欣赏靓丽的收益率背后的东西，也就是我们的价值观和我们的思维方式。物以类聚，人以群分，我们是同道中人。

沃伦和我经常感到有些孤独，我们与学术界格格不入。无论是在商学院，还是在经济系，整个学术界教的很多东西，我们根本不认同。我们相

信的很多东西，学术界根本不懂。

以前，学术界经常批判我们，结果一次次被打脸，现在没人敢批评我们了。但是，学术界还是看我们不顺眼。学术界中有些死硬派，一口咬定股票市场完全绝对有效。在他们看来，所有股价都是合理的，没人能找到值得投资的公司。

学术界喜欢市场完全有效的理论，有了这么纯粹的理论，才能进行完美的数学计算和推理。按照市场完全有效的理论，公司什么时候都不能回购自己的股票。你可能说了："我发现有时候股价特别低，只有清算价值的五分之一，难道公司也不应该回购吗？"

不管你说什么，学术界的死硬派都听不进去，他们钻到牛角尖里了。按他们的理论，什么时候市场都绝对有效，股价没有不合理的时候。就算是你自己公司的股票，你也找不出股价不合理的时候。

学术界推崇市场完全有效，沃伦和我却一年又一年地交出良好的投资业绩，显得很不和谐。我们根本看不上学术界的那一套。但是，我们还真有一种孤独感。只有在投资行业，最主流的理论家和最优秀的实干家唱反调，无论是在医疗行业，还是工程行业，都没这个现象。

绝大多数机构的投资方式也和我们不一样。在各大机构中，现在最流行的方式是先聘请一批投资顾问，然后让他们去挑第二批投资顾问，把资金分散给投资顾问管理。第二层级的投资顾问可谓是五花八门，有投资外国证券的、有做杠杆收购的、有做风险投资的、有做小盘股的、有做大盘股的、有做成长股的、有做价值股的。

如此投资，到了年末一结算就会发现，钱没赚多少，顾问费和交易成本倒没少花。

伯克希尔和西科的投资方式与绝大多数机构不同，因为我们的思维方式不一样。伯克希尔股东会结束后，在接受媒体采访时，沃伦说了一段话。沃伦说，他经常告诉商学院的学生们，他有个办法，可以帮他们提高投资收益率。拿一张卡片，在这张卡片上，只能打 20 个孔，每个孔代表一笔投资，做一笔投资，打一个孔。20 个孔都打完了，一辈子的投资机会就用完了。沃伦说，照他说的做，投资者可以在一生中实现更高的收益率。

沃伦的这番话，很多人听了，左耳朵进、右耳朵出，根本没听进去。沃伦说这番话是认真的，我在这重复沃伦的话也是认真的。对于一个有头脑、守纪律的投资者来说，一生只做 20 笔投资，最后一定能取得更出色的收益率。因为一生的投资次数有限，肯定在做每笔投资时都慎之又慎，而且肯定是牢牢盯着大机会。

沃伦说的"20 个孔"法则，学术界根本不可能认同。然而，**我们现场有很多人是"20 个孔"法则的受益者**。在你们当中，很多人的大部分资产来自三四只股票，甚至完全来自一只股票。

咱们回顾一下西科的历史。自从蓝筹印花入主西科以来，西科做的投资多吗？不多。我们收购了三四家公司，买了几只股票。平均下来，我们大概每两年才有一个大动作。

很多机构不像我们这样做投资。为什么呢？很好理解。大机构要靠客户养活。客户一看，一年过去了，账户上一点动静都没有，他们会觉得白给机构交钱了。客户跑了，机构还怎么活？

如何遥遥领先指数？

我们还有一个观点：投资收益率很难远远高于平均水平。要是说只领先指数 0.5 个百分点，那不是特别难。但是，追求长期投资收益率平均每年领先指数五个百分点，那可绝对不是轻而易举就能做到的。

想实现这个高难度目标，**据我们所知，只有一个办法：减少投资决策的数量，不轻易出手；把握好大机会，出手就是下重注**。我们的这种投资方法和常见的投资方法有很大不同。

再说下去，我们肯定绕不过"分散投资"这个话题。有效市场理论认为，虽然每只股票的价格都是有效的，但是买入指数，把资金平均分散到指数中的所有成分股中，最终一定能获得平均收益。

这样的东西还用学吗？这不是废话吗？我们的商学院教授拿着薪水，讲的就是这些东西。我是认真的，不是开玩笑。教这样的东西有什么用？我们的投资方式和商学院教的那一套完全不一样。

在现实生活中，一个人把自己的财富投入三个好生意之中，会觉得心里很安稳。例如，一个人投资房地产，把资金分成了三份，分别投资商铺、写字楼和公寓，投资的房产都在黄金地段，他有什么好担心的？

问题是一到了股票市场，人们听了专家的夸夸其谈，就糊涂了，不买个 100 只股票，心里就不踏实。投资顾问讲那些东西，是为了赚手续费，和医生开药赚钱没什么区别。

嫉妒是一种愚蠢的罪

做投资，还有个问题要注意。有的人总是追逐更高的收益率，总想把别人比下去。假设现在有一个特别好的投资机会，保证能长期实现每年 12% 的复合收益率。但是选了这个机会，你必须放弃所有其他机会，也就是说，放弃很多可能更赚钱的机会。你们当中有很多人不会选这个 12% 的机会。当然了，你们中有些人实际上能获得比 12% 更高的投资收益率。

我们应该这样想：别人赚得多就赚得多，和我有什么关系？无论做什么事，都是强中更有强中手，总有人赚钱赚得更多，总有人跑步跑得更快。不贪多，自己赚的钱够用就知足了，这才是活得明白。非要和别人比，看到别人赚钱比自己多就眼红，纯属自己找罪受。

按照天主教对人类恶行的分类，人类主要有七宗罪，嫉妒是其中之一。我觉得犯嫉妒这种罪的人最蠢。犯了嫉妒的罪，得不到一丁点快乐，整个人都被痛苦包围着，何必遭这份罪呢？

我们可看透了，我们从来都是从容地走自己的路。

用机会成本的方式思考，并且留在能力圈之内

因为我们有能力收购好公司，我们多了一条路，多了一个选择。生活

中有个常识：在做决定的时候，无论是个人，还是公司，都会考虑机会成本。人们都是在充分考虑机会成本之后，才做出选择。

举个例子，你是个条件不错的小伙子，有个姑娘看上你了。你有可能选择和她成家，这是一个机会。你也有可能婉言拒绝她，因为你喜欢别的类型的女孩，觉得自己还能找到更好的机会。在做人生的重大决定时，包括选择工作、选择学校等，大多数人都会充分考虑所有机会。其实，做投资也是同样的道理，一定要充分考虑机会成本。

我们做投资的时候，总是把手里现有的最佳投资机会作为参照标准，把它当成一把尺子，用它来衡量所有其他机会。我们拿来当作标尺的机会越好，机会成本的门槛越高。原来我们只能投资股票、债券、上市公司，后来我们有能力收购私人公司了，这样一来，我们就把机会成本的门槛提高了。也就是说，投资范围越广，投资机会越多。

投资范围广是好事，但是投资范围广，也容易脱离自己的能力圈。我们的投资范围很广，但是我们很少离开自己的能力圈。在我们浏览的投资机会中，有90%到95%被我们判定为不在我们的能力圈范围之内，我们看不懂，直接就不看了。

我们也确实找到了很多完全在我们能力范围之内的投资机会。作为一个投资者，能扩大自己的能力圈，提高自己的机会成本门槛，投资当然能做得更好。

用机会成本的思维方式做投资，有时候可能找不到任何值得投资的东西。我想起了沃伦在给合伙人管理资金的时候做的美国运通（American Express）那笔投资。当时，因为陷入一宗丑闻，美国运通的股价大跌。沃伦慧眼识珠，坚信美国运通是一只优秀的成长股。美国运通是他找到的最佳投资机会，这么好的投资机会，一下子就把机会成本的门槛抬高了，别的投资机会，根本没法和美国运通比。

于是，沃伦联系合伙人，修改合伙基金协议，提高了单只股票占比。仓位限制解除后，他拿出40%的资金重仓美国运通。为了重仓一只股票而主动提出修改协议，一般的基金哪有沃伦这么大的魄力。

我讲的这种思维方式完全是最普通的常识。然而，学术界信的完全是另一套东西。

我偶尔会遇到一些优秀的价值投资者，其中有一位是从斯坦福商学院毕业的。他刚起步的时候钱很少，但是，他相信自己，知道自己每年能赚25%，很快就能发达，用不着给别人管钱。现在，他确实发达了。

真有本事实现高复合收益率，住在阁楼里都能做投资。沃伦初出茅庐的时候，在阳台蹲了好几年呢，不照样做投资。问题是很多人没那个投资能力。言归正传，我们做投资总是从机会成本的角度考虑。

投资变难了，但还没难到日本那种程度

西科现在没什么大动作。我们持有大量资金，但找不到特别好的投资机会。我们也不是一动不动。去年，我们买了不少债券，涨了点，赚了两三千万美元。

在当前的投资大环境之中，确实很难找到那种一眼就看得出来的、确定性特别高的机会。综合考虑各方面的因素，很难说现在的股价是不是已经太贵了，但绝对是不便宜。我是说，从整体估值水平来看，股票整体上不便宜。

另外，随着利率走低，保本型投资的利息收益不断被挤压，人们拿到手的利息越来越少。现在的利率真是很低，五年期的利率还不到3%。很多人拿不到原来那么多的利息了，他们觉得很难受。

有的人耐不住性子，做不到像我们这样观察和等待。太浮躁了，成不了事。如果你的日子已经很富足了，顺风顺水的，六个月过去了，你的日子仍然很富足，仍然顺风顺水，难道你就觉得日子太难过，受不了了？

最近，因为西科在资本配置方面没什么动作，我们在董事会上经常海阔天空地聊世界大事。总有一天，环境会变。总有一天，机会将出现在我们面前。

我们现在的投资环境还没难到不得了的程度。真到了困难的时候，真变成日本那样，那才真叫难呢。日本已经衰退了很多年。在日本，投资债券的收益率是零，投资股票的收益率是负的。如果我们也像日本一样，陷入长期经济衰退，那些大机构、大基金，它们还怎么活？

我只是举个例子。美国拥有良好的投资前景，日本的悲剧不会在美国重演。尽管只是举个例子，但我认为，做投资必须明白一个道理：未来总是有我们意想不到的事情发生。谁能想到世贸中心坍塌了？谁能想到利率低到现在的水平？谁能想到日本的保险公司因为承诺支付每年 3% 的利率而破产了？世事难料啊。对于大多数股票投资者来说，过去的三年，日子都很不好过。

用单位净值法计算基金收益率更合理

在资产管理行业，有这样一个现象。有的基金经理刚开始的时候管的钱很少，但做出了非常漂亮的业绩，一跃成为明星基金经理。看到他靓丽的业绩，很多人慕名而来，纷纷跟投。没想到，过了几年，这位明星基金经理的业绩竟然一落千丈。

即使业绩滑坡了，一开始就买入基金的投资者，收益率仍然是不错的。基金公司总是拿这个收益率做宣传。然而，在这只基金中，只有一小部分资金享受了早期的靓丽业绩，绝大部分资金是后进来的，没享受到早期的靓丽业绩，却遭遇了业绩下滑。平均下来，所有资金的收益率可能很一般，说不定还是负的。没有一家基金公开宣传所有资金的收益率。

基金公司和投资顾问应该向投资者公开两种收益率：第一种是他们一直使用的收益率；第二种是用单位净值法计算的收益率。用单位净值法计算，可以把资金投入的时间和规模考虑在内。现在美国大型基金的年度单位净值一定非常难看，因为它们刚刚募集到大量资金，就遭遇了市场大跌。

以风险投资基金为例，开始的时候，资金规模非常小，收益率非常高。

后来大量资金涌入，特别是在互联网泡沫末期，涌入风投行业的资金量特别大。把每年的净值变化公之于众，很多风投基金都得钻到地缝里了。

我想和大家分享的一些想法讲完了，下面开始回答大家的问题。

格雷厄姆和费雪的基本思想永不过时

我接受格雷厄姆的主要思想

股东：我们很多投资者都阅读伯克希尔的年报。除了沃伦撰写的年报，我们还读本·格雷厄姆写的东西，特别是他的两本经典著作《证券分析》和《聪明的投资者》。这两本书有很多版本。请问您最推荐哪个版本？

我知道，您发展了格雷厄姆的思想。正如您在伯克希尔股东会上所说，您和沃伦站在了格雷厄姆的肩膀上，看得更远了一些。请问您从格雷厄姆的两本书中学到了什么？

格雷厄姆提出了安全边际的原则，这个概念永不过时。格雷厄姆告诉我们，市场是我们的仆人，不是我们的老师，这个概念永不过时。格雷厄姆提出的这两个概念是投资的根基，永远不会过时。在格雷厄姆的思想中，我们还可以学到要保持冷静客观，不受情绪影响，这也是永远不会过时的。格雷厄姆给我们留下了很多宝贵的思想。

沃伦是格雷厄姆的得意弟子。沃伦非常崇拜格雷厄姆。沃伦本来只是个穷小子，他因为追随格雷厄姆才走上了致富之路。所以说，格雷厄姆是沃伦的偶像，沃伦始终对格雷厄姆怀着深深的敬意。

我也敬仰格雷厄姆。格雷厄姆这个人很有深度，他的头脑不是一般人能比的。但是，在投资风格上，我不赞同像格雷厄姆那样买入烟蒂股。我不像沃伦那么崇拜格雷厄姆，我没研究过《聪明的投资者》不同的版本有什么区别。

我接受了本·格雷厄姆的主要思想，但是我并不像格雷厄姆那样做投资，他的投资方式不适合我。买入远远低于清算价值的股票，不管生意是好是坏，不管管理层人品如何，反弹 25% 就卖出，我不愿这么做投资。

再说了，我们现在的规模太大，也没法像格雷厄姆那样做投资。我选择了更适合自己性格特点的投资方式，我愿意买质地比较好的生意。

费雪对我们产生的两个影响

股东：您的投资风格中融入了菲利普·费雪的理论。请问您从费雪那主要学到了什么？

菲利普·费雪主张集中投资 10 只股票，他认为投资股票的数量要少而精。我们的投资就很集中。费雪还认为，投资者应当把自己投资的公司研究透。我们的研究就很深入。

我们在投资中采取集中持股、深入研究的做法，是因为我们受到了费雪的影响。

我们在实践中形成了自己的风格和方法

事件套利不太赚钱了，我们已经很少做了

股东：我特别喜欢听您讲各种投资方法。您讲过本·格雷厄姆的净流动资产投资法（Net-Net），您讲过找到很长的山坡像滚雪球一样做投资，您也讲过抓住市场失效的时机做投资。我研究了伯克希尔的投资组合。我发现，在伯克希尔做过的投资中，有很大一部分属于在市场失效时抓住了机会的情况。霍尼韦尔（Honeywell）这笔投资是个很好的例子。在通用电气的收购计划落空之后，很多投资者夺门而出，伯克希尔却抓住了机会大笔买入。西科也会做这样的投资吗？

咱们可以聊聊事件套利这种投资方式。事件套利这种投资方式，在伯克希尔早期，我们做过很多。近些年来，我们做得比较少。至于现在，我们基本上不参与事件套利了。

我们买了 100 亿美元左右的垃圾债，这笔投资和事件套利有些类似。我们现在手里还有七八十亿美元的垃圾债。我们的这笔操作和沃伦早期做的事件套利有相似之处。

我们早期做事件套利很赚钱，现在事件套利没那么大的利润了。

以前做事件套利是真赚钱。在很长时间里，事件套利都是一种非常赚钱的投资方式。沃伦计算过，把本·格雷厄姆和他自己的投资经历加在一起，在 60 多年的时间里，只做事件套利，就可以实现年化 20% 的收益率。

现在做事件套利的人太多了。学术界的宣传功不可没。他们宣称："事件套利这种投资方法好，偶尔做一笔事件套利，别人都玩完的时候，你还能照样赚钱。做事件套利，赚的是绝对收益，比跟市场赛跑，赚相对收益强多了。"

很多人听了，觉得深以为然，都跑来做事件套利了。除非碰到特别好的机会，我们应该不会做大规模的事件套利投资了。

我们不做事件套利了，很重要的一个原因在于，<u>一般的事件套利机会，容纳不下我们这么大的资金量</u>。我给大家讲讲我们最近投资垃圾债的经历，你们就能体会到资金规模大的难处了。当时，专门做垃圾债的基金遭遇了赎回潮，人们纷纷抛售，几乎没人接盘。每天人们都在卖，根本没人买。于是，我们进场了。但是，在这种没别人接盘的情况下，我们也才投入了 100 亿美元。

现在形势已经恢复正常了，做垃圾债的基金可以松口气了，它们的资金流已经转正了。我们根本没吃饱。

很多机会是因为偶然因素突然出现的，而且很快就消失了。按学术界的话说，出这种机会的时候，正是市场失效的时候。很多种原因都可能导致市场莫名其妙地失效，例如，某些投资者被迫卖出，或者市场出现了集体恐慌。当市场暂时失效的时候，如果你也像伯克希尔一样，拥有庞大的资金，你也可以往里砸个几十亿美元。

好机会稍纵即逝，必须时刻准备着

大多数投资者行动太迟钝了。像那些大机构，它们看到了垃圾债的机会，得先召集顾问委员会商讨，然后还要征得信托人的同意、咨询律师的意见。等到最后终于得到各方面的许可，黄花菜都凉了，早就没有机会刚出现时那么便宜的价格了。

做投资，一个是必须瞪大眼睛等待机会出现，另一个是机会出现的时候，必须果断出手。就拿伯克希尔收购的一些公司来说，有些公司是周五下午找到我们的，他们必须在周一上午之前拿到钱，否则就会陷入违约。在这么短的时间里，根本不可能把所有正式流程走完。有两三次，我们遇到了这种情况，我们一看合适，就直接出手了。

大多数人不会像我们这样做投资。我们之所以这样投资，是因为我们很清楚，好机会经常稍纵即逝。如果你像我们一样，相信好机会出现的次数很少、持续的时间很短，那你一定要做好准备，在机会出现的时候，果断出手，别让机会溜走。时刻准备着，就这么简单。

比起股票，我们更愿意收购

股东：几年前，伯克希尔收购了冰雪皇后（DQ, Dairy Queen）。巴菲特先生表示，能买下整个 DQ 公司，他非常高兴。他说，与买入部分股票相比，他更愿意把整个公司买下来。请问在你们看来，买部分股票和买整个公司有什么区别？

我们既买股票，也做收购。与买股票相比，收购整个公司，我们能节省很多税收成本。沃伦详细讲过其中的原因。收购整个公司更合适。收购整个公司的好处很多，例如，我们可以更换管理层，可以修改股息政策。另外，整个公司换成股票很容易，股票可没法变成整个公司。

我们当然更愿意买入整个公司了。很多时候，与只买入 3% 的股票相比，我们愿意出更高的价格把整个公司买下来。别人也和我们一样。谁都知道，拿在手里的股份越多越好，股份越多越值钱。

要做好投资，必须大量阅读

股东：您告诉我们，要大量阅读、不断学习，才能成为一个优秀的投资者。请问您平时主要读什么？您觉得哪些东西是投资者必须读的？

如果一个人的事业覆盖面非常广，想要取得成功，不大量阅读是不可能的。有些人在很狭小的领域做到了专精，他们可能用不着大量阅读，也能取得成功。投资是个包罗万象的行当。不大量阅读，还想做好投资，我觉得不太可能。

至于读什么，每个人需要根据自己的兴趣和特点选择。举个例子，有一个投资者，他擅长研究医药行业。他走的投资路径可能和我完全不一样，但他选择的是适合自己的路，一样能很成功。他也一定会大量阅读，只是读的东西和我不同。不大量阅读是不行的。

沃伦读了多少东西，我读了多少东西，你们根本想不到。我的子女笑我，说我是长着两条腿的书架子。要想把投资做好，就得像我们这样大量阅读。很多人想投资成功，但他们不愿像我们这样阅读。

商业报纸杂志中的信息量很大，对投资者非常有用。《福布斯》(Forbes)《财富》《华尔街日报》等报纸杂志的文章质量很高，它们的很多记者和编辑非常有才华。

与管理层交流怎么可能完全没用呢？

股东：我没记错的话，在伯克希尔股东会上，沃伦说，他年轻的时候经常拜访管理层，实地调研公司，现在他觉得把时间花在这方面没什么大用了。是因为沃伦已经积累了大量的经验，用不着再做这方面的工作了吗？还是他觉得与管理层交流得不到什么有用的信息？请问您怎么看？

与管理层交流怎么可能完全没用呢？只不过是沃伦现在懒得去四处调研了。沃伦的老师本·格雷厄姆认为拜访管理层没用，他更相信客观的财务数字。格雷厄姆认为，管理层经常心口不一，经常不说实话，投资者还不如只看财务数字。在他看来，不拜访管理层，偶尔可能错过一两个好机会，但是也不会被管理层的花言巧语蒙蔽。总的来说，格雷厄姆认为拜访管理层没用。

我的想法和格雷厄姆不一样。如果你有足够的鉴别能力，真有机会和公司的关键人物坐下来单独聊上一小时，能有很大的收获。

我也不是完全相信管理层，大概六四开吧，六成能得到有用的信息，四成只能听到花言巧语。总的来说，到底值不值，你们自己判断吧。如果你有一个很重要的具体问题，可以从管理层那得到答案，那当然要问管理层了。

通过阅读年报中的"管理层讨论与分析"以及财务报表中的数字，沃伦可以透过纸面，捕捉到关于公司管理者的信息。我们现在投资的都是大公司，在研究这些大公司的时候，沃伦不想和它们的高管面对面地交谈。不拜访管理层，确实也有一定的道理，连沃伦都有看走眼的时候。

我给大家讲一个趣事。很多年前，我们看好了一只股票。沃伦联系了这家公司的首席执行官，和他一起共进午餐。回来之后，沃伦告诉我，这人是个混球，根本不把股东的利益当回事。于是，我们把这只股票清仓了。

没想到，这只股票一路上涨，创造了每年 15% 的复合收益率，一直涨了 20 年，最后才咽气。谁说拜访管理层总是有用？每次看到那只股票一路上涨，每次想起这件事，我都觉得特别好笑。

会计处理与衍生品交易，都要小心

会计漏洞一直存在且很难解决

股东：在伯克希尔股东信里，沃伦没谈当前存在的会计漏洞。您能讲讲这方面的内容吗？旧的会计漏洞还在吗？是否有新的会计漏洞出现？

另外，我注意到，在伯克希尔股东信中，沃伦预计退休基金只能实现 6.3% 到 6.5% 的收益率。有些公司确实开始下调退休基金的预期收益率了。

在会计漏洞方面，目前最大的问题是衍生品交易和退休基金的会计处理。其他会计舞弊行为，主要是做假账和虚增收入。

现在有些金融机构的做法，我不敢苟同。它们发放贷款之后，立即把贷款卖出去，然后把未来的收入入账，记成现在的利润。这种会计方法违反了保守原则。很多公司的会计行为存在这样或那样的瑕疵。

目前，并没有什么特别突出、特别严重的新会计漏洞需要提醒大家。现有的会计漏洞已经够让人头疼的了。

股东：有一位教授，我忘了是哥伦比亚大学还是纽约大学的，他说他有个办法，可以解决安达信（Arthur Andersen）等会计师事务所面临的困境。他说，会计师事务所的激励机制不对，审计人员都得看上市公司的脸色，无法保证财务数字的准确性。

他说应该请保险公司出面，为上市公司财务数字的准确性提供保险。您觉得这个办法怎么样？

我看不太可行。学术界搞了很多严重脱离实际的东西。

能源行业的衍生品已经爆雷，下一个可能是金融行业

股东：我的问题是关于衍生品的。去年，您告诉我们，我们的金融体系中充斥着衍生品。您说很多公司的利润表上显示的利润，虽然经过了会计师的审计，但其实很大一部分来自衍生品交易，根本不是实际的利润。

回去之后，我做了一些功课，找到了很多大型金融公司的财务报表，研究它们的利润中有多少来自衍生品。

我研究了很长时间，也没看出来什么东西，请您给我一些指点。

你去看能源公司的衍生品交易，很容易就能看出来了。能源公司的衍

生品交易已经爆雷了,很多人亏得血本无归。多年以来,它们的账面利润都是假的,账上记录的大量衍生品资产是海市蜃楼。

至于金融行业的衍生品,现在还没爆出大雷。衍生品的会计处理仍然丝毫没变。衍生品什么时候在金融行业爆雷,我们走着瞧吧。

我们收购的通用再保险账上有大量衍生品资产。起初,我们打算把通用再保险的整个衍生品部门卖出去,但没卖出去。后来,我们干脆一笔一笔地自己清算。我们花了很长时间。与很多公司相比,我们的入账方式更保守。尽管如此,在清算的过程中,我们还是遭受了减记损失。

我敢说,大型银行的衍生品资产,账面价值肯定远远高于清算价值。

金融行业的衍生品什么时候爆雷?雷有多大?波及的范围有多广?这些我不清楚,但很可能是个大雷。

衍生品的雷,在能源行业已经爆了,血流成河的景象,我们都看到了。别忘了,在金融行业之中,还隐藏着大量虚假的衍生品资产。

偏离主业的公用事业公司,为什么会把自己搞死?

公用事业公司像多米诺骨牌一样,一个接一个地倒下。很多公用事业公司偏离了自己的主业,和别人学起了做衍生品交易,最后十有八九损失惨重。我们不妨想一想,为什么公用事业公司的管理层偏离了主业,就把自己搞死了呢?

在公用事业公司,很多领导者是顺着公司的官僚体系一级一级地升上来的,他们可能人品很好,在自己的专业领域懂得比较多,但是对于资本配置却知之甚少。他们自己不懂,只能听投行的、听顾问的,当然很容易上当受骗。领导者不懂资本配置,被投资顾问摆布,这是公用事业公司多元化败局的原因之一。

公用事业公司陷入了败局,为什么伯克希尔活得好好的?我们有什么不同之处?我们比他们强的地方在于,我们始终追求保持理智。

乌合之众的群体癫狂屡见不鲜。一个人,不追求保持理智,甘愿随波逐流，别人说什么就是什么，早晚会被愚昧的大众裹挟而做出蠢事。

能源公司的败局又给我们上了一课。教训很深刻，但人们从来不长记性。

我们有特殊事件保险领域的最强组合

股东： 除了承接地震险、车险，伯克希尔还为很多特殊事件提供保险，我想知道，你们是如何评估特殊事件保险的，你们的思考过程是怎样的？在找不到历史数据或同类案例的情况下，你们如何评估各种结果的可能性？

特殊事件保险和普通的寿险不一样，不是只用一些常见的统计学工具就能做好的。真像寿险那么简单，那谁都会做了，也就没什么钱可赚了。我们的利润正是来自你觉得难懂的地方。特殊事件保险不是谁都能做明白的，得出理智的结论很难。

以承接地震险为例，我们也查看地震的历史记录，但我们还会考虑很多别的因素。在一般的精算师看来，如果过去 50 年都没发生大地震，他可能觉得将来发生地震的概率很小。

我们则不然。我们认为，过去 50 年都没发生大地震，也有可能是地壳中的压力正在积聚。过去 50 年都没发生大地震，将来发生大地震的概率不是小了，反而是大了。做出这样的判断，需要运用地球物理学的知识进行大量计算，一般的精算师没这个能力。

我们会把方方面面的因素考虑周全，在我们看来，长期没发生地震可能意味着将来发生地震的概率更大了。

把方方面面的因素都考虑到，需要在头脑中进行大量的计算，好在我们有阿吉特·贾因和沃伦·巴菲特通力协作。我对他们两个人都很熟悉。**在特殊事件保险领域，阿吉特和沃伦堪称最强组合。** 他们不能保证 100% 的成功率，但是到目前为止，他们的记录非常了不起。有他们在，我们完全可以把心放在肚子里。

有些类型的保险，能用统计学算出来。特殊事件保险，不能用统计学算出来。非要在特殊事件保险领域，追求像普通保险业务一样的确定性，那是不可能的。做特殊事件保险，更多是靠直觉和经验。

有时候，阿吉特和沃伦会做一些非常规的操作。举个例子，一笔保险生意，概率和赔率非常合适，我们很愿意做，但别人都不敢做。为什么呢？因为如果亏了，亏损的数字会特别大。别人怕亏不起，我们伯克希尔不怕。

阿吉特和沃伦做的特殊事件保险，不能用普通的统计学知识解释清楚。有阿吉特和沃伦坐镇，我非常放心。

我很想把他们的思考过程讲出来，可惜我讲不明白。他们两个人都拥有非凡的头脑，都善于独立思考。我们在特殊事件保险领域的成功，是他们两个人的直觉和经验相互碰撞的结果。

投资和人生，道理是相通的

该面对的必须要面对

股东：在投资中，我们总是在评估风险。美国出兵伊拉克和阿富汗，请问您怎么看？我们是更安全了，还是更危险了？

我也说不好。面对困难，很多人选择逃避。我们选择出兵，至少这种态度是积极的，愿意承受眼前的痛苦，换取长期的和平。

很多人总是一味地逃避，不愿承受短期的痛苦。自找苦吃，主动吃眼前的苦，这才是正确的处世态度。

投资是同样的道理，以短期的痛苦换取长期的收益。有很多好东西，你都想买，但你就是不花这个钱。你甚至会放弃眼前的一些东西，为的是将来能有更大的收获。这是我喜欢的处世态度。

我不知道美国出兵中东的前景如何，但是我认可这种主动吃苦的态度。

学点真本事

股东：在谈到风险时，投资顾问经常把贝塔系数（beta）和标准差（standard deviation）挂在嘴边。去年，在伯克希尔股东会上，巴菲特说，如果投资顾问给你讲投资，谈到了贝塔系数，你应该拔腿就跑。请问在你们的模型中，你们如何衡量风险？如果不用标准差，投资顾问该用什么衡量风险？

你提的问题不错。我正好借此讲几句，让大家把现实看得更清楚。以钓鱼为例，钓鱼有两种赚钱方式：第一种，参加钓鱼大赛赢奖金，钓上来的鱼最多，赢得丰厚的奖金；第二种，靠卖渔具为生，通过给别人提供钓鱼建议赚钱。

参加钓鱼大赛的人和卖渔具的人是两种人。**靠卖渔具为生的人，基本上没什么钓鱼的真本事。**

在沃伦和我眼里，大多数投资顾问是卖渔具的。我们是参加钓鱼大赛的，他们是耍嘴皮子卖渔具的。投资顾问把贝塔系数挂在嘴边，可以多卖一些渔具。

我们对卖渔具没兴趣，我们是钓大鱼的。这个比喻应该很恰当。沃伦和我都对贝塔系数不屑一顾，那东西毫无用处。

在商学院的教育中，学生们投入大量时间，学习贝塔系数这种没用的东西。

也许我们再多赚几千亿美元，学术界才能听听我们的声音。到目前为止，学术界不把我们当回事。

股东：您对学术界教的东西很不以为然。我希望有一天能重回大学，去商学院深造。请问有没有哪家商学院或哪位教授讲的是正确的投资知识和原则？

有，我知道的不止一位。但是在整个学术界中，他们是少数的另类。

股东：您能否告诉我们这些教授是谁？

斯坦福商学院的杰克·麦克唐纳是其中一位，他经常参加伯克希尔股东会。我和沃伦都给他的学生讲过课。

肯定还有其他的好老师，只是我没太关注。也许我的观点可能会对学术界产生一些间接影响，但是我不愿主动去推动学术界的改革。

学术界的大师和教授们太僵化了，想让他们改变想法比登天还难。

之前我们错过了沃尔玛，现在与它互相信任

错过机会是无法避免的

股东：查理，之前有人问过您，你们犯过的最大的错误是什么，您说是该抓住的机会没抓住，您在回答中提到了银行业和金融业。在伯克希尔股东会上，谈到错过的机会，您还提到了沃尔玛。

是啊，沃尔玛这个错，是 80 亿美元的错。

股东：真不是小数目。您能不能再给我们讲讲沃尔玛？您在开市客担任董事，对于沃尔玛，您一定有一些独到的见解。

做沃尔玛这笔投资的时候，我们刚开始买，还没买多少，股价就上涨了。我们还是捡便宜捡惯了，沃尔玛的股价一涨，我们就不买了。因为没有接着买，我们损失了 80 亿美元。

我们不是真亏了 80 亿美元，而是本来能赚到的 80 亿美元，却没赚到。该抓住的机会没抓住，这样的错误我们不是经常犯，但是我们确实因为犯这种错误而少赚了很多钱。如果我们将来能不犯这种错就好了，可惜，那是不可能的。这种错，我们以前犯过，将来一定还会犯。

本来能抓住的机会，却让它溜走了，这样的错误，我们无法避免。好在有些机会，我们确实牢牢抓住了。总的来说，我们已经做得很好了。但假如我们能多聪明那么一点点，就能给股东多赚好多钱。

沃尔玛和开市客都是出类拔萃的零售企业。沃尔玛创造了零售业的奇迹。创立沃尔玛之时，山姆·沃尔顿已经40多岁了。他的创业故事总是被人们津津乐道。

开市客也是一家具有传奇色彩的公司。开市客是后起之秀。沃尔玛崛起的时候，开市客还处于萌芽期。如果没有沃尔玛，开市客会更赚钱。

山姆·沃尔顿曾经和索尔·普莱斯（Sol Price）谈过几次，希望收购开市客。虽然这两位商界领袖惺惺相惜，但是他们最终没有走到一起。山姆·沃尔顿觉得索尔·普莱斯的要价高了，我们觉得沃尔玛的股票贵了。**我们错过了沃尔玛，山姆·沃尔顿错过了开市客。**

我们收购了沃尔玛出售的麦克莱恩

股东： 伯克希尔收购了麦克莱恩公司（McLane），这笔投资我看不懂。麦克莱恩的毛利率非常低。它以前是沃尔玛的子公司，主要为沃尔玛提供服务，没办法扩大客户基础。你们是看中了麦克莱恩的现金流吗？请问你们做这笔投资的逻辑是什么？

我们很欣赏麦克莱恩的管理层。我们也相信沃尔玛仍然会是我们的大客户。另外，从收购的价格来看，我们做的这笔投资还是不错的。

麦克莱恩不是那种具有巨大成长性的公司。在麦克莱恩配送的商品中，烟草占很大的比重。

具有高成长性的公司，价格很贵。麦克莱恩没有特别高的成长性，我们收购的价格也很合理。**虽然成长性不是特别高，但是麦克莱恩的生意还不错，将来可能越做越好。**麦克莱恩这笔投资很值。我们愿意以公允的价格买入好公司。

麦克莱恩是一家效率很高的公司。不能把麦克莱恩当成一家零售公司看，要把它当成一家物流公司。麦克莱恩与联邦快递（Federal Express）和联合包裹服务公司（UPS）类似。它有一套高效快捷的运输体系，能准确迅速地把大量商品送达渠道。凭借高效的快递服务，联合包裹服务公司在资本主义市场站稳了脚跟。麦克莱恩也能凭借它自己的长处找到立足之地。

沃尔玛是全球零售业霸主，它出售麦克莱恩，主要是为了聚焦主业，把自己最擅长的零售业做得更好。沃尔玛的做法很明智。

股东： 沃尔玛出售麦克莱恩公司，主动与伯克希尔取得了联系。伯克希尔旗下的加兰（Garan）童装主要以沃尔玛作为销售渠道，沃尔玛销量占其总销量的85%。伯克希尔和沃尔玛是否可能借此契机进一步加强合作。伯克希尔旗下有很多产品都可以进入沃尔玛销售。

首先，我想到的是油漆，本杰明·摩尔（Benjamin Moore）应该还不是沃尔玛的供应商。还有伯克希尔旗下的鞋履、服装、珠宝、厨房用品，都可以进入沃尔玛销售。另外，沃尔玛门店里开了800多家麦当劳，冰雪皇后是否也能入驻沃尔玛？在沃尔玛超市和山姆会员店，盖可保险可以设立咨询台，喜诗糖果可以设立售货亭。

既然伯克希尔和沃尔玛已经建立了信任关系，伯克希尔的商品是否可能大量进入沃尔玛销售？是不是沃尔玛的议价能力太强，我们进去不太合适？

我们与沃尔玛达成了一笔收购，沃尔玛是加兰童装的主要渠道，我们和沃尔玛建立了相互信任的关系。我们非常欣赏沃尔玛公司。沃尔玛取得的成就，让人由衷地感到敬佩。沃尔玛有一套能者上、庸者下的用人制度，它始终致力于为消费者创造价值。沃尔玛为所有企业树立了成功的典范。

加兰是在沃尔玛卖得好，我们是与沃尔玛达成了麦克莱恩这笔交易，但我不会因此而兴奋过度。沃尔玛有自己的采购体系，它的采购体系可能是全世界最完善的。沃尔玛知道自己该怎么选择供应商。它不可能因为和我们关系好，就采购我们的商品。

我们也不愿靠关系进入沃尔玛，我们要凭自己的真本事打开销路。所以说，大量伯克希尔商品涌入沃尔玛的情况是不现实的。

我们买入克莱顿房屋时正值行业低谷

股东：我是克莱顿房屋公司（Clayton Homes）的老股东，跟踪这家公司很多年了，对这家公司非常熟悉。你们买到宝贝了。你们出的价格低了点，再高一些就好了。

你们是用现金做的收购。我有个担心，多年以来，这家公司一直拥有良好的企业文化，不知道将来能否保持下去。如果克莱顿家族能继续留在公司，绝对是公司之幸。伯克希尔是否和克莱顿家族签署了什么特别的条款，让他们一直留下来管理公司？

你欣赏克莱顿家族，我们也欣赏克莱顿家族。我们愿意收购克莱顿房屋，很重要的一个原因在于，克莱顿家族同意留下来管理公司。我们出的价格略微低了一些，因为当时整个预制房屋行业陷入了低谷，市场中充斥着大量二手预制房，全行业遭遇了巨额亏损。

你说得对，克莱顿公司是个宝贝，它是行业里的骄子。但当预制房屋行业陷入低谷的时候，面对市场中的大量二手预制房，克莱顿公司也倍感压力。正如你所说，克莱顿是一家很优秀的公司，有了伯克希尔做后盾，它可以取得更大的发展。我们是在全行业陷入危机时达成的交易。这笔交易是双赢，对双方来说都合适。

我们愿意买入克莱顿，但是很多人非常害怕，都躲得远远的。伯克希尔敢于在别人恐惧的时候出手，这是伯克希尔一贯的风格。我们收购克莱顿的时候，克莱顿正深陷旋涡之中，很多人不愿和克莱顿沾边。我们知道，不是克莱顿自己的问题，而是整个行业的问题。公司到了危难关头，大多数人不愿意买，我们愿意买。

有伯克希尔 AAA 的信用评级做后盾，克莱顿今后可以大展拳脚了。

你很欣赏克莱顿公司的文化，那你觉得伯克希尔的文化和克莱顿的文化有什么不同吗？

股东：我只是担心克莱顿家族可能不会继续管理公司了。

伯克希尔收购过很多家族企业，都是因为我们很欣赏创始人家族的品格以及他们开创的事业。在我们收购每一个家族企业时，我们都希望创始人家族能留下来继续管理企业。我们很欣慰地看到，在加入伯克希尔之后，绝大多数创始人家族都留了下来，一如既往地经营着他们的事业。

克莱顿父子将继续经营克莱顿公司。父亲吉姆·克莱顿（Jim Clayton）的年纪比较大了，但儿子凯文·克莱顿（Kevin Clayton）还很年轻，至少比我们年轻。伯克希尔是克莱顿理想的家，我们欢迎克莱顿加入伯克希尔。

我始终看好预制房屋，虽然现在它的市场规模还不是很大，但将来可能拥有广阔的发展前景。 美国建造住宅的效率太低了。加州的连片住宅区，建筑效率还比较高。但是，在美国其他地方，建设住宅的速度太慢了。

股东：对于美国当前的房地产行业以及房价，您有什么看法？

在美国历史上，房价从没涨得这么厉害。虽然很多地方的房价从高位跌了不少，但整体房价还是一直在涨。

一方面，现在的利率很低，推动了房价上涨；另一方面，看到买房早的人赚了，很多人跟着买，这也导致房价节节攀升。

有些地方的房价，之前涨得太高了。在整个房地产行业出现大幅回调的时候，这些地方的房价跌得特别厉害，例如，硅谷就是如此。越是前期涨得高的，价格跌得越厉害。

我对房价没什么研究。我根本没想到帕洛阿尔托的一座小房子能涨到350万美元。优质的教育资源、硅谷的软件行业蓬勃发展、高等学府的带动，几个因素叠加到一起，帕洛阿尔托的房价像坐上了火箭一样。我真没料到，房价能涨得这么厉害。过去，我没预料到房价会大幅上涨，这足以证明我对房价不在行。对于将来的房价走势，我没什么发言权。

什么时候买房合适呢？我觉得，组建家庭需要买房的时候就买，没必要费尽心机猜测房价走势，买了房才能有个安稳的家。

收购伯灵顿不是因为突然看好纺织生意

股东：20世纪80年代中期，沃伦退出了纺织业。在1985年的伯克希尔年报中，沃伦讲了，纺织生意不是好生意，还专门举了伯灵顿工业（Burlington Industries）的例子。然而，伯克希尔最近却宣布有意收购伯灵顿。请问你们为什么要做这笔投资？

很简单。伯克希尔旗下的萧氏工业（Shaw Industries）主要生产地毯，伯灵顿也有一个地毯业务分部，正好可以合并到萧氏工业之中。我们主要看中了伯灵顿的地毯业务。对于它的其他业务，我们不感兴趣。我们在考虑收购价格的时候，也主要是计算伯灵顿地毯业务的价格。

我们有意收购伯灵顿，是为了壮大萧氏工业，并不是因为我们突然又看好纺织生意了。

伯克希尔开出了几亿美元的报价，伯灵顿方面却不做出任何承诺。在破产法庭上，法官认为，这没有任何不合理的地方。我们则认为，我们的报价是非常值钱的，如果伯灵顿选择了别的买方，它应该付给我们一定的"分手费"。我们要求的金额已经很低了，但法官仍然不同意。

法官有法官的道理，我们有我们的道理。所以，我们退出了收购。

我们有意收购伯灵顿，不代表我们改变了对纺织行业的看法。纺织行业的麻烦远远没有结束。总的来说，只要是制造业的生意，如果扣除运输成本之后，中国更有优势，那我们绝对不是对手。

在大举进军制鞋业之前，我们怎么就不明白这个道理呢？德国有句谚语说得好："我们总是老得太快，聪明得太迟。"

科特的生意遭遇了寒冬

股东：2000年，西科收购了科特家具租赁公司。互联网泡沫破裂后，很多行业受到了冲击。曾经的繁荣景象不复存在，办公空间需求骤然下降，科特受到的影响可能尤其严重。请问科特现在的情况如何？

互联网泡沫破裂对科特造成了很大的冲击。在互联网繁荣时期，办公家具租赁行业的生意非常红火。无论是律师事务所、会计师事务所，还是风险投资公司，都在招兵买马、扩大规模。随着泡沫破裂，与互联网相关的公司由盛转衰，租赁家具的需求明显减少，二手办公家具的价格急转直下。科特的生意确实遭遇了寒冬。

我们刚刚收购科特，就遭遇了互联网泡沫破裂，我们可真是时运不济。

利捷航空现在也同样处于困境之中，二手飞机的价格也跌了很多。很多行业都受到了冲击。现在，利捷航空在亏损，科特也在亏损。利捷航空将来会倒下去吗？不会。科特将来会倒下去吗？也不会。生活中总是有很多坎坷，有些坎坷需要很长时间才能熬过去。

就算有一天，科特真不行了，我们照样能坦然面对。**我们没觉得科特不行了，恰恰相反，我们正在收购其他家具租赁公司，而且我们收购的价格很合适。有人用脚投票，我们用真金白银投票。**

解决石棉伤害赔偿的法律体系存在问题

股东： 我有一个关于美国石膏公司（USG）的问题。它的企业价值是40亿美元左右。它有大约八亿美元的现金。最近，法院判决阿姆斯特朗世界工业公司（Armstrong World Industries）就石棉诉讼案赔偿31亿美元。从之前的赔偿情况来看，阿姆斯特朗的赔偿金额是美国石膏公司的两倍。如果美国石膏公司的石棉诉讼赔偿金额达到四五十亿美元，就会把普通股股东扫地出门。

现在官司正打得不可开交，美国石膏公司的处境非常不利。伯克希尔投资了美国石膏公司，请问这笔投资的前景如何？

这笔投资是个烫手的山芋。谁都没想到，石棉索赔能涉及如此之大的金额。赔偿规模如此之大，很重要的一个原因在于，法律体系受到了操纵，很多中间人不是石棉污染的受害者，他们却拿走了大量赔偿金。在低效的法律体系中，大量赔偿金流失了。

在所有石棉伤害赔偿金中，一大半落到了律师、专家的口袋里，但他们根本不是受害者。在我看来，如此处理社会问题，效率太低。

过去，在处理矿工的肺病索赔时，我们做得更好。政府决定向每吨煤征收专项税款，全部用于救助所有染上肺病的矿工。律师、专家等中间人没办法从中分一杯羹。显然，这种处理方案更高效、更合理。

美国石膏公司具体要赔多少，很难说。现在不只是美国石膏一家公司，有四五家公司都和美国石膏处境相同。我认为，美国石膏的净资产不至于亏光，但是还能剩多少，我也不知道。

发行自创金融产品，只是沃伦闲着没事找事做

股东：最近，伯克希尔自创了一个名为"SQUARZ"的证券。请问伯克希尔为什么发行这只证券？这个自创的金融工具成本是多少？与伯克希尔股票的内在价值有何关系？

沃伦拥有超强的大脑。伯克希尔虽然拥有大量资产和众多子公司，但沃伦最近实在闲得无事可做，所以他搞出了一个小规模的创新金融产品，希望能赚点小钱。在沃伦设计的这个金融产品中，买方每年向伯克希尔支付 3.75% 的利息，可以获得几年后买入伯克希尔股票的期权，行权价比产品发行时伯克希尔的股价高 15%。这只是沃伦在活动他闲不住的大脑，我们不用担心。

他以前做过类似的事。很久以前，大家可能都不知道，沃伦发行过类似的产品。每隔 20 年，沃伦才有一次这样奇怪的举动，我们忍一忍就好了。

这只自创的金融产品规模微不足道。沃伦觉得发行这只产品，伯克希尔略占优势，能稍微赚点小钱，正好时机也合适，所以就发行了。

一边从别人那借钱用，还一边收别人的利息，沃伦能不乐意吗？可不

<u>是谁都有这个本事。</u>

其实，发行这个产品，只是沃伦闲着没事，找点事做而已。

银行的生意很好做，但这波繁荣到头了

股东： 在 1990 年的西科股东信中，您讲了您对储贷行业、银行业以及货币基金行业的看法。请问您现在如何看待银行业？银行业中具有高成长性的公司，例如，华盛顿互惠银行（Washington Mutual），发展前景如何？

银行业是个富得流油的行业。我在伯克希尔股东会上说过，沃伦和我没能充分把握银行业的机会。我们当年没想到银行的赚钱能力会这么强，对银行的投资太少了。虽然我们也投资银行了，而且也赚钱了，但我们当年买少了。这些年，银行多赚钱啊！

很多银行的领导者其实很平庸，没什么杰出的才能，但这些银行照样赚大钱了。我当律师的时候遇到过一位客户，他对我说，他有个大学同学，上学的时候就是个猪头，没想到后来竟然飞黄腾达了。他很无奈地说："我这个同学好比浮在池塘上的一只鸭子，池水涨了，他也跟着飘起来了。"

银行业太赚钱了。现在的银行，只用借短放长这一招，就财源滚滚来了。<u>利率一直往下降，银行的生意很好做。借短放长的操作毫无难度，银行的业务规模越做越大，赚钱都赚到手软了。</u>

银行业能一直这么赚钱吗？正如经济学家赫伯特·斯坦（Herbert Stein）所说："如果一件事不可能一直持续，最后一定会停止。"在我看来，银行业的这波繁荣可能已经见顶了。

有的银行擅长经营消费信贷业务。很多人超前消费成瘾，银行的信贷业务非常赚钱。有很多人，他们人品没什么问题，但是热衷于超前消费。他们总是从银行一笔又一笔地借钱，最后债务堆成了小山，只能自己吃力地偿还。银行利用人们热衷于超前消费的心理，大力发展信贷业务，赚了

很多钱。

有些银行甚至引诱客户超前消费,就像券商鼓励股民上杠杆一样。我个人的观点是,银行业的这波繁荣差不多到头了,有可能要走下坡路了。

伯克希尔有独特的文化,不会轻易被大公司病侵蚀

股东: 所有公司能达到的规模都有一个极限,规模大到一定程度,可能就无法继续发展下去了。这或许是伯克希尔未来面临的最大挑战。按现在的速度推算,将来也许有一天,伯克希尔收购的企业数量超过150家。到那时,管理起来可能非常困难。所有伟大企业的创始人最终都会退出历史舞台,把公司交给继任者掌管,伯克希尔也不例外。在管理能力方面,将来伯克希尔的继任者与你们相比可能逊色很多。

我们很多股东希望在未来的二三十年里继续持有伯克希尔。对于此项风险,我们该如何评估?也许到那时,伯克希尔的保险生意将占据绝对优势地位,即使部分子公司衰落了,也不至于影响大局。您觉得呢?

另外,随着伯克希尔的规模越来越大,管理层是否可能继续按照一贯的风格经营下去,而完全不考虑通过派息或回购来提升股东的资本收益率?

最近,在沃伦·巴菲特不在场的情况下,伯克希尔董事会进行了一次讨论,我说了这样一句话:"我知道说出来让人觉得难以相信,但沃伦确实不但没有老,功力反而越来越深厚了。虽然他的年纪在增长,但是他一直没停下学习的脚步。"

我们知道,沃伦总有老去的一天。但是,现在的沃伦确实还在进步。大多数 72 岁的老年人早已停滞不前了,但沃伦没有,他还在进步。

总有一天,沃伦会离开我们,但他留下的伯克希尔有一手好牌。沃伦的投资能力无人能及,但他的继任者一定能守住他留下的基业,伯克希尔不至于迅速解体。伯克希尔是一家财力雄厚的公司。伯克希尔坐拥大量优

质资产，能源源不断地创造大量现金流。如果我们的股票大跌，伯克希尔可以回购。用不着担心将来的伯克希尔轰然倒下。

伯克希尔旗下的很多子公司都后劲十足，例如，美国中部能源公司的管理者就拥有非凡的能力，整个伯克希尔甚至有可能步子越走越稳。我坚信，无论沃伦在或不在，未来的伯克希尔都会更强大。

至于保险生意，阿吉特还年轻。在将来的几十年里，阿吉特仍将是一位在保险行业中叱咤风云的人物。我觉得没必要太担心伯克希尔的未来。

如果你是在感慨，繁华总会散尽、巅峰总会过去，那我和你的想法相同。我经常说，任何一个伟大的文明，它衰落的概率都是100%。任何一个强大的文明都有走向衰落的一天，但薪火相传，总有新的文明取而代之。

公司也是同样的道理。今天的世界100强各领风骚，昔日的世界100强早已不见了踪影。我喜欢回顾历史，了解过去发生的事，再和今天的事对比。50年前，柯达、西尔斯百货等公司如日中天，谁能想到它们今天会走到破产的边缘？50年前，通用汽车风头正劲，谁能想到它会走下神坛？如今的通用汽车市值无足轻重，已经成为一家普普通通的公司。谁都逃不掉兴衰更替的历史规律。

伯克希尔孕育了一种独特的文化，我们不可能像通用汽车那样倒下。通用汽车的企业价值都落到了员工手里，股东则两手空空。伯克希尔的文化和通用汽车的文化完全不同。我们希望员工得到奖赏、得到尊重、过上幸福富足的生活，但是我们的员工绝对不会背着股东侵吞公司的财产。

通用汽车是一家工会势力很强的大公司。管理层不敢惹工会，总是对工会言听计从，年年给工会内的员工加薪。工会内的员工加薪了，工会外的员工也得加薪。连续如此40多年，公司基本被掏空了，股东权益所剩无几。伯克希尔的文化和通用汽车不一样。

很多倒下的大公司有一些通病。凭借独特的文化，伯克希尔没那么容易被大公司病侵蚀。然而，如果你要问，现在的一切伟大是否终有黯然失色的一天？我想回答是肯定的。

我对社保基金入市持怀疑态度

社保基金正常运转不是靠这个

股东：在伯克希尔股东会上，您和沃伦表示，社保基金实际上是代际契约。有预测显示，随着老年人的寿命延长，领取社保的人越来越多，缴纳社保的人越来越少。请问这是否会导致年轻人和老年人之间出现利益冲突？

您和沃伦认为，社保基金不应该投资股市。你们认为，只可以将50岁以下的人群缴纳的社保基金用于投资股市，而且只能从中拿出非常小的一个比例投资，大概才2%。股票背后代表着创造财富的公司。你们鼓励我们股东持有股票，但为什么不支持社保基金投资股票，让更多人分享社会的财富？

至于股息税的税率问题，富人持有股票，穷人也持有股票。我们完全可以降低股息税的税率。如果担心富人交的股息太少，我们可以设置一个门槛，例如，五亿美元或10亿美元，向财富高于这个门槛的富人征收1%或2%的资产税。

你提的这一连串问题，大家各执己见。现在的老年人多了，年轻人少了，是否可能导致两代人之间出现利益冲突？当然会了。国家在想方设法地扩大支出，保证在老年人增多的情况下，社保基金仍然能正常运行下去。

这个问题的答案很简单。如果美国的人均国内生产总值增速降到零，两代人之间将陷入严重的争端。如果美国人均国内生产总值的实际增长率能保持在2%左右的水平，则不会出现什么大问题。我们的公共政策的重中之重就是保住每年2%的实际增长率。只要能实现这个目标，社保基金问题不大。

至于财富税，历史上早有先例。"二战"之后，德国满目疮痍。为了让国家早日走上正轨，德国颁布了一项临时法令，征收财富税。当时的德国民众早已受够了战争的苦难，吃不饱、穿不暖，所以他们纷纷交税，热烈响应国家的号召。"二战"后的德国征收的是一次性的财富税。

在美国，我担心一旦开征财富税，普通人尝到了财富税的甜头，财富税可能一发不可收拾，整个社会可能就乱套了。

我觉得我们现在的赠予税、遗产税都很合理。如果一个人打拼一辈子，创建了一家价值 500 万美元的小公司，希望把公司留给子女，我觉得公平的做法是，免除他的继承税。对于那些大商巨贾，我觉得现在的税收制度是完全公平合理的。这就是我对财富税的看法。

获得高收益率没那么容易

刚才的问题中还提到了社保基金应当投资股市。很多人有这种想法，是因为在过去的很长一段时间里，股票的表现一直非常好。很多人想当然地认为，社保基金投资股市，必然能带来更高的收益。人们还设计出了社保基金投资股票的种种方案。人们以为，在将来的很长一段时间里，股票还能保持过去那么高的收益率。

我可没这么大的信心。我不敢保证，在将来的很长时间里，股票的实际收益率一定能达到每年 8% 到 10%。

我始终坚信，只要是政府插手的事，基本上都好不了。虽然政府有责任保证社保基金正常运转，但是我完全不支持政府通过社保基金大举进入股市。共和党主张社保基金进入股市。我支持共和党，但是我坚决反对共和党的这个主张。

我不希望政府任命的受托人掌控美国公司的投票权。如果社保基金大举进入股市，社保基金将持有大量美国公司的股票。我还能列举出很多反对社保基金入市的理由。我认为，还是保持现状比较好。

股票估值主要有两种方法：第一种，根据未来获得的现金流估算；第二种，揣度人们的心理，抢在股价上涨之前买入。在第一种估值方法中，股票与债券类似。在第二种估值方法中，股票犹如伦勃朗的名画。一旦政府大举入市，每年大量买入股票，股票有可能变成人们竞相追逐的伦勃朗名画，整个社会可能因此陷入混乱。

很多人认为，只要社保基金入市，所有人都能轻松获得高收益率。我对此持有怀疑态度，这种做法可能产生很大的危害，我很担心政治因素造成的干扰。

另外，我也不相信人们预测的数字。可以把三年前的预测找出来看看，基本上都是不准的。三年前的都不准，将来的还能准？我不信。

举个例子，假设日本政府 20 年前把它的社保基金投入股市，日本股市可以多红火一段时间，日本民众的消费能力可以多维持一段时间，政府可能通过投票要求公司提高派息，但最后股市还是难免崩盘，所有股票大跌80%。假如日本真这么做了，那么今天的日本可能陷入更恶劣的困境。

我对社保基金入市持怀疑态度。把赚钱说得越是轻松、越是简单，我越是不相信。经济学教授本来应该是个理智的群体，但是很多经济学教授支持社保基金入市。我搞不明白，他们为什么会有这么天真的想法。

知识与努力会照亮我们的人生

读科学方面的书，也读这些传记

股东： 请问您今年有什么好书推荐？

我读了一本好书，但在今年的伯克希尔股东会上，没人让我推荐书，所以我没说。这本书是一位伯克希尔股东寄给我的。书名是《迷人的温度》（*A Matter of Degrees*），作者是吉诺·塞格雷（Gino Segre），他是一位物理学家。这本书写得非常精彩。

这本书不是那种能一目十行的书，反正我是做不到。细嚼慢咽、仔细品味，才能体会到这本书的奥妙。书中有很多引人入胜的内容，我把这本书推荐给大家。

真读进去了，这本书是超值的。

股东：能否推荐几本您喜欢的传记？

最近，我读了一本十多年前出版的卡内基传记，作者是约瑟夫·弗雷泽·沃尔（Joseph Frazier Wall），书名是《安德鲁·卡内基》（*Andrew Carnegie*）。这是一本质量上乘的卡内基传记，我读得很入迷。

你们很多人可能从来没读过卡内基的传记。卡内基出身贫寒，他只上过四年半的学，而且学校的条件也很差，只有一个老师，却有170多个学生。

卡内基出身卑微，但他后来创办了卡内基钢铁公司（Carnegie Steel），还成立了卡内基基金会，他为社会做出了很多贡献。卡内基的故事值得一读。

读这本书，对我们做投资也有帮助。作家 L.P. 哈特利（L.P. Hartley）有句名言："昔日即异邦，行事皆不同。"卡内基所处的时代和我们现在的时代完全不同。19 世纪，劳工的待遇非常恶劣。工厂主让劳工从事各种危险的工作，不给他们交退休金、不给他们买保险。受了工伤，丧失了劳动能力，工厂主直接把他们打发走就完事了。如果商品价格大跌，工厂主可以直接把劳工的工资削减 40%。按我们现在的标准，那时候的劳工，生存环境非常恶劣。

读卡内基的传记，我们可以穿越到过去。看到了过去与现在的不同，我们自然会思索 100 年后的景象，100 年后的世界也会与现在截然不同。

卡内基的传记讲的是 100 年前的世界。在过去 100 年里，美国的人均国内生产总值取得了巨大的增长。从 1900 年到 2000 年，美国人均国内生产总值的平均增速约为 7%。一个世纪取得这么大的增长，真是非常了不起。美国在过去 100 年里取得的增长，堪称人类历史上的奇迹。

人类的下一个 100 年会怎样？我们都不知道。但是，读了卡内基的传记，我们不禁会思考这个问题。我推荐大家读一读卡内基的传记。

我还读了一些科学家的传记，那些书未必符合大家的胃口，卡内基大家应该读得下去。卡内基生活的时代和现在完全不同，他结婚很晚，大概

51岁才成家，那时的世界，真是和现在很不一样。

股东：您是一位资深传记迷，也是本杰明·富兰克林的追随者。您可能读过戴维·麦卡洛（David McCullough）写的传记《约翰·亚当斯》(*John Adams*)。

读过。

股东：这本书中说，约翰·亚当斯对本杰明·富兰克林的评价不高。在作为美国代表团成员访问巴黎期间，富兰克林非常懒惰，经常上午10点才起床，他言行不一，还经常用公款消费。芒格先生，请问您对此有何评价？另外，我想问一下，您是否读过罗伯特·卡洛（Robert Caro）写的《林登·约翰逊传》(*The Years of Lyndon Johnson*)？

我读过约翰逊的传记，卡洛写的约翰逊传记非常经典。约翰·亚当斯的传记、富兰克林的传记，我也都读过。

富兰克林担任驻法大使时，他的年纪已经很大了。年轻时的富兰克林是个卑微的学徒工，为了出人头地，他每天都在努力拼搏。到了晚年，富兰克林已经名利双收，他饱受痛风折磨，知道自己时日不多了，自然不会像年轻时对自己要求那么苛刻了。

我认为，美国代表团成功争取到了法国的巨额援助，富兰克林居功至伟。在约翰·亚当斯眼里，富兰克林一身毛病，但法国人却对富兰克林很着迷。

总的来说，我觉得在本杰明·富兰克林的一生中，他很好地履行了自己的公职。对于富兰克林，我们要全面地看。全面地看，富兰克林仍然是一位伟人。另外，我也是一个老年人，我支持老年人小小地放纵自己。

按我的方法，一定能成功

股东：今年秋天，我将进入加州大学洛杉矶分校（UCLA）读书。

您和巴菲特先生是我们年轻人学习的榜样。我想沿着你们的道路走下去，但现在不知道该选法律专业还是金融专业。您在两个行业都有很大的建树，法律和金融这两个行业，我该怎么选？请您不吝赐教。

好的。很多雄心勃勃的年轻人问过我们类似的问题。你们很聪明，你们看到眼前的我又富又老，你们就琢磨了，怎么才能像他一样富，但不像他那么老呢？我总是告诉你们，我是慢慢变富的。我一步一个脚印、从一点一滴做起。我不懈地努力、耐心地积蓄、默默地忍受亏损的痛苦。如果想知道如何快速致富，问我是问错人了。

我知道，按我的方法一定能成。你们年轻人前面的路还很长，成功慢一些又何妨？正好用来消磨时间了。总不能天天斗地主吧？**欢迎加入我们：每一天都追求比醒来的那一刻多增长一分智慧；每一天都追求有能力承担更大的责任；每一天都追求尽善尽美地完成所有工作。**日复一日，年复一年，你终将出人头地。

进步不总是肉眼可见，而是往往出现在不经意间，但进步总是源于长期坚持，源于每一天的努力。

年轻人，一定要牢记，小有成绩的时候，要保持头脑清醒。不要像很多人一样，刚有点小成绩，就沾沾自喜。现在你们追求香车美女，等你们年纪大一些了，可能就会发现，那些不是你们想要的。

踏踏实实，一步一个脚印，坚持不懈地长期努力，这是我的成功之道。

人这一辈子，活到最后，配得上拥有什么，基本上就会拥有什么。**想获得成功，你自己得配得上才行。道理很简单。**

寻找人生伴侣，也是同样的道理。婚姻是人生大事。我很幸运，有一位好妻子。一个人如何才能找到优秀的伴侣呢？要与优秀的伴侣牵手，你自己首先得配得上人家。你想想，优秀的伴侣又不傻。

佛陀一语道出人生真谛

股东：我觉得您虽然在讲投资，但您更多的是在讲哲学。您告诉我们要理智。您认为您和巴菲特先生之所以能取得成功，很重要的一点在于，你们都追求保持理智。您能不能再给我们讲讲您的生活哲学？

我们对理智的追求是一以贯之的。无论是在我们说的话里，还是写的文字中，都贯穿着我们对理智的追求。然而，我们没办法精炼地表达出来。如果你让我们把全部的人生智慧浓缩成一句话，我们做不到。

在前人的总结中，也许说得最精辟的当属佛陀。佛陀说："我只教一件事，我教的是人类痛苦的根源，以及如何避免一部分痛苦。"这不是佛陀的原话，但大意如此。

这基本上也是我所认为的智慧。如果你能学会如何远离灾难，如果你能化解无法避免的痛苦，你就领悟了佛陀的教诲，获得了人生的智慧。

看透了苦难的根源，人就可以脱离苦海。

股东：我感觉您似乎更强调理智。

佛陀说的就是理智，佛陀教导的处世智慧非常理智。

股东：人活着确实不容易，人生太难了。

不是的。看透了苦难的根源，人可以脱离苦海。知识是人生的明灯，对人生的理解多几分，生活中的苦楚就少几分。

时间差不多了，今年的会就到这。

注释

1 指西科总部办公大楼的收入（主要是租给外部租户带来的租金），以及保险子公司以外的现金等价物和有价证券的利息和股息收入，已减去利息和其他公司费用。

2007年 西科金融股东会讲话

编者按

在 2007 年 2 月致西科金融股东的信中,查理·芒格披露了公司 2006 年的营收数据:2006 年合并净收益为 9203.3 万美元,每股 12.93 美元;合并净收益为 9203.3 万美元,每股 12.93 美元。

2005 年和 2006 年的合并净收益分解如下(收益单位为千美元,每股单位为美元):

	2006 年 12 月 31 日		2005 年 12 月 31 日	
	收益	每股	收益	每股
"经常性"净运营收益:				
西科金融与堪萨斯银行业的保险业务	5164	0.73	11798	1.66
承保	58528	8.22	39068	5.49
投资收入	26884	3.78	20676	2.90
科特家具租赁业务	1211	0.17	1198	0.17
精密钢材业务	246	0.03	5233	0.73
其他"经常性"净运营收益	92033	12.93	77973	10.95
已实现的投资收益	—	—	216606	30.42
西科合并净收益	92033	12.93	294579	41.37

2007年5月9日，西科金融股东会在帕萨迪纳召开。这年初，美国抵押贷款的风险开始浮出水面，一向直言不讳的芒格在会上猛烈抨击了垃圾债的始作俑者。同样受到抨击的还有会计造假行为及其近期的代表案例安然事件。会上芒格还对令巴菲特成功的因素进行了总结，甚至还列举了与他相反的聪明人会怎么失败，正反对比，令人印象深刻。另外值得注意的是，虽然只寥寥几句，但芒格首次提到了中国的股票市场。

既然我成了教派的副掌教，就来谈谈伯克希尔的故事

伯克希尔和西科的教义永远不变

会议的正式流程结束了。下面我们进入你们最期待的环节，我先简短地讲几句，然后把大部分时间留下来回答各位的问题。

今年，我们的会场是一个临时搭建的帐篷。真没想到，现在的帐篷竟然都搭得这么好，这要归功于文明的进步。我们的祖先可住不上这么好的帐篷。

今年参会的股东比去年多了一些。你们怀着极大的热情来到这里，我对你们表示欢迎。我从来没想到自己会成为一个教派的副掌教，这或许就叫所得非所求吧。

你们中的很多人刚在奥马哈参加完伯克希尔股东会就赶到了这里，而且你们很多人连续多年都是如此。天主教徒信奉的教义一成不变，你们对伯克希尔和西科的信念犹如天主教徒一般。我们不会让你们失望，伯克希尔和西科的教义也永远不变。

我们的股东会能从最初的十几个人发展到现在的这么多人，这里面肯定有它的道理。人们从四面八方来参加我们的股东会，主要是为了汲取智慧。只是听别人讲，很难增加智慧，这就是为什么有那么多花样翻新、生动形象的教学法。"二战"中，为了让士兵学会在枪林弹雨中匍匐前进，军队在训练中使用了真枪实弹。真子弹从头顶呼啸而过，士兵们很快就学会

了紧贴地面、匍匐前进。

没有好的教学方法，把信息从一个大脑传输到另一个大脑，实在太难了。正因为如此，很多人非得自己吃过苦头，才能把道理想明白。马克·吐温讲过，能不能拎着尾巴把猫提起来？听别人说没用，自己去拎一下试试，得出的答案肯定印象深刻。然而，这种学习方法太遭罪了。威尔·罗杰斯（Will Rogers）讲过，人们应当尽可能从别人的经验中学习。他说，何必非得亲自试一试，才知道不能往电网上撒尿？

智慧很难从一个大脑传输到另一个大脑。人们的学习能力千差万别，只听老师讲课，有的人能听进去，有的人听不进去。老师总是要不厌其烦地重复。正因为如此，很多学校设置了门槛，只有通过选拔的学生，才有资格接受教育。

巴菲特成功背后的各个因素

去年，在问答环节开始之前，我先简短地讲了一段话。今年，我还是打算先讲一些东西，然后再回答问题。你们中的很多人是从很远的地方赶来的，所以我一定要给你们讲一些你们感兴趣的东西。今年我选择的主题是：为什么沃伦·巴菲特以及他创造的伯克希尔·哈撒韦以及伯克希尔的子公司如此成功？伯克希尔的投资业绩或许不是历史上最好的，但绝对可以排进前五或前十。

与所有伟大的成功一样，沃伦的成功也可以用合奏效应解释。沃伦是如何实现合奏效应的？沃伦本来只是个毛头小子，经过几十年的发展，竟然创立了全世界屈指可数的 AAA 级公司中的一家，并且汇聚了大量优质资产。他是怎么做到的？当年，沃伦收购伯克希尔时，它只是个价值 1000 万美元左右的小公司。如今的伯克希尔拥有 1200 亿美元的现金和有价证券，还拥有众多出类拔萃的子公司。我们的流通股份数量却始终没变。伯克希尔的成功真是令人惊叹。

你们中有人读过《穷查理宝典》（Poor Charlie's Almanack）。这本书是我的朋友彼得·考夫曼（Peter Kaufman）出版的。我本来不同意出这样一本书，但是彼得坚持要做。所以，我只能听之任之了。他四处搜集和整理资料，最后做成了这本书。他说这本书会很赚钱，所以他要自己出版。他拿出了85万美元，完全按自己的想法制作并出版了这本书。出版之前，彼得就表示，他会把这本书的大部分利润捐给亨廷顿图书馆（Huntington Library）。后来，彼得收回了成本，亨廷顿图书馆也收到了数额不菲的捐款。有些人就是这么怪，我们有很多古怪的朋友。

读过《穷查理宝典》的人知道，在人类社会中，辉煌的成功或惨痛的失败总是由众多因素的合力造成的。**人类社会错综复杂，巨大的成败背后总是存在合奏效应，沃伦的成功也不例外。**

下面我们逐一分析沃伦成功背后的各个因素。

第一个因素：头脑。沃伦是个非常聪明的人，他没聪明到能蒙眼下国际象棋车轮战的程度，但他确实天生聪明。沃伦是个聪明的人，但他取得的成就超越了他的聪明程度。

第二个因素：沃伦对投资有强烈的兴趣。威廉·奥斯勒爵士说过："无论是做哪一行，通往成功之路的第一步都是爱上这行。"没有强烈的兴趣，不可能走向成功。

第三个因素：沃伦起步早。大概从10岁起，沃伦就对投资产生了浓厚的兴趣。成功是时间堆出来的，起步早，当然有优势。

第四个因素，也是非常重要的一个因素：沃伦是一台高效的学习机器，他活到老学到老。很多名牌大学的高才生最终泯然众人，但有些人不是特别聪明，最后却取得了很大的成功。不是特别聪明却取得了成功的人，他们是龟兔赛跑中的乌龟，虽然不是特别聪明，但他们从来没有停下学习的脚步。

聪明人仗着自己聪明，骄傲自满了，不学了。逆水行舟，不进则退。你不学，世界就会把你甩在身后。沃伦是一台动力强劲的学习机器。

沃伦很幸运，进了投资这行。投资这行有个特点——学无止境。做投资，无论是在职业生涯初期，还是在进入退休年龄之后，都可以不断学习、不断进步。10 多年前，沃伦达到了 65 岁。在此之后，他的投资功力明显更深厚了。从事投资行业，技艺随着年龄增长而提高。到了老年时期，不但可以继续做投资，而且技艺会更纯熟。沃伦起步早，还是一台超强的学习机器，所以他取得了这么了不起的成绩。

我见证了沃伦走向成功的整个过程。毫不夸张地说，在伯克希尔早期，沃伦已经掌握了大量投资知识，但是如果他在伯克希尔早期停止了学习，他绝对不可能有今天这么大的成就。

伯克希尔如此成功，还有一个原因在于，伯克希尔主要是沃伦个人智慧的结晶。诚然，沃伦与众多经理人共同努力，沃伦善于倾听别人的意见，但总的来说，伯克希尔·哈撒韦主要是个人智慧的结晶。

由委员会领导，很多人一起商议，很难在投资或经营方面取得大的成功。无论是做投资，还是经营公司，长期把权力集中到一个人身上，更有可能创造非凡的成就。

伯克希尔是个人智慧的结晶，这是伯克希尔成功的一个重要因素，但很多人忽略了这一点。入选篮球名人堂的传奇教练约翰·伍登（John Wooden）是个很好的例子。在他执教后期，他的胜率有了明显的提升，因为他悟出了一个道理——拒绝平均主义。在球队的 12 名球员中，他根本不给最弱的五个人上场机会，最弱的五名球员只能给最强的七名球员当陪练。他集中使用最优秀的球员，让他们获得所有比赛经验。假以时日，他们自然取得了巨大的进步，加州大学洛杉矶分校的篮球队也屡战屡胜。

在伯克希尔的发展过程中，决策权自然而然地集中在了沃伦手里。沃伦是最优秀的决策者，他拥有最长的上场时间，积累了大量决策经验。很多公司和机构不是这样组织的。为了让智慧发挥威力，最好还是集中决策权，让最优秀的决策者做决策。

还有一个因素也起到了作用。心理学中有个强化效应的概念。无论做什么，不断得到强化，所有人都能做得更好。如果每次做得好都能得到奖励，人们会越做越好，沃伦·巴菲特也不例外。一位出色的投资者总是能不断获得奖励，例如，之前的投资带来了丰厚的收益，别人因为你的成功而敬佩你，当然也有人会因为你赚了很多钱而嫉妒你。

不管怎么说，做投资能明显感受到强化效应。把投资做大到一定程度，可以收购其他公司。对于我们收购的公司，沃伦总是赞不绝口，子公司的管理者也因此感受到了强化效应。在沃伦的投资工作中，强化效应发挥了很大的作用。

如果你们意识到了强化效应对沃伦的帮助，你们也可以用强化效应改变自己，还可以用强化效应影响身边的人。沃伦很年轻的时候就懂得强化效应，这让他受益良多。

还有一个因素是信任，能得到别人的信任，人们心中会油然生出一种自豪感。我家有个孩子得到了学校的信任。我的这个孩子在读高中，他是个电脑迷。学校让他管理全学校的电脑系统，老师告诉他，要把这份工作做好。我是学校的校董，如果学校征求我的意见，我肯定不会同意的。他回到家之后兴奋地说："被人信任的感觉太好了！"有了这样的价值观，在今后一生中都会受益。如果你的朋友问你，假如他们夫妻二人都不在了，你能否抚养他们的子女，那你一定是个值得信任的人。值得信任是一种美德。

在现代社会中，我们经常看到的是信任的缺失。很多人以为，严格遵守规章制度，严格执行合规流程，层层把关、加强监管，才是正确的做法。伯克希尔没什么流程和制度。除非是监管部门的要求，我们根本不进行内部审计。我们织起了一张紧密的信任网，在我们的网中，都是值得信任的人。

全世界最优秀的机构靠的都是信任。妙佑医疗（Mayo Clinic）的手术室里充满了信任关系。如果在手术室里，一边是医生做手术，另一边是律师在监督，怎么可能把病人治好？

很多聪明人在人生中总是做出错误的决定

我讲的第一个因素是头脑，我说的头脑不只是脑子反应快。很多人非常聪明，考试总能考高分，脑子特别灵，但是他们在人生中总是做出错误的决定。他们的脑子虽然聪明，但是有一些严重的缺陷。

很多人虽然头脑有严重的缺陷，他们自己却不以为耻、反以为荣。尼采说："有的人因为有一条瘸腿而感到骄傲。"尼采批评的就是这种人。明明有缺陷，还引以为荣，只能在下坡路上越走越远。

以莫扎特为例，他的头脑就存在严重的缺陷，所以生活得很不幸。他在音乐上的成就非常了不起，但是他的生活却是一团糟。莫扎特一生下来就拥有超强的音乐天赋，而且他的父亲教导有方，所以他成为一位伟大的作曲家。

然而，莫扎特活得很痛苦。为什么呢？因为他的头脑有一些缺陷。**首先，莫扎特一生挥霍无度**，这个毛病足以毁掉一个人的一生。参加伯克希尔和西科股东会的人，应该与莫扎特截然相反。在座的很多人很有钱，但基本上不怎么花钱。

莫扎特还有一个缺陷，**他的嫉妒心很强**。他总是觉得别人得到了更好的待遇，**总是觉得全世界都对他不公平，整天自哀自怜**。

整天抱怨，这也不公平，那也不公平，这种心态非常有害。也许你的孩子得了癌症，快死了，你说公平吗？不公平。哪有那么多的公平？抱怨什么用都没有，越抱怨、越痛苦。爱比克泰德（Epictetus）、马可·奥勒留（Marcus Aurelius）等先贤圣哲的思想非常耐人寻味。他们认为，每次苦难都是一次机会，一次学习的机会，一次展现勇气的机会。碰上了难的时候，谁都会感到痛苦，这是人之常情。但是，整天自哀自怜绝对是头脑存在严重缺陷。自哀自怜、抱怨、嫉妒，这些毛病，沃伦一个都没有。

很多种缺陷可能把大脑变成糨糊。**报复心理也要不得**。有时候，对犯错的人严惩不贷，是为了让他们长记性，或者为了警示他人，这样做没有任何问题。但是，单纯出于报复心理而伤害别人，这样的做法不可取。中东地区的冤冤相报正是报复心理在作祟。爱尔兰人有句话是说爱尔兰人自己的，但是用在中东地区很合适。他们是这么说的："有一种爱尔兰阿尔茨海默症，什么都忘了，仇恨却记得清清楚楚。"

还有一种严重缺陷是脑子里充满了极端意识形态。极端意识形态，无论是极左还是极右，都非常有害。陷入极端意识形态，相当于用铁锤敲打大脑，一定不要陷入极端意识形态。盲目地效忠于某种意识形态，一个人会完全丧失认知能力。沃伦是个非常客观的人。沃伦能创造出如此优异的投资记录，他的绝对理智和客观发挥了很重要的作用。

沃伦的成功，大家很熟悉。沃伦为什么能实现合奏效应，取得这么大的成功？以上就是我的简短分析。

沃伦的成功告诉了我们什么道理？我总结了一些，你们可以继续总结。沃伦带领伯克希尔取得了辉煌的成就，所有人都可以从沃伦身上学到一些东西。

大学教育很多原来的老毛病仍然存在

尽管沃伦·巴菲特是一个白手起家的传奇，尽管伯克希尔·哈撒韦坐拥1200多亿美元的现金和有价证券以及大量优质子公司，但全世界的商学院并不研究沃伦·巴菲特的成功之道，它们教的是别的东西。

在自然科学领域的专业中，例如，加州理工学院的工程系，基本挑不出什么毛病。但是，在社会科学领域的专业里，有一大堆明显的毛病，即使是经济学这样偏量化的学科，也照样有不少毛病。很多院系的教职员工之间都是裙带关系，新上来的教授还是原来的老样子。

阿尔弗雷德·诺思·怀特海（Alfred North Whitehead）早就指出，不同学科之间存在严重的隔阂。没有跨学科的视野，就无法高屋建瓴地认识和分析问题。各个学科都闭门造车、近亲繁殖，肯定好不了，我说的是文科，不是理工科。

我多希望自己能有几个分身，其中一个分身可以致力于祛除大学教育

的弊病。大学教育有很多好的方面。大学里教的解析几何、外语等，都教得很好。大学有很多做得好的方面，但是也有很多糟糕的方面。自从我60年前离开大学校园，大学并没有太大的改观，很多原来的老毛病仍然存在。

我们要具备终身学习的能力。 我想到了阿尔弗雷德·诺思·怀特海说过的另一句话。他说，正是在人们发明了发明的方法之后，人均国内生产总值才飞速增长，文明才取得了巨大的进步。他的话非常有见地。人类在学会了如何学习之后，就开始取得大踏步的发展。整个人类如此，个人也是如此。

接受大学教育，不管读什么名牌大学，最重要的是学会如何学习。很多人只知道死记硬背考高分，但是根本不知道如何学习。真正学会了如何学习，即使进入一个完全陌生的领域，也有可能在很短的时间内取得不俗的成绩。懂得如何学习，而且总是保持客观，即使你进入自己不懂的领域，也有可能超越专业人士，至少有些时候可以做到。不是谁都有这个本事，大多数人无法超越专业人士。

懂得如何学习是一个非常强大的武器。我至少有三次，进入了对我来说完全陌生的领域，而且打败了这个领域里的专业人士。原因很简单，因为我学会了如何学习。想要保持客观、保持理智、避免缺陷，除了学会如何学习，别无他法。

如果你成为一个思想上的成年人，你能把很多头脑更聪明的人远远甩在后面。把所有学科中的重要思想都学会，不偏听偏信任何一个学科中的流行观点，与只懂一个学科的人相比，你就拥有远远更多的智慧。

成为一个思想上的成年人，也有可能让你变成一个不太受欢迎的人。我年轻时对此深有体会。试想，你遇到一位专家，他只具有狭隘的专业知识，你指出他的错误，让他意识到自己是个思想上的巨婴，人家能待见你吗？想要成为思想上的成年人，就要做好不受别人欢迎的心理准备。

我总是不善于掩藏自己的想法，年轻时因为心直口快没少得罪人。可以说，我是被迫走上投资之路的。我有很多自己独特的见解，经常能看出别人的过错，但世俗的繁文缛节容不下我。我只能进入投资领域，在这里，我的智慧能找到用武之地。

会计师是一个高尚的职业，但是他们竟然制造了安然丑闻

我经常冒犯会计师。我们现场正好有一位会计师。会计本来是一个高尚的职业。会计起源于意大利北部的威尼斯，会计的出现改变了世界。在会计这一学科兴起时，学校的数学教科书中都包含会计知识。会计为人类文明的进步做出了重大贡献。

当代的会计师从事的是一个高尚的职业，但是他们竟然制造了安然（Enron）丑闻。安然的混乱程度不亚于一个精神病院。会计师亲眼看到了安然的虚假账目，却仍然出具了无保留意见的标准审计报告。

会计是个高尚的行业，但是这个行业一直有一些严重的弊端，过去有，现在还有。不久前，我与一位会计行业的领军人物进行了一次对话，她是会计规则的制定者之一。我和她谈到了衍生品交易的会计处理。我表达的观点是：衍生品合约很不透明，会计规则允许人们使用模型计算衍生品的价值，这种做法存在严重的漏洞，很容易给人以可乘之机。衍生品的会计漏洞如同上帝创造的青苹果，人性根本禁不住诱惑。听我说完，她一脸茫然，她似乎感觉我说的是一派胡言。她对我说："查理，你难道不支持通过计算得到最新的数据吗？按照我们的设计，数字都是最新的，不是过时的，我们的设计很合理。"

她是典型的智商高，但脑子有缺陷。

我们必须意识到两个问题：第一，我们希望获取最新数据，数据新当然好，现行会计制度中的数据确实很新；第二，人们很容易自欺欺人，我们设计的制度不能存在漏洞，不能给人们做出欺诈行为的机会。这两个因素孰轻孰重都分不清，那脑袋肯定是被驴踢了。在我们的文明中，很多身

居高位的人很糊涂，他们造成的破坏难以估量。

我想讲的讲完了，现在开始提问。在前几年的问答环节中，有些人在提问之前先来一大段铺垫。铺垫别太长，最好控制在两三句话。

阅读、思考与心理学，尤为重要

真想成功，要甘坐冷板凳，日复一日地阅读

股东：我想知道您每天的工作情况是怎样的？您阅读什么？与谁交谈？您经常和沃伦交流吗？

这个问题问得好。我可以告诉你们一个道理。假如找一个人，让他观察沃伦，拿着秒表给沃伦计时，会发现沃伦绝大部分时间都是坐在那一动不动地阅读。这是商学院不会教给你的道理。

如果你真想成功，真想取得别人无法取得的成就，要甘坐冷板凳，日复一日地阅读。你在公司上班，公司可不让你读书，看到你在工位上阅读，老板非把你炒了不可。你问的问题很好。

乔治·萧伯纳（George Bernard Shaw）让他的母亲出去做清洁工，他自己钻进了大英博物馆。大英博物馆里有个大型图书馆，萧伯纳靠母亲打工的薪水维持生计，自己在图书馆里如饥似渴地阅读。萧伯纳说他想出人头地。他甘坐冷板凳、埋头苦读，而他的母亲做清洁工养活他。最后，萧伯纳真成功了，真的出人头地了。作为一个伟大的剧作家，乔治·萧伯纳为世人带来了多少欢乐和启迪啊！你提的这个问题确实很好。

在人类的脑力活动中，阅读有着不可取代的地位。现在的大多数年轻人养成了同时做两三件事的习惯，他们电子设备不离手，总是一心多用。像沃伦·巴菲特那样的人，他们很少同时做两三件事，总是在专心致志地阅读。我敢肯定，总是一心多用的人，什么事都干不成。

你问的问题不错。总之，如果要追求智慧，甘坐冷板凳就对了。

我追求的是伟大的自由，而伟大的自由需要有物质基础

股东： 我的问题是关于动力的。请问您年轻的时候，驱使您追求成功的动力来自哪里？您现在前进的动力是什么？和年轻时相比，有什么变化吗？

我年轻时的动力很简单。杰出的苏格兰诗人罗伯特·彭斯（Robert Burns）曾经在他的作品中呼吁各行各业的苏格兰人民行动起来，甚至不惜动用一些非常手段，争取伟大的自由。我可以给你们讲讲我的观点，但你们一听就知道，很多人不会接受我的想法。我在年轻的时候就明白了，像我这种性格的人，特别需要争取伟大的自由，而伟大的自由需要有物质基础。

我年轻时追求财富，不是因为我想开上豪车。其实，我到了60岁，才给自己买了人生第一辆新车。早在60岁之前，我已经很有钱了，不是买不起新车。从年轻时起，我追求的就是自由。乔治·萧伯纳让他的母亲去做清洁工，是为了能出人头地。**我追求自由，也是为了实现自己的价值。**

年轻的时候，我就很清楚，甘坐冷板凳才能出人头地。我知道律师的工作对我没什么意义，所以我把一天中最好的时间卖给自己。我总是把一天中最好的时间用于获取智慧、提升自己。在给自己充完电之后，我才会把时间卖给客户，为客户提供法律服务。在很多年里，我都是如此。当严峻的挑战来临时，我当然会脱颖而出。

如果你想成为一个有思想、有智慧的人，必须付出不懈的努力。几乎没有人是生下来就拥有智慧的，大数学家约翰·冯·诺伊曼（John von Neumann）也不是生而知之的。你必须腾出时间来思考。很多人整天像个陀螺一样转个不停，忙得没有时间思考，这样的人早晚要付出巨大的代价。

很多人瞎忙活，忙得没时间思考。我们有时间思考，我们比没时间思考的人强。很多人不思考，越不思考，越落后。

如果你想拥有良好的认知能力，如果你想比别人更具智慧，能在艰难时刻有更好的表现，**除了拿出大量时间思考，别无他法。**

股东：您刚才提到，您三次进入陌生的领域，都取得了成功。请问是哪三个领域？

好的。第一个是房地产，第二个是资产管理，至于第三个，我还不敢说已经打败了专业人士。这件事情我正在做，所以不想透露太多。

以自我为中心是最严重的误判心理

股东：您总结了 25 种经常误导人的心理倾向，请问其中哪五种危害最大？

在人类误判的所有心理倾向中，我认为最严重的一个是以自我为中心的倾向。在潜意识中，人的大脑总是把对自己有利的，当成对别人也有利。

这个倾向一直没有引起我的充分重视。虽然我已经很重视这个倾向了，但重视程度还是远远不够。在为自身利益考虑时，人的潜意识中会出现大量的错误认知。无论是在学术界，还是在宗教界，在很多领域，都可以发现由于以自我为中心而产生的大量错误认知。

在我们的文明中，法学院只教学生法律，不教他们心理学。哪有法学院教心理学的？

在我看来，学法律一定要学心理学。可惜，法学院故步自封，根本不会向心理学敞开大门。很多法学院的毕业生成绩优异，但他们没学过以自我为中心的心理倾向，看不懂自己，也看不懂别人。由于缺少这个知识，走上社会以后，他们事事不顺、处处碰壁。

现任世界银行行长保罗·沃尔福威茨（Paul Wolfowitz）是个典型，他把自己的前途毁了。一个最简单的问题，他都没处理好。他是世界银行的行长，有很多人嫉恨他。沃尔福威茨身居要职，却不洁身自好。他竟然利用职务之便，给同居女友加薪。这是多高的智商，能做出来这样的事？他竟然请律师出谋划策，律师给他出了好几个馊主意。沃尔福威茨误入歧途了。他不是小孩子了，但竟然犯了这么低级的错误。

高智商的人犯下愚蠢的错误，除了沃尔福威茨，还大有人在。克林顿总统的脑子如果能清醒点，就不至于声名狼藉了。他们都是聪明人，却犯了最基本的错误。以自我为中心的倾向，对我也有影响，对所有人都有影响。因为这种倾向，人们总是能给自己找到很多理由。既然"小我"想要，为什么不满足"小我"？很多人有这种心理。**总是顺着"小我"的性子，一生都过不好。**

我举例子还是很公平的，从共和党和民主党中各挑了一个。

我们的"有所不为"清单

股东：我们希望借鉴你们的智慧，在投资方面更上一层楼。请问在过去 10 年里，您和沃伦·巴菲特学到了什么新东西？请您和我们分享一下，谢谢。

我父亲有位朋友，他经常说："多少年来，人一点没变，原来什么样还是什么样。"这句话用在我们身上也很合适。年轻的时候，我们已经学会了最基本的道理。后来，我们只是一直在实践这些道理。

如果说我们新学到了什么道理的话，我们更懂得了有所为而有所不为。有些投资，本来能赚大钱，但我们觉得我们不该做，就放弃了，我们一点也不觉得后悔。沃伦讲过，美国第二大的嚼烟公司康伍德（Conwood）曾经找过我们，希望把公司出售给伯克希尔。我一眼就看出来康伍德公司特别赚钱，我也很清楚嚼烟的危害比普通香烟的危害小很多。我对康伍德公司的人印象也不错，他们都嚼自己公司生产的烟草。这可能是他们的公司文化吧，不嚼烟可能难以融入公司。他们使用自己的产品，给人的感觉还是不错的。

我和沃伦商量了一下，我说："沃伦，这么赚钱的公司打着灯笼都找不着啊。嚼烟是合法的产品。他们开的价格也合适。但是，我们不能买这家公司。"我们放弃了。别人买了下来，很轻松地赚了几十亿美元。

错过了康伍德公司，我一点不后悔。很多事情是完全合法的，但我们认为我们不应该做。

沃伦和我经常开玩笑。在临时管理所罗门公司的时候，有一次，我们开玩笑说："把我们那张有所不为的清单拿来。"我们不是真有这样一张清单，只是有很多赚钱的方法，是我们不屑于做的。我们一直在等待赚大钱的好机会，但有些钱我们不赚。**受嫉妒心理和以自我为中心倾向的唆使，很多人为了赚钱不惜突破底线，这种现象是文明中丑陋的一面。**

我年轻的时候，投行比现在更讲道德。梅隆家族（Mellon family）管理第一波士顿（First Boston）的时候，奥马哈当地的银行家和普通人一样去教堂祷告的时候，那时的银行家非常讲道德。他们心里装着客户，非常在意自己承销的证券是否符合客户的利益。不知为什么，那种文化逐渐消失了。我们的老朋友鲍勃·弗拉哈迪（Bob Flaherty）也来到了会场。鲍勃，你记得那种老派的文化吧？

罗伯特·弗拉哈迪：是啊，现在变了。

完全不一样了。这不是什么好现象。我们的社会科学可以把这个现象作为一个很好的课题，深入研究一下。总之，还是要懂心理学，不懂心理学，很容易犯错。

垃圾债的始作俑者最为卑劣

股东：最近，次级抵押贷款产品接二连三地爆雷，很多上市公司遭遇了亏损，新世纪金融（New Century Financial）等公司甚至陷入破产。在过去三四年里，穆迪（Moody's）等机构为大量次级抵押贷款产品提供了评级服务，并从中获取了大量利润。然而，穆迪等评级机构却没能及时降低次贷产品的评级，它们是否应该为此承担责任？

正如你所说，近年来，穆迪等评级机构的生意非常红火。各种次级抵押贷款产品接连出问题，穆迪等评级机构很可能会被推上风口浪尖。

在我看来，总的来说，评级机构做得还不错。它们难免有看走眼的时候，特别是出了问题以后，评级机构往往成为众矢之的。我倒觉得评级机构没什么大毛病，从整体来看，评级机构还是不错的。

要怪就怪那些垃圾债的始作俑者。一些机构把手伸向穷人，向他们发放低等级抵押贷款，收取高昂的手续费，这是资本主义社会中最卑劣的行为之一。做出这种行为的人是社会败类，他们罪大恶极，真应该下地狱。

社会中总是有这种人渣，他们像苍蝇一样无孔不入，只要有钱可赚，坑蒙拐骗什么都敢干。抵押贷款中介机构的推销员只盯着佣金，社会中有很多这样的人。

推销员还不是最差劲的，他们的上线是投行，投行员工把次级抵押贷款切分成不同的层级，这样很方便地就能在市场上转手卖出去。与贷款推销员相比，投行员工的道德水平之恶劣，有过之而无不及。

如果申请贷款的人信用良好，银行完全可以向他们发放低首付的住房抵押贷款。这是曾经的联邦住房管理局（Federal Housing Administration）的一贯做法：向信用记录良好，但财力有限的公民发放金额较高的贷款。如果申请贷款的人诚实守信，哪怕向他们发放首付5%，甚至零首付的房贷，他们都能还清。

联邦住房管理局的政策行之有效，让很多人住上了自己的房子，这项政策提升了全社会的福祉。发放次级抵押贷款的做法则恰恰相反，指使唯利是图的中介，向信用不良、行为不端的人发放贷款，钱根本不会用在正地方，只能给社会制造弊端。发放次级抵押贷款的做法无异于纵火焚毁房屋，是一种非常不负责任的行为。很多发放次级抵押贷款的机构丝毫没有社会责任感。

参与发放次级抵押贷款的大型机构，说它们愚蠢太轻了，它们简直是在犯罪。社会中出现如此恶劣的行为，让人深感遗憾。归根结底，这种行为主要源于以自我为中心的倾向。发放次级贷款，很多人能得到真真切切的利益，他们当然会为自己找各种理由参与其中。

很久以前，我曾经和南加州大学音乐学院的院长有过一面之缘，我们是在一次晚宴上认识的。我们谈到了以自我为中心的倾向。他说："我小时候，我父亲给我上了一课，让我懂得了以自我为中心的想法对一个人的危害有多大。"我说："你具体讲讲，怎么给你上的课？"他说："那时我还是个小男孩，家里让我看小卖店，小卖店出售的商品中有我非常爱吃的糖果。我父亲走进小卖店的时候，正好看到我从货架上拿了一颗糖果塞到了嘴里。我对我父亲说：'这是我借着吃的，我会还回去的。'父亲对我说：'儿子，你这个想法是完全错误的，你这么想，你就长歪了。'父亲接着对我说：'你爱吃多少就吃多少，每吃一块就告诉自己，自己是个小偷！'"

这个故事很有教育意义，是南加州大学音乐学院的院长雷蒙德·肯德尔（Raymond Kendall）讲的。他的父亲说得很好，所以我把这个故事讲给你们听。社会需要更多像肯德尔的父亲这样的人，特别是在美国的商业界。以自我为中心的倾向加上嫉妒心理，这两个因素造成的危害特别大。这两种心理活动经常发生在潜意识之中，它们是导致次级抵押贷款乱象的深层次原因。

在过去，我们的次级抵押贷款并没有现在的问题。过去的次级抵押贷款增进了社会福祉。虽然同样是向经济条件一般的人发放贷款，但过去的次级贷款只发放给信用良好的人。平均主义思潮的兴起，以及人性固有的缺陷，让我们陷入了次级贷款违约的泥潭。

先想明白什么是自己不想要的，自然就会得到自己想要的

我要做像格兰特·麦克法登那样的人

股东：多年以来，伯克希尔数次投资卷入法律争端的公司，例如，美国石膏公司因石棉赔偿案而面临破产的威胁。很多投资者不敢碰这样的公司，但伯克希尔敢于投资此类公司，请问这是否得益于您在法律行业的丰富经验？

我小时候，我父亲教给了我一个特别重要的道理。我父亲也是一位律

师。我小时候发现，我父亲总是帮一个非常招人烦的混蛋打官司，却很少帮他的好朋友格兰特·麦克法登（Grant McFadden）打官司。我觉得很奇怪，就问我的父亲，他为什么不多帮格兰特·麦克法登打官司呢？我父亲低头看了我一眼，在他的眼神中可以看出，他觉得我怎么连这么简单的问题都不懂。我父亲对我说："查理，你说的那个招人烦的混蛋，他总是官司缠身，像他这样的人，律师最喜欢了。格兰特·麦克法登就不一样了，格兰特总是遵纪守法，从来不和任何人起冲突，碰到神经病，他就躲得远远的。所有人都像格兰特这样，律师还哪有饭吃？"

我的父亲给我讲了一个非常重要的道理，我听进去了。从那时起，我就知道了，我要做像格兰特·麦克法登那样的人。沃伦的想法和我一样。所以说，伯克希尔规模虽然很大，但是与其他大型公司相比，我们请律师的时候很少。伯克希尔没有法律顾问这个职位。几十年来，我们很少陷入法律纠纷。

格兰特·麦克法登是奥马哈最早的福特汽车经销商。我们伯克希尔的行事风格与格兰特·麦克法登一样，我们因此受益良多。我是通过倒推法明白的这个道理。**先想明白什么是自己不想要的，自然就会得到自己想要的。**

沃伦和我非常幸运，我们想得到的都得到了。

如何才能得到自己想要的东西？答案很简单。要想得到自己想要的东西，必须自己配得上才行。这个方法非常高明，特别是用这个方法的人很少，所以这个方法很有效。正如沃伦所说："永远走大道，大道人少。"

学习法律能培养人们客观分析问题的能力。在学习法律的过程中，我们总是要先从一方的角度考虑，再从另一方的角度考虑，一方有什么理由，另一方有什么理由。在充分考虑了双方的立场之后，才能找出适用的法律，做出公正的判决。这种客观分析问题的能力让人终身受益。学习法律可以锻炼人的思维能力，学过法律的人能更客观地分析问题。

然而，现代的法律界有很多不太好的现象。现代的法律体系中有很多明显的弊端。有些大案子，聘请的是大型律师事务所，官司还没打完，律师费已经超过了官司本身涉及的赔偿金额。这样的法律体系不合理。律师不是为客户服务的，而是压榨客户的，打官司拖拖拉拉，收费毫不手软。律师的职业道德何在？

法学院享有很高的声誉，是因为法学院吸引了很多优秀的学生，他们思维敏捷、能言善辩。法学院的毕业生很优秀，是因为法学院的生源就很优秀。早在我读法学院的时候，我就发现了，法学院的教学水平简直不值得一提。

你根本想象不到，我读法学院的时候，老师教些什么东西。一栋房子发生了火灾，火灾之前，这栋房子已经卖出去了，而且签了合同，那么火灾造成的损失该由谁承担，是买方，还是卖方？这么简单的问题，老师能花好几个星期没完没了地讨论。在现实生活中，合同中怎么规定的就怎么来，有什么好讨论的？老师水平不行，学生很难学好。

很多人固守错误的观念或做法不想改变

这让我想起了朱尔斯·斯坦眼科研究所（Jules Stein Eye Institute）。新型的超声乳化摘除术已经问世很久了，他们还在使用过去的白内障手术方法。我问这家眼科医院的一位医生："你们为什么还在用过时的手术方法？"这位医生盯着我的眼睛，一脸严肃地说："查理，这种手术方法，我们教学生已经教得很熟了。"因为教得顺手，所以他们继续使用过时的手术方法。

眼看着前来就医的患者越来越少，这家医院才改用新方法，学生们也才学到新方法。其实，这还是一家非常优秀的医院，都存在如此明显的问题。

对于一些最基本的问题，人们存在严重的错误认知。如果你们能避免最常见的错误，就已经比很多人强了。很多人脑子不好，经常犯低级错误。因为一个手术教得顺手，就一直教，哪怕已经过时了，还继续教。只是因为自己喜欢而且擅长，就怎么都不愿放弃。

很多人固守错误的观念或做法，总是不想改变，即使是在物理学中也是如此。艾萨克森（Isaacson）写了一本爱因斯坦的传记。在这本传记中，我们可以看出，很多杰出的物理学家明明知道新观念是对的，但仍然拒绝接受，一味坚持错误的观念。故步自封的错误，连杰出的物理学家都容易犯，更何况我们普通人了。

如果你能提高自己的修养，避免常见的错误，你就会超过大多数普通人。很多人不懂你们，搞不懂你们为什么不远万里从新德里赶到帕萨迪纳市，只为听一个 84 岁的老年人讲这些大白话。

杠杆收购基金的未来可以参考风投

股东：我想请教一个与私募股权基金相关的问题。KKR 集团、黑石集团（Blackstone）等私募股权基金日益壮大，它们是否可能把很多好机会从股票投资者手中抢走？伯克希尔也做过类似私募股权基金的投资，例如，在伯克希尔整体收购盖可保险之后，普通投资者就无法买到盖可保险的股票了。现在的私募股权基金胃口越来越大，甚至盯上了很多大型上市公司。普通的股票投资者是否可能受到影响？这一趋势对未来影响如何？

这个趋势确实不容小觑。杠杆收购基金的规模越来越大，它们收购的公司也越来越大。私募股权基金已经成了一股不可忽视的力量。

伯克希尔与一般的私募股权基金不同。我们旗下的公司是非卖品，除非子公司出现我们实在无法处理的难题，或陷入我们无法摆脱的困境，否则我们不会轻易出售子公司。在私募股权基金眼里，公司是用来倒卖的。我们和他们不一样。我们的子公司是伯克希尔大家庭中的一员，我们的子公司有我们欣赏的管理者，我们不会把子公司当成商品买卖。我认为，我们的做法更高明。因为我们不是倒卖公司的，所以很多好公司选择伯克希尔作为自己的家。

杠杆收购基金的规模越做越大，主要是因为它们获得了很多捐赠基金以及退休基金的支持。随着各类资产价格走高，普通的股票和债券投资不能满足各大机构对收益率的要求，于是，它们纷纷开始相信杠杆收购基金的神话，而且到目前为止，相信神话的各大机构都很赚钱。

杠杆收购基金的推销让各大机构非常动心："你们前几年的收益率很差，没关系，我们帮你们投资。我们上杠杆借钱，收购公司之后再倒卖出去。即使扣除了付给我们的报酬，扣除了付给职业经理人的报酬，你们还能赚 15% 呢。你们现在才赚 5%，太低了。"到目前为止，各大机构对杠杆收购基金的表现非常满意。

其实，杠杆收购基金的业绩没有吹得那么神，很多杠杆收购基金的漂亮业绩是包装出来的。不管怎么说，名牌大学的捐赠基金占据了先机，它们投资杠杆收购基金收获颇丰，实现了高于市场平均水平的收益率。赚钱的大交易非常吸引眼球，哪家捐赠基金都不想被落下。耶鲁和哈佛暗中较劲，看对方赚大钱了，就觉得眼红。这是人性使然，高智商的人也摆脱不了嫉妒心理。

嫉妒心理是一种非常强大的驱动力，但是很少有人会明着说出来。我从来没听别人说过："查理，我这么做是出于嫉妒心理。"总之，杠杆收购基金已经成气候了。

早期的风险投资行业是一面很好的镜子，参考风投行业的演变，不难预测出杠杆收购基金的未来。风投行业兴起之后，吸引了大量资金涌入。现在人们已经发现了，除了最顶尖的几家公司，整个风投行业根本不赚钱。我认为，风投行业的这一幕将在杠杆收购基金行业重演。

总有一天，杠杆收购基金的热潮也会退去。不是说你想要 15% 的收益率，就能得到 15% 的收益率。花钱请再多的律师、再多的顾问，也没用。

学会如何学习

列清单有助于把问题考虑周全

股东：您刚才讲到了要学会如何学习。该如何学习？您能否给我们列个清单？另外，您最近是否推翻了自己以前深信不疑的什么想法？

这个问题很难回答。我觉得在面对难题的时候，列一张清单非常有用。在单子上一列，所有问题一目了然，能把问题考虑得更周全，不会有什么遗漏。

很多时候，我们的神经系统具有自动使用检查清单的功能，例如，你突然想起了一件事，如果没想起来就有大麻烦了，这是大脑自动开列清单的功能在起作用。我觉得，主动地、有意识地列出清单是解决问题的一种好办法。

另外，在我回答问题的时候，大家可以发现，并不是你们问什么，我就答什么，我总是挑自己想回答的回答。这是我的一种思维方式，我觉得非常有用。我总是反过来想。例如，我要得到什么，我不是想我怎么能得到，而是想我怎么得不到。当然了，我有时候也正着想，不是什么事都反着想。我琢磨什么是自己不想要的，琢磨如何才能避免那样的结果，这种思维方式让我受益良多。

我们推翻了旧的观点，现在的铁路公司拥有巨大竞争优势

你还问我，我最近是否推翻了自己以前深信不疑的观点。

这个问题问得很好。我总是有意识地推翻自己的观点。我愿意放弃错误的旧观点、接受正确的新观点，但是我现在一下子真想不起来合适的例子。

我能想到的是，有些人更让我失望了。有些人让我越来越失望，有些人让我不断刷新对他们的认知。至于说我放弃了什么深信不疑的观点，我

暂时想不起来。很多愚蠢的观点，早被我抛弃了，所以我的脑子里剩下的应该不多了。这个问题确实提得非常好。

我想到了一个例子，我们以前非常讨厌铁路公司，但是最近我们改变了看法。以前，沃伦和我特别不看好铁路公司。铁路公司总是需要投入大量资本，铁路公司的工会非常强势，铁路公司的监管非常严格。铁路公司还面临着来自卡车运输行业的竞争。卡车运输的效率很高，使用柴油发动机在高速公路上行驶，只需支付很低的通行费。以前的铁路公司根本不是好生意，铁路公司的投资者基本上没赚到什么钱。最近，我们改变了原来的想法，买入了一些铁路公司的股份。我们抛弃了多年以来对铁路公司的成见。

我们改变得太晚了，两年前，我们就该采取行动了。两年前，时机特别合适，但那时我们脑子太蠢，还没想明白。我经常引用一句德国的谚语："我们总是老得太快，聪明得太迟。"我们没能早些行动，是因为我们聪明得太迟了。

我们总算看出来了，现在的铁路公司拥有巨大的竞争优势。铁路公司可以加挂车厢，使用双层车厢，还可以通过现代的电脑系统进行调度。在运输大量货物时，铁路的效率非常高。如今，世界贸易在增加，我们从中国进口了很多商品。在运输大量货物方面，火车比卡车更有优势。另外，现在也不可能有新铁路公司加入。

我们总算醒悟过来了。这可以说是我们改变想法的一个例子。沃伦·巴菲特那么聪明，他之前都看错了。比尔·盖茨两年前就看明白了，比尔大量买入加拿大的一家大型铁路公司，大概赚了八倍多。也许我们应该请比尔·盖茨来伯克希尔管理投资。

从我们的例子中，大家可以看出，改变自己的想法确实很难。我们的习惯会给我们造成巨大的阻力，好在我们总算转过弯来了。我们在决定投资铁路公司的时候，也用到了检查清单。例如，通过列举铁路运输和公路运输的优势，我们发现二者的优势对比发生了明显的变化，现在铁路运输更占优势。

伯克希尔是非常规模式，但一定会越来越流行

股东：您好，芒格先生。我是伯克希尔的股东，帕特里克·沃尔夫（Patrick Wolff）。我想请教一下，为什么没有其他公司能复制伯克希尔的生意模式？伯克希尔的生意模式很清晰。你们保守地经营一家财险公司，不断积累浮存金，然后保守地利用浮存金做价值投资。一切看起来很简单，但是几乎没有别的公司能复制伯克希尔模式。

在之前的股东会上，我讲过这个问题。你是国际象棋冠军帕特里克·沃尔夫吗？

帕特里克·沃尔夫：是的，是我。来到这，我可不蒙眼睛了，我睁大眼睛提问，睁大眼睛听您解答。

在伯克希尔股东会，有很多现场活动，其中一项是帕特里克蒙眼下国际象棋车轮战。对手可以看棋盘，他一眼棋盘不看，而且以一敌六。即便如此，也没人能赢他一局。他真是非常了不起。

你提的问题很好。有些人在学我们，要不这个帐篷里怎么会有这么多人？有些商学院的教授也在教学生像伯克希尔·哈撒韦一样做投资。但大多数人不学我们，因为他们在年轻时受到了学术界的熏陶，学的是另一套东西。**我们的东西太简单了，人们不愿意学，学我们的东西，成不了资深专家；我们的东西太难了，人们不愿意学，学我们的东西，人们害怕失败。**

大型公司和机构有自己的一套人才培养体系。例如，你进入康菲石油（Conoco Phillips）工作，从某个部门的基层员工做起，一步一步顺着等级森严的体系往上走。整个公司如同军队一样，你有些想法，觉得公司应该改革，但没人愿意倾听你的高见。

十几二十年后，你进入了公司的中层，深受公司文化的熏陶，已经成为公司的一员。你可以在公司中继续发展，但你成不了沃伦·巴菲特。

很多大公司、大机构像是从一个模子里刻出来的，始终一成不变。我们也会发现，有些公司不落俗套，给人眼前一亮的感觉，这样的公司基本

上都是深受创始人或领导者的影响。

彼得·考夫曼 20 多岁的时候，进入了一家小公司，后来他成为这家小公司的首席执行官。经过多年的努力，他带领这家公司取得了巨大的发展。与他开始担任首席执行官时相比，这家公司增长了 20 多倍。考夫曼领导的这家公司，成长路径与伯克希尔·哈撒韦相似。

然而，这是一种非常规的发展模式。康菲石油代表的是常规的发展模式。在常规发展模式中，像我们这样的人得不到重用。

股东：越来越多的投资者学习伯克希尔的投资风格。二三十年后，伯克希尔式的投资风格将会怎样？可能因广泛流行而失去竞争优势吗？还是总能找到足够的机会？

我相信我们的风格会更加流行，其实现在已经流行开了。以前，西科的股东会只有 20 几个人参加。我们的风格一定会越来越流行。

你们靠投资赚大钱，可能没那么容易了。竞争越来越激烈，对手和你们一样聪明，你们做投资会很难。这未必是什么坏事。也许你们不能学我们这样赚钱了，但你们可以学工程师那样赚钱，不也很好吗？

做决定要充分考虑机会成本

股东：芒格先生，我来自多伦多，我想向您请教两个问题。

这么多从国外来的啊。

股东：其实以前我还从迪拜来过。言归正传，沃伦在接受采访时说，他设定的投资收益率目标是税前 10%。20 世纪六七十年代的时候，也就是《超级金钱》(*Supermoney*) 那本书出版的年代，沃伦表示，他从来不设定绝对的目标，他的目标总是相对的，例如，跑赢道指 5%。请问在您的投资生涯中，您设定收益率目标吗？您是否根据市场环境的变化对目标进行调整？

我的能力、资源和时间都有限，我总是在限度范围之内，尽可能争取最高的收益率。我过去如此，现在也如此，就这么简单。

在生活中，我们应当始终从机会成本的角度出发考虑问题。学校的教育存在严重缺陷，没把这种思维方式教给学生。大学一年级的经济学教材中轻描淡写地说了一句"聪明人做决定时会考虑机会成本"，除了这一句话，学校再就没讲过机会成本的思维方式。

做决定的时候，一定要充分考虑机会成本。在你所处的特定环境中，你面临的机会是有限的，如果机会 A 比机会 B 好，机会 A 是你能找到的最好的机会，你当然选择机会 A，而不要机会 B。也许别人有更好的机会，但是在你所处的特定环境中，在你的认知范围内，机会 A 就是你最好的机会。

生活中没有万能公式，你们要学会像伯克希尔一样，从机会成本的角度出发考虑问题。我们年轻的时候钱很少，能找到的机会，收益率非常高。现在伯克希尔找到的机会，收益率没那么高。但是，在每个五年期间，伯克希尔的机会成本门槛仍然非常高。有时候，我们能找到一个特别看好的机会，很多机会和我们找到的好机会根本没法比，可以直接排除掉。

无效的市场有两种，我们资金规模太大难免束手束脚

股东：在伯克希尔股东会上，您告诉我们，我们应该去无效的市场中寻找机会，应该去信息比较匮乏的市场中寻找机会。请问什么样的市场是无效的？市场为什么会无效？是因为信息披露不充分吗？无效的市场中投资机会更多，但怎么才能找到无效的市场？

无效的市场主要有两种。第一种是规模特别小，关注的人非常少，所以无效。伯克希尔拥有 1200 多亿美元的现金和有价证券，盘子太小的市场容纳不了我们的资金量。另一种无效的市场源于人们的疯狂。大量市场参

与者陷入疯狂状态，特别是人们因恐慌而抛售的时候，就会出现无效的市场。主板市场中的大型公司偶尔也会出现严重的定价错误。

毫无疑问，如果你的资金量很小，你可以在很多地方找到好机会，找到你更有优势的机会。资金规模太大则束手束脚，可以选择的投资机会非常少。即使是主板市场的大盘股出现了机会，伯克希尔也需要很长时间，才能买到足够的股票。谁让我们的财力这么雄厚呢？我们愿意承受因为财力太雄厚而带来的负担，希望这个负担越来越重。然而，我们确实受到资金规模太大的束缚，没办法轻易摆脱这个困难。

在伯克希尔股东会上，沃伦讲了，伯克希尔偶尔会投资衍生品。我认为衍生品的会计处理存在漏洞，这不代表伯克希尔不会投资衍生品。衍生品市场中存在大量品种和合约，有时可以从中找到定价错误的机会。

翻看伯克希尔做过的衍生品交易，你会发现，整体来看，我们的衍生品投资很赚钱。我们发掘这些新的投资机会，主要是因为我们持有大量资金，但找不到合适的投资机会。刚才我说了，资金规模太大，我们不会因此而伤心，但因资金量太大而受到诸多限制，这确实是摆在我们面前的客观现实。

我们不会伤心，但你们可能会伤心。以前我们的资金规模小，能实现比较高的收益率，现在资金规模大了，我们把预期收益率也降下来了。在伯克希尔股东会上，沃伦表示，他预计伯克希尔的投资组合每年能跑赢市场 2%。

虽说我们的投资组合可能无法领先市场太多，但是伯克希尔经营的众多业务仍然有很大的潜力。从各方面综合考虑，我非常看好伯克希尔的前景，伯克希尔将来的业绩未必很耀眼，但它一定很稳健。伯克希尔很强。

今天早晨，我和乔·布兰登（Joe Brandon）一起吃了早餐。乔·布兰登也来到了会议现场。在过去五年里，乔·布兰登承担了一项艰巨的任务。我们需要对通用再保险进行大刀阔斧的改革。改革困难重重，阻力很大，因为改革会触动很多人的利益。

现在的通用再保险已经脱胎换骨了。我们可是发行股票收购的通用再保险。改革之前，我们一直在掂量这笔收购做得值不值。乔·布兰登出色地完成了改革任务，通用再保险的价值提升了，现在我们放心了，我们的股票没白发行。

西科股价过高引发了一些问题

应该分红的是西科，不是伯克希尔

股东：有些投资者认为，伯克希尔应当拿出一部分闲置资金进行分红。请问您怎么看？从理论上讲，在留足资金保证 AAA 信用评级以及正常开展保险业务的前提下，伯克希尔可以拿出多少资金进行分红？

伯克希尔不太可能从你所谓的"闲置资金"中拿出一部分用于分红。对于每一块钱的留存收益，我们要为伯克希尔股东创造高于一块钱的价值。什么时候我们做不到这一点了，我们才会考虑分红。

拥有大量闲置资金，应该考虑分红的不是伯克希尔，而是西科。西科也拥有大量闲置资金，但是并没有伯克希尔那么光明的前景。现在资本利得税和股息税的税率很低，分红很合适。但是，你们这些粉丝太过热情，把西科的股价捧得太高了，让我们没办法分红。现在西科的股价远远高于清算价值，也超过了内在价值，希望退出的股东可以直接在市场上卖出股票。

很多铁粉认为，将来有一天，西科能找到好机会，把这十几亿美元投出去。我也希望如此。要说该分红的话，更应该分红的是西科，而不是伯克希尔。如果股东真要求西科分红，我们可以做到说分就分，很快就能把十几亿美元分出去。

但是，西科的很多股东是铁粉，不想让我们分红，他们还指望我们找到好机会呢。我们也许能找到好机会。我们没有伯克希尔那么高的确定性，但说不定哪天,我们就真碰到好机会了。

股东: 最近,伯克希尔频频出手,做了好几笔投资。西科也有一些动作,但是西科的投资活动远远没有伯克希尔活跃。既然伯克希尔都觉得是好机会,为什么西科不赶快行动呢?

伯克希尔和西科确实都有些动作,而且伯克希尔的动作更大一些。

伯克希尔和西科各有各的节奏,我们需要遵守的披露规定也不同。伯克希尔和西科都非常厌恶披露规定,因为有很多人盯着我们,现场的股东中也有不少人非常关注我们的一举一动。我们一披露买了什么,就会有很多人跟着买。

有时候是因为需要遵守的披露规定不同,有时候是因为一些偶然因素,伯克希尔和西科投资的股票不完全一样。从整体上来看,最近我们并不是特别看好股票,问题是债券也不怎么样,比较起来,还是个别股票更值得投资。

你说得没错,伯克希尔的动作比较频繁,西科也有可能加大投资力度。

股东: 众所周知,您和沃伦为伯克希尔做出了卓越的贡献,但是对于其他董事会成员为伯克希尔做出的贡献,我们知之甚少。请问伯克希尔董事会创造的价值主要体现在哪些方面?是帮助伯克希尔避免了什么错误吗?还是帮助伯克希尔发现了新的投资机会?

伯克希尔的董事会是一道安全阀,万一我彻底疯了,沃伦还不忍心开口,董事会可以果断介入。 我们的董事都有很高的社会声望。

我们的董事会是按照监管要求设立的,例如,我们需要有一定比例的独立董事。既然监管部门要求我们设立董事会,我们就尽量设立一个我们认为最好的董事会。

如果没有监管部门的强制要求,我们还会设立董事会吗?不会,没有强制要求,我们就不设立董事会了。

西科和伯克希尔，投资机会怎么分？

股东：堪萨斯银行业担保公司归西科，而喜诗糖果归伯克希尔，在出现投资机会时，归西科还是伯克希尔，您和沃伦是怎么分的？

一个投资机会是归西科还是伯克希尔，有很多偶然因素。举个例子，通用食品公司这只股票，西科买的比伯克希尔多很多。有的股票，伯克希尔持有的数量远远高于西科。谁多一些、谁少一些，主要是偶然因素造成的。

我夹在西科和伯克希尔之间，有时觉得很别扭。其实，就生意的质地而言，西科和伯克希尔没法比。再说了，伯克希尔的领导者很年轻，才77岁。就发展势头、社会声誉而言，西科也和伯克希尔没法比，而且西科与伯克希尔的差距越拉越大。

本来西科早就可以并入伯克希尔，就不会有机会到底归谁的问题了。都是因为你们这些粉丝，你们把西科的股价越捧越高。西科的股价那么高，与伯克希尔换股，你们就吃亏了。西科和伯克希尔的问题不是我们造成的，是你们造成的，是你们把西科捧起来的。

我们正在为伯克希尔寻找更多的"卢·辛普森"

股东：就伯克希尔的首席投资官这一职位而言，担任这一职位的人必须住在奥马哈吗？还是可以自己选择居住在什么地方？

显然，伯克希尔的首席投资官和首席执行官将各司其职，前者负责投资股票，后者负责经营公司。那么伯克希尔的收购将如何进行？是首席投资官和首席执行官共同决定吗？还是其中一人负责？

媒体还是在用分析一般公司的眼光看待伯克希尔，所以媒体报道说我们要选一个首席投资官。我们打算选几个人，分给他们一些资金，让他们管理几年，希望他们中的一个或几个人能展现出类似沃伦的能力，在沃伦去世后，成为沃伦的接班人。我们可不是弄个大办公室，招个履历光鲜的人才，让他往办公室里一坐就完事了。**我们选的人可以不受任何干扰，独立管理自己的那部分资金。**

卢·辛普森管理着二三十亿美元的资金，他愿意住哪就住哪，愿意投资什么就投资什么。我们只是想再多找几个像卢·辛普森这样的人。至于伯克希尔将来的投资工作如何分配，我们将根据情况做出安排。

现在我们开始着手多找几个像卢·辛普森那样的人是未雨绸缪，但是，我们绝对不应该现在就把沃伦换掉。我比你们更了解沃伦，现在换沃伦是大错特错。实际上，沃伦的投资功力越来越深厚了。我知道，以常理度之，大多数人到了沃伦这个年纪，早该退休了。但是，沃伦从事的是投资行业。投资这行，越老经验越丰富，越老功力越深厚。

就小规模的收购而言，伯克希尔的子公司有很大的自主权，它们可以自己进行合适的收购。有时候，我们的子公司会和沃伦打个招呼，有时候自己就直接做了。至于规模比较大的收购，每笔收购必须由沃伦亲自把关。

股东：将来伯克希尔的投资和经营分开管理，收购该如何进行？是完全由首席执行官说了算吗？还是首席投资官也参与，两个人商量着来？

我刚才说了，伯克希尔现在还没有首席投资官这个职位。将来，我们也许会有这样一个职位。如果我们分设首席执行官和首席投资官两个职位，**首席投资官将负责管理保险业务的投资组合，而首席执行官将负责伯克希尔的经营管理，**我估计收购整个公司的决定应该主要由首席执行官负责。

伯克希尔没有等级森严的组织架构，我们可以做到人尽其才，所有的伯克希尔员工，只要有能力，都可以找到施展的舞台。

股东：伯克希尔现在正在挑选投资管理者，请问你们的挑选条件是什么？

沃伦谈过这个问题。我们要挑选的是投资能力已经很优秀的人，不是需要和我们学习的人。虽然候选人可能会从我们这学到一些东西，但我们希望他们已经具备了很强的投资能力。

我们希望挑选比较年轻的人，这样他们还可以做很长时间的投资。沃伦投资几十年，为伯克希尔创造了辉煌的业绩。我们要再找到一位年轻人，在将来的几十年里，续写伯克希尔的辉煌。

我们已经准备好了，分配给我们的候选人一些资金，让他们投资几年试一试。我们可以同时安排两个、三个或四个候选人。沃伦 75 岁之前，我们根本没考虑过这件事，现在沃伦的年纪大一些了，我们该未雨绸缪了。

我们挑的候选人不是一般的基金经理，也不是猎头公司找到的那种人才。我们希望他们具备一种特殊的思维方式，他们肯定和普通人不一样。现在还不知道能找到多少个合格的候选人，我们希望在候选人身上能看到沃伦的影子。

我们的社会中有很多不合理的现象

美国面临的三大威胁

股东：您认为美国现在面临的最严峻的两个威胁是什么？

最大的威胁是可能爆发核武器战争或生化武器战争。这个问题太棘手了，大多数人选择逃避，希望这个问题能自己消失。

第二大威胁，我觉得，在现有基础上，世界人口总数翻倍，地球可能不堪重负。很多人乐观地认为，世界人口不会急剧增长，人口增长到一定数量之后会自然下降。我对此持怀疑态度。

人口增长到一定数量之后，确实有可能下降，发达国家正在经历这样的情况。但是，我们能把所有不发达国家提升到发达国家的水平吗？这不是个办法，地球的环境承受不了那么重的负担。人口问题可能是我们面临的第二大威胁。

第三大威胁，我认为，人类文明可能继续恶化。我们生活在美国是上天眷顾。美国社会的各项制度很健全，美国取得了很多伟大的成就，美国公民能享受到民主和自由。

但是现在世界上有些政府奉行"盗贼统治"（kleptocracy），整个社会充斥着腐败、野蛮、愚蠢和仇恨。我们面临的第三大威胁是人类文明可能继续恶化。

股东： 请问恐怖主义的威胁会愈演愈烈吗？美国和西方世界应该怎么做才能遏制恐怖主义？

过去几年，美国基本上没遭遇特别严重的恐怖袭击，我们应该感到庆幸。过去这几年，我们真应该谢天谢地。将来，我们未必有这么好的运气。在中东地区，恐怖袭击一直没停过。**恐怖主义确实是一个非常严重的威胁，这个威胁将与我们长期共存。**

改变不了的，我们只能接受。为了消除恐怖主义的威胁，我们付出了巨大的努力，但是有些努力似乎是流于形式。有一次，在机场，我看到一位瘦小的老奶奶领着五个孙子孙女，安检人员拿着金属探测器仔细检查这位老奶奶，但是另外一个人留着大胡子、操着浓重的口音，安检人员却让他直接过去了。这样的安检形同虚设，只是一种形式而已。

经过了这么多个世纪，中东地区仍然持续动荡。中东地区的争端已经不是简单的意识形态问题或宗教问题了，而是盘根错节的纠葛与仇恨。年轻一代看不到希望、看不到未来、看不到出头之日。整个中东地区笼罩在战争的阴云中，几乎所有中东国家都没有任何发展可言。土耳其取得了比较大的进步，但是大多数中东国家的状况不容乐观，很多中东国家的整个社会每况愈下。

世界上总是有人生活在水深火热之中，也许认识到这一点，我们能更珍惜自己的幸福生活。 在座的各位，你们都是非常幸运的人。如果你对自己的生活不满意，你可能投错胎了，你不应该来地球，应该去别的星球。

社保基金不足为忧，该担心的是不合理的税收

股东： 芒格先生，下午好。我来自印度，是一名伯克希尔股东。我想先用两句话做陈述，然后提出我的问题。第一，随着中国和印度的劳动力大军加入全球劳动力市场，美国的企业创造的利润更多了，但是美国的工人得到的工资降低了；第二，美国政府以及西欧国家的政府向公民做出了承诺，公民承担纳税义务，公民退休后，国家承担公民的养老开销，包括医疗费等。从目前的情况来看，印度的民众没得到政府明确的养老承诺，只能自己储蓄防老。

受中国和印度劳动力大军的影响，10年之后，是否可能出现贸易保护主义抬头的趋势？美国政府是否可能提高税收，甚至无力承担社保开支？

这些问题很难回答。我觉得，美国的社保基金应该能正常运转。只要美国的人均国内生产总值能保持每年1%到2%的增长速度，我们从增长的部分中多拿出一些来，就可以满足社保基金开支的需求，为老年人提供稳定的生活保障。共和党非常担心社保基金可能出现缺口，虽然我支持共和党，但我不担心社保问题。很多关于社保基金的预测不切实际。我们用不着担心社保基金，社保基金不会有什么问题。

你可能会说，政府靠不住，美国也可能陷入像新西兰一样的混乱，为社保基金的安排争论不休。确实，是有可能出现这样的情况。新西兰的社保基金虽然引起了全社会的广泛争论，而且经过了一波又一波的改革，但最后新西兰的社保基金不也正常运转了吗？虽然中间有些波折，但结果是好的。美国的社保基金不会出什么大问题。

随着印度和中国崛起，美国需要适应新的世界格局。我们已经习惯了做世界老大，但是在人类历史上，风水总是轮流转，每一个曾经站在世界之巅的国家最终都有走向衰落的一天，美国也不例外。

我们有什么特殊的？我们凭什么例外？曾经辉煌的古罗马文明和古希腊文明哪去了？早已化作过眼云烟。美国不可能一直是世界领袖。

将来是否会出现贸易保护主义抬头的趋势？现在还很难说。如今，大量进口商品涌入美国，很多人受到了影响，我们的社会发生了一些令人意想不到的变化。有些蓝领工人竞争不过中国的打工者，他们的生活陷入了困境，例如，鞋履等制造业的工人，他们真真切切地感受到了来自中国的冲击。

另外，对冲基金的基金经理得到了优待，美国政府认为，基金经理的税率应该最低，应该比大学教授、出租车司机的税率都低。按照我们的税收制度，政府认为对冲基金的基金经理对社会做的贡献最大、在社会中的地位最高。

基金经理享受最低的税率，这是一种不正常的社会现象，应当尽早纠正。基金经理这一小部分人掌握了美国社会的大量财富，他们没有制造或发明出任何东西。我们的社会已经形成了一种风气，基金经理获得了崇高的社会地位，所有商学院的毕业生都希望成为基金经理。优秀的大学毕业生不想当工程师，只想去交易衍生品、做固定收益套利，这是一种无益于社会发展的风气。

现在的这股风气是偶然形成的，税收制度的不合理起到了推波助澜的作用。我认为，税收制度一定会改革，这种现象一定会得到纠正。现在你要是有一幅贾斯培·琼斯（Jasper Johns）的作品，你就发了。对冲基金的基金经理似乎对现代绘画作品情有独钟，他们一年能赚17亿美元，拿1.2亿美元买幅画算什么？我们的社会中有很多不合理的现象，越想越觉得有意思。

全球变暖非常复杂，但我们能够解决

股东： 请问您如何看待美国的能源政策以及全球变暖的趋势？您和沃伦是否考虑通过慈善捐赠为解决全球变暖问题出一份力？

沃伦从来没接受过任何科学训练，他对所有的科学问题避之唯恐不及。沃伦说了："我不是专家，我不会暴露自己的无知，大谈特谈全球变暖的问题。"

在全球变暖问题上，我虽然和沃伦一样无知，但至少我在加州理工学院学过气象学。不过，那都是六十多年前的事了，那时候的气象学很落后，预测天气主要靠经验。我对全球变暖问题也没什么发言权。我觉得，从整体来看，二氧化碳排放量的增加非常有可能导致地球的气温上升。

地球的气温可能上升，在阿尔·戈尔（Al Gore）嘴里，似乎是天要塌下来了。他四处奔走、大声疾呼，号召人们把减少二氧化碳排放作为第一要务。戈尔自己却居住在一个拥有20间房的大豪宅里，消耗的电量远远超过普通老百姓。全球变暖的趋势可能是一个事实，但是我们应该采取什么行动、何时采取行动、是否应该动员所有人行动起来，这些问题很难回答。

中国和印度等国家人口众多，他们也希望步入发达国家的行列，显著降低二氧化碳排放量的难度很大。

那么，我们该怎么办呢？这是一个非常复杂的问题。我想人类可能需要投入大量时间和金钱寻找合适的解决方案。我们可以增加地球对阳光的反射能力，只要投入巨额资金，这是可以做到的。地球反射阳光的能力增强了，自然能明显缓解温室效应。另外，我们还可以多管齐下，想方设法减少二氧化碳的排放量。

这个问题不是用三言两语就能解决的。只靠签减排协定，对减少二氧化碳排放没什么大用。好在我用不着亲自处理这个难题，可以把它交给别人考虑。二氧化碳的排放量增加，地球的气温上升几度，不至于引发世界末日。佛罗里达州的部分地区将被海水淹没，某些岛屿的居民必须撤离，听起来好像问题很严重，但是如果这是100年之后才发生的事，而美国的人均国内生产总值每年能增加1%到2%，我们完全可以解决好这些问题。

我在伯克希尔股东会上也说了，如果其他情况不变，暖和一点是好事。再说了，植物还需要吸收二氧化碳呢。我们应该能应对好全球变暖。荷兰25%的国土被海水淹没了，不也照样没什么事吗？全球变暖是我们完全有能力解决的问题。

沃伦拯救所罗门的故事

股东：下午好，芒格先生。首先，我想说，我非常仰慕您和沃伦。这是你后天形成的品位。

股东：我将一直保持这种品位。卡萝尔·卢米斯写过一篇文章，讲述了沃伦在所罗门的那段日子。1991年，政府决定把所罗门兄弟公司从债券拍卖市场中踢出去。为了让政府收回成命，沃伦费尽了苦心。沃伦说，他体会到了美国政府的强大，如果美国政府决定收拾你，你根本无力抵抗。

本来所罗门已经准备好第二天提交破产申请了。如果所罗门真破产了，势必引发轩然大波，对整个美国经济造成冲击。幸亏财政部部长尼克·布雷迪（Nick Brady）收回了成命，否则所罗门破产的后果不堪设想。与所罗门破产相比，长期资本管理公司的崩盘绝对是小巫见大巫。

尼克·布雷迪的家族是伯克希尔·哈撒韦纺织公司的原始股东之一。尼克·布雷迪的运气差了点。布雷迪看到了南方的电力成本远远低于北方，而伯克希尔·哈撒韦纺织公司位于美国东北部的新英格兰地区，根本无法与南方的纺织公司竞争。布雷迪判断伯克希尔·哈撒韦纺织公司必然要走向末路，继续持有它的股票相当于等死。尼克·布雷迪甚至以此为题，撰写了他在哈佛商学院的毕业论文，他的论断完全正确。尼克·布雷迪家族把他们持有的伯克希尔股票全部卖掉了。

布雷迪的舅舅马尔科姆·蔡斯（Malcolm Chace）也持有大量伯克希尔·哈撒韦纺织公司的股票。马尔科姆·蔡斯非常看好沃伦，他把自己的股票转让给了沃伦，帮助沃伦控制了伯克希尔·哈撒韦纺织公司。在整个大家族中，尼克·布雷迪那一支卖掉了伯克希尔的股票，但他的舅舅马尔科姆·蔡斯这一支却始终持有伯克希尔的股票。尼克·布雷迪那一支看对了纺织业的未来，但马尔科姆·蔡斯这一支跟对了伯克希尔。虽然与伯克希尔失之交臂，尼克·布雷迪也发展得非常好，在事业上很成功。

仔细想想，真是令人唏嘘：一个人把大势判断正确了，但他没赚到钱；另一个人慧眼识珠，一眼看中了来自奥马哈的一个小伙子，因此给整个家族带来了巨大的财富。生活总是这样令人难以捉摸。

尼克·布雷迪与伯克希尔颇有渊源，他知道沃伦这个人，知道是他振兴了伯克希尔。我认为尼克·布雷迪因此对沃伦有一份信任。在他们通电话的时候，布雷迪听出来了，沃伦的声音有些哽咽，因为沃伦非常担忧，他很清楚，已经到了火烧眉毛的时候了，如果财政部不收回成命，市场必然要经历一番腥风血雨。从沃伦的声音中，布雷迪听出来了，沃伦非常担忧。布雷迪被打动了，他相信沃伦，于是，他改变了主意。

从这件事中我们可以看出，好名声让人终身受益。沃伦不是完全为自己的利益考虑，所罗门真破产了，不但伯克希尔会受损失，整个经济都可能遭受严重的冲击。

伊斯卡、浦项钢铁等几家公司简评

伊斯卡的管理者非常优秀

股东：您能简单介绍一下埃坦·韦特海默（Eitan Wertheimer）和伊斯卡（Iscar）吗？在去年的股东会上，沃伦表示，伊斯卡加入伯克希尔，你们感到非常高兴。请问伊斯卡有什么特别之处？

为什么伊斯卡能在众多机会中脱颖而出，一下子吸引了你们的目光？

伊斯卡完全不是本·格雷厄姆式的烟蒂股。伊斯卡是一家以色列的公司，它的地理位置距离以色列和黎巴嫩的边界只有几千米。伊斯卡公司把生意做到了全世界。多年以来，它一直保持着非常高的净资产收益率。伊斯卡公司主要经营合金切削刀具，它的产品具有很高的科技含量，需要不断创新、不断开发新产品。它做的生意不是躺着赚钱的，需要管理者悉心经营。

我对伊斯卡一见倾心，主要是因为它的管理者非常优秀。能与他们这么优秀的人共事，我们深感荣幸。

我们投资伊斯卡是活到老学到老的典型案例。我们年轻的时候不知道该追求什么，我们年轻时会觉得伊斯卡价格很贵，根本不可能买。现在我们非常愿意收购伊斯卡，是因为我们终于明白了，有些人值得付出比较高的价格。伊斯卡的管理者非常优秀，伊斯卡的生意非常好，我们对伊斯卡的各方面都非常满意。

终身学习是多好的一件事啊。你们可能觉得，我们岁数这么大了，才明白过来，是不是太晚了？好饭不怕晚。

香港市场中有些吸引人的机会

股东：中国股市是一个新兴市场，其中不乏优秀的公司。请您给中国年轻一代的投资者提一些建议？

关于中国股市，据我所知，中国有两个股票市场，一个是A股，一个是港股。A股市场已经出现了严重高估的迹象，股票价格非常高，我对这个市场的股票没什么兴趣。

香港市场中倒是有些比较吸引人的机会。具体是哪些机会，我肯定不会公开说的。

项浦钢铁高科技属性非常强

股东：请问您如何看待大宗商品的走势？在过去两三年里，伯克希尔投资了康菲石油、浦项钢铁（POSCO）等与大宗商品相关的公司。按伯克希尔一贯的风格，你们选的是具有可持续竞争优势的公司，然而，经营大宗商品的公司似乎不符合这个标准。大宗商品随着宏观经济的变化而波动。按照你们的投资风格，你们并不考虑宏观经济因素。请问你们为什么投资与大宗商品相关的公司？

表面看，浦项钢铁是一家经营大宗商品的公司。实际上，它是一家高科技属性非常强的公司。日本制铁（Nippon Steel）曾经是世界上最先进的钢铁公司。后来，浦项钢铁向日本制铁学习，现在的浦项钢铁不亚于日本制铁。

一家全世界工艺最先进、高科技最发达的钢铁公司，专门生产高精尖的钢铁产品，怎么能把它和生产普通商品的公司相提并论呢？再说了，就算是生产普通商品的公司，价格便宜到一定程度，也是值得买的。

股东：您非常认可特里·派珀（Terry Piper）付出的努力，您不愿轻易出售子公司，但是精密钢材的生意越来越难做，您打算一直保留这家子公司吗？

我们不会因为一家子公司遇到了一些困难，就把它卖出去，这是我们的风格。

我们已经公开说过了，我们不把子公司当成商品随便买卖，这是我们的原则。遵守这个原则，我们会吃小亏，但是能占大便宜。有的人想为自己亲手创建的好生意找到一个理想的家，他们知道我们的原则，愿意把自己的生意托付给我们，而不是别人。

在精密钢材公司中，有些业务分部仍然在某些细分领域具备优势，仍然能实现较高的资本收益率。精密钢材在西科所占的比重很低，就算它的收益率很一般，也不会对整个西科造成多大影响。

股东：您曾经说过，你们没买医药股，是因为你们看不懂医药公司的研发管线。根据您对医药行业的了解，您如何看待开展药品福利管理业务（Pharmacy Benefit Management）的公司？

这个问题我帮不上你。有的公司，我们看不懂。看不懂的公司，我们连想都不想。看都看不懂，怎么拿它与别的机会比较？一个人能认清自己的能力圈的边界，懂得从机会成本的角度出发考虑问题，生活该多轻松啊！

股东： 我想请教一个与您的能力圈相关的问题。最近，我发现强生公司出现在了伯克希尔的投资组合中。强生公司主要经营药品和医疗设备，在过去，这个领域不在你们的能力圈范围内。请问你们为什么投资强生公司？

另外，你们经常说零售生意非常难做，但是伯克希尔最近却投资了乐购（Tesco）。请您也讲一下你们投资乐购的逻辑。

一般来说，我们不在公开场合详细讲解我们的投资逻辑。这两家公司是我们最近买的，我们觉得这两家公司的生意还不错。乐购是英国最大的连锁超市，它发展得非常好。强生是医药行业中长期历史记录最漂亮的公司之一。

这两家公司是作为投资组合中的股票买入的，我们只是希望我们的投资组合能略微跑赢市场。

股东： 在进行了一配二的配股操作后，美国石膏公司避免了破产的厄运。但是，在此之后，美国石膏公司又发行了新股，将现有股东的权益又稀释了10%。为了充实资产负债表，公司管理层可以随意以远远低于内在价值的价格发行股票吗？美国石膏公司的管理层做得对吗？

我很犹豫，没想好这个问题答还是不答。我还是直说吧。美国石膏公司的管理层很蠢，他们做得不对。没办法，谁让他们是商学院毕业的呢？

股东： 去年，您提到了联合健康保险公司（UnitedHealth），它陷入了股票期权回溯丑闻，您认为这家公司的管理层丧失了诚信。既然联合健康保险公司的管理层不诚信，伯克希尔为什么还买它的股票？

我只能说，很遗憾，联合健康保险公司的领导者犯了错。他已经下台了，这是他咎由自取。

保险生意做得好，靠的是卓越的人才和不断学习

股东： 堪萨斯银行业担保公司是西科旗下的一家保险公司。与其他保险公司相比，除了管理层优秀，堪萨斯银行业担保公司还有哪些长处？

堪萨斯银行业担保公司主要为小型银行提供担保服务。它的生意很好，是因为它很清楚什么是自己能做到的、什么是自己做不到的，它总是在自己的能力圈范围内活动。堪萨斯银行业担保公司深耕自己狭小的业务领域，在狭小的业务领域中做到了专精，犹如生态系统中占据了某一利基的生物。

它是占据了利基市场的一家小型保险公司，它很清楚自己的长处在哪里，也把自己的长处发挥得淋漓尽致。发现堪萨斯银行业担保公司是好生意并不难，它的历史业绩很漂亮，它年复一年地创造着优异的承销利润。一眼就看出来的好生意，我们当然毫不犹豫地收入囊中。

股东： 在过去10到15年里，整个保险行业实现了较高的复合收益率。在未来几年里，保险行业是否可能进入下行周期？整个行业的增速是否可能走低？

从整体来看，对于大多数参与者来说，保险生意并不是特别赚钱的生意。我们能做得好一些，但是我们的业绩会有很大的起伏波动。我们的保险生意拥有卓越的人才，我们能在保险行业中独占鳌头。

我年轻的时候，是不敢贸然闯入保险行业的。我们是摸着石头过河，一步一步才发展到了今天。我们像表演杂耍的小丑一样，最开始时扔两个牛奶瓶，然后加一个、再加一个，最后竟然能扔10个牛奶瓶了。开始的时候，我们不知道有一天能扔10个牛奶瓶，但后来不知不觉间10个牛奶瓶就稳稳地在空中上下翻飞了。我们的保险生意就是这么做起来的。

伯克希尔旗下的保险公司个顶个的优秀。乔·布兰登对我们的保险公司非常熟悉。乔，你说我们的保险公司是不是很优秀？

乔·布兰登：我认为，伯克希尔是世界上最优秀的保险集团。

乔·布兰登是通用再保险公司的管理者，你们都听见了，他现身说法，称伯克希尔是世界上最优秀的保险集团。伯克希尔绝对配得上这样的赞美。

我们靠着不断学习、不断积累，才发展到了今天。罗马不是一天建成的。**如果沃伦不是一台超强的学习机器，我们不可能取得今天这么大的成就。**

股东：您说了，沃伦·巴菲特过了 60 岁还在学习，还在进步。

早期的沃伦哪会投资货币？哪会做衍生品交易？晚年的沃伦动用几百亿美元投资货币，赚了二三十亿美元。晚年的沃伦还学会了做衍生品交易，也为伯克希尔赚了很多钱。

沃伦一直没有停下学习的脚步。将来，沃伦一定会有从巅峰下滑的一天，但那是在将来，现在的沃伦仍然处于上升期。

巴菲特最执着的粉丝

股东：我来自南非，是沃伦·巴菲特国际粉丝俱乐部的创始人。沃伦·巴菲特有很多粉丝。请问在您眼中，沃伦·巴菲特最了不起的粉丝是谁？

提问的这位是安迪·基尔帕特里克（Andy Kilpatrick）。在巴菲特的粉丝之中，他或许不是最了不起的，但可以说是最执着的。安迪是通过《华盛顿邮报》认识的沃伦。使徒保罗在通往大马士革的路上受到了神启而皈依了基督教，安迪的经历与使徒保罗有类似之处。

安迪的信念很坚定。认识了沃伦之后，他立即投入全部身家而且还上了杠杆，倾尽全力买入伯克希尔的股票。 伯克希尔的股票涨了，他加杠杆买入更多。伯克希尔的股票跌了，他略微卖出一些，满足追加保证金的要求。伯克希尔的股票翻倍了，他继续买入更多。后来，他成了一个非常富有的人。他是怎么做到的呢？第一，他只做了一个决定，但这是一个非常重要的决定；第二，做出决定后，他毅然决然地付诸实际行动。

安迪打算写一本关于沃伦的书，别人建议他找个编辑，安迪说："我这么有钱的人，我写的东西让别人改来改去？"彼得·考夫曼自己出版了一本书，安迪·基尔帕特里克也打算自己出一本书。安迪·基尔帕特里克确实堪称最执着的巴菲特粉丝。

沃伦·巴菲特没成名的时候，很多见过沃伦的人对他很不以为然，心想这是哪来的土包子。现在他们缓过神来了，有些人还声称自己早就买了伯克希尔的股票。

几本好书推荐

股东：我读了约翰·格里宾（John Gribbin）写的《深奥的简洁》（*Deep Simplicity*），真是一本好书。请您再给我们推荐一些好书。

你们很多人在大堂买了《探索智慧》（*Seeking Wisdom*）这本书，这本书的作者彼得·贝弗林（Peter Bevelin）也来到了现场。彼得寄给我了一本书，书名叫《科学火星人》（*The Martians of Science*），这本书写得特别好。

它讲的是五位匈牙利物理学家的故事。这五位物理学家被希特勒赶到了美国，他们在美国保持着紧密的联系，为美国科学事业的发展和公共政策的制定做出了重大贡献。这本书特别值得一读，我把它推荐给大家。

我还读了艾萨克森新写的爱因斯坦传，书名是《爱因斯坦：生活和宇宙》（*Einstein: His Life and Universe*）。我读过所有的爱因斯坦传记，新出版的这本是目前为止最好的一本。这本传记也特别值得一读。所以，我向大家推荐这两本书。

股东：我的问题是关于天赋的，有的人在某些方面特别有天赋，天赋从何而来？是遗传基因决定的吗？先天与后天两个因素，哪个影响更大？我想研究一下天赋对人的影响有多大，您能推荐一本相关的书吗？

在人的一生中，先天与后天两个因素，到底哪个更重要？我不知道读哪本书能解决你的这个问题。在我看来，很多人没有充分意识到先天因素的重要性。在正常环境中，很多东西取决于先天因素，早就已经注定了。没错，人是可以通过付出巨大的努力而改变命运，但是我再怎么努力都不可能成为音乐家或篮球明星。

我们大多数人是普通人，一定要认清自己有哪些先天优势，有哪些先天劣势。一定要进入自己具有优势的领域，把自己的优势充分发挥出来。 文学作品中有句话说得好："人是自身天赋的囚徒。"上天已经做出了安排，我们只能发挥自己的优势，尽力而为。身高才一米五，就别想着走篮球这条路了。

股东：去年，您说您在逐渐适应衰老。请问您现在有什么新的感受？

我更适应衰老了。我好比是一个从摩天大楼上纵身跃下的人，下落到第五层楼的时候，感觉还不错。

年迈体衰，有很多不便之处，但也有很多乐趣。**老就老吧，我不会抱怨。不老的话，不就死了吗？**

2010年 西科金融股东会讲话

编者按

2010年芒格不再撰写致西科金融股东的信,当年公司年报中披露的营收数据如下(单位:千美元):

	截至 2010 年 12 月 31 日		
	2010	2009	2008
保险部门:			
承保	10840	7222	(2942)
投资收入	62211	55781	64274
家具租赁部门	11480	(1359)	15744
工业部门	1079	(648)	842
业务部门外非投资损益	(3986)	(6923)	(356)
已实现投资净收益	4252	—	4554
非暂时性减计投资损失	(13664)	—	—
合并净收益	72212	54073	82116

2008年,芒格向巴菲特推荐了中国汽车动力电池制造商比亚迪,伯克希尔以2.3亿美元收购了比亚迪10%的股权。

2009 年 11 月 3 日，伯克希尔宣布将以价值 260 亿美元的现金与股权，收购 BNFS 铁路公司的母公司伯林顿北方圣达菲铁路公司剩下的 77.4% 的股份。这是迄当时为止，伯克希尔最大的一笔投资。

在 2007 年的股东会上，芒格曾经提到，导致西科不能完全并入伯克希尔的原因之一，就是西科股价当时过高，但内在价值又不如伯克希尔，并入对伯克希尔股东不利。从营收数据表中我们可以看到，经历次贷危机所引发衰退的打击后，西科的合并净收益明显下降，股价也降至更合理区间，2011 年 6 月，合并最终实施。

西科比不上伯克希尔，但与一般公司相比并不逊色

嫉妒和野心导致了金融领域的悲剧

西科的股东会主要分三个部分：第一部分时间很短，我们很快地把会议正式流程走完；第二部分，我讲一些你们可能感兴趣的话题；第三部分是重头戏，我们拿出大量时间来回答你们的问题。

你们很多人刚参加完伯克希尔的股东会，就马不停蹄地从奥马哈赶到帕萨迪纳，听我们说这么多话，你们不觉得腻吗？你们可真是铁粉。下面，我要讲几个在内布拉斯加没谈到的话题，说一说我的想法。大家听完之后可以向我提问。

首先，我简单讲讲西科。从 2000 万美元的市值起步，发展到今天 20 亿美元左右的市值，西科仍然只是个籍籍无名的小公司。就增长速度而言，与伯克希尔相比，西科无法望其项背，但是与一般的公司相比，西科并不逊色。过去，加州活跃着很多大型储贷公司，我们曾经和它们同台竞技，现在它们已经不见了踪影，但我们仍然活着。当年的储贷巨头一个都没剩下。

华盛顿互惠银行破产了。世界储蓄公司被创始人卖出去了，此后不久，也破产了。储贷机构的死亡率非常高。

加州的储贷机构死亡率为何如此之高？当年的储贷机构主要靠利差生存，它们吸收利率较低的存款，发放利率较高的贷款，主要经营住房贷款业务。为什么储贷机构全军覆没了？原因很简单：**一家大型金融机构，只能依靠微小的利差生存，却非要追求高速发展，必然招致巨大的风险。**如果当年的储贷机构把目标定得低一些，追求少犯错，很多储贷机构应该还活着呢。然而，它们偏偏只盯着资产和利润规模，一味追求每年10%到12%的增长率，结果自取灭亡了。

在当年的储贷行业中，一部分行业参与者疯狂地做大规模，甚至不惜放松贷款标准。面对这样的竞争对手，只有两个选择：一个是裁员、缩减业务规模；另一个是跟着做大规模，跟着放松贷款标准。谁不是雄心勃勃？谁愿意主动收缩？于是，整个储贷行业的贷款标准降了下来，储贷机构之间陷入了恶性竞争，储贷行业转眼间就灰飞烟灭了。

在古希腊人眼里，储贷行业的覆灭绝对是一出悲剧。古希腊悲剧有个显著的特点——人们只能眼睁睁地看着厄运降临，根本无法逃避。储贷行业的悲剧就是如此。

类似的悲剧也曾在华尔街上演。在经济危机最黑暗的时刻，华尔街的各大机构摇摇欲坠。如果不是政府出手纾困，它们早就像多米诺骨牌一样，一个接一个地倒下了。人总是禁不住诱惑，总是想多赚钱，总是想把企业做大。**劣币驱逐良币，一小撮害群之马掀起恶性竞争，全行业的资产质量迅速恶化，最终导致整个金融体系危如累卵。**

我刚才描述的现象很容易理解，人们都知道这样的现象可能引发灾难。既然如此，人们为什么不想办法遏制嫉妒和野心，避免资产质量恶化呢？

因为有一小撮不守规矩的人掌握了金钱和权力，他们笼络了很多政客，让政客为他们说话。为了满足自己的利益，这一小撮不守规矩的人甚至左右了会计规则，审计师也无可奈何，只能按会计规则操作。弊端越积越多、越来越重，最终我们尝到了经济危机的苦果。这场危机非常严重，险些把整个美国拖入深渊。

"一战"后，获胜的协约国强迫德国签订了苛刻的合约，让德国承担巨额赔款。正是由于德国不堪重负，经济陷入崩溃局面，阿道夫·希特勒才有了可乘之机。"二战"后，战胜国吸取了教训，日本和德国虽然罪大恶极，但我们仍然向它们伸出了援手，帮助它们恢复经济。

"二战"后，帮助战败国恢复经济的做法，是人类历史上最英明的决策之一。因为这项决策，我们才拥有了几十年的和平。

在金融领域，我们为什么不能像"二战"后的战胜国一样，学会吸取教训呢？我们这个社会中的精英是吃干饭的，学术界的精英基本也是吃干饭的。高等学府里的金融学教授讲解的风险控制方法是一派胡言。法学院照抄商学院的那一套，未来的律师也学了一堆糟粕。学生们掌握那些愚蠢的方法，可以在考试中得到高分，但是他们学到的东西是象牙塔里脱离实际的理论。谁说实际生活中的金融总是完美地符合正态分布曲线？现实早已证明，学术界的理论完全错误，但学术精英们依旧我行我素。金融学教授都是高智商的人，他们教的东西明明不切实际，但他们却一直在误人子弟。

如何能众人皆醉我独醒，是值得思考的问题

问题又来了。同样是高智商的人，为什么有的人能做出正确的决定？有的人总是做出错误的决定？长期以来，我一直在思考这个问题，因为我想成为做出正确决定的人。我花了很长时间琢磨，为什么很多高智商的人会经常犯傻。

很多时候，他们受到了别人的干扰，看到别人信什么，自己也跟着信。有时候，他们只想着一己私利，被利益迷了心窍。厄普顿·辛克莱（Upton Sinclair）说得好："一个人需要装糊涂才能拿到薪水，怎么可能指望他明白过来呢？"在我们的文明中，有很多制度非常不合理，经常把人们丑陋的一面激发出来。

如何才能不做发疯的大多数人中的一员，而站在保持清醒的少数人的

一边？这是一个值得思考的问题。在高尔夫球这项运动中，我们需要通过练习才能掌握正确的挥杆方法。同样的道理，在人生中，我们也需要通过练习才能掌握正确的决策方法。很多时候，我们必须对大多数人的想法持怀疑态度。我们务必牢记吉卜林（Kipling）的嘱咐——<mark>在身边的人都失去理智时，你要保持清醒。无论对投资者还是公司高管来说，这都是难能可贵的一种品质。</mark>

举个例子，学术界声称分散投资是成功的秘诀。分散投资不至于陷入严重亏损，但绝对不是成功的秘诀。只会教人如何避免严重亏损，却不知道如何才能取得成功，这样的老师，水平让人不敢恭维。在我们看来，与其说是"多元化投资"，不如称其为"多元恶化投资"。伯克希尔的风格是集中投资我们最了解的公司，而且我们愿意承受因集中投资而产生的波动。

学术界还有一个流毒甚广的概念——用贝塔系数衡量波动性。本·格雷厄姆说过："大家都不看好的机会，投资者的亏损不至于特别严重。越是大家都看好的机会，投资者的亏损越惨烈。"因为越是好机会、好主意，越有可能出现物极必反的情况。哪些股票的涨跌幅更大、波动性更强，谁都能算出来。把所有的资产加上杠杆买股票，与买入波动性弱的股票相比，买入波动性强的股票更容易爆仓。这些是显而易见的东西，没什么大用。

你知道了波动性，照样解决不了投资的核心问题。我们必须知道什么行得通、什么行不通、原因是什么。<mark>真正的投资之道不好教，但分散投资和贝塔系数背后有一系列的公式，教起来很容易。</mark>

在伯克希尔，我们发现有些商学院的毕业生，他们的智商和人品都无可挑剔，但完全不是可用之才。很多读过商学院的人甚至对我们说："我在商学院学到的东西基本没什么用，但是你们的思维方式对我很有启发。"这些人走上正道了。他们中有一位来到了现场，他的名字叫李录。李录在哥伦比亚商学院学到了很多东西，但是他在听了沃伦·巴菲特在哥大进行的一次演讲后，才觉得茅塞顿开。

我们的方法很朴素，我们总是在思考什么行得通、什么行不通、原因是什么。我们的方法非常难，在大量信息中理清头绪非常难，把事情看透彻需要付出大量时间，所以商学院不教这些东西。我们的东西虽然难，但非常好用。商学院为了教书而教书，完全不考虑能否解决实际问题，它们的这种做法无益于文明的发展。

两个商学院的故事，和一个特别好的道理

如果让我管理一家商学院，我会效仿哈佛商学院曾经的做法。在过去，哈佛商学院总是先给学生们讲美国商业史。我会把通用汽车等大公司的历史，以《价值线》图表的形式呈现给学生，让学生们先熟悉公司历史，打好底子，再继续学别的。哈佛商学院曾经的做法消失了，或许是因为这样讲课需要从别的学科中借鉴很多材料，商学院担心别的学科说自己剽窃。从美国商业史讲起，难免要引用市场营销等学科的经典案例，但不同学科之间存在难以打破的藩篱。

通用汽车为什么兴起？为什么衰落？铁路公司为什么最初很成功？为什么后来失败了？为什么铁路公司过去让投资者亏损累累？现在却比过去值得投资了？如果把这些问题想明白了，能学到很多东西。这些问题不是一般人能讲明白的，比用公式计算贝塔系数难多了。

我给你们讲一个关于商学院的故事。我有一位特别要好的朋友，他在一所著名的商学院学习过。在课堂上，教授给他们讲了一些代数计算，教他们如何通过压榨供应商降低营运资金。说白了，就是增加货款的账期，让供应商的营运资金增加，自己的营运资金减少。教授给学生们留了一大堆练习，让他们熟练掌握如何通过代数计算压榨供应商。我的朋友把所有练习都做完了，然后写了这样一段话："您讲的我学会了，您出的题我做完了。但是，我想告诉您，我认为压榨供应商的做法很卑劣，我永远不会这么做。**我希望我的供应商诚实可靠，我们之间相互信任。供应商不是我的**

压榨对象，而是与我携手共赢的合作伙伴。"

我讲的这个故事发生在很多年前，现在的商学院应该不至于那么不堪了。我的朋友一生中一直按他自己的原则办事，他取得了非常了不起的成就。这样的故事于我心有戚戚焉。我的朋友听了商学院教授讲的东西，马上意识到他讲得不对，我喜欢和这样的人交朋友。学生们应该有自己的想法，有独立思考的精神。

我再给你们讲一个关于商学院的故事。我有位朋友，他居住在洛杉矶，名字叫吉尔福特·格雷泽（Guilford Glazer）。格雷泽和我年纪相仿，他父亲在田纳西州经营一家小工厂。格雷泽参加过"二战"，退伍之后，他申请了哈佛商学院。格雷泽是个很聪明的人，很快就接到了哈佛的录取通知书。但是，他父亲的小工厂人手不够，需要他去帮忙。格雷泽联系了哈佛商学院，说明了自己的情况，询问能否把他的录取延迟一年。哈佛商学院表示没问题，他可以一年后再来读书。

一年过去了，格雷泽再次与哈佛商学院取得了联系。他说："我想再延迟一年入学。"哈佛商学院负责招生的老师问道："去年你和我联系时，你有多少员工？"格雷泽说："50人。"负责招生的老师又问道："现在呢？"格雷泽说："900人。"哈佛商学院负责招生的这位老师很聪明，他说："你用不着读商学院了，你还是继续经营你的公司吧。欢迎你以后来哈佛大学慷慨解囊。"

我刚才说了，应该先教商业史，给学生们打好底子。过去的哈佛商学院这么教学生，现在的哈佛商学院把这个好传统丢掉了。我讲了两个和商学院有关的小故事，这两个小故事很有启发性。

格雷泽的父亲给他讲过一个道理，我们可以用这个道理来分析华尔街最近的乱局。格雷泽从战场归来时，还是个年轻的小伙子，他的父亲语重心长地对他说："儿子啊，咱们要讲原则，咱们卖东西赚钱，得卖好东西，不能坑人。咱们得一心为了客户好，把好东西卖给客户。"格雷泽记住了父亲的这番话，父亲讲的道理让他受益终身。如今，格雷泽已经成为一位亿万富翁。格雷泽的父亲讲的道理值得我们所有人学习。他的父亲告诉我们，做生意要讲道德。现在的人在激烈的竞争中杀红了眼，顾不上什么道德不道德的。

这场金融危机溯因：政府、投行、会计处理

政府需扮演裁判员的角色，约束人们过度竞争的行为

下面我换个话题，谈谈足球。足球是一项竞技体育运动，运动员之间的对抗很激烈。在足球比赛中，关键时刻靠球星，没球星的球队很难获胜。超级球星往往能凭借一己之力扭转败局，他们的精彩表现经常令人赞叹不已。足球攻防对抗中有大量身体接触，为了获得胜利，运动员在场上时常发生激烈的拼抢。假如运动员不受任何规则限制，想怎么踢就怎么踢，场上的球星肯定会被踢废了。没有规则的限制，球员在激烈的竞争中肯定会杀红了眼。所以说，在足球比赛中，裁判紧跟着球员来回奔跑，及时吹罚犯规动作，保护球员不受伤害。在足球比赛中，裁判员发挥着非常重要的作用。

在社会生活中，投资银行家等一部分人的竞争意识很强，他们极具侵略性。政府需要扮演裁判员的角色，对他们的竞争行为加以控制。 投资银行家处于竞争激烈的环境中，他们无法控制自己。我仍然对当年储贷行业的信用质量恶化记忆犹新。如果政府不出手干预，投资银行必然会步储贷行业的后尘。

投行的恶化很容易理解。投行招聘的年轻人血气方刚，他们铆足了劲想要做一番事业，他们渴望为公司的兴旺添砖加瓦。在强烈的进取心的驱使下，为了让自己的公司领先，对手敢干，他们要比对手更敢干。随着竞争日益白热化，整个行业屡屡突破底线。

投行正是被盲目的竞争拖垮的。在倒闭之前，在它们最疯狂的时期，雷曼等投行之间的竞争完全是病态的。它们和缺乏诚信的贷款机构做生意，

那些贷款机构并不比电信诈骗团伙强多少。明明是不可靠的贷款，投行却仍然将其打包成证券产品，雇佣销售人员推销给客户，根本不管卖出去的产品质量如何。这与格雷泽的父亲讲的道理背道而驰。格雷泽的父亲告诉我们："卖东西赚钱，你得把好东西卖给别人。"

作恶的人下场怎么样？有的破产了，有的声名狼藉了。有的人自己已经灰头土脸了，却还不遗余力地往别人身上泼脏水。

在他们看来，自己没错，错的是别人。在地堡中自我了断之前，阿道夫·希特勒不认为是自己的错，是自己发疯了。他觉得之所以会落到这个下场，是因为德国民众不行，他们没有对伟大的元首言听计从。最近的经济危机给社会造成了巨大的损失，但很多始作俑者却像希特勒一样不知悔改。

人性中有恶的一面，必须用外界的力量加以约束。社会如同足球场，裁判员这个角色不可或缺。

严格限制经营活动范围，是避免危机的有效手段

政府是住房抵押贷款质量的最高监管者。房利美和房地美两大巨头垄断了住房抵押贷款业务，它们获得了联邦政府的经营许可，受到联邦住房企业监督办公室（Office of Federal Housing Enterprise Oversight, OFHEO）的监管。联邦住房企业监督办公室拥有 200 多名职员，他们专门负责监督房利美和房地美。"两房"距离联邦住房企业监督办公室只有几千米，房利美和房地美就在监管部门的眼皮底下。联邦住房企业监督办公室的权力很大，可以随时制止不良行为。但是，处于政府的密切监管之下，"两房"竟然双双陷入破产困境。"两房"的高管为了拿到奖金而不惜进行财务欺诈。

这个问题不是只靠监管就能解决的，监管机构的权力再大，也不可能根除这个问题。在错综复杂的政治关系中，监管者可能被利益集团腐蚀。受官僚习气熏染，监管者可能失察失职。证券交易委员会为什么没能及时将伯尼·麦道夫（Bernie Madoff）绳之以法？不是因为和麦道夫串通好了，

也不是因为受到了政治干预，只是因为这个案子太难办了。有人早已向证券交易委员会举报了麦道夫，并且给出了证据，证券交易委员会却因为案子难办而一拖再拖。

赋予监管机构至高无上的权力，这个办法我们不是没试过，但行不通。

依我之见，要想避免恶性竞争及其产生的后果，我们必须严格限制投资银行的经营活动。有些业务，高盛做，可能不会惹麻烦，但别人做，可能就会惹麻烦。既然如此，大家谁都别做了，高盛也别做。

20世纪20年代的经济危机之后，我们正是采取了严格限制的做法。危机前，投资银行无所不用其极，银行把垃圾证券推销给孤儿寡母等弱势群体。危机爆发后，人们普遍感到愤怒。因为金融机构的恶行，美国陷入了西方世界600年来最严重的一场大萧条。于是，人们制定了一系列法律，限制金融机构的行为，禁止商业银行承销证券，禁止商业银行从事投资银行业务。在此后的很长时间里，投资银行非常老实，甚至可以说有些太老实了。总之，投资银行再也没惹大麻烦，严格限制的政策非常有效。<u>我支持凯恩斯的观点，文明社会的资本配置过程不应该如赌场一样混乱，证券产品应该简单清晰，不应该晦涩难懂。</u>

我们应该加强对整个银行业的监管，无论是投资银行，还是商业银行，都不得直接参与大宗商品交易。大宗商品市场可以继续存在，但是投资银行不得参与其中。另外，衍生品交易带有赌博性质，投资银行不得从事衍生品交易。衍生品有正当的用途，利用衍生品进行套期保值，可以规避农产品价格波动的风险，但是我们不应允许投资银行做衍生品交易。

即使加以限制，投资银行仍然可以经营很多业务，包括发行承销业务、券商业务、基金业务、并购业务等，这些业务没那么大风险，不至于引发丑闻，不至于危害社会。既然已经有这么多安全合法的业务了，砍掉那些危险的业务有什么不行的？事实已经证明，危险的业务不是每家投行都能做的。在奥马哈的时候，我就说了，大家领教过了保罗·沃尔克（Paul Volcker）的铁腕手段，<u>如果我说了算，我会比保罗·沃尔克更铁腕</u>。我绝对会像秋风扫落叶一样，把所有存在风险隐患的经营活动全砍掉，一个不留。

投资银行拆分起来没什么难的。投行的对冲基金业务、私募股权基金业务都可以拆分出来。摩根大通和摩根士丹利原来是一家公司，它们被拆分之后，各自发展得不也很好吗？把大型投资银行拆分了，没什么行不通的。像我这么想的人很少，既然你们愿意听，我就畅所欲言了。

关于这场金融危机，我已经讲了很多了。我们需要政府发挥足球裁判员的作用。只是设立联邦住房企业监督办公室那样的监管机构还远远不够，政府必须颁布一系列法规，严格限制大型机构的经营活动范围。有些机构由政府提供信用背书，政府为它们的存款提供保险，它们大到不能倒，既然如此，我们必须严格限制它们，禁止它们经营高风险的业务。否则，还会有下一个雷曼。

政府为大型机构提供信用背书，大型机构却凭借政府的信用为所欲为。它们深知大而不倒的道理，出了问题之后反而变本加厉，等着政府给它们兜底。大型机构弄虚作假，资产负债表之外隐藏着大量风险。整个金融行业弥漫着歪风邪气，很多大型机构失去了理智。一部分金融机构犯了错，把我们所有人都拖下了水。

在这里，我想替高盛说几句。**在所有大型投行中，高盛保持了最高的道德水平和最大程度的清醒。**金融危机爆发后，政府却先拿高盛开刀，高盛确实很冤。高盛也犯错了，但高盛不是故意的。政府的做法欠妥，我为高盛鸣个不平。

关于金融危机，我洋洋洒洒讲了不少。谁都不希望发生金融危机，谁都希望平安无事。

投行的精英可以把客户坑得很惨

为了让大家听得更明白，我再举几个例子。我认识几个扑克玩家，他们喜欢非常复杂的玩法。因为他们的牌局玩法复杂，低水平的玩家进来之后根本不是对手，只有挨虐的份。他们这些高手可以像砍瓜切菜一样轻松获胜。

在投资银行中，我们可以看到同样的情况。投行雇佣的是才智出众的精英。

加州理工学院的大部分毕业生选择进入金融行业，而不是工程行业，这是社会的不幸。我能理解年轻人的选择，他们想像我一样富有。对国家、对社会而言，这不是好事。总之，投行招聘的是精英，他们进入了玩法非常复杂的牌局。格雷泽的父亲说要对客户好，投行的精英则把客户当成对手，对手远远没他们聪明，他们可以把客户坑得很惨。这样的事屡见不鲜。

在韩国和墨西哥，很多公司禁不住投行的怂恿，趟了外汇衍生品交易的浑水。开始的时候，这些公司能赚点小钱，它们觉得捡着便宜了。"只要别人一开口说免费赚钱，千万别往下听。"我把这条芒格法则送给你们，这句话可以帮你们少受骗、少受损失。

很多韩国和墨西哥的企业家相信了天上掉馅饼的神话，以为真能白捡钱呢。尝到了点甜头之后，他们纷纷购买衍生品合约，浑然不知自己赚的那点蝇头小利背后隐藏着巨大的风险。赚钱赚的是小钱，一旦亏损，就会亏得血本无归。很多韩国和墨西哥的公司死在了衍生品交易上。它们遵纪守法，做着正当的生意，却因为沾上了衍生品而陷入破产，这都是拜投资银行所赐，投行用复杂的产品把自己的客户坑得很惨。

投行不该违背格雷泽的父亲讲的道理，投行不该搞出那么多复杂的产品，也许它们不是成心的，但它们确实把自己的客户坑惨了。投行和客户做对手盘，交易的是非常复杂的东西，谁是刀俎、谁是鱼肉，还用说吗？我们应该毫不留情地从严限制投行的经营活动。

歌剧《帝王》(*The Mikado*) 中有句台词："我有一张清单，列出了所有的罪犯，我要让他们一个个都人头落地。"同样的，我们不能放过金融领域中存在风险的经营活动，该禁止的务必严厉禁止。

衍生品的会计处理是按臆想定价

衍生品泛滥成灾是因为其中涉及很多人的既得利益，而衍生品的会计处理起到了助纣为虐的作用。伯克希尔有一小部分衍生品资产，这部分资产的价值是多少，按现行会计处理，可以得出一个账面数字。这个账面数字是虚的，看得见，但摸不着。我们账面上显示的衍生品资产价值符合会计准则，然而当我们真把这部分资产变现的时候，我们发现账面价值虚高了四亿美元。推而广之，在美国公司的大量衍生品资产中，账面价值虚高的情况十分普遍。

同一笔衍生品交易，一家公司的估值是一个数字，另一家公司的估值是另一个数字。这种会计处理方式制造了大量混乱，与其说是按模型定价，不如称为按臆想定价。

会计行业的思维方式不对，他们数学懂得太多，常识懂得太少。他们太迷信数学了，只会从数学的角度看问题。在他们眼里，高估资产和利润与低估资产和利润是一个硬币的正反两面，没什么区别。

这种想法大错特错，99.9%的灾难来自高估资产和利润，而保守一些，把资产和利润低估一些，基本上不会惹什么麻烦，怎么能说没区别呢？

在我年轻的时候，会计制度非常保守。那时候的零售行业，在计算存货的账面价值时，以成本价格或市场价格二者中较低的为准。存货的账面价值只能往下调，不能往上调。

那时候的会计处理非常保守，那时的会计行业更懂常识。在记录资产和利润时，高估可能导致风险，低估才是稳妥的做法。

低估是稳妥的做法，但是，人们总有高估的冲动，不愿以成本价格或市场价格中较低者为准。最终，人们的冲动占了上风，会计行业做出了妥协。我还记得，最后连摩根银行都让步了，更改了利率掉期交易的记账方法。在过去，大多数公司奉行稳健的经营风格，在会计处理上非常保守，有收入进账时，总会计提一定比例的坏账准备，扣除坏账准备金之后，剩下的才是利润。

保守的会计处理很稳妥，但渐渐地，人们追逐利润的心理显露了出来。为了虚增利润，人们一步步逼迫会计师高估资产价格。最后，连摩根银行也被迫随波逐流。摩根银行给出的解释很坦诚，它说："如果我们不这么做，我们留不住交易员。"一家金融机构竟然为了留住员工而被迫虚增利润，这多荒唐啊！

我很同情摩根银行，在外界的巨大压力之下，它别无选择，只能被迫随波逐流。如果摩根银行坚持保守的做法，拒绝放松会计标准，它就没法经营下去了。现在的衍生品交易泛滥成灾，账目混乱不堪。很多人是这场乱局中的既得利益者。衍生品交易在场外进行，没有统一的清算中心。你做了一笔衍生品交易，对手想要退出，没有公开的市场，只能找你交易。

对手想要退出，而你是唯一的市场，这里面有很多牟利空间。很多善于钻营的人找到了很多获利的法门。虽然他们是在浑水摸鱼，却能轻而易举地通过会计师的审计。由此造成的混乱和危害越来越严重。

在大型银行的资产负债表中，未清算的衍生品交易规模高达亿万美元。虽说有这样或那样的抵押品，但我们一看就知道，整个金融体系坐到了火药桶上，一点就炸，随时可能爆发致命的风险。

由于制度存在漏洞，必然会有人钻空子，而且钻空子的人越来越多。三人成虎，慢慢地，人们会把虚增的利润当成真的。然而，账面上的利润不都是真的，有一部分是假的。

会计处理有太多不合常识的荒谬之处

混乱的局面本来是可以避免的，如果会计政策不开口子，就不会有后来的乱局。以安然公司为例，在安达信会计师事务所的协助下，安然的首席执行官杰弗里·斯基林（Jeffrey Skilling）成功地说服了证券交易委员会，允许他采用不切实际的会计方法。安然只签了几个合同，就把未来 20 年的预期利润计为当期利润，并在资产负债表上记录一大笔应收账款，这种会计方法太离谱了。

证券交易委员会难道不知道这个口子一开非乱不可吗？我真不知道证券交易委员会是怎么想的。游说团体的势力很大，监管机构应该保持高度警惕，该说不的时候，坚决说不。高层应该更有决断，否则最近的危机将再次发生。

我还能想到很多会计处理的荒唐之处。前面我说了，会计行业只会从数学的角度看问题，不管是否符合实际。会计师还喜欢制定各种教条的程序，因为按程序计算能得出准确的数字，这让他们感到非常满意。他们只在乎得到准确的数字，至于结果是否正确，他们似乎并不关心。

以银行计提坏账准备金为例，会计准则规定，会计师应当使用精算方法通过历史数据计算拨备覆盖率。在经历了一段长期繁荣之后，银行业蕴藏的风险实际上达到了高位，但是，按会计准则规定的方法计算，这时银行需要计提的坏账准备金却处于低位，这不是荒谬吗？稍微有点常识的人都知道，随着银行业的繁荣，坏账准备应该上升，而不是下降。精算方法是一套教条的程序，连这么基本的常识都体现不出来。

按我的理解，如果一套体系得出的结论不可靠，那么应该把这套体系扔到一边，重新建立一套符合常识的体系。在非理性繁荣达到巅峰时期，银行的坏账准备金竟然降到了最低，这样的会计体系是国之大患，应该尽早摒弃。

从最近新出台的一条会计规则来看，会计行业认死理的毛病一点没改。按照新规则的说法，如果一家公司濒临破产，债券持有人抛售公司债券，导致公司债券价格腰斩，那么会计师认为，这家公司赚取了巨额利润，因为现在公司可以按半价赎回债券。问题是，如果公司账上一分现金没有，那怎么办？会计师说，没有可以假设有，没有现金，公司也是大赚了。

一项项会计政策，荒谬得让人难以置信，如同现实版的讽刺剧。我们的会计政策有太多不合理的地方，光鲜的外表下隐藏了太多的愚蠢，不管不行了。脑子有问题的人，该踢出去就得踢出去。一家公司濒临破产，竟然能报告巨额利润；处于繁荣时期的银行，坏账准备金竟然最低。这样的会计体系要它何用？

在美国的所有商业领袖中，只有摩根大通的杰米·戴蒙（Jamie Dimon）敢于站出来抨击愚蠢的会计政策。在此，我向杰米·戴蒙致敬，我钦佩他的为人，他是一个富有社会责任感的公民。然而，如果我掌权，如果我说了算，我照样会把摩根大通的衍生品业务砍掉。**大型机构有很多合法生意可做，没必要经营类似赌场的业务。肃清高风险的经营活动，社会将更加安宁。**

在最近的乱局中，我们看到，有些投资银行竟然真收购了赌场。开展具有赌博性质的业务已经不能满足它们的贪婪，于是它们干脆直接收购了赌场。大到不能倒的公司去收购赌场，这显然不合适。我们应该效仿格雷泽的父亲，对赌场敬而远之。我们可以允许博彩业务在小范围内经营，但是我们必须认清赌博对社会的危害。**赌博的风气不能助长，必须严厉遏制。**

开赌场是只赚不赔的生意。赌场没有存货、没有应收账款，每天一开业，钱就哗哗地来了，简直和印钞机差不多。

赌场的生意虽好，但也需要大笔投资，金碧辉煌的大厦、美轮美奂的酒店、丰富多彩的娱乐活动，都是用钱堆出来的。还是银行好，银行变身成赌场，用不着像赌场那样投资固定资产，而且比赌场还赚钱。

赚钱这么容易，难怪把银行变成赌场的人越陷越深、难以自拔。这么大的诱惑，有几个人能禁得住？

会计准则不合理，应该进行大刀阔斧的改革

股东：我是一名会计学教授，我有两个问题。第一个，我该如何教我的学生？第二个，您能否给我的学生提一些建议？

我之前谈论过会计行业，我的意思是，会计的顶层设计不合理，主要是那些制定会计准则的人有问题，无论是从国家利益考虑，还是从会计行业自身的发展来说，都需要对会计政策进行大刀阔斧的改革。

你是一位会计学教授，上面是怎么定的，你就得怎么教，否则学生们没法通过注册会计师考试。你也知道，会计准则中有很多愚蠢的地方，你只能捏着鼻子忍着点了。

会计为人类文明的进步做出了重大贡献，会计是一个高尚的职业。会计诞生于威尼斯的全盛时期。当时，威尼斯是全世界最重要的商业中心，

而复式记账法的发明推动了威尼斯的繁荣。会计是一个光荣的行业,希望你的学生能为从事这样一个光荣的行业而感到自豪。这个行业有很多弊病,根源在于高层的会计准则制定者,希望有朝一日,你的学生能成长起来,为消除行业弊病出一分力。

会计准则制定者怕担责任,在制定会计准则时,他们有意识地规避商业判断。如果会计师必须做出商业判断,判断错了就要赔偿损失,会计师当然怕担责任了。

如果我说了算,我将推出一项改革:我绝不姑息会计师蓄意欺诈的行为,但是我将免除会计师的商业判断责任。 改革之后,会计师应当更加理智、更加保守地审视公司的财务状况。会计师事务所应该扮演好"守门人"的角色,而不是成为安然等欺诈丑闻中的帮凶。

革旧立新,我们可以向新加坡的李光耀学习

如何革旧立新,我们是否可以从一些正面的例子中得到启示?例如,"二战"后,我们制定了马歇尔计划,选择帮助战败国重建,这是充满智慧的做法。还有什么例子可以借鉴呢?

我们可以向新加坡的李光耀学习。李光耀和我同岁,他是新加坡的国父,自开国以来一直在新加坡政坛发挥着举足轻重的作用。

李光耀是个非常明智的人。 很多男人看重女人的美貌,不在乎女人的头脑,李光耀则不然。在读高中时,李光耀向来成绩优异,但有一位女生比他成绩更好。后来,李光耀选择了这位女生作为自己的人生伴侣。新加坡现任总理是谁呢?是李光耀夫妇的儿子。

李光耀是个非常务实的人,他的行事风格充满了智慧。

新加坡地处热带,曾经有大片沼泽。为了让新加坡人摆脱疟疾的折磨,李光耀决定把所有沼泽地抽干。他可没有婆婆妈妈地考虑某些鱼类可能灭绝什么的。李光耀甚至不允许居民的院子里出现水坑。发现谁家院子里有

积水，警察会立即开出重磅罚单。于是，疟疾在新加坡绝迹了。

李光耀是一位善于思考的人。 在治理吸毒问题时，他参考了世界各国的经验，最后借鉴了美国的办法。李光耀效仿美国军方，他安排检查人员，随时随地进行尿检，不合格的人立刻被送往强制隔离戒毒所。于是，吸毒的问题解决了。

只要发现恶劣现象有蔓延的苗头，李光耀就会以雷霆万钧之势将其斩草除根。他对各种社会毒瘤毫不手软。 某些动乱分子拉帮结派，刚刚进行几次集会，就被特工人员一锅端了。李光耀是个疾恶如仇的人，他做的事情很对。

新加坡没有丰富的自然资源，没有足够的粮食生产能力，建国初期的新加坡是个一穷二白的弹丸之地。在李光耀的带领下，现在的新加坡已成为全世界最发达的国家之一。李光耀营造了良好的商业环境，为新加坡高端制造业的发展奠定了根基。新加坡的治理风格是家长式的，对公民的大事小情关怀备至。在世界各国中，新加坡是一个优秀的范本。

依我之见，我们美国应该多借鉴李光耀的治国模式。美国有很多学文科的人批判李光耀，说他限制言论自由。新加坡的华人占绝大多数，马来人占少数。李光耀认为，占绝大多数的华人不应该存在优越感，他禁止华人发表歧视马来人的言论。也许有人会说，这是干涉言论自由，我觉得李光耀做得很对。李光耀总是能把事情做对。

李光耀的成功给了中国很大的启发。在访问新加坡的过程中，中国的领导人目睹了新加坡的经济奇迹，受到了很大的触动。看到了中国与其他国家的巨大差距，中国的领导人坚定了改革的决心，以务实的态度在中国打开了新局面。邓小平说："不管黑猫白猫，捉到老鼠就是好猫。"中国借鉴了李光耀的成功经验，走上了改革开放的道路。

我希望我们美国也能以李光耀为明鉴，革旧立新。在很多方面，我们实在太自由散漫了，我们缺乏重拳出击的力度，总是纵容很多问题滋生蔓延，直到不可收拾的地步。

西科最终的归宿是伯克希尔，而伯克希尔后劲十足

再聊点什么呢？咱们聊聊西科吧。作为西科的董事长，我已经87岁了。有些人琢磨，西科的接班问题怎么解决？西科的未来如何？其实，西科是偶然产生的，按理说，早该并入伯克希尔了。但是，你们这些人把西科当成俱乐部了，一直把西科的股价捧得很高。沃伦·巴菲特是一位不折不扣的资本家，西科股价这么高，他不可能直接用现金收购，更不可能用伯克希尔的股票交换。

一来，你们对西科有感情，我们不愿用现金强行收购；二来，伯克希尔的股票价值连城，我们不愿轻易发行。所以说，西科迟迟没有回归伯克希尔。但回归是早晚的事，也许等将来价格合适的时候吧。西科最终只有一个归宿，就是并入伯克希尔。

我想，将来我不在的那一天，没有我在台上和你们闲聊，你们仍然会来到我们的俱乐部。不知道是什么让你们如此着迷，我年轻的时候可没这么多粉丝。

咱们还可以聊聊伯克希尔·哈撒韦，伯克希尔·哈撒韦的模式很简单，但是值得我们深入思考。伯克希尔模式有什么特别之处呢？很简单，伯克希尔既充分放权，又高度集权。

一方面，对于子公司，我们充分放权，几乎是撒手不管；另一方面，对于资本配置，我们高度集权，所有子公司创造的富余现金统一由奥马哈分配。我们支持子公司为了发展壮大而进行再投资，我们鼓励合理的资本开支。伯克希尔的子公司做的是各种好生意，在扣除合理的资本开支之后，它们仍能源源不断地创造大量现金。所有现金均汇集到总部，由稳坐中军帐的沃伦统一配置。

我们既充分放权，也高度集权。充分放权的好处在于，我们的总部非常精简，子公司用不着负担沉重的管理费用。

谁愿意忍受浓厚的官僚习气？谁愿意整天像牵线木偶一样听上级发号

施令？估计你们没人愿意。你们大多数人一定更喜欢在小而精的团队中工作，同事之间互相信任，大家都对公司有很强的归属感。在伯克希尔模式中，我们对子公司充分放权，更有利于调动员工的积极性。有时候，个别人背着我们搞鬼，但总的来说，充分放权模式的利远远大于弊。

同样的，在资本配置方面，我们高度集权的模式也是利远远大于弊。我们总是从机会成本的角度出发进行资本配置。因为我们比别人的选择更多，所以我们有更高的机会门槛。机会成本的门槛越高，投资决策越理智。我们可以选择利用保险浮存金投资股票，也可以选择收购整个公司，例如，收购伯灵顿北方铁路公司（Burlington Northern）。我们总是从机会成本的角度考虑。

最近，有人向我推荐了一家中国公司。乍一看，这家公司似乎很不错，我对它的第一印象非常好。但是，我几乎不假思索地把这个机会拒绝了。原因很简单，我手里有一个更好的机会，价格也很合适，与研究那家中国公司相比，我不如继续买入这个机会。手里已经有更好的机会了，新机会不如手里的，当然没必要继续看了。伯克希尔总部把机会成本的思维方式发挥到了极致，把资金集中到总部，我们能更高效地进行资本配置。

股东：我很想投资伯克希尔，但是我一直有一个顾虑。您和沃伦·巴菲特是伯克希尔的掌舵人，有你们在，我很放心。但是，伯克希尔的将来如何？你们对接班问题是怎么打算的？

大家因为相信我们这两个怪老头，所以相信伯克希尔。就我自己而言，在芒格家族的财富中，绝大部分是伯克希尔的股票。即使我和沃伦不在了，伯克希尔仍然能长盛不衰。伯克希尔的文化能长期流传下去。伯克希尔汇聚了众多具有竞争优势的好生意，它们将长期保持强大的生命力。

在伯克希尔股东会上，我说了，伯克希尔是一家很特别的公司，它不需要有超强的领导能力。伯克希尔后劲十足，它的文化不可能转瞬即逝。

新模型让我们进入了高科技领域，我相信比亚迪

高科技公司总是难逃被颠覆的命运

你们可能问我这个问题："你们以前不是把高科技公司当成洪水猛兽吗？现在怎么开始投资高科技公司了？"我们投资了伊斯卡，伊斯卡一直在开发高精尖的产品。我们投资了比亚迪，比亚迪是一家富有创新基因、不断创造奇迹的公司。没错，我们以前确实惧怕高科技公司。

就我而言，正是在这里，在帕萨迪纳市，高科技公司给我留下了阴影。那时候我还很年轻，我投资了一家生产电子产品的公司。我们的公司开发出了当时世界上最先进的录音设备。为了开发这个新产品，我们投入了大量资金，耗费了大量心血。好不容易把产品开发出来了，搞风险投资的人却来挖墙脚，把我们负责产品开发的核心员工给挖走了，我感到非常郁闷。

更糟糕的是，没过多久，磁带横空出世，把我们开发的产品直接淘汰了。我们在破产的边缘苦苦挣扎，那可真是一段备受煎熬的岁月。从那以后，我再也不敢碰高科技公司了。沃伦以前也不敢碰高科技公司，他只敢投资衬衣、鞋履、砖瓦之类的东西。

我那个时代也有很多高科技巨头，它们的命运如何呢？柯达绝对是一个高科技公司，它垄断了所有与胶卷相关的专利，它熟悉所有与胶卷相关的化学和物理知识，而且它还拥有世界上最著名的品牌之一。现在的柯达呢？已经奄奄一息了。同样地，曾经享誉世界的施乐（Xerox）也走到了破产的边缘。当年的柯达和施乐可是实力雄厚、人才济济的大公司啊！

技术的变化日新月异，高科技公司很难保住领先位置。我听比尔·盖茨说过很多次，无论是多成功的高科技公司，当颠覆性的新技术出现时，都会无一例外地失败。不管成功的公司有多大的先发优势，都会因无法适应新技术而被淘汰。

IBM 或许是个例外，电子计算机技术出现以后，它跟上了潮流。但是，

个人电脑兴起之后，IBM 却被甩在了后面。IBM 照样被比尔·盖茨言中了，难以摆脱所有高科技公司的宿命。正因为如此，我们有意识地远离高科技公司。

我们掌握了一个思考高科技公司的新模型——"狗鱼模型"

我们为什么做出了改变呢？以前，我们惧怕高科技公司，是因为我们的能力不够，例如，我投资了一种电子录音设备，结果被磁带淘汰了。

我们现在变了，是因为我们掌握了一个新模型。模型是一种强大的思维方式，我们的头脑中应该装着很多模型，我们要学会用多个模型客观地思考问题。我的新模型是受到了一位朋友的启发，姑且称为"狗鱼模型"。狗鱼生性凶猛，一群鳟鱼在池子中游弋，扔几条狗鱼进去，鳟鱼很快就被吃光了。有些公司为客户创造价值的能力非常强大，对手根本无法企及，它们如同鳟鱼池中的狗鱼，必然在行业中所向披靡。

早期的沃尔玛正是一条凶猛的狗鱼。沃尔玛找到了为客户创造价值的秘诀，因此它一骑绝尘成长为零售业的霸主。在为客户创造价值方面，开市客也不遑多让。

格雷泽的父亲说，要把好东西卖给客户，开市客绝对是这方面的典范。我特别欣赏开市客的价值观。另外，开市客还拥有难以匹敌的竞争力。开市客具有良好的生意模式和强大的公司文化，它的高管几乎全部是从基层干起来的，这家公司不是一般公司能比的。在过去，我绝对不可能投资三星公司。但是，根据我现在掌握的多种竞争模型，我可以看出来，三星是高科技行业的狗鱼之一。

伯克希尔之所以投资了一些高科技公司，是因为我们通过用模型思考高科技行业，得出了几个确定性非常高的预测。

比亚迪是一家想不成功都难的公司

我今年 86 岁了，假如我对你们说："我能用右手把 400 公斤的杠铃举过头顶。"你们肯定笑我吹牛。假如我真用右手拎起了一个 400 公斤的杠铃，轻松自如地举上举下，然后，我又对你们说："现在，我要用左手举起 450 斤的杠铃。"我轻轻一举，又举起来了。我把重量连加了四次，都轻飘飘地举起来了。这时，你们就愣了，没想到我还真有两下子。虽然你们不知道是怎么回事，但我再往上加重量，你们一定会相信我能举起来。

这个举重的例子，用来形容比亚迪最合适不过了。在创始人的带领下，比亚迪充分发挥聪明才智和吃苦耐劳的精神，无论做什么业务，都力求做到最好，功夫不负有心人，他们创造了一个又一个的奇迹。当他们创造出第一个奇迹时，我们可能不当回事。但是，当他们创造出第三个、第四个奇迹的时候，我们就知道了，比亚迪很了不起。也许你会说，我们买得早，我们买的价格很便宜。确实，这多亏了我的朋友李录，是他慧眼识珠。如果当初比亚迪的价格贵一些，我们还真可能因为不识货而错过了这家好公司。

以前我们不敢碰高科技公司，但现在有几家高科技公司，我们觉得确定性很大，我们很有信心，所以我们投资了。我们以前投资高科技公司没成功过，现在有了个新模型，就能成功了？这么说吧，我们非常谨慎，绝对不会轻易出手。像比亚迪这么优秀的公司寥若晨星，像王传福、李录这么优秀的人是凤毛麟角。大家不用担心，我们没有膨胀，没把自己当成高科技大咖。

风险投资行业不太对我的胃口。我知道，风投行业对社会的发展有益，我也很钦佩成功的风险投资者，但是我本人对风险投资没什么兴趣。我认定比亚迪能行，你们可能觉得我是在做风险投资，我不这么认为。在我看来，比亚迪是一家想不成功都难的公司。

看着比亚迪冲击全球最顶尖的技术高峰，真是令人倍感振奋。可用于电网储能的大容量锂电池是一座高峰；低成本、高效率的太阳能产品是一座高峰；成熟可靠的电动汽车是一座高峰；为中国的消费者大量生产物美价廉的汽车也是一座高峰。

很多大城市的空气质量很差，人们几乎无法呼吸，电动汽车必将成为未来的主宰。成熟可靠的电动汽车是大势所趋，世界各国的高等学府、科研院所以及大型汽车公司都在你追我赶地研制电动汽车。

我认为，在研制电动汽车这场赛跑中，目前，比亚迪处于领先地位。为什么比亚迪能领先？一个是有杰出的领导人，另一个是有独特的文化。中国有13亿人，选拔其中最聪明的人，让他们读理工科，再从毕业生中优中选优，挑选5%进入公司，这些精英进入公司后比其他所有公司的工程师都更拼、更努力，按照这样的模型，比亚迪能不强大吗？

我相信，比亚迪会越来越成功。比亚迪正在攻克的难题关系到全人类的福祉，**比亚迪的成功对我们所有人都有好处。**

要解决全球的能源问题和环境问题，我们别无选择，只能更多地使用太阳能。在利用太阳能的道路上，更高效的电池技术是我们必须攻破的一道难关。

比亚迪制造的汽车物美价廉。我平时开的是一辆梅赛德斯-奔驰550，开起来很顺手。最近，我在道奇体育场（Dodger Stadium）附近试驾了一辆比亚迪电动汽车。这辆比亚迪生产的汽车更重，因为它用的是磷酸铁锂电池，动力电池在整车中占了很大的重量。试驾之后，我的感觉是，与我的车相比，比亚迪的这款电动汽车毫不逊色，甚至可以说，它的驾驶体验和安全性更胜一筹，因为它的重心更低，而且没有燃油爆炸风险。

我试驾的这辆比亚迪电动汽车，充一次电，可以开300多千米，相信将来比亚迪能实现更长的续航里程。

前段时间，比亚迪宣布与梅赛德斯-奔驰达成了合作协议。按照中国的政策规定，梅赛德斯-奔驰只能在中国开两家合资公司，这两家合资公司早已成立了，所以梅赛德斯-奔驰和比亚迪只能寻找别的合作途径。强大的梅赛德斯-奔驰为什么要找小小的比亚迪合作？当然是因为它认可比亚迪的电池技术。

我相信电动汽车的时代必将到来。比亚迪占据天时、地利、人和，它一定能行。如果我能活到那一天，相信我将驾驶一款搭载比亚迪锂电池的汽车。

你们中有很多人，像过去的我那样投资，远离高科技公司，现在已经很有钱了。我不建议你们学我，不建议你们改变，不改变更安全。我们一反常态，投资了几家高科技公司，所以，我觉得有必要向你们解释一下。没什么是一成不变的。虽说我不是靠投资高科技公司起家的，但是我相信比亚迪，我不会看走眼。谁说人一点不能改变？毕竟，我才 86 岁。

中国在高速发展科学技术，我希望更多地了解中国

中国在追求真正的产品升级

股东： 我的问题与商业界的变化速度相关。我有个感觉，商业界的变化似乎越来越快。您经历过几十年的商业变迁，您有这种感觉吗？商业界的进化速度是不是加快了？与过去 20 年相比，在未来 20 年，世界的发展速度一定会越来越快。商业界的变化速度如此之快，挑选值得长期持有的公司是不是更难了？

我不知道未来 20 年的世界会怎样，我的日子不多了，我也犯不着琢磨这个问题。

说起发展速度，中国的发展速度才叫惊人呢，像中国这么庞大的国家，以这么高的速度增长，真是史无前例。现在的中国人，包括中国的领导人，非常务实。新一代的中国领导人完成了老一代领导人未竟的事业。我对中国的发展持乐观态度。中国走过弯路，但后来进行了拨乱反正，走上了改革开放的正确道路。中国共产党领导人力挽狂澜的气魄，真是令人敬佩。

在新一代的中国共产党领导人中，很多人具有理工科背景，这更增加了我对他们的好感。我看好中国的前景。

中国是个发展中的大国，各方面的困难很多，我们总是拿自己的人权标准去要求中国，这未免过于苛刻。我们有我们的历史现实，中国有中国

的历史现实，我们认为正确的未必完全适用于中国。我们美国人总是想让别人听我们的，我觉得，这么做不妥。中国有中国的国情，它应该走适合自己的发展道路。总之，中国人确实创造了举世瞩目的经济奇迹。

在过去，中国生产的是廉价的塑料制品和纺织品，现在的中国已经进军高端制造业，中国正在以史无前例的速度发展科学技术。

中国的崛起，让一些人感受到了威胁。例如，一家伊利诺伊州的小型金属加工厂，面对来自中国的竞争，它可能很难生存下去。正因为如此，有些人对中国有怨气。中国人很聪明，他们开始培育比亚迪这样的公司，不再局限于通过廉价商品抢占市场份额，而是通过提升产品质量来占领市场。中国人正在追求真正的产品升级，他们在为人类文明的发展做出自己的贡献。我期待中国取得更大的发展，我相信中国制造的产品会越来越好。

我始终对中国人有一种好感。在奥马哈的商业中心，有一家名叫 King Fong 的中餐馆。我记得，在我还是个小孩子的时候，我去过这家餐馆的二楼吃饭。为了追寻儿时的美好回忆，这次参加伯克希尔股东会，我特意开车路过 King Fong 餐厅，它还在那呢。奥马哈的商业中心早已不再繁荣，但历经几十年的风雨，King Fong 餐厅仍然生意兴隆。看到这家历史悠久的餐厅，我心中涌起了一股暖流。经历了多少风云变幻，King Fong 餐厅在奥马哈的商业中心屹立不倒，这家餐厅是中国人百折不挠精神的真实写照。

比亚迪没有"分析瘫痪症"，我很高兴与它结缘

股东： 您以前讲过，您非常欣赏理工科的思维方式，您认为理工科的思维方式对管理公司非常有益。数据的可靠性更高，用数据分析问题更合理。但是，过度依赖数据可能导致"分析瘫痪症"（analysis paralysis），分析过多却无力行动。过度依赖数据还可能导致迷信金融模型，而迷信金融模型正是您强烈批判的一种行为。我们如何才能既保留理工科思维方式好的一面，又不受到其负面影响？

"分析瘫痪症"是一种很常见的公司病。要说哪家公司规模很大，却

没染上这个毛病，我会告诉你，答案是比亚迪。比亚迪拥有16000多名工程师，绝对是一家大公司，但是它没得"分析瘫痪症"。比亚迪总是追求理智，踏踏实实地做事。比亚迪毫不拖泥带水，它不会被分析数据所累。

我之所以对比亚迪充满信心，很重要的一个原因是看好比亚迪的公司文化。在比亚迪公司，找不到你说的"分析瘫痪症"。有一个国家，它拥有众多人才，但是却患有严重的"分析瘫痪症"，这个国家是印度。放着新加坡的李光耀不学，印度从我们这学了一大堆糟粕。

股东：听说比亚迪的创始人是一位传奇人物，他每天工作18个小时。请问您如何评价比亚迪的创始人？如果比亚迪的创始人不在了，比亚迪还能继续发展吗？

首先，有些风险难以避免，但我不觉得这是什么问题。伯克希尔的董事长将近80岁了，还生龙活虎的，比亚迪的领导者，我们还用得着担心吗？既然你担心比亚迪的创始人年老体衰，即将退出历史舞台，咱们就请本尊现身吧。王传福，你站起来和大家打个招呼好吗？还有比亚迪的副总裁李柯，她也非常年轻。

他们二位是专程来美国筹建比亚迪美国总部的，他们选择把总部设在洛杉矶市中心。他们选址选得真好。作为一家成本低、效率高、富有进取心的中国制造商，进军美国市场，把总部开在洛杉矶，可以释放出一个良好的信号。把总部开在华尔街那样的地方，就太不接地气了。

股东：除了比亚迪，中国最优秀的汽车公司是哪家？您还看好中国的哪些行业？

我对中国很感兴趣，希望更多地了解中国，在中国做更多投资。能找到比亚迪这么好的公司，我已经非常知足了，我不奢求能找到更好的公司。能与比亚迪结缘，已经是很大的福分了。我们会继续寻找，但我觉得我们不可能找到更好的了。

尽管现状依然弊端重重，但我能看到破晓的曙光

高层对这次金融危机应对得宜

股东： 在过去，银行倒闭、管理层下台之后，总会有您和沃伦·巴菲特这样的人入场扫货，以低廉的价格买入资产。为什么这次不一样？为什么这次政府被迫出手？为什么这次危机险些把我们的文明摧毁？

这次有什么不一样呢？这次的危机更严重，大型银行险些像保龄球一样噼里啪啦全部倒下。当时的情况和化学中的自催化反应有些类似，在很短的时间内，问题立即放大，局势迅速恶化。一旦局势恶化到一定程度，后果不堪设想。假如局势恶化波及整个文明，没人能独善其身。

只要稍微有些理智的人，都不可能任由事态继续发展。我们非常有必要采取霹雳手段，迅速控制住局面。

在此次危机中，政府的应对非常得力，无论是民主党，还是共和党，都有上佳表现。伯尼·麦道夫行骗了很久，政府才把他绳之以法。但伯尼·麦道夫的案子是个小事，这次爆发的金融危机则如同泰山压顶，好在我们的政府果断采取了正确的行动。

在应对此次危机时，其他国家的经验也给了我们很大的帮助。一开始，我们提出的解决方案是"问题资产救助计划"（Troubled Asset Relief Program），但英国的做法表明，政府直接干预大型银行更有效。多亏了财政部长保尔森，他发现了英国的做法更有效，于是立即改变了做法。**在此次危机中，我们的高层展现出了卓越的领导力，这是国家之幸。** 此次金融危机大有黑云压城城欲摧之势，政府迫不得已，采取了雷霆手段。

风险没有完全消除，危机早晚还会到来

股东： 你们早就发出过警告，呼吁人们注意衍生品和担保债务凭证（Collateralized Debt Obligation）中蕴藏着的巨大风险。2008年，金

融危机还是爆发了，政府出手救市，危机才得以平息。请问现在的情况怎么样了？风险的阴云是已经消散了，还是仍然笼罩在我们上方？

风险当然没有完全消除。我们要知道，有的东西，在我们眼里是风险，但对局内人来说，那是他们的饭碗。他们把自己的饭碗抱得很紧，你敢碰他们的饭碗，他们就要跳起来和你拼命。在我们看来危险而愚蠢的东西，是他们赖以生存的饭碗，他们无论如何都不肯放弃自己的既得利益。

我父亲瞧不起这种人，他说过，有些人的想法很幼稚，他们觉得"我想要，我就要，因为我想要，你就得给我"。谁小时候都经历过这样的阶段，但是有些人大了以后还摆脱不了这种思维方式，实在很可悲。

股东：您认为还会有另一只靴子落地吗？

如果我们不对金融体系动大手术，早晚还会遭遇这样的危机。

股东：您说过，应该加强对华尔街的监管。监管部门的薪水比较低，而华尔街大机构的薪水则非常高，这是否也是监管不力的原因之一？监管部门的工作人员是公务员，最顶层的监管人员的薪酬水平，只相当于最底层的华尔街员工。这种巨大的收入差距，是否可能导致权力寻租的行为？事实上，很多公务员和监管者在离任后，加入了他们曾经监管的机构，拿到了比以前当公务员时高出很多倍的薪酬。您觉得这个问题的危害大吗？我们是否应该像新加坡的李光耀一样高薪养廉？

这确实是个比较严重的问题。李光耀给出的解决办法是高薪养廉。新加坡受到了儒家文化的影响，在儒家文化中，出仕是一种荣耀。新加坡的公务员收入很高，他们的工资比普通公司员工的工资水平高75%左右，这是一种很好的制度。

在高薪养廉的同时，李光耀厉行反腐，对腐败行为采取高压手段。至于我们的监管人员，我觉得，最主要的问题不是腐败，而是他们的认知能力不足。

股东： 今天，贝尔斯登公司（Bear Stearns）的阿兰·施瓦茨（Alan Schwartz）和詹姆斯·凯恩（James Cayne）出席了国会听证会。毫无意外地，在证词中，他们两个人把自己撇得干干净净，说贝尔斯登公司的倒闭和他们没有一点关系。有些人认为，现在的国会听证会已经成了闹剧，菲尔·安吉利德斯（Phil Angelides）领导的调查行动该收场了。

与之形成鲜明对比的是，1929年经济危机爆发后，国会开了两年的听证会，把问题查了个水落石出。在经过深入彻底的调查之后，我们有的放矢地进行了监管改革，在之后的半个世纪里都没再出现什么大问题。请问您怎么看？此次调查是该继续进行，还是到此为止？

破产公司的高管刚刚经历过一场噩梦，他们的心理创伤还没平复，就把他们传唤到听证会，在大庭广众之下向他们兴师问罪，他们也要脸啊，肯定会百般为自己辩护，把问题都推到别人身上。这是人之常情，我们可以理解。

从这个角度来说，听证会没多大意义。因为国会很恼火，所以它要让那些高管当众出丑。国会这么做也有一定的道理，就像狗拉在了客厅的地板上，按着狗鼻子让它自己去闻一样。

被拖到听证会上的高管手足无措，只能胡乱搪塞。有的人装失忆，有的人找各种理由为自己开脱。多年以前，在帕萨迪纳市，罗斯福家族的一个后裔因为婚变而陷入了舆论的旋涡。他亲笔写的一些信件遭到了曝光，他在信件中承认自己有性怪癖。按照当时加州的法律，在判决离婚官司时，法院会根据当事人双方的过错情况，决定如何分配家庭财产。所以，这位罗斯福家族的后裔竭力为自己辩白。

内容不堪的信件已经曝光了，还能怎么开脱？这位罗斯福家族的后裔很有才，他说："我妻子精神有问题，为了满足她的幻想，我只能写这些变态的东西来迎合她。"

虽然他编的理由很荒唐，没人相信，他不也照样为自己开脱吗？现在我们在听证会上看到的正是这样的情况。

衍生品的社会危害性极大

股东： 星期六，沃伦表示，高盛没有任何错，错的是客户，是客户自己要做高风险的交易。按照您以前讲的，您应该和沃伦的看法不一样吧？您觉得高盛有错吗？

首先，衍生品交易已经从潘多拉魔盒中放出来了。总收益互换（Total Return Swap）这种衍生品完全是一种规避杠杆限制的工具。在这种产品的掩护下，华尔街可以肆无忌惮地上杠杆，会计师根本挑不出任何问题。总收益互换涉及大量资金的对赌行为，但是在现行会计政策下，它不会完全显示在资产负债表中，账目中看到的只是冰山一角。我对衍生品深恶痛绝，这种东西弊远远大于利，对社会危害极大。

衍生品基本上没一个好的，就连股指类衍生品都是弊大于利。当年，交易所推出标普指数合约时，几乎只有沃伦一个人站出来表示反对。他写了一篇文章，说这种东西对社会弊大于利。后来，指数合约还是成了完全合法的一种衍生品。沃伦曾经公开反对指数合约，当指数合约出现定价错误的机会时，沃伦却毫不犹豫地买入指数合约。这算是言行不一吗？我觉得不是。

所有投行都在开展衍生品交易自营业务，衍生品证券种类繁多，很多合约是临时性质的，只有几个参与者。衍生品的泛滥要归咎于国会，是国会通过了允许衍生品交易的法案。衍生品交易，所有的投行都在做，为什么要把高盛单独拎出来，说它犯了大错？

从高盛的角度来说，它很难为自己辩护。高盛应该感到很突然，事先没想到自己会陷入这样的局面。

我估计高盛会做出一些改变。高盛的首席执行官劳尔德·贝兰克梵（Lloyd Blankfein）是个灵活务实的人。目前，高盛正在对衍生品业务进行自查，发现了问题，他们一定会改。我不觉得高盛有什么大错。诚然，是因为各大投行游说政府，衍生品交易才得以合法化，高盛也参与其中了，但所有的投行都有份，把高盛单独拎出来，未免有失公平。别的投行可以赚这个钱，偏偏高盛不行？

华尔街的思维方式和艾伦·格林斯潘差不多，他们认为，成年人可以对自己的行为负责，不管风险多大，想做什么，就可以做什么。我不敢苟同。即使是成年人，也不是想做什么就可以做什么。**很多成年人想做的事，国家应该明令禁止。**

赌博就是一种应该明令禁止的行为。如今，赌博却披上了衍生品的外衣，在投行的庇护下登堂入室。我不怪高盛。高盛可以说是所有投行中最优秀的一家，政府却偏要拿高盛开刀，这实在是太不公平了。

股东：您认为，在受到谴责之后，高盛会怎么做？它有可能剥离衍生品业务吗？

除非法律强制要求，没有一家投行会主动放弃自己的衍生品业务。衍生品业务利润丰厚，投行是既得利益者。衍生品业务是它们的饭碗，它们怎么可能自己砸自己的饭碗呢？

我们是面临很多严重的问题，但我并不悲观

股东：我去过世界上的很多地方。中国的基础设施建设、中国的发展速度、中国的制造业取得的巨大进步，让我惊叹不已。

您说了，我们美国应该回归本质。美国总能走出经济危机的阴霾，这次也不例外。虽然我们走出来了，但我们并没有意识到问题的根源，我们偏离本质太远了。我们忽略了本土的制造业，忽略了整个国家的基础设施建设。我们失去了梦想，找不到前进的方向。

我不知道我们的出路在哪里。我和别人谈论这个问题，别人没什么兴趣，也说不出个所以然。很多基本的道理，我们都不明白。请您告诉我，我们为什么如此迷失？

发展到今天，我们的国家确实暴露出了很多问题。很多问题非常棘手，解决起来面临重重阻力。有些很重要的事情，我们做错了，现在想挽回局

面，非常困难，例如，老城区的公立学校教育质量下降。尽管如此，我不像你那么悲观。

在伯克希尔股东会上，有人问我："你在加州怎么待得下去呢？加州的立法机构乱成了一锅粥，反智的左派和反智的右派天天掐架，他们还通过操纵选区划分的手段，把头脑清醒的人排挤出去。加州的财政状况捉襟见肘，完全处于失控状态。你说加州有什么好的？"

我回答说，加州确实存在这些问题，而且问题还很严重，但是加州的气候好啊。我们还与亚洲隔海相望，亚洲发展得很好。大量人才源源不断地来到加州，其中很大一部分是亚洲人。一个人才不断涌入的地方，是不会差的。我也相信，大乱之后必有大治。

中国曾经有过动乱，那是开历史倒车，但是，他们最后还是走出来了。他们怎么找到了新的出路呢？因为那条路走不通。

同样的道理，你为美国社会当前的种种问题感到忧虑，我却从这些问题中看到了一缕缕曙光。我很清楚，不撞南墙不回头，不尝到失败的苦涩，没人愿意变革。现在，我们已经体会到了失败的滋味。从当前的社会弊端中，你看到了世界末日，而我看到了破晓的曙光，但愿我是对的。

银行不应把信用卡发放给超前消费成瘾的人

股东： 如今，按市值计价的会计处理渐行渐远，银行倾向于将不良资产以虚高的价格留在资产负债表中。与此同时，房贷断供潮持续上演，大量房产被银行没收。请问富国银行等各大金融机构以及政府将何去何从？

在金融危机最严重的时候，富国银行的股价跌到了非常低的程度。富国银行有很多优点，它是一家令人尊敬的银行。富国银行犯错了吗？犯了。富国银行犯的错误严重吗？严重。富国银行是否需要投入大量精力收拾美联银行（Wachovia）的烂摊子？是的。尽管如此，我仍然认为富国银行值得投资。与金融危机最低点时相比，富国银行已经涨了四倍，即使现在价格涨了，它仍然值得投资。

受大环境的影响，所有的银行都犯错了，优秀的银行也可能马失前蹄。富国银行自己也很清楚，它犯过很多错。但是，优秀的银行有个特点——它们更善于认识和改正错误。

银行滥发信用卡，把信用卡发给了很多超前消费成瘾的人，这样的人拿到了信用卡只会滥用，最终给银行的资产制造很多窟窿。就算银行有办法收回信用卡欠款，银行也不应该把信用卡发放给超前消费成瘾的人。

把钱借给消费成瘾的人，让他们背负利率高达 30% 的贷款，这样的生意，我不想做，这不符合我从小养成的价值观。这只是我的个人观点，很多银行爱赚这个钱，我个人觉得有些反感。

我不是批评银行，只是表达一下我自己的想法。相信在座的诸位，很多人和我的想法一样。想法和我一样的人，请举手。这么多人举手，真希望美国的银行家们能看到这个场面。

股东：我想了解一下盖可保险面临的机会和风险。盖可拥有广泛的客户基础，您不赞同大力发展信用卡业务，但是盖可是否可以开展一些别的附加业务，为客户创造更多价值？

盖可保险开展信用卡业务，这是我们的主意。我刚才忘了把我们自己数落一番了。我们做了一个愚蠢的决定，结果以失败告终。好在我们敢于承认错误，是我们错了就是我们错了，是失败了就是失败了。我们自己按着自己的鼻子去闻。建议美国的其他公司和我们学学。我在此重复一遍：让盖可保险开展信用卡业务，我们做了一个愚蠢的决定，我们错了，我们该罚。

但愿我们别再搞出类似的附加业务了。

对待问题，一定要提前预防，也要直面处理

德国、希腊的例子能说明失败的基本模型，教育孩子也要未雨绸缪

股东： 请问该如何培养小孩子，如何培养他们的性格和气质，才能让他们更像伯克希尔，而不是商学院毕业生？

如何培养孩子，让他们更茁壮地成长？这是个好问题。我们能看到很多失败，这些失败是怎么发生的？大多数人不知道失败是怎么发生的，因为他们不知道许多失败背后有一个基本的模型。我们以民主德国为例来说明失败的基本模型。整体而言，德国人是非常优秀的。苏联占领民主德国后，最优秀的500万德国人通过各种渠道离开了，剩下较差的1700万德国人，在苏联的统治下生活了40年。优秀的人走了，只剩下较差的，即使是德国人，也难免陷于失败。

我们的中心城区也经历了类似的情况，大多数人从中心城区搬走了。中心城区犯罪率高发，换了是你，你也会选择离开。

老话说得好："一个问题，彻底想明白了，就解决了一半。"很多人不懂，总觉得问题出现以后，是可以轻松解决的。实际上，当问题出现时，已经很难解决了，有时甚至根本没办法补救。正确的做法是未雨绸缪。

胶质母细胞瘤是一种严重的脑癌，这种肿瘤生长迅速，得了以后基本无药可救。很多问题都如此，等它出现以后再想解决，那是千难万难。所以说，我们要向李光耀学习，问题刚一露头，就用高压手段把它灭了。如果我们不能把苗头性的问题连根拔起，小问题终将酿成大祸患。我们是个民主国家，想做到我说的这一点很难。我们实行民主制度，缺乏有胆识、有魄力的政治家，无法以高压手段把问题扼杀在萌芽之中。

现在欧盟的一块拼图出现了松动。希腊的政治家希望能多借点钱，多买点东西，让希腊人的日子过得轻松一些。谴责希腊没什么意义，一旦少了希腊这块拼图，整个欧盟将风雨飘摇。各国可能被迫裁员、削减养老金，

那是谁都不愿看到的局面。

按照我的经验，解决问题的最佳方法是不让问题出现。 在我看来，高素质居民群体开始逃离之时，城市中心区就注定要衰败，别人可能觉得还有挽回的余地，我却不抱任何希望。无论是国家，还是公司，都是同样的道理。

我们再以公司为例来说明失败的基本模型。假设在一个行业中，最优秀的人才愿意加盟公司 A，不愿加盟公司 B、C、D，而且公司 B、C、D 的优秀员工也不断跳槽到公司 A。长此以往，公司 A 会越来越成功，而公司 B、C、D 必然会走向失败。如果我们能深入思考，不轻信社会科学中的某些无稽之谈，我们能更好地应对失败。

我特别敬佩李光耀直接面对问题的勇气。 不管遇到多棘手的问题，他总是毫不畏惧。有些孩子不成器，想把他们教好，实在太难了。孩子有问题，很多时候不是因为家里经济条件不好，反倒是经济条件太好了，更容易惯出一身坏毛病。在西方社会，很多从富裕家庭中走出来的孩子都是废材。

我建议家长们怀着一颗充满善意的心，严格地管教孩子，理智地引导孩子。 说起来容易做起来难。大家记住这句话："一分预防胜过十分治疗。"防患于未然很重要，一分预防胜过一万分治疗。

预防才是解决之道，可惜很多人不懂未雨绸缪。

国家的栋梁之材涌入华尔街是一种极大的浪费

股东： 您说过，大量加州理工学院的毕业生进入了金融行业，这不是一件好事。我很尊重您，但是我不太同意您的这个观点。投行大量招聘加州理工学院的毕业生，有朝一日，这些新鲜的血液将成为投行的领导者，他们应该能比雷曼的董事长迪克·福尔德（Dick Fuld）做得更好。我觉得大量优秀毕业生加入投行未必是坏事，您说呢？

这么说吧，从加州理工学院随便挑一个学生，都能比迪克·福尔德做得更好。加州理工学院培养的毕业生是具有科学素养的人才，这样的人才进入华尔街参与赌博活动，是一种极大的浪费，给我们的文明、我们的国家造成了巨大的损失。他们的才华应该用来设计更先进的炼油厂，而不是研究更赚钱的赌博技术。

你说得有一定的道理，这些优秀的毕业生确实能比迪克·福尔德做得更好，但是国家的栋梁之材都涌入华尔街不是什么好事。

希腊的困局很难解决

股东：在上周六的伯克希尔股东会上，您谈到了诚信。目前，为了应对经常账户赤字，欧洲南部的一些国家加足马力开动印钞机，请问您怎么看？

希腊问题是一个难解的困局。在欧盟成立初期，大家就知道，有可能出现希腊这样的问题。过了这么长时间，问题才出现，我觉得已经算是奇迹了。

希腊的困局很难解决。一方面，欧盟不愿救希腊，这个先例一开，所有的欧盟国家都会产生依赖心理，出了什么问题，就等着其他成员国的贷款和救济；另一方面，希腊是欧盟的成员国之一，不救希腊，希腊倒下了，欧盟的脸面不好看。

以前，欧盟没少帮扶贫穷的成员国。以爱尔兰为例，欧盟为爱尔兰提供了大量援助，爱尔兰则利用欧盟的援助资金引进了大批高端人才。此后，爱尔兰取得了巨大的发展。

同样是得到帮扶，有的国家像爱尔兰一样发展起来了，有的国家却像希腊一样成了累赘。

希腊的困局难以解决，救不是，不救也不是，真让人进退两难。这让我想起了伍迪·艾伦（Woody Allen）的一句话，他说："一条路通往绝望，另一条路通往灭绝。希望我有足够的智慧，能做出正确的选择。"

希腊的困局自有欧盟解决，我很庆幸我不需要解决这个难题，因为我没那么大的本事，我真不知道该不该救。

我只知道，如果是我的话，我会选择快刀斩乱麻。刚才，我讲了防患于未然的智慧。我们要预见到，如果任由事态发展，将会产生怎样的恶果。**明智的人，一看到问题露头，就把问题打掉，绝对不会让问题蔓延开来。**在人浮于事的官僚机构，公务员整天混日子。出现了问题，他们等着问题自己消失。本来早该解决的问题，让他们一拖再拖，结果小问题变成了大问题。

我们做投资，总是寻找愚蠢的竞争对手，挑软柿子捏

股东：沃伦说过，在他的职业生涯早期，他采用格雷厄姆式的投资策略，后来则进化为投资具有可持续竞争优势的伟大公司。如果您现在管理小规模的资金，您会投资具有成长性的小公司，还是寻找偶然出现的市场定价错误的机会？

我们基本上不看盘子太小的公司，因为看了也没用。伯克希尔的资金量太大了，我们只有投入大规模的资金，才能撬动伯克希尔的业绩，盘子太小的公司，对我们来说没什么意义。伯克希尔受规模的限制，无法投资小公司，但是你不受这个限制。你又年轻又穷，你比我们有优势，你能找到更多的机会。尽管如此，我可不想变成你。

要是我能像你那么年轻，还有我这么多钱，那我很乐意。

股东：如果您像我这么年轻，而且没有钱，您会投资具有成长性的小公司，还是寻找格雷厄姆式的烟蒂股？

我当然会在小盘股中寻找机会。我会努力挖掘所有存在信息不对称性的机会。我希望我能具有信息优势，掌握别人不知道的重要信息。研究杜邦、陶氏这样的大公司，很难获得信息优势。如果我管理小资金，我不会

投资大盘股，和大资金对着干。默克（Merck）和辉瑞（Pfizer）两家公司，谁研发的重磅药更有潜力？这样的问题不是小资金该琢磨的：第一，这样的问题很难；第二，你的对手是很多聪明人。

我会发挥自己的长处，做大量的研究工作，寻找市场出现无效性的机会，寻找我比对手更具信息优势的机会。

这样的机会可能散落在很多地方，最重要的是，你们要明白，在资本主义世界中，要取得成功，一定要去竞争比较弱的地方。这就是我的秘诀，我毫无保留地告诉你们了。

股东：我想问一个关于您和沃伦·巴菲特的问题。在今年的伯克希尔股东会上，沃伦说，是您让他懂得了可持续竞争优势，让他认识到应该买好生意。请问您从沃伦·巴菲特那里学到了什么？

对伯克希尔的所有同事，沃伦总是毫不吝惜自己的溢美之词。沃伦说是我让他懂得了买好生意，这实在是过奖了。沃伦怎么可能看不懂可持续竞争优势？即使没有我，他照样会认识到应该买好生意。

我们这么笨，竟然还这么成功，你们说怪不怪？也许正是因为我们这两个笨蛋成功了，你们看到了希望，所以才蜂拥而至。在伯克希尔股东会上，曾经两次获得美国国际象棋冠军的帕特里克·沃尔夫说，与他下国际象棋相比，我们做投资的难度更大。帕特里克·沃尔夫是一位国际象棋大师，他可以蒙着眼睛与六个对手同时进行车轮战，这可不是一般人能做到的。我回答他说："帕特里克，应该是你下国际象棋难度更大才对。我们做投资，总是寻找愚蠢的竞争对手，挑软柿子捏，而你参加国际象棋比赛，总是和高手同台竞技，要进行针尖对麦芒的较量。"

我希望你们能明白我说的这个道理。即使是像我这样的笨人，如果会寻找较弱的竞争对手，照样能取得成功。

保险行业，我没把握；铁路公司，我很放心

财险公司很容易犯错

股东： 请问您对当前的保险行业有什么看法？

总的来说，财产保险生意是非常难做的。财险行业与金融行业有相似之处，经常为了保住规模而自欺欺人。保险产品价格下跌的时候，财险公司总是把准备金和预期损失往少了算，生怕别人抢走市场份额，而自己的业务规模收缩。我很少看财险行业，这里面基本没有值得投资的公司。

伯克希尔是个例外，我们比别人更守纪律。我们也会犯很多错误，但是，我们的保险生意仍然是好生意。对于大多数人来说，保险生意不是好生意。在财险行业，除了伯克希尔，还有其他几家好公司。这几家好公司是大家公认的，价格自然也不便宜。

总的来说，我还是认为，财险公司不是好生意，财险公司经常犯错，不值得投资。保费太低，准备金不充足，这样的错误司空见惯。人总是自以为是，总是想当然，我们很难指望财险公司的管理者能做出明智的决策。再保险公司更别提了，经营再保险公司的难度更大，再保险公司对管理者的要求更高。

股东： 您认为经营再保险公司的难度非常大，但是伯克希尔却投资了瑞士再保险（Swiss Reinsurance）和慕尼黑再保险（Munich Reinsurance）两家公司。你们不能控制这两家公司的浮存金，但是你们仍然投资了它们，请问这两家再保险公司有什么特别之处？

伯克希尔是这两家公司的竞争对手，你们是否因此对这两家公司有更深入的了解？作为与这两家公司无关的外部投资者，我们也能通过分析，发现这两家公司的优势吗？

这两家公司是沃伦投资的。在买入这两家公司时，他权衡了摆在伯克希尔面前的所有投资机会并且比较了所有机会的价格。

这两家公司有很多优点，它们拥有悠久的历史、良好的声誉，它们是两家值得尊敬的公司。这两家公司是我们作为投资组合中的品种买入的，我们只是觉得，比较起来，这两家公司是不错的投资机会。虽然我们投资了这两家公司，但我对整个再保险行业的观点保持不变。我仍然认为，再保险生意很难做，经常容易犯大错。

股东：保险公司的错误往往经过很长时间才会暴露出来。只看财务报表，似乎很难看出来准备金是否充足。请问您如何发现保险公司的错误？

你说得对，保险公司确实很难判断。在分析一家保险公司的时候，除了看它的财务数字，我们还要看它的文化。准备金是否充足，这一点很难判断。公司文化如何，是否容易犯错，这一点也很难判断。这些判断做不好，就没办法成功地投资保险公司。我说了，财险行业很难做，财险公司不是好生意，我们判断起来基本上没什么特别大的把握。

我还是更喜欢想都不用想的投资机会，我更喜欢可以无脑买入的机会。投资开市客的时候，我觉得，开市客可以无脑买入。后来，我又发现了比亚迪，我觉得，比亚迪也可以无脑买入。无脑买入的机会虽好，可惜不常见。特别是对于钱太多的投资者来说，钱太多了，可供投资的机会就少，有时候选择起来特别困难。谁让你钱多呢？

股东：请问保险行业的保费价格什么时候能上调？伯克希尔·哈撒韦的浮存金规模是否能进一步增加？

我估计伯克希尔的浮存金增加不了多少，甚至有可能下降。我们增加浮存金的难度非常大，但也不是完全没有增加的可能，毕竟，我们过去创造过奇迹。伯克希尔的浮存金不是说增加就增加的，我不敢说伯克希尔的浮存金一定会增加。

做成伯灵顿北方铁路公司这笔收购，我很高兴

股东： 在接受采访时，沃伦表示，伯克希尔收购伯灵顿北方铁路公司，支付的是全价。他说，他希望通过这笔投资获得合理的收益率。请问合理的收益率是多少，是 9%、12%，还是别的数字？

伯克希尔做投资总是从机会成本的角度出发。收购伯灵顿北方铁路公司，我们发行了 6% 的股份，其余资金来自贷款以及我们的浮存金。在做这笔收购时，我们的浮存金只能获得很低的收益率，我们贷款支付的利率也非常低。这笔收购符合伯克希尔股东的利益。

伯灵顿北方铁路公司的股东能多占一些便宜，但我们也不吃亏。能做成这笔交易，我很高兴。

另外，通过收购伯灵顿北方铁路公司，马修·罗斯（Matthew Rose）加盟了伯克希尔。马修年富力强、能力出众，他能加入进来，我非常高兴。

股东： 请问收购伯灵顿，你们认为合理的收益率是多少？

伯克希尔从来不做准确的盈利预测。一般来说，在投资股票时，我们要求长期税前收益率至少达到 10%，但这个数字不是一成不变的。收购整个公司和买入部分股票不同，收购整个公司，我们能节省很多税收成本。与买股票相比，我们更愿意收购整个公司，而且我们愿意支付高一些的价格收购好公司。

在当前的环境中，股票的预期收益率应该达不到税前 10%。在将来的一段时间里，大多数股票投资者的税前收益率应该比 10% 低，能有个 4%、5% 左右就不错了，现在可不是遍地黄金的时候。

股票价格之所以如此之高，主要是因为利率太低了。两年期的国债利率实在太低了，低到让人绝望。正因为利率太低，股票价格才涨到了这么高。现在的股票市场没什么好机会，现在可不是让人垂涎三尺的时候。

前几年，股市曾经出现过短暂的窗口期，由于危机突然爆发，大量股票跌到了白菜价。但是，这个窗口期的持续时间很短。机会是来了，但是

有的人被吓傻了，有的人手里没钱，有的人不敢冒险。这样的窗口期不经常出现，即使出现了，持续时间也非常短暂。

现在的股市，投资太难了，"太难了"是成年人的生活常态。**我们要求的股票投资收益率是 10%，按现在的情况，我们很有可能无法实现这么高的收益率。**

股东： 收购伯灵顿北方铁路公司，伯克希尔支付的价格很高，而且发行了股票。为了让这笔投资实现较高的收益率，伯克希尔是否会提升伯灵顿北方铁路公司的经营效率？伯克希尔是否设定了具体的目标？是否可能把伯灵顿提升到加拿大国家铁路公司（Canadian National）的水准？

这个问题很好回答。**我们什么都不用做，我们可以放心地把所有工作交给马修·罗斯。**我们非常相信马修·罗斯的领导能力，这是我们收购伯灵顿的原因之一。你提出的问题，用不着我们考虑，完全由马修·罗斯处理。如果需要我们亲自处理这些问题，我们就不会收购伯灵顿了。

总有一天，克莱顿的建造方法将得到推广

股东： 伯克希尔旗下的克莱顿公司专门生产预制装配式房屋。星期六，在奥马哈，我参观了克莱顿的样板房，一平方米不到 1000 美元的价格，真是物美价廉。据我所知，由于土地规划限制和建筑工会的抵制，克莱顿的产品无法进入很多地区的市场，例如，芝加哥南部地区。现在次贷危机已经逐渐平息，请问克莱顿的发展前景如何？克莱顿的产品利国利民，将来地方政府是否可能减少对预制装配式房屋的限制？

为了解决移动房屋受限制的问题，凯文·克莱顿正在研究如何利用装配式技术建造常规房屋。观察历年股东大会上展出的克莱顿样板房，你们会发现，它生产的产品越来越好。这体现了凯文·克莱顿的性格，他总是

不懈地追求进步。

总有一天,克莱顿的装配式技术将成长起来,取代一部分使用传统方法建造的房屋。然而,改变房屋建筑行业并非朝夕之功,克莱顿的成长必然是一个艰难而漫长的过程。

将来,克莱顿能实现它的目标,我们会看到更多采用装配式技术建造的房屋。正如你所说,克莱顿的产品物美价廉,而传统房屋的建造成本太高了。传统的房屋建造方法效率非常低,大批量建造还好一些,零星地分散建造,效率特别低。我相信,总有一天,克莱顿的建造方法将得到推广。

顺便说一下,伯克希尔旗下的迈铁公司(Mitek)同样致力于重塑房屋建筑业。迈铁公司开发出了连接件、固定件、桁架等多种房屋建筑组件,让传统房屋的建筑速度更快、成本更低、质量更好。可以说,伯克希尔的这两家子公司在采用不同的方法,解决同一个问题。假以时日,相信我们能显著提升建造房屋的效率。

西科既不独立,也不远大

股东:对于西科与伯克希尔之间的关系,我不是特别清楚,有两个问题想请教一下。第一个问题是关于西科的浮存金的。伯克希尔拥有1300亿美元的现金和有价证券、620亿美元的浮存金。西科拥有24亿美元的现金和有价证券、2.64亿美元的浮存金。从浮存金与现金和有价证券之比来看,西科的浮存金占比明显较低。

在过去两年里,西科的浮存金增长速度很快,从7600万美元增长到了2.64亿美元。西科的再保险生意全部来自国民赔偿公司(National Indemnity)。请问西科的保险生意能否壮大、浮存金能否增加,主要取决于什么因素?将来,西科的浮存金规模是否有望显著增加?

我的第二个问题是关于比亚迪的。伯克希尔投资了将近三亿美元,买了比亚迪的股票。比亚迪的机会应该是您发现的,但为什么这笔投资放在了伯克希尔，而不是由西科来做？

第二个问题很好回答。**所有重大投资，我们都通过伯克希尔来做。**因为伯克希尔的知名度很高，大家都认伯克希尔这块金字招牌，都认沃伦·巴菲特这位传奇人物。我在年报中说了，西科不是迷你版的伯克希尔，西科和伯克希尔没法比。人们更愿意和伯克希尔做生意，而不是西科。

至于保险生意和浮存金，西科现在的保险生意完全是伯克希尔送的。伯克希尔是为了帮西科一把，才分一些保险生意给西科。西科自己没办法做大保险生意，也没办法增加浮存金的规模。

西科是偶然产生的，它最终将回归伯克希尔。**西科不是一个独立于伯克希尔存在的公司，也没什么远大的发展前景。**前几年，西科做了一笔收购，结果很不理想。我们刚完成对科特的收购，家具租赁行业就由盛转衰。随着整个家具租赁行业陷入寒冬，科特的盈利出现了大滑坡。伯克希尔也做了几笔不太理想的投资，西科没参与其中。我相信，从长期来看，西科收购科特这笔投资能赚钱，但是，我们必然要付出很多努力，经受很多煎熬。

总之，在分析西科的时候，别把它当成完全独立的公司，它纯粹是由于偶然因素产生的。

关于新能源、可口可乐和科特

我相信将来太阳能板的价格会掉下来

股东：您说了，家庭安装光伏发电系统太贵了，那您觉得风能怎么样？现在很多美国公司投资了风电，与传统的发电方式相比，风电的利润更高吗？

我相信美国中部能源公司的管理者，他们知道该怎么经营这家公用事业公司。就我个人而言，我支持使用更多的风能和太阳能。美国中部能源公司不是完全自己说了算，它必须遵守监管机构的要求。**美国中部能源公**

司正在逐步提高可再生能源占比，但是这个过程需要时间。

我相信，在不久的将来，太阳能板的生产成本将大幅降低。现在，太阳能板的价格太贵了，我打算等价格降下来再买。我相信将来太阳能板的价格会掉下来，这只是我的个人看法，不一定对。

可口可乐买回装瓶业务是好事

股东：最近，可口可乐把拆分出去的装瓶业务又买回来了，请问这是为什么？

以前，为了让母公司的财务报表更靓丽，可口可乐把毛利率较低的装瓶业务拆分出去了。拆分出去的装瓶业务不必合并到财务报表中，母公司的财务数据当然看起来特别漂亮。

为了扮靓业绩而拆分业务，这不符合我的价值观，我反对美化业绩的操纵行为。现在的可口可乐能改正以前的行为，更好地管理装瓶公司，不怕资产负债表难看一些，这是好事。

我非常看好可口可乐的新任首席执行官，他应该是这些年来可口可乐最优秀的一位掌门人。

科特应该会好，公寓没赚到钱

股东：科特的业绩下降，您认为是周期性质的，还是一个长期趋势？是否有必要对科特进行商誉减值？

我觉得科特不至于太差。科特不可能取得辉煌的成绩，但它将来应该能创造良好的收益，对得起我们的收购价格。也许是我太悲观了，科特的表现有可能超出我的预期。家具租赁是一个规模很小的行业，在这个小行业中，科特的竞争优势现在比以前更强了。

股东：目前，西科正在公司总部旁边建造一栋公寓。请问在未来五六年的时间里，这栋公寓能为西科股东创造多少收益？

我非常愿意回答你的这个问题，你给了我一个反省错误的机会，这对我来说是好事。

因为我们手里正好有一块闲置土地，所以我们决定为帕萨迪纳市的发展做点贡献。我们希望建造一栋宽敞舒适的高品质公寓，吸引有一定财力的人重返市中心。这栋公寓建了很长时间。我们开工的时候，正好赶上了次贷危机。房地产市场不景气，我们的销售价格是亏损的，好在亏得不算太多。房子虽然不好卖，我们照样很守规矩，老老实实地把房子卖给合适的客户，从来不耍什么花招。

我们的公寓将来一定会增值。接触房地产市场多年，我发现了一个规律。一个楼盘，盖不好盖，卖也不好卖，开发商总是很头疼。等这个楼盘住满了，那时候就不愁卖了，新出一个房源，往往有两三个买家抢着买。

我们这栋公寓将来也会如此。谁买了我们的公寓，将来一定能赚大钱，但我们自己赚不到什么钱。没事，反正我们已经很有钱了。

我的好朋友和我敬重的人

做人当求贤妻与知己

股东：在您和沃伦·巴菲特年轻的时候，你们开始时分别做投资，后来才真正成为合伙人。那么，在你们正式成为合伙人之前，你们经常分享投资机会和投资理念吗？

我身边总是有几位关系密切的朋友，我经常和他们探讨投资。这样的朋友我一直有，但不多。我从来不参加什么大型会议之类的分享活动。

即使是爱因斯坦那么聪明的科学家，也是需要和别人交流的。在与朋友的思想碰撞中，爱因斯坦得到了很多启发。独学而无友，则孤陋而寡闻。所有人都需要找到志同道合的人，相互切磋、共同进步。我身边总是有一些这样的好朋友，但是不多。

生活中有一贤妻相伴，事业上有三两知己同行，一生足矣。

我敬重伯克希尔的经理人，他们给了我很多启示

股东： 您建议我们研究伟人和先贤，例如，李光耀、本·富兰克林、保罗·沃尔克等。除了这几位，您能否再推荐几位值得研究和学习的伟大人物。

我敬重的人很多，其中包括很多伯克希尔的经理人。我给你们讲一个小故事。有一次，伯克希尔开董事会。一家子公司的管理者说："我们取得了很大的成功，因为我们遵循 80/20 法则。我们 80% 的利润来自 20% 的业务，所以我们集中资源，大力发展这 20% 的业务。"这家子公司的业绩很漂亮，他们的策略确实管用。

另一家子公司的业绩也很漂亮，它的管理者说："在我们这个行业中，有 20% 的业务是最难做的，没人愿意做这部分业务，我们选择错位竞争，专攻这部分最难做的业务。别人都不愿意做，我们却把这个硬骨头啃下来了，所以我们的生意很赚钱。"两家子公司的管理者说得都有道理。

两家公司虽然用了不同的模型，但这两种模型都管用。遵循 80/20 法则是对的，专攻业务中最难的 20%，选择错位竞争，也是对的。特别是后一个模型，非常值得思考。一件事，别人不愿做、不敢做，如果你足够聪明、足够勤奋，能把这件事做好，这就是你的机会。

追求智慧是道义所在

多学科思维模型需要一些天赋

股东： 您鼓励我们建立一种类似格栅的思维框架，我对此很感兴趣，而且一直在朝您说的方向努力。在读本科和研究生期间，我选修了很多不同学科的课程，希望自己能建立一种跨学科的思维方式，从而更好地理解问题。我的人生经验还很浅，但我对跨学科思维方式的妙处也略有感悟。

然而，在运用跨学科思维方式的过程中，我总是会遇到一个很难

迈过去的坎。因为我们用的是跨学科的思维方式，脑子里装着很多模型，所以在向头脑中添加新模型的时候，我们需要把这个新模型和已有的众多模型联结起来，我觉得这个过程特别费劲。我们要从心理学、哲学、经济学等方方面面审视这个新模型。把新模型完全融入思维框架中之后，它确实能发挥很大的作用，但是这个融入过程需要很长时间。请问这是建立格栅思维必须经历的过程吗？您是否有什么好办法可以让新模型更快地融入思维框架？

我觉得，我这种类似格栅的思维框架是与生俱来的。我还有个与生俱来的特点，也对我帮助很大——我总是充满好奇心。很多东西，是我非常感兴趣的，我特别愿意学。学我感兴趣的东西，对我来说，不是工作，是玩。玩的时候谁会觉得难啊？如果你和我一样，生下来就是这样的人，发挥自己的天赋就行了。如果你不是我这样的人，那你只能自己想办法了。

约翰·保尔森的成功给年轻人造成了不良影响

股东：请问您今年读了什么好书？

所有关于次贷危机的书，我几乎都读了，都非常有意思，其中，我印象最深的一本是《史上最伟大的交易》(*The Greatest Trade Ever*)，这本书讲的是约翰·保尔森（John Paulson）的故事。

约翰·保尔森通过交易衍生品赚了大钱，他成了很多年轻人的偶像。虽然约翰·保尔森的赚钱方式完全合法，但是他给美国带来了一股恶劣的风气。越来越多的人效仿保尔森，他们四处搜寻金融体系的漏洞，希望通过做空一夜暴富。约翰·保尔森可能不是坏人，但是他给年轻人树立了一个负面榜样。

我批评了约翰·保尔森，但其实我本人的经历对年轻人也有一些负面影响。为了弥补自己的错误，我在努力地做一些投资之外的事。不做这些事，我心里感到不安。

在伯克希尔·哈撒韦的股东会上，我引用了教皇乌尔班（Pope Urban）

评价红衣主教黎塞留（Cardinal Richelieu）的一句话。教皇乌尔班说："红衣主教黎塞留死了，如果上帝不存在，他可以逍遥法外；如果上帝存在，很多问题等着他交代。"这句话让我感触颇深。在我们的文化中，很多人希望上帝不存在，这样他们就可以逍遥法外了。我不想做一个红衣主教那样的人。

让特别小的孩子学投资不太合适，有比金钱更宝贵的东西

股东：请问怎么才能让小孩子对投资感兴趣？有这方面的书可以推荐吗？

让特别小的孩子学投资，可能不太合适。在做投资的过程中，我收获了比金钱更宝贵的东西。从一个投资者的视角分析公司，我能把一家公司看得更透彻。在商学院的教学案例中，学生们经常从员工的角度分析，很少从投资者的角度研究。站在投资者的角度研究一家公司，我们能看得更深、更远。

钱是身外之物，生不带来、死不带去。"老查理留下了多少钱？""都留下了。"这是亘古不变的道理。人死了，一分钱带不走，智慧也随之消失。尽管如此，我仍然认为，追求智慧是人类应尽的道德义务。生而为人，却疏于追求智慧，这是道德上存在缺失。

我对中国人有好感，因为我的这种想法与中国的儒家思想很接近。我相信，追求智慧是道义之所在。

这书里有不会说话的查理·芒格，可以随身携带

股东：我只持有一股伯克希尔·哈撒韦B。我之所以只买了一股伯克希尔·哈撒韦B，是因为我把钱省下来交学费了，我目前正在南加州大学马歇尔商学院读MBA。今天，听了您对商学院的评价，我觉得有些后悔了。

只要你不被那些错误的知识带偏了，拿个MBA学位还是有用的。

股东：我们商学院的同学非常希望聆听您的教诲，请问您能否光临马歇尔商学院，为我们做一次演讲？

沃伦喜欢当老师，他经常给商学院的学生们讲课。我对当老师没什么兴趣，我不想去你们学校演讲。

我以前在学校做过演讲，其中有一篇演讲收录在《穷查理宝典》里了，这篇演讲还没过时。这书里有不会说话的查理·芒格，可以随身携带，何必非听我现场演说。

查理·芒格
每日期刊股

编者按 每日期刊公司（Daily Journal Corporation）历史相当悠久，最初发行的《每日法庭期刊》(*The Daily Court Journal*) 始于 1888 年。但 100 多年来，无论是在芒格接手之前还是之后，都一直以加州为大本营，专注于法律领域。

芒格对新闻和报纸行业的兴趣可以一直追溯到在奥马哈的童年时光，那时候他的父亲是《奥马哈世界先驱导报》(*The Omaha World Herald*) 的外聘总顾问，该报的一些主要编辑人员也都是他父母的朋友。

芒格的长期搭档巴菲特和他一样，对纸媒行业充满兴趣，他们共同完成了对《华盛顿邮报》和《布法罗晚报》(*The Buffalo Evening News*) 的经典投资。但是芒格对这两家报纸的掌控权并不大，他还渴望有更能展现自己影响力的媒体平台。因此，1977 年，就在巴芒通过蓝筹印花公司买下《布法罗晚报》的同一年，芒格从自己的前律师合伙人查克·瑞克斯豪瑟那里听说《每日期刊》要公开出售，立即表示了兴趣，并终于通过他和瑞克·盖林共同执掌的新美国基金，以 250 万美元的最高出价拿下。

其实，在收购之前，芒格就此事咨询过为伯克希尔运营《布法罗晚报》的斯坦·利普西的意见，利普西给出的评价并不高，认为这份报纸风格和内容都很过

（2014-

下编

会上的讲话

时。但芒格为什么还是决定出手呢？或许是因为他曾经的律师背景？或许是因为该报总部就在他生活的城市？还是革新的需要恰恰更利于他施加影响力？

原因我们不得而知。但芒格和盖林接手以后，开始收购其他报纸，意图打造与法律相关的出版物及周边业务的产业链，比如，从加州律师公会买来了《加州律师》（California Lawyer）杂志。除了加州，他们还扩展到亚利桑那、科罗拉多、内华达和华盛顿等州发行。

1986 年 5 月，新美国基金清盘，每日期刊集团成为场外交易的公开上市公司，芒格担任董事会主席。1987 年，每日期刊（DJCO）登陆纳斯达克。

不过，随着互联网的兴起，传统的法律报纸业务逐渐衰落。每日期刊公司的主业随之经历了长达数年的亏损。但在 2008 年金融危机前后，公司因为发布止赎权公告的业务大赚一笔，芒格随之在 2009 年股市谷底购进了富国银行、美国银行等银行业的股票，为每日期刊集团带来了丰厚回报，并用投资所得转而支持新的子公司期刊科技（Journal Technologies）发展法庭软件业务。每日期刊这棵百年"老树"竟又发出了新芽。

2022）

2014年 每日期刊股东会讲话

编者按

2014年1月1日,芒格庆祝了自己90岁生日。而从这一年起,每日期刊的主营业务开始了长达七年的亏损。足见报纸主业的萎缩是多么厉害,新开启的法庭软件业务又是多么艰难。对于这种状况,在今年的股东会上,芒格谈到了对科技进步的态度,并直言不讳地承认,每日期刊公司其实已经被高科技淘汰。但是对于艰难的软件业务转型,老人还是坚持他在会上所赞扬的好习惯——对必须解决的难题,就是死磕。

这一年托马斯·皮凯蒂(Thomas Piketty)的《21世纪资本论》(*Capital in the Twenty-First Century*)火遍全球,奥巴马在推进医改,乐购遇到了一些麻烦,几家大型商业银行因为不良贷款吃了巨额罚单,对于这些时事问题,芒格也都或主动、或被动地提及。但讲得都不算太多。相反,他不断敦促大家去读今年伯克希尔的年报,因为里面涉及两个重要问题:伯克希尔为什么成功?它会不会继续成功?更为本质的是,它值得学习的那些地方,正是他不断在强调的那些常识。

我们换了审计师，开启了软件业务

前任审计师给我们造成了极大损害

大家好，我是每日期刊公司的董事会主席查理·芒格，欢迎各位光临我们的股东会，欢迎各位粉丝。我们的新任审计师也来到了现场，我们选择了你们这家新的审计机构，你们要感谢为我们服务的上一家会计师事务所。有一次，别人问我，我这一生最大的贵人是谁，我不假思索地回答说："是我妻子的前夫。"

我这就说说我对会计问题的看法，后面就不再谈这个问题了。

我们今年的审计报告拖了很长时间才发布，没几家公司像我们发布得这么晚。连一家假账满天飞的骗子公司，都不至于像我们这样迟迟发不出来审计报告，我们算是出了名了。我们在审计过程中确实遇到了问题，问题出在哪呢？我们的审计师认为，我们的内部控制存在缺陷。我承认，我们是有些小瑕疵。但是，那些小瑕疵只是些无关痛痒的鸡毛蒜皮而已。我们的审计师认为，我们的业务非常复杂、难以看懂。我承认，我们的业务很复杂、很难看懂，但我们做的就是复杂难懂的生意，我们的生意复杂难懂是一个客观现实。审计师是按小时收费的，我们的前任审计师如同一位医生，病人只是流鼻血了，他却检查病人的肚子。

我们的前任审计师不是存心坑害我们。他们带着那种大型会计师事务所的官僚风气，给我们造成了巨大的损失，如同一头大象走过院子，踩踏了一只小鸡，这是现代社会中的一部分。彼得·考夫曼说过："再糟糕的坏事，也有它的用处，至少可以把坏事当成反面教材。"彼得的这句话，正好适用于我们的这次审计经历。

我们每日期刊公司也是从事服务行业的。在我们从事的法庭软件行业中，我们是一家大机构，我们也有可能让我们的一部分客户感到失望。我们的前任审计师给我们造成了伤害，我们将引以为戒，牢记我们是法庭软件行业中的一家大公司，不能因为我们自己的无心之失而给客户造成严重的伤害。

在法庭软件业务中，我们正在与对手进行着激烈的竞争。我们因为审计报告一再延期而见诸报端，竞争对手必然幸灾乐祸。竞争对手的销售人员总算抓住了我们的一个把柄。我们的审计师一边收着我们的钱，一边向我们的竞争对手输送"黑料"，我们真是冤啊！

我们的股票没受到任何影响，换了一般的公司，早就暴跌了。通过长期努力，我们积累了好名声，赢得了投资者的信任，你们根本不会把这次审计延期当回事。但是，这件事确实破坏了我们在客户中的声誉。前任审计师给我们造成了多大的损失，是 500 万美元，还是多少，我说不出一个具体数字，但肯定是一笔不小的损失。在我看来，这笔损失完全是可以避免的。我们的前任审计师是四大会计师事务所之一，不能说它是"四大"中较差的一家。四大会计师事务所都是大机构，都有官僚风气，而且证券交易委员会颁布了更严格的审计规定，所以我们就遭遇了这次审计延期。另外，我们的业务具有风险投资的性质，而我们的前任审计师只会按条条框框审计，他们自然看不懂我们的生意。总之，这件事是人为原因造成的，我完全能理解。

我们只愿意与我们信任和欣赏的人在一起

我也很清楚我们该怎么做。最早告诉我们"打右脸，也给左脸"的不是耶稣，而是亚里士多德。亚里士多德认为，因为别人伤了你，你就总想着找回来，不值得，不如忍气吞声算了。我们支付了所有额外的审计费用，让前任审计师完成了他们认为有必要的审计工作。现在，我们已经和前任审计师分道扬镳了。我们的新任审计师是本地的一家会计师事务所。在前任审计师看来，我们是一家小公司，但在新任审计师眼里，我们是一个大客户。每日期刊公司不太好审计，我们的业务确实比较复杂，审计挑我们的毛病，有时确实是我们的问题，毕竟我们只是家小公司，吸引不到特别优秀的人才。

一个巴掌拍不响，这件事我们也有错。在这件事中，盖瑞·萨尔兹曼（Gerry Salzman）和我都有错，而且我的错比盖瑞更严重一些。**无论是在工作中，还是在生活中，我们只愿意与我们信任和欣赏的人在一起，和这样的人在一起，我们能感受到一种人与人之间的爱。**但是，对于我们看不上的人，我们无法掩饰自己对他们的厌恶。随着我们岁数越来越大，我们这个毛病越来越严重了。像我和盖瑞这么大岁数的人，就算有毛病，也不好改了，只能得过且过了。

但愿我们能和新的审计师处到一块去。原来的审计师实在太差了，我们却很配合他们的工作，像亚里士多德一样配合他们。他们给我们造成了很大的损失，我们多交了不少审计费，而且我们的声誉也受到了影响。前任审计师不是故意的，但是他们一个月又一个月地延迟公布审计报告，给我们的竞争对手制造了攻击我们的口实。我们的对手四处宣扬每日期刊公司的内部控制形同虚设，每日期刊公司这个不好、那个不好之类的负面消息。关于审计，该说的我都说了，就此打住吧。

我们的主营业务在萎缩，软件业务是未来

我们说过很多次了，每日期刊公司的主营业务在萎缩。虽然我们经营的是面向法律行业的专业性报纸，但是在报纸行业衰退的大潮中，我们也同样在下滑。前几年，在止赎潮中，我们通过发布止赎权公告，赚了很多钱，就像在瘟疫横行的年份，送葬的赚得盆满钵满一样。黑死病席卷欧洲时，在两三年的时间里，欧洲人口死了40%，送葬的发了横财。

我们把赚来的钱妥善地保管了起来，虽然是一笔意外之财，但我们得到之后并没有乱用。目前，在止赎权公告业务中，我们仍然占有90%的市场份额，只是现在已经没什么人发布止赎权公告了。银行等金融机构收紧了贷款标准，房价止跌回升，房地产危机已经逐渐平息了。总之，我们的主营业务确实在逐渐萎缩。

商业史上只有极少数公司能成功转型

纵观商业史，很多公司辉煌过，赚过大钱，但是当它们被新的科技浪潮淘汰后，它们的家底很快就会耗光，最终走向消亡。最典型的莫过于柯达。谁能想到曾经如日中天的柯达最后竟然走到了破产的边缘？跟不上科技潮流的公司，绝大多数只能被淘汰出局。

在商业史上，只有极少数的公司是特例，其中一家是汤森路透公司（Thomson Reuters）。早期的汤森路透是一家报业集团，它的旗下还有几家电视台。汤森路透一边经营报纸和电视台，一边另谋出路。它一步步地把报纸和电视台卖了出去，最后成功转型，现在主要经营在线信息业务。像汤森路透这样的公司少之又少。

另一个堪称特例的当属伯克希尔·哈撒韦。伯克希尔起源于三家即将走向末路的子公司：第一家子公司在新英格兰地区经营纺织生意，生产纺织品需要耗费大量电力，而新英格兰地区的电价远远高于佐治亚州的田纳西河谷地区，所以说，伯克希尔的这家纺织公司注定要破产；第二家子公司在巴尔的摩经营一家百货商店，面对当地另外三家百货商店的竞争，它只有死路一条，没过多久，果然破产了；第三家子公司经营印花票，它的生意毫无前途可言，最后也确实一直死气沉沉好多年。从只有三家奄奄一息的子公司，发展成今天的伯克希尔·哈撒韦，这可以说是商业史上最成功的逆袭。很多公司，一项主营业务衰退了，就一蹶不振了。我们当年持有三家注定破产的子公司，竟然活了过来。我们的过人之处在于，我们有能力从薄弱的家底中挤出资金，投资到别的地方。最近，伯克希尔的市值超越了通用电气。通用电气可是全球最强大的公司之一，它是1892年由大发明家托马斯·爱迪生（Thomas Edison）亲自创建的。

伯克希尔的成功是一个奇迹，但绝大多数被淘汰的公司只能像柯达一样消亡。施乐的失败很有戏剧性。施乐一度走到了破产的边缘，但又起死回生了，可是现在的施乐与当年完全不可同日而语。施乐拥有大量的发明，别人用它的发明赚了大钱，施乐自己却日薄西山了。比尔·盖茨专门研究过这个问题，他的结论是，当主业衰退时，绝大多数公司会走向破产。强大如通用汽车，照样躲不过这条规律。你们想象不到，在我年轻的时候，通用汽车曾是何等的叱咤风云。全盛时期的通用汽车是美国市值最大、声望最高的公司，谁能想到它最后竟然亏了个一干二净？

软件业务可能赚不到大钱，但我们勤恳做事

每日期刊的主营业务江河日下，也许还能存续很长时间，但根本创造不了多少利润。每日期刊的未来在于它的软件业务，这是我们的希望之所在。按照我们的设想，所有法院都应该实现业务自动化，适用于法院的自动化系统应该可以自行配置，而且应该存储在云空间之中。我们认为，在帮助法院实现业务自动化的过程中，我们应该诚实守信，应该设身处地地为法院考虑。去年，我们收购了新曙光科技公司（New Dawn Technologies）。新曙光的管理层比较担心我们遇到的审计问题。今天开会之前，我特意找他们谈了谈。我问他们："在现有客户中，有多少客户要走？"新曙光有 400 多个客户，他们告诉我，有一个客户要走。我们培育的软件业务有些风险投资的性质。看到这项业务逐渐发展壮大，我感到很欣慰。我喜欢我们的同事、我们的价值观，我觉得我们的工作很有意义。我们面对的是一个规模庞大的市场。

除了 IBM，一般的大型软件公司不愿意和政府打交道。像微软那样的软件公司，它们的生意很好做。我们就不行了，我们很难。我们得参与各种采购招标，应付官僚主义。我们不怕吃这个苦。我们相信，我们能为法院提供更好的产品。谁知道呢？说不定我们真能成功。但是，客观现实告诉我们，我们正在做的这件事，很少有人能做到。一家曾经成功的公司，在竞争中陨落，想让它涅槃重生、重现辉煌，谈何容易？

我估计，就算我们勤勤恳恳地把软件业务做起来了，可能也赚不到大钱，但是不管赚多少钱，我们都会勤勤恳恳、老老实实地做事。好在我们不愁资金。大多数报业公司只懂报纸生意，在投行和顾问的怂恿下，它们

借了很多钱去收购其他报纸。原来报纸行业兴旺的时候，它们赚了很多钱，折腾到最后却一分不剩，把股东的钱亏了个精光。我们没那么傻。我们的资产负债表上有大量富余资金，足以供我们发展软件业务。

在股东会之前，我们开了个董事会，相信你们一定会喜欢我们的董事会的氛围。我们的软件业务很难，我们要和很多官僚机构打交道，要应付政府部门的各路顾问，但我们的同事展现出了良好的精神面貌，他们敢于迎难而上，他们诚实正直、积极进取。我们的同事也非常耐心。我们不厌其烦地解答客户的问题，例如，你们是做什么的？你们的这个产品有什么用？你们的软件好用吗？为什么好用？虽然我不懂我们的软件产品，但是我对我们的这项业务非常有好感。我们做的这个业务，几乎不可能有新公司进入。我们的主要竞争对手隶属于一个实力强劲的大公司。如果我是客户的话，我会买每日期刊公司的产品，不会买他们的产品。按照这个标准评判，我认为，我们的产品更有竞争力。

我要讲的讲完了，下面开始回答大家的问题。

每日期刊的前景：软件业务、接班人、房地产、投资、出售

股东：请问每日期刊公司的软件定价如何？我们的软件是否具有竞争优势？

法庭软件行业的竞争很激烈，结果难以预料。我相信我们的产品质量更好，我相信我们的服务更胜一筹。但是，不是所有的客户都有独到的眼光，能选中我们的产品。我们的困难看不到头，这不是个能发大财的生意。没错，我们以前通过投资富余资金赚过几次大钱，但是，谁要是以为我们能一次接一次地赚大钱，谁要是以为，由我这个 90 岁的董事会主席领导的每日期刊公司，是迷你版的伯克希尔，那绝对是异想天开了。我们以前做过一些赚大钱的投资，这样的投资，大概每 40 年做一次，现在我已经 90 岁了，你们哪来的自信？

我们之前遇到过大机会，那种大机会很少出现。举个例子，在次贷危机中，我们发布止赎权公告大赚了一笔，那个机会好比一座城市遭遇瘟疫，而我们是唯一的一家殡仪馆。在大机会中，我们赚钱赚得很简单，像一加一等于二一样简单。如果每日期刊公司真有不行了的那一天，我们不会像通用汽车那样，让股东两手空空。我们有可能把软件业务做成，但这件事非常具有挑战性。

在伯克希尔·哈撒韦的历史上，其实我们自己只做成了一家新公司，也就是我们的再保险生意。再保险生意的规模很大，赚了很多钱。伯克希尔·哈撒韦虽然投资业绩骄人，但我们自己只做成了一家新公司，其他子公司都是我们收购的。**换个角度说，成就用不着多，有几个大的，已经很难得了。**

我们能把再保险生意做成，是因为我们和别人的思维方式不一样。有的人靠当顾问赚钱，他们告诉一家大公司，应该把整个公司拆分成 100 家小公司。就凭这种建议，这些顾问竟然觉得自己应该赚大钱。在金融行业里，精神病太多，理智的人太少。

股东： 今天，我正好看到每日期刊公司附近有一个新开发的楼盘，请问每日期刊是否有计划发展房地产业务？

我们手里的闲置土地已经开发完了。我们那几块地的成本非常低，我们盖的房子，品质绝对是一流的。房地产业务，我们已经做完了，不会再做了。如果你需要租赁办公楼，请在会后与盖瑞联系。

股东： 请问每日期刊公司是否做好了接班安排？

我刚来加州的时候，遇到过一个花花公子，他每天醉生梦死，追逐女明星。1950 年，他有 1000 万美元的资产。这些钱是他 20 世纪 20 年代通过操纵股票得来的，他的同伙锒铛入狱了，他只身来到加州，过上了追女明星、酗酒无度的生活。一天，银行的客户经理请他吃饭，席间对他说："您整天酗酒、寻欢作乐，我们很担心。"这人听了，回答道："你放心吧，我喝酒，但我的市政债券不喝酒。"

每日期刊公司拥有大量资产，即使我们不在了，公司的资产还在。 我们不会犯傻，不会把股东的钱亏光。现在，你们这些人把每日期刊的股价捧得很高。这么高的股价，我本人是不可能买的，但是我也没卖。我没卖，因为那不是我的性格。我们有这么多铁粉，股价能不高吗？说不定你们开的价格是对的呢。如果我们的软件业务真做成了，还真值这个价。每日期刊的股东是个小众群体，你们是一群特殊的人。**我看到你们感到很亲切，因为我在你们身上看到了我自己的影子。谁在镜中看到自己不会露出会心的微笑？**

股东：每日期刊旗下有三家独立的科技公司，请问您有计划把这三家公司整合到一起吗？

在客观条件允许的情况下，我们会尽快把这三家公司整合到一起。我们已经开始整合了，但什么时候完成，还没有具体的时间表。我们不太担心 ISD 科技公司（ISD Technologies）。在我们收购这家公司的时候，它已经有大量的在手合同，我们完全能收回收购成本。新曙光科技公司则不同了。这笔收购类似于风险投资，我们花了 1500 多万美元收购这家公司，但是它的净资产几乎为零。**之前，我对新曙光科技有些疑虑。现在，我对这家公司也非常放心了。** 我很喜欢这家公司的员工、这家公司的价值观，我对这笔收购很满意。我觉得我们比审计师更了解这家公司。

股东：如果竞争对手开出了合适的价格，你们是否会考虑出售每日期刊公司？

我们愿意把这家公司卖给我们欣赏和尊重的人，可惜我们欣赏和尊重的人不多。**我们努力把每日期刊公司经营好，争取有一天，优秀的人能对我们青睐有加。** 每日期刊正在发展高科技业务，我有一个目标，希望有一天，我们能进入谷歌的视线。

股东：在股市暴跌的时候，您敢于买入富国银行，请问您是怎么做到的？

当时的富国银行实在太便宜了，而每日期刊公司手里又恰好有资金。在股市处于底部的时候，我们买入富国银行，一天就买到了足够的量，真是令人难以想象，我们的运气不错。便宜到家了，一眼就能看出来，还有什么不敢买的？

人类取得了很多成就，但社会上的问题还很多

许多事情我看不顺眼，但也看到很多伟大成就

股东：请问在事业和生活这两方面，您在新的一年里最期待的一件事是什么？

从你提的这个问题来看，你一定是个铁粉。**总的来说，我生活得很幸福。我能与志同道合的人共事。我处理的问题都是我力所能及的。** 一个人，他面对的问题总是超出自己的能力范围，那肯定很难受。好在我总是选择非常简单的问题，所以我很少有为难题发愁的时候。

上天眷顾，我还活着，而且活得很幸福，我非常感恩。人很容易只看到负面的东西而情绪消沉，忘了还有很多正面的东西。其实，有很多事情，我看着非常不顺眼。

合法化的赌博大行其道，华尔街上的衍生品交易实质上是披着合法外衣的赌博，这是国家的不幸，我对此感到深恶痛绝。

有一种合法的麻醉剂还不够吗？合法的麻醉剂越多，对社会的危害越大。 在我这辈子见过的人里，其中有 95% 的人能有节制地饮酒，他们小酌怡情、适可而止。然而，另外 5% 的人酗酒无度，把自己的一生都毁了。回想我这辈子见过的人，每 100 个人中至少有 5 个人成了酒鬼，有的英年早逝，有的好不容易戒掉了酒瘾，酒精给社会造成的危害太大了。

另外，现在的政府很容易上当，经常有人从政府那骗钱，这种现象我

也看不下去。如果我说了算，我绝对不会轻易上当，随随便便让骗子得手。现在人们学会了欺骗，为了从政府那骗钱，很多人与医生串通一气，伪造病情，说自己后背疼，说自己有精神疾病。我们怎么能容忍这种漏洞存在呢？这不是政府变相鼓励人们诈骗吗？这种漏洞的存在相当于政府教唆民众诈骗，政府给骗子发钱。

另一方面，在过去100年里，人类取得了巨大的进步，普通人的生活水平有了明显的提高。最近，我在哈佛大学参加了一个活动，哈佛大学表示，他们即将从干细胞中分化出胰岛细胞。如果他们的这项研究取得成功，那可真是糖尿病患者的福音。我相信，在不久的将来，我们能治愈糖尿病。再看看我们驾驶的汽车，现在的汽车，质量多好啊。我们的工程技术非常了不起，现在的汽车安全性能有了很大的提升。往好的一面看，我们能看到许许多多伟大的成就。

我有一个孙子，他在加州大学圣巴巴拉分校（UCSB）读计算机科学专业。我经常和计算机专业、工程专业的学生们共进晚餐，和这些年轻人在一起，我感觉美国的未来充满了希望。加州大学圣巴巴拉分校有很多学生住在景岛社区（Isla Vista），那里有一部分学生喜欢聚会狂欢，我不邀请这样的学生一起就餐。

总的来说，我没有沃伦那么乐观。我几乎没见过比沃伦更乐观的人，他真的对长远的未来充满信心。 沃伦的乐观是有道理的，人类确实取得了很多了不起的成就。

我们不应对中国颐指气使，皮凯蒂的解读有问题

就拿中国来说，这么大一个国家，从贫穷走向富裕，在整个人类历史上也没有先例。 中国做对了很多事情，我们在很多方面不如中国，我们不应该对中国颐指气使。在过去几十年里，中国保持了极高的经济增长率，从一个落后的农业国转变成了一个先进的工业国，而且中国人发展起来靠的是自己攒钱，不是四处举债。他们不像我们美国人，只知道借钱消费。

中国人以前很穷，但是他们把自己 45% 的收入存了起来。中国人是用自己的钱发展起来的。现在他们已经开始借钱给我们了。美国和中国之间的关系还算融洽，这对世界和平至关重要。中美之间日益紧密的经贸往来符合两国的共同利益。

《21 世纪资本论》的作者托马斯·皮凯蒂有点傻，我不喜欢皮凯蒂这样的人。不是说他列出的具体数字有什么不对，而是他的解读有问题。中国是一个大国，它的制造业崛起了，其他各国的制造业必然会受到一定程度的冲击，有一部分人自然会丢掉工作。中国能成功是中国自己有本事。我们发达国家应该大度一些，正确看待中国的崛起，不应该因为中国给我们带来了更多竞争压力，而喋喋不休地抱怨。**无论中国是否崛起，在 20 年、40 年的时间里，整个经济中各行各业都会存在兴衰更替。**中国对世界没有恶意，中国的崛起将引发世界格局发生重大变化，这有利于促进全球平等。生活在一个富裕的发达国家，一个星期只工作 36 个小时，却看不惯别人的日子越过越好，在我看来，这种心态低俗而幼稚。

税收倒置有其合理性，应克服嫉妒

股东：您如何评价"税收倒置"（tax inversion）这种避税行为？怎么才能减少这种行为？

在汉堡王（Burger King）与蒂姆·霍顿斯（Tim Hortons）合并的交易中，加拿大公司蒂姆·霍顿斯的规模更大，所以新公司的总部设在了加拿大。很多人谴责汉堡王为了避税而把总部从美国搬到加拿大。由于伯克希尔为这笔交易提供了资金支持，所以我们也被卷入了这场争议中。那些谴责汉堡王的人，他们脑子明显不好使。有的人就这样，他们从媒体上看到了什么消息，自己根本没有理解能力，上来就一顿恶意攻击。

总的来说，随着全球贸易自由度的提高，公司可以在各国之间往来穿梭。一个国家的税率远远高于其他国家，公司肯定要离开这个国家。如果我说了算，我会在美国只征收很低的公司税。不是有人呼吁平等，要求减少收入差距吗？我会通过加征消费税解决这个问题。也许有的人赚了很多钱，但一分钱不花，政府收不到他们的税，但这样的人是极少数。大多数人赚了钱，还是要花的，即使他们自己不花，他们的妻子和子女也会帮他们花。

世界上居民生活水平最高的一些地方，例如，新加坡、中国香港，都是低税率的。有些人出于嫉妒心理而愤懑不平，他们不懂世界的现实。**嫉妒心理有百害而无一利，我早已把嫉妒从我的头脑中驱逐了出去**。但愿我们美国人能少一些嫉妒，特别是某些政界人士，别动不动就妒火中烧。美国社会最严重的问题不是不平等。当然了，很多人参与合法赌博赚了大钱，他们堂而皇之地顶着基金经理、衍生品交易员的头衔，这种社会现象确实应该杜绝。如果我说了算，我会把这个群体减少90%。我一个星期就能把相关的法律制定出来。我制定的法律一颁布，一定会给纽约的房地产市场泼一瓢冷水。

顺便说一句，如果不是整个世界这么傻、这么冥顽不灵，我们不会这么有钱，你们在座的各位也不会这么有钱。你们在座的各位能成为富人，全是拜其他人的愚蠢所赐。我们深知人们的愚蠢贻害无穷。我们想赚大钱，又不想让人们那么蠢，这不是自相矛盾吗？实际上，只要我们自己保持理智，周围的世界越愚蠢，我们越发达，只要人们别蠢到搞出世界大战来就好。

股东：请问如何才能克服嫉妒心理？

别人比你强，你毫不在乎，这样就可以了。嫉妒心重的人最蠢，自己得不到任何好处，只能饱受折磨。嫉妒心理对个人有害，对国家也有害。难怪犹太人在《旧约》中说："不可贪恋他人的房屋、妻子、仆婢、牛驴以及一切。"犹太人告诫人们不要嫉妒，因为即使在一个游牧民族中，也同样存在嫉妒心理。犹太人说得很对，嫉妒的危害极大。举个例子，有一家大公司，所有人的年薪都很高。有一年，一个员工拿到的薪酬比其他员工多了一万美元，其他员工就炸开锅了。他们拿着几百万美元级别的年薪，一万美元对他们来说是九牛一毛，但他们就在那斤斤计较，至于吗？这件事一点不夸张，是我亲身经历的。

货币增发我有很大顾虑，奥巴马医改不多做评论

股东：您如何看待货币增发？

等你到了我这个年纪，回想过去，也能感受到通货膨胀有多明显。记得我小时候，拿一个五美分的硬币能买一个冰淇淋和一个汉堡。几十年来，虽然通货在膨胀，但美国一直在发展。在过去，总是有人预言美国不行了。现在看来，他们的预言落空了，通货膨胀并没有阻碍美国的发展。

尽管如此，我并不像保罗·克鲁格曼（Paul Krugman）那么乐观。我不完全同意保罗·克鲁格曼的观点，但他写的东西，我都读，因为他写的东西有真知灼见，而且文笔也漂亮。"一战"后，在巨额战争赔款的重压之下，德国的货币贬值，这才导致希特勒上台，以及后来的那场浩劫。如果德国的货币没贬值，"二战"未必会爆发。美国是一个先进的文明国家，美元是世界的储备货币，我们不能拿美元当儿戏。**我们应该坚持保守的原则，不能随心所欲地发行货币**。我和保罗·克鲁格曼不一样，我对货币增发有很大的顾虑。很多人批评保罗·克鲁格曼的主张。但是，从现在的实际情况来看，我们还不能说克鲁格曼是错的。

股东：您如何看待"奥巴马医改"？

这个问题，回答起来比较难。对于"奥巴马医改"，我不好多做评论。因为我是一个富人，我说出来的话，可能会引起一些人的不满。如果我说了算，我会在美国实施"单一支付制度"（Single Payer System）的全民医保，但民众可以选择不参加全民医保，而自行购买私人医疗保险。美国的医疗

开支太庞大了，严重拖累了我们在世界上的竞争力。另外，在现行医保制度下，老年人的每项治疗费用均可报销，容易造成过度治疗，不但浪费大量资金，而且增加了老年人的死亡率。为了赚钱而滥用医疗服务，这是美国的耻辱。

我这一开口，又得罪人了。现在的医保制度确实存在很大的缺陷。

各阶层、各群体间的起伏流动无法完全消除

股东：长期以来，美国人的生活水平一直在提高，您觉得我们的生活水平能继续提高吗？

我觉得会越来越难。日本的经济曾经发展得很快，但是随着亚洲其他国家的崛起，日本逐渐衰落了下去。中国、越南、墨西哥等国家人口众多，它们的大量劳动力通过从事制造业过上了更好的生活。在全球贸易自由化的大潮中，美国的制造业由于薪酬过高、缺乏竞争力而受到了冲击，一部分美国人的生活水平随之受到影响。

在一个社会中，不同群体的起起伏伏很正常，有往上走的，也有往下滑的。政客们经常挑唆日子越过越差的群体，利用他们的不满情绪，为自己牟利。有些人日子过得不好了，心理是觉得不平衡，怎么办？要我说，别抱怨，只管迎难而上、埋头苦干。任何一个国家，完全消除各阶层、各群体之间的起伏流动，这个国家就无法正常运行。谁都无法阻拦生活的变迁。

我们怎么办？我们生活在同一个世界，而现在中国崛起了。对于美国的纺织工人来说，中国的崛起不是好事。其实，中国的纺织工人也受到了影响，中国的纺织生意逐渐被越南抢走了。这种变迁流动是再正常不过的了，正是因为资本主义的创造性破坏，才带来了生产力的提高。在此过程中，有一部分人受到了冲击，他们满肚子牢骚。变迁流动提升了整体的生产力，但是也总会带来一部分人向上、一部分人向下的差异。

即使政府可以掌控一切，政府仍然会设计一套社会群体之间存在上下起伏的制度。有些人因为一时落后而不停抱怨，我对这样的人不屑一顾。

人总是为了利益而犯错，忘却道德与理智

银行可以本本分分经营，做光明正大的生意

股东：伯克希尔投资了几家大型银行。由于商业银行的不良贷款行为，政府向几家大型商业银行开出了巨额罚单，请问这件事您怎么看？

在开展住房抵押贷款业务时，很多大型商业银行存在不规范、不正当的行为，它们的行为触碰了道德底线，犹如罔顾人命，昧着良心修建随时可能坍塌的"豆腐渣"工程。大型商业银行的工作人员酿成了次贷危机，但他们却不觉得自己有错。正如犹太哲学家迈蒙尼德（Maimonides）所说："愚妄人所行的自看为对。"大型商业银行的工作人员认为，自己是在按资本主义原则办事，他们应该拿到更多工资才对，他们这样的人真是令人无语。

如果大公司的行为恶劣到一定程度，例如，像参与了安然丑闻的安达信会计师事务所一样，哪怕有些员工是无辜的，政府也必须杀一儆百。从次贷危机的处理结果来看，政府基本没惩处个人，主要是向大公司开出了巨额罚单。这种处理方式是否合理，那就见仁见智了。

次贷危机爆发之前，发放住房抵押贷款成为一种龌龊的赚钱方式。为了赚取高额利息，银行降低贷款门槛，向一些信用条件很差的人大量发放贷款。银行赚这个钱不道德。银行应该诚信经营，把好东西卖给客户。我们伯克希尔永远不可能开赌场。虽然开赌场很赚钱，也是合法的生意，但我们绝对不会碰赌场。美国公司应该对自己有更高的要求，不但要遵守法律规定，而且要恪守道德准则。现实中的美国公司，只要看到竞争对手赚钱了，是无论如何不肯被落下的，甚至不惜触碰道德底线，打法律的擦边

球。美国公司真应该改一改了。

我们诚实守信，我们吃亏了吗？我们需要赚那种昧良心的钱吗？彼得·考夫曼说得好："如果骗子知道做老实人能赚多少钱，他们肯定都不当骗子了。"

以伯克希尔为例，在世界历史上，金额超过10亿美元的再保险交易一共有八笔，这八笔交易全是我们做的。因为人们信任我们，人们相信我们30年后一定能履行承诺。名声好能赚大钱，这道理多简单，很多人却只知道用卑劣的手段赚钱。

为了弥补财政缺口，地方官员允许开设赌场。在明尼苏达州凯斯湖（Cass Lake）的印第安保护区，新开了一家赌场。在我年轻的时候，凯斯湖没有一家当铺，现在已经开了五家了。当地的很多老年人靠退休金度日，家里只有一个沙发、一台电视机，每个月他们总是走进赌场，把手里的那点钱输得一分不剩。

我们还经常在电视上看到不讲道德的广告，例如，有的广告宣称学会短线日内交易可以发家致富，做这样的生意有良心吗？没错，是不犯法，但良心何在？你希望自己的家人做这样的生意吗？这样的广告也会有人信的，谁信了谁就倒霉了。

股东： 大型银行持有的衍生品合约规模高达几万亿美元，请问您对此有何评价？其中是否存在交易对手风险？

衍生品如果做得巧妙，能轻松赚大钱，所以说各大银行趋之若鹜。钱太好赚了，人很难把持住自己。银行过去就经常惹麻烦，我看它们又要在衍生品上栽跟头。大家互相赌来赌去的，有什么好处？你们可能会说，人性本来如此。可我年轻的时候，美国没有这么严重的赌博风气，我很怀念我那时的美国。大量的衍生品交易员如同职业扑克玩家，他们能给社会做出什么贡献？

如果我管理一家大型银行，我将采用不同的方法衡量风险，我管理的银行会更安全、更稳健。我绝对不会碰衍生品业务，我不屑于做衍生品交易。**银行应该成为企业值得信任的合作伙伴；银行应该向信用良好的公司授出信用；银行应该做光明正大的生意。**在过去，银行帮人们分期付款购买汽车、洗衣机、卡车。分期付款业务是美国银行首创的，这样的业务推动了商业的发展。现在呢？银行鼓励人们刷爆信用卡，购买奢侈品、享受豪华旅游。德国人没像我们这样超前消费，人家的经济发展得也很好。鼓励超前消费是养虎为患。不断地提升信用卡额度，是怂恿客户消费成瘾。我年轻的时候，银行不提倡超前消费。现在的银行不管不顾，只想着赚钱。

伯克希尔曾经拥有一家银行，伊利诺伊国民银行（Illinois National Bank），我们持有了十多年，我们的坏账损失是零，我们的资本收益率比大多数银行都高。我们从来用不着担心，只要是信用良好的客户，我们就愿意以合适的利率向他们发放贷款。**银行可以本本分分地经营，但很多银行无法保持清醒的头脑。**

不理智的政客带偏了"两房"

股东：请问您如何评价房利美和房地美？

虽然我支持共和党，但是在这个问题上，我有自己的观点。早期的房地美和房利美为美国做出了很大的贡献，但是后来，**由于某些政客头脑发昏，"两房"走偏了，发放了很多质量极差的贷款。**"两房"是政府为了解决住房问题而专门成立的公司，这两家公司也确实帮助很多普通美国人住上了自己的房子。前几年，次贷危机爆发，在千钧一发的时刻，人们齐心协力、共克时艰，我们总算躲过了一劫。

次贷危机之前，"两房"之所以放松了信贷标准，是因为它们随大流了。有一些金融机构发放次级抵押贷款，赚了大钱，某些政客看了眼红，让"两房"也发行次贷。这些政客的嫉妒心理在作祟，嫉妒心让他们昏了头。为什么"两房"做不到吉卜林说的，在身边的人都失去理智时保持清醒？为什么"两房"不能坚持原则，只向信用良好的人发放贷款？那些政客打出了"平等主义"的旗号，宣称要向穷人发放贷款，结果几乎毁掉了整个金融体系。他们看似理性，实则昏庸。在金融领域，我们同样需要遵守严谨的工程学标准，来不得半点妥协。我们与一场大灾难擦肩而过，幸亏民主党、共和党、国会、总统通力协作，在泰山压顶之时，做出了正确的决策。我感谢带我们走出这场危机的人，我鄙视给我们带来这场危机的人。如果我有那个本事，我会让某些罪大恶极的人下地狱。

股东：政府剥夺了"两房"的盈利能力，请问您怎么看？

"两房"虽然是私营公司，但是带有一些政府背景，而且当时"两房"已经资不抵债了。政府做得很公平，"两房"犯了错就该得到惩罚。别人让你做坏事，你可以不做，哪怕把工作丢了也不做。"两房"不必随波逐流，是"两房"的管理者选择了随波逐流。为了自己的利益，"两房"的管理者毁掉了公司。

真希望有更多的人能勇敢地说："虽然你是老板，但是我不能听你的，你可以把我炒了，但我无论如何都不按你说的做。"多一些这样的人，我们的国家会更好。伊莱休·鲁特（Elihu Root）是官员的典范，他有一句名言："只有随时可以放弃官位的人，才适合从事公职。"伊莱休·鲁特是一位有名望的律师，即使不做官，他还可以当律师，而很多政坛人士丢了官位，就什么都没了。多一些像伊莱休·鲁特那样的官员，我们的国家会更好。

在发展电动车的大趋势中，比亚迪已占据先机

股东：请您谈一谈比亚迪。

发展电动汽车、电动公交车、电动出租车是大势所趋，而比亚迪这家公司占据了先机，特别是在中国。由于空气污染，北京的人均寿命缩短了好几年，儿童的健康也受到了很大的影响，再不取代汽油，真不行了。目前，中国生产的汽车还是以传统的燃油车为主，这种情况必然会改变。中

国已经认识到了，民众的健康受到了威胁，必须果断采取行动解决问题。目前，比亚迪是唯一一家生产电动汽车的中国公司。

比亚迪选择了更安全的磷酸铁锂电池路线，能有效地避免电池起火。磷酸铁锂电池很重，有的公司不愿走这条路线，他们只考虑减轻重量，而忽视了更重要的安全问题。以波音为例，为了节省两个行李箱的重量，它选择了不稳定的锂电池。我不是工程师，但连我这个外行都知道波音这么做不妥，看来工程师也有脑子迷糊的时候。也许是销售部门说，客户要求再降低几公斤的重量。但是，怎么能为了降低这几公斤的重量，而不顾整个飞机的安全？在发展电动汽车的大趋势中，比亚迪已经占据了先机，只要比亚迪再接再厉，把握好将来的机会，它一定能行。

绝大多数大公司的命运与乐购类似

股东： 最近乐购遇到了一些麻烦，请问您怎么看？

乐购曾经是一家世界领先的零售商。当年的乐购发展得很好，似乎能一直保持强劲的势头。伯克希尔买了一些乐购的股票，应该是卢·辛普森先买的，后来沃伦也买了一些。乐购的生意模式曾经无往不利，但后来突然不灵了，也许是因为骄傲自满了。乐购高估了自己的能力，它做了很多商业冒险，结果接二连三地遭遇失败，例如，它在美国开了很多家鲜捷超市（Fresh and Easy），最后根本没开起来。

正在乐购忙于全球扩张的时候，没想到后院失火了。在乐购的本土市场，奥乐齐（ALDI）等一众强敌向乐购发起了挑战，乐购陷入了内外交困的局面。有几家大公司能长盛不衰？箭牌或许可以吧。

绝大多数大公司的命运与乐购类似。奥乐齐是一个非常难缠的对手，它的特色是成本超低、品类精简、自有品牌众多、门店运营高效。开市客、山姆会员店（Sam's Club），哪个不是难缠的对手？<mark>商业竞争总是很激烈，总是有新的竞争对手向你发起挑战</mark>。几十年来，著名品牌一直拥有巨大的竞争优势，现在它们同样面临着竞争的冲击。竞争越来越激烈是正常的，以为一家公司能始终保持领先地位，这是不切实际的幻想。

保持阅读与思考，从传记中汲取智慧

年轻人每天应该读一份主流的报纸

股东：请问我们年轻人每天应该读些什么？

一定要读一份主流的报纸，一定要选一份新闻采编质量高的，毕竟报纸不是书，不可能花很长时间去读。《华尔街日报》是一份主流报纸，而且编辑质量很高，我读起来觉得很好，你们应该都读这份报纸吧？在座的，有不读《华尔街日报》的吗？不读的，请举手。（会场中有一个人举起了手。）

你为什么不读《华尔街日报》呢？

参会者：我想读，但还没开始读呢。

你住在哪？

参会者：我住在玛丽安德尔湾（Marina Del Ray）。

哦，难怪呢。我认为《华尔街日报》是一份必读的报纸，它仍然秉持着新闻界的良心，是一份值得尊敬、也非常有用的报纸。以前，它的社论太偏右了，现在已经好多了。

《洛克菲勒传》写得特别好，谁还没读的话赶紧读

股东：请您推荐几本好书。

你们这些粉丝给我寄了很多书，你们寄来的书都够我读的了，我用不着自己买了。昨天，一位著名的基金经理和我一起吃晚饭，还给我带了三本书，那三本书一看就是我爱读的。别人给我寄来的书已经快堆成小山了。我感觉自己像个贫困山区的儿童，收到了很多捐赠。你们摸清了我的脾性，在我收到的书中，有很多是我爱读的。总有别人送书给我，我觉得很幸福。

在不经意间，我活成了现在的自己，我感到很满意。

我读书很挑剔，有的书只是随便翻翻，有的书只读了第一章，就不往下读了，有的书则从头到尾读两遍。根据我的经验，只要一直阅读和思考，别的什么活都不用干了。

股东： 最近，您推荐了荣·切尔诺写的《工商巨子：约翰·戴维森·洛克菲勒传》，您说这是一本好书。

对，这是一本特别好的书，谁还没读的话，赶紧读吧。这本传记写得特别好。在这本书中，我们可以看出，洛克菲勒是一位品德高尚的合伙人。在与竞争对手的较量中，他毫不留情。但是，在与合伙人的交往中，洛克菲勒却展现出了高风亮节。洛克菲勒还是一位伟大的慈善家，他做了许多泽被后世的善事，他的很多善举至今仍被人们传颂。

举个例子，在旧社会的中国，婴儿和产妇的死亡率非常高，很多产妇在生二胎时因骨骼问题而难产。洛克菲勒派遣医生来到中国，通过研究发现，中国是一个历史悠久的农业国，过度耕种耗尽了土地中的某种营养素，因此中国人的骨骼健康受到了影响。这种营养素成本很低，向土地中添加很容易。就这样，洛克菲勒做了一件好事。

洛克菲勒做过很多这样的好事，只花很少的钱，却能解决大问题。 很多优秀的人才得到了洛克菲勒基金会的资助。20 世纪 30 年代，洛克菲勒基金会培养了大批优秀的医生。洛克菲勒只用了 5000 万美元就彻底改变了美国乃至世界的医学教育。谁还没读这本书，赶紧读吧。

在书中，我们还能看到洛克菲勒是如何与合伙人打交道的。在投资一项风险较高的业务时，洛克菲勒会对他的合伙人说："我知道，你们觉得有风险，有顾虑，但是我觉得，这个业务我们必须拿下。这样吧，所有的钱，都由我来出，亏了算我的，赚了，我按成本价转让给你们，大家一起赚。"他的合伙人也是有钱人，听他这么一说，纷纷表态："约翰，有你这句话，我们跟你一起干，也算我们一份。"

洛克菲勒对待合伙人的态度值得我们学习。我们伯克希尔也有这样一位优秀的经理人，他管理着犹他州的 R.C. 威利公司，从事的是家具行业。他打算去拉斯维加斯新开一家分店，但是由于他信仰摩门教，新店周日不营业。一般人的第一反应都是，周日不营业肯定不行。这位经理人对我们说："我计划开一家新店，但是我们摩门教徒周日不工作，所有的钱，我来出，所有的风险，我来承担。成了，我按成本价把新店转让给伯克希尔，没成，所有的亏损算我的。"

我们没有洛克菲勒那么高尚，我们接受了这位经理人的提议。我们很敬佩他的行为。我们认为，他的行为应该得到鼓励。

埃隆·马斯克是个天才，但也非常大胆

股东：请问您如何评价埃隆·马斯克（Elon Musk）？

我认为埃隆·马斯克是个天才，"天才"这两个字可不是谁都配得上的。马斯克是个天才，但他也是一个非常大胆的人。**有一种人，智商高达 190，但是他们以为自己的智商有 250。这种人，我最怕了，马斯克有点类似这种人**。他确实是个天才。

我们凭简单的方式做投资，创造了辉煌的业绩

如果能优中选优，三只股票就足够安全

股东：在您赚到了足够的钱，已经衣食无忧之后，您在投资上承担多大的风险？

芒格家族的绝大部分财富投在了三个地方：伯克希尔·哈撒韦、开市客以及一只亚洲的基金。每日期刊公司不算，它只是个芝麻绿豆大点的东西。你去问金融领域的专家，他们自认为是资产配置大师。他们会告诉你，芒格什么也不懂，芒格是在胡来，芒格的投资方式不符合资产配置模型。我是对的，他们是错的。

如果你能优中选优，挑出三只股票，每一只都足以让你的家族财富永续传承，那么持有这三只股票就足够安全了。反正你的钱几百辈子都花不完，某一年，别人涨了 10%，你跌了 5%，用得着在乎吗？那些基金经理其实也不完全是受嫉妒心驱使，主要是他们的业绩一落后，客户就会弃他们而去。在这种体系中，所有人像在玩一个抢椅子的游戏。对这种游戏，我是一点兴趣没有。就在此时此刻，芒格家族的三项投资都在迭创新高，我的资产配置做错了吗？

股东：在一个投资组合中，您认为，投资多少家公司比较合适？

这个问题没有统一的答案，需要看具体的情况。如果你管理一只指数基金，赚的是管理费，你持有多少家公司都可以，没什么限制。指数基金是好生意，指数基金赚钱是应该的，**大多数主动型基金跑不赢指数基金**。

前几天，我和一位非常聪明的基金经理聊天。一般来说，我不和基金经理打交道。但是，这位基金经理比较特殊，在很多问题上，他的看法和我一致，所以他应该是个特别聪明的人。他告诉我，在美国，他采用指数投资的方法，但是在其他一些国家，他聘请基金经理做主动管理。他认为，现在的美国股市很难赚钱，还不如直接买指数，但是在其他一些国家的股市，经常能发现市场失效的机会。他的做法很明智。

错过贝尔里奇石油太傻，但用不着懊恼

股东：去年，您提到了贝尔里奇石油公司（Belridge Oil），您说您犯了个错，本来应该多买一些，可是您没有买。您能否详细讲讲这笔投资？

当年，贝尔里奇石油是粉单市场上的一家公司。这家公司很有价值，它的石油储量很大，而且所有的土地、油田都是自己的，不是租来的。它的清算价值远远高于股价，清算价值大概是股价的三倍。贝尔里奇油田可以开采很长时间，而且公司拥有土地和油田的产权，可以进行重复开采。

别人第二次让我买贝尔里奇的股票，我怎么就拒绝了呢？我当时想着把这件事往后放一放，结果后来就没买，我真是太傻了。所以，我想告诉大家，在投资的过程中，偶尔犯了愚蠢的错误，用不着太懊恼，这是正常的，没什么大不了的。我犯的这个错误是错过了，而不是做错了，但是这个错误可真不小，至少让我少赚了三四亿美元。我给你们讲这个故事，是想告诉你们，别因为错过了好机会而感到沮丧，这是投资过程中的一部分，是无法避免的。

股东：以您今时今日的智慧回首往事，您希望您刚开始投资股票的时候懂得什么？

我和沃伦一样，年轻的时候，我也是四处翻找能赚钱的股票，例如，我可能找到一家小公司，价格特别便宜，因为它在粉单市场交易，没几个人知道。后来，等到钱赚多了，我不愿意四处翻找了，我改变了原来的想法。我开始投资我敬重的人，投资我喜欢的生意，开始寻找具有竞争优势、将来能发展得很好的公司。年纪大了以后，我改变了想法，开始投资优秀的管理层、优秀的公司。我觉得这么投资才称心如意，而且我的收益率也没低多少，这多好啊。

在战胜市场方面，伯克希尔有很多值得学习的地方

股东：您好，我是《华尔街日报》的专栏撰稿人杰森·茨威格（Jason Zweig）。谢谢您推荐《华尔街日报》，或许鲁伯特·默多克（Rupert Murdoch）应该投桃报李，推荐一下《每日期刊》。本·格雷厄姆在晚年时说过，思路正确的个人投资者完全可以战胜机构。请问在今天的大环境中，这个结论还成立吗？与大机构相比，个人投资者处于优势还是劣势？

市场规模这么大，聪明人只要愿意下功夫四处翻找，发挥自己的优势，总能找到赚钱的机会。在这么大的市场中，既聪明又勤奋的人，总有办法

赚大钱。

有人能赚大钱，不代表普通人能轻松赚大钱。 现在的美国股市，买大盘股，很难跑赢市场。现在的股市非常有效，虽然还有人能跑赢市场，但跑赢市场的难度特别大。无数的人前赴后继地往市场里冲，事实早已证明，绝大多数人以失败告终。

让我管理10亿美元，投资200只股票，我很难跑赢市场，我根本不敢接这份工作。彼得·考夫曼经营着一家非常赚钱的公司。前几天，他对我说："如果要收购我的公司，开出了销售额三倍的价格，我肯定卖给他。因为无论我自己怎么努力经营，都不可能把公司做到值那么多钱。"他说得很有道理，已经那么有钱了，何必还难为自己。

现在，美国掀起了一场收购热潮。有的公司自己的生意比较差，而竞争对手的生意好很多。但是，花30倍市盈率的价格把竞争对手收购下来，这不是解决问题的办法。我明白这个道理，但是很多公司经不住投行的忽悠，你自己的生意不是不好吗？花30倍市盈率的价格，把竞争对手买下来，你的生意就好了。

伯克希尔总能保持清醒的头脑。在今年的年报中，沃伦打算深入探讨两个问题。一个是，伯克希尔为什么能成功？另一个是，伯克希尔的成功能否继续？伯克希尔走过了几十年的辉煌历程，发展到了现在这么大的规模，是时候好好总结一下了。我相信，所有的聪明人都会仔细阅读今年的伯克希尔年报。

伯克希尔有很多值得学习的地方，但是人们很少学伯克希尔，主要是因为人们无法挣脱大机构的束缚。伯克希尔的成功能继续下去吗？我对将来的伯克希尔充满信心，它取得的成功一定能远远超出人们的想象。伯克希尔后劲十足。**我们之所以创造了辉煌的业绩，主要是因为我们挑简单的事做。** 很多人自以为很聪明，不自量力，专挑最难的事情做，最后往往没有好结果。

做投资，一定要非常耐心，一定要等到好机会出现。 价格特别便宜，一眼就能看出来很值，才买入。整天待在那，什么也不做，这是反人性的。我们能做到耐心等待，因为我们有很多别的事可以做。普通人能行吗？哪个普通人能一等就是五年，一动不动地什么都不做？普通人会觉得很闷，很无聊，所以他们经常做傻事。

今年的伯克希尔年报，大家一定要好好读。从只有三家奄奄一息的子公司，发展成今天的伯克希尔·哈撒韦，而且发展到今天这么大的规模，流通股的数量几乎没变，这难道不是一个奇迹吗？然而，很少有人学我们，也许是人们不敢相信我们吧。

20多年前，我读了一篇令我击节赞叹的文章，为了表示感谢，我给作者寄去了两万美元，并写了附言，我说："拜读了您的文章，受益匪浅，这是我的一点心意，请笑纳。"没想到，他把钱原封不动地寄回来了。于是，我给他打了电话，我说："您为什么要寄回来呢？您自己不需要的话，把它发给您的助手或学生也行啊。请您收下吧！"后来，他把钱收下了，送给他的研究生了。他给我的解释是，这钱来得太容易，里面一定有问题。

人们不敢学伯克希尔，可能也是同样的道理。人们可能觉得哪有像伯克希尔这么轻松就能赚大钱的，里面一定有问题。伯克希尔的管理者工作不刻苦，爱好倒不少，沃伦每个星期打12个小时的桥牌，玩着就把钱挣了，也太假了。人们搞不懂，总觉得哪里不对劲。

我主要做沃伦的参谋，起辅助作用

股东：请您谈一谈您与沃伦·巴菲特之间的合伙关系。

一起过了大半辈子的老两口，很少有离婚的，我和沃伦也是如此，我们早就适应对方了。这么多年了，我们一直在一起配合，以后也不可能分开。在我们的合作关系中，我只是起到一个辅助作用。大科学家爱因斯坦需要和别人讨论，投资大师沃伦也需要有个参谋。我有时在别的方面帮一些忙，但主要是做沃伦的参谋。一个人关在屋子里，再怎么绞尽脑汁地想，也是不行的。通过与别人交流探讨，爱因斯坦才提出了相对论。

我们只是掌握了一些做事的正确方法

建筑设计行业的从业人员太死板，不知道变通

股东：您打算为密歇根大学（University of Michigan）捐资修建一栋研究生宿舍楼，听说您在设计这栋建筑时遇到了一些难题。

我觉得我在为密歇根大学做一件非常有意义的事。按照我的设计，不同学科的研究生可以居住在同一栋大型宿舍楼里。宿舍楼位置好，去哪都很方便。宿舍楼里配备了完善的公共设施，还给访问学者和教授提供了住所。这栋宿舍楼的规模很大，在建筑设计上需要解决的问题是，如何才能规划出那么多的房间，容纳那么多的学生。最后，我们决定舍弃绝大多数卧室的窗户。开始的时候，很多人提出了反对意见。

我知道，我的设计方案一定行。于是，我把我的设计方案做成了一个建筑模型。看到了我的模型之后，密歇根大学同意了。卧室里没窗户，只是听起来觉得难以忍受。80% 的卧室没窗户，这才能容纳那么多学生。其余有窗户的卧室，每月租金贵 100 多美元。从这件事中，我获得了一些新经验。**建筑设计行业的从业人员太死板，不知道变通**。特别是为大学做设计，大学本来就是非常保守的地方。密歇根大学很聪明，他们想通了，他们明白了，我的方案是合理的。有些人有强迫症，卧室没窗户不行，所以我们留了一些有窗户的给强迫症。

清楚自己几斤几两，好办的事马上办，遇到难题就死磕

股东：一方面要追求简单，另一方面要搞懂很多复杂的问题，您和沃伦是如何解决这个矛盾的？

伯克希尔创造了超凡脱俗的业绩，但我们并没有什么异于常人的能力。既然我们没有什么异于常人的能力，怎么能创造出超凡脱俗的业绩呢？这是个很有意思的问题，值得大家好好想想，我们打算在今年的年报中讨论一下这个问题。**答案在于，我们找到了正确的方法。其中很关键的一点是，**

我们非常清楚自己的能力圈的边界。知道自己的能力圈大小，甚至可以弥补智商的不足。"知之为知之，不知为不知，是知也。"我非常清楚自己几斤几两，非常清楚什么事是自己不该做的。

我还有个习惯，好解决的事，我马上就办，否则事情越积越多。有的人拖拖拉拉，被一大堆事压着，什么都做不成。我们的首席执行官盖瑞·萨尔兹曼也是一个做事干脆利落的人，他的成功与这个好习惯密不可分。盖瑞遇事从不拖泥带水，他的决策有出错的时候，但整体来说，正确率非常高，关键是一点不浪费时间。这个方法，非常值得学习。

在遇到必须解决的难题时，我们的办法是和它死磕。软磨硬泡、死缠烂打，不解决不罢休。很多别人做的事，我们不做，所以我们有的是时间去和难题死磕。我们只是掌握了一些做事的正确方法，这些方法非常好用，可惜别人很少学我们。

大多数人身不由己，他们无法挣脱重重束缚。在每天的工作中、在与同事的交往中，他们总是要说一些口不应心的话，做一些自己不想做的事，这是绝大多数人的日常状态。沃伦和我无须忍受这样的束缚，虽然有一些投资是我们的禁区，但基本上我们是非常自由的。无论是大公司的员工，还是学术圈的教授，都要遵守很多规矩，受到很多限制。

兴趣是成功的关键

股东：请问您建议我们养成什么好习惯？

我不感兴趣的事，从来都做不好。一件事，不感兴趣的话，再怎么聪明，都很难做好。兴趣是成功的关键。如果你热爱中国书法，那最好就去钻研中国书法。你热爱的是中国书法，非让你学天体物理学，你肯定学不好。

资本资产定价模型怎么能和物理学中的原理相提并论？

股东：您多次批评美国的学术界，您认为大学教的金融知识是错的。然而，多年以来，我们的学校教育丝毫没有改观。请问如何才能推动学校教育做出改变？

指望社会中的所有人，或者所有大型机构，都能理智行事，这纯属天方夜谭。但是，我们的学术界不应该那么愚蠢，把资本资产定价模型（The Capital Asset Pricing Model）这种东西当成绝对真理来教。

基督徒把《圣经》作为绝对真理，这我可以理解。但是，资本资产定价模型怎么能和物理学中的原理相提并论？金融系的教授让学生们牢记资本资产定价模型，让他们像学代数一样，做大量练习题，这简直是误人子弟。

人们在经济领域犯了很多愚蠢的错误。以日本为例，它用尽了凯恩斯主义的所有手段，为了刺激经济，疯狂地印钱，25 年了，仍然没有走出经济停滞的泥潭。这种现象超出了全世界所有经济学家的认知。日本人搞不懂，他们是按照西方经济学理论操作的，怎么不管用呢？日本的困局，只用经济学这个狭隘的学科，是无法解释清楚的。

把视野放大，我们可以发现，日本的经济崛起，靠的是出口。但是，亚洲的其他国家也想解决温饱问题，它们从落后的农业国发展成了先进的工业国，把日本比下去了。<mark>面对韩国、中国这两个强劲的对手，日本当然衰落了。</mark>经济学家没这个视野，他们只会拿书本上的经济学理论解释问题。如果你开了一家店铺，生意很红火，没想到马路对面开了一家同样的店铺，你的生意能不受影响吗？这不是多难理解的问题。<mark>脑子要活，思路要广，把所有的可能性都想一想。</mark>

降低预期的好处

<mark>股东：</mark>请问降低预期的好处是什么？

你是想因为一次次达不到目标，而常常陷入失望和沮丧呢，还是想总能得到超出预期的结果，每天心情都很好呢？<mark>幸运的秘诀不是雄心壮志，而是降低预期。</mark>特别是在寻找另一半的时候，一定要找个对你预期比较低的。

伯克希尔将保持稳定的收益，同时避免成为科技淘汰的对象

股东：重新来一次，你们会如何选择伯克希尔的组织形式，是合伙人制，还是公司制？

这个问题问到点上了。由于一系列偶然因素，伯克希尔采用了公司制的组织形式。公司投资有价证券需要支付 35% 的资本利得税，没有任何一家投资机构会选择这种组织形式。因为机缘巧合，我们以伯克希尔这家公司作为载体进行投资，虽然我们适应了这种组织形式，但其实以公司为载体做投资非常不利。有些很奇怪的事，就那么发生了。按照工程学原理，大黄蜂不能飞行，可大黄蜂却飞得很好。

我们的大量投资是长期持有的，包括收购的很多私营公司，因此，我们暂时用不着交资本利得税。暂时不用交，不是永远不用交，而是先在资产负债表中记录为应计税款，以后再交。

虽然我们做得还可以，但以公司形式做投资不合理，应该采用合伙人制才对。这个问题太简单了，不用我说，你自己应该就知道答案。

股东：请问您如何看待伯克希尔的内在价值与净资产的关系？

沃伦讲过伯克希尔的内在价值与净资产的关系，他的论述非常符合逻辑，我完全赞同沃伦的观点。如果伯克希尔的股价低到一定程度，我们当然会回购。但是，我们投资其他公司的收益率一直非常高，所以我们可能继续投资其他公司，我们也会继续做补强型收购。伯克希尔的资金仍然能找到值得投资的机会。在未来 15 年里，仅在我们旗下的公用事业公司，我们就能投入大量资金。投资公用事业公司，我们能稳稳地获得良好的收益率。两年后，伯克希尔可能成为美国最大的公用事业公司。

伯克希尔创造的资本收益率不会低于其他大公司，我们未来仍然有大好机会，我看好伯克希尔的前景。我们年轻的时候，规模没这么大。那时候，我们能找到收益率高达 12% 的投资机会。现在，我们只能投资收益率

在9%、10%左右的公用事业公司。收益率是降了点,但我们用来投资的浮存金成本是零,不也还行吗?现在的利率快接近零了,我们能有投资公用事业公司的机会,已经非常知足了。一方面,可以为社会生产和输送更多电力;另一方面,能获得稳定的收益率,有这样的机会,我们很满意。

股东: 请问科技进步对商业竞争的影响有多大?

伯克希尔一直避免成为被科技进步淘汰的对象。目前,伯克希尔拥有一家铁路公司,几家公用事业公司,还有几家大型保险公司。每日期刊属于被科技进步淘汰了的公司。很多年前,我们很赚钱。以前,在法院做出判决六个星期以后,《每日期刊》通过报纸的形式发布判决汇编。所有的律师都需要订阅我们的报纸,我们每年都可以大幅提高订阅价格。过去赚钱很容易,现在不行了。科技进步了,现在律师通过互联网查看判决汇编。《每日期刊》被淘汰了,这是无法改变的客观现实。我们害怕科技变革,所以伯克希尔尽量远离科技变革。

有时候,我们投资的公司似乎涉及高科技,例如,生产硬质合金切削工具的伊斯卡。虽然伊斯卡的产品有很高的科技含量,但它是行业翘楚,几乎占据绝对垄断地位,所以我们并不担心。**如何避免被科技进步淘汰?我们解决不了这个问题,我们只能远离容易被科技淘汰的公司。**各位股东,每日期刊公司被高科技淘汰了,我非常抱歉。

伯克希尔经历过很多失败。新英格兰地区的那家纺织厂,我们实在无力回天。还有我们的珠宝店,销售额不可能再创新高,因为竞争对手太多了。我们和所有人一样,都无法违背残酷的竞争规律。很多人像飞蛾扑火一样去送死,我们则谨小慎微地躲开很多难题。

沃伦说过:"我们没本事跳过三米高的栏杆,我们的做法是,轻轻地迈过小水坑,然后捡起大块大块的金子。" 轻轻地迈过去就能捡到大块的金子,这样的小水坑可不多,但我们找到了一些。我们专门找这样的小水坑,我们做得还不错。

股东：您刚才说您很抱歉，每日期刊公司被淘汰了，我怎么不信呢？

这要看怎么算了。当年，我们以 270 万美元的价格收购了《每日期刊》。三四年后，我们就把这 270 万美元赚回来了。现在每日期刊公司的所有资产都是利润。每日期刊公司算是一笔不错的投资，但是和伯克希尔没法比。每日期刊公司的主营业务不行了，它能发展成今天这样，已经很不错了。

2015年 每日期刊股东会讲话

编者按

2015年是巴菲特入主伯克希尔的第50年，2月发布的2014年度伯克希尔致股东的信中，附上了《过去与未来，副董事长致辞》一文。在文中，芒格总结了伯克希尔过去50年来的成功经验，展望了它的未来，并指出伯克希尔的经验对其他机构有何借鉴意义。这篇文章已增补入《穷查理宝典》第五章中。

2015年3月25日，每日期刊公司召开了股东会，而就在几天前的3月23日，芒格推崇备至的新加坡开国元勋李光耀去世，这自然成了一个避不开的话题。芒格谈了李对新加坡的贡献，也谈到他对中国的启发。另外，在这次会上，随着每日期刊越来越向软件业务转型，芒格也相对较多地谈到他对互联网的看法，肯定了它作为20世纪最伟大发明的地位。但他也坦言自己完全看不懂互联网，不过这又有什么关系呢？对自己要诚实，对别人心态要放平。懂与不懂互联网并不是评判人优劣的标准，"别人搞别人的互联网，我做我自己的事"。

我们迎难而上，努力跟上时代

软件业务上升为每日期刊新的主营业务

股东： 请问期刊科技的发展前景如何？在未来两年里，有什么具体的目标吗？

你提的这个问题非常好，期刊科技的发展，关系到整个公司的未来。

随着科技和社会的进步，每日期刊公司的主营业务出现了衰退。在过去，《每日期刊》是律师获得法院判决书等信息的唯一途径。在法律信息这一细分领域，我们长期占据着垄断地位，每年我们都可以提升报纸定价，而且发行量还节节上升。传统的报纸行业曾经是好生意，我们的报纸也非常赚钱。后来，互联网为律师提供了查看法律信息的新途径，我们的垄断地位消失了。

我们还有一项业务是发布公告广告。按照法律规定，某些特定的公告必须登报公示。可想而知，这项法律规定颁布的时候，互联网还没问世。早晚有一天，公告广告业务也将成为明日黄花。每日期刊的主营业务已经走到了尽头。

传统的报纸行业受到了互联网的冲击，有的报业公司倒闭了，现在还活着的，也已经奄奄一息了。眼看着传统业务下滑，我们决定另辟蹊径——向法院等政府机构销售软件。当初做这个决定的时候，我们心里很没底。

毕竟，我们是一家做报纸的公司。我们转型去做软件，好比一个只有一条胳膊、一条腿的人，要攀登优胜美地国家公园（Yosemite National Park）的半圆顶。

我们还是迎难而上了。我们的运气很好，在次贷危机中，我们通过发布止赎权公告大赚了一笔。我们正是用这笔钱把软件业务做起来了。我们收购了几家公司，也自己开发了一些软件。其实，我们做软件业务，成功的概率很低。在攀岩这项运动中，人们根据攀登的困难程度，给不同的路线设定了难度系数，其中 5.11 这个系数代表普通人难以完成的路线。我们做软件业务，犹如挑战难度系数为 5.11 的攀岩路线。令人惊奇的是，虽然只有一条胳膊、一条腿，我们竟然攀爬到了半圆顶这座高峰的半山腰。

现在的每日期刊公司重新焕发了生机。与去年这个时候相比，每日期刊公司已经取得了长足的进步。

将来，我们会继续大力发展软件业务，继续投入大量资金，继续采用保守的会计方法，该减值的就减值。我认为，我们的软件业务有希望取得成功。

我说过很多次，我们培育的软件业务具有风险投资的性质。我本人对风投比较反感，我自己也不是通过做风投获得的财富。我们现在做软件业务，赚的是辛苦钱。其实，投资应该做简单的事，像"桶里射鱼"那么简单。"桶里射鱼"还不够简单，把水倒干净，然后用喷子对着鱼，砰的一枪，这才是我要的简单。每日期刊发展软件业务，没有"桶里射鱼"那么简单，但是，我们似乎有希望把这件事做成。

我们原来的法律报纸业务局限在一个州，只有通过收购其他报纸，才能拓展到别的州。法庭软件业务则不受这个限制，它的市场更广阔。现在我们已经在美国的多个州开展业务了。如果我们的法庭软件业务真做成了，我们可以把这项业务拓展到整个美国。

为了发展软件业务，我们投入了大量资金和精力，将来我们仍需继续努力，我们的软件业务会越做越好。

你们买入每日期刊，原来打算做价值投资，没想到变成了风险投资。

我想我不需要和你们道歉，因为我和你们同舟共济，而且每日期刊有望取得成功。**也许我们能走过这条充满荆棘和坎坷的漫漫长路，到达成功的彼岸，那时迎接我们的，将是一个比传统的报纸行业更为广阔的市场。**

目前，软件业务上升为新的主营业务。在每日期刊的营业收入中，软件业务的贡献已经超过了传统业务。

我们的软件业务很烧钱，我却并不担心，我学会了杰夫·贝索斯（Jeff

Bezos）的思维方式。

我对我们的董事说："既然咱们这么有钱，就应该在市场竞争中把钱多的优势充分发挥出来。"

每日期刊公司能走到今天，全靠上天眷顾。我不是靠创业起家的。伯克希尔·哈撒韦从无到有打造的公司只有一家。在伯克希尔旗下的子公司中，只有再保险业务是我们自己做起来的。虽然我们只开创了这一项新业务，但是伯克希尔的再保险业务价值连城。

如果每日期刊公司成功了，不但股东能赚钱，而且我们能为社会做出贡献。政府机构使用的现有系统效率低下，需要进行大量自动化。我们做软件，我们提供服务，做的是脏活、累活。正因为又脏又累，别人不愿意干，我们才有这个机会。人家微软不愿赚这个钱，微软可以在别的地方轻松赚钱，何必来遭这份罪。

越难，我越喜欢。因为难，等我们真做成了，才不会被别人轻易抢走。

富国银行这样的机会可遇不可求

股东：请问每日期刊将如何发展科技业务，是继续收购其他科技公司，还是通过内生增长逐步壮大？您说了，每日期刊不是迷你版伯克希尔·哈撒韦，但是，如果将来发现了"桶里射鱼"的机会，你们是否会出手？

我们虽然年事已高，但是，我们还有"桶里射鱼"这个能力，只是这样的机会不是说有就有的。我们以每股八美元多一点的价格买到了富国银行，那是一个"桶里射鱼"的机会，这样的机会可遇而不可求，将来未必还能碰得到。

我们抓住了富国银行的机会，一方面是因为我们运气好，另一方面也是因为我们兢兢业业地做好了止赎权公告业务，正好通过发布止赎权公告赚了一大笔钱，这才有资金去买富国银行的股票。我们的这次成功有很大的偶然性，如果不是因为这笔投资，每日期刊可能已经倒下了。这种起死回生的经历，我们可不想重来一次。

你踩着一块块的浮冰过河，掉到水里就会没命，幸好你成功到达了对岸，获得了丰厚的财富。回头望望这条河，你还敢再来一遍吗？我们是不敢了。

我们愿意继续妥善地经营每日期刊公司，但是我们这么一大把年纪了，可不想再做风险投资了。我们年轻的时候，也没做过风险投资啊。不知道为什么，我们怎么和风投沾边了呢？这都是瑞克·盖林的主意。

股东：请问期刊科技在为客户提供服务时，主要为客户解决哪些问题？

我们帮助各个政府部门实现自动化。这个过程很复杂，因为各个部门之间的系统是相互关联的。软件的作用越来越大，但实施的过程很困难。

由于历史沿革、本地法律等因素的束缚，与政府部门打交道，我们需要克服很多障碍。前些年，为了开展企业资源规划业务，微软收购了大平原软件公司（Great Plains Software）。我们与政府打交道的业务难做，微软与大中型企业打交道的资源规划业务也不太好做。

大平原软件公司早已有一定的客户基础。尽管收购了一家比较成熟的软件公司，在企业资源规划业务方面，微软还是没能取得明显的进展，因为它的这项业务和我们的业务一样，都是比较难的。我们的业务虽然难，但我们做的这件事很有意义。法律软件市场是一个巨大的市场。现在，我们还是要踏踏实实的，服务好每一位客户。在这个巨大的市场中，将来一定会有人胜出。

要学达尔文搜寻反面例证，不被进化淘汰

股东：您说过，从达尔文身上，您学会了强迫自己搜寻反面例证。请问，从爱因斯坦身上，您学到了什么？

如果不是爱因斯坦提出了相对论，我自己不可能想出来那么高深的理论，爱因斯坦是一位天才，我这脑子可差远了。

搜寻反面例证是一个很好的方法。我们的一位董事提议，我们应该列出客户的所有痛点，把这些痛点逐个消除。他的提议非常有道理。**在服务行业，只有全力以赴，为客户消除所有痛点，才能超越竞争对手。**

新曙光科技是犹他州洛根市（Logan）的一家小公司，我们之所以收购新曙光，就是因为我们欣赏它的服务意识、敬业精神及用人之道。因为新曙光这笔收购，我们以前的审计师给我们制造了不少麻烦。在他们看来，新曙光是个不值钱的小公司。他们理解不了，我们为什么花那么多钱收购这样一家小公司。他们和我们纠缠了好几个月，一直不给我们发审计报告。现在，我对新曙光这笔收购非常满意。

每日期刊能活到现在，没像其他报业公司一样倒闭，这已经是个奇迹了。当报纸行业走向消亡之时，所有的报业公司都挣扎着求生存，但大多数报业公司还是难以逃脱覆灭的厄运，这就是达尔文的生物进化论。有些报业公司用多年来积累的利润进行转型，收购电视台等其他业务；有些报业公司仍然固守老本行，希望通过这样或那样的改革，扭转报纸业务的颓势。无论是转型的，还是固守的，绝大多数报业公司无可避免地走向了破产的结局。

比尔·盖茨讲过，当颠覆性的新技术出现时，总会有一些公司被无情地淘汰。柯达公司曾经是银盐胶片摄影的代名词，它是一家世界级的公司，具有超强的统治力和极高的品牌价值。它拥有大批化学博士，掌握着世界上最先进的银盐胶片摄影技术。即使在20世纪30年代的经济危机中，柯达仍然欣欣向荣，绝对是靠谱的白马股。没想到，柯达这么强大的公司，也经受不住科技变革的冲击。比尔·盖茨说得太对了，多少昔日的大公司，都逃不过颠覆性的技术变革。

在我年轻的时候，通用汽车是全世界最大的汽车公司。前几年，通用汽车破产了。一家曾经遥遥领先的汽车制造商，怎么会沦落到破产的境地？究其根源，我们还是可以用达尔文的生物进化论来解释。竞争太激烈了，在商业的大舞台上，长江后浪推前浪，你方唱罢我登场。

当科技变革的大潮席卷而来之时，很多公司束手无策，只能坐以待毙。IBM 从生产制表机、电子秤等产品起家，逐渐成长为早期计算机市场的霸主。后来，在计算机行业一波又一波的变革中，IBM 渐渐也跟不上时代了。**当公司遭遇颠覆性的技术变革时，失败是一种常态。跟不上时代的步伐，只能被时代淘汰。**

各位往台上看看，哪家公司的董事会成员有我们这么老？在每日期刊的董事会中，最年轻的 60 岁，董事会主席 91 岁。我们这么大年纪了，还能带领只有一条胳膊、一条腿的每日期刊攀登半圆顶吗？

告诉各位，我们正在攀登途中，而且我本人对计算机软件一窍不通。

教育体系和医保制度都很难改革

股东：以您现在的阅历和知识，让您来改革学校教育，请问您会怎么改？

为了推动基础教育改革，一些社会精英付出了巨大的努力，但是收效甚微。

多年以来，高等教育的改革同样没什么进展，特别是在社会科学领域，有很多明显的弊病，我不知道问题出在哪里。

也许是人们的嫉妒心太强了，也许是优秀的教师待遇太低了。

在社会科学领域，很多教授的思维方式有问题。我不怀疑他们的人品，他们的人品很正直，但是他们的很多想法太脱离实际了。

教育改革很难。理工科的教育质量应该是在一直往上走的，理工科对前沿科技的探索从未止步。科学技术的发展是人类文明的伟大成果。在社会科学领域，现在的教育质量可能也比过去有所提高，但是仍然存在一些非常明显的缺陷。

股东：您是一家大医院的董事会主席，请问您如何看待"奥巴马医改"？

医保制度可以说是一个世界难题。一方面，美国的医保制度存在明显的缺陷；另一方面，我们的医药行业世界领先，我们发明了很多种新药、新型医疗设备、全新的手术方法。

在我这一生中，医药行业取得了人类历史上前所未有的巨大进步。现在，我们可以为儿童接种疫苗，消灭了曾经广泛流行的小儿麻痹症；现在，我们可以去牙科诊所洗掉牙垢，到了 55 岁，牙齿仍然很健康，用不着早早戴上假牙。

人们可能已经对现代的医疗水平习以为常了，我却对这些伟大的医学进步深有感触。在我生活的那个年代，儿童的死亡率很高，而且每座城市都设有肺结核疗养院，结核病的死亡率高达 50%。我们能达到今天这么先进的医疗水平，真是让人赞叹。我们的医疗水平很先进，但是，我们的医保体系却存在很大的问题。

医保改革很难推进。在现有的医保体系中，有一种方式是每个月报销固定的护理费用，特别是在疗养院，这种报销方式很常见。

在这种激励制度之下，为了赚更多的钱，疗养院有很强的动机拖延护理时间。**采取这种激励制度也是无奈之举**。不用这种报销方式，老年人的护理费用必然高到令人无法承担。

由于老年人的护理费用越来越高，很多别的国家也开始像美国这样固定每个月的报销费用。政府全额报销医疗费用，医院要多少钱，病人一分钱不用出，全部由政府买单，这种做法肯定不行。既然医药费都由政府报销，为了多收钱，医院肯定会巧立名目，做很多没必要的检查和治疗。

全额报销有弊端，部分报销也有弊端。在我们创造的人均国内生产总值中，有很大一部分被医疗费用吞噬了。医疗行业是一个强大的游说团体，有很多政客代表医疗行业的利益。

各方为了追求利益狼狈为奸，美国的医保制度遭到了严重的扭曲。哪家医药公司都不干净，或多或少都有向医生行贿的行为。生产医疗器械的公司也没好到哪去。医疗行业已经形成了一条巨大的黑色利益链，美国民众背负着日益沉重的医疗费用。我们拥有全世界最先进的医疗水平，但我们的医保制度却如此不堪。美国的医保制度真是一个难以破解的困局。

我认为，我们更有可能推广类似疗养院那种报销方式。在我们的医保制度中，部分报销是个大趋势。

<u>采用部分报销的方式，更有利于控制医疗费用</u>。在现行制度下，一个罹患癌症晚期的病人，已经病危了，把他送到一家大医院的急诊室，主治医生可能还要测测他的胆固醇什么的，毕竟，所有的费用都由政府买单。

只要制度有漏洞，人们就会钻空子，而且会给自己找出很多理由。我们还是要下大力气改革医保制度。我认为，固定报销金额的做法更合理一些，否则无法控制医疗费用的上涨。

疗养院采用固定报销金额的做法，医生不可能挨个病床溜一圈，然后让政府报销查床费。在普通医院，医生确实可能每天在病人床头待一会儿，走个过场，就让政府报销45美元。

<u>人们钻空子，肯定还是因为激励制度有漏洞</u>。不是所有人都会钻空子，但是只要有一部分人钻，就会出问题。医保制度改革是个难题，不是三言两语能说明白的，我只讲了一个大方向。荷兰的医保体系值得借鉴，荷兰既为民众提供免费的基础医疗保障，又为某些有特殊需求的人群提供专项保险服务，美国可以尝试朝这个方向发展。

我的成功秘诀

我的成功靠的不是智商而是专注力

股东：您家有很多子女，您还能全神贯注地读书，请问您是怎么做到的？

我天生就有这个能力，当我想专心读书的时候，我可以屏蔽外界的一切，我甚至感觉不到别人的存在。我经常只顾着和书里的古人对话，别人就在我身边，我却视而不见，这让别人很恼火。所以，你们不要学我。我这个本事是天生的。

可以这么告诉大家，在我见过的所有的聪明人之中，没一个不大量阅读的。现在的人习惯在电脑上看东西，也许你们看电脑能获得很多有用的信息，但是我认为，看电脑还是不如读纸质书，读纸质书能学到更多知识。

还有的人习惯同时做好几件事，他们最后很可能一事无成。同时做好几件事，表面看效率提高了，实则不然。把精力分散在很多事上，总是浮于表面，缺乏深入思考，这相当于把自己的软肋和弱点暴露在别人面前，最后很容易吃亏。一心多用是个坏毛病，很多人在不知不觉间掉入了这个陷阱。

精力高度集中，全身心投入地做一件事，没这个能力，我绝对不可能成功。我的成功靠的不是智商，而是专注力。

股东：您这一生很成功，请问您有什么好的习惯或秘诀吗？

我想吃什么就吃什么，从来不担心自己的身体。我不愿意做的锻炼，从来不做。 如果说我有一点成就的话，主要是因为我有一股打破砂锅问到底的劲。**我就擅长做一件事，把事情想通、想透，深入思考，找到正确的答案，然后付诸行动。** 我没别的本事，就会做这一件事。

很多人相信跑步什么的，能让他们成为人生赢家。你要是觉得跑步能成功，那你就加油跑好了。

股东：请问您是如何阅读的？您如何吸收书中的信息？您是否有自己的一套整理笔记的方法？

没有，我从来不记笔记。上学的时候，我就从来不做笔记。我阅读和思考，完全是随性而至。**我只读自己爱看的书，想读的时候就读，想思考的时候就思考，这就是我的读书方法。**

我自己觉得我这种读书方法还行，但是我的方法未必适合别人。

股东：您能很好地应对失败、沮丧和不满，请问您是怎么做到的？

因为我遇到的少啊，就这么简单。有的人总是陷入一连串的失败、沮丧和不满，没完没了的，应付起来当然难了。我很少遇到这些情况，偶尔出现一两次，应对起来还是比较从容的。

有智慧的人远离害人精

股东：最近，您在一篇文章中谈到了信任的好处……

是啊，只和自己信任的人交往，不值得信任的人，离他们远远的。这是一种很基本的生活态度，学校应该把这个道理教给学生。在学校中，如果学生们懂得了这个道理，肯定有40%的人，马上就没人搭理了，别人都不愿意和他们说话。

我们的社会倡导民主和平等，学校教学生这个道理，应该会遭到很多人的反对。你们知道就行了，很多人不靠谱，是害人精，有智慧的人远离害人精。

股东：请问怎样才能获得别人的信任？

信任是你自己赢得的。你自己做事总是很靠谱，时间久了，别人自然会信任你。

为了获得人们的信任，赌场做广告，让人们看到赢钱的赌徒露出笑脸，但我们信任赌场吗？你女儿带回来一个男朋友，他在赌场的信贷部工作，你能满心欢喜吗？

在资本主义社会，很多大机构看起来冠冕堂皇，实则是披着伪装的赌场。衍生品交易公司是什么好东西吗？不就是披着伪装的赌场吗？衍生品交易员以为自己在为经济做贡献，以为自己在管理风险，其实他们只不过是我们这个时代的巫婆神汉。

人性中最让我无法理解的是……

股东：请问人性中的哪个方面是最让您无法理解的？

最让我无法理解的是，很多人智商非常高，但是他们做出了非常愚蠢的事。这种情况有很多。我想不明白，为什么智商那么高的人，能做出那么蠢的事。或许是人类的大脑天生存在很多致命的缺陷，这会给我们带来很多危险。

我们的主治医师、基金经理，我们信任他们，但是他们可能完全失去理智，把我们害得很惨。

举个例子，有很多医生只顾赚钱，不管病人的死活。在加州的雷丁市（Redding），有两位医生赚了不少黑心钱。病人的心脏不太舒服，找他们看病，他们总是吓唬病人，让他们做开胸手术。为了赚钱，这两位医生把自己都骗了，他们真以为所有人都需要做开胸手术。在他们看来，你的心脏是正常的，那你活不了多长时间。做个心脏支架手术，换成不锈钢合金、碳纳米纤维材料的，你才能活得更久。

这两位医生给很多正常人做了开胸手术。他们的手术成功率非常高。给不需要做开胸手术的病人开刀，成功率能不高吗？

我知道人性有丑恶的一面。但是，我搞不懂，这两位医生怎么能这么骗自己？他们真以为自己做的是对的，自己是为了病人好。

我真是想象不到，他们怎么能做出这样的事，而且做了很多年，甚至还有些医院来向他们取经呢。

这两位医生施展高超的医术，名利双收。这样的事，真是耸人听闻。谁能想到竟然会有这样的事，而且过了那么多年才被人揭穿。这家医院的老板很自豪，他经常向其他医院介绍自己的成功经验。这简直太荒诞了。

股东：没人告他们吗？

他们被告了，但是法院只是吊销了这两位医生的行医资格，没给他们判刑。就这两个人犯下的恶行，下地狱一点不过分，但他们却逍遥法外了，只是丢了行医资格而已。

长期来看，货币购买力必然越来越低

股东： 美联储的总资产规模从 2007 年的 9000 亿美元上升到了现在的六万亿美元。美联储不断扩张资产负债表，我们还能回到 9000 亿美元的总资产规模吗？

我年纪很大了，我记得我年轻的时候，喝一杯咖啡五美分，吃一顿自助餐 25 美分，买一辆全新的汽车 600 美元。随着时间的流逝，在一个民主国家中，货币必然会贬值。**受人性的影响，将来货币不但会继续贬值，而且贬值的速度还会加快。**

意大利、阿根廷、巴西等国家饱受通货膨胀的折磨，我们经历了一波又一波的通货膨胀，竟然安然无恙，我们应该感到庆幸。

在过去 50 年里，包括股息在内，投资股票能实现平均每年 10% 左右的税前收益率。我不知道其中多少是实际收益，多少是通货膨胀。假设 7% 是实际收益，3% 是通货膨胀，这个收益率已经非常高了。

我们这代人是人类历史上最幸福的一代人，死亡率最低、投资收益率最高、普通人的生活水平显著改善。史蒂文·平克（Steven Pinker）说得很对，过去的几十年是人类历史上的黄金时代。

过去 50 年这么好的生活，你还感到不满，那就是你的不对了。我们的日子过得够好的了，说不定将来要走下坡路了。**总是为最坏的情况做好准备，这是明智之举。** 意料之外的好事容易处理，意料之外的坏事经常让人措手不及。

至于货币增发的问题，从长期来看，货币的购买力必然越来越低。 在未来 50 年里，我们未必能有过去 50 年那么好的运气，我们很有可能会遭遇更多的灾祸。科技进步了，一小撮极端分子就能把世贸中心夷为平地。未来会更加困难，我们都要做好准备。

竞争造成无法改变的客观事实

股东：由于高科技的发展，很多人失去了工作岗位，请问您如何看待由此造成的社会影响？

我刚才谈到了竞争，你说的这个现象也是由于竞争而产生的。以前，有的国家很落后，人们长期受到政治经济制度的束缚，而且掉进了马尔萨斯陷阱（Malthusian Trap）。终于有一天，他们从束缚中挣脱出来了，一下子释放出了巨大的潜力。另外，随着全球贸易自由化的发展、通信技术的进步以及集装箱等运输方式日益成熟，新兴国家的劳动力必然对发达国家的劳动力造成冲击。美国有一部分人受到了影响，不是美联储的政策失误了，不是政治家偏袒哪个群体，也不是富人欺压穷人，而是世界变了。贸易自由化、科技进步、落后国家的奋起直追，这些是无法改变的客观现实。因为这些客观现实，一部分文化程度较低，但努力工作的人受到了影响，他们的日子过得不如从前了，这个问题很难解决。

现在还有人认为，可以通过政治改革解决这个问题。希腊进行了尝试，它的解决办法很白痴。要想过上好日子，必须靠辛勤劳动。治理国家一定要胡萝卜加大棒两手抓，扔掉大棒，只给胡萝卜，这样的制度行不通。只要投投票，国家就富强了？这也太天真了。当然了，所有成功的文明一定要具备完善的社会安全网。

以日本为例，日本曾经是亚洲的出口强国。但是，中国、韩国后来居上，它们超越了日本，成了新的出口强国。日本一度占据着垄断地位，但是当更聪明、更努力的竞争对手出现以后，它当然不如从前了。愚蠢的经济学家只会让日本的央行放水，他们根本不懂症结之所在。日本衰落的原因很简单——曾经的出口强国遭遇了更强的竞争对手。日本以严格的质量控制著称于世，但是，其他国家把它的品控方法学到了手里。

韩国从零开始创建了汽车制造业。在十几年的时间里，韩国人每周工作84个小时，而且不算加班。韩国的工人拼命工作，韩国的孩子努力学习。

小学生下午放学后回到家中，在虎妈的监督之下，跟随家教继续学习整整四个小时。输给这样的国家，有什么好奇怪的吗？只有傻子才觉得奇怪。

我打算制作一尊李光耀半身像，摆在我家中的显著位置

李光耀给新加坡打下了良好的基础

股东：新加坡的李光耀去世了，请问您有什么想说的吗？

这个问题很好回答，我有很多想说的。李光耀去世了，我打算找人制作一尊李光耀的半身像，摆在我家中的显著位置。

李光耀是一位杰出的政治家，一位伟大的开国元勋。他创造的丰功伟绩必将永载史册。

在一片疟疾横行的沼泽地上，李光耀建设起了一个现代化强国。新加坡的成功激励了中国、越南等国家。在看到了新加坡的成功案例之后，中国大刀阔斧地进行了改革，彻底摆脱了贫穷落后的面貌。李光耀的政治影响力远远超出了新加坡本国。

李光耀读高中的时候，他是年级第二，一位比他大一岁的女生是年级第一。后来，他追求这位女生，与她结为夫妻。李光耀非常理智，与漂亮的外表相比，他更看重聪明的头脑。李光耀的子孙也非常成功，他的儿子是现任新加坡总理。

李光耀做事讲求实效，他总是能把事情做成。他掌权以后，新加坡被充满敌意的邻国包围着。李光耀要钱没钱，要兵没兵，他的处境很危险。他认识到，必须建立起一支军队，这个新兴国家才能站稳脚跟。李光耀四处斡旋，寻求世界各国的帮助，希望能建立起现代化的国防体系。

在世界各国的眼中，新加坡只是一块沼泽地，没人愿意伸出援手。最后，只有以色列同意帮助新加坡。李光耀又为难了，邻国与以色列不睦，不可能允许新加坡接受以色列的帮助。最终，李光耀毫不犹豫地把以色列人请到了新加坡，他对外宣称这些人来自墨西哥。

李光耀还根除了腐败。在李光耀展开反腐行动之后，第一批被处理的人中，有一个是他的好朋友，他的这位好朋友畏罪自杀了。好友的家人找到李光耀，请求他不要把自杀的消息公之于众，消息一旦公布，整个家族的脸就丢光了。李光耀说："恕我爱莫能助。"李光耀是一个做事决绝的人，他以铁腕手段扫清了新加坡的腐败行为。受到李光耀的启示，中国也展开了高压式的反腐行动，我相信中国也有希望像新加坡一样取得成功。李光耀还有很多事迹，他真是一位值得尊敬的伟人。

股东：您好，我来自澳大利亚悉尼。我想请教一个关于李光耀的问题。请问当前以及未来的新加坡政府能否把李光耀留下来的文化传承下去？

新加坡政府还是不错的。李光耀给新加坡打下了良好的基础，他根除了腐败，建立了严格选拔、高薪养廉的公务员制度。无论是国会议员，还是政府高官，都能拿到丰厚的薪酬，而且社会地位也很高，新加坡的公务员没有贪腐的动机。

新加坡应该能把李光耀留下的文化传下去，发展得越来越好。不过，在李光耀的时代，中国还没崛起。现在的新加坡要面对来自中国的竞争，新加坡必须加倍努力才行。

股东：李光耀的儿子李显龙允许新加坡开设赌场，请问这是否违背了李光耀留下的文化？

我非常痛恨赌场。赌场特别赚钱，不是一般的生意能比的。赌场不需要存货，开赌场和开印钞厂差不多，人们受不了这么强烈的诱惑。为了发展经济，李显龙批准在新加坡开设赌场，他只允许外国人赌博，不允许新加坡本国人涉赌。我认为，开赌场是与魔鬼做交易。新加坡批准开赌场的时候，李光耀已经不过问政事了。李光耀年事已高，否则他不可能同意新加坡开赌场。

美国的赌场和博彩公司遍地开花，这真不是什么好事。**遍地赌场是文明社会之耻**，批准开设赌场的政客是在饮鸩止渴。这些愚蠢的政客没一个好东西，应该把他们都打入十八层地狱。现在仍然坚持不开赌场的州，已经没剩几个了。

在电视广告中，我们看到的是赌徒赢钱后龇牙咧嘴的笑脸，还有比这更虚假的广告吗？真实的赌徒，为了回本而孤注一掷，露出的是狰狞扭曲的表情。用虚假的广告引诱人们赌博，赚这种钱，不会良心不安吗？

中国学的是新加坡发展经济的方式

股东：有人认为，中国不应该学习新加坡的治国模式，新加坡是个小国，中国是个大国，新加坡的治国模式在中国行不通。请问您怎么看？

中国学的不是新加坡的治国模式，而是它发展经济的方式。在新加坡，中国的领导人看到了私营经济的活力，那时候，中国的所有制结构是单一的公有制经济。

中国借鉴了新加坡发展经济的成功经验。中国把社会主义制度与自由市场经济相结合，创造出了一个经济奇迹。李光耀给了中国很大的启发。新加坡是个小国，而那时的中国是一个落后的大国，两国的国情不同，中国不可能完全照搬新加坡的治国模式。

中国没有照搬新加坡的治国模式，但是中国从新加坡那学到了很多东西。例如，中国厉行反腐，我觉得这也是和李光耀学的。

中国连续几十年保持了 8%、9%、10% 的 GDP 增速。中国不是十全十美的，但是中国确实改变了贫穷落后的面貌，取得了巨大的成就。

中国能有今天这么大的发展，离不开一位伟人绘制的蓝图。他曾经是一位工人运动领袖。他是一位伟人，人类社会需要更多这样的伟人。

投资的道理很简单：别犯傻，别想太美，保持安全边际

股东：我是从印度来的，见到您，我很荣幸。一个 20 来岁的年轻人，想要通过投资实现财务自由，请问您会给他什么建议？

在我那个年代，通过投资获得成功非常简单。在那个年代，投资好做，股票可以实现年均 10% 的税前收益率。只要头脑清醒，有自制力，量入为出，把钱攒起来做投资，基本都能做得很好。在过去，只要一直攒钱投资，时间久了，自然会变富。

我认为，将来股市的真实收益率达不到 10%。事实也早已证明，现在投资股市，很难实现高于 10% 的收益率。你们来晚了，现在你们投资大盘股，根本赚不了多少钱。既然根本赚不着钱，也许还是别瞎忙活了比较好。

我是通过股市发家致富的，但是我不推荐所有人都走我这条路。这条路我走通了，但是无论是什么人，读读查理·芒格的东西，就能变富，那是不可能的。真有那么简单的话，咱们得在体育场开会了。

盖瑞·萨尔兹曼：查理说过，要想变富，在银行账户中准备好 1000 万美元的现金，等待好机会的到来就可以了。

我补充一下，这句话的原话是霍华德·阿曼森（Howard Ahmanson）在给一群穷学生做演讲的时候说的。富人有时候就是这么能装。

股东：最近几年，金融领域的专家们通过研究发现，盈利能力强、质地优良的公司更值得投资。追根溯源，他们发现巴菲特早已提出了这个概念，而巴菲特又说，他领悟了这个概念，是受到了您的启发。早在 20 世纪五六十年代，您就有了这么先进的想法，那时候您还是一位律师，还没在投资领域有所建树，请问您是怎么得出这个概念的呢？

谁不知道好公司好啊？问题是，以资产、利润为参照，好公司的价格也高啊，这就把很多人难住了。投资可不是知道哪家公司好这么简单，真

这么简单，连傻子都能赚大钱了。越好的公司，价格越贵，赔率越低，这个道理我早就知道了。

在我那个年代，金融学教授给学生们讲的是有效市场理论。教授告诉学生们，股市非常有效，没人能跑赢市场。但是，在奥马哈，我见过有人特别懂马，他们能在赌马场击败庄家。我知道，金融学教授是在胡说八道，很多人跟着他们学了一肚子的垃圾。幸亏我年轻的时候没读商学院，我从来不信商学院的那一套。我从小就不相信伊甸园里有一条会说话的蛇。我善于识破胡说八道，这不是什么了不起的本事。

我并不比别人聪明多少，只是在少犯傻这方面，我比别人做得稍微好一些。别人都想着怎么才能更精，我只求不犯傻。一个是不犯傻，另一个是活得长，做到了这两点，你一定是人生赢家。大多数人以为，不犯傻有什么难，其实还真挺难。

股东：请问在当前的投资环境中，如何才能做好长期防御？股市中有数千家公司，您觉得什么类型的防御能力最强？

我们的投资方法是挑简单的做。在当前的投资环境中，我们很难找到简单的答案。我们好不容易才找到了几家值得投资的公司，解决了我们自己的问题。我也不知道该怎么办。我自己都没找到几个，还怎么教你们啊？我不是藏着掖着，好的投资机会，确实找不到几个。

股东：有护城河的公司竞争优势更强。请您告诉我，哪种护城河是最被低估的、是人们最不了解的？

谁不想有一条别人看不懂的护城河啊？你问我要这么一条护城河，你可够贪的。

你想要一条别人不知道的护城河，有点想得太美了。

你问我这个 91 岁的老头子有什么秘诀，这让我想起了一个小故事。一位年轻人请教莫扎特："请您教教我怎么写交响乐吧！"

莫扎特回答说："你太年轻了，还写不了交响乐。"

年轻人说："但是，您10岁的时候就会写交响乐了，我今年都21岁了。"

莫扎特说："你说得没错，我10岁的时候是会写交响乐了，但我那时候没像你这样，四处问别人该怎么写。"

股东： 在投资房地产、私募股权或上市公司时，该如何衡量它们的债务水平？请问债务保持在什么水平才比较合理？

什么样的债务水平比较合理，这需要具体问题具体分析，没办法一刀切。总的来说，如果投资的确定性比较低，例如，管理一家业务复杂的大型企业，那么最好留出充裕的现金，保证有足够的流动性。

大企业财力雄厚，它们发展的好坏，关系到整个社会的安全稳定。大企业不应该为了追逐利益而债台高筑。大企业应该有社会责任感，应该保持财务稳健。

在激进投资者的逼迫之下，有些大公司把财务杠杆加到了极限。这种片面追逐收益的行为，如同修建大桥时偷工减料，完全抛弃了安全边际。

大灾大难，该来的总会来，但假设的情况我不太好回答

股东： 您认为将来最有可能发生哪些我们意想不到的巨大变化或风险？哪些行业最有可能遭受严重的冲击？

我想告诉你们年轻人，在未来50年里，没有大灾大难是不太可能的。过去这几十年，我们已经算运气很好了。将来，灾难很有可能出现，但是整天瞎琢磨这些事，什么用都没有。做投资的时候，你要心里有数，知道将来可能出现大灾难。在投资之外，就别想那么多了，该怎么生活就怎么生活。

本杰明·富兰克林说得好："结婚之前，擦亮双眼。结婚之后，睁一只眼闭一只眼。"

大灾大难，该来的总会来，富兰克林说得很对，睁一只眼闭一只眼得了。在生活中，我们大多数人也确实是这么做的。

在过去的美国，即使是没受过教育的人，只要肯卖力气，同样能出人头地。那个时代已经一去不复返了。如今的世界是贸易自由化的世界、是全球竞争的世界。我们应该与中国进行自由贸易。中国是一个拥有核武器的大国，美国与中国必须和平相处。中美两国陷入争端，必然两败俱伤。中美之间的经贸往来有助于推动两国关系的发展。

在贸易自由化的大潮中，有些人受到了冲击。社会在不断发展变化，总是有些群体衰退，有些群体兴起。当逆境不期而至时，我们应该敢于迎难而上，这才是一种积极向上的人生态度。整天哼哼唧唧地怨天尤人，谁都救不了你。

股东：请问当前的股价是不是太高了？如果您的所有资金都在一个递延所得税账户中，您会增加现金占比吗？

我的资金不是都在递延所得税账户中，所以你问我的是一个假设的问题。

这就好比，你问我："查理，如果你是一位牙医，你怎么给别人看牙？"假设的情况，我没有真实的经历，不太好回答。在实际投资中，我愿意 100% 持有股票。我觉得我持有的股票比一般人的股票好，我当然愿意 100% 持有股票了。

如果我只能持有一般般的股票，和别人相比，我没什么优势，那我会怎么办？我不知道该怎么办。我总是避免持有一般般的股票。

几十年来，我持有的股票都是比较有优势的。在现在的股市中，很难有过去那么大的优势，但我已经这么一大把年纪了，只要能比别人稍微强点，我就知足了。

私人保险公司没有底线，政府应严抓不懈

股东：您以前讲过，由私人资本提供住房抵押贷款保险的做法存在缺陷。请问如果让私人资本进入住房抵押贷款保险市场，可能出现哪些问题？为什么由房地美、房利美提供保险的现行做法更加稳妥？

在次贷危机中，私人保险公司造成的危害还不够大吗？它们无法无天，没有道德底线，造成了那么大的破坏，还为自己喊冤呢。

这些私人保险公司的经营者有一个共同特点，他们都恬不知耻。他们不负责任地承接保险业务，发行质量低劣的债券，但是他们没有丝毫的愧疚感，不觉得自己做错了什么，反而把所有的错误都归咎在别人身上。

那场危机发生得很突然，我们只能慌忙应对。虽然我们涉险过关，躲过了一劫，但很多措施是权宜之计。现在最大的风险在于，各方面的政治压力很大，政府可能被迫把紧箍咒松开。

政府允许民众通过投票自由选择，民众总会选择让自己不劳而获，例如，信用不良的人希望能获得大量贷款。这个道理，政府早应该明白了。

我对现在的住房抵押贷款保险体系很满意。只要政府严抓不懈，别放松标准，就不会出现问题。

我的想法很可能是一厢情愿。在大量政客的奔走呼吁之下，政府很可能无法严格把关，很可能放松标准。政府一旦放松标准，早晚还会出大问题。政府应该坚持保守的制度。在大萧条之中诞生的联邦住房管理局是一个很好的例子，它奉行保守的原则，为社会做出了巨大的贡献。我们早已在次贷危机中领教了私人公司的无法无天和胡作非为，我们还敢放任它们从事住房抵押贷款保险业务吗？我宁可相信世上有鬼，也不相信那群经营私人保险公司的败类。

美国运通和特斯拉都身处激烈的市场竞争中

股东：我想请教一下您对美国运通的看法。美国运通的护城河是否变窄了？

美国运通失去了开市客这个大客户，真是非常可惜。资本主义的竞争就是这么激烈，别的银行开出了更优惠的条件，把这单生意抢走了。在白热化的市场竞争中，哪怕再强的公司，稍一打盹，就会被对手赶超。这就是现代资本主义市场的残酷性，不打起十二分的精神，根本无法生存下去。

美国运通的老股东应该知足了，这家公司有过长期的成功和繁荣，已经给股东创造了大量财富。现在，他们应该接受现实，将来的美国运通仍然是一家好公司，但是它的生意不可能像过去那么好了。美国运通的管理者一定会说，竞争很激烈，他们一直很努力。每日期刊公司不也一样吗？我们也很努力，但每日期刊公司的报纸业务还是大势已去了。盖瑞，你说说，难道我们没努力吗？

盖瑞·萨尔兹曼：我们努力了，但竞争实在太激烈了。

是啊，我们只能节节败退。成年人的世界就是这么难。

股东：最近，埃隆·马斯克在接受采访时说，他和您一起吃了一顿饭，您列举了很多特斯拉可能失败的理由。

请您给我们讲一下，特斯拉为什么会失败？比亚迪可以从中吸取什么教训？

汽车制造业的生意很难做，竞争太激烈了。你造的车好，人家造的车更好；你规模大、你有钱，人家规模更大、更有钱。所以，我觉得汽车制造业的生意太难了。埃隆·马斯克是个天才，我不怀疑他的能力。但是，在伯克希尔，我们有句老话，"一方是出了名的优秀经理人，另一方是出了名的烂生意，双方硬碰硬，最后总是烂生意能保全名声"。

没有政策扶持，电动汽车很难推广。电动汽车在中国发展得更快，而美国没遭遇大范围的雾霾，人们的健康也没受到威胁，所以，在美国发展电动汽车很难。埃隆·马斯克是个天才，他是天才，还不一定能把电动汽车做成，不是天才，更不可能了。

3G 资本和每日期刊都信奉精简之道，美国中部能源公司将带来良好收益

股东：作为伯克希尔的老股东，看到伯克希尔与 3G 资本（3G Capital）再次携手合作，我感到很高兴。我知道，这笔交易刚刚达成，您也许还不方便透露其中的细节，但是您能否给我们讲一讲，在收购亨氏（Heinz）这笔投资中，你们与 3G 资本的合作如何？3G 资本究竟有什么过人之处，能让发展缓慢的大公司重新迸发活力？

3G 资本靠的是严格的纪律、顽强的意志和高超的智商，它把零基成本管理（Zero Based Budgeting）做到了极致。很多原来臃肿不堪的公司，在 3G 资本砍掉大量冗余成本之后，焕发出了新的活力。

瘦身之后变得身轻体健，在非营利组织，这种现象也很常见。次贷危机爆发后，很多大学纷纷裁员，有的裁 6%，有的裁 8%，有的裁 10%。裁撤冗员之后的大学，反而比以前更高效了。**越是成功的机构，越是容易臃肿膨胀、人浮于事，这是人的本性使然。**

3G 资本有杀伐决断，他们很清楚什么该砍、什么不该砍。3G 资本实力雄厚，他们在收购公司之后，总是对多余的成本毫不留情。

我看好 3G 资本。我相信通过他们的努力，我们甚至有望提高卡夫亨氏的销售额。3G 资本帮我们看清了一个现实——大机构里总是养着很多闲人。其实，我们打眼一看，就能看出来。比如说，走进农业部，我们会感叹，那些公务员怎么那么闲？走进很多大公司的总部，我们也会感叹，怎么养了这么多"吃闲饭"的？

每日期刊公司没有闲人，每日期刊公司从来不养"吃闲饭"的。盖瑞，你说是不是？盖瑞一直把公司管理得很严，每日期刊是一家非常精简的公司。

盖瑞·萨尔兹曼： 我们一直很注重精简成本。在《每日期刊》的鼎盛时期，单单是这份报纸就雇用了大约 300 名员工。现在，整个公司只有 150 名员工。随着主营业务的衰落，我们逐渐削减了成本。以止赎权公告业务为例，从 2006 年到 2011 年，这个业务非常火爆，但我们只增加了一个半员工。后来，止赎权公告业务偃旗息鼓了，我们又把这一个半员工裁掉了。我们非常关注科技的变化，希望能把握住法庭软件行业科技发展的脉搏，这样我们才能生存下去。

在富得流油的大型机构，钱多得没地方花，每位总裁都有一位助理，助理还有自己的助理。这种现象是人性使然，它会像癌症一样迅速扩散。有些公司非常臃肿，真敢对它们动刀子，能砍掉大量多余的成本。但是，有的公司很精简，没什么多余的成本可砍。像每日期刊这样的公司，即使是 3G 资本来了，也找不到太多可以精简的地方。

股东： 伯克希尔向美国中部能源公司投入了大量资金。请问美国中部能源公司的前景如何？

它的前景很好。

美国中部能源公司的前景很好。我们遵守监管部门的要求，我们兢兢业业地服务客户，我们严格保证安全生产。总之，美国中部能源公司是一家踏踏实实的公司，伯克希尔应该能获得良好的投资收益。美国中部能源公司的客户也一定能得到令人满意的服务。

我不是一个盲目乐观的人，但是我对这家公司非常有信心。美国中部能源公司肯定错不了。

一些投资行业的新动向

我不认同卡尔·伊坎这样的激进投资者

股东：今年，激进投资者很活跃，屡屡登上新闻头条，请问您如何看待激进投资者？

在旧有的上市公司制度中，董事会成员总是那些人，什么事都是他们说了算。我也觉得旧制度忽视了股东的利益，但是我并不认同激进投资者的做法。

激进投资者大量买入股票，然后以维护股东权益为名，逼迫上市公司就范，最终把最多的钱装入自己的腰包。在一个文明社会中，这样的做法不能称为光明正大。

旧有的上市公司制度确实存在问题，但激进投资者的做法无益于文明的发展。卡尔·伊坎（Carl Icahn）确实是个很有本事的人，但是我们的社会不能交给他这样的人管理。

智能投顾与指数基金没区别

股东：请问您如何看待智能投顾（Robo-advisors）？

智能投顾这种服务，从本质上来说，与大型指数基金没什么区别。在过去很长一段时间里，绝大多数主动管理的基金无法跑赢指数基金，特别是资金规模比较大的。管理 2000 亿美元，还想跑赢指数，实在太难了，我想想都觉得发怵。

在有效程度比较低的市场中，价值投资者只要够聪明、够努力，还有用武之地。但是，管理 2000 亿美元的资金，还想成为一位优秀的价值投资者，实在太不容易了。买入需要很长时间，卖出也需要很长时间，有很多人盯着你抄作业，真是太难了。

指数基金发展起来自有道理

股东： 在过去30年里，指数基金发展得很快。您以前说过，如果所有人都买指数基金，投资指数就不灵了。

我们距离所有人都买指数基金，还远着呢，所以，我不怎么担心这个问题。从人性的角度考虑，我觉得，永远不可能出现所有人都买指数基金的情况。我从来不杞人忧天，几乎不可能发生的事，有什么好想的？

如今，指数投资确实发展得很快。指数投资发展起来，自有它的道理。对于普通人来说，投资指数是非常理智的做法。随着指数投资的兴起，那些做主动管理的基金经理受到了冲击，他们赚的钱没以前那么多了。他们本来也没做出多大的贡献，少赚钱就对了。

对于做主动管理的基金经理而言，他们不愿看到指数投资的兴起。日本还不愿看到韩国和中国的崛起呢？韩国和中国还不是照样取代了日本，成为新的出口大国。无论如何，越来越多的资金投资指数，这是个长期的大趋势。

在漫长的历史长河中，各个文明社会都有自己的预言家，无论是算命的、占星师，还是萨满、跳大神的，我们现在的投资行业也不例外。在投资行业中，大概有4%或5%的基金经理是保守、理智、严格自律的人，其余的和算命的、跳大神的没什么两样。

这话不好听，但我说的是大实话。95%的基金经理是算命的，却装出一副道貌岸然的样子，毕竟，他们也要脸啊。

股东： 如今，指数基金的市场份额越来越大。在很多上市公司，指数基金逐渐成为新的大股东。请问这将对上市公司产生怎样的影响？

指数基金是长期持有的大股东。指数基金的兴起，必然会产生深远的影响。对于很多上市公司而言，指数基金是长期股东，它们不可能卖出。作为大股东，指数基金有很大的权力。我相信，指数基金的管理者将越来越多地行使他们手中的权力。他们能把这个权力用好吗？我看未必。

耶鲁等大型捐赠基金不是那么好学

股东：大约 20 年前，您发表了一篇演讲，主题是大型慈善基金的投资管理。如今，在退休基金以及捐赠基金领域，很多人效仿耶鲁模式，也就是大卫·斯文森（David Swensen）开创的模式，把大量资产用于配置对冲基金以及私募股权基金。最近，您在接受采访时表示，如果您管理捐赠基金，您会把所有资金都用于投资股票。

幸好我用不着管理大型捐赠基金。各州的退休基金已经成为政治角力场，我对此很反感。资金规模高达几千亿美元，管理难度非常大。大卫·斯文森管理耶鲁的捐赠基金，做得很成功，自然有很多人效仿他，成功的方法总是会产生示范效应。

在当前的投资环境中，股票的税前收益率很难超过 10%，做杠杆收购有很大的优势。所以，很多大基金纷纷效仿，开始采用杠杆收购的投资方式。做杠杆收购与投资股票主要有两点不同：第一，上了杠杆；第二，在收购后，像 3G 资本那样，大刀阔斧地砍掉多余的成本。通过这两种财务手段，做杠杆收购能实现更高的收益率。大卫·斯文森领导的耶鲁捐赠基金能取得成功，是因为他选中了最优秀的杠杆收购基金，所以获得了丰厚的收益。

至于对冲基金，为了追求更高的收益率，几万亿的资金涌入了对冲基金，沃伦对此提出了质疑。我同意沃伦的看法。最后，一定有很多人亏损，赚钱的只是极少数。有一小部分人，他们以前选出了最优秀的私募股权基金。他们独具慧眼，所以做得非常成功。

耶鲁、哈佛的捐赠基金取得了更高的收益率，因为他们的管理者很精明，他们选中了成功的杠杆收购基金。我自己不愿意用杠杆，我对背负着巨额债务的资产负债表很反感，我对人性总是存有戒心。

耶鲁等大型捐赠基金的管理者非常精明，他们获得了很高的收益率，我觉得他们不是那么好学的。他们不是一般人，他们做到的事，不是普通人能做到的。大卫·斯文森有出众的能力，而且还顶着耶鲁的光环，他选出了一批最优秀的精英，把钱投给了他们。

大卫·斯文森犹如一位成功的导演，把一场场精彩的演出搬上了百老汇的舞台。大卫·斯文森的成功看起来绚烂夺目，但这种成功是普通人无法企及的。因为他的成功不同寻常，所以人们纷纷效仿。但在我看来，他的成功不是谁都能学会的。别人成功的路看起来容易，自己走起来就知道有多难了。

互联网是 20 世纪最伟大的发明，我只能建议年轻人慢慢追求财富

股东：请问您如何看待 Kickstarter 等新兴互联网创业平台？
我对新兴互联网平台一无所知。

股东：请问今天的广播电视行业是否可能重蹈报纸行业的覆辙？
报纸行业的衰败很好理解。随着科技变革的到来，报纸行业遭到淘汰。在过去，广告是报纸的摇钱树。后来，没人在报纸上刊登广告了，报纸的财路断了，当然就无可避免地走向了衰败。

在报纸的黄金时代，它们在各地有很大的影响力。报纸积极地参政议政，在社会中起到了舆论监督的作用。后来，报纸日渐式微，这是国家的不幸。报纸的衰败是外因作用的结果。在报纸行业兴盛之时，报业集团财力雄厚，各大报纸有底气秉持客观公正的新闻原则，报纸有很大的影响力。现在，报纸已经成为历史。

电视的生命力比报纸强一些。让我没想到的是，随着互联网和有线电视时代的到来，传统的广播电视网竟然还活着。我对这方面不是太了解，我说不好未来会怎样。

最近，在中国发生了一件事。伯克希尔·哈撒韦的年报发布，在中国的互联网上引起了一波热议。中国人非常关注我们。中国有尊老敬老的传

统,中国人对我们这两个有钱的老头评价很高,我们感觉很好。伯克希尔年报在中国的互联网上引起了热议,但是突然之间,伯克希尔的热度一下子降了下去。

怎么回事呢?因为有人发布了更引人关注的东西。

世界变了,互联网成为新生力量。我不知道将来会如何发展,我只知道世界确实变了。个人可以利用互联网的力量,推动社会做出积极的改变。

空气质量恶化到影响人的寿命,中国不应该允许出现这样的问题。中国一定会解决这个问题。个人通过一部纪录片,引起了全国上下对这个问题的重视。

世界的变化太快了,在如今这个时代,我不知道各种媒介将走向何方,不知道传媒领域将如何发展。我还是更懂我那个时代。在我那个时代,报业集团、广播电视网是传媒领域的主宰。

1929 年,弗兰克·墨菲(Frank Murphy)创办了墨菲收音机公司(Murphy Radio),他曾经拥有强大的竞争优势。后来,黑白电视、彩色电视、广播电视网相继问世,弗兰克·墨菲无可奈何,他的竞争力越来越弱。

互联网能同时传输大量信息,我搞不懂这是怎么做到的。

在我那个年代,由于电磁波谱之间存在干扰,广播电视台的频道数量是有限的。在如今这个时代,个人上传一部纪录片,竟然能获得两亿多的播放量,这是怎么做到的?计算机中的数位之间不存在干扰吗?

这东西太复杂了,我搞不懂,我只懂花生酥。

股东: 在十几年前的西科股东会上,有人问您:"20 世纪最伟大的发明是什么?"您回答说是空调。您说,在空调发明以前,整个美国南部地区环境恶劣、人烟稀少,空调发明之后,南方的面貌得到了彻底改变。站在今天回顾过去 100 年,请问您认为最伟大的发明是什么?

那肯定非互联网莫属了。在过去 100 年里,人类取得了巨大的进步,飞机、火车、电视、空调、医药等发明创造数不胜数。我们还发明了互联网、手机、笔记本电脑、iPad。正是因为互联网的兴起，个人才有机会通过一己之力，引起了整个中国对环保问题的重视。互联网的影响广泛而深远，它的影响也波及投资行业。互联网是一股强大的力量，现在谁不知道互联网啊？

股东：谷歌和苹果是两家领先的科技公司，请问您认为这两家公司的护城河具有可持续性吗？

我看不懂高科技公司的护城河。**我之所以没投资高科技公司，主要是因为我不知道它们的护城河是否具有可持续性。**谷歌确实是一家非常了不起的公司。如果别人拿枪指着我，让我必须买入一家大型高科技公司，我可能会选择谷歌。

谷歌只雇佣最聪明的人，它汇聚了大量精英。谷歌是一家非常有专注力的公司，它拥有强大的竞争优势。在强大的高科技公司中，哪家的护城河最具有可持续性？这个问题，我答不上来。你问我这个问题，是问错人了。

你要是问别人，别人也许会滔滔不绝地给你讲上半天，最后也说不出什么真知灼见。

股东：现在我们很多年轻人希望自己创业，您是一位老前辈，请您给我们提一些建议。

利用计算机科学的知识来管理大规模的网络，这是一个全新的世界，我对这些东西一无所知。这些东西问世的时候，我早就定型了。我已经老了，不可能再去学这些新东西了。我有我自己懂的东西，我这辈子也很成功，所以不懂互联网，我不觉得自己比别人差。别人搞别人的互联网，我做我自己的事。

我希望所有投身于互联网行业的人都能成功。他们有他们的生存之道，我有我的生存之道。有一位特技奇人，他完成了走钢丝跨越尼亚加拉大瀑布的壮举，他是很了不起，但我可不想吃他那碗饭。

谷歌的拉里·佩奇（Larry Page）和谢尔盖·布林（Sergey Brin）太厉害了，我可不敢和他们比。现在的很多年轻人急着发大财。急着赚钱，很可能适得其反。我觉得还是慢慢变富比较好。

变富是一个很享受的过程，慢慢变富，才能细细体会到其中的美妙滋味。我建议你们像我一样慢慢变富。一夜暴富有什么好的呢？暴富之后，很可能不是被自己败了，就是被别人骗了。慢慢变富，一辈子都乐趣无穷，有滋有味。我建议你们慢慢变富。

石油是必须保存的珍贵资源

股东：您以前讲过，您认为美国应该把碳氢化合物能源储存起来。现在，全世界的原油似乎供过于求，请问您现在如何看待全球石油市场的发展趋势？

我的观点丝毫没有改变。

美国蕴藏的碳氢化合物能源是我们的宝贵资产。我们的碳氢化合物能源像艾奥瓦州的表层土壤一样宝贵。我们不可能把艾奥瓦州的表层土壤出口，卖给别的国家，我们也要同样珍惜美国地下蕴藏着的碳氢化合物能源。很多人主张实现能源自给，大量开采和使用美国国内的碳氢化合物能源。支持这种政策的人，他们的脑子不好使。估计和我想法一样的人，只占1%，但我肯定是对的。

碳氢化合物能源是不可替代的。碳氢化合物是重要的化工原料。没有碳氢化合物，我们将无法生产化肥；没有碳氢化合物，我们的飞机无法起飞。碳氢化合物能源是有限的，我们未必能找到合适的替代品，我们不应该过于草率地把碳氢化合物用光。

从历史情况来看，碳氢化合物能源的价值将随着时间推移而上升。幸亏我们没有更早发现水力压裂法（fracking），否则我们的石油和天然气早被开采光了。没几个人像我这么想。大多数人认为，在资本主义的自由市场中，什么都是合理的，用斧子砍人都合理。

我认为我们不应该出口碳氢化合物能源，但是很多人觉得出口碳氢化合物能源没什么不对。有些人支持出口，他们是为了自己赚钱。但是，出口不符合美国的利益。我希望美国的地下始终蕴藏着丰富的碳氢化合物能源，这样我心里才踏实。

你们不希望美国拥有丰富的碳氢化合物能源吗？现在的日本，碳氢化合物能源 100% 依赖进口。难道我们想让美国也变成日本那样吗？真到了那一天，我们就知道什么叫危险了。

如果我们自己没有碳氢化合物能源，需要完全从别的国家进口，那我们就等于把自己的命脉交到了别人手里，还算什么超级大国？我的想法和别人不一样，不是我错了，而是别人的脑子没转过来弯。

利率的状况超出人的想象，我已经蒙了

股东：在当前的市场中出现了一个奇怪的现象，在很长时间里，一些政府债券的利率水平始终为负值，请问您怎么看？

这种现象我以前从来没见过。我见过 1.5% 的利率，但没见过负利率。这个现象，让所有的经济学家大跌眼镜。这个现象，让日本所有的寿险公司目瞪口呆。日本的寿险公司承诺支付 3% 的利率，没想到出现了负利率的大环境，把它们搞破产了。所有人都没想到，竟然能出现负利率。某些经济学家还在那煞有介事地分析，其实他们是不懂装懂。负利率的现象，出乎了所有人的意料。

最开始，看到利率越走越低，我觉得很吃惊。后来，看到欧洲的利率跌成了负值，我更吃惊了。在座的各位，你们有谁事先预料到了欧洲会出现负利率？有预料到了的，请举手。（没人举手）

是啊，我也没料到。负利率的现象，以前我觉得不可能发生，现在真

出现了，我还能说什么呢？这是个新情况，我也不懂。

股东： 如今，低利率已经持续了很长时间，人们对风险的认知似乎发生了改变。请问低利率可能带来哪些不良影响？

低利率的大环境，出乎了所有人的意料，它必然会产生一些深远的影响。至于能产生什么影响，有些人已经在夸夸其谈了。过去，这些人没预测到会出现低利率的现象。现在，他们却敢信誓旦旦地预测低利率未来将产生的影响。他们不过是些巫婆神汉。

你问我会产生什么影响，我压根不知道会产生什么影响。我已经蒙了。利率跌到了零，世界各国疯狂开启印钞机，债券价格却跌成了这样，我当然发蒙了。面对当前的情况，只要是脑子正常的人，肯定会发蒙。不发蒙的人，肯定是没看懂。

你要是觉得发蒙，那就对了，这证明你的脑子很正常。

沃伦与我都痛恨企业联合会计造假

股东： 今年，您和沃伦带领伯克希尔·哈撒韦走过了 50 个春秋。你们两位各自写了一封特别的信，回顾过去的 50 年，展望未来的 50 年。你们两位事先都没看过对方写的信。请问在读了沃伦的信之后，您有什么感想？

沃伦在他的信中针砭时弊，我觉得他做了一件对社会有益的事。沃伦批评了投资银行，我读起来觉得很痛快。沃伦还揭穿了综合企业的伎俩，综合企业利用会计手段夸大业绩，它们的本质是庞氏骗局。在综合企业编织的庞氏骗局中，会计起到了帮凶的作用。综合企业通过不断收购，营造出业绩攀升的假象。当综合企业如火如荼时，没一个会计站出来提出质疑。

综合企业的赚钱手段不干净，会计行业助纣为虐，同样是在作恶。敢像沃伦这样，站出来说真话的人，实在太少了。我很佩服沃伦说的话，他针砭时弊、切中要害。沃伦说的话会有人听吗？他的话能改变现状吗？我觉得，这个可能性微乎其微。

你们是沃伦的信徒，但像你们这样的人只是极少数。在会计的默许下，ITT 集团公司、LTV 集团公司等综合企业搞庞氏骗局，你们觉得这么做对吗？觉得对的，请举手。（没人举手）

当然不对了。沃伦敢说这样的真话，非常令人敬佩。他说出了别人不敢说的话。沃伦指出，美国的一些大公司和会计同流合污，把世人蒙在鼓里。哪家公司的首席执行官能像沃伦这样仗义执言？沃伦做了一件好事，我们的社会需要更多像他这样的人。沃伦讲的话一针见血。他揭露的现象确实非常恶劣，大公司造假，很多人采取默许、纵容的态度，包括基金经理在内，这种现象在今天仍然存在。

这种现象，我们感到深恶痛绝，但就是一直有人去做，而且手段越来越恶劣。最早造假的那批人不道德，现在造假的这批人同样不道德。为什么有些人总是哪里脏就往哪钻呢？我没办法，只能捏着鼻子了。

谈谈亚裔、工时计费、金融与丹麦

股东：我想请教您一个关于美国亚裔群体的问题。很多亚裔能考入美国的顶尖大学，取得优异的学习成绩，并且在毕业后找到理想的工作。但是，很少有亚裔能走到金字塔尖，特别是在投资领域。请问为什么会出现这种现象？为什么在美国社会中，我们亚裔很难走到金字塔尖的位置？

这个不是美国社会的问题，而是一个数学问题。在任何社会，总要有 99% 的人去做底层的那 99%。能成为塔尖那 1% 的人是凤毛麟角，永远只有 1% 的人能站到塔尖。

股东：如今，在法律行业，按工作小时计费的收费方式有减少的趋势。请问在软件行业是否也有可能出现这个趋势？

我觉得可能性不大。

有很多公司雇佣大量年轻的员工，让他们拼命加班，然后按工时向客户收费。这不是一种孤立的现象，在法律、会计、咨询等行业中，都有这种现象，这是人性使然。

现在这种现象比以前收敛了一些，特别是在法律行业。很多客户感到非常不满，他们不再按工时付费，而是采用了其他的付费方式。确实，虚耗工时，收取高昂费用的做法，是该改改了。

股东：我是一名工程师。很多学理工科的本科生，后来转到了金融专业，请问如何才能避免这种现象？

我只能告诉你，我不知道。所有的人才都涌入金融领域，这不是什么好事。金融市场中有很多披着伪装的赌场，这不是好事。年轻人纷纷涌入金融行业，这也不是好事。如果我有无上的权力，我会通过改变法律来杜绝这种现象。我会改变激励机制。

我说想改变法律，我的话哪有人听啊！说了也白说。

股东：最近，丹麦被评为全球幸福指数最高的国家，请问您怎么看？

丹麦人可能真是最幸福的。

丹麦是一个北欧国家，不像热带地区有很多疾病。丹麦拥有完善的社会福利体系。它是一个单一民族国家，不存在种族冲突。丹麦的邻国也很富有，它的地理位置得天独厚。丹麦人用不着太拼命，就能过上很优越的生活。

在一个规模比较小的群体内，人们之间的关系比较密切，大家乐于互相帮助。如果我们用微笑的时间来衡量幸福程度，丹麦确实可能是地球上最幸福的国家。

尽管如此，我并不想去丹麦生活，我还是更喜欢我自己的国家。

我们尊重辛格尔顿的原因

股东：亨利·辛格尔顿创建的特利丹（Teledyne）是一家综合企业。您和沃伦非常尊重辛格尔顿。请问亨利·辛格尔顿有什么与众不同之处？

我们尊重辛格尔顿的原因很简单，因为他是一位天才。亨利·辛格尔顿参加考试，从来都是提前交卷，而且还是满分。

他是一位数学天才，在数学竞赛中得过大奖。亨利·辛格尔顿还是一位国际象棋高手，他在晚年的时候，仍然能蒙眼下国际象棋。亨利·辛格尔顿这样的头脑，万里挑一，他具有超强的分析能力。

在他那个时代，综合企业是合法的。辛格尔顿确实创建了一家综合企业，他的公司比别人的更成功，他赚了很多钱。后来，综合企业的热潮消退了，股价跌了下来，辛格尔顿以很低的价格回购了大量股票。

辛格尔顿一生积累了大量财富，在金融方面，他是一个非常理智的人。我见证了辛格尔顿和沃伦在同一时代投资和经营企业。通过对比他们两个人，我发现了一些非常有教育意义的道理。

辛格尔顿非常理智，他的经营之道在很多方面与伯克希尔非常类似。辛格尔顿从来不发行股票期权。因为辛格尔顿和沃伦都非常理智，所以他们的行为有很多相似之处。

但是，在投资领域，沃伦取得的成就要大得多，辛格尔顿根本没法比。辛格尔顿天生比沃伦聪明，但是沃伦在投资方面付出了多得多的努力。辛格尔顿是一位真正的天才，论聪明程度，沃伦不如辛格尔顿，但是，从投资成就来看，沃伦把辛格尔顿远远地甩在了后面。

这是我回答的最后一个问题了，现在到开董事会的时间了。即便你们是铁粉，今天这么长时间，你们也应该尽兴了。

2016年 每日期刊股东会讲话

编者按

2016年2月11日,每日期刊公司在洛杉矶总部召开了股东会。这一年是美国的大选年,因此讲话中会相对较多地谈到美国政坛状况和一些政治人物及其主张,如,特朗普、伯尼·桑德斯、伊丽莎白·沃伦、丹·埃文斯和格林斯潘等。此外,从2015年发生的瓦兰特制药公司造假事件谈起,芒格抨击了美国金融业乱象丛生的境况。芒格在讲话中还把每日期刊新的软件生意和对比亚迪的投资都定义为风险投资,对石油问题也坦言自己存在困惑。多元思维模型、人生建议和价值投资方法论作为必备话题,自然不会缺席。

每日期刊的新生意是风险投资

每日期刊公司过去主要经营报纸业务。与过去的很多报纸一样,我们的报纸也具有一定的垄断性质,是非常好的生意。我们的报纸生意需要经营者用心管理,但总的来说,是闭着眼睛就能赚钱的生意。大家都知道,世界已经变了,我们的报纸业务一天不如一天,现在每年只能带来100万美元的税前收入。如果你投资每日期刊公司,是指望它的报纸业务能东山再起,那你的逻辑可能有些问题。

受到时代潮流的冲击，我们和其他报业公司一样，主营业务日渐萎缩。但是，次贷危机爆发后出现的止赎潮救了我们，我们通过发布止赎权公告大赚了一笔。在止赎权公告业务中，我们占据 80% 的市场份额。我们赚到这笔意外之财，如同在瘟疫横行的年份，送葬的赚得盆满钵满。别人苦不堪言，我们却赚了一大笔钱。正是因为有了这笔钱，我们才抓住了股市恐慌的机会，低价买入了大量股票。

报纸行业衰败了，但是，凭借这笔意外之财，我们另起炉灶，做起了软件业务。**发展软件业务的过程不是一帆风顺的。我们投入了大量资金，克服了很多困难，现在才看到了一些曙光。**现在，在每日期刊公司的营业收入中，软件业务的贡献已经超过了报纸业务。软件生意更有潜力，它的净利润还没上来，但是营业收入一年比一年高，这主要是因为我们的产品比竞争对手的产品更好。我们的软件业务拥有广阔的市场，法院等政府部门需要更好的软件系统，我们的软件业务一定能越来越红火。

政府部门的生意很难做，我们得应付各路顾问，应付官僚主义。因为这个生意难做，很多大型软件公司不愿做这个生意。像微软那样的软件公司，人家赚钱很轻松，犯不着做这种脏活、累活。正是因为这个生意难做，大型软件公司不愿碰，我们才在夹缝中找到了一线生机。目前，我们的市场份额不如竞争对手，但是，我觉得，与竞争对手相比，我们的产品可能更胜一筹。

现在的每日期刊公司，残存的报纸业务可以忽略不计。**整个公司将来发展的如何，主要看它的软件生意，而这个生意具有风险投资的性质。**如果你是冲着风险投资来的，每日期刊公司这么高的股价可能有点道理。如果你是本·格雷厄姆式的价值投资者，那你可能要好好想想买入每日期刊公司的逻辑。你们投资每日期刊公司，能成吗？也许能成，也许不能成。但即使成了，你们靠的也是运气。

期刊科技将努力建立竞争优势

股东：请您谈一谈期刊科技，它眼前有哪些重大的机遇，在未来一年里需要克服哪些挑战？

期刊科技面临的最大机遇是，我们最近与洛杉矶法院系统签订了合作协议。洛杉矶法院系统是全球最庞大的法院系统之一，对我们来说，这个大合同具有非常重要的意义。如果我们真能占领整个加州市场，进军全国市场指日可待。我们通过收购整合成立了期刊科技公司，我们这家小公司真是用心服务，想客户之所想，急客户之所急。

我们之前没接触过软件行业。做了这个行业之后，我们发现，法庭软件业务拥有广阔的市场前景。将来，如果我们做成了，一定能建立强大的竞争优势，到那时，我们的生意会非常有黏性。在做这个生意的过程中，我们吃了很多苦。我们相信，将来我们真做成了，别人想抢走我们的生意，没那么容易。

我们面临的最大的挑战在于，法庭软件这个细分市场有很大的潜力，而我们希望成为这个市场中最强大的公司。我们很清楚，要实现这个目标，我们仍然需要付出巨大的努力。目前，我们已经开了个好头，但是，距离实现这个目标，我们还有很远的路要走。

股东：请问与制造业的公司相比，软件公司有什么优势？

在软件行业中，有些公司成了全世界最赚钱的公司，有些公司则走向了破产和消亡。在资本主义市场经济中，软件行业和其他行业没什么区别，都存在优胜劣汰。我在前面讲了，我们的软件公司，如果真做成了，会有很强的客户黏性。

股东：期刊科技的竞争对手发展速度很快，而且它们的股价似乎也更高，请问这是为什么？您是否可能以较高的价格出售每日期刊公司？

现在还没人出高价收购我们。每日期刊公司和一般的软件公司不一样，我们做的软件业务比较特殊，我们的软件业务很难做，是那种先苦后甜的生意。我们的软件业务具有风险投资的性质。每日期刊公司是一家上市公司，但是它的软件业务属于风险投资。如果成了，我们有可能做得很大。想做大的公司很多，但最后成功的寥寥无几。你们不能用看待一般软件公司的眼光，来看待每日期刊公司。你们也不能以伯克希尔·哈撒韦做过的收购，来衡量每日期刊做的收购。伯克希尔收购的是成熟的公司，它们有着优秀的历史业绩，将来基本上十拿九稳，能继续创造出色的业绩。每日期刊做的是风险投资，我们做的收购是为了加强销售能力、补足业务短板，从而进一步拓展软件市场。总之，不要用分析一般公司的方法，来分析每日期刊公司，我们做的是风险投资。

股东：请问每日期刊公司为什么要在犹他州购买一栋大楼，而不把资金用于发展软件业务？

我们打算在犹他州的洛根市长期发展。我们在那有一家子公司。这家子公司的员工热爱自己的工作，热爱自己的社区。我们买下了这栋大楼，作为犹他州子公司的办公场所。这栋大楼比较体面，可以用来接待客户。我没去过那，只知道这栋楼位于河畔。我们很高兴能有自己的办公楼。我们的拿地成本和建筑成本都比较低。这栋楼建起来之后，它周围的社区和配套设施也逐渐发展起来了。买个小小的办公楼，没什么大不了的。我们不是想开发房地产，只是想建一个自己的办公楼，这样能更方便一些。

IBM，答案在风中飘荡，但可口可乐依然强大

股东：您告诉我们，做投资，一定不能离开自己的能力圈。几年以前，沃伦·巴菲特投资了 IBM。现在，沃伦对这笔投资仍然十分乐

观。但是，很多人认为，沃伦离开了自己的能力圈。请问您如何看待这笔投资？

IBM 和每日期刊公司非常类似。IBM 的传统业务曾经规模很大、黏性很强。但是，世界变了，在新兴的科技浪潮中，IBM 失去了领先地位。甲骨文、微软等公司后来居上，赶超了 IBM。在个人电脑业务方面，IBM 虽然是个人电脑的开创者，但现在也被其他公司赶上了。

IBM 的传统业务仍然能带来大量现金流，但是它现在需要转型，它希望推出更有竞争力的主打产品。按我的理解，IBM 计划推出的主打产品类似于一个"自动化检查清单"，这一工具在医疗等行业可能非常实用。这个产品能让 IBM 再现辉煌吗？我们只能拭目以待。IBM 的前景如何？我说不好。我既不悲观，也不乐观，只能边走边看。成或者不成，都有可能。但是，IBM 的传统业务确实具有非常强的黏性，还能维持很长时间。

IBM 这笔投资，确实不好做。现在伯克希尔的规模太大了，我们只能投资大公司，而且长期持有。我们现在做投资，难度很大，不像过去"桶里射鱼"那么简单了。IBM 这笔投资，难度就很大。

"答案啊，我的朋友！在风中飘荡。"IBM 这笔投资可能很平庸，也可能大获成功，到底如何，我不知道。

股东：伯克希尔持有大量可口可乐，但含糖饮料的销量出现了下降趋势。伯克希尔是否有什么好办法可以帮可口可乐解决这个问题？

这个问题很好回答。在过去的很多年里，含糖可乐是可口可乐的主打产品，它的销量增长趋势雷打不动，每年都在上升。近些年来，含糖可乐的销量出现了下降的势头。然而，凭借多年积累起来的庞大分销网络，可口可乐公司向市场推出了大量新产品。含糖可乐这个单品出现了下降的趋势，但是其他产品的销量在往上走。**可口可乐公司仍然是一家非常强大的公司，仍然能带来良好的投资收益，只不过不像过去"桶里射鱼"那么简单了。**

关于家庭、婚姻、慈善及我敬重的人

股东：您是如何教导您的孙子、孙女的？您给他们提了什么建议？

不管我怎么教，我连儿子和女儿都改变不了多少，还孙子、孙女呢。有一首诗，作者在末尾写道："我，是我命运的船长！我，为我的灵魂导航！"大律师克莱伦斯·丹诺（Clarence Darrow）对此很不以为然。他说："还命运的船长呢！命运的船在哪呢？我连命运的船桨都摸不着！"在改变子女方面，我对克拉伦斯的话深有同感。谢天谢地，教育孙子、孙女，不是我的事了。（笑声）我已经尽完自己的义务了。

股东：有些人认为婚姻这笔投资不是很值得，请问您如何看待婚姻的价值？

每个人有自己的生活方式。对于大多数人来说，婚姻是最好的选择。统计数据表明，结了婚的人寿命更长。按照微笑等生理学表现来衡量幸福，结了婚的人更幸福。生活很难，大多数人还是结婚更好一些。我们应该重视婚姻的价值。

我很欣赏亚洲文化中的家庭观念。儒家思想把家庭放在了非常重要的地位，我觉得这一点非常有道理。如果我们失去了家庭观念，我们的文明将失去根基。

股东：请问在您的一生中，您做过的最有成就感的事是什么？

我更看重的是家庭，而不是财富和地位。但是，我也痛恨贫穷和卑微。（笑声）为了摆脱贫穷和卑微，我付出了很多努力。现在，我已经取得了很大的成绩，我觉得很有成就感。大多数人，在经过努力取得成绩后，都会为自己感到骄傲。那些登顶珠峰的人，哪怕只在山顶停留了15秒钟，也会感到无比的骄傲。西塞罗（Cicero）说过："老年是丰收的时节，老年人可以细细品味一生的收获。"有人批评西塞罗只想着自己，没想着上帝。我支持西塞罗的观点。**一个人，到了老年，能有许多值得回味的成就，这样的人生很有意义。**

股东：在慈善事业方面，请问您的动力是什么？您的目标是什么？

我从没想过要为争取世界和平而努力。我读过很多传记，包括卡内基的传记。卡内基富可敌国，他把自己的财富投入追求世界和平的事业中。以卡内基的聪明才智和巨大财富，他尚且不能实现世界和平，更何况我呢？所以说，我很清楚，世界和平那样的宏伟目标，不是我能实现的。

我喜欢建宿舍楼、建教学楼。这算不上什么大事业，但是我对这方面有兴趣，而且我觉得这件事是我能做好的。**让我去争取世界和平，我不够格，但是，建个宿舍楼，我还是可以的。我选择做自己擅长的事，我建议你们也做自己擅长的事。**

股东：请问您是如何与家人共享天伦之乐的？

我不想把自己说成一个非常顾家的人。我只能说，为了家庭，我尽力了。

股东：请问您特别敬重的人都有谁？

很多我敬重的人是历史人物。**读书的好处在于，我们可以神交先贤。我花了很多时间读书，与往圣先贤对话。**在现实生活中，我敬重的人也很多，例如，医术高超的外科医生，演技精湛的影视演员。很多人聪明、慷慨，为社会做出了很大的贡献。很多人是值得我们学习的榜样。丹·埃文斯（Dan Evans）是华盛顿州的州长和参议员。因为他也是开市客的董事，所以我对他比较熟悉。丹·埃文斯为人正直、头脑理智，他非常让人敬佩，是一位真正的政治家。在美国政界，像丹·埃文斯这样的人太少了。

像丹·埃文斯这样的人，只要一和他们接触，就会被他们的人格魅力吸引。**总是有人值得我们尊重，我们自己也希望获得别人的尊重**。如果别人在立遗嘱时，把自己的孩子托付给你，那你一定是一位值得尊重的人。把自己的子女交给谁抚养，谁值得托付，在这个问题上，人们很少看走眼。

股东： 相信我们在座的很多人有能力取得成功，但是我们没有遇到自己的伯乐。罗纳德·伯克尔（Ronald Burkle）说，他在30岁开始收购超市的时候，是您给了他支持。请问在20世纪80年代，罗纳德·伯克尔是通过什么途径认识您的？

在那个年代，伯克希尔·哈撒韦手里有不少走下坡路的生意，其中一个是蓝筹印花。当年，罗纳德·伯克尔的父亲经营着一家超市，这家超市是蓝筹印花的最后一位大客户。为了挽留这位大客户，我去拜访了罗纳德·伯克尔的父亲，并因此认识了罗纳德·伯克尔。后来，蓝筹印花到底断气了，罗纳德·伯克尔却把生意做得风生水起。罗纳德为什么能成功？也许你得问问他本人。

股东： 橄榄球教练尼克·塞班（Nick Saban）和山姆·沃尔顿一样，也来自阿拉巴马州。您觉得这两个人是否有很多相似之处？

谁？橄榄球教练？塞班？我不会跳芭蕾，也不知道如何指导橄榄球队。

价值投资的道理像数学原理一样有效，但估值没有万能公式

年轻时印象特别深刻的一笔投资

股东： 请问在您年轻时做过的投资中，哪一笔是印象特别深刻的？

我年轻时做过这么一笔投资，这个故事，我应该没给你们讲过。那是很多年前了，1962年，我的朋友阿尔·马歇尔（Al Marshall）找到了我，他想找我合伙，一起去参与竞拍，把一个油田的开采权买下来。当时的拍卖制度存在非常不合理的门槛，只有中间商有资格参与油田开采权竞拍。

我很清楚这些中间商，他们都是些偷奸耍滑的下流坯子，没一个好东西。我料到了，这些鼠辈没一个能光明正大地开出合理的报价。我对阿尔说："咱们只要把出价报得高一些，肯定能把开采权拿下来。这群油头滑脑的东西，肯定比不过咱们。"我们果然把开采权拿下来了，我们两个人各自出了1000 美元的首付款，其余款项是贷款支付的。在此后的50 多年里，这笔投资每年都会给芒格家族带来10 万美元的收益。50 多年啊！才1000 美元的投资！这样的投资太美妙了。可惜，我只遇到过一次。好的投资机会就是这样，可遇而不可求。好机会不是天天有。在每个人的一生中，都有属于他自己的那两三个好机会。关键在于，当机会到来时，你自己能不能把握住。我的小故事讲完了。

从西科时代到现在，投资环境变化没那么大

股东：请问您如何看待当前的投资环境？与20 世纪80 年代初期，您经营西科时相比，现在的投资环境发生了哪些变化？

西科是我们经营了很长时间的一家公司。西科是蓝筹印花的子公司。西科和蓝筹印花这两家公司有一个共同点——都取得了出类拔萃的投资业绩，而且它们的出色投资业绩都主要来源于五六笔交易。这个现象非常耐人寻味。做成百上千笔交易，想成功很难。在很长时间里，只做几笔交易，把这几笔交易做好了，却能取得很大的成功。蓝筹印花是经营印花票的，西科是一家储贷机构，这两家小公司的主营业务早就衰落了。我们之所以能带领这两家小公司走出困境，而且还大获成功，主要是因为在经营这两家公司的几十年里，我们走对了重要的几步，做了几笔非常出色的投资。

股票史上的某位传奇人物有句名言："钱是坐着等来的。"坐着等，不是等下一次大跌，靠猜涨跌是做不成投资的。这句话的意思是说，要取得良好的投资业绩，必须要有足够的耐心。有足够的耐心等待，等到机会来临时，果断出手，大量买入。我们有足够的耐心等待，我们等到了止赎潮，赚到了一大笔钱。后来，非常便宜的股票出现了，只用了一天的时间，我

们就把这笔钱全部投出去了。我们恰好买在了最低点，这是运气。但是，当时我们手里有钱，这不是运气。别人没钱，我们有钱。别人吓得落荒而逃，我们愿意买入股票。

股东： 与您当年的投资环境相比，现在的投资环境发生了很大的变化。在高频交易、动量交易大行其道的今天，基本的价值投资还有用武之地吗？

我认为基本的价值投资永不过时。不以低于价值的价格买入，难道以高于价值的价格买入吗？一个成功的投资者一定要比市场更聪明。**价值投资的基本道理永远不会过时，就像数学原理一样，永远有效。**

你刚才提到了高频交易。很多做高频交易的人，他们的人品没什么问题，但是他们对美国经济做出了什么贡献呢？他们犹如谷仓中的硕鼠。他们窃取了大量财富，自己吃饱了、喝足了，但是对文明没有丝毫贡献。

公司估值要具体问题具体分析

股东： 在给一家公司估值时，我们该如何选择贴现率？沃伦·巴菲特参照的是无风险收益率，他有时会对无风险收益率进行一些调整。您看的是机会成本，您把手里最好的投资机会作为衡量标准。请问您和沃伦的两种做法，哪一种更合适？

这两种衡量方法都对。国债收益率很重要，国债收益率是所有其他资产的定价基准。机会成本也很重要，你自己做投资，选择哪个机会，主要看机会成本。如果你有一位有钱的叔叔，他打算把一个好生意按一折的价格卖给你，那你就用不着考虑其他投资机会了。你的机会成本门槛太高了，其他机会，想都不用想了。

桥牌选手懂机会成本，扑克玩家也懂机会成本，但大多数普通人不懂机会成本的思维方式。

股东：使用两个贴现率计算估值，会得出两个数字，然后该怎么选呢？

我们从来不用数学算式计算估值。在估值时，我们会考虑很多因素。给公司估值和打桥牌差不多，要考虑很多因素，而且要在很多因素中进行权衡取舍。在分析一家公司时，必须研究很多东西。投资没有万能公式，不是说拿个什么公式，代入数字，算一算，就把估值求出来了。果真如此，数学学得好的还不都发大财了？

没这么回事。分析一家公司，既要全面地思考，又要正确地思考，不是说套用个什么公式一算就完了。不管是无风险收益率，还是机会成本，都是判断一只股票是否值得投资的重要因素。

股东：IBM 和可口可乐是两家完全不同的公司。在分析不同的公司时，你们使用的贴现率一样吗？

当然不一样了。公司和公司不一样，我们总是具体问题具体分析。我们分析每家公司的价值，然后将各家公司进行对比。我们主要看公司的生意好不好。生意好的公司，我们愿意出更高的价格。

其实，现在我们已经不买烂生意了。在我们年轻的时候，我们买了不少烂生意，靠从烂生意里挤油水赚钱。现在，我们发达了，用不着赚那种辛苦钱了。（笑声）现在，我们已经不主动和烂生意打交道了，除非是我们的某个子公司陷入了困境，那我们没办法，不处理不行。

伯克希尔的商业模式和管理方法

股东：请问有哪些商业模式，伯克希尔·哈撒韦考虑或尝试过，但后来放弃了？

在伯克希尔的发展过程中，我们始终保持着乐观的态度。我们总是从我们眼前的机会中，从我们能看懂的机会中，挑选出最值得投资的机会。

在伯克希尔早期，我们能找到很多值得投资的中小型股票，我们通过保险公司的浮存金做投资，获得了丰厚的收益。如今，我们的浮存金规模已经非常庞大，大到难以找到合适的投资目标。早些年，我们利用浮存金赚了很多钱，现在我们的资金规模太大了，很难获得什么优势，这是自然而然的结果，没什么好抱怨的。如今，伯克希尔的账上有大量现金，这些现金基本上赚不到什么收益。在欧洲、在日本，利率已经是负的了。

股东：在一家保险公司或银行，怎样设计首席执行官的薪酬制度才合理？

无论是在伯克希尔·哈撒韦，还是在每日期刊公司，我们有自己的一套管理方式，我们不照抄其他公司的做法。我们总是充分考虑每家子公司的具体情况，我们根据具体情况，采取最合理的做法。

投资比亚迪也是风险投资

股东：请问在未来 10 年中，比亚迪将取得怎样的发展？

这个问题不涉及我们的具体投资操作，我可以回答一下。比亚迪是一家拥有 22 万多名员工的大公司。我们投资比亚迪，实际上也是在做一笔风险投资。比亚迪是一家具有传奇色彩的公司。比亚迪的创始人王传福出身于农民家庭，家中有八个兄弟姐妹，他排行老七。王传福考上了大学，学的是理工科。工作几年后，他从银行贷款 30 万美元，创办了比亚迪公司。比亚迪最开始做的是手机电池，当时的手机电池市场完全被日本公司垄断着。王传福白手起家，成功抢占了手机电池市场三分之一的份额。竞争对手以侵犯知识产权为由，把比亚迪告上了法庭，但王传福打赢了官司，而且还是在日本的法院打赢的。王传福非常令人敬佩，他把不可能变成了可能。如今，比亚迪已经成为一家拥有 22 万多名员工的大型锂电池生产商。上个月，比亚迪在中国卖出了一万多辆电动汽车。比亚迪的电动汽车销量超过了特斯拉，但是知道比亚迪的人并不多。

伯克希尔一般不做风险投资，但是比亚迪这家公司非常吸引我们。我非常看好比亚迪的前景，每日期刊和比亚迪没法比。

中国下决心治理空气污染问题，必然会从政策层面鼓励发展电动汽车。汽车电动化的潮流不可阻挡，比亚迪已经占据了非常有利的位置。在所有的电动汽车生产商中，比亚迪的制造效率处于领先地位。

比亚迪占据了天时地利。我们投资比亚迪，具有风险投资的性质。伯克希尔一般不做风险投资，比亚迪是一个特例。每日期刊的前景能赶上比亚迪的一半，我都知足了。每日期刊有希望能成，但把握不是很大。

谋生靠一技之长，跨学科阅读和思考使人明智

没有整合的能力，不可能正确认识现实

股东：我的问题是关于思维模型的。您能熟练使用多种思维模型分析问题，一下子就把问题看透，请问这是长年累月刻意练习的结果吗？在分析问题时，我们如何才能快速找出合适的模型？

我们需要掌握多个模型，同时使用多个模型来分析问题。只有采用多模型的思维方式，我们才能更好地认识现实。特别是做投资，投资者的涉猎范围非常广，做投资不是一件容易的事。

你们都是做投资的，你们觉得投资容易吗？谁要是觉得容易，那肯定是在骗自己，肯定做不好投资。投资不容易。偶尔可能遇到一两个容易的机会，但在大多数情况下，投资很难。

谁觉得现在投资很难？请举手。（大多数人举手。）

嗯，你们是聪明人。

追随我们的能不聪明吗？

股东：专业化思维和跨学科思维是两种不同的思维模型，请问怎

样才能把这两种思维模型整合到一起？

没有整合的能力，不可能正确地认识现实。世界是多元的，只有整合多个模型，我们才能正确地认识现实。当一个问题涉及两个或两个以上模型时，你必须具备一定的整合能力，才能把这个问题分析清楚。整合能力确实非常重要。尽管如此，你要在现实世界中维持生计，只靠整合能力，是不行的。**为了维持生计，你必须专攻某个领域。大多数人是凭借一技之长，解决了谋生的问题。**对于大多数人来说，广泛涉猎各学科的知识不太现实，还不如学做一个修脚技师。一个修脚的，不好好修脚，只想着成为诗人，谁愿意找他修脚？把各学科的知识整合起来，这种跨学科思维对有些人很有用。但是，对于大多数人来说，跨学科思维解决不了他们的吃饭问题，大多数人还是学个一技之长比较现实。专攻某个领域，吃饭问题是解决了，但是，如果只懂自己专业里的那点东西，出了自己的专业范围，会处处碰壁。

我们应该先靠专业化思维解决生计问题，然后再凭借跨学科思维正确地认识现实。整合各学科的知识，是为了保护自己。否则，在生活中，你只会修脚，遇到了别的事，就两眼一抹黑了。

我们的日程表不是很满

股东：您告诉我们，要想办法少犯大多数人常犯的错误。您说了，一个办法是不要去参与竞拍。请问，在您的日常生活中，您还有哪些独特的习惯或方法，可以帮您少犯错误？

沃伦、我、瑞克·盖林，我们三个人有很多时间去思考。我们的日程表排得不是很满。在旁观者眼里，我们不像是经商的，更像是做学问的。我们挑选和等待大机会，大机会，抓住几个，就足够了。我们耐得住寂寞，在漫长的等待中我们能安之若素。

沃伦和我说的一模一样。他掌管着一个商业帝国，但是，你去翻翻他的日程表，你会发现，今天的日程是一片空白，只写了"理发"两个字。

"哦，今天要办的事是理发。"正因为如此，沃伦才创造了有史以来最伟大的商业奇迹之一，他有很多时间可以用来思考。

说到这，我想谈谈一心多用的问题。你们都非常善于同时做很多件事。如果说你是一家大医院的护士长，那你真需要这个本领。但是，如果你是一位投资者，那你可能误入歧途了。一心多用，你的思想总是浮于表面，缺乏深度。东一榔头，西一棒槌，整天被外界的琐事搞得团团转，你没办法静下心来思考。

持之以恒地追求智慧，持之以恒地等待时机，我们应该为之付出一生的努力。你们也可以把这两点作为自己的人生目标。在一生之中，大多数人不可能遇到五个值得追求的终身伴侣。还五个呢，大多数人连一个都找不到。

那怎么办？凑合着过吧。

股东：请推荐一些您最近读过的好书。

你们给我寄了很多书，我一周能收到 30 多本。以前，我读自己的书，书少，可以慢慢读。现在，你们寄来的书太多了，我只能匆匆翻阅，囫囵吞枣，失去了不少阅读的乐趣。

你们把我的阅读鉴赏力毁了。你们给我寄来的书五花八门，和我自己平时读的书不一样，每一本，我都想读，很多书只能翻着看。让我向你们推荐书，我真推荐不出来了。

股东：您能否把您的所有藏书开列出来，让我们有一份书单可以参考？

我不想把荐书当成专门的一件事来做，太费时间了。所以，很抱歉，不能满足你这个要求。

股东：您年轻时做过律师，那时候，您把每天最宝贵的一小时卖给了一位最重要的客户。我猜想，您应该是用这一个小时的时间阅读和思考了，是这样吗？

没错，你猜对了，**我最重要的那位客户是我自己，我确实用那个时间阅读和思考了。大量阅读和思考的好处在于，把阅读和思考做好了，别的什么都不用做了。**

投资富国银行和美国银行的逻辑

股东：富国银行是一家高杠杆的金融机构。在银行业陷入危机的时候，每日期刊公司买入了富国银行。请问您的投资逻辑是什么？

这个问题问得很好。咱们从头说起吧。20世纪80年代末，伯克希尔买入富国银行的时候，正好也是银行业陷入了危机，而且危机的源头也是房地产行业。当时，富国银行有大量涉及房地产行业的贷款。但是，我们知道，富国银行的信贷部门与一般银行的信贷部门不同。在富国银行的信贷部门，主要管理人员在纽约的服装区（Garment District）历练过，他们对人性有很深刻的认识。通过与服装公司打交道，他们学会了严格谨慎，学会了密切监控贷款质量。我们知道，富国银行的信贷部门比同行更有经验。富国银行有大量涉及房地产行业的贷款，别人以为富国银行会亏很多钱，但是根据我们的判断，富国银行不会亏太多钱。富国银行的信贷部门在发放贷款时比同行更谨慎，在管理贷款时比同行更严格。通过调查研究和分析判断，我们掌握了信息优势。我们相信富国银行控制信贷质量的能力，这个判断使我们获得了巨大的信息优势，因此我们敢于大笔买入。

伯克希尔买入富国银行讲完了，再讲每日期刊买入富国银行。每日期刊买入富国银行时，正是次贷危机这场金融海啸最猛烈的时候。这一次，我们也很清楚，与其他银行的管理者相比，富国银行的管理者更理智。在伯克希尔买入富国银行时，我们相信富国银行控制信贷质量的能力。这一次，富国银行的优势体现在其他方面，但仍然是因为它具有更出色的经营和管理能力。

　　管理层的经营和管理能力如何，这一点是投资银行股的关键。银行这个生意，想自欺欺人很容易，银行虚增利润，轻而易举。银行股是高风险类型的投资，普通投资者最好不要轻易尝试。如果对银行业缺乏深入的了解，最好还是不碰银行股为妙。

　　股东：您刚才讲了每日期刊公司买入富国银行的逻辑。每日期刊还投资了美国银行。你们买入富国银行，是因为看好它的文化。美国银行的文化与富国银行不太一样，请问你们为什么买入美国银行？

　　美国银行这笔投资，符合我们过去的投资风格。美国银行跌得实在太多了，它当时的价格远远低于价值。美国银行还是有不少可取之处的，再怎么说也不至于那么便宜。

我能给的人生建议都是老生常谈

　　股东：我想让自己变得更理智，请问我该怎么做？

　　从年轻的时候就开始朝这个目标努力，坚持不懈，等你到了我这个年纪，就差不多了。像我说的这么做，你不但能实现目标，而且还能收获很多乐趣。特别是在你尝到理智的甜头之后，你会越来越喜欢追求理智。我个人认为，追求理智是人生最大的乐趣。

　　只要你保持理智，你能让自己躲开很多灾祸，也能帮别人躲开很多灾祸，你会成为一个有用的人。追求理智，你乐在其中，即使是达官显贵，也未必能体会到你的乐趣。

　　一个理智的人非常清楚，很多事不能做，很多东西不能碰。这就好比说，你知道自己可能死在什么地方，就离那些地方远远的。很多毛病，沾上了没有好下场。这些毛病，我躲得远远的。都什么毛病呢？动不动就发火、天天抱怨个没完、总是嫉妒别人。沾上了这些毛病，重到一定程度，基本就无可救药了。很多人不知道这些毛病的危害，纷纷往火坑里跳，结果是害人害己。

还有一个毛病是自哀自怜。如果你得了癌症，剩下的日子不多了，什么也别抱怨，振作起来。抱怨没有用，你抱怨，癌症就消失了？自哀自怜是个坏毛病，你要是有这个毛病的话，把它改掉。

股东：如果现在的您，可以给年轻时的您提一些建议，您会提什么建议？

我给的建议都是些老生常谈，例如，好好做人、讲诚信、讲道德。把这些老生常谈做到了，活得更简单、更坦然。一个人讲诚信，他内心坦荡。一个人总说谎，谎话越多，越圆不过来，早晚被人揭穿，背上骗子的名声。诚实守信、勤奋上进这些老生常谈是很有道理的。

有的人留下了一世恶名，别人去参加他的葬礼，不是为了追悼他，而是为了确认他真的死了，人活成这样还有什么意思？堂堂正正地做人，死了以后，有人能念着你的好，这才不算白活。

吉卜林写的《如果》（*If*）是一首非常好的诗。现在，我们很少能听到吉卜林这样的声音了。吉卜林的话，放在今天，很多人不以为然。我个人认为，吉卜林的《如果》是一首好诗，吉卜林说的话很有道理。"如果身边的人都失去理智，你却能保持清醒"，这话有什么不对？吉卜林在全诗的最后一句说："孩子，你将成为一个真正顶天立地的人！"做一个顶天立地的人不好吗？难道当一辈子脑残好？当一辈子愤青好？这个社会的脑残和愤青已经太多了，你们不要成为那样的人，你们要保持清醒。美国是全世界最文明的国家之一，但是在美国的政治舞台上，很多政客丑态百出，他们缺乏理智，他们的脑子有问题。无论是民主党，还是共和党，都有不少这样的政客。仇恨不是什么好东西，我们不能被脑子有问题的政客带偏了。我们要做好人，做好公民，通过行使自己的投票权，促进社会的发展。

美国现在的政治舞台上，戾气太重了，仇恨太多了。选共和党，还是民主党？我们不知道选哪个党，50年后的美国能更好？我们能否多些同理心，少些仇恨？

我给的建议不是我自己说的，都是一些老生常谈的道理。

股东：请问您如何进入一个完全陌生的新行业或新生意？您如何深入了解一个陌生的行业？

尽力而为。我能有今天的成绩，我已经把自己的认知能力发挥到了极致。我已经竭尽全力了，因为我付出了这么多的努力，所以上天给了我这么多的成绩，我很知足了。你们也要拼尽全力，拼尽最后一丝力气，自然会有回报。在我这一生中，我苦苦地思索，有很多次，我好不容易才勉强想出了正确的答案。也有时候，我尽力了，但还是做错了。

股东：我的问题是关于恐惧的。别人告诉我，一定要战胜恐惧。请问您如何看待恐惧？您是否战胜了恐惧？

在有些环境中，谁进去了都会产生恐惧，所以我总是让自己远离那样的环境。我的儿子菲利普也来到了现场。我儿子年轻时说过一句话，他说："玩悬挂式滑翔翼，第一次没成功，就没有第二次了。"

我可不想为了寻求刺激而吓得魂飞魄散。即使是非常安全，我也不愿冒险，不愿让自己受到惊吓。我是一个不愿冒险的人，看到有一点危险的苗头，我就躲得远远的。冒险不符合我的性格。我活到了这么大岁数，已经很久没有恐惧的感觉了。我年轻时尝过恐惧的滋味，但那种感觉逐渐被时间冲淡了。

原油问题让我困惑

股东：请问原油价格与经济增长之间的关系是怎样的？

如果原油的价格低一些，经济增速可能会更快。如果原油的价格非常高，而我们又迫切需要原油，经济的增速可能降下来。原油价格与经济增长之间存在这样一层关系。

但是，我们有时也会看到一些特殊的现象。例如，埃克森和雪佛龙（Chevron）等公司给投资者带来了丰厚的长期收益，因为原油价格的上涨速度超过了它们的产量下跌速度。产量越来越低，利润却越来越高，这样的公司很少见。埃克森和雪佛龙的现象，让大多数人，包括大多数经济学家，感到出乎意料。

还有一个现象也很奇怪。中东地区的国家，它们拥有丰富的石油资源，但是它们的经济却发展不起来。中东国家的土豪手握重金，但他们不知道该如何发展经济。也许我们应该庆幸，我们没有中东国家那么丰富的石油资源，否则我们也不知道怎么发展经济了。

我在哈佛法学院读书的时候，一位老教授说："有什么问题，来问我，我让你更困惑。"很抱歉，我的答案也只能让你更困惑。

股东：在过去，欧佩克发挥着控制石油产量的作用。如今，沙特阿拉伯自己不减产，更无法领导欧佩克减产。各大产油国无法就产量控制达成一致，这是否会损害产油国的长期经济利益？

我没想到油价会这么低。油价低到这个程度，完全在我的意料之外。大宗商品的价格如同过山车，有时高得不得了，有时低得不得了，例如，铁矿石的价格曾经很高，现在很低。大宗商品的价格不是疯涨，就是疯跌。大宗商品的价格波动当然会影响宏观经济。澳大利亚是铁矿石主要出口国，铁矿石价格下跌，澳大利亚的经济会受到严重冲击。加拿大的油砂行业开采成本较高，原油价格如此低迷，加拿大的油砂行业难以为继。现在每桶30美元的原油价格，远远低于油砂的开采运营成本，油砂行业真是活不下去了。

自由资本主义市场放大了人性，铁矿石、原油等大宗商品出现暴涨暴跌不足为奇。我从来不知道怎么预测大宗商品的涨跌，也没在大宗商品波动上赚过钱。我们做投资，主要是买入好公司，买入好公司之后，跌了我们也毫不在意。

金融造假层出不穷，赌博文化在美国社会泛滥

我们的金融行业陷入了畸形发展

股东： 我向您送上迟到的 29 岁生日祝福。

嗯，确实晚了好多年。

股东： 一个人，连新泽西州的一家赌场都经营不好，您说他配当美国总统吗？

其实，他不是没赚着钱，刚开业那些年，他没少赚钱。但是，我认为，一个开赌场的人，德行有亏，不配当美国总统。开赌场赚钱，太缺德了。

股东： 去年，您尖锐地批评了瓦兰特制药公司（Valeant），请问您是否……

我说了那些话，一点好处没得到，净惹麻烦了。

股东： 对于瓦兰特制药公司最近的动态，您怎么看？还有哪些公司也存在类似瓦兰特的问题？

我说过，我不是利益相关方。我没投资任何医药公司，我与瓦兰特制药公司没有任何利益关系。你们大老远来到这，不好好和你们聊聊，我过意不去，所以，我和你们聊了很多趣闻、时事。瓦兰特自己做了坏事，不能怪我说它。

因为我批评了瓦兰特，后来，有一个瓦兰特的大股东竟然把矛头指向了沃伦·巴菲特，说巴菲特持有可口可乐有罪。没想到我的一番话，把沃伦连累了。我看这也挺好。我要是惹着你们谁了，你们就把气撒在沃伦身上吧。沃伦承受能力很强，他特别想得开。

公司虚增收入，疯狂造假，违背了最基本的道德规范，既侵犯了股东的利益，也给国家造成了损失。在如今的美国金融领域，造假行为泛滥成

灾。伊丽莎白·沃伦（Elizabeth Warren）的很多观点，我不赞同。但是我认为，她对金融领域的评价，还是非常准确的。她说，美国的金融领域乱象丛生，有很多违法犯罪和荒唐愚蠢的行为。伊丽莎白·沃伦和伯尼·桑德斯（Bernie Sanders）这两个人，我反对他们的很多政治主张，但是他们对金融领域的看法，绝对是完全正确的。金融领域的一幕幕乱象不断涌现，我们的金融行业陷入了畸形发展。令人遗憾的是，我们基本无力改变现状。

在爱德华时代的英国，300多人拥有英国一半的土地，他们无所事事，只能钻到伦敦的俱乐部里豪赌。人有钱了，日子过得空虚无聊，就容易大肆挥霍。

如今，世界的人均财富值增长了30多倍。在当今社会，仍然有一群人和当年的英国贵族一样，每天为了追求刺激而豪赌。

赌博文化已经渗透到了社会的各个角落。我们有很多合法的赌博活动，人们可以赌球、赌拳、赌马。除了明面上的赌博活动，还有一些赌博活动是隐蔽的，披着光鲜亮丽的外衣。交投活跃的股市是一个理想的赌场，很多人在这里赌有价证券的价格，赌衍生品的价格。当然了，我们还有很多实体的赌场。赌场是非常赚钱的生意，没有存货成本，也没有应收账款的风险，每天大门一开，财源滚滚而来。因为赌场赚钱，所以赌场越开越多。赌场这么赚钱，人们还哪顾得上什么仁义道德。很多人因为参与赌博或经营赌场而成为新贵阶层，这部分人的存在对文明的发展有害无利。

我的财富是通过资本市场积累起来的，可以说，我也是这种赌博文化的参与者。我非常担心，自己会给年轻人树立一个负面的榜样。年轻人不应该一心想着轻飘飘地赚大钱，丝毫不考虑自己能为社会做出什么贡献。如果你一心想着怎么炒股赚钱，就算你通过自己的努力赚到了这种钱，你的人生也没多大意义。比别人更会炒股，炒股水平更高，这样的人生不值得一提。像沃伦和我这样的人，我们明白这个道理，所以我们把赚来的钱捐出去，所以我们从买卖股票转变为经营公司。

赌博已经成了美国的沉疴痼疾。我必须承认，伊丽莎白·沃伦对美国金融领域的批评完全正确。我认为，只有在法律上严厉杜绝，我们才有希望遏制赌博文化的泛滥。

格林斯潘缺乏对现实的深刻认识

你们可能还没认识到这个问题的严重性。随着有价证券等资产的投机风气愈演愈烈，人们的赌博心理促使市场的周期波动加剧，当市场繁荣散尽，等待我们的是崩盘的惩罚。20世纪30年代的大萧条与阿道夫·希特勒的上台有直接关系。很多人认为，希特勒上台是魏玛德国的恶性通货膨胀导致的。其实，通过发行新货币，德国很快就从这场恶性通货膨胀中恢复了元气。真正导致希特勒上台的是大萧条。大萧条叠加恶性通胀，德国民众实在走投无路了，只能听信流浪汉阿道夫·希特勒的摆布。金融领域的赌博可能带来致命的风险，当投机风潮露头时，我们必须把它扼杀在萌芽之中。像艾伦·格林斯潘那样的人，人是好人，但脑子有问题。

安·兰德（Ayn Rand）信奉无政府主义。一个崇拜安·兰德的人，不适合做美联储主席，管理美国的所有银行。一位管理金融体系的官员，信奉无政府主义，怎么能做出正确的决策？格林斯潘是一位诚实正直的好人，但是他缺乏对现实的深刻认识。很多人认为，在自由市场中，什么都是合理的，用斧子砍人都合理。我支持共和党，但是很多共和党人认为，自由市场是万能的，这一点，我不敢苟同。

风险投资人培育了大量初创企业，但他们也有污点

股东： 请问您如何看待爱彼迎（Airbnb）、优步（Uber）等独角兽公司？它们的估值非常高，您觉得它们能上市吗？

我非常清楚自己的能力圈，硅谷里的哪些新兴公司能取得成功，这不在我的能力圈范围之内。因为我不懂，所以我不和这些新兴公司沾边。我有自己懂的，自己感兴趣的东西。我不想评论新兴公司，但是我想说一说风险投资中的融资把戏。

风险投资人从事的是金融行业，他们的赚钱方式是比较光明正大的。他们通过资本配置，培育了大量初创企业。风险投资人为社会做出了贡献，但是他们的身上也有污点。在风险投资中，一轮接一轮地融资，价格一轮比一轮高。融资条款中一般隐藏着一项规定，后来者没获利，早期投资者不得退出，这和庞氏骗局有些类似。这种条款很隐蔽，更让人觉得风险投资的融资方式有些龌龊。

在金融领域，做风险投资的，算是比较光明正大的了，但他们也不能免俗，和肮脏的伎俩沾了边。这证明了一条芒格法则：在巨大的金钱面前，人性禁不住诱惑。

投资通用汽车，以及汽车行业的现在和未来

股东：我在伯克希尔的投资组合中看到了通用汽车。请问与 10 年前相比，汽车行业有什么明显的不同吗？

你在伯克希尔的投资组合中看到了通用汽车，这是我们的一位年轻人买的。沃伦拿出了一些钱，交给年轻人管理，让他们自己做主。沃伦自己年轻的时候，不喜欢老年人在旁边指手画脚。所以说，他现在让年轻人放手去做。

我完全不知道这位年轻人为什么要买通用汽车。从数据上来看，通用汽车的股价很便宜，而且它有可能受益于联邦政府的扶植政策。也许这笔投资能成。但是，我觉得，汽车行业的竞争还是像过去那么激烈，没有丝毫改变。各家公司制造的汽车，质量都非常好，而且用的都是同样的供应商。现在的一辆车能开很长时间，基本用不着修。很多汽车厂商推出了以租代购等各种优惠购车方案。汽车行业绝对是一个标准的普通商品行业，生意特别难做，竞争特别激烈。汽车厂商的日子没比过去强多少。将来，汽车市场甚至可能萎缩。在以前的美国文化中，一个人可能买三四辆车。以后，可能没人买那么多车了。汽车行业不好做。如果让我投资汽车行业，

我得找出一个明显更具竞争优势的公司，然而，这样的公司不是那么好找的。

股东：自动驾驶汽车技术发展得很快。未来10到20年，自动驾驶有望成为现实。作为伯克希尔的股东，我比较担心伯克希尔的汽车保险业务。自动驾驶技术有可能完全消除交通事故。这是文明的巨大进步，但是汽车保险行业也许将没有生意可做。请问您怎么看这个问题？

你的这个担心很有道理。如果汽车实现了无人驾驶，盖可的生意肯定会受到影响。但是，我认为，自动驾驶技术仍然有很长的路要走，不可能在短时间内发展成熟。在过去，人们有钱了，第一件事是先买几辆好车。如今，这种文化已经逐渐衰退了。第三世界国家的人们还热衷于买车，但是美国人对汽车的兴致已经没那么高了。自动驾驶技术是未来的事，但现在汽车文化的降温已经对汽车行业、汽车保险行业造成了影响。

绝对的平等不现实，是不义之财让人心生怨恨

股东：巴菲特先生说过，他认为，我们的社会应该解决收入不平等的问题。参议员桑德斯以解决收入不平等问题作为自己的竞选纲领。在我们这一代人中，有很多桑德斯的支持者。请问您如何看待收入不平等的问题？

这个问题问得很好。一个托马斯·皮凯蒂，一个伯尼·桑德斯，这两个人脑子都不太好使。鼓吹绝对平等，主张由政府推动"均贫富"，这只能把我们带到苏联的老路上。苏联是实现了绝对平等，但是也陷入了痛苦和贫穷的深渊。

从历史和现实来看，追求绝对平等的国家犹如一潭死水，放弃绝对平等的国家，反而走上了欣欣向荣的发展道路。以中国为例，中国曾经奉行

平均主义，结果四分之三的民众生活在赤贫之中，连温饱问题都难以解决。那时的中国人实现了绝对平等，但是他们整天饿着肚子。后来，中国进行了改革，这才一飞冲天，创造了每年增长10%的经济奇迹。与过去相比，现在的中国贫富差距大了，没过去那么绝对了，但是，中国人的整体生活水平提高了。

我说的这些道理，伯尼·桑德斯不是听不懂，他是根本不想听。桑德斯是个老顽固。30多年了，他一直这样一根筋。桑德斯的脑子，真是让人发愁。他是一个诚实正直的好人，但是他的脑子很糊涂。桑德斯是无党派人士，在我们共和党中，也有很多和他一样脑子有毛病的，只不过是症状不同而已。

在谈到民主社会中的平等问题时，亚里士多德表示，如果有人凭真本事获得了更多财富，人们不会觉得心里不平衡。泰格·伍兹赚了很多钱，但人们并不介意，因为他是全世界最伟大的高尔夫球选手。同样的道理，了不起的发明家，医术高超的外科医生，他们收入高，人们也觉得理所当然。但是，有些人靠不义之财凌驾于普通人之上，人们感到无法接受。

在当今的美国，赚不义之财的人是谁呢？肯定不是比尔·盖茨。那些白手起家创建公司的人，他们能成功靠的是真本事，没人对他们心存怨恨。

有很多人发了不义之财，这让人们产生了强烈的嫉妒心理。在我看来，在任何情况下，嫉妒都不是好东西。很多人的嫉妒心非常强，这是我们无法改变的。在金融领域，有很多人发了不义之财，他们不但没为社会做出什么贡献，反而给社会带来了危害。如果我们能让不义之财少一些，我们的社会将更好。以大多数合伙基金为例，合伙基金实现的是资本利得，它们的资本利得记录为未实现增值，根本用不着交一分钱的税。总合伙人退出的时候，可以把证券转到自己名下，但用不着卖出，只要不实现这个增值，就始终用不着交税。合伙基金赚再多的钱，都用不着交税，人们能没有怨气吗？一个文明繁荣了，所有人的生活都能得到提升，但是也会产生不平等这样的副作用。

大多数富人对政治没什么兴趣。很多人认为，富人左右了政治。你要是成了富人，你就知道了，富人其实对政治没多大影响力。

皮凯蒂和桑德斯谴责社会的不平等，他们的主张没什么道理。我们面临的不是社会不平等的问题，而是不义之财的问题。很多人发了不义之财，尤其是在金融领域。

2017年每日期刊股东会讲话

编者按

2017年2月15日,每日期刊公司股东会召开。这一年的讲话特别有意思的是,芒格之前很少在公开场合谈论自己和家人,但今年却罕见地讲到很多故事,比如太姥爷当年的投资,自己在小学和高中时候的糗事等。配合同年他在密歇根大学罗斯商学院的演讲一起看,能更深入了解芒格的生平和心路历程。另外,在每日期刊的发展史上,瑞克·盖林的作用不可忽视。他在20世纪70年代和巴芒算是投资三人组,后面投资兴趣却逐渐分叉,但每日期刊始终是他与芒格联系的强纽带,他们也仍然是终身的好友。这一年芒格就提到,对每日期刊转型非常重要的软件业务,就是盖林的手笔。芒格称这项新业务是风险投资,比亚迪也是,这些新的尝试是不是多少都有盖林带来的影响?

每日期刊发展软件业务,是盖林的手笔

我们竟然能把业务做到澳大利亚

按照惯例,我还是先讲几句,然后回答大家的问题。每日期刊公司原来主要经营报纸业务,我们的报纸专门提供各种法律信息。与所有报纸一样,我们曾经的辉煌早已成为历史。绝大多数报业公司悄无声息地死掉了,

而我们却通过转型活了下来。现在我们主要经营软件业务，还是为法律行业的客户提供服务。以前，我们的客户局限在一个地区。现在，我们的客户遍布国内外。以前，我们在报纸上刊登法律信息、发布法律公告。现在，我们向法院等政府机构出售软件。

我们做的软件生意是苦活、累活。我们能吃苦，我们的员工很优秀。在我们的软件业务部门，无论是开发工程师、实施工程师，还是项目经理，大家都任劳任怨。我们的员工各司其职，大家齐心协力为客户解决问题。**我们有足够的财力，钱不是问题，我们只需要专心把工作做好**。看到这些年轻人这么努力，我和瑞克·盖林很欣慰。我们这么大年纪了，还活着，还能领导一家公司，我们很庆幸。

今天我们能在这里聚到一起，是因为一系列的机缘巧合。由于伯克希尔的成功，由于盖林的成功，我们有缘相聚在一家做软件生意的公司。我没想到自己会和软件生意扯上关系。每日期刊发展软件生意，是盖林的手笔，我基本没怎么参与。**我一般不碰风险投资，盖林也不做风险投资，但是在每日期刊公司，他破了个例**。如果我们的软件生意做成了，我是有功的。如果没做成，那和我没关系，你们别怪我，要怪就怪盖林。

我们的软件生意取得了一些非常了不起的成绩。我根本没想到，我们竟然能把业务做到澳大利亚。在经营《每日期刊》这份法律报纸的时候，我怎么也想不到有一天每日期刊公司会做上软件生意，会把业务做到澳大利亚，帮助澳大利亚的法庭实现自动化。看到每日期刊的软件生意发展得这么快，我们由衷地感到欣慰。也许是因为我们的软件生意胜多败少，所以我比较喜欢这个生意。面对失败，有些人的态度是无所谓，我不行，我接受不了失败，我更愿意赢。

每日期刊的工作方法

我愿意和优秀的人共事，不愿意和平庸的人为伍。我们的软件业务拥有大量优秀员工。在犹他州分公司，我们的软件实施工程师业务纯熟，他们用自己的实力赢得了客户的信任。在每日期刊公司总部，我们有一批优秀的程序员，他们善于处理复杂任务，总能在最短时间内修复问题，为客户排忧解难。每日期刊公司能在竞争中取胜，靠的是凭真本事为客户提供优质的服务。我们从来不像某些竞争对手那样，聘请什么政客担任顾问。像我们这样埋头苦干，早晚有苦尽甘来的一天。

在我当律师的时候，有一句话，我一直记在心里，"律师这一行，把自己手头的案子做好了，不愁没生意"。每日期刊的软件业务同样奉行这个理念。 只要我们踏踏实实地努力，不愁没前途。我们也会遇到逆境和失败，但是我们不会停下前进的脚步。

盖林和我领导着每日期刊公司，但是我们俩都不是学软件的，我们对软件一无所知。**我们不懂具体的软件业务，那我们怎么领导每日期刊公司呢？我们主要靠知人善任。** 安德鲁·卡内基是钢铁大亨，但是他对冶炼钢铁一无所知，他靠的就是知人善任。每日期刊的领导方式与卡内基的领导方式如出一辙。其实，这也正是伯克希尔的领导方式。伯克希尔旗下有很多子公司，很多子公司的生意，我和沃伦都不是内行，但是在知人善任这方面，我们做得还不错。

每日期刊公司面临着很大的挑战。小小的每日期刊公司，转型做软件生意，而且还是那种艰苦而漫长的软件生意。我们参与政府的采购招标，从接洽客户到开始赚钱，可能需要五年多的时间。这如同在马来西亚的婆罗洲（Borneo）勘探石油，初期需要不断地投入大量人力和财力，经过很长时间，才能得到回报。我喜欢做这样的生意。在初期阶段，我们需要投入大量资源开拓市场，我们的财务业绩不好看。但是，短期业绩难看，我们不在乎，我们追求的是长远。你们这些股东是我们的追随者，你们的想法一定和我们一样。我们不是一家普通的公司，而是一个粉丝俱乐部。我们愿意等，你们也愿意等。

我这辈子总是和擅长延迟满足的人打交道。这样的人，一而再再而三地延迟满足，一直把满足延迟到生命的尽头，一辈子都不去享受。我们就是这样的人。如果你像我们一样延迟满足，你一定会成为有钱人，而且死的时候也非常有钱。

别人会非常羡慕你。别人走过你的墓地，看到你的墓地很气派，他们会说："这墓地真豪华啊，我死的时候也能这么风光就好了。"说真的，延迟满足确实很管用。**经营一家公司，你懂得延迟满足，能把公司经营得越来越好。在人生中懂得延迟满足，你死的时候能很风光。**

这些年来，盖林和我没从公司领过一分钱。作为公司的管理者，作为公司的董事，我们不拿一分钱的薪酬。像我们这样的人很少，应该有更多的人像我们这样。我们已经很有钱了，我们是公司的大股东，我们可以决定公司如何发展，可以决定公司是继续经营，还是解散清算。既然我们已经有这么大的权力了，就不应该再从公司拿钱了。我认为，我们这么做才公道。卡内基等老一代商业大亨，他们从来不拿一分钱的薪酬。科尼利厄斯·范德比尔特富可敌国，他不屑于从公司领取薪酬，而是像其他股东一样领取股息，用股息维持日常生活开支。我们每日期刊公司有着浓厚的老派风格。

我先回答与每日期刊公司有关的问题，然后再回答你们感兴趣的其他问题。

市场竞争激烈，专心做好自己

期刊科技的业务一直在发展

股东：在去年的股东会上，您说期刊科技与洛杉矶法院系统签订了合作协议。请问在过去的一年中，此项合作进展如何？

我只简单说一句，进展很好。具体情况，请盖瑞回答。

盖瑞：我们为洛杉矶法院系统提供的软件服务，支持三种案件类型。第一种案件类型已经在去年4月上线了。第二种案件类型将于今年7月上线。第三种案件类型将在明年中期上线。我们必须跟着客户的时间表走，主要是客户有很多工作人员需要培训。我们必须把客户方面的工作人员培训好，把他们培训好了，他们才会使用我们的软件系统。今天上午，我们还开会讨论了培训的问题。有一家法院，离我们只有五千米，我们每天都培训这家法院的工作人员。法院的工作人员学习热情很高，这是一件好事，因为我们的软件系统就是给他们用的。

我们做的软件生意是苦活、累活。从接触客户开始到拿到第一笔收入，需要经过漫长的等待，这是好事。一旦我们做成了，我们的生意将非常有黏性。这个生意很难做，这意味着，一旦我们做成了，别人没那么容易把它从我们手中抢走。只要我们把这漫长的痛苦期熬过去，就能看到一片光明的天地。我们的软件业务拥有广阔的市场前景。以前，我们的报纸发布法律信息，只能在狭小的地区经营，而软件业务则不受地域限制，具有极大的市场潜力。我们别无选择，只能勇往直前。如今的法律软件市场，还处于群雄逐鹿的阶段，我们的竞争对手很多，各种软件和系统眼花缭乱，法院等政府部门不知道如何选择。总之，法律软件市场是一个庞大的市场。因为这个生意难做，很多人拈轻怕重，不愿干这个活。我们比别人能吃苦，我们愿意干这个活。

股东： 泰勒科技公司（Tyler Technologies）是期刊科技的竞争对手之一。请问我们与泰勒科技相比，有什么优势和劣势？

泰勒科技是一家发展势头非常强劲的公司。泰勒科技的规模比我们大，增长速度也比我们快。但是，就企业的价值观和经营理念而言，我更看好期刊科技。如果我是客户，让我在两家公司的产品之间选择，我会选择期刊科技的产品。无论竞争对手多强，每日期刊公司都会坚持到底。

股东： 每日期刊公司的营收增速略有下降，而经营成本出现了上升。请问公司在未来三到五年里有哪些具体的发展目标?

从表面的数字看,我们的营业收入略有下降。前几年,我们通过收购获得了几笔业务合同。这几笔合同是有年限的,我们对成本进行了摊销。随着这几笔合同逐渐到期,我们的营业收入出现了下降趋势。总的来看,我们的业务一直在发展,只是还没有完全体现在财务数字上。

至于说具体的发展目标,每笔大合同都具有非常重要的意义。在一个州,哪家公司占据了先机,就可能把整个州收入囊中。各家公司都非常清楚这一点,所以大家都在竭尽全力地抢占先机。我们还是专心把业务做好,只要我们把业务做好了,自然会得到理想的回报。

股东: 您告诉我们,反着想,才能不犯错误。很高兴,每日期刊公司没犯错误。但是,泰勒科技犯了错。它的软件出了很多问题,加州阿拉米达市(Alemeda)法院对它非常不满。请问您对此有何评价?

这不算好事,但也不算坏事。我不想幸灾乐祸,不想对泰勒科技落井下石。很遗憾,我们的一位竞争对手遭到了客户的差评。我很难过,你们看,我的眼泪都要流下来了。

股东: 请问在软件业务的营业收入中,一次性收入和长期收入各占多大的比例?

这个问题很难说,我说不出具体的数字。我只能告诉你,如果我们这个生意能一直做下去,长期收入的占比会越来越高。

只看每日期刊公司的财务报表,看不出这家公司的未来。我们的生意将来如何,很难说,连我们自己都说不好。不是我们有所保留,而是我们的软件业务太复杂了,太难做了,所以我们也说不好。我们的很多业务需要参与政府招标,流程漫长而烦琐。

股东: 公司在洛根市购置了一栋办公楼,按我的理解,这栋办公楼是供期刊科技使用的。但是，在账目上，这栋办公楼记录在了传统业务名下。请问这是为什么？

盖瑞，这个问题你来回答吧。他问的是，为什么洛根那栋办公楼记录在了传统业务名下。

盖瑞：这栋办公楼最初是每日期刊公司购置的，它的所有权在每日期刊公司。这栋楼由母公司提供给期刊科技使用，期刊科技向母公司支付租金，租金的数额不是很高。因为最初是每日期刊公司购置的，所以我们就保留了原来的记录方式，没什么特殊的原因。总成本，我们一点没有少记，不是分配给每日期刊，就是分配给期刊科技了。

就是个怎么记账的问题，没什么大不了的。

富国银行错在没有及时纠正

股东：每日期刊公司持有大量富国银行的股票，您能说一下您对富国银行的看法吗？

富国银行出了点岔子。归根结底，是富国银行的管理策略出了问题。富国银行做交叉销售"走火入魔"了，它制定了过高的销售指标。迫于完成指标的压力，很多员工在造假和欺诈的道路上越陷越深、越走越远。发现了造假现象之后，富国银行又走错了一步棋，它没能从根本上解决问题，导致问题越来越大，最终"虚假账户丑闻"爆发，富国银行成为众矢之的。富国银行只是在管理上出现了失误，不存在什么本质问题。从长期来看，富国银行还是一家好公司。

富国银行犯的是一个常见错误，人们很容易掉到这个陷阱里。亨利·辛格尔顿聪明绝顶，他是我见过的最聪明的人，但是他也犯过类似的错误。在掌管特利丹集团时，亨利·辛格尔顿一度也制定了非常激进的销售指标。特利丹集团的很多子公司为政府提供服务，而政府是比较好骗的。因为辛格尔顿制定的销售指标太高了，他的两三家子公司都做出了欺诈政府的行为。子公司的欺诈丑闻接二连三地曝光，让辛格尔顿感到措手不及。辛格尔顿不是蓄意要欺诈政府，只是他把销售目标定得太高了，所以遭到了始料未及的打击。

谁都有可能犯这样的错误。把销售目标定高了，这不是富国银行最主要的错误。富国银行最大的错误在于，在发现问题之后，它只是修修补补，没能从根本上解决问题。资本主义市场的竞争非常激烈，一家公司犯了严重的错误，如果不能迅速改正，很快就会走向末路。

股东： 刚才您谈到了激励机制。您认为，把销售目标定高了，不是富国银行的主要错误。请问为什么这不是富国银行的主要错误？

没经过实践的检验，怎么知道目标高不高呢？富国银行的主要错误不是目标定高了，而是出了问题之后，没有及时纠正。问题出现了，还不及时改正，问题当然越积越大。富国银行仍然是一家好公司。这次丑闻也是好事，富国银行应该长记性了，不会再犯这样的错误了。

美国运通与油气勘探的未来，我都说不好

股东： 请问美国运通的前景如何？它未来的价值主要在哪里？是它的支付体系，还是金融服务？

你不知道美国运通的前景如何，所以你来问我。我只能告诉你，我也不知道。谁敢说自己非常清楚 10 年后的支付体系将如何发展？敢这么说的人，十有八九是在吹牛。想看清 10 年后的支付体系，哪那么容易？你不知道答案，我也不知道，咱们是彼此彼此。

美国运通拥有很大的优势，而且它也在努力做好自己的支付体系。美国运通有希望成功，但是谁也不敢说它一定能行。IBM 对 Watson 人工智能系统寄予了厚望，这个产品能否成功，我完全不知道。你问我 10 年后的支付体系将发展成什么样，我也完全不知道。在无法预知的领域，谁能坚持

走正确的路，谁肯下苦功夫，谁的赢面就大一些。但是说到底，这些东西还是无法预知的，因为它们的变化实在太快了。

股东：油气勘探开发是一个资本密集型行业，您觉得国内的油气勘探开发是好生意吗？

在能源利用方面，我有一个比较独特的想法。我认为，我们不应该竭泽而渔地开采国内的油气资源。我不愿看到我们从页岩层中开采大量天然气。我希望我们能多从阿拉伯国家购买石油，把我们自己的油气资源留在地底。可惜，像我这么想的人寥寥无几。我有这样的想法，是因为我是一个主张延迟满足的人。

石油和天然气是不可再生资源，我们的油气资源像艾奥瓦州的表层土壤一样宝贵。我们不可能为了赚钱，把艾奥瓦州的表层土壤卖给格陵兰，我们也不应该毫无节制地开采我们的油气资源。我主张延迟满足，反对毫无节制地开采油气资源。石油和天然气不但是重要的燃料，也是重要的化工原料，是文明社会不可或缺的资源。我们应该珍惜这些宝贵的资源，适度开采。像我这么想的人很少，但我相信，我是对的，99%的人是错的。

至于油气勘探开发是不是好生意，这个我说不好。石油和天然气这行和别的生意不太一样。在大多数行业，生意的规模越做越大，产量随着时间推移而增加，石油和天然气行业则不然。以埃克森公司为例，与过去相比，它的产量下降了三分之二，但是原油价格的上涨速度超过了它的产量下跌速度。虽然埃克森的产量一直在下降，但它的利润却一直在上升，这显然和一般的公司完全不同。也许埃克森这种现象还能继续，但是这种现象确实让人很困惑，我们搞不太懂。

先专精，再寻找不同知识的合奏效应

股东：我今年18岁，对很多学科的知识都非常感兴趣。在这个强调专精的时代，追求广博，能有出路吗？

这个问题问得很好。我喜欢研究各学科的知识，但是对于大多数人来说，这个路子不合适。我广泛涉猎各学科的知识，一个是因为我感兴趣，另一个是因为我比较擅长跨学科这种思维方式。让我当数学家，我还当不了呢，我没那个天赋。我的这条路非常适合我自己，但是，对于大多数人来说，还是追求专精，有一技之长傍身才是正道。话说回来，专精固然要紧，广博也不可或缺。在专精的基础上，拿出 10% 或 20% 的时间学习不同学科的主要知识，这样才比较合理。否则，怎么说呢？我有个经常用的比喻，只专精，不广博，你就像个只有一条腿的人和别人比踢屁股，你肯定输。一方面，必须了解各学科的主要知识，这样才不会囿于自己的专业领域；另一方面，要把主要精力放在自己的主业上，你是一个牙医，那就好好看牙，别整天玄想着普鲁斯特（Proust）。

股东：我的问题是关于合奏效应的。您推崇跨学科的思维方式，总是能一针见血地抓住问题的关键。请问您是怎么做到的？

合奏效应（Lollapalooza）这个概念是我提出来的。原来，我没学过心理学，我觉得自己在这方面的知识比较欠缺。于是，我买来了心理学专业常用的三本入门教科书，从头到尾读了一遍。我是很挑剔的，读完了以后，我发现心理学家教得不行，还是我自己动手吧。

有一个重要的心理学现象，哪本教科书都没讲到。在这种现象中，三四种心理倾向同时发生作用，我将其称为合奏效应。好几种心理倾向的合力叠加在一起，它们产生的影响绝对不是线性的。心理学家只会研究单个的心理倾向。四五种心理倾向共同发生作用，情况太复杂了，心理学家没法做实验，没法发表论文，所以他们就不研究这个现象。心理学中最重要的一个现象，心理学家根本没研究，也没讲。

心理学还有一个不足，它缺乏对其他学科的整合。心理学家只懂心理学的那点知识，对于心理学之外的知识，他们一概不懂。只知道心理学的知识，对其他学科一无所知，整合就无从谈起。我提出合奏效应的概念，提出学科整合，是因为心理学本身存在欠缺。我有一种高处不胜寒的感觉，曲高和寡啊！

别笑，我是完全对的。

股东：我在石油和天然气行业工作，经历了页岩气开采从诞生到成熟的发展过程。我发现，在石油和天然气行业，技术越来越复杂，分工越来越细化。随着整个经济的发展，各行各业都呈现出这个特点。请问作为一个投资者，是否也要走专业化的道路？

石油开采越来越难，你们从事石油天然气行业的人必须钻研新的开采技术，你们的专业化程度当然越来越高了。你说得很对。对于大多数人而言，走专业化道路是正确的选择。我走的路特殊一些。我不建议别人走我这条路，因为我这条路不适合大多数人。我讲的理智、自律、延迟满足，这些道理是可以学的。但是，你们不要学我发财致富的方式，不要像我这样，走广泛涉猎、博采众长的路子。

每次有人问到类似的问题，我总会讲一个小故事。一位年轻人来到了莫扎特面前，他说："请您教我如何写交响乐吧！"莫扎特说："你太年轻了，还不能学。"这位20来岁的小伙子说："但是，您10岁的时候就写出了交响乐啊！"莫扎特说："没错，但我那时候没四处问别人该怎么写。"

我不是一个好的榜样，年轻人最好不要学我。我不建议大多数人走我的路。如果你是个肛肠科的大夫，不做好本职工作，整天想着研究叔本华的哲学或者天体物理学，没人愿意找你看病。一定要记住，市场就是如此，社会就是如此，专业化是大多数人的出路。另外，你可以在研究和治疗肛肠科疾病之余，学一些其他知识。

股东：您告诉我们，应该走专业化的道路，但是也应该拿出10%到20%的时间，用于学习一些非常重要的知识。请问具体是哪些知识？

人应该不断地提升自己。我们应该多学习各学科的主要知识，而不是和细枝末节纠缠不清。**我特别注重汲取各学科的主要知识，这样才不至于只见树木，不见森林。** 把各学科的主要知识融会贯通，能发挥出巨大的威力。

很多时候，我们在自己的学科里遇到了难题，只要借鉴一下其他学科的智慧，难题将迎刃而解。但是，如果你局限在自己的专业领域，难题怎么都无法解决。在我这一生中，各学科的知识，我经常信手拈来，我往往能解决专业人士无法解决的问题，所以别人经常觉得我自以为是。特别是我年轻的时候，没少冒犯别人。我年轻时说话太直了，现在说话还是那么直，这个习惯，我总是改不过来。

其实，学习其他学科的知识，通过新知识找到问题的答案，是一个充满乐趣的过程。 如果你有这个学习能力，一定要学习其他学科的知识，至少可以避免自己的无知。**在我眼里，各学科之间不存在界限。**

在体检的时候，有一个项目是前列腺特异性抗原（Prostate-specific antigen, PSA）检测，我总是把这一项划掉。医生问我："你干什么？为什么把这项划掉？"我说："我不想让你胡来。如果我得了无法治愈的前列腺癌，癌细胞扩散速度极快，我希望三个月以后查出来，不是现在。如果我得了发展缓慢的前列腺癌，我也不想让你们知道，不想让你们瞎治疗。"医生开列的检查项目，大多数人不敢划掉。我敢，因为我的知识比较多。我不懂具体的治疗方法，但是我知道做前列腺特异性抗原检测有害无益，所以我把它划掉了。等你们到了我这个岁数，建议你们也把这项检查划掉。这个建议是给男士的，至于女士，我给不出什么建议。

找到适合自己的职业，"普通"地过一生

选择职业要综合兴趣和优势

股东： 我刚刚进入社会，正在寻找合适的职业方向，现在感到有些迷茫。在寻找合适的职业时，我主要是从两个方面考虑的：一个是

我做什么工作能做到最好；另一个是我做什么工作能给社会做出最大的贡献。您觉得我这么考虑对吗？您认为一个人应该如何选择自己的职业？

一个人怎么才能知道自己适合做什么呢？我给大家讲一个经验之谈。我这辈子，凡是我不感兴趣的事，我几乎都做不成。一个人，整天做自己不感兴趣的事，怎么可能成功呢？人一定要做自己感兴趣的事。我们拗不过自己的天性，在心底里不喜欢的事，再怎么逼自己，也做不好。做自己感兴趣的事，这是其一。

其二，我们要发挥自己的优势，做自己擅长的事。你身高只有一米五，如何在长人如林的篮球场立足？所以说，在选择职业的时候，你要把自己的兴趣和优势结合起来，综合考虑。

刚才，你还提到了为社会做贡献，这就涉及道德问题了。我们当然要讲道德了。但是，不要觉得自己的思想很深刻，世界很庸俗，总以为举世皆浊我独清，与世界格格不入。现在的大学，"左倾"思潮横行，年轻人很容易受到不良影响，脑子里装满了极端意识形态。以为自己占领了道德制高点，以为自己的理想无法实现，最后你只会陷入沉沦，甚至堕落到吸食大麻。我反对空想，反对极端意识形态。

我的偶像是犹太哲学家迈蒙尼德。迈蒙尼德首先是一位悬壶济世的医生，他每天辛勤工作10到12个小时，他的大量哲学著作都是利用业余时间完成的。迈蒙尼德相信，人应该活得充实。我建议年轻人多做一些实事。年轻人不应该满脑子的政治，一肚子的大道理，整天想着该走这样的路线还是那样的路线。年轻人应该踏踏实实地做一些实事，学学迈蒙尼德，别学伯尼·桑德斯。

股东：请问您看好哪个行业？为什么？

我没什么看好的行业。我最喜欢做的工作是，把自己的事做好。我觉得我做的事很有意思，我乐在其中，这是上天赋予我的工作。你也应该找到上天赋予你的工作，把这份工作做好。很多行业取得了巨大的发展，为世界做出了巨大的贡献，但就是很难赚钱，因为竞争太激烈了。

你们还以为我多了不起，我做了多少傻事啊！

股东：请问在您的一生中，您做过的最有意义的事是什么？

对于大多数人来说，一生中做的最有意义的事，莫过于组建家庭、养儿育女。我算是运气比较好的了。我不是一个十全十美的丈夫，能有现在的家庭、现在的子女，我很知足了。我从小就不善于和女生交往，长大以后，在与异性交往时，我还是很笨拙。你们把我当个人物，觉得我很了不起。我给你们讲讲我年轻时做过的傻事，你们就知道了，我其实也是个普通人。

我刚上奥马哈中心高中（Omaha Central High）一年级的时候，认识一个和我差不多大的女孩，她家和我们家很熟。这个女孩把她的一个朋友介绍给了我，她建议我带她的朋友去参加舞会。她的这个朋友，虽然才13岁，但长得很成熟，非常漂亮，金发碧眼的。我呢，又瘦又小，一副弱不禁风的样子。为了在这位漂亮的女生面前装酷，我明明不吸烟，却装着吸烟。她穿着一件纱裙，我把她的纱裙点着了。

幸亏我够机智，一杯可口可乐泼过去，把火给灭了。后来，我再也没见过这位漂亮的女生。

那件事过去之后，我寻思，我得学学怎么讨女生喜欢。我想出了一个主意，进校队。进了校队，可以穿校队夹克，上面有代表着学校的大写字母，多拉风。我没有运动天赋，什么运动都不擅长，只能去参加学校的射击队。我人长得瘦小，坐姿射击，我可以把胳膊肘放在双脚上，轻松打出100环。你可别模仿，小心把脖子震坏了，别怪我没提醒你。我射击非常准，终于如愿以偿，穿上了校队夹克。校队夹克上的大写字母只占衣服的半边，但我又瘦又小，这个大写字母把我的整个人都盖住了。我穿着校队夹克，在走廊里神气地走来走去，本来想吸引女生的目光，但得到的只是揶揄，女生们窃窃私语地说："这个小矮子是怎么混进校队的？"

还有一段经历，也让我记忆犹新。那个女孩的名字叫吉比·布鲁金顿（Zibby Bruington），她是高三的，是一位非常受欢迎的女生，我是个高二的傻小子。不知道为什么，她答应了和我一起去参加在奥马哈乡村俱乐部（Omaha Country Club）附近举办的一场聚会，也许是因为她喜欢我的一位朋友吧。总之，我开着一辆1934年生产的福特汽车，拉着吉比上路了。开着开着，下起了雨夹雪，路面泥泞不堪，我把车开到了泥坑里，陷进去出不来了。我俩只好下车步行，顶着雨夹雪，走了好几千米才到地方。那以后，我再也没见过吉比·布鲁金顿。我把车丢在了泥坑里，忘了加防冻液，当天气温骤降，发动机爆缸了。修起来太贵了，我父亲也不给我买新车了，他说："你连防冻液都不知道加，好好的车，让你搞坏了，我不给你买新的。"

你们还以为我多了不起呢，我做了多少傻事啊！回想起来，我这辈子有很多的失败和错误。在政治方面，我也不行。上小学的时候，我想当邓迪小学（Dundee Elementary）的学生会主席，我把全校最受欢迎的一个小男生找来为我拉票，结果这个小男生以压倒性优势当上了学生会主席，我根本没得到几票。我在政治方面不行，我在很多方面都不行。俗话说，"物以类聚，人以群分"。你们中的很多人和我一样，都是废材，也能讲出来很多类似的故事。

我给大家讲我的这些失败，是想给你们一些鼓励。无论怎样，都要坚持下去。

哦，盖林刚才和我说，可以讲一下关于马克斯·普朗克的那个笑话。在荣获诺贝尔奖之后，马克斯·普朗克受邀在德国进行巡回演讲，有一位司机专门给他开车。听了普朗克的20多场演讲后，司机把整个演讲都背下来了。司机对普朗克说："普朗克先生，您每次总讲同样的内容，太无聊了，要不您坐在观众席里，我替您讲吧？"于是，司机走上了讲台。果然，他讲的和普朗克讲的一个字不差。演讲结束后，一位教授站了起来，提出了一个非常高深的问题。司机说:"没想到在慕尼黑这么一个大城市,竟然有人问我这么简单的问题,让我的司机回答你吧。"

还有一个笑话,也很好笑。有一架飞机,飞到了地中海上空。广播中传来了机长的声音:"各位乘客,请大家注意,我们的飞机遭遇了严重故障,两个引擎均无法启动。我们别无选择,只能迫降到地中海海面。"机长接着说:"降落到海面后,飞机能漂浮片刻。在这个短暂的时间里,我们将开启舱门,请各位乘客有序地离开飞机。会游泳的乘客,请站到机舱右侧等候。不会游泳的乘客,请站到机舱左侧等候。站在右侧的乘客,请注意,在太阳的方向,有一座小岛,距离是三千米左右。飞机很快会下沉,你们游到那座小岛后,就能平安无事。站在左侧的乘客,感谢您乘坐意大利航空的航班,再见!"

指数基金不会轻易失效

股东:如今,指数基金的规模越来越大。将来,如果再次出现金融危机,是否可能出现流动性问题?在金融危机的冲击下,指数基金的价格是否可能与其持有的股票的价值之间出现背离?

标普指数基金的规模大概占市场总规模的 75%。就标普指数基金而言,不至于出现价格和价值严重背离的情况。但是,投资指数是否可能失效呢?有这个可能。如果所有人都买指数了,指数投资可能会失效。

标普指数基金的规模比较大,没那么容易失效。但是,有的指数覆盖的标的规模较小,比较容易失效。在"漂亮五十"风头正劲的时期,50 只大盘股遭到了爆炒,人们不在乎价格,一窝蜂地买入这 50 只股票。"漂亮五十"被炒上了天,股价高达 60 倍市盈率。捧得越高,摔得越惨。后来,在很短的时间内,"漂亮五十"的股价就跌去了三分之二。有的指数,规模比较小,可能只集中在一个行业,当遭遇爆炒时,很可能步"漂亮五十"的后尘。

标普指数基金占整个市场的 75%，不至于出现这个问题。指数投资会有失效的时候，但是标普指数应该能在很长的时间里保持有效。指数投资出现后，从事主动管理的基金经理很受打击。在做主动管理的基金经理中，95% 的人无法长期跑赢指数。花钱聘请基金经理打理投资，最后很可能连指数都跑不赢。很多诚实、理智的基金经理自己很清楚，他们无法跑赢指数。他们的日子一定很不好过。很多基金经理只能逃避现实，总是盼着明年能好起来。我很理解他们，我自己也不愿面对自己的死亡。指数就在那摆着，想逃避也逃避不了，这是做主动管理的基金经理必须面对的问题。

如今，大资金的管理费降到了 0.2% 的水平，基金经理的日子比以前难过了。**有标普指数基金在这摆着，主动管理大规模资金将越来越难。**与从前的基金经理相比，现在的基金经理压力更大了，焦虑更多了。

让我管理大规模的资金，让我跑赢指数，我可做不到。伯克希尔发展到今天这么大的规模，可能一共做了 100 个左右的决策，平均下来，每年做两个投资决策。伯克希尔的成功来源于 50 年的坚持，在 50 年里，平均每年做两个决策。在过去 50 年里，我们跑赢了指数。但是，我们可不是像现在的大基金一样，把投资分配到医药之类的这个板块、那个板块的。指数基金是一个强劲的对手，现在的基金经理做投资很难。难就对了，不难就怪了。

以前，有些人利用计算机算法做交易，赚了不少钱。后来，别人也用同样的算法，做同样的交易。新的竞争对手加入，收益率自然被拉下来了。在整个投资领域，都存在这样的现象。**基金经理管理的资金量越大，他们实现的收益率越低。**

教孙辈寻找商机与推荐一本书

股东：我的第一个问题是：在您刚刚做投资时，对您影响最大的书籍或经历是什么？第二个问题是：您建议您的孙子、孙女去哪寻找商机？

我从来没指点过我的孙子、孙女如何寻找商机。我没指望他们能经商成功。（笑声）我的孙子、孙女，想让他们干点活，可难了。在获得金钱方面，没什么轻而易举的秘诀。做一个诚实正直的人，每天早起，每天坚持学习，一辈子奉行延迟满足的理念，最后，你一定是人生赢家。你赚的钱可能没有自己想要的那么多，但是你肯定会拥有成功的人生。关键是坚持不懈，做个好人，把自己身上的各种坏毛病尽快改掉，远离可能对你产生不良影响的人。最后，你能度过平安幸福的一生。至于说如何教育子女，我觉得身教胜于言教，想要让子女学好，自己先学好。

还有个问题是，推荐什么书。你们给我寄了好多书，我的书房都快装不下了。你们寄来的书，我一本没扔。我最近读的书太多了，但只能走马观花地翻着看。

我刚看完爱德华·O. 索普（Edward O. Thorp）的新书《战胜一切市场的人》（A Man for All Markets）。索普战胜了拉斯维加斯的庄家，后来又开启了计算机算法交易的时代。这本书非常好看。索普在书中谈到了他的婚姻。他的婚姻很幸福，读起来很感人。索普的智商非常高。他是一位数学家，他战胜了赌场的庄家，还通过计算机算法实现了大规模交易。这本书读起来引人入胜，所以我把它推荐给你们。

索普乔装打扮，战胜庄家的故事非常有意思。彼得·考夫曼认识一个人，那个人和索普一样，也是乔装打扮去赌场，大概赢了400万美元。大家知道，你总赢，赢得太多了，赌场就不欢迎你了。于是，这个人进入了股市。在股市里，他又如鱼得水，赚了40亿美元。这样的人是数学天才，他们能看透统计概率，研究出一个小小的算法，就能在股市里大赚40亿美元。现在还有这样的人，但是普通人模仿不了。普通人哪有那么高的数学天赋？索普是一个罕见的天才。感兴趣的话，大家可以读一下这本书。

消除错误的想法和延迟满足都要坚持不懈

股东：您说过，"任何一年，如果没推翻自己的成见，或许都是虚度了的一年"。众所周知，沃伦很难放弃原来捡烟蒂的习惯，是您帮助他实现了转变，开始投资质地更好的公司。请问在您改变的所有成见中，哪个成见的改变最难？

我做过很多傻事，我一直在和自己的成见作斗争。我改变的成见太多了，让我挑选出一个最难改变的，一时还真想不起来。消除错误的想法是一件好事。我把消除错误的想法作为自己的一种追求。在生活中，很多人抱残守缺，他们满脑子的旧思想，新思想根本进不去。有句德国谚语说得好："我们总是老得太快，聪明得太迟。"所有人都有这个问题。我们之所以聪明得太迟，是因为错误的思想盘亘在脑海，我们无法将其消除。

有时候，守旧是好事，例如，在婚姻中，守旧有利于保持婚姻稳定。但是，在很多时候，我们应该抛弃陈旧、错误的想法。在生活的竞争中，大多数人做不到摒弃错误的想法，如果你能做到，那你就拥有了巨大的优势。很多人有个非常不好的习惯，他们总是喜欢滔滔不绝地发表自己的观点。错误的想法，你说得越多，信得越深。你先在脑子里有了一种想法，然后，把这种想法用语言表达出来，说过以后，你会更相信这种想法。挂在嘴边一直说，每多说一次，你的脑子就多信一分。

我很少大谈特谈美联储该如何如何等问题，因为我很清楚，我说得越多，自己信得越深。有些年轻人非常自以为是，20 岁还不到，就对堕胎问题、外交政策等大放厥词。这样的年轻人，他们大呼小叫的时候，不过是在给自己洗脑。年轻人涉世未深，还有很多东西要学，不要过早地把自己的脑子里装满错误的想法。

我们应该养成一个好习惯，有意识地清除错误的想法。我是这么做的，我经常给自己打气，鼓励自己清除错误的想法。你可以对自己说："你能把好的行为习惯保留下来吗？你能。"没人给你打气，没人鼓励你，你可以给自己打气，自己鼓励自己。我特别善于给自己打气。每次我消除了一个成见，我都会表扬自己，有时还会表扬自己好几次。你们也可以试试这个方法。因为无法接受新想法，人们付出了巨大的代价。很多人甚至因为无法接受新想法，而丢掉了性命。

股东： 您今天多次提到了"延迟满足"。请问我们什么时候应该为了将来而吃苦？什么时候应该活在当下、及时行乐？

我觉得一个人不应该挥霍自己的身体，也不应该挥霍自己的金钱。通往成功的道路充满了坎坷，只有坚持不懈地长期努力才能到达胜利的彼岸。以成为一名医生为例，那需要付出长期的艰苦努力。在医学院读书，在医院值夜班，都非常辛苦。做不到延迟满足的人，成不了医生。医生是一个光荣的职业。总的来说，大多数医生是好人，他们吃了很多苦。与衍生品交易员相比，我更敬佩医生。我希望你们有和我一样的价值观。我们都要向医生学习，学习他们延迟满足的人生态度。

特朗普、税改、瓦兰特与农业问题

股东： 在去年的股东会上，您说，唐纳德·特朗普（Donald Trump）德行有亏，不配当美国总统。现在特朗普已经宣誓就职了，您还保留原来的观点吗？特朗普是否完全一无是处？

我的棱角已经被磨平了。

凡事都有两面，我总是让自己既看到不好的一面，也看到好的一面。特朗普将在全国范围内开展一场大规模的税收改革，这是一件好事。很多共和党成员高喊口号，呼吁提高社会福利，唐纳德·特朗普表示，他不会改变现有的社会保障体系，这一点也是特朗普比较好的方面。在社保问题上，我和特朗普的观点完全一致。特朗普并非一无是处。就算我们看不惯他，又能怎么办？就这么地吧。再说了，较这个真干什么？反正我也活不了几年了。

股东：在新一届政府的税改中，有一项提议是征收边境调节税（Border Adjustment Tax），这个税项引发了很大的争议，请问您怎么看？

目前，边境调节税只是个提议，谁也不知道能否落实。但是，我确实非常支持大刀阔斧地进行税收制度改革。是否应该通过税收制度限制高消费？我觉得很有必要。有的人把积累起来的大量财富捐给了基金会，这样的行为不是什么坏事，我觉得用不着通过税收加以限制。有的人生活奢靡，乘坐私人飞机飞来飞去，一顿饭动辄几千上万元，这样的人，应该让他们多交消费税。我们现在的税收制度确实需要改革。

股东：两年前，您揭露了瓦兰特制药公司的猫腻，请问现在是否有哪家美国公司的问题引起了您的注意？

我能看到一些公司有问题，但是它们的问题没有瓦兰特的问题那么严重。瓦兰特的问题太恶劣了，我必须要说它。

你们这些铁粉远道而来，我必须给你们讲点有料的，所以我揭了瓦兰特的老底。

瓦兰特太龌龊了。我没想到，那么多正人君子趟了瓦兰特的浑水。医药关系着民生，可瓦兰特这家医药公司竟然如此黑暗。我们每日期刊公司与瓦兰特截然不同。

在止赎潮爆发时，我们在加州占有 80% 的市场份额。只要我们稍微提一提价格，就能多赚几千万美元。当时很多人失去了自己的房子，我们能赚这个黑心钱吗？我们有些竞争对手提价了，但是我们没提价。虽然是资本主义制度，但是赚钱也得有个限度。有时候，还是要有点底线的。在瓦兰特的思维中，商业活动如同棋局，他们汲汲于名利，丝毫不讲仁义。瓦兰特突破了道德底线，在造假的道路上越走越远。

我没什么新公司要揭露的。因为批评瓦兰特，我出名了。我不想出这个名，我不想明年来的人更多。

股东： 您出生在内布拉斯加州，定居在加州，这两个州都是农业大省。请问您如何看待农业的发展？如何看待政府对农业的补贴？

在过去六七十年里，农业取得了突飞猛进的发展，农作物的产量提升了三倍多。农业技术的进步大大缓解了全世界的饥饿问题。全世界的农作物产量普遍实现了三倍以上的增长，这是一个非常伟大的成就。这项伟大的成就是由少数人创造的，其中包括洛克菲勒家族、诺曼·布劳格（Norman Borlaug）等人。农作物的产量增长了三倍多，这已经非常了不起了，但是未来我们还需要让农作物的产量继续成倍增长，我们应该能实现这个目标。我们的农业很发达，生产效率非常高。我们的农业制度中没什么社会主义成分，我们的土地归少数人自主经营，我们的农业中基本不存在低效和浪费的现象。有人对过度耕种的问题表示担忧，我也觉得我们应该加强对土壤的保护。保护土壤，这是农业需要注意的一个问题。总的来说，农业是文明之光，农业取得的成就堪称奇迹。

你还提到了补贴的问题。补贴是农场主的重要收入来源，政府通过补贴保护农场主。**随着土地日益集中到少数农场主手里，领着补贴的农场主越来越富裕。农场主已经富得流油了，政府还给他们发补贴，这真是一个奇怪的现象。** 还有人脑子进水了，用玉米生产乙醇。用玉米制造汽油，这脑子里得进多少水啊？他们怎么不相信从20层的高楼跳下去能起飞呢？究其根源，还是政治在作祟，政治中的愚蠢无药可救。

农业的补贴只是个小瑕疵，我们应该看到，农业取得了突破性的技术变革，高效的农业生产解决了全世界几十亿人的吃饭问题。农业的发展是悄无声息的，在我们不知不觉中，单位面积产量提升了三四倍，这是多么惊人的奇迹啊！顺便说一下，农作物产量的提高，除了良种，还需要化肥。化肥来自地下储藏的碳氢化合物，正因为如此，我们需要节约石油资源。石油是一种基础的工业原料，我们应该珍惜这种宝贵的能源，不能竭泽而渔。很奇怪，像我这样想的人很少。在你们之中，可能有三四个人和我的想法一样，因为你们是我的粉丝。在你们之外，别人没一个像我这么想的，我很孤独。

太姥爷的故事告诉我，做集中且长期的投资

股东：沃伦说过，如果他管理小资金，例如，1000 万美元，他保证能实现每年 50% 的复合收益率。请问具体的投资是怎么做的？请您多举几个例子，例子越详细越好。

刚才这个问题问的是，如何才能快速发大财，而且让我讲得越详细越好。我们不是急着发财的人。如何才能快速发财？我不告诉你。你自己去想吧，你自己想明白了才有意思。其实，在我这一辈子的投资过程中，遇到的好机会非常少。别嫌好机会少，少数几个大机会，只要你抓住了，就足够了，这是我的经验之谈。好不容易把好机会等到了，一定要敢于下重注，这就是我的投资方法。这个方法是我和我的太姥爷学的。我没见过我的太姥爷，他的故事是我听我的母亲讲的。

我的太姥爷是第一批到达艾奥瓦州的人之一，他参加过黑鹰战争（The Black Hawk War）。经过一辈子的打拼，他成为小镇上最富有的人，他拥有大片土地，还开了一家银行。我的太姥爷住在艾奥瓦州的阿尔戈纳市（Algona）。他住在一座大房子里，房子旁边有几个大谷仓，房子四周是宽阔的草坪，草坪四周用铁栅栏围着。我的太姥爷在晚年时说："人的一生只有几次大机会。"我的太姥爷很早就到了艾奥瓦州，所以他以低廉的价格买下了大片富饶的黑土地。他抓住了几个大机会，所以最后过上了富足的生活。

当出现经济危机，别人恐慌抛售时，他以低廉的价格买入更多土地。他把土地租给勤劳节俭的德国人，不愁收不回地租。我的太姥爷只是做对了几件事而已。人这一生就是这样，不可能有一百万个好机会等着你。现在有些人搞高频交易，他们利用计算机算法，捕捉市场中微小的价格变化获利。他们的赚钱方式和沙里淘金差不多。高频交易的本质是搜刮无数微小的价差，做高频交易的人越多，争抢价差的人越多，钱越难赚。

搞高频交易，通过计算机算法从股市的所有交易中搜刮利润，这不是

什么光明正大的赚钱方式。这种人对社会毫无贡献，我经常把他们比作谷仓中的硕鼠。要我说，他们赚的钱是不义之财，赚到手了，也必须捐出去。很多年轻人想去做高频交易赚钱，这不是一种好的社会风气。我们不懂计算机，我们没做高频交易。现在做投资，确实比以前更难了。

股东：1998 年，您应基金会投资管理者协会的邀请，做了一场演讲。在演讲中，您批评了很多基金会的投资操作，您认为，它们的投资流程烦琐、费用高昂。您说："一家做长期投资的机构，选中三家国内的好公司，把所有资金都投进去，既可以保证安全，也可以实现良好的投资收益。"您还举了伍德拉夫基金会（Woodruff Foundation）投资可口可乐的例子。如果现在让您管理一家 10 亿美元规模的基金会，只投资三家公司，您觉得行吗？

我把你的问题改一改，改成我愿意回答的问题。

"我是否愿意持有集中的投资组合？"当然愿意了。以芒格家族的投资为例，芒格家族只投资了三只股票：一部分投资了伯克希尔；一部分投资了开市客；另一部分投资了李录的基金。这三大块是最主要的，其他的都是些零碎的投资。这么投资，我觉得踏实吗？安全和收益率有保障吗？答案是肯定的。很多人的投资组合中持有很多种股票，他们自己记不住自己持有哪些股票，也不懂自己持有的股票。

别人可以像我这样集中投资吗？当然可以了，像我这样投资当然更好了。只持有三只股票行吗？开市客、伯克希尔、李录的基金，这三个，哪个不行？这三笔投资，单挑出来任何一个，失败的可能性都接近于零。把这三笔投资组合起来，失败的概率就更低了。

我年轻的时候就知道，应该集中投资。我一开始走上投资之路时，我还是一名律师，只能把自己微薄的积蓄用于投资。那时候，我的目标是每年跑赢指数 10%。我计算了一下，要实现这个目标，我应该持有几只股票。在计算这个问题时，我没什么公式，只用高中的代数知识就算出来了。

我发现，如果我做好投资三四十年的准备，平均持股三到四年，我只需要持有不超过三只股票，就一定能实现良好的收益率。

我用铅笔简单算了算，就得出了这个结论。从那以后，我坚决不相信分散投资的胡说八道。分散投资适用于对股票一无所知的人。如果你对股票一无所知，投资指数是最好的选择。如果你有一定的研究能力，能找出更好的股票，三只就足够了，买多了只会适得其反。如果真是绝好的机会，一只就够了。一个绝佳的机会摆在眼前，还用得着找别的机会吗？

只有一无所知的投资者才需要大量分散。金融学教授和投资顾问把分散投资奉为金科玉律。金融学教授教的东西是错的。投资顾问给的建议也是错的。我从来不相信分散投资的理论，因此我比别人更有优势。参与市场竞争，别人相信胡说八道，而你能看清真相，你当然比别人更有优势。

如果你的叔叔拥有一家公司，这家公司的生意非常好，他打算把这家公司留给你。那你还用得着分散吗？你应该直接去你叔叔的公司，努力把这家公司经营好。这么好的机会，还用想吗？有时候，市场中可能出现类似的机会，就像你叔叔把一家公司留给了你一样。这样的机会出现时，如同天上掉金子，一定要拿个大盆去接。好机会很少出现，一旦出现了，一定要当机立断、胆大心细，想方设法把它抓住。

我很幸运，我在很小的时候，就从我的太姥爷的故事中学到了这个道理。我的太姥爷早就不在世了，我从一个不在世的人那学到了非常宝贵的一个道理。我这一辈子都在和古人对话。先贤圣哲的智慧是很多当代人无法企及的。在与先贤圣哲的对话中，我们能学到很多。你想见他们很简单，用不着舟车劳顿，只要翻开一本书，他们就会来到你身边。我建议大家和先贤圣哲交朋友。在与他们的交往过程中，我受益良多。从你们在座的很多人身上，我学不到什么，但是亚当·斯密就不一样了，他教了我很多知识。

股东：1973 年，您在管理合伙人的资金时，亏损了 30%。1974 年，您又亏损了 30%。在两年的时间里，亏损了一半多，请问当时发生了什么？您从中学到了什么？

这个问题很好回答。当时，我为合伙人管理资金，我管理的合伙基金在一年之内跌了 50%，市场跌了 40% 左右。当时发生了大概三十年一遇的经济衰退，占据垄断地位的报业公司都跌到了三四倍的市盈率。市场跌到最低点时，我从高位下跌了 50%。下跌 50% 的情况，单单在我持有的伯克希尔股票上，就出现过三次。做投资，需要有点承受能力。投资是一件长期的事。既然做好了长期投资的准备，当遭遇 50% 的下跌时，你就得坚决顶住，别吓得屁滚尿流的。我用我的亲身经历告诉你们，好好修炼自己，当遭遇 50% 的下跌时，要做到"泰山崩于前而色不变"。（掌声）

别琢磨如何躲过大跌。该来的，总会来。没来的话，只能说明你不够拼。

投资苹果和航空公司并没有十足把握，但买爱尔兰的银行是个错误

股东：大概 10 年前，有一次，您谈到了沃伦·巴菲特，您说，65 岁之后，沃伦的投资功力更深厚了。您能否详细讲讲，沃伦越老功力越深，他是怎么做到的？您说过，沃伦是一台超强的学习机器。我们知道，通过经营多元零售公司（Diversified Retailing），沃伦明白了零售业的生意有多难做。请您再给我们讲一些具体的例子，讲讲沃伦是如何提升自己的风险意识和投资眼界的。谢谢。

无论做什么，始终充满了热爱，如饥似渴地学习，不懈地打磨技艺，假以时日，自然会达到一般人无法达到的层次。有些人能找到自己热爱的事业，能为自己的事业投入全部的精力。沃伦取得的成就令人叹为观止。如果沃伦不善于学习，伯克希尔可能永远只是一家小公司。沃伦是个既能打江山，也能守江山的人。到手的东西，沃伦绝对不会让出去。伯克希尔

既能开疆扩土，又能保证寸土不失。

最重要的是，我们跳出了窠臼，迈出了收购整家公司这关键一步。 以收购伊斯卡为例，沃伦支付的价格是五倍多的市净率。这么贵的公司，沃伦的老师本·格雷厄姆不可能买，年轻时的沃伦也不可能买。但是，沃伦青出于蓝而胜于蓝，**他通过多年的学习，认识到了好公司的价值。**

投资这行的好处在于，可以活到老学到老。 我们现在也没有停下学习的脚步。你们在新闻中看到了，我们突然买了大量航空公司的股票，你们一定感到很意外。我们以前不是一直说航空公司不是好生意吗？现在怎么又买航空公司了呢？把我们买的所有航空股加起来，我们差不多相当于买了一家小型航空公司。还有铁路公司，我们以前说，铁路公司的生意很差，不但行业内竞争激烈，而且面临着来自汽运行业的威胁。我们说得没错，在从前的80多年里，铁路公司的生意确实很差。但是，后来，等到只剩下四家大型铁路公司的时候，铁路公司的生意就好起来了。航空公司的情况和铁路公司差不多。

今天早上，我的儿媳妇说，她订了去欧洲的往返机票，一共才花了四五百美元。我当时就想，我们买的航空公司，能行吗？

我们买入铁路公司，获得了良好的收益。按照同样的逻辑，我们买入了航空公司。买入航空公司，我们有可能成，也有可能不成。

我和沃伦经常聊起过去的好日子。在过去的很多年里，"桶里射鱼"的好机会遍地都是。好机会太多了，"桶里射鱼"我们都不满意，我们要把水倒出来，等鱼不动弹了，用喷子对着鱼，然后再扣动扳机。那时候做投资，就是这么容易。后来，投资越来越难做。以前，我们做投资轻而易举，现在根本没什么优势。我们还是很享受投资的乐趣，但再也赚不到过去那么高的收益率了。

过去遍地黄金，弯弯腰就能捡到钱。现在呢，现在我们买了埃克森。你们知道沃伦为什么买埃克森吗？他只不过是用埃克森来替代现金而已。以前，我们哪至于配置类现金资产。**现在，伯克希尔的现金太多了，所以，**

我们在短期内配置了埃克森这样的类现金资产。这种投资方式已经与沃伦早期的投资方式截然不同了，沃伦变了。买入航空股的时候，沃伦就变了。买入苹果的时候，沃伦就变了。

多年以来，我们口口声声地说，"我们不懂高科技公司""高科技不在我们的能力圈范围内""航空公司的生意是全世界最差的生意"，现在你们从铺天盖地的新闻中看到的是，伯克希尔买入了苹果和航空公司。不是我们发疯了，而是伯克希尔的投资难度提升了，我们只能尽可能地去适应。无论是投资苹果，还是投资航空公司，我们都没有十足的把握。我们只能说是略有胜算。这已经是我们能争取到的最大的优势了，我们必须接受这个现实。

找对象的时候，你眼光高，人家还不一定看上你呢。还是在愿意嫁给你的人里，挑一个最好的吧，这样才比较实际。很多时候，你能争取到多大优势，不是你自己说了算的，只能顺其自然。现在的投资太难做了，我们没过去那么大的优势了，我们只能想开一些。我们现在做投资这么难，是因为我们的钱太多了。钱多了难，钱少了容易，还是钱多比较好。

股东：2008 年之前，伯克希尔投资了爱尔兰的银行。请问您如何看待爱尔兰的银行？如何看待爱尔兰的经济前景？

伯克希尔的这笔投资是个错误。我们不应该犯这样的错误，因为沃伦和我都很清楚，不能轻易相信银行的财务报表。银行的财务数字很容易操纵，银行的管理者经常抵制不住诱惑，走上财务造假的歧途。银行造假太容易了，所以投资银行的风险很大。我们犯了一个不该犯的错，我们从中吸取了教训。就算是自己很擅长的投资，也有马失前蹄的时候。我们不应该轻易相信财务报表，不应该投资爱尔兰的银行，我们的这笔投资做错了。

为了发展经济，爱尔兰大幅度消减税率，这是非常明智的做法。爱尔兰讲英语，而且税率又非常低，自然吸引了大量投资。比尔·盖茨的微软很早就在爱尔兰设立了分公司。爱尔兰打过六七十年的内战，在降低税率后，爱尔兰的经济获得了巨大的发展。

凭借低税率，爱尔兰吸引了大量投资，带动了整个国家的经济发展。其他国家可能也会通过降低税率来吸引外资，但不是每个国家都能把税率降到爱尔兰那么低。爱尔兰在降税这方面确实值得称道。在经济危机之后，爱尔兰复苏的速度非常快。我总觉得爱尔兰这个民族很有个性。我的太姥姥拥有苏格兰和爱尔兰血统。

股东： 两种投资载体，一种是有限合伙基金，另一种是公司，前者无须支付所得税，后者必须支付所得税。这两种投资载体存在巨大的差异。

你说得很对。采用公司这个载体做投资非常愚蠢。伯克希尔就是以公司作为载体进行投资的。以公司的形式投资大量股票，需要支付巨额所得税，而合伙基金则无须支付所得税。伯克希尔是一家公司，我们是通过公司的形式做投资，好在我们的股东获得了良好的收益率。你说得没错，用公司这种载体做投资，不合适。

股东： 我的问题是，如果必须在这两种载体之间做一个选择，它们之间存在多大的折价，才能抹平二者之间的差异？

按照《国内税收法规》的规定，公司投资需要缴纳所得税。谁闲着没事以公司作为载体投资？伯克希尔的股票投资组合占比越来越低，我们越来越像一家普通的公司。正常人不可能通过公司投资股票，这种做法太吃亏了，我连考虑都不会考虑。伯克希尔能有今天的成绩，很不容易。你要选的话，当然选合伙人形式了。

股东： 伯克希尔持有大量股票，将来实现收益时，需要支付税款。如果投资伯克希尔的话，是否要把这笔税款考虑在内？

我的解决办法是最开始就不要采用公司的形式。你说得很对，你自己已经知道答案了。

印度前景不明，中国的机会更多

股东：我的问题是关于李光耀的。您对新加坡创造的经济奇迹赞不绝口。您还说，邓小平借鉴了新加坡的经济发展经验，带领中国实现了改革开放。如今，印度也有一位心系百姓的总理，他也希望带领印度走向经济腾飞。请问您如何看待印度的发展前景？谢谢。

这个问题问得很好。李光耀是人类历史上最杰出的建国者之一。建国之初的新加坡是一片沼泽地，要钱没钱，要资源没资源，就是一个烂摊子，在一片贫瘠的沼泽地上，疟疾肆虐、腐败横行。**在非常短的时间里，李光耀把新加坡打造成了一个现代化国家。李光耀创造了人类历史上的一个奇迹。**

中国的崛起是一个更大的奇迹。中国的经济能走上高速发展的道路，有李光耀的一份功劳。当时的中国领导人非常务实，他们看到新加坡的华裔生活得很富裕，而中国人很贫穷，这给了他们很大的启示。中国的领导人讲了一句话："不管黑猫白猫，捉到老鼠就是好猫。"中国借鉴了新加坡的成功经验。那位效仿李光耀的中国领导人，他非常有智慧。我非常敬佩李光耀。我家里摆放着两个人的半身像，其中一位是本杰明·富兰克林，另一位是李光耀。

刚才的问题中问到了印度。我更喜欢中国人的文化，印度人的文化像个泥潭一样，把印度拖累得无法发展。**印度的种姓制度根深蒂固，印度的人口问题难以解决，印度还吸收了西方民主制度的糟粕。**在印度想做点什么事很难，印度的腐败问题也是一个顽疾。印度想学李光耀，不是想学就能学的。

印度也能实现发展，但是在种种弊端的束缚之下，它没办法快起来。我认识的印度人都非常优秀，他们和中国人一样有着极高的天赋。但是，在印度的普通民众之中，存在很多问题，例如，贫穷、腐败以及印度式的民主制度。印度社会积弊已久，它的种种弊端不是一朝一夕能解决的。

我给你们讲一个真事。韩国的浦项钢铁研究出了一种新工艺，可以使用品位较低的铁矿石和煤炭炼钢。印度正好有一个省，拥有大量低品位的铁矿石和煤炭。这些低品位的资源，留在那毫无用处。浦项钢铁可以带来一项变废为宝的新工艺，还能给当地创造大量就业机会。浦项钢铁和印度的这个省签订了合作协议。10年过去了，印度人吵吵嚷嚷，反对这反对那的，还有农民躺在路中央闹事的。于是，这个合作就泡汤了。换了在中国，这项目早开工了。换了在新加坡，也早开工了。印度向我们学习民主制度，把我们的糟粕学去了，放任愚昧的民众吵闹，什么事都做不成。印度这是作茧自缚。我不看好印度的前景，印度学不了李光耀。

股东：中国是世界上最大的经济体，中国拥有高达30%的储蓄率，中国拥有很大的投资潜力。如果一个中国人打算投资美股，请问您会给他什么建议？

你的这个假设，我不同意。如果我是一个中国人，具有做好投资所必需的品质，例如，聪明、自律等，我会在中国投资，而不是来美国投资。中国有很多"低垂的果实"，中国的一些公司拥有很深的护城河。所以说，我不同意你说的中国人投资美股的假设。中国人可能会有这样一种心态：我们以前贫穷、落后，现在我们有钱了，我们得出海投资，去美国投资。我不赞成这样的想法。**好机会就在眼前，何必舍近求远？按照目前的股市行情，聪明的人在中国做投资更容易成功。**

股东：请问您对中国的发展有什么最新的看法？

我看好中国的投资机会，因为中国有很多非常好的公司，而且价格很便宜。 中国人有吃苦耐劳的品质，他们工作非常努力。中国的制度为它提供了强大的发展动力。中国政府是真心实意地帮助企业发展。中国政府比印度政府强多了，印度政府的治理能力太差了。

提到中国，不能不说它带领十几亿人摆脱贫穷的伟大成就，这在历史上是前所未有的。现在的中国，高铁四通八达，中国的成就举世瞩目。美国是靠向欧洲举债发展起来的，中国的崛起靠的是自力更生，他们把一半的收入存了起来，他们特别擅长延迟满足。中国的成就令人敬佩，中国的做法非常有效。我对中国非常有好感。

中国也有一个问题。中国人的问题是赌性太重，特别迷信运气。迷信运气的人很无知。不能信运气，要信概率。这种现象也许是源于中国的文化。很多中国人迷信思想很严重，赌博成瘾，这是中国人的一个弊病。

股东： 儒家思想非常注重孝道。我们这一代人应该如何履行孝道？

我非常认同孝道，尊老敬老是一种美德，特别是尊重像我们这样有钱的老头。

饮水思源，慎祖追宗，这是非常值得提倡的美德。儒家思想注重孝道，因为人类的代际是有传承关系的。你们这一代人从父辈手中接过旗帜，你们再把它传给你们的下一代。一个文明不能没有孝道。如果我们没有家庭、没有祖先、没有后代，我们将成为没有根的浮萍。正是因为一代又一代先辈的努力，我们才能享受到今天的文明成果。孝亲敬老是一种美德。

要找到优秀的人共事，自己首先要优秀

股东： 您做过一场关于人类误判心理学的演讲。您对人的心理偏见有着深刻的认识。请问您是如何选人用人的？您和巴菲特先生选出的经理人德才兼备，请问你们是怎么做到的？

我们之所以能做出一些成绩，很重要的一点在于，我们的合伙人、我们的员工非常优秀。在每日期刊公司也是如此。盖瑞·萨尔兹曼看起来像个普通人，其实，他是个怪才。盖瑞在两三个领域都取得了非凡的成就。盖瑞一直是个非常优秀的人。顺便说一句，盖瑞也来自中西部。

我们运气非常好，一直能与优秀的人共事。为什么我们能与优秀的人

携手呢？我经常说，要找到优秀的伴侣，只有一个办法，就是自己得配得上。同样的道理，要找到优秀的人共事，你自己首先要是一个优秀的人。**在与别人合作的过程中，沃伦和我都是首先以高标准要求自己。因为有优秀的人与我们一道努力，我们才能取得今天的成绩。**如果没有盖瑞·萨尔兹曼，我们今天不可能在这里相聚。领导每日期刊公司这份工作，除了盖瑞，没有第二个人能胜任。

我们经常遇到这种情况。**在招聘经理人时，我们经常发现，第一名候选人鹤立鸡群，把其他候选人远远甩在了后面。**很少出现三位候选人都非常优秀，而其中一位稍微更优秀一些的情况。每次招聘经理人，我总是发现，只有一个人可以，其他人则差远了。正所谓"千军易得，一将难求"。沃伦和我总是有幸能和优秀的人共事，难怪沃伦说他跳着舞去上班。如果你像沃伦一样，也和优秀的人共事，你也会跳着舞去上班。和优秀的人在一起，做一件事，成一件事。在好公司工作，总是赢，谁不愿意啊？这就是一种了不起的公司文化。我们的运气比较好，运气这东西，是别人给不了的。

巴菲特合伙基金的收费方式在今天也公平合理

股东：在为合伙人管理资金时，巴菲特采用了一种设有水位线的收费方式。如今的市场竞争非常激烈，请问巴菲特合伙基金的这种收费方式仍然可行吗？另外，您当年管理合伙基金时，采用的是怎样的收费方式？

我当年基本上复制了巴菲特的收费方式。我觉得当年巴菲特的收费方式非常合理，放在今天也非常合理。莫尼什·帕波莱（Mohnish Pabrai）是一位基金经理，他现在就坐在下面，他沿用了巴菲特的收费方式。这种收费方式很公平，应该有更多的基金采用这种收费方式。收取固定管理费的模式旱涝保收，非常不合理。一个人给别人管理资金，他自己首先要有赚钱能力。一位基金经理，没有赚钱能力，凭什么给别人管理资金？一位基金经理，自己有赚钱能力的话，应该不缺钱。自己不缺钱，为什么不把自己的钱和投资者的钱放在一起？赚了一起赚，亏了一起亏。凭什么投资者遭受亏损，基金经理却照样收管理费？我认为巴菲特的收费方式很合理。我们觉得合理的东西多了，但没人学啊。沃伦和我真没什么影响力。我们还觉得我们的薪酬制度很合理呢，有几家公司学了？

人生因为难而充满挑战和意义

股东： 在人的一生中，世界会发生很大的变化。等我到了您这个年纪，有什么东西是不变的吗？将来的好生意和现在的好生意有什么共同之处？

唯一不变的是这个"难"字。你会经历亲人离开这个世界，你会遭受一些沉重的打击，你会品尝到痛苦的滋味。人的一生，九九八十一难。走到生命的尽头，才发现一切都是一场空。**无论你怎么拼搏，人生注定以失败收场，悟出了这个道理，你就明白了什么是人生如梦。**小猫小狗不知道什么是命，我们不一样，我们能领悟到人生如梦的宿命。

有人说，热力学定律中讲的能量守恒根本不适用于人生。人生的结局不可能是赢，所有人都逃不掉失败的宿命，这是我们必须面对的终极难题。**但是，如果我们乐天知命，我们就能以积极的态度面对人生，在有限的人生里，活出自己的价值。**这个道理，大家应该能想明白。用一生的时间，从零开始，通过一点一滴的努力，取得了很大的成就，你用自己的能力和智慧帮助他人，给别人树立一个良好的榜样，你会感到非常骄傲，非常值得。**正是因为难，才有很多乐趣，才能体会到克服困难的喜悦。**

人生的"难"还有一个好处。今天上午，在股东会之前，我们开了一个董事会，我们谈到了软件的实施问题。在一个新地区实施复杂的软件程序，总是会出现这样或那样的问题，经常出现故障，经常需要重来，忙得焦头烂额。我说，我在这一生中发现了一个道理，一起吃过苦、受过罪，一起打拼出一番天地，这样结成的友谊关系最亲密，这种情谊是无法在安定富足的好日子中建立起来的。

在逆境中，我们疲于应对，痛苦挣扎，但是，逆境最能锻炼意志、塑造友谊、孕育成功。只有在逆境中共同奋斗，人们才能建立起同甘共苦的情谊，这份情谊弥足珍贵。面对困难，我还有一个观点。人生的困难一个接一个，每个困难都是对我们的一次考验，都是我们表现自己的机会。我建议大家以这样的态度面对困难。特别是等你们上了年纪的时候，这个态度非常有用。人老了，很多困难是无法克服的，没一个好心态不行。

股东：您告诉我们，要控制自己的情绪，要严格自律，要以正确的态度面对困难。请您再详细地讲一讲，让我们进一步领略您的精神世界，您如何克服困难？如何迎接人生的挑战？

我还是个小孩子的时候，我爷爷把我送到了圣经学校。圣经学校里的老师讲，伊甸园里有一条会说话的蛇。虽然我那时只是个小孩子，但我不相信蛇会说话，现在我仍然不信。没有宗教信仰，不代表没有精神追求。基督教用会说话的蛇教人向善，我不相信蛇会说话，但是我有我的精神追求。从小受到家庭环境的熏陶，我把提升理性作为一种道德追求。一个有能力追求理性的人，不去追求理性，那么他在道德上存在缺陷。即使我们天性愚钝，也要踏上追寻智慧的苦旅，因为理性之光能帮我们驱散愚昧的黑暗。我们应当把提升理性作为一种道德追求。

成为一个更理性的人，成为一个更完善的人，这是每个人应尽的道德义务。在自我完善的同时，我们不能对我们的同胞不闻不问。社会允许一部分人像我们这样成为富人，但是社会也应当为民众构筑一套可靠的生活保障体系。我们的社保体系虽然有它的弊端，但是一个国家必须努力为民众提供健全的社保体系，这也是道德的应有之义。虽然我不相信蛇会说话，但是我相信讲道德是做人的根本。

股东：我的问题是关于能力圈的。请问如何知道能力圈的边界？能力圈的大小是会变化的吗？如果是变化的，是变大还是缩小？

一方面，有些东西，我们以为自己知道，实际上不知道；另一方面，在复杂的活动中，过去管用的经验可能随着时间推移而失效。由于这两种不确定性的存在，认清自己的能力圈很难。物理学定律是恒定不变的，但人的经验需要随着文明的发展而改变。我们要克服这两种不确定性，努力认清自己的能力圈。这也不算什么坏事，正因为充满挑战，才有乐趣。对我们所有人来说，都是如此。生活如果一成不变，那不成一潭死水了吗？还有什么意思？

2018年 每日期刊股东会讲话

编者按

2018年的每日期刊公司股东会在2月14日召开。这一年最值得注意的是，芒格请彼得·考夫曼在会上专门介绍了他筛选基金经理的"五张王牌"，并评价了莫尼什·帕波莱和李录这两位凤毛麟角级的基金经理。此外，本年度投资相关的问题占比较大，针对巴芒的投资之道如何应用于国债、小资金、好公司、传统消费品品牌，当下市场上较火热的保证金交易及代表人物维克多·尼德霍夫，量化交易、指数基金和比特币等，芒格均有评述。

有几位董事去洗手间了，还没回来，我们稍等一会。老年男性经常很尴尬，总是因为去洗手间耽误事。

好，现在会议正式开始。我是董事会主席查理·芒格……下面，我们把正式流程走完，正式流程结束后，我先高谈阔论一番，然后再回答大家的提问。

工作人员：关于续聘会计师事务所的投票表决结果：1283388票支持，275票反对，244票弃权。

反对票是谁投的呢？也许是我们的会计师事务所把一个员工炒掉了，这位前员工投了反对票。

每日期刊的业务和投资

软件业务占比已远超传统业务，但竞争激烈

现在进入高谈阔论和问题解答时间。首先，我简单谈谈每日期刊公司的传统业务。每日期刊公司的传统业务还在继续，但只能维持微利经营。在过去，计算机的算力没现在这么强大，法院系统中包含大量宝贵的信息，但无法得到及时有效的收集和整理。无论是主审法官的判决记录，还是对方律师的胜诉率，这些信息都对律师非常有价值。把法院系统中的大量信息高效地整合起来，这是一个巨大的商机。很多人发现了这个商机，做这个业务的公司，有来自计算机行业的，也有来自其他行业的。鹿死谁手，现在还不得而知，但我们肯定会尽自己最大的努力去参与这场竞争。过去，我们经营的法律报纸在一个地区内占据垄断地位，律师需要通过我们的报纸获得法院的各种信息。现在，法律报纸业务已经衰退了，这项传统业务无法再现往日的辉煌，能继续经营下去就不错了。

大多数报纸只能等死。死肯定是都要死的，区别只是早晚而已。《纽约时报》(The New York Times)能活下去，人们还是会在机场花五美元买一份《纽约时报》。少数几家报纸能活下来，但是整个报纸行业肯定是不行了。报纸行业走向了末路，伯克希尔·哈撒韦仍然收购了很多报业公司。在收购的时候，我们已经把报业公司的衰退和消亡考虑在内了。然而，实际上，报纸行业下滑的速度超出了我们的预期。

传统的报纸业务衰落了，但每日期刊公司开辟了一项新业务——软件业务。为了开展软件业务，我们投入了大量资金，付出了大量努力。如今，在我们的营业收入中，软件业务占比已经远远超过了传统业务。我们的软件生意，赚的是良心钱。我们的软件业务面临着激烈的竞争，这个生意很难做。和政府部门打交道太难了，这个钱太难赚，很多软件公司不愿意做这个生意。很多软件公司能轻轻松松地赚大钱，何必来做这份苦差事。我们做的也是软件生意，但我们这份软件生意又苦又累，赚钱还慢。从与客户签约，到拿到第一笔收入，我们要经历四到七年的时间。我们不断地投入，耐着性子与政府部门打交道，经过长期的辛苦付出，才能得到回报。虽然苦一些、累一些，但是，我们愿意做这份工作。我们把自己的工作做好了，赢得了法院等政府部门的信任，我们感到很欣慰。我们踏踏实实地做好自己的工作，客户遇到了什么问题，我们第一时间帮客户解决。通过一点一滴的努力，我们赢得了客户的认可，我们很有成就感。我们的软件业务发展得很好。盖瑞，请你谈谈你对软件业务的看法。

盖瑞·萨尔兹曼：正如查理所说，我们的软件业务前期需要投入大量时间和精力。这项业务，虽然投入期比较长，但是如果做成了的话，黏性也会很强。更换软件服务商需要付出巨大的时间成本，政府部门一般不会随意更换软件服务商。我们的前期工作非常艰苦，最困难的是信息转化和接口调用。有的客户需要调用20多个接口，这给我们带来了很大的工作量。我们的丹佛分公司有25名员工专门负责接口调用和信息转化工作。在软件系统实施过程中，最让我们感到头疼的就是信息转化和接口调用。很多政府部门的软件系统使用了好几十年，储存了大量历史信息，把这些信息转化到新系统中需要耗费大量时间。

目前，我们有很多实施工作正在进行中。不同的项目，情况不同，大部分项目需要一年以上的时间，有的项目需要几年的时间。有的项目，客户配备的人手很少。有的项目，客户配备的人手比较多。有一个项目，客户安排了15个人帮助我们实施。能安排这么多人，说明客户非常重视这个项目。客户安排的人手多，我们的实施速度就快。通过与我们配合实施，客户方面的员工能快速上手。在熟悉了软件系统以后，他们可以根据需要，自己更改软件的配置。我们特别希望客户方面的员工能熟练使用我们的软件产品。在过去，政府部门内部的IT员工基本没有独立解决问题的能力。有了我们的产品，政府部门的IT员工能有效地解决问题。我们愿意帮助政府内部的IT员工，提升他们的能力，让他们实现自己的价值。与政府的IT

部门配合，我们能更好地为客户提供服务。

关于我们的软件生意，我再补充两点。第一，与竞争对手的产品相比，我们的软件系统可配置性更强；第二，与大多数竞争对手相比，我们确认收入的时间更长。软件系统价格不菲，购买软件系统，万一钱交出去了，最后软件却不好用，这怎么办？客户会有这种顾虑。我们可以打消客户的顾虑。我们非常有钱，我们不会为了钱而丢了脸面，而且我们不在乎每个季度的财报好不好看。我们告诉客户："和我们做生意，你们用不着担心，等我们把活干好了，你们再付钱。"我们的会计方式非常保守，我们与客户做生意，先干活，后收钱。客户信任我们，我们不能辜负客户对我们的信任。我非常喜欢每日期刊公司的经营理念。

说真的，我现在对南澳大利亚州（South Australia）的法院系统非常有好感。我们在南澳州签了一个大单。我们与南澳州的法院系统取得了互信。我们一定把这个单子做好。每日期刊能把业务做到澳大利亚，我倍感欣慰。所以说，我对澳大利亚非常有好感。各位股东，也许你们和我一样没想到，我们竟然能在澳大利亚闯出一番天地。我们一定好好干，用实际行动证明我们配得上拥有澳洲市场。

我们已经熬了很长时间，将来还要熬很长时间。我们的规模在逐渐扩大，但我们的生意快不起来，我们永远不可能像谷歌和微软那么赚钱。我们还有很长的路要走，但是我们拥有雄厚的财力、顽强的意志、优秀的员工，我们一定有熬出头的一天。

我们投资比亚迪和富国银行，很多人都看不懂

除了软件业务和报纸业务，我们还持有一些证券。伯克希尔·哈撒韦通过保险公司持有大量证券，伯克希尔旗下还经营着众多公司。我已经说过无数遍了，每日期刊公司不是迷你版的伯克希尔。每日期刊公司在止赎潮中发了一笔意外之财，因为这个偶然的机遇，我们投资了大量股票。我们赚到那笔钱的时候，恰逢市场跌到了最低点。当时，我们觉得投资股票

比持有现金合适，所以，我们买了股票，我们的大量证券就是这么来的。每日期刊不是迷你版的伯克希尔，每日期刊公司的主营业务是软件，我们还经营着一份利润微薄的报纸。我们持有大量流动资产，是因为我们抓住了机遇，在得到一笔意外之财后，我们把握住了绝佳的投资机会。在过去四五年里，我们的资产增速很快。将来，我们不可能继续保持那么高的增速。请大家注意，下个季度，我们的净资产还会出现一次显著上升，因为特朗普的税改降低了我们的递延所得税。所以说，下个季度，我们还会发一笔意外之财。

在每日期刊的投资组合中，比亚迪这家公司的占比较高。除了每日期刊公司，伯克希尔·哈撒韦、芒格家族也都投资了比亚迪。虽然比亚迪是一家上市公司，但是我们对比亚迪的投资具有风险投资的性质。如今，比亚迪已经发展成了一家大公司，它拥有 25 万多名员工。比亚迪主要生产电动汽车，它也生产少量的燃油车。比亚迪的电池业务规模很大，它在西藏投资了一个大型锂矿，很快就要投产了。那里有一个盐湖，盐湖的水是有毒的，但是盐湖里蕴藏着丰富的锂资源。比亚迪是我们做的一笔风险投资。比亚迪还开拓了一个全新的业务领域——云轨。比亚迪的云轨业务发展很快，比亚迪已经与中国的很多城市签订了合作协议，甚至打开了海外市场。比亚迪还生产电动公交车。伯克希尔、每日期刊公司、芒格家族竟然能与中国的一家小公司结缘，并且看着它长成参天大树，想想真是很神奇。

比亚迪是一家有故事的公司。比亚迪的创始人王传福出身于农民家庭，家中有八个兄弟姐妹，他排行老七。儒家思想中有长兄如父的观念，王传福的哥哥挑起了家庭的重担，靠打工供弟弟王传福读书。王传福没有辜负哥哥的期望，成功地读完了本科，又读了研究生。工作了几年后，王传福发现了手机电池市场中的商机。当时，日本公司拥有专利，手机电池市场完全被日本公司垄断着。王传福从中国银行贷款 30 万美元，创办了比亚迪公司。这笔贷款是他的表哥帮他办下来的，儒家的传统观念对中国人的影响真是非常深远。王传福白手起家，从无到有建立了一家拥有 25 万多名员

<u>工的大型企业</u>。深圳市政府、西藏自治区政府都给了比亚迪这家企业很大的帮助。比亚迪不是一家合资公司，它是中国人自己打造的一家高科技公司。看着比亚迪不断成长进步，我感到很欣慰。比亚迪发展单轨业务，说做就做起来了。美国哪有几条单轨？中国的审批制度和美国有很大的差异。<u>中国人做事的效率很高，说做就做，我喜欢这样的行事风格</u>。盖瑞·萨尔兹曼也是这样的人，风风火火，说做就做。能与比亚迪这么成功的公司结缘，我们很荣幸。比亚迪为社会做出了很大的贡献，发展电动汽车有助于减少空气污染。

我们投资比亚迪，很多人可能看不懂。我们买入富国银行这笔投资，很多人可能也看不懂。我知道肯定会有人问关于富国银行的问题，所以我提前回答一下。富国银行设计的激励制度太不合理了，而且在发现问题后，它没能及时采取措施。富国银行犯的错误是一个很常见的错误。我们犯的错误少一些，但我们也会犯类似的错误。吃一堑，长一智，出了这个问题，对富国银行来说是好事。银行的利润非常容易操纵，无论是放松贷款标准，还是欺骗客户，都能虚增大笔利润。银行应该抵制住操纵利润的诱惑。这个丑闻曝光后，富国银行得到了教训，监管机构可以放富国银行一马了，它已经长记性了。关于每日期刊的业务，我就说到这里。

你们这些股东买每日期刊公司的股票，并不是因为看好每日期刊公司的前景。你们来这里另有目的，你们是我的铁杆粉丝。

你们这里有不少人是书呆子。俗话说，"物以类聚，人以群分"。我也是个书呆子。

彼得·考夫曼筛选基金经理的"五张王牌"

我们的一位董事总结出了筛选基金经理的几个条件。按照他的这个标准筛选，一半以上的基金经理都是不合格的。下面，我们有请彼得·考夫曼分享他的"五张王牌"筛选法。

彼得·考夫曼：我总结出了筛选基金经理的几个条件。希望你们也可以通过我给出的这几个条件，筛选出合格的基金经理。我的筛选方法包含五个条件，所以**我将其称为"五张王牌"筛选法**。第一张王牌是绝对诚实正直；第二张王牌是谈起自己的投资逻辑清晰、成竹在胸；第三张王牌是收费方式公平合理；第四张王牌是投资领域是人少的地方；第五张王牌是年纪比较轻，还有很长的时间可以做投资。真找到了符合全部五个条件的基金经理，你应该做两件事：第一，立即投，立即把钱交给你找到的基金经理；第二，多投，能投多少钱就投多少钱。在座的各位中，应该有基金经理。

还不少呢！

彼得·考夫曼：在座的，除了基金经理，应该也有人负责挑选基金经理，希望我的"五张王牌"筛选法能助你一臂之力。

用彼得的方法筛选，能把一半的基金经理给炒了。

彼得·考夫曼：基金经理也可以对照这五个条件自省，用这五个条件要求自己。作为一名基金经理，我应该具备怎样的素质？我应该是一个诚实守信的人；我应该对自己的业务烂熟于心；我应该采用公平合理的收费方式；我应该去人少的地方投资，人少，利润才高，人多，哪有钱可赚？你们中的很多人的优势在第五项。你们大多数人都很年轻，还能做很多年的投资。有些基金经理已经功成名就了，他们符合前四项条件，但是第五项条件，他们不符合。

我们就不符合第五个条件，我们不像年轻人，还能继续投资几十年。**我们年事已高，但这不代表公司的未来不会更好**。伯克希尔·哈撒韦是一家很独特的公司，它的董事、经理人年纪都非常大。像伯克希尔、每日期刊这样的公司非常少，我能想到的，同样由一群高龄老人领导的，只有摩门教。

摩门教的高层领导由85岁到100岁之间的老年人组成，摩门教的神职人员不领取任何薪酬。由不领取薪酬的高龄老人领导，这种组织方式帮助摩门教取得了成功。伯克希尔和每日期刊的领导方式与摩门教的领导方式不谋而合。

伯克希尔的董事年纪很大，我们每日期刊的董事年纪更大。沃伦经常开玩笑说，看看伯克希尔的年轻人能不能比过每日期刊的老年人。摩门教带领大批信徒过上了幸福的生活。谁能想到领导摩门教的是一群不拿薪酬的 85 岁以上的高龄老人？真是太不同寻常了。我这一生看到了很多不同寻常的成功。我没想到自己能坐在这里。有一位老年人，她在自己的 94 岁寿辰上说："我今天很高兴来到这里。能活到这么大年纪，在这里我很高兴，在哪里我都很高兴。"

资管行业的收费方式，我们也可以说道说道。麻省投资者信托基金（Massachusetts Investors Trust）是基金行业的先驱，它是一家很正派的公司，因为成立得早，赚了很多钱。后来，它的规模发展到了 7000 多亿美元，它聘请了大量年轻的基金经理，把投资分散在 50 多只股票里，这就不可能再跑赢标普指数了。它跑不赢指数，还收取大量管理费，自然就有些说不过去了。

一只基金，管理 300 亿美元规模的资金，聘请大批雄心勃勃的年轻基金经理，每年收取 1% 或 2% 的管理费，20% 的业绩分成，能给客户创造良好的投资收益吗？按照这样的收费方式，客户很难获得良好的长期投资收益。大家知道，沃伦打了个赌，他赌一篮子基金无法跑赢标普指数。沃伦赢了，因为基金收取的费用会吃掉很大一部分利润。现在的竞争这么激烈，管理几十亿美元的资金，很难取得什么优势，更何况还有高昂的费用拖后腿，读再多的卖方报告都没用，再怎么努力都是做无用功。在伯克希尔早期，我们那时候做投资比较容易。你们今后做投资，会越来越难。你们学我们，很难取得我们当年的业绩。我们的投资方式、投资理念并没有过时，只是现在的投资环境不同了，难度加大了。钓鱼有个秘诀。钓鱼的第一条规则是，在有鱼的地方钓鱼。钓鱼的第二条规则是，记住第一条规则。投资是同样的道理。有些地方的鱼很多，钓鱼技术不太高，也能钓到很多鱼；

有的地方人很多，钓鱼技术再高，也钓不到多少鱼。在当前的投资环境中，很多地方是人多鱼少。别灰心。人生的路很长，有顺境，也有逆境，有机会多的时候，也有机会少的时候。**无论环境如何，都挺直腰杆向前走，这才是正确的人生态度。每个人都有属于自己的机会，如果你活得足够长，你总会遇到属于你的机会。**上天分配给每个人的好机会不多，也许最多只有两三个。两三个大机会，只要你能把握住，那就足够了。我的高谈阔论讲完了，下面开始回答大家的问题。

每日期刊没有会计问题，也不会欺诈

股东： 每日期刊公司的审计报告指出，公司在职责分离方面存在重大缺陷。请问公司真存在这个问题吗？是否需要解决？

现在的会计师事务所为上市公司做审计，提供两项服务，先查找内部缺陷，然后修复内部缺陷，两项服务分开收费。为了继续提供修复缺陷的服务，审计机构总能找到这样或那样的重大缺陷。我不相信每日期刊公司存在什么会计问题。与同行业的其他公司相比，我们的会计原则更保守。我们不存在任何搞财务欺诈的动机。我们的账上有数亿美元的有价证券。会计准则不是十全十美的，审计机构的结论中包含很多主观因素。真要鸡蛋里挑骨头，每个人都有缺点。我不认为每日期刊公司存在什么会计问题。

我刚来洛杉矶时，遇到了一个名叫 B.B. 罗宾逊（B.B.Robinson）的人。20 世纪 20 年代，他参与操纵股票赚了 1000 万美元。20 世纪 30 年代，他带着这笔钱来到了加州。那时候的 1000 万美元可是一大笔钱。到了加州以后，他无所事事，不是喝得酩酊大醉，就是追求女明星。那时候的银行还是非常老派的。他的客户经理对他说："罗宾逊先生，我们是一家非常保守的银行，您整天这么花天酒地的，我们很担心。"罗宾逊回答说："你放心吧，我喝酒，我的市政债券可不喝酒。"我想借用罗宾逊的话回应每日期刊的重大缺陷：我们的有价证券不喝酒。

伯克希尔的文化和基因

伯克希尔的基因中有中西部价值观的成分

股东： 请问中西部的价值观是什么？这种价值观给了您怎样的影响？伯克希尔的基因中是否带有这种价值观？

我觉得伯克希尔的基因中具有中西部价值观的成分。如果伯克希尔发源于纽约的曼哈顿岛，它不会是今天这个样子。在曼哈顿，很容易沾染上浮华和喧嚣的气息，沃伦出生和成长在奥马哈是一件好事。我也出生和成长在奥马哈，对奥马哈有很深的感情。我非常喜欢中西部的文化，不喜欢那种浮华喧嚣的文化。美国南部、东部、落基山脉地区等地的文化，也很不错，只不过我对那些地方不太熟悉。我去西北部的蒙大拿州钓过鱼，我很喜欢蒙大拿，只不过那个地方太偏僻了，我离不开城市里的人文气息。奥马哈这个地方，对我来说正合适。

伯克希尔只投资我们觉得放心的银行股

股东： 我的问题是关于商业银行的。在伯克希尔的投资组合中，银行的市值高达 600 亿美元。每日期刊公司也持有大量银行股。在查看伯克希尔的投资组合时，我有个疑问。有几家银行，质地似乎也不错，但是伯克希尔并没有投资。现在，银行股的估值已经很高了，但是四五年前，那些银行股很便宜。伯克希尔为什么没投资其他银行股呢？是因为银行股的配置已经很高了吗？还是说，您和巴菲特先生没看好其他银行股？

银行业比较特殊。银行的高管面对的诱惑非常强烈。在所有行业中，银行业是最容易把持不住的一个行业。银行很容易为了眼前利益，而牺牲长远利益。投资银行股的风险系数非常高，只有很少的银行能让人放心。伯克希尔精挑细选，尽可能地回避风险，只投资我们觉得放心的银行股。关于这个问题，我只说这么多，我说得肯定都对。

股东：上午好，巴菲特先生……芒格先生。

你管我叫巴菲特先生，我很荣幸。

股东：最新公布的伯克希尔年报显示，在过去52年里，伯克希尔的每股净资产从19美元增长到172000美元，每年的复合增长率高达19%。保险公司的投资存在杠杆。一笔投资，在保险公司的投资组合中实现了14%的收益率，但是反映到净资产中，增幅可能是20%。请问在伯克希尔的净资产收益率中，保险公司的杠杆效应带来的贡献有多大？

在伯克希尔超高的收益率背后，杠杆确实做了点小贡献。保险业务的杠杆，对伯克希尔的收益率确实有贡献，但贡献没多大。有的年份，贡献比较大。有时候，阿吉特赚钱赚到手软，沃伦把阿吉特赚到的钱用于投资，又赚了20%。有些年份，保险业务能实现非常高的投资收益率。总的来说，保险生意不是那么好做的。保险生意中有很多风险和隐患，而且现在的竞争越来越激烈。**伯克希尔的保险生意取得了成功，是因为我们犯的大错非常少，我们基本没犯过严重的错误，但是我们做对的事情非常多。**与我们起步时相比，现在想复制我们的成功，难度非常大。伯克希尔的成功非常罕见。在50年的时间里实现19%的复合收益率，没几个公司能取得这么辉煌的成绩。在短期内，不可能出现下一个伯克希尔。每日期刊绝对不是下一个伯克希尔。

股东：阿吉特·贾因一手创建了伯克希尔的再保险业务，他是怎么做到的？

很简单，他一周工作大概90个小时。阿吉特是个聪明、正直的人，也是一个脾气非常温和的人。阿吉特每天晚上都和沃伦打电话讨论业务。阿吉特这样的顶尖人才少之又少。现在就算有像阿吉特这样的人才，也无法复制阿吉特的成功，因为现在比以前更难了。

坚持学科融合，避免认知偏差

心理学要和其他学科融合才能发挥最大威力

股东：1995 年，您在哈佛大学以《人类误判心理学》为题做了一次演讲。在演讲的末尾，您说了这样一句话："向大众讲授心理学没什么用，讲了也没几个人能听懂。"请问您为什么这么说？

我好像没说过这样的话。普通人想学好心理学确实不容易，因为心理学领域的专家侧重于搞学术，他们总是以做实验和发论文为导向。为了从实验中得出简单明了的结论，方便发表论文，他们把实验设计得非常简单，一般每次只研究一个变量。他们一个变量一个变量地研究，每个变量都做很多次实验，由此得出了很多的结论。把心理学中的所有结论烂熟于心，每个结论信手拈来，心理学知识才能真正发挥出威力。

另外，我们还要把心理学知识与其他学科的知识融合起来。把心理学与其他学科整合起来，我们的思维能力会得到极大的提升。心理学教授没这个整合能力，因为他们不了解其他学科的知识。在心理学领域，做实验和发论文才有前途，搞学科融合得不到什么好处。心理学的研究走偏了，教学当然也有问题。**心理学这个学科，只有把它和其他学科融合起来，才能发挥最大的威力。**

但是，心理学领域有自己的一套激励机制，不鼓励研究人员搞学科融合。正因为如此，整个心理学的知识体系有失偏颇。心理学教得有问题，这正好给了我一个自学的机会。**从我年轻的时候起，我就树立了这样一种态度：如果老师教得不好，没关系，我自己学。**我发现很多学科的知识与心理学的知识是有联系的。在学习了心理学之后，我自觉地把心理学知识与其他学科的知识整合到一起。心理学教授始终无法跳出心理学的窠臼，他们沿袭旧的学习和教授方法，一代一代人陈陈相因，心理学始终跨不出学科融合这一步。

你们应该和我学，别学那些心理学教授。学那些心理学教授教的东西，你们肯定赚不到钱。理查德·塞勒（Richard Thaler）在行为经济学方面取得了丰硕的研究成果，获得了诺贝尔奖。像他这样能进行跨学科研究的人非常少，希望有越来越多的人能像塞勒学习。把诺贝尔奖颁给塞勒是对学科融合的鼓励，塞勒的研究方式正是我推荐的方式。

学习模型思维没有捷径可走

股东：如果您把自己的思维模型传授给小学生，您是会把所有的模型都教给他们呢，还是会启发他们自己去领悟？

我既教他们，也启发他们。一方面，我们必须把大量的模型储存在头脑中；另一方面，我们要能够得心应手地使用各个模型。学习模型这种思维方式，没有捷径可走。也许有，但我是不知道。我的做法就是两个字"坚持"。威廉·奥斯勒爵士经常引用托马斯·卡莱尔的一句名言："与其为朦胧的未来而烦恼忧虑，不如脚踏实地，做好眼前的事。"这句话说得很对。大多数时候，我们应该把眼前的事做好，尽人事，听天命。

很难说哪种认知偏差影响更恶劣

股东：从全国范围内来看，您认为哪些认知偏差的影响最大？

认知偏差太多了，很难说哪个影响更恶劣一些。让人类做出错误判断的心理倾向有很多种，每一种都在发挥作用。在这些心理倾向的影响下，人类做出了很多错误的判断。以美国的政治为例，民主党和共和党的两极分化已经到了不可理喻的地步。打开电视，调到 A 频道，一个傻瓜在表演。调到 B 频道，另一个傻瓜在表演。两个傻瓜的观点截然对立，但他们都是傻瓜。这两个傻瓜还分别有自己的智障受众群体。（笑声）这样的政治生态，真是令人感到有些悲哀。从前的美国不是这样的。我非常怀念坚持报道真相的主持人沃尔特·克朗凯特（Walter Cronkite）。现在看点新闻真不容易，两个台都是傻瓜，怎么办？我只好来回换着看，不能只盯着一个傻瓜看。（笑声）世界上总是有很多傻子，很多疯子。又疯又傻的人很多，他们背后还总是有一大批又疯又傻的追随者。看到了这么多疯子、傻子，我更想努力思考、保持理智了，因为我不想变成他们那样。失去了理智，人就完了。你们打开电视是什么感觉？一个傻瓜说的是一套，另一个傻瓜说的是另一套，两个傻瓜都在歪曲事实。你们能受得了吗？我不想成为他们那样的傻瓜。政治极化现象会愈演愈烈，还是将逐步恢复正常，谁知道呢？我们只能拭目以待。

笑对苦难是一种态度，要坚持做有价值的人

股东： 我刚过而立之年，您在我这个年纪时经历过巨大的痛苦。我的脑海中浮现出一个画面，您独自一人走在帕萨迪纳市的街道上，命运的打击让您痛彻心扉。请问您是如何度过那段艰难岁月的？另外，我的朋友也想请教您一个问题……您是否考虑过成为一名相声演员？您抖包袱的频率之高，相当罕见。

你很懂我。我不是犹太人，但是我非常向往犹太人的幽默。犹太人只占世界总人口的 2%，但是他们创造了世界上 60% 的幽默。犹太人经历了那么多苦难，却仍然能笑对人生，真是令人赞叹。我非常欣赏犹太人。建议你们也像我一样，学习犹太人笑对苦难的人生态度。

正好，我给你们讲个小笑话。有一个小女孩，长得很乖巧，一头金色的卷发，说起话来有些不清楚，非常可爱。她走进了一家宠物店。老板问她："小姑娘，你想买什么啊？"小女孩说："兔己，我要买兔己。"老板说："你看，这里有很多兔己呢，有灰色的、白色的，还有棕色的。你想要什么颜色的啊？"小女孩说："我的大蟒蛇可他妈不管什么颜色的。"

有点幽默感，确实能让痛苦少一些。生活中从来不缺少笑点，人们总是做很多蠢事，那都是非常好的笑料。

股东： 您的大名是查尔斯·芒格，但是您选的昵称是查理，为什么不用"查克"（Chuck）这个昵称呢？

打诈骗电话的一般会管我叫"查克"。

我觉得"查理"这个昵称很好。我爷爷的原名是查尔斯·托马斯·芒格（Charles Thomas Munger）。在被任命为联邦法官之后，他觉得这个名字有些不体面。于是，他把自己的名字中的两个字换了个位置，改成了托马斯·查尔斯·芒格。我不觉得名字这东西有什么体面不体面的，我现在这名字就不错。

股东：我是一名教师。我想让我的学生成为有头脑、生活幸福的人。请问我该怎么做？

这个问题问得很好。你有这种态度，就一定错不了。**坚持做有意义的事；坚持做有价值的人；坚持追求理智、正直、诚信。终有一天，一定能获得成功。身教胜于言教。**如果你取得了成功，别人会更愿意向你学习。如果你坚持走正路，你更容易获得成功。你已经走在了正确的道路上，你需要做的只是坚持下去。

股东：我是和我92岁的奶奶一起来到这里的。在过去50年里，我奶奶管理着我们整个家族的财富。我是一名大四的学生，对价值投资非常有兴趣。我的奶奶打算将来把家族财富交给我管理，我感到身上的担子很重。您为芒格家族管理财富非常成功。请您告诉我，在管理家族财富的过程中，如何才能抓住少数的几个大机会？

你奶奶92岁高龄了，非常有钱，晚辈尊重她，而不是盼着她早死。你奶奶非常了不起。（笑声）你的奶奶是你们家族的人生赢家。我给你的建议是，向你奶奶学习，也做一个人生赢家。

股东：与您年轻时相比，现在的时代变了。如果您是一个和我一样的年轻人，还有几十年的时间可以做投资，请问您会关注哪些领域？

我还是会像托马斯·卡莱尔说的那样生活，脚踏实地，做好眼前的事。 日复一日、年复一年地努力，最后自己一定能出人头地。我会擦亮眼睛，慎重挑选人生伴侣，找个好人，携手一生。道理很简单，还是那些老生常谈。你们来到现场的年轻人，将来的生活都能过得不错。你们不是愤世嫉俗的年轻人。你们来这里是为了追寻智慧，过上更好的生活。像你们这样的人，没问题的，一定能过好一生。有些年轻人就不一样了，他们只知道举着标语牌高喊口号，脑子里装满了愚蠢的想法，还以为自己完全正确。这样的年轻人，一辈子基本上没救了。

股东：请问您在寻找人生伴侣时，最看重的品质是什么？

人生伴侣啊？我以前说过，**在寻找人生伴侣时，一定要找一个对你的期望值比较低的人。**

对大宗商品、互联网公司、人工智能，我所知甚少

股东：我的问题是关于比亚迪的。您以前成功投资过大宗商品。随着电动汽车的发展，钴、锂等金属资源将越来越重要，请问这些金属资源是否具有投资价值？

我对大宗商品投资不在行。 钴的行情很抢眼，价格已经从底部翻了一倍。由于钴资源紧缺，也许它的价格还能继续涨。但是，我不懂大宗商品，所以我不投资这些东西。在我的记忆中，我好像只买过一次铜，投了几千美元，再就没碰过大宗商品。

股东：请问您如何看待苹果、脸书（Facebook）、谷歌、亚马逊（Amazon）、阿里巴巴（Alibaba）等公司的估值？是高估、低估，还是无法判断？

我的回答是我不知道。下一个问题。 （笑声）

股东：人工智能产生的影响很可能超越互联网，引发新一轮的社会变革。人工智能将对各行各业产生怎样的影响？人工智能将对人类社会产生怎样的影响？请您谈谈您对人工智能的看法。

我估计，就连研究人工智能的人，也不知道人工智能将会产生怎样的影响。我对人工智能没什么研究，因为我学不明白那些东西。我知道，脸书、谷歌等公司的市场营销产品中应用了人工智能技术，而且效果非常好。人工智能很复杂，我不知道人工智能将产生怎样的影响。我只研究常识，这一辈子也过得很好。我不想去研究什么人工智能。有人做高频交易，他们通过处理大量数据，捕捉市场中的蝇头小利。要我说，沿着河边走，一边走一边能捡起大金块，何必筛沙子淘金？人工智能未必能引发什么巨大的经济变革。人工智能只是个工具，我们只是可能越来越多地使用这个工具而已。人工智能，盖可保险研究了很多年，但现在还是在用传统的方式，没使用人工智能。这个问题，我不懂，只能说这么多了。

莫尼什与李录，两位优秀的基金经理

股东：这个问题是请教考夫曼先生的。您刚才讲的"五张王牌"中有一项是采用合理的收费方式，与投资者保持利益一致。请问在您接触过的各种规模的基金中，合理的收费方式是怎样的？

彼得·考夫曼：我想请查理回答这个问题。他可以给你讲一下最公平合理的收费方式，也就是沃伦·巴菲特早期的合伙基金采用的收费方式。

是的，巴菲特早期采用的收费方式是和格雷厄姆学的。莫尼什·帕波莱应该在现场。莫尼什，你在吗？请站起来，和大家打个招呼。莫尼什采用了巴菲特的收费方式，他的基金已经走过了10年。莫尼什的基金设置了水位线，只有收益率超过了这条水位线，他才能获得收益分成。在过去的10年里，他与合伙人共进退。很多时候，他只能提取自己的资金作为生活费，一位合格的基金经理应该心甘情愿地这么做。像莫尼什这样的人太少了。所有的基金经理都贪图大笔的管理费，这种做法不对。一位基金经理，已经 40 岁了，还没凭借自己的投资本领积累足够的财富，有什么资格给别人管钱？一位基金经理，如果已经很有钱了，难道不应该和投资者一起承受下跌的损失吗？

巴菲特的收费方式非常合理，巴菲特取得了巨大的成功。但是，有几个人学巴菲特的收费方式呢？也就只有像莫尼什这样的少数人在学。绝大多数基金经理收取固定的管理费，这样他们每个月都能拿到固定的工资。谁不想旱涝保收啊？大多数普通人不都是靠每个月的工资维持生计吗？按照巴菲特的收费方式，设置 6% 的水位线，在每年的收益中超过 6% 的部分，提取 25% 作为业绩分成。如果投资者的收益率没达到 6%，巴菲特一分钱没有。这种收费方式很合理，但学的人很少，因为太难了。基金经理可以采用对他们自己更有利的收费方式，为什么要用巴菲特的收费方式？那不是自讨苦吃吗？

股东：请问您如何评价李录的才能？

李录有什么过人之处？李录是最成功的投资者之一。李录是一位在困难面前不低头的人。他特别聪明，聪明是天生的，这个是学不来的。他不但聪明，还非常勤奋。既聪明，又勤奋，这非常难得。李录有一种适合做投资的品性。没机会的时候，他能够极度耐心地等待，一旦机会降临，他又一下子变得非常果决，可以毫不犹豫地下重注。李录是一位非常客观的人，遭遇逆境，他也不会有太大的情绪波动。一位成功的投资者需要具备的特质，说起来并不难，但是像李录这样真正具有这些特质的人很少。在我这一生中，我只把钱交给过一位基金经理管理，这个人就是李录。李录这么优秀的基金经理，打着灯笼都找不着。不是说再没有像李录这么优秀的基金经理了，而是说这样的基金经理是凤毛麟角，你很难找到。这就和选股票差不多，好股票肯定有，但你自己看不懂，股票再好，也和你没什么关系。

美国的医保、石油、基建和气候问题

美国的医保制度不改不行

股东：您能否详细介绍一下伯克希尔、摩根大通与亚马逊合资成立的医疗保险公司？最初的新闻稿表示，合资医疗保险公司希望将其医保模式拓展到这三家公司之外。但是，后来《华尔街日报》的报道中说，新公司的医保模式只适用于这三家公司的员工。

美国现行的医保制度存在严重的漏洞，医疗支出的成本居高不下，甚至有大量骗保的情况。

新加坡等国家的医保制度比我们的成本低，而且效果更好。一些欧洲国家的医保成本只有我们的五分之一。伯克希尔、摩根大通、亚马逊联合成立了一家医疗保险公司，只是想看一看能否探索出一条新路，改变我们现行的医保制度。这是一项非常艰巨的任务，我不知道结果会怎样。哈佛大学的医学教授阿图·葛文德（Atul Gawande）是研究医保制度的权威。葛文德出身于医学世家，他人品正直、思维敏捷，他写的文章条理清晰、逻辑严密。我非常赞赏葛文德对医保制度的见解。美国的医保制度积弊难返，想探索出一条新路谈何容易！

除非是以霹雳手段，大刀阔斧地进行改革，否则真是没什么希望。举个例子，老年黄斑变性是一种常见的慢性眼病，需要定期向眼玻璃体内注射一种药物。就这种注射，根本不难，我都会打，但是打这么一针，医院收的注射费非常高。另外，还有两种药可以选，一种非常贵，另一种非常便宜，其实疗效差不了多少。哪种药用得多呢？当然是贵的那种。美国的医保制度中类似的问题还有很多，药价虚高是美国医保制度的顽疾。

在非洲大草原上，很多人死了以后，他们的尸体会被秃鹫、鬣狗、胡狼等食腐动物吞食。在美国，一个即将死亡的老年人，躺在医院的病床上，如同非洲大草原上的一具尸体，也会立即引来一群"食肉动物"。人都要死了，还从他们身上牟利，太不道德了。美国的哪家医院没有躺在透析病房中,永远也无法醒来的病人?他们会被透析到死。医院的很多行为太不道德了,太不应该了。所有向美国的医保制度发起挑战的人,他们都是好样的,我敬佩他们。这个任务太艰巨了,我年事已高,实在是心有余而力不足。美国的医保制度不改不行,我支持所有探索改革道路的人,但是,我不会加入他们的行列,这个任务对我来说太难了,我无法胜任。

每日期刊完全没投资过石油相关公司

股东:您说过,美国不应该大量开采自己的石油,而是应该多进口石油。我来自中东地区的科威特。在科威特,石油占政府收入的85%到90%。您如何看待石油的未来?

去年,我讲过了,埃克森等石油行业的公司,现在的产量下降到了原来的三分之一,但是仍然非常赚钱,因为石油价格的上涨速度超过了它们的产量下跌速度。石油行业真是让人捉摸不透。将来,石油的产量会越来越低,价格会越来越高。石油是一种重要的化工原料,我们不能没有这种碳氢化合物。石油不是那么好投资的。你看,在伯克希尔的历史上,基本没怎么投资过与石油相关的公司,投了一些,但非常少。每日期刊公司则完全没投资过与石油相关的公司。我去年讲了,美国不应该像现在这样毫无顾忌地开采石油。石油非常宝贵,它是一种我们需要长期使用的资源,我们应该少用自己的石油,多买阿拉伯国家的石油。我们的石油资源和艾奥瓦州的表层土壤一样宝贵。这么宝贵的资源,开发和利用必须要有个度。

在开采石油方面,美国现在的做法非常不理智,还有更不理智的事呢。我年轻的时候,美国全国的玉米产量是20亿蒲式耳。如今,美国的玉米产量增长到原来的六倍。但是,大量的玉米被用于生产乙醇汽油了。几个农业大州,耗费土地的肥力,生产玉米,然后把玉米加工成汽车的燃料,这种做法真是愚不可及。国家竟然还颁布了扶持政策,对生物燃料乙醇给予补贴。怎么想,怎么觉得不可思议。农作物产量提高了,人们的吃饭问题解决了，但农作物产量的提高离不开石油。农作物产量很高，一个是靠优质的土壤，另一个要靠碳氢化合物提供肥力，二者缺一不可。

建高铁似乎多此一举，但伯克希尔会为美国的电网建设做出重大贡献

股东： 在铁路、电力、科技等领域，政府与社会资本合作取得了丰硕的成果。政府与社会资本合作，需要政商两方面有理智、有远见，才能取得成功。请问您认为目前社会资本参与基础设施建设是否有大的机会？

答案是肯定的。在基础设施建设方面，美国还有很多短板，例如，我们非常需要建设一张覆盖全国的电网。建设国家电网是一项庞大的系统工程。首先，政府需要建立健全相关的法律法规。我认为，将来美国能建成这样一张电网。我们早该建成这样一张电网了。电网存在短板，是政府的失职。伯克希尔·哈撒韦将会为美国的电网建设做出重大贡献。这样一张电网，不是那么容易建的。容易的话，早建好了。"政府与社会资本合作"，这个名词听起来非常高大上。很多人愿意说漂亮话，"政府与社会资本合作"这个名词就很漂亮。为什么我一听这个词，就想到一群偷鸡摸狗的银行家和一群偷鸡摸狗的顾问凑到一起了呢？

股东： 我想请教一个关于美国高速铁路的问题。早在 1965 年，伯克希尔召开第一次股东会时，美国就提出了要发展高铁，到现在还是没发展起来。目前，加州正在修建一条高速铁路。您觉得美国有可能在全国建成四通八达的高铁网络吗？

中国建成了世界领先的高速铁路。中国在高铁方面取得的成就有目共睹。从中国的情况来看，建设高铁网络是可行的。然而，在美国，建设高铁网络非常难。在加州建一条高铁，都非常难。加州是否应该建设高铁网络？从各方面的因素考虑，建或者不建都有道理。这个问题，我说不好。

我只知道，如果建的话，需要投入大量资金。飞机已经很方便了，建高铁似乎多此一举。是否有必要建高铁，我不知道，但我知道我们确实需要建一张国家电网。

目前解决气候问题的方法不切实际

股东：关于气候变化，您最新的看法是什么？

有些人自封为气候科学家，我对他们的言论很反感。他们热衷于渲染危机，有夸大其词的嫌疑。在我看来，问题没他们说得那么严重。另外，这些所谓的气候科学家提出的解决方法难度非常大，根本不切实际。就算他们说得对，气候变化确实是一个迫在眉睫的大问题，他们的解决办法也未必合理。解决气候变化问题涉及地缘政治、自然科学等方方面面的因素，只懂点气象知识，恐怕解决不了这么复杂的问题。很多关于气候变化的言论，纯属无稽之谈。我很清楚，二氧化碳确实在一定程度上会导致全球变暖。问题是有些人一谈到二氧化碳导致全球变暖，就以为海平面很快会上升50米，世界末日即将来临。对于这样的言论，我实在不敢苟同。另一方面，有些人非常无知，连二氧化碳对大气温度的影响都不知道，这种人也非常可悲。好吧，我把人都得罪光了。

大公司文化出了问题真不知该怎么治

通用电气的管理方法不合理

股东：您说过，您收购一家公司之后，您持有的时间期限一般是永远。您卖出了通用电气公司，是因为通用电气有什么问题吗？

在市场恐慌的时候，我们买入了通用电气，因为它的价格很便宜。我们是把它作为投资组合中的一只股票买入的，最后这只股票的收益率也还可以。通用电气曾经是一家非常有名的公司，但是现在却因为业绩长期低迷而饱受诟病。通用电气的衰落，让人们感到始料未及。通用电气的业绩为什么会一落千丈？一方面，有外部的客观原因，在激烈的商海竞争中，公司的浮浮沉沉很正常；另一方面，我认为，通用电气的高管轮换制度不合理。通用电气总是频繁调动高管，让他们在不同的部门之间换来换去。频繁调动高管，难道是想让他们像军官一样积累战功，最后升成将军吗？频繁调动高管，不如让高管长期管理一项业务，让他们深耕自己的业务，就像伯克希尔的做法一样。通用电气的衰落，可能和它的管理方式不合理有一定的关系。

股东：您在很多董事会担任过董事。在您长期担任董事的过程中，您学到了什么？在聘请和更换高管方面，您有什么心得？

这个问题比较宽泛，我不想在这里夸夸其谈。每家公司的情况不一样，但是，我可以讲一个经验。在做管理工作的过程中，最容易犯的错误是，已经发现该换人了，但迟迟下不了决心，拖了很长时间，才把不合适的人换掉。即使是有着多年管理经验的人，也很容易犯这个错误。

开市客的公司文化特点鲜明，通用电气等则不然

股东：我想向您请教一个关于文化的问题。一个外部人，如何才能了解一家公司的文化？在投资富国银行、通用电气等公司时，您是如何评估它们的文化的？另外，一家公司的领导者是局内人，他怎么才能知道自己公司的文化是否存在问题？

开市客的公司文化渗透力非常强。像开市客这种公司，公司文化特点鲜明，非常有生命力，即使是外部人，也能感受得到。我相信，开市客的文化能带领这家公司走得很远。通用电气就不一样了，它既放权，又集权，整个公司业务繁多、部门庞杂，很难说清楚它的公司文化到底是什么。也许它的总部是一种文化，分公司又是另一种文化。我认为，在通用电气的公司文化中，最不合理的地方是，它在各个部门之间频繁地调动高管。开市客的业务很简单，而且多年来始终坚守主业。开市客公司有一种

独特的气质，开市客的员工对公司的文化具有非常高的认同度。正确的公司文化可以推动一家公司的发展。我非常欣赏开市客的公司文化。公司越大，越难建立起正确的文化。不信你看看通用汽车、美国电话电报公司等巨无霸，它们的文化基本上乏善可陈。大公司特别容易患上官僚主义这个通病。当然了，官僚主义最严重的地方是政府部门。官僚主义的坏处很多，我特别憎恨官僚主义，但又拿它没什么办法。怎么才能让美国政府的运行更高效？我也不知道。让我去管理一家拥有100万名员工的公司，让我去改变这家公司的文化，我是万万做不到的。别说改变一家大公司了，想改变一家小饭店的文化都难。官僚病是个顽疾，得上了就不好治。伯克希尔对官僚病保持着高度警惕。我们在总部唱空城计，不给官僚病以可乘之机。

其实，这不是我们有什么先见之明，而是我们顺其自然发展的结果。我们比较善于找到正确的方法，坚持做正确的事情。大公司的文化出了问题，我们真不知道该怎么治。

政府负债之高令人担心，整治垄断问题暂无必要

股东：债务在人均国内生产总值中的占比越来越高，财政赤字高企，而且现在我们已经来到了这一轮景气周期的末期，请问您担心政府的高负债率吗？

政府的负债水平这么高，我当然担心了。我们现在遇到的是新情况。在新情况中，按照历史的眼光衡量，政府的行为不负责任。我们可能会遭遇风险，也可能平安无事。在过去几十年里，政府官宣的目标始终是保持物价稳定。现在，政府官宣的目标是把通货膨胀率控制在2%以内。谁知道将来会怎样呢？估计通货膨胀率可能会超过2%。这还真不好说。从过去的经验来看，宏观经济很难预测。宏观经济不是物理学。过去10年的宏观经济是一回事，现在这个10年的宏观经济是另一回事。不同阶段的宏观经

济，有不同的运行规律，但阶段该怎么划分？规律何时改变？这没人能说清楚。

债务水平创了新高又能怎样？反正天也不会塌下来。"一战"后，德国发生了恶性通货膨胀，货币几乎变成了废纸。德国倒下去了吗？没有。它很快就恢复了过来。德国发行了一种被称为"地租马克"的新马克。"地租马克"是以德国全部的土地和工业产品作为抵押发行的一种新货币。就在新马克刚刚稳定，德国眼看要度过这场危机时，大萧条又来了。接连遭受恶性通胀和大萧条的打击，德国风雨飘摇，希特勒趁乱窃取了政权。希特勒上台以后，他开动国家机器，大力发展军工产业，积极扩军备战。阴差阳错，希特勒的政策恰好符合凯恩斯主义的理论，扩军备战刺激了德国的经济。1939年，德国一跃成为欧洲经济实力最强的国家。"一战"后的德国灾难深重，它竟然奇迹般地凤凰涅槃。

举这个例子，我是想告诉你们，有点灾难，用不着太悲观。天不会塌下来，灾难总会过去。我不是说我支持像德国那样，靠发动战争摆脱经济困境。我只是想告诉你们，以史为鉴可以知兴衰。一个国家打了一场恶仗，整个国家都打垮了，货币几乎变成废纸，又遭遇了大萧条的侵袭，1939年，竟然又能坐上欧洲的头把交椅。这个例子，很励志。希望你们听了这个例子以后，能减少一些忧虑。（笑声）

股东：从20世纪90年代中期以来，美国司法部涉及《谢尔曼法》（Sherman Act）的反垄断案件数量从20多宗减少到几乎一个没有。与此同时，"赢家通吃"的效应日益明显。在各个行业中，头部的五家公司占据了绝大多数的市场份额。另外，上市公司的数量锐减，从8100多家减少到4300多家，减少了将近50%。请问，在过去20多年里，司法部为什么没有严格执行反垄断法？司法部有可能采取更为严厉的反垄断措施吗？

我不知道司法部是否会采取更严厉的措施。对于目前的集中程度，我没发现有什么问题。我看到的情况是，各行各业的竞争都非常激烈。整治垄断问题，我看没这个必要。有些公司，以前人们担心它们过于强大，现在已经消失的没影了，柯达就是个很好的例子。目前的商业竞争非常充分，用不着司法部出手干涉。

我们的投资之道：关于国债、小资金、好公司和消费品品牌

股东：我的问题是关于沃伦·巴菲特的。2008 年，在金融危机的至暗时刻，沃伦专门发表了一篇署名评论文章。在文章中，沃伦说："这场危机爆发之前，我的个人账户没投资任何股票，只持有美国国债。"[1] 在我的印象里，沃伦的一贯风格是买入并持有。但是，2008 年的危机爆发之前，他只持有美国国债。请问什么时候应该空仓？怎么才能掌握好这个火候？

在特定的时期，一位理智的投资者可能会把所有资金全部用于购买国债。这样的情况，真有可能出现，但出现的可能性非常低，我还没遇到过这种情况。总的来说，长期投资国债，收益率乏善可陈。这是我个人的观点。

股东：1999 年，沃伦·巴菲特表示，如果他管理 100 万美元，能实现每年 50% 的收益率。您说了，现在的投资更难做了。您觉得，在今天的投资环境中，还有可能实现那么高的收益率吗？

一个人，非常聪明，而且非常努力，在人少的地方挖掘投资机会，既有等待机会的耐心，又敢于在机会出现时下重注。这样的人，即使是在今天的投资环境中，如果管理小资金，仍然有可能实现非常高的收益率。我们现在的问题是资金量太大了，伯克希尔做投资非常难，每日期刊做投资也不容易。我们通过每日期刊公司投资股票有很大的劣势。没办法，正好钱在公司里，只能通过公司做投资。这对股东来说非常不利，因为股票是

通过公司投资的,你们需要支付大笔税款。慈善基金或者个人养老金账户投资,都没这个问题。总的来说,我认为,小资金,只要有那个投资能力,仍然能实现很高的复合收益率。资金量越大,投资的难度越大。我年轻时做投资比较容易,和我那时候相比,你们现在做投资太难了。但是,我快死了,你们还年轻呢。你们愿意变成我吗?肯定不愿意。

股东: 如果价格合适的话,您是否会长期持有好时或蒂芙尼(Tiffany)?

价格合适的话,我当然愿意买了。好时、蒂芙尼这么好的公司,谁不愿意买啊?公司好,价格还得合适。好时是一家私人公司,想买也买不到。我们可以买到好时的糖果,但买不到好时的股票。

股东: 我的问题是关于品牌的。您以前讲过,投资要选具有持续竞争优势的公司。在过去,著名的品牌拥有定价权,能带来非常明显的竞争优势。如今,很多老品牌失去了年轻消费者的青睐,互联网新兴品牌异军突起,科克兰(Kirkland)等自有品牌也占据了越来越多的市场份额,传统的消费品品牌出现了颓势,销量和定价权都在走下坡路。亚马逊、开市客等公司凭借规模优势获得了更大的话语权,传统的消费品品牌还能算作护城河吗?

著名消费品品牌还是非常有价值的,只是它们的竞争优势没有过去那么大了。你说得很对。亚马逊这家公司,我不太了解,我只知道亚马逊的发展势头很猛,亚马逊的领导者非常聪明。贝索斯是聪明,但是他做的事也非常有挑战性。开市客这家公司,我非常了解,我已经在开市客当了20多年的董事了。我认为,开市客会越来越成功。科克兰这个自有品牌发展得非常快,它越来越受到消费者的欢迎。著名消费品品牌的日子不会像过去那么好过了,但是它们仍然非常有价值。士力架等著名商标,60年以后,仍然是非常宝贵的资产。持有著名商标的公司,即使未来的日子不如过去了，也仍然能过得不错。但是，这些公司的投资者就不一样了，他们获得的收益可能会持续走低。你已经知道答案了，我只不过是把你的话重复了一遍。

股东：我非常想知道，您和沃伦是怎么决定买入航空股的。是因为突然获得了灵感呢，还是通过长期思考得出的结论？请问你们改变想法的这个过程是怎样的？

我们确实改变了想法。在很长一段时间里，沃伦和我不愿投资铁路公司，因为铁路公司太多了，竞争太激烈了，而且铁路行业的工会非常强势。在大约75年的时间里，铁路公司不值得投资。后来，铁路行业变了，铁路公司可以加挂车厢、使用双层车厢，还可以通过现代的电脑系统进行调度，铁路公司的运力和效率提高了，而且美国全国只剩下了四家大型铁路公司。于是，我们转为看好铁路公司了。

航空公司也是同样的道理。沃伦以前经常拿航空公司开玩笑，他说，如果莱特兄弟没发明飞机，投资者能少亏损一些。航空行业的情况发生了变化，而伯克希尔又持有大量现金，找不到更好的投资机会，所以，我们觉得可以买入几家航空公司的股票。我们的思考过程就是这样的。情况变了，我们的想法当然跟着改变。在航空行业中，有些情况变了，有些情况还没变。现在应该不会再有新的航空公司加入了，而且航空行业也应该从过去的发展中吸取了教训。航空公司也许能发展得越来越好。但是呢，要是说买入航空公司，持有100年，能行吗？可能不行。

我们的态度：关于保证金交易、量化交易、指数基金与比特币

股东：我想请教一个关于保证金交易的问题。最近，股市出现了下跌，很多采用保证金交易的人收到了追加保证金的通知。在您管理

合伙基金时，您遭遇过大熊市，经历过大幅下跌。请问您如何评价保证金交易？

做保证金交易的危险在于，你向别人借钱买股票，股票跌到底部的时候，借钱给你的人很害怕，你无法追加保证金，人家就会直接给你平仓。我们非常清楚这个道理，所以伯克希尔从来不把自己的命运交到别人手里。现在的市场中，有很多人上了非常高的杠杆。另外，波动率指数（Volatility Index, VIX）合约等五花八门的交易工具容易引发连锁效应，造成恐慌抛售。一个幅度很小的下跌，被市场迅速放大，可能导致市场"闪崩"。最近，波动率指数导致的市场下跌，很可能成为现代金融市场中的一种常态。上杠杆铤而走险，引发股市崩盘，这从来不是什么新鲜事，过去有，将来还会有。

在波动率指数引发的暴跌中，维克多·尼德霍夫（Victor Niederhoffer）又一次被迫清盘。尼德霍夫是一个智商非常高的人。他桥牌打得好，还是壁球全国冠军。读哈佛大学的时候，尼德霍夫就非常有名。他家境不算富裕，为了获得奖学金，他必须得到非常高的分数。尼德霍夫选了难度最高的经济学研究生课程。选修这些高难度课程的学生，要给教授干很多活，教授怎么可能不给他们高分呢？尼德霍夫甚至经常不去上课。他的故事很有意思。尼德霍夫的智商这么高，竟然第二次爆仓了，主要还是他总想一口吃成个胖子。穷的时候，渴望摆脱贫穷和平庸，渴望出人头地，拼一些无可厚非。已经那么有钱了，还铤而走险，搞到破产的地步，那就得不偿失了。因为贪得无厌，最后一无所有，这是何苦呢？

股东：有的公司经营传统的广告业务。请问随着数码时代的到来，它们的生意模式是否将受到严重的冲击？

我没太听清楚你的问题，只能按照我的理解回答。在当今的市场中，确实有人利用计算机算法进行海量筛选，通过挖掘相关性做出预测，从而捕捉瞬间的交易机会。一些公司通过这种方式赚了很多钱，文艺复兴科技公司（Renaissance Technologies）就是其中之一。利用计算机算法做短期博弈，这种活动没什么可取之处，它对文明的发展做不出什么贡献。有人认为，它的贡献在于，可以增加市场的流动性。没这种流动性，又能怎样？我是不愿意赚这种钱，但现在做量化交易的人越来越多。各种量化交易的共同点在于，它们容纳不了太大的资金。资金量大了，算法会失效。幸亏量化交易有这个缺陷，否则就泛滥成灾了。

股东： 您讲过，一个人，如果不打算自己钻研股票，应该购买指数基金。我的一位投资顾问表示，大量资金涌入指数可能引发三个问题：第一，由于多种指数基金叠加投资，大量资金可能集中投入少数几只股票中；第二，少数公司获得大量资金关注，即使它们的业绩较差，也能轻松筹集到大量资金；第三，大型指数基金规模过于庞大，可能对市场造成不利影响。请问您怎么看？

指数基金抢了很多投资顾问和基金经理的饭碗。他们不可能告诉你，指数基金抢了他们的饭碗。他们只会和你说，投资指数基金不行，因为太过于集中了。指数基金的规模很大，占市场的 75%，不可能出现过于集中的问题。指数基金的覆盖面非常广泛。在将来的很长一段时间里，指数投资将继续有效。很多基金经理痛恨指数基金，由于指数基金的出现，他们没以前那么赚钱了。要我说，他们少赚钱就对了。

股东： 历史不是简单的重复，但总是有规律可循。如今的比特币投机潮与当年的郁金香狂潮如出一辙。在您和沃伦几十年的投资生涯中，你们是如何度过投机潮的？历史已经告诉我们，投机没有好下场，为什么人类仍然屡犯不改？

你说得没错，我对比特币深恶痛绝。比特币是一种伪币。如果说发明一套新的支付方式，那是没问题的。例如，中国的微信支付就是一种新兴的高效支付方式，比我们美国的支付方式要先进。但是，制造伪币，把它与黄金相提并论，并将其作为投机的工具，这就不行了。我始终觉得比特币不是好东西。比特币越流行，我对比特币越厌恶。我很清楚，人们经常会做傻事。人都有贪念。一小撮人掌控着比特币，他们为了牟利，不遗余力地兜售比特币。很多人不明就里，为了赚钱，纷纷跟风炒作。于是，比特币的投机潮愈演愈烈。谁愿意自己的家人沾上比特币这种脏东西？我祈求老天保佑，我家里的人可别碰这玩意。被比特币迷了心窍，太丢人了。比特币是一种有毒、有害的东西。很多人被比特币迷惑了，是因为他们觉得发明了比特币的人是数学大牛、计算机天才。单从计算机科学的角度来说，发明了比特币确实很了不起。有的人没良心，特别善于折磨人，他们也挺了不起的呢！（笑声）比特币的兴起不是什么好事。中国政府严厉打击比特币的做法非常正确。美国政府纵容比特币的做法不对。对于比特币这种东西，必须采取高压态势，这是政府应该做的事。

现在已经 12 点了，差不多就到这吧。我知道你们是铁粉，但两个多小时够可以的了。就算伊萨克·牛顿再世，我连着听他讲两个小时，也会坐不住的。本次会议到此结束。你们是和我志同道合的人，我祝你们一切顺利。

注释

1 文章名为《买入美国，正当时》(*Buy American. I Am*)，发表在 2008 年 10 月 16 日的《纽约时报》上。

2019年每日期刊股东会讲话

编者按

2019年2月14日,每日期刊公司股东会召开。这一年芒格多次提及他看好中国市场,并称李录为"中国版的沃伦·巴菲特"。其他投资相关话题今年聊得都比较简单,最出彩的是芒格所讲的逸闻趣事和各种常识。他谈到什么才算接受了良好的教育、问题想明白就成功了一半,讲到斯多葛学派、林肯、赫布·迈凯莱和《穷查理宝典》的故事。种种道理,朴实无华,却让人终身受益。归根到底,伯克希尔的巨大成功,每日期刊的小有成就,无他,就是追求基本的道德和健全的常识而已。

能听到我讲话吗?

股东: 能。

欢迎参加每日期刊公司股东会。我是董事会主席查理·芒格。和我一同出席本次会议的有:董事会副主席瑞克·盖林、总经理盖瑞·萨尔兹曼、董事彼得·考夫曼……

下面,我们进入每日期刊公司股东会的正式议程。我们先把这个流程走完,然后我简单讲些东西,之后我回答提问。会议过程中,如果需要帮助的话,请举手示意我们的现场工作人员。艾伦,请报告参加本次会议的股东人数,以及其持有的股份数。

……

正式流程走完了（大概用了五分钟时间）。盖瑞，有没有什么我忘说了的？

盖瑞·萨尔兹曼：都说了。

每日期刊力图开拓软件业务的全球市场

这么长的流程，真累人啊！

在座的各位，你们不少人是远道而来的，我先泛泛地讲一些也许对你们有用的东西，然后我再回答提问。

虽然参加我们股东会的人很多，但是我们确实只是一家很小的公司。每日期刊公司有两条业务线：一个是日渐衰落的法律报刊业务，现在每年税前能赚 100 万美元左右，但一年不如一年；另一个是电脑软件业务，这项业务主要是帮助法院、司法部门以及其他政府机构实现自动化。无论是从前景、客户，还是员工等方面来看，电脑软件业务都比法律报刊业务强。与各州的众多法院打交道，与政府的顾问打交道，参与各种采购招标，应付官僚主义，你们根本想不到，这个软件生意有多难做。我们做的这种软件生意是 IT 巨头们避之唯恐不及的。IT 巨头们做完研发后，只要不断地刻录光盘，现金就源源不断。我们这个生意完全不一样，我们要和全国各地的大量司法部门、州法院、联邦法院打交道，它们各有各的要求、各有各的顾问，而且我们还要应付来自同行的激烈竞争。我们的生意不是只要复制光盘就可以了。从本质上讲，我们做的生意属于技术咨询，是服务密集型的生意。在我们的生意中，我们要做 IT，这要投入大量时间和精力。难上加难的是，我们还要应对政治现实，应对方方面面的官僚主义。这个生意就是这样，又苦又累，根本快不起来。我们倒是一直很喜欢这个生意，因为能做这个生意的公司必须有钱、有决心、有毅力坚持下去。每日期刊公司也确实一直在坚持。

我们做得怎么样呢？这个很难说。我亲眼看到了软件业务的成长。就我个人而言，我觉得可以把它比作一家正在研发七种重磅药的医药公司。**我们已经开拓了几个潜力巨大的市场，包括澳大利亚、加拿大和美国加州。这几个市场的规模都非常大。**

我们的主要竞争对手是在纽约证券交易所上市的泰勒科技公司。它做这个生意比我们早，规模也比我们大得多，但是我们取得了一些大订单，也争取到了一些对我们非常满意的客户。小小的每日期刊公司，怎么被澳大利亚政府看上了呢？澳大利亚可是个庞大的市场。我开始对澳大利亚人有好感了。我看每日期刊将来能在澳大利亚取得巨大的成功。总之，我们花了很长时间，付出了很多努力。这个生意太难、太复杂，不是谁都能做的。我们能有今天的成绩，主要仰仗盖瑞·萨尔兹曼在过去10年里所做的工作。盖瑞做的工作是别人谁都做不来的。今年盖瑞已经80岁了，我们俩有个共同点，我们都拄拐杖了。我不坐轮椅的时候，拄拐杖走路。一家公司，董事会主席95岁，副主席89岁，80岁的首席执行官拄着拐，承担所有重要工作，却仍然志在占领全球市场，多奇葩啊！你们还大老远来参加股东会，你们的脑子里是怎么想的呢？

很多人以为具备常识很简单，其实很难

投资公司妄想把铅变成金子

我相信，你们之所以追随每日期刊公司，是因为你们从我们身上可以隐约看到，我们始终对基本的道德和健全的常识孜孜以求。**伯克希尔·哈撒韦能取得巨大的成功，每日期刊能小有成就，没什么秘诀，就是追求基本的道德和健全的常识。**大家都知道，所谓常识，是平常人没有的常识。我们在说某个人有常识的时候，我们的意思是，他有平常人没有的常识。很多人以为具备常识很简单，其实很难。

我举个例子。大量高智商的人进入了投资领域，都想方设法要比普

通人做得更好。许多高智商的人蜂拥而至，在投资领域，引发了很多奇特的现象。加州曾经有一家非常大的投资咨询公司。为了超过其他的投资咨询公司，它想出了一个点子。他们是这么想的：我们手下有这么多青年才俊，个个是沃顿、哈佛等名校的高才生，他们为了搞懂公司、为了搞懂市场趋势、为了搞懂一切，不遗余力地拼命工作，只要让这些青年才俊每人拿出他认为最好的一个投资机会，我们把所有最好的机会集中起来，创建一个投资组合，必然能遥遥领先指数啊。这家投资公司的人能想出这种完全行不通的点子，说明他们接受的教育有问题。上哈佛、上沃顿，学出来就这个水平。他们满怀信心地付诸行动了，结果毫无悬念地一败涂地。他们又试了一次，一败涂地。他们试了第三次，仍然败了。几百年前，炼金术士幻想把铅变成金子。炼金术士想得很美，他们觉得买来大量的铅，施一下魔法，把铅变成金子，就能发大财了。这家投资公司的行为没比几百年前的炼金术士高明到哪去，它不过是妄想把铅变成金子的现代翻版，根本成不了。本来我可以把这个道理讲给他们的，但是他们没问过我啊。

值得深思的是，这家投资公司集中了全球各地的精英，甚至包括许多来自中国的高智商精英。中国人的平均智商比其他国家的人略高一些，我见过不少来自中国的精英。其实，这个问题很简单。这个点子看起来行得通，为什么在实际中却行不通呢？你们都接受过高等教育，你们不妨自己想一想。我敢说，在座的人之中，没几个人能给出完全正确的答案。我想借此机会给大家上一课。你们怎么能想不明白呢？投资行业可是美国的一个重要行业。在这么重要的一个行业，出现了如此惨重的失败，我们应该能给出一个解释啊！能回答出这个问题的人，肯定是在大学一年级的课堂上，全神贯注地听讲了的。即使你把这个问题拿到一所高等学府的金融系，让金融学教授回答，他们也答不对。我把这个问题留给你们思考了，因为我想让你们感到困惑。

怎样才算"接受了良好的教育"及其在投资领域的应用

我接着说下一话题了。

其实，刚才这个问题，你们应该能答上来的。从这个问题中，我们可以看出来，即使是一些非常简单的事，要保持理智也特别不容易。人们有太多太多错误的想法，都是不可能行得通的。人们的错误想法为什么行不通，你们却讲不出来。如果你们接受了良好的教育，应该能一眼看透。我理解的"接受了良好的教育"，是知道教授讲的什么是错的，而且知道什么是对的。教授说什么，就是什么，这谁都做得到。**关键在于，你要有分辨能力，知道教授讲的东西，哪些对，哪些错。只有具备了这种能力，才算得上"接受了良好的教育"**。可惜，教授讲的经常是错的，尤其是在人文学科。走进今天的高等学府，你会发现许多人文学科的教职人员脑子不太好使，这么说并不过分。在美国大学里，人文学科"左倾"太严重了。这又是另外一个话题了。为什么 90% 的人文学科大学教授那么"左"？这个问题也留给你们思考。

回到投资领域，许多机构投入大量财力和人力，想方设法要比对手做得更好。没想到，指数基金出现了，投资咨询机构惨了，几乎所有的投资咨询机构都跑不赢指数基金。更尴尬的是，机构整体跑输指数的部分，约等于它们运营基金和调整投资组合产生的成本。由此可见，整整一个行业，费用没少收，贡献却几乎等于零。无论是医学中的肠道手术，还是法律中的刑事辩护，都是能做出实际贡献的。在投资咨询行业中，从事这个行业的专业人士，却没能为客户做出任何贡献。

在过去，从事投资咨询的专业人士也面临过这个问题，他们给出的理由是："我们为客户提供保护，让他们免受保险推销员和券商的唆使和诱惑，防止他们落入频繁交易的陷阱。"我觉得，从这个层面来说，现在的投资咨询机构也在为客户提供这样的保护，让他们免于遭受更惨的结果。

但是，你想想，整个一个行业，从业人员普遍工作努力、人品正直，可就是无法实现这个行业本身的目标，无法实现高于平均水平的业绩，这肯定有问题。指数基金越来越流行，面对这么棘手的局面，投资咨询行业是怎么应对的呢？

他们的应对方法很简单，嘴硬，像鸵鸟一样采取否认的态度。面对无法解决的难题，他们假装难题不存在。如此解决问题，实在太愚蠢。如果说一个人要死了，怎么也活不了了，他骗自己，让自己忘记死亡的事实，这或许可以理解。现实生活中的很多问题，我们不能一味逃避。遇到了难题，把它彻底搞明白，难题就解决了一半。搞懂之后，才能更好地解决问题。

投资咨询行业的从业人员采取否认的态度，还是重复他们年复一年、一如既往地做着的事。尽管连无人管理的指数基金都能比他们做得更好，他们还好意思继续收管理费。他们不应该这么做。各位不妨想想，仅纽约这一座城市，有多少钱是从金融行业赚来的。假如投资咨询行业的管理费以及交易费消失了，曼哈顿将会怎样？金融行业中的这种现象不正常，不对劲。大型投资咨询公司，有的缩小了，有的关门了。价值投资源远流长，我熟悉许多价值投资者。据我所知，一些值得尊敬的价值投资者选择了退出。多年来，他们的投资很成功。当无法继续成功投资时，他们选择退出。他们是值得尊敬的人。他们也赚够了，功成身退比较容易。还没赚到钱的人，麻烦比较大。在纽约市曼哈顿区，小孩幼儿园的学费一年五万美元，这还只是个开头，以后每年花钱的地方多着呢。如果你是做投资管理工作的，你要自己解决这个难题了，我帮不了你。我相信，所有人都去做指数投资的话，指数投资这个方法就不行了。但是，至少在未来相当长的一段时间里，如果你主动选股，并且妄想无所不知，你仍然跑不赢指数。

在伯克希尔·哈撒韦，在每日期刊，我们一直比平均水平做得好。问题来了，我们是怎么做到的呢？答案很简单。我们追求做得更少。我们从来没天真地以为，把一批青年才俊招聘进来，他们就能比所有人更了解食品行业、航空航天、公用事业行业。我们从来没这么妄想过。我们从来没以为，自己能做到全知全能。吉姆·克莱默（Jim Cramer）是"财经名嘴"，就没有什么东西，是他不知道的。我们和他不一样。

我们始终很清楚，只要我们特别努力，我们能准确地找到少数几个机会，这少数几个机会足够了。只求找到少数几个机会，我们的预期更符合实际。我们的思维方式与投资咨询机构截然不同。假如你像刚才提到的那家投资咨询机构一样，你去问沃伦·巴菲特同样的问题："告诉我你今年最好的投资机会。"然后，你只买入沃伦找到的那个最好的投资机会，你肯定能赚翻了。沃伦不可能妄想无所不知，他告诉你的只会是一两只股票。投资咨询机构雄心勃勃，沃伦更知道克制自己。

几个道出了投资秘诀的故事

我从小听过我的太姥爷的故事，他的故事对我帮助很大。我的太姥爷是一位拓荒者。他来到艾奥瓦州时身无分文，但是年轻，身体好。他参加了与印第安人打的那场黑鹰战争，在战争中当了上尉。后来，他在艾奥瓦州定居了下来。我的太姥爷很有头脑，每次土地价格跌下去的时候，他就以低廉的价格大量买入土地。最后，他成了小镇上最富有的人。他还开了一家银行。我的太姥爷德高望重，他有个大家庭，过着非常幸福的生活。他刚在艾奥瓦州定居的时候，一英亩土地还不到一美元，他一直居住在那里，直到后来富足的现代文明在那片肥沃的土地上兴起。我的太姥爷说，老天爷赏饭吃，一辈子活到了90岁，老天给了好几个大机会。他这一生能幸福长寿，主要是老天给他的那几个大机会来临时，他抓住了。每年夏天，当孙儿们围绕在他膝下的时候，我的太姥爷总是一遍一遍地讲他的故事。我妈妈对钱不感兴趣，但是她记住了那些故事，并且讲给了我听。我妈妈对钱不感兴趣，我和她不同，我知道我太姥爷讲的话非常有道理。所以说，我还很小的时候，我就知道了，重大的机会、属于我的机会，是很少的，关键是自己要做好准备，当少数几个机会到来的时候，把它们抓住了。

大型投资咨询机构里的那些人，他们可不是这么想的。他们自以为，

他们研究一百万个东西，就能搞懂一百万个东西。结果自然在意料之中，几乎所有机构都跑不赢指数。 你看我，我只有每日期刊的股票、伯克希尔·哈撒韦的股票、投资了李录的亚洲基金，还有开市客的股票，我的收益率比别人都高，应该的啊。

我 95 岁了，几乎一笔交易不做。我是对的，投资咨询机构是错的。我跑赢了指数，他们没跑赢。你是想像我一样，还是像他们一样呢？

分散投资的做法在一定程度上有道理。一个不懂投资的人，不想亏大钱，只求获得普通的收益，那么，他当然可以广泛地分散投资。这道理明摆着，像二加二等于四一样简单。知道这么简单的道理，就想赚大钱，凭什么？投资顾问建议客户分散投资，还真以为自己做出了很大的贡献。建立分散的投资组合，白痴都会做，电脑也可以。**做投资的秘诀在于，少数几个大机会，你确实能看出来。当属于你的大机会出现时，你能看懂，别人看不懂。** 像我说的，只要把这少数几个大机会抓住了，那就足够了。摩根大通持有 100 只股票，你却只持有三只，你管它呢？持有几只股票怎么了？哪错了？沃伦经常说："一个人，居住在一座欣欣向荣的小城市里，他拥有这座小城市里最好的三家公司的股份，这么分散还不够吗？"只要这三家公司都是拔尖的，绝对是够分散了。广为流传的凯利公式可以告诉我们，在自己占有胜算的时候，在每笔交易上应该押下多少筹码。你的胜算越大，这笔交易成功的概率越高，你下的注应该越大。我说的投资方法是对的，背后有数学规律的支持。有时候，一个机会特别好，简直如探囊取物一般，只买这一个机会也是完全合理的。好机会只有两三个。一位投资者，追求超一流的业绩，却大量分散投资，简直是缘木求鱼。行不通，根本做不到。一次又一次地重复不可能完成的任务，有意思吗？我觉得会很痛苦。谁愿意承受这样的痛苦呢？这是一条走不通的路。

我父亲是奥马哈的一位律师。他曾经接待过一位客户，这位客户的丈夫是一间肥皂厂的老板。她的丈夫去世了，我父亲帮她把肥皂厂卖了出去。在美国深陷大萧条的年代，这位女士是奥马哈最富有的人之一。她有一间小肥皂厂，还在奥马哈最高档的社区有一套豪宅。肥皂厂卖出去以后，她在高档社区有一套豪宅，还有 30 多万美元。1930 年，30 万美元可是一笔巨款。那时候，一个小汉堡，五分钱，一个大汉堡，一角钱，只需要两角五分钱，就能吃饱一天的饭。她可是有 30 万美元啊。她没请投资顾问，没找任何人帮忙，她是个非常了不起的老太太。她简简单单地把这笔钱分成了五份，买了五只股票。她的遗嘱是我认证的，所以我记得其中的三只股票是通用电气、陶氏化学、杜邦公司，其他两个我忘了。买完之后，她再也没动过那些股票。她没付给投资顾问一分钱。她买了股票之后，就放那了。她还买了一些市政债券。20 世纪 50 年代，她去世时，留下了 150 万美元。这中间，她一分钱的费用没交。我问她："您做这个决定的时候是怎么想的？"她说："我当时觉得电力和化学以后能有大发展。"她做的事很简单，只是买入和等待。我一直很欣赏这位老太太，她是我喜欢的类型，像她这样的人太少了！

大家不妨停下来想想，这位老太太不必听别人的哄骗，不必花那么多冤枉钱，免去了多少烦恼。很多普通人是数盲，他们根本不知道，每年赚 5%，拿出 2% 交给投资顾问，自己未来的长期收入会少多少。少的不是 40%，而是 90%。经过长期累积，2% 这个不起眼的小数字带来的是 90% 的损失。所以说，做长期投资的人，千万不能从自己每年的收益中拿出一大笔费用交出去。现在有些大型投资机构极力往指数上靠，它们赚了不少钱。越来越多的客户被它们抢走了，其他投资咨询机构的日子越来越不好过了。有些价值投资者，过去赚过钱，现在却选择离开这个行业。我觉得他们的选择完全可以理解。在我个人看来，以自欺欺人的态度接着做下去，不如选择退出更体面。这个问题很值得思考。

也许我说的话让大家感到心情沉重，我只是实话实说而已。为什么李录做得风生水起？一方面，他算得上是中国版的沃伦·巴菲特；另一方面，他是在中国钓鱼。美国市场已经不知道被翻了多少遍，人挤人，竞争白热化。中国市场则不同，在那里，仍然可以利用别人的愚蠢和懒惰，挖掘到非常值得投资的好机会。钓鱼的第一条规则是，在有鱼的地方钓鱼。钓鱼的第二条规则是，记住第一条规则。李录去了好钓鱼的地方，我们其他人却去了鳕鱼已经被钓光了的地方，还想钓上鳕鱼来。**在竞争极其激烈的环境中，你再怎么努力都没用。**在投资领域，即使很小的机会，也有人在跟踪。有一次，我参加密歇根大学的投资委员会会议，一位与会的基金经理业绩很漂亮，他来自伦敦。这位伦敦的基金经理是怎么投资的呢？他看中了撒哈拉以南非洲地区。撒哈拉以南非洲地区的上市公司寥寥无几，只能在粉单市场中找到几个银行股。他买入了这些银行股，但能买的量很少。随着非洲的穷人改变习惯，把放在家里的钱存入银行，这位基金经理的投资取得了丰厚的收益。不起眼的非洲小银行，没人看得上，却吸引了他的目光。可惜，这个小小的利基很快被填上了。作为基金经理，投资撒哈拉以南非洲地区的小银行，为客户赚了钱，下一个投资机会上哪找去？利基填平是很快的。一位在伦敦的基金经理都能去买非洲小银行的股票，你说赚钱的利基还能剩下多少？太难了。

坚持道德，坚持简单

我们从没忽悠傻子从我们手中接货赚钱

在我们生活的现代世界中，有人专门拉别人下水，教别人频繁交易股票。在我看来，这和教唆年轻人吸食海洛因没什么两样，蠢到家了。一个已经赚到钱的人，怎么可能以传授炒股技术为生？在电视上，我们经常看见有人说："我手里这本书可以教会你每年赚三倍，你只要付邮费就能得到这本书。"（笑声）一个人，突然发现了每年赚三倍的秘诀，怎么可能靠在电视上卖书混饭吃？（笑声）太可笑了。我说的这个现象就发生在我们身边。有些人每天做着类似的勾当，还自以为自己是对社会有益的公民。广告公司给一家保险公司出了一套文案，是这么说的："两个人从盖可保险转到了某某保险公司，每个人都省下了 400 美元。"他们隐瞒了一个重要的事实：

全美国只有两个这样的人,而且他们俩都是蠢货。这则广告是在故意误导消费者,现在蓄意误导他人的种种行为也太明目张胆了。

我再讲个小故事,这个故事也与社会现实相关,希望你们能从中得到一些启发。从前,有个人,他有一匹好马。这是一匹骏马,步履轻盈、毛发光亮。这匹马什么都好,就有一个毛病。有时候,它会突然脾气暴躁、性情顽劣,谁要是当时骑着它,非得被摔得断胳膊断腿不可。这个人找到了兽医,他问兽医:"这匹马的毛病能治好吗?"兽医说:"很简单,我有办法。"这个人说:"快告诉我吧。"兽医说:"你在这匹马表现正常的时候,把它卖掉,不就完了。"

各位想想,多缺德啊。私募股权投资干的不就是这种事吗?私募资本要把手里的烂货出掉的时候,它们请投行来帮忙。投行怎么帮忙呢?投行搞出一个预测来。我活一辈子了,投行搞预测的水平真是让我佩服得五体投地。再烂的生意,它们都能搞出漂亮的预测。以做虚假预测为生,瞪着大眼睛,用虚假的预测赚别人的钱,这样好吗?我说不好。

总的来说,沃伦和我两个人,我们从没忽悠傻子从我们手里接货赚钱。 我们赚钱,靠的是在买的时候赚。如果我们卖的是狗屎,我们不会把狗屎说成包治关节炎。

我觉得,别去骗人,还是像我们这么活着比较好。在现实中,骗子总是存在。就说那些江湖骗子吧,他们有多少鬼把戏啊。总是有骗子利用人性的弱点牟利。我们必须增加自己的智慧,才能远离种种欺骗。至于自己家里出了骗子,那躲不掉。碰上这种情况,我也无解。自己能选择的话,有许多人,你应该离他们远远的。

我父亲有两位客户,一位是他的好朋友,另一位是个非常令人讨厌的人。我父亲总是给那个令人讨厌的人做许多工作,却很少接他那位朋友的活。我问我父亲为什么,他告诉我:"查理,你个小傻瓜,那个令人讨厌的家伙总是没完没了地惹官司,他总是到处制造麻烦、总是手伸得太长、总是不检点。格兰特·麦克法登不一样,他善待员工、善待客户、善待所有人，从来不占别人的便宜。假如他遇到了脑子有问题的人，他能大大方方地立即走开。像他这样的人，用不着请律师。"我父亲对我说的这番话意味深长，我这一辈子都学着做格兰特·麦克法登那样的人。我想告诉你们，这对我帮助很大，真的帮助很大。彼得·考夫曼和我说过很多次："如果骗子知道做老实人能赚多少钱，骗子肯定都不当骗子了。"沃伦也讲过一句很经典的话，他说："永远走大道，大道人少。"这话一点不假。

以每日期刊公司为例，在止赎潮中，我们赚了一大笔钱。那是现代文明中最严重的一次房地产萧条。当时，我们经营发布法律公告的业务，在发布止赎权公告方面，我们具有垄断地位。我们完全可以涨价，再多赚几百万美元，但我们没那么做。想想看，最严重的房地产萧条发生了，自己的同胞眼看着房子没了，查理·芒格，亿万富翁，涨价。这样的消息刊登在报纸上，多丢人！能涨价吗？绝对不能。沃伦常说："为了钱结婚，也许什么时候都不明智。已经有钱了，还为了钱结婚，绝对是脑子糊涂。"

一个人已经有钱了，还为了钱败坏自己的名声，简直太糊涂了。瑞克·盖林经常讲这样一个故事：有个人，缺德了一辈子。在他的葬礼上，牧师说："下面有请现场亲友追忆逝者的生平事迹。"没一个人出来讲话。最后，总算有一个人站起来了，他说："他还不算最缺德的，他哥比他还缺德。"

这是个笑话，但现实里真有这样的人。哈里·科恩（Harry Cohn）死了以后，很多人来参加他的葬礼，只是为了确定一下他确实死了。

有些道理朴实无华，却让人受益终身

有些道理朴实无华，却让人受益终身。每日期刊做的是难做的生意，为法院等政府部门服务的工作不好做。法院等政府部门需要实现自动化，别人想占它们的便宜，我们没有。我们只是一家小公司，我们做得很辛苦，我们也逐渐占领了很多市场。速度虽然慢，但前景光明。有钱的好处在于，慢一点，我们不在乎。那我们是怎么有钱的呢？我记住了我太姥爷的话，好机会很少。当一个好机会来临时，我们把它抓住了。想一想，在你们的人生中，不也是这样吗？

再讲一个我的亲身经历。20 世纪 70 年代，我犯了个错误，一笔该做的投资，我没做。没犯这个错的话，芒格家族的财富应该是现在的两倍。我犯的这个错，太傻了。我错过了那个机会，否则我的资产是现在的两倍。生活就是这样，错过一两个机会，难免的。

我们身边总有这样的人，他们找到了比自己更优秀的伴侣。他们做出了明智的决定，也是幸运的决定。找到比自己优秀的伴侣，这是多少钱都买不来的。许多人是年轻时无意间找到了比自己更优秀的伴侣。其实，未必要碰这个运气，可以有意识地去追求。很多人身上贴着醒目的标签，上面写着"危险，危险，切勿靠近"，可有些人就是视而不见。

你们笑了，但你们得知道，选错伴侣，绝对是人生的大不幸。

我们这个董事会里的人，大家在一起做着特立独行的事，共度人生的坎坷。这也算很奇葩了，毕竟我们年纪都这么大了。盖瑞·威尔科克斯（Gary Wilcox）算是我们这里的年轻人了。我们这个董事会确实比较独特。这个案例也值得各位思考。你看我，岁数这么大了，老成这样了，还活得很开心，怎么做到的呢？这是另一个话题了。

既然你们愿意听，我再讲两个小故事。第一个小故事是杜撰的，但是其中包含的道理可能会给你们一些启发。一位年轻人去拜访莫扎特。他说："莫扎特，我想写交响乐。"莫扎特说："你多大了？"年轻人说："我 23 岁。"莫扎特说："你太年轻了，写不了交响乐。"年轻人说："可是，您 10 岁的时候就开始写交响乐了啊。"莫扎特说："没错，可我那时候没四处问别人该怎么写。"还有一个关于莫扎特的故事。莫扎特可以说是有史以来最伟大的音乐天才了。他的生活过得怎么样呢？莫扎特一肚子愤懑，郁郁寡欢，英年早逝。莫扎特活成了这样，他怎么搞的呢？他做了两件事，谁做了这两件事，都会陷入痛苦的泥潭无法自拔。莫扎特不知道量入为出，在金钱上挥霍无度，这是第一件。第二件，他内心充满了嫉妒和抱怨。谁要是挥霍无度，还充满嫉妒和抱怨，一定能活得又苦又惨，早早离开人世。想活得苦，想死得早，请学莫扎特。那个年轻人请教莫扎特如何写交响乐，你们从这个年轻人的故事中也能学到一个道理。这个道理是：有些东西，不是谁都能学会的。有的人，他天生就是比你强，你再怎么努力，也没法和人家比。面对这个事实，我的心态是"无所谓"。我们现场的这些人，有哪一个是非得站上世界之巅不可的吗？不是啊！

帝王将相修了那么多规模庞大的陵墓，我总觉得很可笑。难道他们是为了让后世的人羡慕他们？让后世的人在走过他们的陵墓时希望能住进去？（笑声）

总之，一路走来，我们很享受其中的过程，也做得很漂亮。你们可以自己去研究研究，在每日期刊公司，在伯克希尔·哈撒韦公司的历史上，一共做了多少个重大决定。重大的决定，平均算下来，每年没几个。投资的秘诀在于，时刻准备着，睁大眼睛耐心等待，当罕见的好机会来临时，别让它溜走。要知道，上天分配给每个普通人的好机会并不多。推销股票的那些人很卖力，好像他们手里有无数的好机会。这些人像彩票分析师一样，他们做的事很不体面。明明自己不懂，却装作懂得很多。明明不会找机会，却装作能找到很多。建议大家远离这些人。券商为了做生意，需要这样的人，他们赚的钱不干净。赚钱的秘诀是节约支出，生活简朴。沃伦和我，我们年轻的时候没钱，我们省吃俭用，把钱攒下来做投资。勤俭节约一辈子，最后一定能过上好日子，这是非常简单的道理。

生活中需要解决的另一个问题是：犯了错误，怎么尽量减少损失，怎么尽快从错误中爬出来？从错误中爬出来，我们做到了。伯克希尔·哈撒韦，它最开始的生意是什么？穷途末路的百货商店、穷途末路的新英格兰纺织公司、穷途末路的印花票公司。伯克希尔·哈撒韦是从这些烂生意里面爬出来的。幸亏我们买得非常便宜，虽然一手烂牌，但我们还是打得很好。最后伯克希尔能成功，是因为我们换了一条路，改成了买好生意。我们能成功，不是因为我们善于解决难题，而是因为我们善于远离难题。我们只是找简单的事做而已。

每日期刊公司，我们刚把它买下来的时候，它的生意很好做。现在的每日期刊，主要经营软件业务，这个生意很难做。公司的老同事还健在，种种机缘巧合之下，新的软件生意做得也还可以。这个新生意有潜力，我们愿意做下去。报纸正在衰落，有几家报业公司能像每日期刊公司一样，账上躺着数亿美元的股票，还经营着有前途的新生意？我们是最后的莫西干人。

现在开始提问。

每日期刊的成果是瑞克和盖瑞的功劳

股东： 几十年来，您和沃伦都认为，首席执行官应当为股东提供必要的信息，作为股东判断公司价值的依据。我本人走访和咨询了全国多家法院，获得了第一手资料，亲眼看到了每日期刊公司取得的成功。在与对手的竞争中，公司获得了许多订单。然而，公司并没公开在手的未完成订单情况，而这个数据对估值非常重要。股东不可能跑遍全国50家法院，确定未完成订单的情况。请问您能为股东提供一些这方面的详细信息吗？公司现在的在手未完成订单情况如何？

我们的订单处于各个阶段的都有，包括已经拿到的和获得了意向的。情况比较复杂，我本人不是对每笔订单都了解。盖瑞领导众多员工开展具体业务，我非常信任他们。总的来看，订单的趋势是良好的。我可以再补充一点，如果你真的深入每笔订单里观察，你一定能体会到我们的生意有多难做。难是难，但我们做得还是相当不错的，我们今天的局面确实来之不易。如果我要搞懂每笔订单的情况，投入大量时间和精力，深入阅读每笔订单的相关资料，有很多细节，恐怕我也不能了解得太深入，估计你也做不到。

股东：您多次称赞格莱纳尔公司（Glenair）、基威特公司（Kiewit）和开市客公司的文化。请问您认为每日期刊公司的文化是什么？您能否展望一下每日期刊公司几十年后的未来。

我们成立期刊科技，开展软件业务的时候，我年纪已经很大了。提出做软件生意的，是瑞克·盖林。负责具体经营的，是盖瑞·萨尔兹曼。我对公司的发展没做出什么贡献，主要是瑞克和盖瑞两个人的功劳，我只是给他们加油鼓劲而已。

股东：前面一个问题问到了每日期刊的公司文化，我的问题是，能否请其他董事讲一讲董事会的接班计划？

我一个人在这讲就行了。

股东：萨尔兹曼先生，我想向您请教一个问题。请问每日期刊公司是如何解决企业经营中的各种常见问题的？例如，信任、激励员工全力以赴、互利共赢等。

盖瑞·萨尔兹曼：首先，**必须具体问题具体分析**。每个人、每位员工、每个供应商、每位客户，都是不同的，他们各有各的特点。不能把他们一律当成待办事项中的条目，不加区别地对待，必须结合每个人、每件事的具体情况，逐一分析，逐一处理。

想要实现理想化的高复利，不如学会降低预期

伯克希尔与《商界局外人》中的八家公司

股东：威廉·桑代克（William Thorndike）在《商界局外人》（Outsiders）一书中讲述了八位首席执行官的故事，其中包括巴菲特先生和墨菲先生，他们都取得了超越标普 500 指数和同行的表现。请问您或者伯克希尔是否投资了其他六家公司？如果没投资，为什么？

这个问题我答不上来，我不知道其他六家公司是哪六家。这么说吧，总的来说，投资越来越难做，**找到值得投资的新生意很困难，我们只好稳坐钓鱼台，把自己手里的好生意拿住了**。现在很难找到值得投资的新公司。上一次，我们收购了一家经营卡车服务区的公司。此后，我们一直没进行过大规模收购。假如你也觉得在当下的环境中投资很难，那咱们是同病相怜。

股东：我想再请教您一下，我在读威廉·桑代克那本书时遇到的问题。我知道那八家公司是哪几家了。它们是通用动力、伯克希尔·哈撒韦、华盛顿邮报、TCI、大都会通信公司、特利丹、通用影业（General Cinema）以及罗森普瑞纳公司（Ralston Purina）。我知道伯克希尔·哈撒韦投资了其中的华盛顿邮报、大都会通信公司，也投资过约翰·马龙（John Malone）的 TCI 公司，但是为什么没投资通用动力、特利丹、通用影业、罗森普瑞纳呢？

实际上，我们投资过通用动力很长时间，赚了很多钱。当年，国防业务收缩以后，别的公司不愿意做了，只有通用动力还在坚持，它的产品价格越卖越高。沃伦观察到了这个现象，我们大量买入通用动力，赚了一大笔。我们很敬佩特利丹公司的创始人亨利·辛格尔顿，他是个天才。可惜，我们虽然敬佩辛格尔顿，却没有投资他的公司。我们错过了许多机会，特利丹是其中之一。

小型银行有机会，追求高复利不如降低预期

股东：我的问题是关于小型银行的。除了那些大型银行，包括全国性银行和大型地方性银行，美国还有 250 多家资产规模在 10 亿美元以上的小型银行。我的问题是，您觉得这是个狩猎的好地方吗？从价值投资的原则出发，能从中找到一两个好公司吗？

你自己已经给出答案了，答案是肯定的。

股东：我的问题是关于长期利率和复利的。过去几年，利率一直很低，很难找到能实现长期复利的策略。除了投资伯克希尔、价值投资、指数投资，请问能够以高复利长期投资的机会在哪里？

你问我如何实现理想化的高复利，我的建议是，降低你的预期。我觉得，在未来的一段时间里，投资应该很难做。降低预期，让预期符合实际，这对你有好处，你不至于做傻事。据说，从史上最严重的那场大萧条到现在，不计算通货膨胀，投资股票指数的年收益率是10%。扣除通货膨胀的影响，还剩7%左右。在这么长的时间里，7%和10%能拉开巨大的差距。我们就算实际收益率是每年7%吧。取得这个收益率的时机非常完美，恰好是在大萧条之后开始，并且经历了人类历史上最繁荣的时期。从现在开始做投资，实际收益率很可能只有3%或2%。未来人们投资的年收益率是5%，通货膨胀是3%，这样的情况完全可能出现。真出现了这种情况，正确的心态是告诉自己："即使出现了这种情况，我也能活得很好。"就生活条件而言，我们这些老年人生活的那个年代，哪能和你们将来生活的年代比，你们还有什么不知足的？除了正确的心态，如果将来投资更难了，你们应该用什么样的实际行动来应对呢？答案很简单，难度提高了，你们应该更努力。可能你们努力了一辈子，最后的收益率超过了5%，得到的收益率是6%，你们应该感到高兴才对。想轻松赚大钱的话，去找"财经名嘴"吉姆·克莱默吧。

中国的机会与比亚迪的成就

股东：您说了，要在鱼多的地方钓鱼。如果您今天从零开始投资，除了中国，您会在哪钓鱼？

你说除了中国，其实，这么大的世界，只要找到一个好地方，对我来说，就足够了。一定还有其他的地方，鱼也很多，但我觉得，对于芒格家族来说，应该没有比中国更好的地方了。我帮不了你。我自己的问题已经解决了。你的问题，只能靠你自己了。顺便说一句，中国的水可以，有些聪明人已经蹚进去了。时候到了，更多的人会进场。中国的好公司比美国的好公司便宜。

股东：您非常看好中国的投资前景，您认为大多数美国人没看到中国的投资机会。请问我们没看到什么？我们去中国投资需要注意什么？

你们没看到的是，中国的机会比美国的机会多。这样说还不够清楚吗？你是觉得在美国投资很轻松，用不着去中国吗？

股东：我是一名工程师，在比亚迪工作。请问您如何看待美国当前的基础设施建设情况？在美国未来的基建领域，哪些方面会有较大的发展？

基建将是很大的一块蛋糕。在中国，比亚迪取得了很多成就。每日期刊公司持有比亚迪的股票。在电动汽车领域，比亚迪将来会大展宏图，它现在已经做得很大了，将来会做得更大。比亚迪的云轨也非常有潜力。云轨和电动汽车一样，也赶上风口了。还有锂电池，这也是比亚迪的一项主营业务。它的锂电池越做越好，进步非常明显。比亚迪有一股执着的拼劲。比亚迪是苹果和华为的主要供应商，并且获得了高度认可。我特别欣赏比亚迪，投资比亚迪是我的荣幸。王传福出身于农民家庭，家中有八个兄弟姐妹，他排行老七。王传福的哥哥发现了弟弟是家里的天才，哥哥挑起了家庭的重担，靠打工供弟弟读书，这是儒家价值观念的体现。福特基金会为人类文明做出了很多贡献，儒家思想能为人类文明做出远远更多的贡献。儒家思想中的家庭伦理观念非常有建设性。可以说，比亚迪的成功之中蕴含着儒家思想。王传福的哥哥真是好样的。王传福取得的成功简直是个奇迹。比亚迪这笔投资具有风险投资的性质。李录慧眼识珠，买入了比亚迪的股票，这笔投资很成功。比亚迪是一家令人尊敬的公司，它生产的锂电池、电动汽车、云轨等产品造福了社会。能与比亚迪结缘，我很荣幸。你应该为自己在比亚迪工作而感到骄傲，你将见证和参与比亚迪的崛起。比亚迪的员工是好样的，他们不怕挑战，经常加班加点。

好多事情，把问题想明白就成功了一半

股东：请问您如何看待下跌保护？怎么才能知道一笔投资何时退出？

我不是特别善于退出。我的伯克希尔股票是 1966 年买的，我的开市客股票是……我比较善于选股。我追求的是，永远不必退出。你想知道怎么退出，不能问我，你得另请高明。成功的投资风格有很多种，有些人的风格是快进快出，而且做得也很成功。快进快出，不是我的风格。我的风格是长期持有。我不研究如何退出。你们不知道，看着开市客不断进步，是一件多么令人欣慰的事。开市客有一种能者上、庸者下的文化，在这种文化的引领下，这家公司发展得越来越好。我愿意长期持有开市客，不愿频繁交易。首先，频繁交易需要交税，我的钱不会多，只会少；其次，长期持有，我与自己敬佩的人站在一起，看着他们取得进步，我为他们感到欣喜，这样投资比频繁交易更有意义。做投资，不应该把心思放在退出上，应该琢磨怎么能找到像开市客这样的好公司。

股东：在分析一家公司时，您更看重资本收益率这样的定量指标，还是品牌优势、管理层素质这样的定性因素？

我们既看定性因素，也看其他因素。总的来说，在具体情况下，什么因素重要，我们就关注什么因素。什么因素重要，需要具体问题具体分析。我们总是遵守常识，也就是平常人没有的常识。我刚才讲了，我把很多东西扔到"太难"的类别里，这是平常人没有的常识之一。

股东： 在青少年时期，您和巴菲特先生都在巴菲特家的杂货店里打过工。请问您青少年时期的打工经历是否对您特别有帮助，是否让您获得了超越其他投资者的优势？

当然了。我很小的时候就从我太姥爷身上学到了很多。我还是个孩子的时候，我就观察我周围的大人。很多大人，虽然很聪明，却总做傻事。他们智商非常高，却特别不理智。

于是，我决心寻找其中的规律，弄明白原因是什么、解决办法是什么。我还是个小孩子的时候，就开始做这件事了。很多事，开始得越早，越有优势。我很早就开始分析人类的愚蠢行为了，这当然对我帮助很大。

股东： 在今天的环境中，在评估潜在投资时，您会采用什么样的折现率？

过去赚钱容易，现在的环境变了，专业投资人士只能接受更低的收益率。这就好比人上了年纪，不可能和年轻时相比。

股东： 您如何看待赢家通吃的商业模式？20世纪五六十年代有这样的案例吗？

能事先找到富有潜力的公司，并做出准确的预测，那当然好极了。赢家通吃，太完美了。你在找，别人也在找，所以非常难。

股东： 2008年10月，在雷曼申请破产一个月之后，在经济危机的深渊中，巴菲特先生发表了他那篇著名的文章，他说自己看好美国，正在买入股票。众所周知，2009年3月，您买入富国银行，抄到了大底。请问您是怎么做到的？为什么2008年10月没买，2009年3月才买？

主要有两个原因：第一，在后一个时间，我手里有钱；第二，在后一个时间，股票更便宜。

股东：您以前解释过本·格雷厄姆讲的道理，您说，好机会虽然好，但如果做过了，却要吃苦头。如何才能既不错过，又不做过头，这个火候该怎么掌握？如何才能避免进场太晚？如何判断好机会已经过头了？

把问题彻底想明白，问题就解决了一半。你已经认识到了好机会中存在矛盾：一个好机会，早期潜力十足，晚期则危机四伏。你的脑子要保持清醒，分析机会处于什么阶段。能做到这一点，这个问题，你已经解决一半了。你不需要我帮你，你自己已经知道该怎么做了。既要看到潜力，又要看到危机。

股票回购不该被干预，医疗改革与政府债务都是大难题

股东：一些国会议员提议，立法对股票回购进行限制或征税，请问您怎么看？

哦。我想起了瑞克讲的一个笑话。有个爱尔兰人，经常偷东西、酗酒。他死之前，牧师让他谴责魔鬼。这个爱尔兰人说，我不谴责，我现在这个处境，我不应该给自己树敌。我看，我也是。我一开口谈政治，就要得罪人。所以，换下一话题。

股东：去年，股票回购创下了纪录，现在华盛顿有人说要立法抑制股票回购。请问您如何看待股票回购？政府应该干预公司的行为吗？

总的来说，我不赞成政府干预公司的行为。在股票回购方面，我发现有这样一个问题：股价低迷，该回购的时候，公司不回购；股价高涨，不该回购的时候，公司却抢着回购。成年人的世界，就是这么让人无奈。从当前的股价水平来看，很多回购操作的合理性值得怀疑。埃迪·兰伯特（Eddie Lambert）大量回购西尔斯百货的股票，有道理吗？没有。这样的回购操作还真不在少数。

股东： 您好，芒格先生。您说过，您希望下一次民主党同时掌控行政、立法、司法三权时，美国能采取单一支付医疗制度，即全民医保。请问这将给医疗保险机构、医院以及医药公司带来怎样的影响？

翻天覆地的影响。**医疗将仍然是大生意，但会出现大洗牌。**美国现有的医保制度成本太高、太复杂，浪费太多。医院对临终的病人过度治疗。有些病，过度治疗太严重了，还不如不治。浪费现象非常严重。从另一方面来看，就尖端医疗水平而言，美国在全世界遥遥领先。所以，美国的医保问题很复杂，很棘手。新加坡的人均医保支出只有美国的20%，新加坡的医保体制比美国的强多了。想想新加坡，再想想美国，真是让人汗颜。新加坡完全遵循了最基本的常识。新加坡的这套医保制度，是当年李光耀一手建立起来的。他建立的体制当然更明智，我们这种政治进程中产生出来的医保体制，与李光耀建立的医保体制没法比。

我们的医保体制将走向何方？真是让人看不到希望。类似医保体制这样的难题，我们的政府什么时候解决好过？如果你对现状很忧虑，我敢说，将来你会更忧虑。

股东： 美国的债务总额突破了22万亿美元，已经超过了国内生产总值。今后，国内生产总值的增速有限，但利率可能上行。政府似乎无意控制财政赤字，他们只求在自己的任期之内平安无事，不管将来是否发生危机。普通大众也是今朝有酒今朝醉，早已习惯了借钱度日。我们有什么办法能解决这个问题吗？或者说，人性无法改变，我们只能等着危机爆发？

你提的这个问题，很值得思考。15年前，整个经济学界根本想不到，能像我们现在这样印钞票，能像我们现在这样债台高筑。日本的例子更极端，出乎所有经济学家的意料。他们没想到，日本用尽了经济学中的所有手段，仍然无法摆脱长达20年的停滞。

我们现在的所作所为，有很多不对的地方。什么问题都靠印钞票解决，早晚会遭报应的。至于报应什么时候来，多严重，这谁都不知道。15年前，根本没人想到，我们像今天这么搞，还能安然无恙。在评价克莱门特·艾德礼（Clement Attlee）时，丘吉尔说："他该谦虚的地方多了去了。"丘吉尔的这句话，同样适用于经济学家，他们该谦虚的地方也多了去了。他们以为自己知道得很多，实则不然。一位希腊哲学家说过："一个人不能两次踏入同一条河流。"第二次踏入的时候，河不一样了，人也不一样了。经济学也如此。在物理学中，同样的原理普遍适用，经济学则不同。在经济学领域，同一种做法，换个时间，结果就不同。经济学太复杂了。

美国的债务问题是个很严重的问题。没人知道答案是什么，没人知道我们还能撑多久。我个人认为，民主国家寅吃卯粮，债务负担越来越重，将来一定会自食恶果。毫无节制地举债，早晚要遭报应。具体什么时候遭报应，那我就不知道了。

我选择与优秀而谨慎的人合作，对能力圈的认知或许是天生的

股东：您有一句金句，我特别喜欢。您说过，您在招聘的时候，一个人智商130，但认为自己的智商120，另一个人智商150，但认为自己的智商170，您会选择前者，因为后者能把你搞死。

你说的这不是埃隆·马斯克吗？

股东：请问您在招聘的时候，具体是怎么评估应聘者的？

我当然选知道自己几斤几两的人，不选那些自不量力的人。这是我选人的方法。但是，霍华德·阿曼森说过一句话，对我很有启发。他说："千万别低估高估自己的人。"高估自己的自大狂偶尔竟然能成大事，这是现代生活中很怪异的现象之一。我已经学会适应了，不适应又能怎样？见

怪不怪了。自大狂偶尔能成为大赢家，但我不愿看到一群自大狂在我面前晃来晃去，我选择谨慎的人。

股东：我正在研究性格心理学，特别是什么样的人相互合作能取得成功。您和沃伦是一对好搭档，请问你们为什么能合作成功？

我告诉你什么样的两个人合伙能成功。两个人都有本事，他们在一起合作，当然能更成功。

股东：我还处于不知道自己的能力圈在哪的人生阶段。请问您是怎么找到自己的能力圈的？

知道自己的能力圈的边界，非常非常重要。连边界在哪都不知道，还算什么能力圈？没那个能力，却以为自己有，肯定要犯大错。别人能做到的，你未必能做到。你要经常提醒自己，保持理智，特别是别自己骗自己。从我一生的阅历来看，理性地认识自己的能力，这个特质主要是由基因决定的。我觉得像沃伦和我这样的人是天生的。后天的教育很重要，但是，我认为，沃伦和我天生具有做好投资所需的品质。我没办法让你重新出生一次。

股东：您和沃伦合作几十年了，为什么沃伦的钱比您多那么多？

他开始得比我早，他比我聪明一些，他比我更勤奋，再没别的了。阿尔伯特·爱因斯坦为什么没我有钱？

我支持李录，他是中国版的沃伦·巴菲特

股东：您认为李录和中国的其他投资者有何不同？从李录的个人经历来看，他不是伯克希尔出来的。李录与托德·库姆斯（Todd Combs）、泰德·韦施勒（Ted Weschler）有何异同？去年，您和李录接

受了中国媒体的采访，接受此次采访有什么具体原因吗？

李录让我接受采访，我就接受了，我没多想。记者向我提问，我有什么说什么。至于李录，他不是一般人，他是中国版的沃伦·巴菲特。他是一个特别聪明的人，我特别愿意支持他。我95岁了，我这一辈子只把芒格家族的钱交给了一个外人管理，他就是李录。李录干得非常漂亮。李录取得的成绩确实优秀。我选人是非常挑剔的。我选中了李录，是因为谁和李录比，都得被李录比下去。我选择李录的方法，是做选择的一种好方法：选一个最好的，选一个能把其他的都比下去的。懂了这个道理，生活会简单很多。能比得上李录的人没几个。选中李录后，我只需要耐心等待。明智的人善于耐心等待，在时间流逝中，体会其中的妙处。大多数人没这个智慧，他们总是东跑西颠地瞎忙活。

股东： 别人问您，您是如何判断投资机会的，您说您能很快做出判断。我想请教一下，您如何判断一位基金经理是否具备合适的性格和品质？您也能很快做出判断吗？您主要看哪些方面？

我已经找到李录了，用不着找别人了。我怎么可能找到比李录更好的人？你问的这个问题，对我来说，很简单。我已经找到李录了，但我不知道怎么帮你找一个李录。

股东： 在去年的每日期刊公司股东会上，彼得·考夫曼讲了挑选基金经理的"五张王牌法"，其中有一项是很长的跑道。我很年轻，估计将来至少还能投资40年。我希望能以最高的复利滚动我的资金，最后把大部分财产捐出去。除了您和沃伦，请问您推荐哪些基金经理？

我前面讲了，我这一辈子只找了一位基金经理。我自己才找到一位，怎么向你推荐呢？我倒是觉得，称职的基金经理，找到一位已经足够了。我帮不上你。谁都想找到一位能点石成金的基金经理，但是好的基金经理，非常难找。你要是觉得难找的话，那就对了，这说明你懂了。

斯多葛学派、林肯和赫布·凯莱赫的逸事，以及《穷查理宝典》的故事

股东：去年，我读了斯多葛学派哲学家的一些东西，包括爱比克泰德、塞涅卡（Seneca）、马可·奥勒留……

我明白你为什么读斯多葛学派的东西，生活中需要坚忍的地方太多了。（笑声）

股东：在我向斯多葛学派的哲学家学习的过程中，一个名字始终在我的脑海中回荡：芒格、芒格、芒格……请您讲讲斯多葛学派对您的影响？您对斯多葛学派印象最深的是什么？

斯多葛学派的很多东西都对我有很大的影响，包括奴隶出身的爱比克泰德讲的很多道理。我非常欣赏斯多葛学派的先贤。我活了这么一大把年纪，活得还很好，有个秘诀，我告诉你们：别把人性想得太好了。人性中有很多固有的缺陷和弱点。如果你这也看不惯，那也看不惯，满肚子牢骚和怨气，最后只会适得其反，不但不能改变世界，还会坑了自己。世界上有很多事，我们无法改变，何必以卵击石？既毁了自己，又无法改变世界，太不值了！我从来不做这样的傻事。我总结出了一条关于政客的规律，这是一条斯多葛学派式的规律。我总是让自己这么想：别看现在的政客很烂，将来的政客还不如他们呢。我年轻的时候，加州的立法机构里充斥着不入流的保险经纪人和以权谋私的律师。赌场的老板、贩酒的商人，他们向立法机构中的议员行贿，请他们吃饭、喝酒、嫖娼。时过境迁，我们现在的立法机构不是过去的那个立法机构了，但我却十分怀念那些老骗子、游说者和娼妓。

笑归笑，年轻人，等你们老了，你们就知道了，你们到时候会想，要是南希·佩洛西（Nancy Pelosi）和唐纳德·特朗普还活着就好了。

股东：您能给我们推荐一本书吗？最好是新书，最好是从根本上改变了您的观念的一本书。

像我这样 95 岁的老年人，还哪能从根本上改变什么观念？我有时候能读到一些趣闻逸事，我很喜欢。我也很喜欢自己以前读过的趣闻逸事，例如，我刚才讲的兽医和马的那个小故事。这些小故事短小精悍，却蕴含着深刻的道理，能给人很大的启发。我给你们讲一个关于林肯的小故事。你们看看，我们现在的这些政治人物，无论是民主党的，还是共和党的，哪有一个能与亚伯拉罕·林肯（Abraham Lincoln）相提并论？有一次，一个人找到林肯。这个人的合伙人去世了，一分钱没留下，扔下了妻子和三个孩子。这个人借给了他去世的合伙人一笔钱，他找到林肯，他说："我希望你把这笔钱给我追回来。"林肯对这个人说："你是个做生意的，我觉得你不费什么力，就能赚到这样一笔钱。你为了这么一笔小钱，想让我帮你去压榨可怜的寡妇和三个孩子，你找错人了。"我们今天的哪位政治人物有林肯这样的品格？亚伯拉罕·林肯真是了不起。多感人的故事啊！难怪林肯能名垂青史。

亚伯拉罕·林肯能功成名就，你们知道在他背后默默付出的是谁吗？是他的继母。林肯的父母都是文盲。林肯的亲生母亲去世后，家里孩子太多，父亲实在照顾不过来，娶了继母。继母给了林肯关爱，她让林肯读书，在他人生的道路上一直给予他帮助。我打算捐赠一幅林肯继母的画像，我很敬佩这位继母取得的成就。林肯能有出息，她的功劳很大。

股东：赫布·凯莱赫（Herb Kelleher）最近去世了，您能给我们讲讲关于他的逸事吗？

我和凯莱赫没什么来往。我只知道，他是个商界奇才。凯莱赫是个老酒鬼，还是个大烟枪，但他却开创了一家稳健的公司。他这个本事，我可学不来。喝了那么多波本威士忌，吸了那么多烟，还能有那么大的成就，真是个奇人啊！只能说上天给了赫布·凯莱赫一副好身板，我们只能自叹不如。

股东： 芒格先生，考夫曼先生，我没问题要问，我只是想借此机会感谢你们，谢谢你们编写了《穷查理宝典》。这本书为我筑牢了人生基石，它改变了我对许多事物的思考方式。谢谢你们两位的辛苦付出。

其实，出这本书，完全是彼得·考夫曼的主意。这件事从头到尾都是他一个人忙活的，钱也是他自己出的，他是个有钱的怪人。我只希望考夫曼能再帮我个小忙。考夫曼提升了我在印度和中国的人气，我真希望他能帮我在洛杉矶出出力。

《穷查理宝典》的中文版在中国盗版泛滥，正版的销量是 34 万本左右。我在中国的人气很高了，但在洛杉矶不太受欢迎。

伯克希尔的优势是没有官僚主义

股东： 在伯克希尔的致股东信中，您也写了伯克希尔的过去和未来，您讲到了伯克希尔之所以能取得成功的几个原则。我的问题是，作为一家控股公司，伯克希尔遵守了一些原则，取得了巨大的成功和优异的记录，但为什么很少有其他公司效仿伯克希尔？

好问题。我觉得最主要的原因是学不来。例如，像宝洁这样的大公司，它的固有文化、它的官僚作风，早已根深蒂固，你说怎么能把宝洁变得像伯克希尔·哈撒韦一样？这个问题可以直接扔到"太难"的一类。很多大公司惯性太强，积习难改。大公司最严重的问题是官僚主义横行。伯克希尔的总部根本没几个人，所以我们没有官僚主义的毛病。伯克希尔有几位内部审计员，总部有时候派他们出去巡视。总的来说，伯克希尔没染上官僚主义的毛病。没有官僚主义的风气，上层的管理者又头脑清晰，这给我们带来了巨大的优势。把我们放在一个官僚主义横行的大公司中，我们也无法改变现状。任你有三头六臂，都无法跳出官僚主义的藩篱。官僚主义的危害极大，它是尸位素餐、铺张浪费等种种歪风邪气的温床。官僚主义这种病，不能得，得了就没好结果。越是成功的公司，越是成功的政府部门，越容易被成功冲昏头脑，越容易受到官僚主义风气的腐蚀。随着官僚主义风气的滋生，将逐渐产生一批既得利益者，他们享受种种优待，吃好的，喝好的，用好的。局外人痛恨官僚主义，内部的既得利益者却极力维护官僚主义。现代文明的成功衍生了官僚主义，官僚主义之中孕育了愚蠢和失败，这是现代文明的悲哀。难道不是这样吗？官僚主义是现代文明的痼疾。有些地方被官僚主义搞得乌烟瘴气，谁能把这些地方三分之一的人给踢出去，一下子就清爽了，绝对是大快人心，当然不包括那些被踢出去的人。官僚主义导致种种恶果和浪费，却又像衰老和死亡一样无法避免。不说了，下一个问题。

投不投指数、苹果、医疗行业都在于能力圈

股东：在过去五年或十年，伯克希尔·哈撒韦的股票投资组合跑赢了标普指数吗？没跑赢的话，为什么伯克希尔不改成投资指数？

沃伦还是个 89 岁的小伙子，他一定觉得伯克希尔以后的表现能比标普指数强一些。不是谁都能跑赢指数的，沃伦应该不会看错自己和伯克希尔。有一点，我敢肯定，即使伯克希尔跑赢了，也只能是以微弱的优势领先。

股东：2018 年 5 月，在接受 CNBC 采访时，您表示，伯克希尔买苹果的股票，买得太少了。您现在仍然这么看吗？

我在这里谈论苹果公司，于人于己都不会有什么好处。我是个固执己见的人，我知道的很多，但不是什么都知道。我看好苹果，但我不认为自己是关于苹果的专家。

股东：去年，您说希望持有更多的苹果股票，现在苹果的股价跌了很多。您认为苹果的护城河和竞争优势是什么？苹果的股价为什么

会下跌？

我不知道苹果的股票为什么涨、为什么跌。凭我对苹果公司的了解，我知道自己为什么看好这家公司，但是我不知道它的股价最近为什么涨跌。我们有个秘诀：我们不求知道很多。我有一种思考问题的分类方法，我教给你们。很多特别难的问题，我给它们专门建了一个类别，这个类别的名字叫"太难"。对我来说，太难的事有很多，我想都不想，直接把它们扔到"太难"的类别里。简单的事很少，但我只做简单的事。这就是我思考问题的分类方法。绝大多数的事情归为"太难"的一类，只有少数事情非常简单，我可以不假思索地做出决定。

股东：请问伯克希尔的投资组合中为什么没有医疗行业的公司？

一方面，我们对医疗行业的了解不够深入；另一方面，凭我们已有的了解，我们不看好医疗行业。这两个理由足以解释我们为什么没投资医疗行业的公司。

成功秘诀、幽默、睡眠、不怨天怨地，关于人生和生活的老生常谈

股东：简朴的生活显然是正确的生活。然而，大多数美国人最后活成了莫扎特那样，超前消费、过度消费、深陷债务的泥潭。请问您如何保持自制力，克服各种诱惑，坚持过简朴的生活？

我天生如此。

股东：我今年20岁。像您讲的莫扎特的小故事里的那个年轻人一样，我想向您请教一下，我这样的年轻人，怎么才能像您那样，成功地度过一生？

我自己的子女，我都改变不了。你完全是一个陌生人，我又能帮上你

什么呢？下一代太难改变，平庸是普遍的结局。有些人能成功，但成功的人终归是少数。这是上天安排好的，只有少数人能取得成功。想成功的人很多，但真正取得成功的人很少。如何才能成功？严格自律，遵守道德，找到志同道合的人，抓住难得的大机会，说出来都是些很简单的道理。我说了很多老生常谈的话，因为成功确实就来自这些看似平凡无奇的道理。

股东：您看出了人类的许多愚蠢行为，却并不因为人类的愚蠢而感到失望。您一直是这样的人吗？像您这样想得开对吗？

非常对。这是我和犹太人学到的人生态度。犹太人经历了那么多苦难，却仍然能笑对人生，我非常敬佩他们。这种笑对苦难的人生态度，也非常符合我自己的性格。幽默确实是排解痛苦的良药。

股东：听说您新开发了房地产项目。您开发的是什么？这个项目取得成功的关键因素是什么？

没有，我只是给我的孙子们买了几间公寓。这件事，当时觉得是个好主意，我就做了。顺便讲一下，我刚才说的这句话，"当时觉得是个好主意"，是这么来的。许多年前，有个年轻人，乘火车的时候，在餐车上遇到了一个女人，在换车的短短五分钟时间里，他把这个女人搞怀孕了。这个年轻人的父亲问他："你怎么想的呢？"你猜这个年轻人怎么说的？他说："当时觉得是个好主意。"

股东：您一生之中最值得自豪的成就是什么？为什么？

单说哪一项成就，是我觉得特别值得骄傲的，好像还真没有。我给自己设定的目标是，追求平常人没有的常识。我的目标定得很低，我对自己的表现非常满意。重新活一次，我很难比现在做得更好。我之所以成功，很大一部分原因是，我生在了好时候，生在了好地方。因为生得好而拥有了成功，我没什么可骄傲的。

我感到很幸运，但并不觉得骄傲。

股东：我想请查理和彼得回答这个问题。芒格先生说过，任何一年，如果没推翻自己的成见，或许都是虚度了的一年。请问两位在2018年是否推翻了自己的成见？如果是的话，是什么？

盖林，你在2018年推翻了自己的什么成见吗？

瑞克·盖林：我想不起来。你呢？

盖瑞·萨尔兹曼：**我们总是想着明天，不想过去。**前一天过去就过去了，新一天是新的开始。我的工作，每天都不一样，每天总有新的变化，新的挑战。我和新闻编辑差不多，每天总是从一张空白的版面开始。我每天总是想着下个问题该怎么解决，下一步该怎么做。

股东：我参加了您90岁那年的股东会。今年，您已经95岁了，我很高兴。

你都高兴，我更高兴！

股东：希望您能活到120岁。您给我们的生活带来了正能量，我始终特别感谢您。我想请教您一个关于压力、睡眠和长寿的问题。在商业中，有些竞争对手很卑鄙。我们自己讲诚信、讲道德，但是竞争对手靠欺骗和造假把我们搞得很惨。无论是在商业中，还是在生活中，都有很大的压力，您却总能保持镇静。在您95年的生活中，您是怎么排解焦虑的？怎么做到镇定自若的？如何才能让自己超脱出来？即使被卷入所罗门兄弟丑闻的旋涡之中，您也能保持每晚八小时的睡眠吗？

我没你说得那么高明。其实，我年轻的时候睡不好觉，现在好多了。进入晚年，我学到了个小窍门。年轻时，到了睡觉的时候，我从来不会有意识地清空脑子，我总是躺在床上辗转反侧，和问题较劲，很晚很晚了，还睡不着。一晚上没睡好，我也不当回事。我心想，管它呢，明晚再睡。

我这样的做法很傻。现在不一样了，**我在睡觉之前特意把脑子清空，很快就睡着了。** 你们可以试试，真挺管用的。我95岁了，才学会这招，我怎么这么笨呢？

股东： 假如有人能发明时间机器，让您可以回到过去，与41岁的您共进晚餐，您会给过去的自己哪些建议？

如果我当年聪明一些，就不会错过那个机会，资产也不会比现在少一半。回忆过去，总是有些事可以做得更好。然而，谁都难免有错过机会的时候。**我始终认为，改变不了的事，就不要太纠结了。牢骚满腹、怨天怨地是人生大忌。** 道理很简单，许多人却因此白白地毁了自己。嫉妒也是大忌，而且嫉妒这宗罪还毫无乐趣可言。谁在嫉妒之中获得了享受？嫉妒对你有什么好处？总有别人比你强，嫉妒别人太傻了。我总是研究人类的各种愚蠢行为，免得自己深受其害。如此生活，我不会成为一个受欢迎的人，但是我能让自己远离很多麻烦。

股东： 罗伯特·西奥迪尼写了《影响力》一书，您觉得他写得好，赠送了他一股伯克希尔的股票。阿图·葛文德在《纽约客》（New Yorker）杂志上发表了一篇关于医保问题的文章，您觉得他写得好，送了他一张两万美元的支票。请问您还打赏过其他人吗？

我忘了，应该不太多。阿图·葛文德和西奥迪尼都是非常优秀的人。我偶尔有这样的奇怪之举，但也不是总做这样的事。这两件事，我觉得我做得很漂亮。

知识产权、次贷危机、非营利评级机构……不懂或无解的事情我选择远离

股东： 您曾经是一位律师，我想请教您一个关于知识产权的问题。

知识产权是很复杂的问题。我们能否找到更好的方法，跨越国界来分享知识产权。最近，华为事件引发了广泛关注。我们能否找到更好的法律框架来处理知识产权问题？

　　我对知识产权领域了解有限。我了解的是保险、家具商场、法律报刊等。知识产权是别人的长项。我有自知之明，我远离自己不擅长的领域，知识产权是其中之一。要说偷知识产权，我们美国人过去可没少偷。我们窃取了狄更斯的书，我们未经狄更斯授权，私自翻印他的作品。我们还从英国的纺织厂偷技术。自古以来，人们就总是千方百计地偷别人的点子。我们应该保护知识产权，应该维护知识产权所有者的利益。至于具体怎么做，我对这方面没什么研究。

　　股东： 您讲了，在次贷危机中，您可以涨价，但是您没那么做，因为在别人失去房子的时候涨价，不是查理·芒格的风格。我想对您说句谢谢。

　　你还是第一个谢我的。

　　股东： 我想请教您的是次贷危机的根源，特别是评级机构扮演的角色。您讲过人类误判的20个原因，我觉得您讲的每一点都切中要害，巴普洛夫效应、否认……

　　你说得对。在次贷危机之中，我们的主要金融机构罪大恶极。看到一小撮人用又脏又蠢的方式赚钱，所有人都眼红了，都跟着干。贷款的条件一再放宽，风险控制形同虚设，各种愚蠢和缺德的行为甚嚣尘上，最后掀起的那场风暴，险些把整个社会卷入大萧条。参与其中的人罪大恶极，可是竟然没一个人受到法律的制裁。伊丽莎白·沃伦表示，引发了这么严重的危机，肇事者应该受到严惩。在这个问题上，我和伊丽莎白·沃伦的观点完全一致。

股东：我编写了一份成立非营利评级机构的计划书，想请您给一些意见。

倒不是因为伯克希尔持有评级公司的股票，只是你这种比较另类的主张，我一般不愿亲自参与。我明白你为什么对现状感到忧虑。但是，有些人类的问题，我不愿意去较劲，你说的这个问题，就是其中之一。你看出了评级机构需要改进，你的想法是对的。

股东：假如您没找到李录，不能通过李录投资中国的股票，就像大多数美国人一样，无法开通中国的股票账户，您愿意投资中国公司的美国存托凭证吗？中概股大多采用 V.I.E. 架构，股东权利受到很大限制，也不受中国政府的保护。

我不太了解存托凭证。对于专业人士搞出来的投资产品，我普遍持怀疑态度。别人不遗余力地推销叫卖的东西，我一般选择远离。你讲的东西，是我不碰的东西，我帮不了你。你讲的这个地方，我不愿意去，我选择远离。

股东：在美国大型银行的资产负债表上，衍生品投资组合占的分量越来越重。对于衍生品信息披露的透明度，证券交易委员会没有做出明确的规定。您投资了银行，请问您是否担心银行受到衍生品的影响？

只要是理智的投资者，都会对银行心存顾虑。银行是风险系数非常高的生意，因为管理层很容易受诱惑的驱使，做出一些傻事。银行的管理层想要虚增利润简直轻而易举，他们经常为了追逐短期利益而牺牲长远利益。沃伦说得好："银行业的问题在于，银行很多，银行家很少。"银行的生意太容易被人类的愚蠢侵蚀。没有十拿九稳的把握，最好不要投资银行。

股东：假如无法选择谈判对手，已经尽力和对方讲理了，但对方一直胡搅蛮缠，在这种情况下，请问该怎么办？

你讲的这种情况，我的解决办法是尽量远离。一个难题，是我解决不了的，我会拉一条警戒线，让问题根本别想溜进来。不管是谁，遇到难缠的人、棘手的事，都没什么好办法。很遗憾，我解决不了你的问题。难缠的问题，我的解决办法是敬而远之。

2020年 每日期刊股东会讲话

编者按

2020 年，新冠疫情逐步在全球肆虐。2 月 13 日，每日期刊的股东会正常在线下召开，没有任何与新冠疫情相关的讨论。但到了 5 月，因为疫情影响，芒格首度缺席伯克希尔在奥马哈举行的年会。

今年的股东会记录保留了提问环节之前芒格讲述的所有内容，甚至包括正式流程。或许是因为这一年芒格的开场白本来就较长，不仅有通常都会讲的每日期刊行业发展和业务近况，还谈到了公司的工作原则、风投资本对软件行业的疯狂炒作，以及一些相关的人生智慧。

相比之下，提问环节中集中问答的焦点反倒不那么多，大多数问题芒格都回答得比较简略，更多是对他以往讲述观点和态度的再次强调。

正式流程是这个样子的

会议现在开始，各位请就座。欢迎来到天主教大教堂。这座教堂可不一般，还没参观过的，建议你们去里面好好看看。别看它外面破旧不堪，进到里面，你一定会为它高超的建筑艺术而赞叹。插播一条广告，我们的董事彼得·考夫曼在这座教堂的管理委员会任职。电影明星格里高利·派克（Gregory Peck）的骨灰盒安放在这座教堂里。谁想把自己的骨灰盒与格里高利的安放在同一面墙壁，可以在会后与彼得联系，费用是 10 万美元。真是商业社会啊，死都死不起了。

我手里有份稿子，我先照稿念，把会议的正式流程走完。然后，我简单讲几句。讲完之后，回答各位的提问。

首先，我向大家介绍一下出席此次会议的管理层。我是查理·芒格，董事会主席，出席本次会议的其他管理层成员有董事会副主席瑞克·盖林、首席执行官盖瑞·萨尔兹曼，还有你们许多人的老朋友彼得·考夫曼。我眼睛看不太清楚，上年纪了，没办法。我们的新董事盖瑞·威尔科克斯、玛丽·康兰（Mary Conlan），还有每日期刊公司的副总裁米歇尔·史蒂文斯（Michelle Stevens）。米歇尔负责我们的止赎权公告业务，她为我们赚了很多钱，她是我们的功臣。

我们的财务会计玛丽乔·罗德里格斯（Maryjoe Rodriguez），她是公司的支柱。期刊科技副总裁艾伦·艾尔兰（Ellen Ireland），她是公司的老员工，也是公司的顶梁柱。负责审计每日期刊公司的会计也来到了现场，他们是欧内斯特·米兰达（Ernest Miranda）、安迪·理查德森（Andy Richardson）、马丁·卡西斯（Martin Cassis）和古埃特·米尔纳（Guat Milner）。我们之前解聘过两家会计师事务所。现在的这家审计机构，我们非常满意。

说句题外话，现在做会计，真是不好做，特别是审计像我们这样的公司。就说今年在波音公司做审计的那些会计，他们赚那份钱得多难，这活太难干了。

接下来，我们继续会议的正式流程，然后回答提问。谁有授权委托书没提交，用不着提交了，反正绝大多数的投票权在我们手里。

艾伦，请你报告参加本次会议的股东人数，以及其持有的股份数。（工作人员陈述出席股东会的股东情况。）

谢谢。下面继续流程中的各项内容。

第一项是选举董事会成员。我们手里有足够的票数，选举我们提名的董事，因此，我在此宣布，所有提名董事入选。

每位董事的得票数还挺有意思的。我的得票数不是最高的。公司里最重要的人物，首席执行官盖瑞·萨尔兹曼，他的得票数是最低的。我的得票数和盖瑞差不多。其实，各位董事的得票数非常接近，没差多少。

大家知道，美国的各大公司，大股东清一色变成了指数基金，几乎没几个例外的。谁能想到，美国各大公司的投票权，竟然落到了一群指数基金管理者的手里？这不是谁事先安排好的，它就这么发生了。天知道将来会有什么后果。

第二项提案是批准我们推选的独立执业会计师。我们手里有足够的票数，通过就完了。董事会审计委员会选举斯科特·米尔纳（Scott Milner）作为独立执业会计师。

第三项提案是通过公司章程修正案，采纳以简单多数的方式选举董事。加州政府要求我们这么做，那我们就通过这项提案。好，通过了。具体的表决数字，我就不读了，反正也没人愿意听。

第四项提案是关于盖瑞薪酬的建议，这项提案，我们也投票通过。要说公司上下，谁最配拿自己的那份薪酬，绝对是盖瑞。

好了，现在需要提出一项动议，宣布会议正式流程结束，开始问答环节。有人附议吗？全部赞同？好，正式流程到此结束。

每日期刊是个特例

没想到报纸就这样成了过去

我先简单讲讲公司的经营情况，然后回答提问。

我们的公司最早只是一份小报，靠刊登启事为生。后来，我们逐渐成长为一家非常成功的法律日报，独家刊登加州所有上诉法庭的判决结果。《每日期刊》一度拥有垄断地位，是加州的每个律所必须订阅的报纸。我们这份报纸为社会做了很多有益的事。我们虽小，但深耕利基市场，盈利能力很强。过去，在美国，像我们这样的报纸特别多，它们占据独特的利基市场，稳稳地赚大钱，经营起来还特别轻松。随着时间的推移，科技进步令美国的报纸逐渐走向衰亡，像我们这样的小报也难逃厄运。营业收入越来越低，经营成本丝毫不少，大大小小的报纸一个接一个地死去。

伯克希尔·哈撒韦曾拥有大约100家报纸。现实很残酷，这些报纸都走到了穷途末路，再优秀的管理层，也不能让它们起死回生。报纸死了，我很难过。在报纸兴盛的年代，它们担负着监督政府的职责，人们将报纸称为"第四权"。报纸的这个地位不是建国者勾勒出来的，而是资本主义的偶然产物。受益于美国的两大优良传统，裙带关系和垄断经营，当年的那些报业巨头一跃成为社会的风云人物。别看他们是一些信奉裙带关系的垄断资本家，其中还有不少是酒鬼，但他们对社会的贡献却不亚于立法者。现在，报纸成了过眼云烟，取而代之的是电视中喷涌而出的各种愚蠢而偏激的观点。《新闻周刊》（Newsweek）、《时代》（Time）等杂志和大大小小的报纸退出了历史舞台，拉什·林博（Rush Limbaugh）之流的右翼，还有同样不堪的左翼，他们粉墨登场，这是美国社会的巨大损失。木已成舟，我们只能扼腕叹息。报纸偶然间成为第四权，担负起监督政府的职责，恪守新闻的真实原则，为社会做出了巨大贡献。没想到报纸就这样成了过去。

每日期刊不会死是因为……

每日期刊公司是个特例，我们这个公司不会消失。即使我们所有的报纸业务都没了，我们还持有大量证券。与大多数报业公司相比，我们的境遇好很多。我说报纸死了，但《华尔街日报》《纽约时报》等不在此列。有些报纸，无论如何都不可能消亡，但总的来说，报纸大势已去。每日期刊公司不可能说死就死，让股东两手空空，因为我们持有大量证券。

另外，我们还在开展一项新业务，这就是期刊科技从事的软件生意。报纸业务萎缩了，我们希望期刊科技能顶上来。期刊科技经营电脑软件业务，主要为法院和政府部门的客户提供服务。我们的软件可以简化烦冗的流程，减少人工操作导致的错误。我们的这个生意，做起来很辛苦。

一般的软件，像老师上课用的教学软件，或者是雪佛兰经销商用的会计软件，这样的软件是标准化的东西，赚钱很容易。软件公司大批量生产出来，用户买到手里就可以直接使用，简单方便。

我们的软件生意不一样，我们为各种各样的政府机构提供服务。我们的客户，一个是各有各的要求，我们的工作比较复杂；另一个是非常官僚，我们只能耐着性子来。我们要和政府的许多律师、顾问打交道，还有烦琐的招投标流程。我们做的这个软件生意特别辛苦，很多项目漫长得看不到尽头，实施起来困难重重。正因为如此，很多人不愿碰这个活。他们想做轻松的生意，把软件大批量生产出来，分发到云上，然后数钱就行了。我们的业务需要大量人员去部署，帮助世界各地的法院实现法庭文书自动化。

我相信，我们的软件业务会有成功的一天，但是我们需要为此付出巨大的努力。无论是参与政府招标，还是和众多顾问打交道，都是非常棘手的差事。没好脾气不行，没足够的耐心不行，没非凡的才能不行。不管钱赚得多慢，官僚多难忍受，我们只能咬着牙坚持，真是特别不容易。

虽说困难重重，而且管理层年老体衰，但我们做得还不错。别问我，我们是怎么做到的。我们能做成现在这样，实属不易。我们做对了许多事，才有今时今日。软件业务的市场潜力很大，但我们将来还会遇到很多坎坷。

在客户方面，我们和客户的关系很融洽。我非常感谢澳大利亚政府。澳大利亚要实现法庭自动化，真了不起。他们选择了我们，真有眼光。谁能想到小小的每日期刊公司能有幸为澳大利亚的所有法院提供服务？我看我们的合作能行。他们怎么就选择了我们这么一家小公司呢？他们怎么就觉得我们能行呢？

我们能把澳大利亚拿下，很重要的一点在于，我们的绝大多数对手太差了。我们是取得了一些小成绩，但我们不能沾沾自喜。

我们要付出长期的努力，这是一场持久的战斗。我们年纪这么大了，而且事业有成，却还在做这个苦差事，简直是自讨苦吃。在这场会议之前，盖瑞向董事会做了报告。我们的工作很苦很累，但大家决心披荆斩棘，把这件事一直做下去。

我相信，我们能成，我们最终能把这个市场的一大块份额收入囊中。各位股东，你们需要有极大的耐心，才能等到我们成功的那天。因为实在太难了。我们做的是辛苦的软件生意，不是那种能轻松赚钱的软件生意。我们要做的事，难度和再造一个普华永道相差无几。再造一个普华永道有多难，我们要做的事就有多难。我们不敢保证，一定能成功，但我相信，我们有希望，只是会很慢、很苦。在将来的很长一段时间里，我们都轻松不了，我们也没想着要轻松，但我们会越来越好。

盖瑞，你觉得未来两三年我们能发展得怎么样？盖瑞在哪呢？哦，我左眼看不见。

盖瑞·萨尔兹曼：我们确实向期刊科技的软件业务投入了大量人力和财力。期刊科技共有员工250名左右。我们在洛杉矶、加州的科洛纳市、犹他州的洛根以及丹佛设有分公司。

我们从1999年起步。这些年来，我们见证了许多变化。以洛杉矶为例，现在，洛杉矶的法院使用我们的软件，进行电子文件存档。过去，在洛杉矶的法院，律师只能去现场排队，或者请代理帮着排队。现在，他们只要使用电脑就可以与法官安排时间，自行决定何时出庭。律师的工作更方便了，法院也节省了人力。我们的软件产品还带来了很多其他便利，例如，加州河滨市（Riverside）的交警使用我们的系统开罚单。

我们与加州的很多法院建立了业务关系。我们的产品包含一个基本的软件系统，在这个基本的系统上，可以进行三五种不同的配置，分别供法院、公设辩护律师、地方检察官、缓刑犯监督官使用。我们只需要对基本系统进行配置，就可以为不同的客户提供服务，这可以提高我们的工作效率。

查理刚才提到了我们为澳大利亚政府做的项目。目前，我们在澳大利亚外派了七位员工，他们为南澳大利亚州以及维多利亚州的墨尔本市提供服务。澳大利亚这两个州的所有法院都是我们的客户。澳洲的法院分很多种，像矿务法院之类的，和我们这不一样。

加州的法院系统比较精简，每个郡只有一个法院。美国其他州的情况很复杂，法院种类繁多，包括遗嘱检验法院、民事法院、家庭法院等。各个法院有不同的主管机构、不同的软件系统、不同的 IT 部门，效率特别低，也给我们的工作造成了很大的障碍。

我们未来的业绩如何，主要取决于我们在各个司法部门的客户数量。虽说我们的软件部署工作也是收费的，但是只有等到整个项目最终全部交付，我们才能确认收入。我们始终朝着完成最终交付而努力，交付完成才确认收入，并在财务报表上体现出来。

我们的原则是不签让自己偷懒的合同

提醒各位注意一下我们确认收入的方法。

我们不是自己算自己干了多少活，然后开个发票管政府要钱。做咨询的一般都这么干，按小时收费。我们只有把所有的工作都做完了，才能向客户收钱，这是我们自己安排的。我给大家讲个真实的故事。我年轻的时候，工地上没几辆推土机，很多拉土石方的活，主要靠骡子。有专门养骡子的师傅，组成运输队接活。有这么一位拉美裔的师傅，他养了很多头骡子，经营着一只规模很大的骡子运输队。一天，一个包工头找到他，对他说："我接了个政府的大工程，合同是按成本加成定价。你来给我干，也按成本加成算。带着你那些骡子，明天就开始干这个大活，成本加成的。"这位拉美裔师傅回答他说："不，我不干。"包工头问他："怎么不干呢？"养骡子的师傅说："我全凭干活利索，这么多年才总有活干。你这合同按成本加成算，连我的骡子知道了都要偷懒，干得越慢，赚得越多。"

我们每日期刊公司一样有自己的原则。我们不签让自己偷懒的合同，免得自己走向堕落。我们要学那位拉美裔师傅。我觉得我们能成，但是这么个苦差事，总要打起精神去做才行。

这么难的软件生意，微软、谷歌的人瞧不起，我却愿意做，彼得·考夫曼也愿意做。我们不怕难，难一点才好呢。正因为它难，做成了以后，就是别人抢不走的好生意。我确实不敢保证一定能成，我们要做的是一件很难的事。

我多想告诉大家，我们兵强马壮，拥有雄厚的人才储备。事实恰恰相反，我们就好像独臂人贴墙纸，一直在这撑着呢。

无论在何处，都要保持理智

资本对软件行业的炒作太极端

软件行业是一个热门行业。在任何一所著名的理工科大学，最受欢迎的专业都是计算机科学。在风险投资领域，最炙手可热的投资总是与软件相关。

风投资本对软件行业的炒作太夸张了，软件公司的价格高到离谱。风投资本挤破了头，伯克希尔·哈撒韦却避之唯恐不及。许多人能赚大钱，但也会有很多人亏得很惨。

我这个人，眼里容不得沙子。我看不惯投行编造的"息税折旧摊销前利润"（EBITDA），要我说，这是狗屁利润；我看不惯所谓的 J 曲线（J-curve）；我也看不惯风投资本倒卖软件公司，层层加价、层层收费，我觉得这和传销没什么区别。软件行业发展的大潮流是好的，软件的巨大进步推动了全世界的科技发展。但是，资本对软件行业的炒作太极端了，小心物极必反。

谁家里几乎都有在软件行业工作的亲戚。我们家有两个人在私募股权行业工作。私募股权行业已经达到了数万亿级别的规模。这里面有些怪现象，很多东西是在炒作，很多买卖行为很疯狂。

私募股权的做法是倒买倒卖，主要是为了赚管理费。我投资公司，是为了长期持有，不是为了赚差价。私募股权行业以收费为最终目的，规模膨胀到现在这么大，我觉得很容易出问题。

成功的私募股权基金，接着发规模更大的产品，继续烧钱，继续做交易。规模越大，成本越高，收费越多，私募股权基金对赚取费用的追求没有尽头。如此贪得无厌，能有好下场吗？答案是否定的，不能。将来会遭报应的。

红杉是全世界最优秀的风投公司之一，它为客户赚了很多钱，像红杉这么优秀的风投公司寥寥无几。红杉的业绩特别漂亮，很重要的一个原因在于，它有意识地控制自己的规模。**其他的风投公司只想着多赚费用，一味追求规模和增速，这是一种不正常的现象，不会有好结果。**

我在哈佛法学院读书时，一位老教授说过一句话，我现在把这句话送给你们。他说："有什么问题，告诉我，我让你更困惑。"

这位老师点拨了我，他激励我继续思考。我经常说："一个问题，彻底想明白了，就解决了一半。"把事情想明白，特别不容易。

把好东西卖给别人反而会赚得更多

关于每日期刊公司，我讲了很多，前路漫漫，道阻且长。公司的生意难做，而且管理层似乎是从养老院里跑出来的。我96岁，瑞克90岁，我们的首席执行官80岁。没个七老八十的，还真进不了我们的董事会。

虽然董事会成员年事已高，我还是觉得我们能慢慢做好。再说了，我们这还有个年轻人呢，威尔科克斯才72岁，刚过退休年龄。我们还有一位新董事，玛丽·康兰，她也比较年轻。

每日期刊公司能走到今天，一份小报，能持有大量证券，还开拓了软件生意，是拜资本主义所赐。我们在做软件生意，但我们这些人没一个是软件工程师，真是怪事。还有，你们这群人，大老远地从世界各地赶来，你们和我们一样怪。

要我说，我们的软件生意还是比较有胜算的。我们做的是一件好事，是一件对社会有益的事。我们让员工得到应有的回报，我们真心实意地为客户着想。

在为客户服务方面，开市客是我们的榜样。开市客始终尽心竭力地为客户服务。开市客把好东西卖给客户，它赚的是良心钱，我对开市客公司充满了敬意。有些人赚的是黑心钱，比如，在拉斯维加斯开赌场的，他们坑蒙拐骗，把烂东西卖给别人，他们的行为令人不齿。

把好东西卖给别人，不去做坑蒙拐骗的事，这是一个最基本的道理。我们选择把好东西卖给别人，即使钱赚得少一些，我们也不会改变。其实，我们赚得不会少，反而会赚得更多。**沃伦说得好：" 永远走大道，大道人少。"**

我觉得美国的政治简直是一团乱麻，四处都在拉仇恨，左右两派斗得难解难分。在加州，操纵众议院选区划分的做法越来越严重，极端的左派和极端的右派占领了议席。

议员之间充满了敌意，立法机构难以正常运转。在加州的立法机构里，头脑清醒的议员已经所剩无几。无论是在民主党，还是在共和党，中间分子都没有生存空间，他们一批批地被排挤了出去，留在立法机构的全是极端分子。极端分子占据绝大多数议席，怎么可能实现良好的治理？美国的政治将何去何从？我们拭目以待。

前一阵子，沃伦对我说："我很好奇，很想知道未来会怎样。要是能再活 30 年就好了！哪怕不让我参与，只让我围观也行啊。"我说："确实，谁知道未来会怎样呢？"

以前，我们在电视上看到的是，坚持报道真相的主持人沃尔特·克朗凯特。现在，我们在电视上看到的是，一群跳梁小丑和所谓的意见领袖，他们睁着眼睛说瞎话，一个比一个能忽悠。

人们经常低估骗子的本事。本领高超的骗子能让人们失去理智，看不清现实。

经过长期的实践进化，许多人练就了一身坑蒙拐骗的本事。面对现实世界中的大量欺骗和误导，人们很难保持清醒、保持理智。

我参与的一些公司取得了很大的成功，不是因为我们比别人更聪明，而是因为我们能保持头脑清醒。人太容易做傻事了。政治中的愚蠢行为很多，商业中的愚蠢行为也不少。

我是怎么成功的？

你们在座的各位，从世界各地来到这里，我知道你们求知若渴。你们很多人是书呆子，我不是笑话你们，因为我也是个书呆子。你们看到了，一个和你们一样的书呆子，虽然一身缺点，却取得了成功，所以你们来到了这里向我取经。

我想告诉你们，你们来对了。如果你们学会了我的方法，你们也能成功。我成功了，我怎么做到的呢？我这就告诉你们。

按我本身的能力和才智，我不应该取得这么大的成功。谁不想超越自己，取得更大的成功？

我能成功，是因为我年轻的时候，掌握了几个思维方法，后来在一生中反复使用。首先，我走大道，因为大道人少。走大道，才是有大智慧。

我还追求理性。在我从小生长的家庭环境中，我的长辈把提升个人理性作为一种道德追求。一方面是遗传基因的影响，另一方面是家庭环境的熏陶，我从小就养成了追求理性的习惯，这个好习惯让我受益终身。

正如诗人吉卜林所说，"如果身边的人都失去了理智，你却能保持清醒"，这是巨大的优势。在政治和商业中，愚蠢的行为数不胜数。

我还记得，很多年前，在市场最疯狂的时候，有人请股票交易员去拉斯维加斯度假，为他们提供免费的筹码和娱乐活动。我们当年的证券市场很肮脏，现在的证券市场也没好到哪去。

许多政治人物不懂亚当·斯密，这好比飞机设计师不懂万有引力。我也笑了，但我的笑中带泪啊。

追求理智这件事，让人终身受益，值得付出一生的努力。

戏演多了，容易弄假成真

我们现在的问题在于，很多人被忽悠傻了，自己却一无所知。

我年轻时，塞德里克·哈德威克（Cedric Hardwicke）是我非常喜欢的一位英国演员。他因为演技精湛，获得了女王授予的爵士头衔。塞德里克·哈德威克爵士到了晚年，仍在不停地拍戏。在他临终之际，他说了一句很经典的话。他说："我戏演得太多了，都不知道自己是谁了。"大多数美国政客和晚年的哈德威克爵士一样，区别在于，很多政客脑子进水了，自己还浑然不知。

有些年轻人总是大呼小叫的，反对这个、批判那个，他们是在给自己洗脑。他们高喊口号，根本没人听，反倒是给自己的脑子里装了一堆垃圾。

戏演多了，容易弄假成真。

装也能装出好事来。我年轻的时候，有几个人本来不是什么好东西，他们后来却成了著名的慈善家。开始的时候，他们做慈善只是为了掩人耳目。日久天长，他们竟然变成了真的慈善家。虚伪到了一定境界，反而高尚了。

装模作样时间长了，人确实会发生改变。一件事，你自己重复过很多次，最后自己真会相信。罗纳德·里根（Ronald Reagan）的演艺生涯结束后，通用电气公司邀请他在全国做巡回演讲，发表右翼言论，难怪他从民主党转投共和党。

总之，你的大脑会欺骗你。最好采取一些预防措施，守口如瓶，防意如城。 如果我们的子女能谨言慎行，我们该多么欣慰啊。

我有几个子女也来到了这里。总的来说，我对他们很满意。但是，如果我可以选择的话，我希望能改变他们的某些方面。生活中没有十全十美的。

好了，我想讲的话讲完了。你们大老远的，来听一个 96 岁的老头唠叨，我真是服你们了。

好，现在你们可以提问了。

归根到底，投资只有价值投资一种

找到你的狩猎场

股东： 您曾经以钓鱼为喻，建议价值投资者换个地方捕鱼。您也讲过，把时间拉到足够长，投资者最终获得的收益，与公司的盈利基本一致。就公司的质地而言，全世界最优秀的公司大部分在美国。既然如此，我们是否应该把精力集中到美国，着重分析美国最优秀的公司？我知道，下注时的赔率也很重要。所以我想请教您，您在下注时，如何在赛马的素质和赔率之间权衡取舍？谢谢。

两个因素都重要。归根结底，投资只有价值投资一种。为什么这么说呢？因为我们每做一笔投资，把钱投进去，都是为了将来能获得更多的价值。

在做投资的过程中，我们不可能一心多用，就像你不可能同时在 12 个不同的地方跑马拉松。所以说，你要有自己的方法，找到值得自己深入研究的区域，这个地方就是你的狩猎场。无论选择深耕哪个区域，你追寻的都是价值。

你对投资美国的看法，我不同意。在我看来，最强大的公司不在美国。我认为，中国的公司比美国的公司更强，而且它们的增长速度更快。

我投资了中国的公司，你没有。我对了，你错了。

你们笑了，我不过说了个简单的事实而已。

李录在现场，我刚才在人群中看到他了。他是这里最成功的投资者，他投了哪？中国。这个年轻人真是很明智，他真是会投资。能找到打猎的好地方是一个本事。无论是谁，到了打猎的好地方，都能打到更多猎物。

我有个朋友，他善于钓鱼。他说："要成为钓鱼高手，我有个秘诀：去有鱼的地方钓鱼。"我们做投资也一样，哪里便宜货多，我们就去哪里。这是很简单的道理。

怎么研究公司和产业？

股东：假如有家新公司，您以前从来没听过，请问您怎么研究这家公司？花多长时间研究？假如估算出内在价值之后，发现公司很贵，您会继续跟踪吗？还是做个大概的估值，发现不便宜，就看别的了？请问您在研究公司时，怎么分配时间？

凡是涉及非常复杂的高科技的，我一律不看。可能有个别例外，但高科技的东西，我基本不碰。

我研究的公司，必须是我具备优势，别人没法和我比的。一家公司，别人比我更有优势，那我不参与。例如，一家医药公司，你得分析它能研发出来什么新药，这个别人比我懂得多，我哪有什么优势。

别人比我精，我不和别人比。别人比我傻，我才有机会。寻找自己具有优势的公司，这样才能做好投资。感谢我们的"猪对手"，我们的财富是他们送的。

还有一点，你要对自己的能力圈心中有数，知道它的边界在哪。你得知道，什么东西超出了自己的能力圈，是自己一辈子都搞不懂的。我在这方面做得很好，遇到了我搞不定的，我就认怂。

股东：现在大家普遍有一种感觉，科技的发展速度实在太快了。科技推动社会产生了巨大的变化，科技的影响力渗透到了各行各业，传统的护城河面临着被颠覆的威胁。您是老前辈，我想向您请教一下，与过去相比，现在护城河受侵蚀的速度是否加快了？

是的，护城河一次又一次被跨越。

谁能想到伊士曼化学公司（Eastman Chemical Company）会倒闭？谁能想到强大的百货商店会走到破产的边缘？谁能想到垄断经营的报业集团轰然倒塌？更别提美国的汽车行业了，20世纪50年代是多么辉煌，现在是什么光景？

护城河消失的速度确实很快。旧时代的、传统的护城河转眼之间就不复存在了。也许这是经济发展的必然结果，在现代经济体系中，老的护城河难免遭到淘汰。

有什么问题，告诉我，我让你更困惑。

我对产业投资没什么高见

股东：我有两个问题。第一个，请问您认为在今后50年或100年，价值投资会发生什么变化。第二个，在产业研究或者产业投资方面，您能否给些意见？谢谢。

未来的世界肯定会发生改变。我觉得可能发生两个变化：第一，高科技可能延长人的寿命；第二，癌症的死亡率可能大大降低。但是，将来也可能有一些出乎意料的事情发生。

迄今为止，我们在科技方面已经走得很远了。就拿互联网的发展来说，互联网改变了世界，属于旧时代的公司消失，报纸行业没落，制造业的流程发生颠覆性的变革。在世界的巨大变化中，许多投资者蒙受了沉重的损失。

我有种感觉，我们该有的都有了。已经能吃饱喝足了，还奢求什么？有更多的钱又能怎样？

我确实觉得，我们这代人是科技进步的最大受益者。我们的子女不再夭折，生活水平大大提高，空调发明出来了，我们享受到的好东西太多了，医学取得了极大的进步，连疼痛的关节都能换了。我们得到的已经够多了，将来的日子再好能好到哪去呢？

现在的情况不能和"漂亮五十"相提并论

股东：在当前赤字高企、利率走低的情况下，请问是否存在资产泡沫？我经历过20世纪70年代的"漂亮五十"。我们今天的科技股是否与"漂亮五十"如出一辙？我感觉，现在有10到15只股票特别热门，人们都在抢着买。在过去四五年里，价值投资处于下风期。另外，我还关注了伯克希尔持有的几只股票，例如，卡夫亨氏（Kraft Heinz）。伯克希尔已经持有卡夫亨氏26%的股份，你们是否会利用现在股价较低的时机，将卡夫亨氏全部收入囊中？

伯克希尔·哈撒韦买什么、什么价格买，我无可奉告。

你说的"漂亮五十"的问题，我可以回答。"漂亮五十"是摩根银行等大机构炒起来的。"漂亮五十"最疯狂的时候，其中有一家公司是生产家庭缝纫图案的，它的市盈率达到了50倍。一个生产家庭缝纫图案的公司，50倍的市盈率，真是让人难以想象。

总的来说，现在的情况没那么疯狂。现在的很多公司，价格可能确实太高了，但这些公司也确实拥有很高的价值。

当年的那个生产家庭缝纫图案的公司，是一个必然要倒闭的公司。我们现在的龙头科技公司，可绝对不是注定要倒下去的。我们现在的情况没当年那么疯狂，不能和"漂亮五十"相提并论。"漂亮五十"的疯狂才是登峰造极。

加拿大、中国与日本，每个国家都有优点和毛病

股东：这些年来，您经常谈到印度和中国。加拿大是与美国接壤的友邦，希望您能谈一谈您对加拿大的看法。无论是加拿大的政治体系、银行体系、房地产行业、能源行业、医保体系，您对加拿大的任何看法，我都非常乐意听。

我对加拿大很有好感。加拿大的医疗保障体系很完善，很合理，医药价格比我们的低。长期以来，我们与加拿大的关系一直非常融洽。我觉得，你应该对加拿大挺满意的。

你们讲两种语言，这不太方便，这是个历史遗留问题。总的来说，我喜欢加拿大。在一些方面，加拿大比我们做得好。

盖瑞对我说，我们在加拿大也有客户，他是想让我多说一些加拿大的好话。

股东： 目前，受中国经济增速放缓影响，全球经济增长疲软。另外，地缘政治风险日益上升。请问您如何看待全球市场和经济的前景？谢谢。

我对中国比较乐观，原因有很多方面。中国这么大的一个国家，能如此迅速地崛起，在历史上绝无仅有。中国做对了很多事。我非常敬佩中国取得的成就。

中国曾经掉进了马尔萨斯陷阱。为了解决人口问题，中国实施了计划生育政策。中国的这项政策，在美国不可能得到支持。但是，我觉得中国为世界做了一件好事，中国人做的这件事值得尊重。

我不像有一些人，对中国怀有敌意。中国取得的成就非常了不起，他们的领导人很优秀。作为一个共产主义国家，中国创造了经济增长的奇迹，带领八亿人摆脱了贫困。

我看好今天的中国。我认为美国应该与中国友好，中国也应该与美国友好。

世界上还有一个让我很佩服的国家，这个国家经历了 25 年的经济停滞。你们可能觉得奇怪，一个停滞了 25 年的国家有什么好钦佩的？在我看来，面对 25 年的经济停滞，日本人表现出了非凡的能力和顽强的意志。日本不可能一直衰退下去。25 年的停滞，日本人很不容易，但是他们像男人一样去面对，没有牢骚满腹，没有放声痛哭，也不说是别人害了他们。

我特别欣赏日本人在逆境中不屈不挠的精神。日本人遇到了困难，不是他们自己做错了什么。日本曾经是个出口大国，中国和韩国的崛起，给日本带来了很大的冲击。无论是谁，遇到更激烈的竞争，都难免会受到影响。

我觉得日本陷入停滞，不是日本自己的错，而是地区发展的大势造成的。日本人表现得很坚强，他们应该得到尊重。还有一点，日本人将零缺陷理念在制造业中发扬光大，并引领了世界潮流。

亚洲国家有很多优点，我们美国应该多学一学。

日本是一个一尘不染的国家，没有露宿街头的流浪汉，也没有人随地大小便。日本有很多地方值得我们学习。

股东：您在先前的讲话中说了，要走正道，要诚恳对待客户。我有个感觉，我这个感觉未必对。我觉得，在中国的商业环境中，在道德方面存在比较多的灰色地带，在尊重法律和公开透明方面不如西方。请问您怎么看？

我们的国家有自己的传统，中国共产主义也有自己的传统，我当然对前者更适应。

要知道，中国曾经掉进马尔萨斯陷阱，深陷贫困的泥潭，还有思想的桎梏。当年的中国领导人讲了一句话："不管黑猫白猫，捉到老鼠就是好猫。"这位领袖真是高瞻远瞩。我觉得这位领袖后继有人，如今的中国领导者同样有远见卓识。中国的发展会越来越好。

我甚至觉得中国人能改掉好赌的毛病。

现代金融没那么美好

基金经理面临重重困难

股东：我有一个关于投资的问题。计算机和人工智能飞速发展，在投资领域日益将人类甩在后面。在资管行业，分析师和基金经理怎么才能保住自己的优势？谢谢。

这是个好问题。我觉得，资管行业的从业者应该做好准备，他们将来的日子可能会更不好过。

现在已经有大量资金在做指数投资，将来指数投资的规模会越来越大。

在对冲基金领域，在私募股权投资领域，我看到了很多疯狂的现象，我担心物极必反，将来很可能会出问题。

一方面，各大捐赠基金只青睐最顶尖的基金经理；另一方面，其他的大基金都在搞指数投资。一般的基金经理前景堪忧。

听我说了这些，你们或许很泄气。

我再给你们打打气。如果你们追求理智，并且一直坚持下去，一定能做好投资。千万不要随波逐流，随波逐流不会有好结果。

对大多数人更好的投资选择

股东：您以前讲过，对于大多数希望积累财富的普通人来说，指数基金是比较好的选择。另外，沃伦·巴菲特讲过一个卖出策略，他说用不着盯着股息，可以按照自己的支出需求，卖出相应的股票。把您二位的建议综合起来，可以得出一种最适合普通人的投资办法，也就是，通过指数基金攒钱，退休以后根据自己的开支需要卖出股票。请问您认同这种做法吗？请问这样投资有什么优势？谢谢。

如今，投资指数的人越来越多，对于大多数人来说，投资指数确实是更好的选择。自己去投资股票，人的赌性容易发作。赌博的诱惑很大。赌局千变万化，人们很容易沉迷其中，无法自拔。

在中国股市，散户的持有时间非常短，他们把股市当赌场，这是一种非常不理智的行为。在股票投资方面，中国人的做法和赌博类似，实在是太愚蠢了。在别的很多方面，中国人做得可是非常好的。这也说明了，保持理智确实不容易。

股东：我的很多同学想去私募股权和风险投资领域发展。您刚才说，您家里有晚辈从事私募股权行业。您还指出了私募股权这行里存在的严重问题。我想知道，您的晚辈在进入私募股权行业时，您给了什么建议？对于所有希望进入私募股权行业的年轻人，您有什么建议？谢谢。

我家的孩子，他们找工作时，我给他们提建议，他们不怎么搭理我。我尊重他们自己的选择。

我确实看到了很多严重的问题。例如，有人编造出"调整后息税折旧摊销前利润"（adjusted EBITDA）这样的新名词，这是多么的不诚实！这不明摆着蒙人吗？多少人看起来冠冕堂皇的，嘴里却念叨着 EBITDA 这样的东西，还收入不菲呢。这种不正常的现象，让我感到厌恶。

在私募股权这行，公司是用来倒卖的，前一个买主把它买下来，只是为了加价卖出去，价格越炒越高。"金融"是什么东西，由此可见一斑。面对巨大的利益诱惑，必然有人铤而走险。

我很担心物极必反。问题严重到一定程度，甚至可能给整个国家造成危害。20 世纪 20 年代的投机潮引发了一系列连锁反应，先有经济危机，后有希特勒上台。利令智昏是要付出代价的，玩火者必自焚。

我认为，我们应该克己慎行，我们应该学习儒家的中庸之道。

股东：我目前在加州大学洛杉矶分校读本科。对于有志进入商业和金融业发展的年轻人，请问您有什么建议？对于目前没有机会进行商业实践的年轻人来说，怎么才能更多地接触商业，增加自己对商业的理解？我希望将来自己能在公司中有一番作为，请问我现在该做些什么？

很好的问题。现在的年轻人挤破了头想进金融业，都是奔着钱去的。争抢的人很多，成功的人很少。

99% 的人始终是处于底层的 99%，这就是现实。

在我遇到的人中，那些最终取得成功的，是保持耐心、保持理智的人。他们量入为出，本分地生活。他们谨小慎微，把事情做对。当机会来临时，他们猛扑上去，一把抓住。你们新一代的年轻人，像我说的这样生活，也能取得成功。

有些人走的是别的路，他们或是销售精英，或是魅力非凡，我不是那样的人，我不知道怎么像他们那样成功。

在我看来，大多数想走金融这条路的，都走不通。金融业中有很多疯狂的行为，钱太好赚了，人就容易走极端。人的本性如此，如同非洲大地上的一群动物在腐尸上啄食。这个比喻不是我随口说的，我是认真的。现代金融没那么美好，没那么干净。

我年轻的时候，许多金融从业人员更像是工程师。大萧条的惨痛教训给了他们很好的教育，让他们在工作中时刻铭记安全第一。那时的金融从业人员勤勤恳恳地工作，他们想的不是怎么发大财，而是如何确保安全。

现在的世界完全变了。假如让我在你们这个世界从头来过，我不知道自己能做得如何。我觉得，与我年轻时相比，现在要出人头地，真是难多了。

我只能给你们这样一条建议：把自己的预期降低，为了自己小小的愿望而努力，你会过得更幸福。你可能不以为然，但这是一个显而易见的道理。

大多数人，再怎么努力，也仍然是普通人，这就是现实。看看我们身边的人，有几个人能看清这个现实，能做到知足常乐？

我们这样追求客观和理性

做幸存者，不做受害者

股东：我想请教一个关于斯多葛学派的问题。听您讲过斯多葛学派以后，我回去读了一些相关的书。了解您的经历的人都知道，您践行了"做幸存者，不做受害者"的信念。虽然我还很年轻，但您的这种人生态度给了我很大的启迪。您能否再讲讲这个信念，这个信念对您的帮助是什么？为什么无论面对任何苦难，人都应该坚持这个信念？

说到受害者，一方面，有人在受到迫害之后，会奋起反抗。正是受害者的满腔怒火，推动了历史上的许多变革；另一方面，有的人在受了伤害以后，总是觉得自己是受害者，无法摆脱受害的阴影，无法正常的生活。无论发生什么，我们都应该保持积极的心态。遇到再大的困难，我们都应该想方设法走出来。

有些政客非常卑鄙。他们为了自己能飞黄腾达，不停地和公众讲，他们受到了这样的伤害，那样的伤害，向公众灌输受害者的思想。这种政客，危害极大，我可不信他们那一套。谁甘愿当受害者？谁不想当幸存者？

有了受伤害的感觉，你认识到自己当前的处境不好，想办法做出改变，这是对的。陷入受害的情绪走不出来，总觉得别人害了你，这种思维方式只能让自己越陷越深。你总这么想，时间长了，谁愿意靠近你？

某些政客摆出一副救世主的架子，他们为了自己的仕途，大肆制造受害思想，民众深受荼毒，他们真是国家和社会的败类。

否定自己和逆向思考是我追求理性的方法

股东：您敢于否定自己，无论是多么深信不疑的想法，您都会努力找出相反的证据。您能给我们讲一些具体的例子吗？

自我纠错是一项非常宝贵的能力。

我发现自己买错了，把买错的东西抛了出去，换成了别的，由此成就了芒格家族很大一部分财富。知错就改，这是一个好习惯。

我有意识地培养这个习惯，甚至专门琢磨怎么否定自己。大多数人有敝帚自珍的倾向，无论自己的想法多么愚不可及，都不遗余力地为自己辩护。我们必须把自己的想法拿出来，反复推敲，特别是当我们的想法与现实发生矛盾时，更要前思后想，仔细琢磨。

我们应该持之以恒地追求客观和理智。人这一辈子，能做的蠢事太多了。多少出类拔萃的人物，个个顶着耀眼的光环，却犯了一些最愚蠢的错误。这样的例子数不胜数。

其实，我们自己何尝不是如此？只要盘点一下过去一两年里自己做过的事，总能挑出一两个不该犯的错误。做一个理智的人，没那么容易。

股东： 您经常讲，我们应该把追求理性作为一种道德准绳。受进化过程影响，我们的大脑有很多错误的认知倾向，这给我们的理性思考带来了重重阻力。请问，您是否有什么好办法或者好习惯，能帮助您理性思考？

有啊。我一生追求理性，当然有一些方法了。

我最常用的一个方法是逆向思考。举个例子，"二战"时，我当了气象兵，学习如何测绘气象图、预测天气。后来，我负责给空军做天气预报，确认气象条件是否合格，飞行员能否安全起飞。怎么才能做好这个工作呢？我反过来思考。我问自己："假如我想让很多飞行员送命，最简单的办法是什么？"我很快得出了答案，最简单的办法，一个是让飞机结冰，飞机一结冰就很难操控；另一个办法是让飞机遭遇恶劣天气，直到燃油耗尽，也无法着陆。所以，我时刻提醒自己，让飞机结冰、让飞机遭遇恶劣天气，这是两个大忌。

我的这个做法很有用，它帮我在"二战"中成为一名更合格的气象兵。我只是把问题反过来想了而已。

假如有人请我帮助印度，我不会先想怎么把印度变好，而是会先想怎么把印度变坏。把所有可能损害印度的事想出来，不去做这些事。遇到了问题，反着想，养成逆向思考的习惯，能更理智地解决问题。

假如你是个气象兵，你知道了什么天气最有可能让飞行员送命，不让飞行员遭遇这样的天气，那你才能做个好气象兵。你知道了怎么能最大程度损害印度，你才能给印度带来最大的帮助。

在代数中，逆向思维是一种常用的思维方法。伟大的代数学家都善于逆向思考，他们用逆向思维解决了很多难题。在日常生活中，人们也应当善用逆向思维。时常反着想，别想你要什么，想想你不要什么。既考虑什么是自己想要的，也考虑什么是自己不想要的。既正着想，也反着想。

彼得·考夫曼今天也在现场，他有个很棒的想法。他说，既要知道在高山之巅向下俯视的世界是什么样，也要知道在万丈深渊向上仰望的世界是什么样。

不同时具备这两个视角，一个人的认知一定不符合客观现实。彼得的想法很对，我说的逆向思维和他说的话是一个意思。

其实很简单，想问题的时候，既要考虑在我之上的人看到的是什么，也要考虑在我之下的人看到的是什么。想帮别人，就想想怎么伤别人。像这样反着想，我们能看得更通透。这个方法说起来很简单，作用可真不小，经常可以起到四两拨千斤的效果。令人遗憾的是，我们在高等学府能学到很多深奥的知识，却学不到这么好用的思维方法。不得不说，我们的教育在这方面存在很大的欠缺。

理性需要慢慢培养

股东：很多年以前，您做过一次演讲，演讲题目是《人类误判心理学》。这么长时间过去了，请问您对这篇演讲有何补充？另外，您告诉我们，您一生之中始终追求理性。请问，除了您已经讲过的方法和建议，能不能再给我们具体讲一讲，怎么才能一步一步地让自己变得更理智？

这是个漫长的过程，谁都不可能一下子就开窍了。在基督教的布道会上，信众接受了感召，上台喊几句口号，就能获得上帝的恩典，追求理智可没这么简单。

理性需要慢慢培养。每个人能达到的理性程度不同，但是努力追求理性总是好的。

失去理智的人，有的自以为是，有的牢骚满腹，有的怒气冲天。失去理智很可怕，你们不要做失去理智的人。

我经常思考人类社会，思考我们的文明。社会该如何组织？文明该如何发展？类似的问题，很难找到正确答案。我有个发现，随着我们的生活越来越富裕，美国的社会保障体系取得了巨大的进步，这是一件利国利民的大好事。

共和党一贯反对发展社保体系，他们显然不对。民主党呢，他们拥护发展社保体系，却又拥护得过了头，他们搞的社会福利计划就过头了，他们也不对。

总的来说，我们现在的社保体系刚刚好。单靠民主党，或者单靠共和党，都不行。假如只有一个政党，一党专政，美国的社保体系不可能像现在这样恰到好处。

权力确实滋生腐败，美国政体的优越性在于，权力不会过度集中。假如历史上美国始终由一个政党独揽大权，美国文明不可能乘风破浪，一往无前。

让我说个准确的数字，社保体系怎么样才合适，我说不出来，也没必要那么精确。我看美国现在的社保体系很合适，再高 5% 或低 5%，都不会影响美国人的幸福指数。

股东：我进入金融服务业工作五年了。令我感到吃惊的一件事是，我发现，在过去五年里，我在金融行业中的很多同事都在持币观望，希望等到股市下跌了再去投资。我的想法是，我们这些 20 多岁、快 30 岁的人，手里已经有了一些积蓄，将来有几十年的时间做投资，我们应该从现在就开始。我的问题是，请问您同意我的看法吗？如果您同意的话，请问我该怎么劝我的朋友，让他们现在就开始投资？谢谢。

从长期来看，能够延迟满足的人，活得会更好。有的人从小就管不住自己，长大以后更是胡乱花钱，买劳力士、百达翡丽等华而不实的东西。

一个成年人应该勤俭节约，应该延迟满足，不应该随意挥霍。勤俭节约之类的美德，本杰明·富兰克林早就讲过了。

延迟满足这个品质基本上是天生的，这个结论已经在心理学研究中得到了证实。如果你很冲动，不立刻得到满足就不行，我只能祝你好运。估计你这辈子是过不好了，我没办法把你扳过来。

如果你有些延迟满足的天分，而且你能培养这个天分，你已经走在了通往成功和幸福的路上。

想要什么，就立刻要得到，这样的人不但一事无成，还可能坠入深渊。

我也不知道自己怎么成了个大师。我从没想到，能有这么多人，带着各种各样、千奇百怪的问题来问我。我们能聚在一起是缘分。我回答你们的问题，应该算是一件好事。只要不是太频繁，我也很乐意做这件事。

一般的大师，他们的追随者不是庸俗，就是谄媚，这样的大师很可悲。你们是一群书呆子，我愿意有你们的追随。

不耻、不懂与不安

比特币纯粹是反社会的东西

股东： 每日期刊和伯克希尔都重仓持有大型银行的股票。我们在座的许多人抄了您和巴菲特先生的作业，也重仓持有银行股。我的问题是这样的。最近出现了一些新兴的金融科技公司。您已经非常明确地表明了您对加密货币的态度。但是，您怎么看待这些新兴金融科技公司？它们是否可能威胁到大型银行的长期盈利能力？

我不懂加密货币的高科技，我只知道那是自己不能碰的东西。

我遇到了问题会分门别类，很多问题被我扔到了"太难"的一堆。别人给我出的问题，如果符合"太难"的标准，我想都不想，直接把它扔到"太难"的一堆里。

我是个比较怪的人。有些事，虽然难，但是我自己想做，或者机缘巧合做了，我会一直干下去。

每日期刊是个很奇怪的公司，经营这个公司很难。我那么有钱，而且我都96岁了，却还总是牵挂着这个小公司的发展，我真是有点发神经。我也搞不懂，你们为什么大老远的来听我这个怪人讲话。

你刚才提到了比特币，我很讨厌比特币。比特币纯粹是反社会的东西。我们需要的是真实的货币。

我们美国偶然创造了全世界的储备货币，美元在全世界有着特殊的地位。从目前的情况来看，我们美国人被全世界托付，但我们的所作所为却毫无责任感。我们对待美元的态度是随心所欲。我不赞成这种态度。

我们担负着重大的责任，别人指望着我们呢，我们也得为别人考虑考虑。

股东：现在我们的预算赤字、失业率、扩表都达到了历史最高值。请问为什么没发生通货膨胀？还有，请您推荐一下去年您读过的好书。

通货膨胀这个问题，我们的经济学家总是高估自己，以为自己懂得很多。

现在出现的情况，谁都没想到。为了应对2008年的经济危机，世界各国疯狂开动印钞机，大量买入各类资产。世界各国放水的规模，超出了所有经济学家的想象。

奇怪的是，到现在为止，通货膨胀却一直很低。在宏观经济面前，我们还是保持谦卑比较好。

林登·约翰逊（Lyndon Johnson）说过："高谈阔论经济学，就好像往自己大腿上尿尿，自己觉得热乎乎的，别人可没什么感觉。"他的比喻很形象，我就不高谈阔论了。（还有书，您有什么推荐的书？）

哦，书啊。别人寄了很多书给我，多得我都读不完，很多只能随便翻翻。我没有特别好的书可以推荐。

书在我这一生中太重要了。我年轻的时候读书，不是像现在这样随便翻翻。我那时候读的书少，但是比现在读得精，主要是我现在眼神不好了。关于荐书，你们找别人吧，别找我这个老年人了，找比我年轻的吧。

凯恩斯和哈耶克

股东： 我最近看了一个纪录片，其中介绍了经济学家凯恩斯和哈耶克。请问您如何评价这两位经济学家？您更支持哪一位的经济理论？另外，在制定个人目标时，是应该严格遵守计划，还是更灵活一些？请问如何在计划和变通之间寻求平衡？谢谢！

凯恩斯是个重要人物。 在经济学领域，他的影响力或许仅次于亚当·斯密。

我经历过大萧条，深受影响。凯恩斯的理论恰好可以解决1929年的经济危机。后来，希特勒发动了"二战"。战争起到了刺激经济的作用，我们才得以摆脱那场经济危机。学经济学绕不过凯恩斯。

哈耶克比较难懂，我对哈耶克没什么研究。他的东西我读过，我觉得他挺厉害的。但是，他讲的一些东西，对我来说太难了，我读不懂。

负利率让我不安

股东： 目前全世界十几万亿的流通证券陷入了负利率。从总统发布的推特来看，他似乎想在美国也推行负利率政策。请问对于负利率政策，您的态度是什么？是支持，还是反对？

负利率让我很担心。起初，政府当局确实没别的路可走。当年，受政治因素影响，大规模的刺激政策不可能在短时间内迅速实施。面对危机，政府别无选择，只能开动印钞机，降低利率。我们当初走这一步，走得是对的。

现在我很担心，这招灵了一次，人们会对它产生一种依赖心理。 政府的行事风格一贯如此，人性一贯如此。我很担心，但我不知道怎么解决这个难题。

股东： 我想请教您一下，低利率会对保险行业产生什么影响？浮存金的收益率降低，可能导致保险行业的供给紧张。例如，在南加州，以前有三家保险商为所有的出租车提供保险，现在只剩下一家保险商了，今后南加州的出租车商业保险只剩它一家做了。您认识盖可等保险公司的高管，您的人脉不是普通人能比的。我想向您请教一下，如果低利率持续10年时间，保险行业是否可能出现系统性风险？

超低的利率，甚至长期的负利率，想到这些，我就觉得不安。谁都不知道将来会怎样。

你也觉得不安的话，咱们是同病相怜。现在的情况比较罕见，存在一定的风险。当年放水是没办法的办法。我只能说我对现状感到不安，但说到底，我也不知道该怎么办。

股东：请问您认为，美国是否有必要实现贸易顺差，才能在这100年里保持繁荣？

答案是否。

应大力研究发展新能源，并储存化石燃料

股东：我想请教您一个关于特斯拉的问题。特斯拉的市值高达1400亿美元。上周，特斯拉股票的成交额高达2000亿美元，期权成交额高达5000亿美元。前几天它曾经单日暴涨20%。马斯克先生卖力地煽风点火，想让火烧得更旺一些。请问您怎么看？您如何评价马斯克先生的行为？

我就想说两点：第一，我绝对不买特斯拉；第二，我绝对不做空特斯拉。

洛杉矶有个叫霍华德·阿曼森的人，他讲的一句话，对我很有启发。他说："千万别低估高估自己的人。"埃隆·马斯克不是一般人，他可能高估了自己，但我们还真不能小瞧他。

股东：我的问题是关于电动汽车和比亚迪的。请问为什么比亚迪的电动汽车销量降低了 50% 到 70%，但特斯拉的销量却上升了 50%？请问比亚迪的前景如何？

我不是电动汽车方面的专家，但我认为，电动汽车的时代即将到来，一定会有公司让电动汽车普及起来。

比亚迪的销量下降了，是因为中国降低了新能源汽车的购置补贴。

特斯拉的销量上升了，是因为人们相信埃隆·马斯克能治好癌症。

股东：您很早就支持发展电动汽车，特别是您投资了比亚迪。从目前的情况来看，请问您认为其他技术路线，如氢能、燃料电池等，是否同样具有发展潜力？

我觉得，与氢能汽车、燃料电池汽车相比，电动汽车将获得更广泛的普及。

从长远来看，将太阳能转化为电能，再用电能驱动汽车，这条路行得通。电动汽车的技术将来一定会非常成熟。电动汽车的技术一直在进步，将来的锂电池会比现在安全性更高，能量密度更大，一切都在往更好的方向发展。

当年，我刚到加州的时候，加州还有油田俱乐部呢。那时候，加州的石油行业规模很大，很多人到处钻井采油。过去的加州如同今天的得州。现在加州已经有几十年没发现过一块新油田了。我认为，依赖碳氢化合物作为能源很危险，直接从太阳获得能源才是解决之道。

我看总有一天，得州也会和加州一样。

股东：近年来，各国大力发展清洁能源，人们非常关注气候、环境、减少化石燃料等问题。请问您对核能有什么看法？比尔·盖茨公开表示，他支持发展核能。据我所知，早在20世纪50年代，沃伦·巴菲特就投资过铀，最近，他捐出了一笔资金，帮助在中亚建设低浓缩铀储存库。请问您怎么看？谢谢。

我很敬佩比尔·盖茨。他主动承担重任，专门挑战人类最棘手的难题，像他这样做慈善的人真是了不起。当然了，比尔·盖茨也有这个能力。

安全的、小规模的原子能工厂能不能建起来，我不知道，但我觉得确实值得一试。这个问题很难，超出了我的能力。很关键的一点是，我们要严格控制，不能让人类中的一小撮疯子拿到可裂变物质。

在能源方面，我们将来只能更多地直接利用太阳能。人类对此已经达成了共识，而且在研究利用太阳能方面，取得了很大的进展。

即使没有全球变暖的问题，我也支持尽快用太阳能替代化石燃料。我主张多用太阳能，把碳氢化合物储存起来。大多数人的想法和我不一样。我是对的，别人是错的。

对个人而言，尽人事很重要；就社会而言，贫富终究是相对的

教育子女和长寿都应顺其自然

股东：请问该怎么教育子女，才能让他们在今后的人生中获得成功？

父母给子女带好头，做好榜样，比什么都强。只是说教没什么用，孩子不可能听。

股东：请问您怎么教育自己的子孙，让他们长期持有他们继承的股份？

你问错人了，我的子孙可不听我的。我已经想开了，对待子女，我自己尽到最大努力，结果怎么样，顺其自然吧。

子女的股份能拿多久，看他们自己的了，我不想操这份心。

股东：请问您有什么长寿秘诀吗？您现在每天工作几个小时？您仍然关注时事，活到老学到老，请问您是怎么做到的？

我不知道我是怎么长寿的，可能是我运气比较好。在我的家族里，过去从来没有一个男的活到我这个年纪。我自己也不知道是怎么回事。

有的书我会重读

股东：芒格先生，众所周知，您热爱阅读、博览群书。我想请教您一个问题。您看过的书，还会重读吗？如果重读的话，您重读什么书？

有的东西，我会重读。举个例子，最近，正好有个东西，我想重读，但还没读。

前几天，我正在琢磨现在发生的这些事，突然想起了我大约 80 年前读过的一首诗，诗的作者是乔治·桑（George Sand）。乔治·桑是一位女性作家。在那个年代，为了崭露头角，一些女性作家只能起个男人的名字作笔名。乔治·桑写了一首诗，这首诗是写给贫穷女神的赞歌。

她写道："贫穷女神，我为你欢呼，我把你称颂……"中间的句子，我不记得了。诗的结尾大概意思是，贫穷女神说："你拼命把我赶走，但终有一天，你会希望我回到你身边。"

我对这首诗的印象很模糊了，很想把这首诗重温一遍。我不会上网搜索，不知道怎么找到乔治·桑的这首诗。谁能找到并寄给我，我会非常感谢。

我提起这首诗，是因为这首诗讲了一个道理。某些政客宣称要彻底消灭贫穷，这是一个很愚蠢的口号。在现代文明中，贫富是相对的概念。人们已经能丰衣足食了，却还想成为富人，为的是富人的身份和地位。

谁都想做人上人，可惜，不管人们怎么拼搏，不管人们多么成功，处于社会底层的 90% 始终都由所有人中的 90% 组成。

一个文明社会要健康发展，需要的是有效的激励机制。乔治·桑说得很有道理。别以为贫穷女神只能让我们受罪，她也有好的一面。我的想法和别人不一样，但我仍然坚持自己的想法。

我一个亿万富翁，在这里赞颂贫穷女神，我是在为社会做贡献。我的想法很另类，只有你们这样的少数人能听懂。

股东：我是南加州大学的学生，今年 18 岁。有时候，我发现自己做什么都觉得没意思。您已经 96 岁了，对事业仍然怀着浓厚的兴趣。请问您的动力从何而来？为什么能保持如此之久？谢谢。

也许是我运气好吧。**我喜欢自己做的事。我有好同事、好朋友、好家庭**。我做的事都是我喜欢的。

我是个幸运的人，我不知道怎么让别人像我这么幸运。

上天也可能给我安排另一种命，那样的话，也许我现在是个可怜的酒鬼，正在贫民窟里大口呕吐。我这辈子交了不少好运气，真不是我自己有多大的本事。

要说自己能做点什么的话，我觉得努力做个理智的人吧。假如你像我一样，也是个书呆子，你只有这条路可走。不能靠脸吃饭，脑子再不理智点，怎么办啊？

社会很复杂，总会有各种问题

药物滥用、全民收入与新闻道德

股东：您在前面的回答中讲到，您的一些思维方式，让您受益终身。一个是走大道，另一个是不懈地追求理性。请问您还有别的什么特别有用的思维方式吗？另外，您之前讲到了走极端的问题，您很担心物极必反，包括在风险投资领域、私募股权领域以及政治和经济领域。请问您还看到了什么别的社会问题？

我觉得阿片类药物泛滥也是个祸害。

社会很大，很复杂，总是会有这样或那样的问题。

历史上，中国曾经有八分之一的男性吸食鸦片成瘾。中国皇帝是怎么禁烟的呢？他没杀很多人，他只是颁布了一道禁令：吸食鸦片者，斩立决。禁令颁布后，鸦片成瘾的问题一下子消失了。

如果阿片类药物再泛滥下去，早晚我们也得祭出类似的严刑峻法。重病须用猛药。

好，下一个问题。

股东：我的问题是关于"全民基本收入"的。"全民基本收入"是由政府支持的一项公益项目，它不区分工作情况，定期向每位公民发放一笔收入。请问您如何看待这一项目？谢谢。

这样的项目，规模小的话，还可以。规模太大了，肯定会出问题。到底什么规模合适，人们很难达成一致，必然陷入无休止的政治拉锯。

股东：今年，我听到这样一种观点，有人说新闻道德从来都是一个伪概念，因为我们看到的新闻总是经过了媒体所有者的渲染。您阅历丰富，见多识广，请问您觉得这种说法有道理吗？

我不同意这个说法。过去的媒体，无论是电视台，还是报纸杂志，总的来说，还是比较有良心的。现在的媒体就差远了，为了赚钱，什么假话都说得出来。

从前的媒体，享受着垄断地位，靠裙带关系管理，但还是比较有道德的。我很怀念从前的电视和报纸。现在的媒体热衷于拉仇恨。

一位著名的英国政治家讲过，政治是拉仇恨的艺术。如今，媒体的覆盖面更广，传播速度更快，但媒体中的很多内容加剧了社会矛盾。凡事都有个度，仇恨舆论过多，容易危害社会。电视里的主持人脑子坏了，胡言乱语，观众看多了，脑子也会坏掉。

这次波音也将安然无恙，但要付出巨大代价

股东：波音公司的飞机出了问题，对于最近的波音公司事件，请问您怎么看？

我不想对波音公司落井下石。

波音是个伟大的公司，它的安全记录在全世界首屈一指。这次波音犯了大错，它的声誉受到了沉重的打击。制造飞机是超级工程，需要成千上万的人参与。做这么复杂的事，难免有出错的时候。这次波音就马失前蹄了。

其实，波音以前遭遇过类似的危机。多年以前，波音的方向舵出现过故障，导致几架飞机接连坠毁。当时，我在美国航空公司的安全委员会任职。第一架飞机失事后，过了一个多月，人们还没找到问题出在哪里。后来，又有两架飞机坠毁。波音公司急得像热锅上的蚂蚁，它用了六个多月的时间才搞清楚，原来是飞机的方向舵发生了故障。

波音平息了那场风波，这次波音也将安然无恙。但是，每次出了重大安全问题，波音都要付出巨大的代价。安全问题是大问题，一定不能让它发生。

医疗行业乱象丛生

股东：您能谈谈新成立的医疗保险公司 Haven 吗？它打算如何改变医疗保险、降低医疗费用、提高医疗质量？

我非常关注医疗问题。就尖端医疗水平而言，美国在全世界遥遥领先。我们有世界上最好的医学院，世界上最好的医药公司。在医疗领域，美国集中了全世界最优秀的人才。

然而，当我们把目光转向美国的医院和诊所，我们会发现大量画蛇添足的、有害无益的、费用高昂的医疗行为。

整个医疗行业乱象丛生，是因为我们的制度有问题。制度的漏洞给了医生和医院可乘之机。在很多医生和医院的眼里，赚钱是第一位的。

在加州，有个凯撒医疗集团（Kaiser），它是医疗行业的一股清流。但是，像凯撒医疗集团这样的医院是少数。很多医院、医生在作恶，他们故意延长死亡过程，故意用了许多无济于事的医疗手段，他们赚的是黑心钱。有些医药公司的行径同样卑劣，把常见的糖尿病药物当成天价药卖，一个月要你一万美元。要我说，他们在造孽。我们的医疗体系，问题太严重了，不改不行了。

可悲的是，许多医疗行业的从业者明明在做坏事，自己却浑然不知。他们不是出于恶意，不是想靠谋杀和残害他人获利，他们觉得自己的所作所为都是为了病人好。

一个背部手术，明明用不着做，却给病人做了，这不是作恶是什么？但做手术的医生真觉得这是为了患者好。换句话说，这样的医生，脑子已经进水了。问题已经很严重了，我们必须纠正医疗体系中错误的激励机制。

不是说美国没有好医院，有些医院很有良心，但是大多数医院存在乱收费、高收费的问题。所以说，美国的医疗体系，必须要改。

新加坡的人均医保支出只有美国的 20%，但是他们的医疗效果却比我们高出一大截。我们的医疗体系不公开、不透明。整个医疗行业故意把费用搞得很模糊，他们好浑水摸鱼。医疗行业辩称自己有经营自由，我看他们是在明偷暗抢。

李光耀的小故事

股东： 我想请教您一个关于李光耀的问题，特别是他的房地产政策。加州新开发的房地产项目建筑成本高得离谱，请问这个问题怎么解决？加州采取怎样的房地产政策，才能让处于社会不同阶层的人都住上自己的房子，才能像李光耀在新加坡做到的那样，避免因住房问题而引发社会矛盾？

你这个问题，就好比让一个酒囊饭袋解释爱因斯坦的相对论，实在超出了我的能力。

李光耀不愧是新加坡的国父。建国之初，新加坡是一个一穷二白的弹丸之地，在李光耀的带领下，新加坡创造了奇迹。

李光耀在新加坡取得的成功，不是在哪个国家都能复制的。

在我看来，新加坡如果没有那么多和李光耀一样的华人，未必能取得那么大的成功。换了别的族裔，新加坡还真不一定行。

我想起了一个小故事，很有意思，给你们讲讲。李光耀接手的新加坡是个烂摊子。他需要建立一支军队，但没人愿意帮他。全世界只有一个国家伸出了援手，这个国家是以色列。

李光耀很为难，他想，我们的邻国与以色列不睦，我哪敢接受以色列的军事援助啊！

后来，他灵机一动，想出了个办法。他接受了以色列的帮助。以色列军事顾问来了，李光耀对外宣称，他们是墨西哥人。

小故事讲完了，我们的会议到此结束。谢谢。

2021年每日期刊股东会讲话

编者按

因为疫情，2021年的每日期刊股东会现场没有观众，改由雅虎财经在线直播。芒格和他的老搭档盖瑞·萨尔兹曼两个人坐在演播室里完成了这次会议。

这一年美国市场投机氛围浓厚，除了持续疯狂的比特币，还出现了游戏驿站逼空、SPAC、罗宾汉券商等事件。对这些恶劣的事件，芒格一如既往地进行了严厉的抨击，并联系历史，告诫大家要明智地远离泡沫。

对于自己的投资方法，他也从投资行业倾向、市盈率指标选择、对护城河变化的理解、公司文化的重要性等好几个方面进行了概述，并与红杉和辛格尔顿的风格相比较，强调独立思考，从错误中进步。

最后值得注意的是这次股东会上芒格聊到的几位老朋友：于2020年过世的瑞克·盖林、当年主持伊利诺伊国民银行的吉恩·阿贝格，以及主管每日期刊的萨尔兹曼。芒格以能识人察人著称，因此，看什么人能得到他的赞赏，也能给我们不少为人处事的启示。

和往年一样，我们还是先把正式流程走完，然后，把大部分时间留出来，回答大家的问题。所有的问题都来自每日期刊公司的股东，雅虎的主持人只负责提问。女士们、先生们，雅虎财经（Yahoo Finance）为本次股

东会提供现场直播。会议现在开始。我是查理·芒格,董事会主席,坐在我右手边的是首席执行官盖瑞·萨尔兹曼。(正式流程略)

我们现在开始回答问题,请提问吧。

每日期刊已经建立了优势,但股价太贵

我觉得每日期刊公司能行,但我不能保证

股东: 您希望 10 年后的每日期刊公司会怎样?

我当然希望每日期刊公司的软件业务能大获成功,帮助法庭进入现代世界,实现自动化。 我觉得每日期刊公司能行,但我不敢保证。我还希望报纸能活下来呢,后来还不是全死了。

股东: 期刊科技的软件产品适用范围广、配置方便。随着客户越来越熟悉法庭软件,公司的 e 套件有望深度集成到更多司法辖区。目前,公司的大部分合同收入来自实施和许可。请问公司的新产品上线后,是否会成为新的增长点?E-file-it、E-pay-it、云托管等产品和服务的潜力有多大?

我们说不好未来会怎样。有一点,我们相信,那就是,**所有的法院都将朝着现代化发展**。今天吃早饭的时候,盖瑞对我说,今后,法院附近的停车场没什么投资价值了,因为法庭中的大量程序都变成线上的了。其实,这是好事。像爱沙尼亚这样的小国,整个国家的政务都通过线上完成,多方便。

我们从事的业务处于一个富有成长潜力的领域。这个市场,增长潜力很大,但不知道最后谁能成为赢家,也不知道最后能赚多少钱。我们做的是软件生意,但我们不是像微软那样的软件公司。我们干的活比微软要苦。我们通过招投标流程提供软件服务,我们的生意很累、很难,没微软那么赚钱、那么轻松。虽然苦、虽然累,但我们愿意做,我们做的事对社会有益。请继续。

股东：现在我们取得了正现金流，软件业务走上了正轨，请问每日期刊公司将如何进行资本配置？等到软件业务成熟了，董事会是会选择派息和回购，还是买入并持有股票？我们知道，每日期刊不是迷你版的伯克希尔·哈撒韦，只是想了解一下，公司打算如何进行长期的资本配置。

每日期刊公司最主要的业务是软件业务，我们帮助法庭实现自动化。我们全力以赴地做这项业务，希望能把它做好。

至于有价证券，目前，与持有现金相比，我们更愿意持有股票。我们手里能有这么多有价证券，是机缘巧合的结果。

股东：我们收到了几个关于接班计划的问题。近年来，伯克希尔·哈撒韦的接班计划日益清晰，而且继任的领导者也出席了股东大会。伯克希尔的股东因此感到更安心了。您能否也透露一下每日期刊的接班计划？您是否会考虑效仿伯克希尔，让股东们认识一下将来的接班人？

软件业务的几位负责人，工作干得很出色，希望他们能继续保持。我们从事的软件业务很难做、竞争很激烈。与竞争对手相比，我们只是个小公司。我们没办法保证，一定能成功，但我们会全力以赴。目前来看，我觉得，我们做得还不错。盖瑞，你说呢？

盖瑞：我同意，是不错。

软件业务的负责人，把软件业务做得很好，这应该在盖瑞的意料之中。我知道他们能做好，但没想到，他们能做得这么好。

盖瑞：查理刚才多次提到了法院，期刊科技的软件经过配置后，可供法官、公诉人和辩护律师使用。我们的客户还包括其他司法和执法机构以及劳工保险部门。我们的产品适用范围广，在主系统的基础上，经过一系列配置，可以用到许多地方。

法律软件的市场潜力很大。我们已经建立了一些优势，特别是在澳大利亚和美国加州，但我不能保证结果如何。我们很努力，也取得了显著的进步。有一点，我可以肯定地告诉大家，我帮不上什么忙，因为我不懂软件。

股东：这是一个关于每日期刊公司的问题。如果每日期刊公司突然实现了一大笔利润，管理层会怎么做？在当前低利率、低通胀的情况下，该怎么投资？

在当前的环境中，股市处于高位，房地产的很多领域价格也很高，手里有闲置资金，很难找到合适的投资。我们只能尽力而为。**不是说遇到了困境，就有灵丹妙药，一吃就解决了。**困难来了，我觉得自己也有份，这很正常。

股东：请问，在道德层面上，管理层是否有义务保证股票价格尽可能接近价值？

我觉得不能这么上纲上线。真要把股价上升到道德层面，大家都可以鄙视我了。因为按照每日期刊现在的股价，绝对是太贵了，我肯定不会买的。**管理层没有义务保证股价的高低，但是管理层有责任向股东如实陈述，不能夸大其词，不能炒作自己公司的股票。**

股东：1999 年，每日期刊收购了永续科技公司（Sustain Technologies）。永续科技公司经营传统业务，当时雇用了 355 名全职员工和 61 名兼职员工。2010 年，下降到 165 名全职员工，15 名兼职员工。今年的年报表明，这家公司现在有 97 名全职员工。员工数量下降如此之多，它的出版物是否受到了影响？内容质量是否有所下降？还是数码革命极大地提高了生产效率？

显然，这家公司裁员了。传统报纸行业在缩水，这是没办法的事。感谢盖瑞，裁员的事，没人愿意干，他自己做了，没让我或者瑞克操心。员工人数减少，是否影响了内容质量？发布公告广告，不涉及什么内容质量问题。但是，员工少了那么多，新闻报道的质量，肯定会受到一些影响。盖瑞，你说呢？

盖瑞：这个问题涉及很多因素，说起来比较复杂。科技在变化，我们的很多系统已经上云了，包括编辑系统、广告系统、会计系统。整个报纸行业的衰落给我们也造成了很大的冲击，传统的报纸广告业务明显下滑。现在我们已经把广告销售业务外包了出去。

在加州，由于业务低迷，我们减少了办公室的面积。在旧金山，我们很难招聘到合适的记者，因为很多互联网公司也在做内容，很多记者更愿意去互联网公司工作，而不是来我们这样的传统媒体。在多重因素的影响之下，我们的《加州律师》杂志停刊了，我们关闭了西雅图和丹佛的办公室。

管理一家业务缩水的公司很难，盖瑞做得非常好，也非常有必要。

股东：您认为市场会像 1999 年那样，再来一次崩盘吗？或者说，科技永远地改变了公司的估值方式？

科技确实带来了变化，但是我不知道这个永远有多远。未来的发展涉及许多变量，其中的很多变量是我们无法预测的，所以我们很难知道未来会怎样。面对未知的情况，人们一般都是未雨绸缪，手里有存款，困难来了，有备无患。像盖瑞那样，进退有余，可以缩小规模，也可以扩大规模。

每日期刊公司遇到过这样一件事。在止赎潮期间，我们发了大财，就像瘟疫流行的一年，送葬的赚得盆满钵满。这笔钱可真是从天而降。事情的起源是，盖瑞和我买下了加州各地的小报，我们只是为了早做准备，把广告业务的覆盖范围扩展到整个加州。

盖瑞：一站式发布公告广告。

没错。没想到后来竟然因此赚了大钱。股东们应该庆幸每日期刊公司有盖瑞的领导。他开始的时候不懂报业，但是他善于学习。

瑞克·盖林从不垂头丧气

股东： 去年，瑞克·盖林去世了。请两位分享一些关于他的逸事，以及对他的回忆。

他是我几十年的老朋友了。瑞克是个好朋友，是个好人，我们一起做成了很多事。当年，蓝筹印花因为反垄断诉讼而出售，巴菲特、瑞克，还有我，我们三人合伙，买下了蓝筹印花的控股权。我们一起持有蓝筹印花很多年。后来，瑞克和我又一起在每日期刊公司共事。

瑞克总是很幽默、很机智。他参加过海军的智商测试，得分非常高，而且还提前交卷了。瑞克这么聪明，难怪他能那么快出人头地。瑞克积极向上的生活态度很有感染力。他总是挑战自己，不是玩高空跳伞，就是跑马拉松。他做的那些事，都是我不可能做的。和瑞克在一起，特别有意思，他爱开玩笑，经常逗别人开心。瑞克也是一个热心的人，身边的人遇到了困难，他总是慷慨相助。我们很怀念瑞克。他活到了 90 岁，活得长寿，也活得精彩。到我这岁数，老朋友是走一个少一个。

盖瑞，你说瑞克什么时候垂头丧气过？他总是热情洋溢。

盖瑞： 确实，他总是热情洋溢，对什么都特别感兴趣。和他讲什么，他一听就明白。他说话总是在点上。

不愧是参加智商测试提前交卷，还能得最高分的人啊！

投机的出现是必然，聪明人远离泡沫

市场经济中出现投机热很正常

股东： 在今年的年报中，您提到，股市上涨主要有两个原因：一个是狂热的投机行为；另一个是被动的指数买入。请问您说的这两个因素是否扩散到了整个市场？人们在市场中表现出投机行为，是出于什么样的心理？市场时不时地发疯，投资者应该如何应对？

投机是市场经济中的一部分，市场经济中出现投机热很正常。还记得当年的互联网泡沫吗？在互联网泡沫的鼎盛时期，硅谷随随便便的一个小房子，租金都涨上了天。几个月之后，繁华散尽，三分之一的房子，人去楼空。在资本主义制度下，出现投机热、出现泡沫，是必然的。类似的现象，我见得太多了。每次我总是告诉自己，要挺过去。我觉得，投资者就该这么做，挺过去。实际上，人们不是像我说的这么做。眼看着股票涨起来了，很多人生怕自己被落下，一窝蜂地往里冲，甚至不惜借钱买。涨起来再买，还借钱买，这么投资，很危险。人们应该更清醒一些，别看见股票涨起来了，就去赌，就削尖了脑袋抢着买。吉卜林写过一首诗，诗名叫《女人》(The Ladies)。他在诗中说，关于女人，你要吸取他的教训，不要步他的后尘。但是，吉卜林又补充了一句："我知道，我说了，你也不会听。"

继续，下个问题。

游戏驿站逼空、SPAC、罗宾汉券商都很恶劣

股东：最近，在社交媒体的推波助澜下，发生了游戏驿站（GameStop）逼空事件，请问芒格先生怎么看？此次事件会产生怎样的深远影响？是否会改变今后市场上的做空行为？请芒格先生谈谈对游戏驿站散户逼空事件的看法。您总结过人类误判的原因，此次事件似乎是一个很好的案例。

确实。有很多人去赌场赌博，也有很多人来股市赌博。那么多人利用股市的流动性参与赌博，出现游戏驿站这样的事，不足为奇。在股市里，很多人就是来赌博的。有些人专门发赌徒的财，他们赚佣金、手续费，他们怂恿人们去赌。散户受到了煽动，所以出现了这次逼空事件。在股市背后存在交易清算机构，所有股票交易都要通过清算机构完成。此次事件愈演愈烈，甚至威胁到了交易清算机构的正常运转，这实在非常危险。把赌徒引到股市来，让他们尽情地赌，这样的文化很不可取，出乱子是早晚的事。我相信这样一个简单的道理：卖东西赚钱无可厚非，但你得把好东西

卖给别人。有些券商为了吸引赌徒不择手段，他们想方设法地诱使人们去赌，然后自己从中分一杯羹。他们赚的钱不干净，不能由着他们胡作非为。

股东： 许多评论人士认为，当前的市场很疯狂，投机之风炽烈、特殊目的收购公司（SPAC）火爆、IPO 上市首日暴涨。他们认为，当前的市场与 20 世纪 90 年代末非常相似，互联网泡沫正在重演，一定不会有好下场。请问您怎么看？

我同意，我觉得一定不会有好下场。但是，我不知道什么时候收场。

股东： 另一位股东也提了一个关于 SPAC 的问题。无论是演员、运动员、歌手，还是政界人士，很多人煞有介事地推销自己的 SPAC。关于这些 SPAC 和推销 SPAC 的人，您怎么看？

这些东西百害而无一益，我连边都不沾。具体的公司还没成立或选定，就开始募集资金了，这不纯粹是投机，纯粹是泡沫吗？只要有人愿意买，投行连屎都能卖。

股东： 芒格先生，在去年的股东会上，您讲了金融行业中的疯狂行为。回顾这一年，您能否再谈谈金融行业中存在的风险？哪些行为最恶劣？

罗宾汉（Robin Hood）等新兴券商，诱使刚入市的股民做动量交易，这种行为最恶劣。在我们的文明社会中，出现了这种可耻的行为，我感到很遗憾。还记得世界上第一次大泡沫吗？也就是 18 世纪英国的南海泡沫。南海泡沫的破裂，造成了巨大的破坏，在之后的几十年里，英国政府不允许任何公司进行上市交易。那场泡沫的影响极其恶劣。人性的贪婪叠加券商群体的逐利行为，时不时地将泡沫吹起。君子不立危墙之下，聪明人远离泡沫。

股东： 目前，券商罗宾汉提供股票免费交易服务，我们是否应该开始对买入股票征税?

罗宾汉的交易不是免费的。罗宾汉出售客户的指令流,它把自己包装成免费的,实际上客户可能要付出很高的代价。罗宾汉的宣传口号很龌龊、很卑劣。别相信罗宾汉说的免费交易的鬼话。

股东: 芒格先生,您在演讲中说过,一项标的资产,交易双方都把它的实际价值高估了,这就会产生泡沫。在讨论这一现象时,您还用了"等同于贪污"这样的表述。美国国债是其他资产的定价基准。请问目前的美国国债是否存在泡沫?如果存在,有何影响?谢谢。

我不认为美国国债存在泡沫。目前,美国国债是很糟糕的投资。利率如此之低,我一点国债没买,每日期刊公司也没买。国债不存在什么大问题。但是,利率压得这么低,钞票印得这么多,将来的经济何去何从?我真不知道。这个问题的确切答案,没有任何人知道。我在新闻上看到,拉里·萨默斯(Larry Summers)对刺激规模太大表示担忧。他说得对不对,我也不知道。

我不会改变投资方法,也不去和红杉、亨利·辛格尔顿比

股东: 您说过:"一个人,只有具备一定的品质,才能做到持有大量现金,一动不动。我有今天,靠的不是追逐平庸的机会。"在过去几年里,股票涨了很多。与此同时,受央行政策影响,持有现金的风险在增加。您是否考虑修改您的这句话,或者降低您的标准?

在当前的环境中,利率如此之低,估计所有人都宁可以高一些的市盈率持有股票。现在,好公司的市盈率比以前高很多,这也没什么不合理的。话说回来,正如你在问题中所提到的,我能富有,靠的不是在疯狂的投机热潮中买入高市盈率的股票。我不会改变。**只是利率这么低,我更愿意以较高的市盈率持有股票。大家都如此。**

股东：在国内生产总值负增长的大形势下，您认为价值投资还有效吗？还是被动投资更好一些？

这个问题太简单了。在我看来，价值投资永不过时。**按照我的理解，无论买什么股票，价值投资都是付出较低的价格、买入较高的价值。这种投资方式，永远不会过时。**

有的人觉得，价值投资就是挖掘那些账上现金很多，但生意很差的破烂公司。我觉得，这不是价值投资的全部。依我之见，所有做得正确的投资，都是价值投资。区别在于，有的人在好公司中寻找价值，有的人在烂公司中寻找价值。但是，真正的价值投资者，都是以较低的价格，买入较高的价值。

在财富管理行业，许多管理人觉得自己持有100多只股票，专业得不得了，似乎要是只持有四五只股票，就显不出他们的本事了。这是糊涂，绝对的糊涂。从我个人的投资经历而言，我能找出四五个特别好的投资机会，是我确定性非常大，胜算非常高的。你要让我找到100个，那就太难了。找到四五个，比较容易。

那些主张高度分散的人，越分散越往下出溜。我本人还是更愿意持有两三家公司，这两三家公司是我自己有把握的、比较了解的、比别人更有优势的。

股东：我们知道，您的头脑中有一份检查清单，您总是用这份清单筛选投资机会。请问清单中有哪些项目是您希望自己能早些加进去的？

我不断犯错，不断总结。犯错是在所难免的，要成为一个优秀的投资者本来就很难。我都这个岁数了，对自己的要求放松了很多。回顾这一生，我很知足。别人做得比我好，我也不在意了。我用的检查清单等投资方法，是正确的方法。我很庆幸自己当年找到了这些方法，这些方法行之有效。

我建议你们向我学习。在《天路历程》（*Pilgrim's Progress*）中，班扬

写道："我的剑留给能挥舞它的人。"这话说得很对，你挥舞不了我的剑，我没办法把它传给你。

股东：请问投资界目前流行的最大的谎言是什么？

免佣金交易算是一个，这是个可耻的谎言。表面上佣金免费，实际上是要付出代价的。

股东：投资股票，您认为是在早期投，也就是公司刚刚兴起的时候，行业还比较小的时候投，还是等到公司已经成为明显的赢家，行业已经成熟的时候再投？您觉得，哪种方法比较好？

沃伦和我更善于投资成熟的行业，我们不善于像红杉那样投资新兴公司。红杉可以说是全世界数一数二的风投了，他们特别善于做早期投资。我可不想跟红杉在风投领域比试，他们能把我打趴下。我觉得还是分人吧。有的人比较适合做早期投资，有的人更适合像我们这样投资。

股东：去年，几乎所有电商、互联网以及和互联网沾边的股票都翻倍了。您说过，红杉是最优秀的投资公司之一。请问数字经济是否来到了引爆点？这次真的不一样吗？难道真的不能再用传统的估值方法，给这些新兴公司估值了？或者说，这是1999年的重演？公司还没盈利，却要支付50倍、60倍的市销率，购买它们的成长性，这完全与传统价值投资强调的安全边际背道而驰。请问您怎么看待这个现象？

总的来说，我不和红杉比。我让李录帮我打理投资，我们买了比亚迪，这笔投资很像红杉的风格。比亚迪不是初创公司，但是我们买的时候，比亚迪还很小，它的交易量很少。我们买比亚迪的股票时，它已经是一家上市公司了，但这笔投资具有一定的风投性质。除此之外，我没像红杉那样投资过。红杉太擅长做风投了，我不如他们，我不知道怎么像他们那样做投资。

股东： 护城河和竞争优势有很多种，展望未来，您认为将来哪些护城河和竞争优势最重要？将来哪些竞争优势可以组成新的护城河？

这个问题对我来说太难了。我只能告诉你，过去有很多护城河，人们以为是不可逾越的，现在却消失了。以报纸行业为例，报业公司的护城河曾经很强大，但报纸的辉煌早已成为历史。报纸已经死光了，几乎一个不剩了。旧的护城河不断消失，新的护城河不断形成。这就是资本主义的本质。如同生物进化，新的物种不断产生，旧的物种不断灭亡。这是不以我们的意志为转移的。谁告诉你生活是轻松愉快的？生活本来就很难。

股东： 我看了加州理工学院对您的访谈。您能否展开讲一讲，投资大师和国际象棋大师之间有什么异同？另外，您看了奈飞（Netflix）的新剧《后翼弃兵》（Queen's Gambit）吗？

我看了一两集《后翼弃兵》。我感觉，国际象棋，没天赋是学不好的。就算有天赋，还必须从小就开始学，积累大量的经验，否则也成不了才。国际象棋的竞争非常激烈。很多人觉得，一个人，只要头脑聪明、肯下功夫，就能成为投资大师。在我看来，聪明勤奋的人有可能在投资方面做得不错，能避免一些明显的陷阱。至于投资大师或者国际象棋大师，那可不是谁都能当的。

我知道一个人，他名叫亨利·辛格尔顿。他没得过国际象棋冠军，但是他的棋艺很高，能蒙眼下国际象棋。亨利是个天才，像他那样的天才没几个。没亨利那样的天赋，不可能成为国际象棋世界冠军，也不可能像他一样，在商业上大获成功。

有些成就，普通人是难以企及的。有的人聘请大量的人来管理投资，让许多人给他做决策。我觉得，还是把决策权集中交给一个人比较好，选一个对的人，就像我选了李录的基金一样。普通人想成为投资大师没那么容易。

企业文化成就开市客，毁掉通用电气

股东： 请问在投资中，分析一个公司的文化有多重要？

很重要。以开市客为例，几十年前，它只是个小公司，它能发展得这么快、这么好，文化的贡献功不可没。开市客培育了一种非常强大的企业文化，包括严格控制成本、严格保证品质、重视效率、重视声誉等。开市客的企业文化推动了它的发展。企业文化非常重要。

股东： 原来形象很好的公司，可能迅速跌落到谷底，通用电气就是一个典型的例子。请问我们该如何监控自己的投资？自己持有的公司，有可能提前发现跌落的迹象吗？或者说，根本不可能提前发现情况恶化，根本没办法全身而退？

我从来没买过一股通用电气，我不喜欢通用电气的文化。通用电气爆雷，我一点都不奇怪。现任的首席执行官拉里·卡尔普（Larry Culp）是个能力出众的人，董事会选他掌舵非常明智。通用电气的董事们选对人了，拉里·卡尔普具备力挽狂澜的能力。

银行确实是好生意，但管好很难

不卖富国银行，因为本来对银行管理层就不抱期望

股东： 伯克希尔·哈撒韦卖出了大量富国银行的股票，每日期刊公司却一股也没卖。伯克希尔都不看好了，难道我们和伯克希尔的标准不一样吗？

我们从来没说过，要和伯克希尔步调完全一致。我们在纳税方面有不同的考虑。毫无疑问，富国银行让伯克希尔等长期投资者失望了。富国银行的管理层已经换人了，原来的管理层不是存心作恶或偷窃。他们的问题在于，他们培育了一种交叉销售的文化，间接地鼓励员工向客户推销他们

不需要的产品。后来，问题暴露出来了，有些员工弄虚作假，公司的激励机制存在漏洞。富国银行的管理层不去改变机制，反而追究客户的责任。很遗憾，他们在决策上出现了重大失误。

难怪沃伦对富国银行不抱希望了。我比沃伦更大度些。我和沃伦不一样。对于银行的管理层，我本来就没抱太高的期望。

股东： 与投资其他股票相比，持有银行股有什么好处？银行股更稳定吗？

不管是什么股票，都会波动。管理好的话，银行确实是好生意。问题在于，把银行管好很难。有人说过："银行很多，银行家很少。"银行的管理层，很难做到像巴菲特那么理智。银行的管理层面对的诱惑太大，他们很容易动手脚粉饰下个季度的盈利，置长远利益于不顾。有些银行的管理层确实禁不住诱惑。所以说，找到值得投资的银行，不是不可能，但确实非常难。

吉恩·阿贝格这一套仍然管用

股东： 吉恩·阿贝格（Gene Abegg）可以说是 20 世纪最杰出的银行家之一。长期以来，他保持了极低的贷款损失率，并且取得了 2% 左右的资产收益率。今天的银行应该多和吉恩学学。关于吉恩的事迹，我们知道的不多。那么多银行倒下了，为什么吉恩能保持超低的贷款损失率？

这个问题很好回答。吉恩是个非常聪明的人。他生活在一个小城市，他对周围的人和事都非常熟悉。吉恩具有杰出的判断力。他特别谨慎，总是竭力避免不良贷款和多余的开支。有他这样的人管理银行，是不会出问题的。他认识小城里的所有人，这一点也很重要。我是在奥马哈长大的，如果我在奥马哈经营一家银行，我也能经营好。在我还是个孩子的时候，我就知道奥马哈的哪些人靠谱、哪些人不靠谱。吉恩在他的小城里就是如此。另外，吉恩经历过大萧条。他接管过一家破产的银行，这对他触动很大，让他认识到了不良贷款的危害。他也竭力削减经营成本。吉恩是个正统的老派。他的这一套仍然管用。如何在伊利诺伊州的一座小城避免信用损失，吉恩清楚地知道自己该怎么做。

我不认为比特币将取代现有的交换媒介

股东：每日期刊公司持有美国银行以及美国合众银行（US Bank）。请问，从长期来看，美国银行业面临的最大竞争威胁是什么？是 PayPal、Square 或 Apple Pay 等电子钱包吗？还是比特币、去中心化金融？

我说不好银行业的未来，也不知道支付体系将如何发展。我只知道两点：第一，运转良好的银行有益于文明的发展；第二，没有任何一家央行会放弃对银行体系和货币发行权的掌控。因此，我不认为比特币将取代现有的交换媒介。比特币波动太大，不适合作为一种交换媒介。比特币更像一种人造黄金。我从来不买黄金，当然也不买比特币。建议你们也像我一样。

提起比特币，我想起了奥斯卡·王尔德（Oscar Wilde）评论猎狐行为的一句话。他说，那是一群令人无语的人，追逐不宜食用的猎物。

股东：请问您如何看待加密货币？最近，特斯拉将比特币纳入资产负债表的资产端，请问每日期刊公司是否考虑效仿？

不。我们不学特斯拉，我们不买比特币。

股东：比特币突破了五万美元大关，特斯拉的全面摊薄企业价值突破了一万亿美元大关，您觉得哪个更疯狂？您如何评价这两个价格？

曾经有人问过塞缪尔·约翰逊（Samuel Johnson）一个类似的问题，他觉得很难回答。约翰逊是这么说的："虱子和跳蚤哪个更好一些，我没法选。"你给我的这两个选项，我和约翰逊有同感，说不出哪个更让我感到厌恶。

对于喜欢的公司我们会很忠诚，前提是我们看得懂

比亚迪这样的公司我是边做边学

股东： 在每日期刊公司的股票投资组合中，比亚迪已经有了很大的账面利润。去年和今年，比亚迪涨了很多，现在的股价或许已经远远超出了内在价值。请问一只股票，该继续持有，还是卖出一些，您如何决定？

这是个好问题。我们持有比亚迪股票的前五年，它一动不动。去年，它涨了四倍多。比亚迪一直在积蓄力量。在中国的汽车行业从燃油汽车向电动汽车转换的过程中，它逐渐崭露头角。比亚迪站上了"风口"，中国的股民看到了很兴奋，中国股民里不乏疯狂的投机者。于是，比亚迪的股价节节攀升。我们欣赏比亚迪公司，看好比亚迪积聚的优势。我们卖出股票的时候，需要向联邦政府和加州政府支付巨额的税款。

总的来说，在找不到新的值得买的股票时，我们会持有原来的股票。大概所有人都是这么做的。我有个朋友，特别聪明。他是做风投的，经常有大量天价的股票到手。他总是先卖出一半。这样一来，后面无论如何，他都很从容。我和他不一样，但是我也不觉得他那么做有什么不好。

股东： 请问电动汽车制造商的估值是否已经处于泡沫状态？伯克希尔和李录都持有比亚迪。您本人也对比亚迪赞赏有加。比亚迪目前的价格是将近 200 倍市盈率，与特斯拉的 1000 倍市盈率和 24 倍市销率相比，还算低的。我知道伯克希尔是长期投资者，很少因为股价过高而卖出好公司，例如，曾经的可口可乐。问题是，股价有没有可能

实在是太高了，已经完全透支了公司未来的利润。股价过高的时候，如何决定是否卖出？能否讲讲您的卖出体系？

类似比亚迪这样的公司，我以前没投资过。现在它的股价涨到了这么高，我也没有先例可循。我是边做边学。

有一点，可以肯定地告诉大家，如果我们喜欢一家公司、喜欢它的管理层，比亚迪就是一个例子，我们会对它非常忠诚，甚至有些过于忠诚。这一点，我们不会变。

为什么选择开市客而不是亚马逊

股东： 大约两年前，您认为开市客是唯一值得买入的股票。请问为什么？您说亚马逊应该怕开市客，开市客才不怕亚马逊呢，为什么？您认为杰夫·贝索斯是最了不起的企业家之一。现在贝索斯已经从亚马逊的日常事务中解脱出来了，有更多时间做新项目，您是否会考虑投资他的新项目？

不，不会。我很欣赏杰夫·贝索斯，他是最聪明的企业家之一。但是，我不会投资他的项目。我们有自己的一亩三分地。贝索斯做的项目，我搞不太懂，当然没法跟着投资。用投资来解决一些大难题，虽然都是聪明正直的人，但大家常常会寻求截然不同的解决办法。

开市客有一个特质，是亚马逊没有的。人们相信开市客能为他们提供巨大的价值。就凭这一点，开市客就能威胁到亚马逊。在为消费者提供价值方面，开市客的声誉是无人能及的，包括亚马逊在内。

盖瑞·萨尔兹曼的故事能告诉你我们怎么识人察人

股东： 您和沃伦特别善于识人，无论是企业家，还是合伙人，你们都能一眼看透。请问如何辨别一家公司的领导者是否优秀？能不能给我们讲一些识人察人的技巧？

一个人,他是个经常喝得酩酊大醉的酒鬼,那我们肯定远离啊。人们经常能通过一个人身上的一两个特点,判断出这个人是否值得交往。我们比较善于捕捉别人的特点。几十年来,善于识人察人,对我们帮助很大。

伯克希尔为什么经营得这么好?很重要的一个原因在于,我们总是和优秀的人共事。大家不妨想想,每日期刊其实也是如此。一场巨大的变革毁灭了报纸行业,每日期刊这家小公司却活了下来,而且还活得很好。因为我们这里有优秀的人,他们帮我们渡过了难关。盖瑞·萨尔兹曼是一位优秀的领导者。盖瑞,咱们一起共事多少年了?

盖瑞:从 20 世纪 70 年代初开始。

从 20 世纪 70 年代初开始。我给大家讲讲盖瑞的故事。我很早就看出来了,盖瑞有管理能力。开始的时候,盖瑞帮我和瑞克·盖林管理我们收购的一个小型基金。后来,他去了芒格 & 托尔斯律师事务所(Munger Tolles)担任管理工作。我对盖瑞的印象非常好。每日期刊公司的前任首席执行官去世了,我们需要物色一位新的管理者,我一下子就想起了盖瑞。我对瑞克说,咱们把每日期刊交给盖瑞管理吧。瑞克先是吃了一惊,他说:"盖瑞从没接触过报纸行业啊。"我说:"没关系,他一定行。"瑞克立即同意了。就这样,我们让盖瑞来管理每日期刊公司。从那以后,在他的领导下,每日期刊发展得越来越好。

汤姆·墨菲讲过,他的用人之道是完全放权,几乎撒手不管。我们对盖瑞也是如此。

中国和新加坡取得的瞩目成就,令人钦佩

股东:我是学习中国历史专业的学生,我的问题是关于中国的。1860 年,中国的人均国内生产总值是 600 美元。1978 年,邓小平成为领导核心,中国人均国内生产总值是 300 美元。今天,中国人均国内生产总值已经达到了 9500 美元。以如此之快的速度,带领八亿人脱离

贫困，可以说是史无前例。您热情地赞扬中国人勤劳的美德，您也非常认同儒家观念。然而，中美关系每况愈下，西方世界显然不懂中国。我们该怎么做，才能让世界更多地了解、懂得和认可华夏文明？

所有人都觉得自己的文明是最好的、自己的国家是最好的，这再自然不过了。你说你的好，我说我的好，他说他的好，所有人的都是最好的，这在逻辑上不成立。

你说得对，作为一个大国，中国创造的经济奇迹史无前例。英国是工业革命的发源地，英国也是最早主张言论自由的国家。包括亚当·斯密在内的很多人认为，必须实行言论自由，才能实现经济繁荣。

中国借鉴了亚当·斯密的理论，但没有完全照抄照搬。在我看来，如果中国全盘照搬英国文明的方方面面，不但很可能没有今天的成功，甚至可能远远不如现在。要知道，当年的中国陷入了极端贫困的深渊，重症需下猛药，中国必须建立强有力的中央政府，才能从困境中走出来。**所以我认为，中国走的道路应该是适合中国的。**我们美国人虽然喜欢自己的国家、自己的制度，但不应该自命不凡地教导中国人，非要让他们像我们一样。要我说，我们的制度适合我们，中国的制度适合中国。

股东：芒格先生看好中国的股票。最近，蚂蚁金融、阿里巴巴、马云陷入了风波，请问芒格先生是否担心中国政府介入？例如，中国政府是否可能将比亚迪国有化？

关于比亚迪，你说的情况，几乎不可能发生。至于马云，他太自大了。他教训中国政府，指责政府的政策有错。中国有中国的制度，在中国的制度之下，马云说的话很不得体。我认为，中国政府把经济管理得井井有条，他们管理经济，比我们美国管得好。中国的经济会越来越好。

谁都喜欢自己的文明。我欣赏中国，不代表我就想去中国生活，我还是愿意在美国生活。但是，中国取得的成就着实令人钦佩。怎么能不佩服中国呢？历史上，从来没有任何一个大国，如此迅速地摆脱贫穷。今天的中国取得了举世瞩目的成就。我看到，有些中国工厂全是机器人，机器人在车间里完美地运转。他们不再像过去那样，靠廉价劳动力，把我们的制鞋公司打垮。中国已经迅速跻身于现代国家行列。中国的经营管理，也在向世界先进水平看齐。

股东：您一直对新加坡、对李光耀赞赏有加。有一次，您说："你们可以研究一下李光耀的生平和伟业，你们会佩服得五体投地。"您为什么会关注新加坡和李光耀？您见过李光耀本人吗？新加坡最值得学习的一点是什么？

李光耀是最伟大的建国者之一。不考虑国家大小，李光耀可能是有史以来最杰出的建国者。他接手的是一片疟疾肆虐的沼泽地，没有军队，什么都没有。转眼之间，他就把那里变成了一个繁荣兴盛的国家。他的方法很简单。**李光耀有一句口头禅，他经常说："找到正确的方法，按正确的方法做。"这个道理很简单，谁都懂，但没几个人能付诸实践。**人们做不到像李光耀那样，不断地摸索什么方法正确、什么方法不正确。李光耀能持之以恒地探索，普通人没那个恒心。

另外，李光耀是个非常聪明的人，他有很多高明的想法。他用了一生时间，在一片沼泽地上建立起现代的新加坡，这绝对是个奇迹。新加坡实行一党制，但李光耀不是独裁者，选举团始终可以选别人领导新加坡。李光耀因为杰出，所以一直当选。他对腐败深恶痛绝。在反腐方面，他做得很彻底。在李光耀手里，没有解决不了的问题。以新加坡的医疗体系为例，新加坡的人均医保支出只有美国的 20%，效果却比美国的医疗体系好得多。李光耀很务实，他总是能做出正确的选择。

新加坡政府给每个公民都建立了医疗储蓄账户，要求每个公民每月必须从收入中拿出一部分，存入自己的医疗储蓄账户。医疗储蓄账户中的钱专门用于医疗支出，如果最后账户中的钱没花完，可以留给子女。每个新加坡人都是用自己的钱支付医疗费用。花的是自己的钱，人们当然不会乱花了。无论遇到什么问题，李光耀总能看透现实，找出更有效的解决办法。

在整个人类历史中，像李光耀这样的人也不多。我很敬佩他。我在家里摆了一个李光耀的半身像，我就是这么敬佩他。

臧否宏观金融政策没有意义，关键在于提高社会保障能力

股东：目前，美联储维持接近零利率的政策，拥有金融资产的人会受益，美国的贫富差距将越拉越大。特别是受疫情影响，很多人的生活更加窘迫，我们该如何帮助穷人？

宏观金融政策的对错很难判断，谁都不知道政府干预的火候该怎么掌握，谁都不知道政府什么时候该收手。我们不知道怎么预测宏观经济。至于有些声音抱怨说，因为新冠疫情，富人更富了，我觉得这是无稽之谈。美国政府制定的政策不是存心想让富人更富。我们遇到了困境，美国政府做的一切都是为了挽救整个经济。总的来说，美国政府尽了最大努力，做出了行之有效的决策。美国政府不是存心想让富人更富，而是为了挽救整个文明，富人更富了只是偶然的一个结果。

我认为，政府的应对措施还是比较合理的。政府的出发点是避免危机，并没有什么富人在搞阴谋。富人更有钱了，是偶然因素造成的。下一回，说不定就轮到穷人变得更有钱了。风水轮流转，从长期来看，社会各阶层的财富是流动的，没必要争一时的高低。一个国家要富起来，需要的是自由的市场经济制度。按照亚当·斯密的理论，在自由市场经济制度之下，所有人都追求财富。市场经济制度中存在贫穷，贫穷令人们痛苦，但贫穷也激发人们摆脱贫穷，从而促进整个社会的经济增长。正因为市场经济制度中存在这样的矛盾，它才具备自我驱动的能力。很遗憾，经济学的教科书上没讲，在一个成长的经济体中，必须要存在贫穷，它才能走出贫穷。人为地、过度地减少贫穷，只能适得其反。

消除贫穷是个难题，大多数人想得太简单了。如果把最低工资提高到

每秒钟 10 万美元，世界就能更富裕，那提高最低工资不就完了？提高最低工资，世界不可能更富裕。

股东： 芒格先生最近警告说，货币发行规模太大。请问芒格先生如何看待现代货币理论？

在魏玛德国，政府大量印钞，导致了恶性通货膨胀。现代货币理论（Modern Monetary Theory）的出现表明，人们对魏玛德国式的通胀灾难没那么担心了。说白了，现代货币理论就是这么回事。从目前的情况看，也许现代货币理论说得对，但我仍然持怀疑态度。我不知道答案。

股东： 美联储似乎在支撑资产价格。您认为这么做对吗？这是否会导致金融泡沫，收入差距拉大？从长期来看，会产生怎样的后果？

我不知道将来经济会如何发展。我们能取得一些成就，并不是因为我们有能力看透宏观大势。不少人整天把贫富差距挂在嘴边，我倒不认为这是个什么大问题。一个国家的政策，让整个国家越来越富强，穷人的生活会跟着水涨船高。在整个社会中，存在收入不均的现象是难免的，这不是什么大问题。我所观察到的是，很多富裕的家庭很快就失去了权势和财富。一小部分人先富起来，这不是什么大问题，他们不至于把整个国家搞垮。中国的领导人很有智慧。在很短的时间里，中国造出了许多亿万富翁。中国政府征收多少遗产税呢？一分钱不收。这是中国政府的做法，我觉得他们的做法也许是对的。

股东： 许多人认为，受此次疫情影响，贫富差距更悬殊了，应当采取强有力的措施解决这个问题，例如，征收财富税。请问您认同这个观点吗？如果不认同，您认为应当如何解决贫富差距的问题？

任何一个富裕的国家，都应该建立一套社保体系，而且要随着全社会财富的增加，逐渐提高社保体系的保障能力。在我这一生之中，美国一直在提高社保福利，我们的社保体系越来越完善。如果始终是一个政党执政，我们可能无法建立起今天的社保体系。

我们的开国元勋给我们留下了分权和选举的制度。正是因为有这样一套健全的制度，在我这一生之中，美国政府做出的大部分决策是正确的，希望将来也能如此。只是与过去相比，现在的政治中，仇恨更多了、理性更少了，这不是什么好现象。

股东：许多企业和高资产人士正在离开加州。原因是什么？这个趋势会如何发展？您能预测一下吗？

就在此时此刻，很多富人就在离开加州。我看到越来越多的富人走了。无论是哪个州，对富人不友好，都是脑子有问题。富人对社会的利远大于弊。不去动富人的财富，他们自己也守不住。何必非得把富人看成眼中钉？华盛顿州正在考虑在全州范围内征收财富税，这个做法很荒谬。真收财富税的话，很多富人会逃离华盛顿。

房地产、创业、氢能、HAVEN……我无法胜任的问题多了去了

股东：有了 Zoom 等科技产品的帮助，现在很多人在家办公，请问这是否会对商业地产的发展造成影响？

房地产本来就是个很难做的行业。近年来，房地产行业中的一些细分领域，日子特别不好过。现在写字楼遇冷，商业地产不景气也不是一天两天了。公寓还好一些。我说不出什么特别有用的东西。我自己持有一些公寓。公寓的收益还可以，但得有好物业帮你管理，好物业很难找。

股东：新冠疫情暴发已经有一年了。在过去一年中，您对经营企业有什么新感受？有什么是让您感到出乎意料的？我现在想创业，您

能给我一些建议吗？

关于如何创业，我给不出什么好建议。这次疫情让我体会到，我们完全可以减少旅行，多用 Zoom 开视频会议。疫情改变了人们的工作和生活方式。疫情结束之后，我估计，出差和旅行的人会减少，用 Zoom 开会的人会增多。疫情结束之后，我们不可能完全回到过去，人们的工作和生活会发生很大的变化。现在人们已经习惯了远程办公，将来人们可能会三天去公司上班，两天居家办公。我已经准备好了，迎接未来的变化。

股东：芒格先生，您提倡从自己的错误中学习。您主张拆除布伦特伍德市（Brentwood）的巴里大楼（Barry Building），也就是达顿书店（Dutton's Books）的旧址，但没有得到同意。请问您从这件事中学到了什么？

我学到的是，不再干拆除重建的活了。我年轻的时候，做了几个房地产拆除重建的项目，做得很成功。我就像桃花源中人一样，再去做类似的项目，发现世界完全变了。我不会再碰任何大型的拆除重建项目了。

股东：亚马逊、摩根大通和伯克希尔·哈撒韦合资成立了医疗保险公司 Haven。请问您能否分享一下您对 Haven 的看法？ Haven 为什么关停了？从中可以总结出哪些经验教训？

对于 Haven，我一无所知。下一个问题。

股东：您抓住了汽车电动化的机会，投资了比亚迪。与电动汽车相比，您认为氢能源在交通行业中的应用前景如何？氢能源卡车是否会流行？将来的加油站和卡车服务区是否会越来越少？

希望卡车服务区不会减少，毕竟伯克希尔·哈撒韦旗下有一家子公司是经营卡车服务区的。<u>交通的自动化程度越来越高，这是大势所趋</u>。至于氢能源，我不太了解。我觉得建立一整套输送和销售氢能源的系统很困难。

洛杉矶的公交车用的是天然气，所有的公交车都是天然气驱动的。洛杉矶因此省了不少钱，天然气比汽油便宜很多。

公交系统以前使用汽油和柴油，现在换成了天然气。将来能否改为使用氢能源？也不是完全不可能。只是要建立一整套输送和销售氢能源的系统，我不知道这个难度有多大，也不知道氢能源比汽油的危险程度高多少。很抱歉，你的问题不在我的能力圈范围之内，我答不出来。

股东：请问石油和天然气行业是否会像报纸行业一样消亡？

我觉得不可能。石油和天然气行业将长期存在。即使交通行业中使用的碳氢化合物大量减少，油气行业仍将长期存在。碳氢化合物是重要的化工原料。油气行业未必是好生意，但不会消失，不会像报纸一样消亡。

股东：请问您认为全球变暖是否会威胁到人类的生存？人类应该如何解决全球变暖的问题？特别是有许多国家仍然贫穷落后，它们需要廉价的能源。

许多国家仍然贫穷落后，它们连温饱问题还没解决，还顾不上考虑煤炭对环境的污染，解决全球变暖的问题不可能一蹴而就。**全球变暖是一个大问题。乐观地看，我们还有充足的时间，到了迫在眉睫的时候，富裕的文明有能力解决这个问题。**100年之后，海平面可能上升20米，我们可能必须在海岸线上筑起大坝。佛罗里达州这样的地方首当其冲。问题虽大，但不是无法解决。

最近，比尔·盖茨写了一本关于全球变暖的书，他的结论是，全球变暖的问题可以解决，但是要付出巨大的代价。他认为，人类应当赶快行动起来。我不想和比尔唱反调。他能站出来解决这样的大难题，实在令人钦佩。一般来说，我觉得自己无法胜任的难题，我就不去碰。我无法胜任的难题多了去了。

商学院的教育应该重在商业史，我提倡自学、跨学科学

股东：您讲过，学习商业，最好的办法是把伟大的公司几十年的财务业绩拿出来研究。您还说过，商学院不用这个方法教学，学生们学不到真东西。您能否详细讲讲，一位老师或者一个自学的人，怎么才能按照您说的这个方法构建一套课程体系？例如，应该选用哪些学习材料，请问您有什么推荐的？

早年间，哈佛商学院是从商业史讲起的，给学生们讲修运河、建铁路等。在商业史中，我们可以感受到行业的起起伏伏，体会到经济变化带来的创造性破坏。这种背景知识非常有益。我的意思是说，如果让我去教商业的话，我就会像哈佛商学院从前那样教。哈佛商学院为什么不像以前那样教了呢？我觉得他们是有学术上的顾虑，他们不想借用市场营销等其他专业的案例，怕别人说他们抄袭。我觉得，还是应该先从资本主义的历史学起，研究资本主义的原理和发展，然后再学习商业。

现在的商学院教得不太好。不妨想一下，商业竞争与生物竞争何其相似。学习生物学，我们就会知道，个体不断死亡，种群不断灭绝。资本主义的残酷性不亚于此。就看我这一生之中，多少公司、多少行业死了。有多少公司和行业曾经无限风光，如今却苟延残喘或烟消云散。我年轻的时候，谁能想到柯达和通用汽车会破产。很难想象，资本主义有如此之大的破坏力。以史为鉴可以知兴替。

股东：2007 年，您在南加州大学法学院的毕业典礼上发表了演讲，您大概说了这样一段话："文明，只有在懂得了发明的方法之后，才能进步；个人，只有在学会了学习的方法之后，才能进步。我很幸运。进入法学院之时，我已经学会了学习的方法。在我这一生之中，持续学习使我获得了最大的裨益。"请问您的学习方法是什么？

我天生就有好学的品质。别人教给我一个新知识，我知道这是个有用

的知识，我会很快把它搞懂弄透，然后自己去用，在生活中学以致用。也许你会说，大家不都是这么学的吗？我可不这么认为，很多人不会像我这样学习。学习要讲究方法。不会学习方法，你就像个只有一条腿的人和别人比踢屁股，你肯定输。以盖瑞为例，如果盖瑞不会学新东西，哪有每日期刊公司的今天。他刚接手每日期刊公司的时候，他对报纸行业一无所知，但是他知道如何学习。善于学习是个了不起的本事。学习能力这东西，是别人很难教给你的，可以说基本上就是天生的。

股东： 为什么有的人学不会新知识，也没能力改变自己？

一部分是受文化影响，但主要还是天生的，生下就带来的。有些人天生就善于做出明智的判断，有些人则一辈子磕磕绊绊、步步走错。

股东： 2005年，您对您的著名演讲《人类误判心理学》进行了修订，添加了很多新内容。现在16年过去了，您有什么新内容要补充吗？

没什么补充的。虽然有些新案例可以添加，但总的来说，大部分原则是不变的。心理学知识没有充分发挥出威力，主要是因为缺乏对其他学科知识的整合。心理学专业的教授，整天忙着做小实验，证明各种心理倾向，他们不琢磨怎么融合其他学科的知识。研究其他学科的知识，对他们没好处，他们自己不研究，也不教学生怎么研究。既然不可能指望他们把心理学和其他学科整合起来，我只好自学了。当年，我发现自己有必要学心理学的知识，我不是死抠各种心理倾向，而是观其大略，然后把它们拿去与其他学科的知识融合。这才是正确的学习方法。纵观全国上下，哪家心理学系做到了跨学科融合？心理学困在了自己的小圈子里，太狭隘了。

股东： 我想在自己的能力圈范围之内活动，但是我发现，科技的发展日新月异，我的能力圈越来越小，请您给我一些建议？

新科技出现了，你却完全不懂，你当然处于劣势。我的建议是这样的：**自己的劣势，是能消除的，那就把它消除。消除不了，就学会带着这项劣势生存。**不这样，还能怎么办？能补救的，就补救。补救不了的，就接受。

股东：您是我们这个时代最德高望重的思想家之一。我想请教的问题是：面对两种相反的观点，我们怎么才能理智地分析两种观点各自的利弊？

我确实可以给你一个建议。在我遇到这种情况的时候，我总是坚持一个标准，这个标准令我受益良多。我的标准是这样的：**我有一个观点，别人持有相反的观点，除非我能比别人更有力地反驳自己的观点，否则我对这个问题没有发言权。**不断练习这种思维方式，你总是在证伪，总是在拷问自己，可以减少自己的无知。

人们有个心理倾向，一个结论，因为是自己好不容易得出的，或者已经公开宣称自己相信了，人们就总是不遗余力地捍卫这个结论。滔滔不绝地发表言论，对增加智慧毫无益处，只会让自己更加相信已有的想法。我很明白这个道理，所以只有在股东会上，我话才这么多，其他时候，我总是很沉默。

股东：您现在正在读什么书？请您推荐一些书。

这个问题，我选择跳过。下一个。

关于慈善

股东：您投入了很大的精力，捐助学校和医院。请问，在未来几十年里，这些机构应当如何管理它们的捐赠基金？

有一家慈善机构，我在其中有些影响力。它的董事会中有众多的知名金融人士。这家机构的捐赠基金只投了两项资产。一个是李录的中国基金，这部分占比很高；另一个是先锋指数基金。因为只投了这两项资产，与其他捐赠基金相比，我们的费用更低、收益更高。这是我建议慈善机构采用的投资方法。我们算是个特例，大多数慈善基金的做法与我们不同。

财富管理行业将来可能出现危机。绝大多数基金经理当然希望保持现状，但继续保持现状，损害的是客户的利益。

股东：巴菲特向盖茨基金会（Gates Foundation）捐赠了大笔资金。粗略估算，盖茨基金会已经挽救了一亿人的生命。可以说，其中有几千万人，是巴菲特救的。伯克希尔的经理人知道吗，他们辛勤工作，帮助伯克希尔取得商业上的成功，进而拯救了数千万人的生命？

我想一部分经理人应该是知道的。总的来说，沃伦是默默无闻的，他根本不求慈善的名。

股东：芒格先生，您捐了很多钱，资助物理学科的发展。请问您是如何使用物理知识来解决社会问题和投资问题的？

在解决投资问题上，我没用到多少物理知识。但是，物理知识有时候对我很有用。例如，有的蠢材说的话，违反了基本的物理定律，我一听，这人根本不懂物理，我就用不着再听下去了。

人生的秘诀就是：降低预期，咬牙苦干

股东：本·富兰克林说过："如果能再活一次，完全一模一样地再活一遍，我觉得也很好。要是能像书籍再版一样，可以改正第一版的一些错误，那就更好了。"如果您能重新活一次，在生活中、在投资中，您希望做出哪些改变？

本·富兰克林是有史以来最聪明的人之一。尽管如此，他在一生之中

也做了很多错事。富兰克林重新活一次，能少犯很多错。谁重活一次，都能少犯很多错。在谈到这个问题时，富兰克林说得心平气和。谁重新活一次，都能活得更好。有几个人能重活一次呢？一个都没有。我们讲的这个问题，是空谈、是假设。

有句古老的德国谚语说得好："我们总是老得太快，聪明得太迟。"这个缺憾，无论是像富兰克林一样的伟人，还是像王二狗一样的普通人，谁都摆脱不掉。人没有不犯错的，好在人们总是善于原谅自己，我看这样也挺好。**我活这一生，没什么想改变的。我觉得，大多数人，平平凡凡过一生，幸福的多少是命中注定的。**让一个人更富有，不会让他的幸福增加很多；让一个人更贫穷，不会让他的幸福减少很多。似乎大多数人一生下来就有个幸福指数。人们一生中的幸福程度，主要取决于这个幸福指数，而不是一生中的贫富。

股东： 您告诉我们，要从别人的愚蠢和错误中学习。请问每日期刊公司是否犯过什么错误，值得我们借鉴？

盖瑞，我们犯过的最大的错误是什么？

盖瑞： 我们不纠结于错误，**我们总是着眼于当下的现实，解决好眼前的问题。**

我想不出来什么错误。在进入法庭软件业务的时候，我们收购了几家小公司，出的价钱比较高，但是我觉得，最后应该不会成为错误。法庭软件业务是很难做的生意，但是我们进入这个行业，应该不会成为错误。我们好像没犯过什么大错。每日期刊公司现在持有的地产，所有这些大楼，我们当年买的时候都很便宜，后来一直在升值。我们最初收购每日期刊公司，付出的价格应该也还可以，不算犯错。我们收购每日期刊公司花了 250 万美元，几年之后，股息就收了 250 万美元。我们早就回本了，现在的一切都是赚的。现在的每日期刊公司，经营得也还不错。

股东：如果有机会重新修订《穷查理宝典》，您会增加或修改什么内容？

我现在没什么了不起的新思想了。在人生这场长跑中，我的思想对我帮助很大。一方面，我不可能再有什么了不起的新想法了，不可能再创造什么新奇迹了；另一方面，我原来的思想、原来的方法仍然管用。最近几年，我忙于建造新型的学生宿舍楼。尽管我年事已高，但是在这个工作中，我还能做出一些创新。我很高兴，自己还能做一些有用的事。我这个年纪，可没什么雄心壮志了。

股东：芒格先生，在《穷查理宝典》中，您给出了关于如何选择优秀伴侣的建议，但是您说得言简意赅。您是这么说的："要找到优秀的伴侣，只有一个办法，就是自己得配得上。毕竟，称得上优秀的伴侣可不是傻瓜。"您的话很有道理。但是，您能不能再详细讲讲？在之前的访谈中，您举了李光耀的例子，说李光耀眼光好，选伴侣的时候，看重的是头脑，而不是脸蛋。您的人生阅历很丰富，能否给我们再举一些正面和反面的例子？

李光耀的例子再恰当不过了。上学的时候，李光耀是全校第二名。有个女生，比他大一岁，是全校第一名。后来，他娶了这个女生。他们生的儿子也聪明，现在是新加坡的总理。婚姻是人生的头等大事，明智的挑选伴侣大有裨益。

股东：选择合适的伴侣可能是人生最重大的决定之一。请问心理学性格测试可以用于选择合适的伴侣吗？例如，迈尔斯布里格斯类型指标（Myers Briggs Type Indicator）性格测试。您是否可以发表一个关于这个主题的演讲？

大家知道，我有一次失败的婚姻。我不认为我有资格向年轻人提供关于婚姻的建议。我回答不了，说不出什么有用的东西。

股东：您为什么这么长寿？您长寿、健康、幸福，有什么秘诀吗？

我还活着，是因为我运气好，偶然得到了长寿的基因。怎么才能让你再出生一遍，复制像我这样的偶然？我不知道。盖瑞也是个长寿的人。我们都是运气好。我没什么秘诀。假如我不是这样的一生，估计我照样长寿。

股东：您是一位智者，请问如何才能过上幸福的生活？遵守哪些原则可以过上幸福的生活？

想过得幸福很简单。**要想幸福，第一条，降低自己的预期。这一点是你自己能掌控的**。总是抱有不切实际的预期，注定一生痛苦。我非常善于降低自己的预期，因此我活得很好。

另外，身处逆境的时候，你要有一股咬紧牙关、埋头苦干的拼劲。怨天尤人、牢骚不断，只能越来越苦、越来越难。还有一些做人做事的准则。沃伦经常提到罗丝·布朗金（Rose Blumkin），也就是内布拉斯加家具城的B夫人，她对伯克希尔的文化产生了很大的影响。B夫人从500美元白手起家，最终创立了一家大企业。她有一句座右铭："始终讲真话，不骗任何人。"生活中的很多道理，说出来就是这么简单，但它们却是能够指引人生方向的金玉良言。还有李光耀说的，"第一次就做对"。这也是非常有用的一条原则。

主持人：会议即将结束，最后，请两位与全世界的观众再说几句。

盖瑞，咱们两个都很老了，**我们这一辈子有个共同点，我们都是咬紧牙关、埋头苦干**。我们哪有什么秘诀。你说呢，盖瑞？

盖瑞：没有。我们非常关心公司员工的安全。我们的员工经常出差，他们经常去法院帮助客户安装和使用软件。目前，出差受到了限制，很多法院也关闭了。

将来，法院还是非常需要我们的软件产品。过去，员工出差很正常，没什么需要担心的。如今，我们必须首先保证员工的安全。在保证员工安全的基础上，与客户密切配合，帮助客户更高效地使用我们的软件。

我们在加州的各大城市都有办公室。疫情带来了很大的改变，我们将严格遵守各地的防疫措施。

客户信任我们，我们一定要全力以赴地为客户服务，不辜负客户对我们的信任。在澳大利亚、在加州等地，我们的客户非常信任我们，我们真心实意地想把工作做好。**别人信任你，你一定要对得起这份信任，这难道不是最简单的道理？** 再苦再累，我们都要把活干好。我们对待客户的态度，是一般的公司没法比的。我们全心全意地为客户服务，这是第一位的，每日期刊公司的股东能得到什么，那是第二位的。

2022年
每日期刊股东会讲话

编者按

2022年2月17日的每日期刊股东会在公司的洛杉矶总部召开。会议仍由雅虎财经进行线上直播，阿莱克西斯·克里斯托福罗斯（Alexis Christoforous）和卡琳娜·米切尔（Karina Mitchell）连线主持，现场由贝琪·奎克（Becky Quick）负责提问。

在今年的问题中，当仁不让的热点是阿里巴巴和中国投资、通胀与流动性泡沫，还有芒格的"死对头"比特币，以及资本市场的"新宠"——元宇宙。

其余的问题涉及广泛，既包括幸福生活的秘诀、钦佩的人物、给想要从事投资的年轻人的建议等问题，也包括新冠疫情对工作形态、小企业生存状况的影响，开市客是否已经被高估，乌克兰局势，针对互联网公司的反托拉斯法案，为什么想要设计无窗宿舍等问题。

会议的正式流程，最主要的一项是选举四位董事：芒格、康兰、玛丽乔·罗德里格斯和约翰·弗兰克。我们有足够的票数，监事在现场，我们也在现场……选举董事完成。每日期刊股东会的正式流程结束。

每日期刊的未来一片光明

现在开始问答环节。和以前一样，我们将回答所有关于每日期刊以及伯克希尔·哈撒韦的问题。请开始提问吧。

贝琪·奎克：我是来自 CNBC 的贝琪。我负责收集和整理股东的问题。我们争取在会议中回答尽可能多的问题。

查理、盖瑞，我先问几个与每日期刊公司密切相关的问题。第一个问题是一位希望保持匿名的股东提出的。他的问题是："查理卸任后，谁来管理每日期刊公司的投资组合？"

盖瑞·萨尔兹曼：查理，您给股东们讲讲吧。

只要我还能管理，就还是由我管理。等到我死了，或者不中用了，我们会安排别人管理。

贝琪·奎克：好的。第二个问题。"为什么盖瑞·萨尔兹曼和彼得·考夫曼不再担任公司董事了？"

盖瑞和我年事已高，我们必须为未来做一些准备。彼得不想当董事了。就这么简单。

贝琪·奎克：这个问题来自萨拉·安德森（Sarah Anderson），还是关于接班人的。我收到了不少类似的问题。这个问题是这么问的："每日期刊公司管理层的接班计划是什么？萨尔兹曼先生退休后，谁来接替他？"

盖瑞 83 了，我 98 了，要说接班计划，我俩都得换。<u>我们确实需要着手制定接班计划。该做这个计划的时候，我们就会做，而且很快就会做好。</u>

贝琪·奎克：这个问题的提问者是弗兰基·林（Frankie Lam），

他表示他对公司有一个疑虑。他的问题是："我注意到，公司使用了保证金借款买入海外证券。在向证券交易委员会披露的文件中，我看不到公司买入了什么海外证券。作为股东，我是否可以了解一下，公司使用保证金借款买入了什么海外证券？"

无论是在每日期刊，还是在伯克希尔，我们始终只披露监管部门要求我们披露的信息。我们不想让别人知道我们在买什么、卖什么。监管部门要求我们披露的，我们就披露，否则我们不透露我们的证券买卖活动。这是我们一贯的做法。

贝琪·奎克： 这个问题来自丹尼尔·凯尼格（Daniel Koenig）。他问道："我是来自奥地利的小散股东，我只有一个问题。最新的季报显示，期刊科技公司的业务范围覆盖美国的30个州。但是，公司官网以及先前的季报和年报中显示，公司的业务范围覆盖美国的42个州。我想知道，公司的业务范围为什么缩小了？"

盖瑞，这个问题，你来答吧。

盖瑞： 期刊科技的业务覆盖范围缩小了，是因为几年以前，我们决定停止支持一套陈旧的软件系统。在这套陈旧的软件系统中，我们有很多机构用户，他们的规模有大有小。不出我们所料，许多规模较小的机构没有选择使用我们的新系统，也就是我们的 e-court 系统，其中包括 e-systems、e-probation、e-prosecutor 和 e-public defender 组件。因此，我们的业务覆盖范围缩小了。

其他软件公司不可能像我们这样废除陈旧的系统，它们不愿意丢掉业务，我们是想让客户用上最新、最现代的软件系统。

贝琪·奎克： 这个问题来自科斯塔梅萨市（Costa Mesa）的吉姆·米歇尔（Jim Mitchell）。他问道："请问在法庭软件业务中，公司的主要竞争对手是哪些公司？各家公司的市场份额是多少？"

期刊科技的市场份额最大，其他公司的市场份额比较分散。抱歉，我刚才说错了，泰勒科技公司的市场份额最大。

贝琪·奎克：吉姆·霍尔（Jim Hall）写道："芒格先生，我是每日期刊公司 20 多年的老股东。感谢公司的管理层和员工为开拓业务而付出的努力。在公司的年报中，您表示，按照现在的情况来看，法庭软件业务拥有光明的前景。您能否为我们展望一下软件业务的光明前景？"

好的。如今的法院还处于石器时代。律师经常要开车前往法院，为了一个小小的判决浪费很长时间。其实，法院的很多小案子，通过 Zoom 就能办完。另外，法院的大量文件也早该实现电子化了。法院自动化，这个市场很广阔，我们是这个市场的先行者。市场潜力很大，这是好的一面。还有不好的一面。我们做的这个软件业务，需要参与政府招标，需要与政府部门打交道，我们经常要和官僚主义纠缠，这个生意做起来很慢、很苦。市场潜力很大，但这个生意本身是快不起来的。所以说，有好的一面，也有不好的一面。市场很大，但要和官僚主义纠缠，做起来很慢。

我们对未来的前景充满信心。法院等司法和执法机构一定会跟上现代世界的脚步，效率越来越高。

投资中国，是因为能买到更多价值

贝琪·奎克：这个问题来自汤姆·西摩（Tom Seymour）。他问道："今年 1 月，杰夫·冈拉克（Jeff Gundlach）表示：'我当前的观点是，中国不适合投资。我从来没在中国投资过，无论是做多，还是做空。为什么？因为我对数据有疑虑。因为我对中美关系有疑虑。在中国投资，有很大的风险。'每日期刊公司在中国有大量投资，包括比亚迪、阿里巴巴等有价证券，显然，您的观点与冈拉克截然不同。请问您为什么是对的？"

谁对谁错，只能交给时间检验。中国是一个现代化的大国。中国的人口众多。在过去30年的时间里，中国迅速跻身于现代化国家的行列。**我们之所以拿出一部分资金去中国投资，是因为与美国的投资机会相比，中国的投资机会更好，我们能以更便宜的价格买入，获得更高的公司价值。**去中国投资的，不只是我们。美国最优秀的风投公司红杉，也投资了中国。

我能理解冈拉克的想法。他对中国有疑虑，不去中国投资没什么不对的。人和人的想法不一样。冈拉克对中国有疑虑，我是对俄罗斯有疑虑。我不会去俄罗斯投资。对于冈拉克的观点，我没什么想反驳的，只是我的观点和他不一样而已。

贝琪·奎克：好的。这个问题是比尔·罗伯茨（Bill Roberts）问的。"查理，从20世纪50年代起，您和沃伦就推崇集中投资。你们做过的很多投资实现了非凡的收益。最了不起的是，在你们做过的投资中，没有一笔出现过严重损失。据我所知，在单一的一笔投资中，你们遭受的最大损失，从来没超过整个资产组合的几个百分点。最近，每日期刊公司大举买入阿里巴巴等外国股票，甚至动用了4000万美元的保证金。您如何保证这些投资不会给每日期刊公司的净资产造成严重损失？公司发展软件业务也需要资金，万一股票投资出现损失，是否会对公司的软件业务造成影响？"

只要是投资有价证券，必然可能出现下跌的风险，不但赚不到钱，还会亏钱。持有货币，货币在贬值，购买力不断下降。**权衡取舍，我们选择避免货币贬值的风险，承受有价证券下跌的风险。**保证金借款没多少，我们根本不当回事。

贝琪·奎克：在我收到的问题中，关于阿里巴巴的，数量是最多的。有许多股东问到了阿里巴巴。所以，我再问一个相关的问题。来自多伦多的股东维沙尔·帕特尔（Vishal Patel）问道："作为每日期刊公司的股东，我想知道，我们拥有的阿里巴巴股份是什么性质的？是本地股份，还是可变利益实体？我们拥有的股份是否受法律保护？"很多股东有类似的疑问，所以我选择了这个问题。

在股票市场中买入的阿里巴巴股份，确实有些金融衍生品的色彩。但是，我相信，现代化的文明国家之间，能遵守起码的契约精神，所以，我不觉得阿里巴巴的股权结构是一项特别大的风险。

贝琪·奎克： 在我收到的问题中，很多股东对于在中国投资的风险感到非常担忧。我选择了其中一个比较有代表性的，提问者是拉维·梅塔（Ravi Meta），他希望您能谈谈您对中国的看法，以及投资中国的股票是否存在长期风险。他是这么问的："从现在的情况来看，中国公司存在一项极大的风险，西方国家非常有可能禁止中国公司在其境内开展业务。我能想到很多导火索，简单列举几个：第一，安全威胁问题；第二，台海局势；第三，无法达到西方会计标准；第四，人权问题。存在如此之多的潜在风险因素，像芒格、巴菲特这样的智者，为什么要投资中国？买入中国公司呢？"

我们投资中国的公司，原因很简单。我们能买到更多的价值。**我们投资的中国公司，价格更便宜，但竞争力更强**。这就是我们为什么投资中国。

贝琪·奎克： 这个问题来自瓦斯姆（Wassim）。他问道："中国的公司，财务数据是很亮眼，但是难道您不担心中国的政治形势吗？"

与过去相比，全球资本对于中国的担忧明显加剧了。这是我们不愿看到的现象。**我们希望中国和美国和平相处**。中美交好，美国和中国做朋友，中国和美国做朋友，这有什么不好？是对中国不好，还是对美国不好？我们做朋友，不就没那些乱七八糟的事了吗？我们应该和中国做朋友。我们应该学会与不同政治体制的国家友好相处。

我们觉得自己的政府好，我们已经习惯了自己的政治体制，我们崇尚我们的政体赋予我们的个人自由。但是，我们的政治体制不适合中国。中国有中国的国情，中国不可能采用和我们一样的政治体制。中国曾经实施过非常严格的计划生育政策，那是因为那时候的中国没办法，必须控制人口数量。以中国当年的计划生育政策为例，这个政策在美国根本不可能实施，但是中国别无选择，必须那么做。中国用自己的方法解决了它面对的难题。中国是中国，中国和美国不一样，中国有自己的难题需要解决，我们不应该总是指责中国。我们应该看到，中国在某些方面比我们做得更好。中国应该和美国友好，美国也应该和中国友好。最可恨的是，有些人煽风点火，蓄意激化双方的矛盾和敌对情绪，这样的人中国有，美国也有。

贝琪·奎克：我还要问一个关于阿里巴巴的问题。今天已经问了好几个关于阿里的问题了，但这个问题的角度和前面几个不太一样，所以我选择了这个问题。提问者是约翰·穆尼（John Mooney），来自马萨诸塞州的马什菲尔德。他的问题是这样的："查理，阿里巴巴是您的三大重仓股之一。阿里巴巴对标亚马逊，亚马逊的市盈率是阿里巴巴的三倍，阿里巴巴比亚马逊便宜太多了。作为美国投资者，我们买入中国的股票，需要考虑政治、监管、股权结构等种种风险。请问我们在买入中国公司的股票时，折价多少才合适？另外，您之前推荐比亚迪，伯克希尔收获颇丰。但这一次，巴菲特为什么没跟着买入阿里巴巴？"

很多理智的投资者有一个共同点：他们选择自己觉得踏实的东西投资。沃伦也不例外。与沃伦相比，我对中国更有好感，我投资中国公司感到更踏实。其实，这只是我和沃伦之间很小的一个差异。沃伦有他觉得不踏实的东西，我和沃伦一样，我也有很多自己觉得不踏实的东西。我自己觉得不踏实的，我也不会投资。我这么大岁数了，去自己想去的地方投资，这点自由还是可以有的。

贝琪·奎克： 什么是您觉得不踏实的东西？

有些东西还是不碰为妙。

贝琪·奎克： 例如，加密货币，对吗？我收到了很多关于加密货币的问题。

就阿里巴巴这家公司来说，阿里巴巴的护城河没有苹果和 Alphabet 那么深。阿里巴巴虽然是一家规模很大的互联网零售商，但是互联网的竞争会越来越激烈。

贝琪·奎克： 这位股东的名字是李。他的问题是："请问您认为乌克兰危机最终将怎样解决？"

关于这个问题，我没什么独特的见解。在当今时代，发生冲突的双方都掌握核武器，冲突最后一定会得到解决。闹到最后引发世界末日，那样的结果谁都承受不起，所以最后只能通过妥协解决问题。很长时间以来，国与国之间的冲突基本没有出现扩大化，希望将来仍然如此。如今，我们生活在核武器时代。由于核武器的存在，在过去的很长时间里，整个世界没有爆发大规模的战争，这是人类之幸。然而，由于核武器的存在，每当冲突加剧，人们总会感到神经紧张。在如今这个现代化的时代，大国之间在边境冲突不断，甚至令局势剑拔弩张，这样的做法非常不负责任。

加密货币、游戏驿站逼空，市场的疯狂从不曾停止，但价值投资永不过时

贝琪·奎克： 查理，我还收到了很多关于加密货币的问题。这个问题是卡尔·莫斯卡特罗（Carl Moscatello）问的。他说："加密货币的市场规模已经达到了两万亿美元。您现在是否承认您错过了加密货币？"

我确实没投资加密货币，我压根没碰那东西。我觉得自己做得很对，做得很好。在我看来，加密货币是像性病一样的脏东西，我连正眼瞧一下都不愿意。有些人觉得加密货币很现代、很先进，他们对加密货币顶礼膜拜。但是，**他们崇拜的不过是一种在敲诈、绑架、逃税等方面很有用处的东西**。人性的嫉妒也来推波助澜，看到别人发明加密货币发大财了，新兴的加密货币一个接一个地蹦出来了。加密货币乱象频出，**我真希望政府能立即禁止加密货币**。中国禁止了加密货币，我很佩服中国的做法。中国做的是对的。我们允许加密货币存在，是错的。

贝琪·奎克：还是一个相关的问题。提问者是迈卡·米斯克（Micah Misik），他问道："芒格先生，您多次揭露加密货币的危害。美联储准备发行央行数字货币。请问您怎么看？央行数字货币是有益还是有害？对市场会造成怎样的影响？"

美联储发行数字货币没什么不对的。其实，我们一直在使用数字货币。银行账户不就是数字货币吗？各大银行和美联储的系统是互联互通的。美国已经有数字货币了。

贝琪·奎克：好的。下面我们问几个与整个市场相关的问题。汤姆·西摩发来了好几个问题，问得很有水平。这个问题也是他问的。他问道："两年前，在每日期刊股东会上，您表示，您看到了很多疯狂的行为，很容易物极必反。在过去的两年里，大概有860个特殊目的收购公司上市，里维安（Rivian）等新股上市后暴涨，我们还看到了券商罗宾汉引发的游戏驿站逼空事件。相信您一定没有改变两年前的想法。请问，在去年这一年里，您看到了什么新的疯狂的行为？"

游戏驿站逼空事件很疯狂。比特币也很疯狂。风险投资也很疯狂，烧钱烧得太厉害了。

有些人把股市当成赌场。在股市里，有人进行正当的长期投资，通过投资股票攒钱养老；有人把股市当成赌场，在股市里频繁交易、流连忘返。赌徒以股市为掩护，他们披着合法的外衣，从事赌博活动，股市很容易让他们带坏了。我们应该禁止股市中的赌博行为。如果我说了算，我会征收高昂的短期利得税，压缩股市的交易量，让赌徒没有容身之地。只有这样，才能还股市一个清净，让股市不再是赌场，而是一个进行合法资本配置的市场。股市不能既是资本配置的市场，又是赌场。

贝琪·奎克： 具体该怎么做？

必须制定法律，削减股市的流动性。美国有那么多住宅、购物中心、汽车，这些东西的市场，不像股市的流动性那么大，我们不是照样生活得很好吗？我们应该压缩股市的流动性。我年轻的时候，股市的流动性很低，成交的股份数很少。我读哈佛法学院的时候，股市每天的交易量不到100万股。现在的股市，一天的交易量高达几十亿股。我们不需要股市的流动性这么高。股市的流动性如此之高，只能给国家带来祸端和风险。股市里的人尚不自知，他们如同在聚会上喝得酩酊大醉。他们喝得正在兴头上，哪能想到什么后果。

这样疯狂的行为，不该让它存在，因为不会有好结果。别忘了，1920年代的疯狂行为导致了大萧条，大萧条又导致了希特勒上台。后果可能很严重。我们真应该赶快行动，但是太难了。在这片喧嚣和混乱中，许多人赚了大钱。他们喝得兴高采烈，他们是既得利益者。

贝琪·奎克： 马克·拉萨罗（Mark Lazaro）也问了类似的问题，他问道："您之前讲了，我们可能处在一场严重的泡沫之中。您能否详细讲一讲？这场泡沫将如何收场？"

由于种种疯狂行为，将来会有严重的后果。从过去的情况来看，每次走极端，往往都会导致物极必反。至于后果何时发生，有多严重，我不知道。

贝琪·奎克： 这个问题来自密歇根州布坎南的迈克·布兰奇（Mike Branch），他的问题是："在当今的市场中，K线图、技术指标、做波段、人工智能选股等大行其道。传统的本·格雷厄姆式价值投资是否消亡了？"

价值投资永不过时。以较低的价格，买入较高的价值，这是投资的本质。 投资要做得好，买入的价格必须低，买到的价值必须高。这个最基本的道理永不过时。很多人根本不知道自己买的是什么，他们只知道看股价的涨跌。投机潮不是什么好事。回想历史上的大规模投机潮，南海泡沫、20世纪20年代的股市泡沫，哪一个有好下场？疯狂的投机泡沫并不新鲜，自从资本主义制度诞生以来，投机潮就始终存在。

印钞的后果，我们不得而知

贝琪·奎克： 这个问题来自伦纳德·米库尔斯基（Leonard Mikulsky）。他说，他是德国的一名机械工程师。他说，过去的一年，对他来说，是艰难的一年。他开始做一份全职工作，要抚育四岁的小宝宝，要完成博士学位，还要支持妻子备考。他说，他每天都听您的访谈、演讲以及问答，您讲的话对他帮助很大，让他能保持理智，学会幽默，积极乐观地面对困难。他想借此机会感谢您无私地分享智慧。他的问题是，"请问，在未来的几十年中，是否可能像1950年到1980年之间那样，出现利率大幅上升的情况？"

这是一个很好的问题，也是一个很难回答的问题。如今各国纷纷开动印钞机，无论是日本、美国，还是欧洲，开闸放水的规模达到了前所未有的程度。日本不但回购了大量国债，还通过央行回购了大量股票。日本的印钞规模非常夸张，但是日本却没有出现严重的通货膨胀，日本仍然是一个高度发达的现代化文明国家。甚至可以说，在大量发行货币之后，日本的文明程度有增无减。尽管日本政府大量发行货币，日本却没出现什么严重的后果。日本遭遇了 25 年的经济停滞，日本民众的生活水平基本上原地踏步。日本经济长期停滞，在我看来，不是日本的宏观经济政策导致的。我认为，主要是因为日本遇到了强大的竞争对手。中国和韩国崛起，取代了日本原来的出口大国地位。总之，当前的宏观经济让人捉摸不透，谁也不知道货币超发会带来什么后果。日本的情况，还是比较令人鼓舞的。日本发行了那么多货币，它仍然是一个很文明的国家，经历了长期的经济停滞，它仍然泰然自若，非常令人敬佩。

但愿美国也能像日本一样平安无事。日本可能比美国的承受力更强，日本的民众更能忍耐经济停滞带来的痛苦。日本这个民族有着高度的责任感和强大的文化凝聚力。日本的人口构成中老年人较多，年轻人较少。日本人有一种咬紧牙关、迎难而上的精神。我们美国则不同，社会中的矛盾冲突太尖锐了。日本是一个单一民族的国家，美国和日本不一样。像美国这样的国家，治理起来更困难。

哈佛大学的一位教授专门研究过这个问题。像美国这样的多民族、多种族国家，治理起来难度更大。日本是一个单一民族国家，民众有强烈的民族自豪感，他们在困难面前会有更好的表现。

归根结底，我们还是不知道将来会发生什么。我们现在发行的货币规模前所未有。我们只知道，那些过去滥发货币的国家，最后没什么好下场。也许我们离遭报应不远了，也许我们还能挺很长时间，但愿我们能平安无事。

贝琪·奎克：我也希望美国平安无事。史蒂夫·考斯普（Steve Cospel）问了一个类似的问题。他的问题是："请问您如何看待当前的通货膨胀环境？当前的情况与 20 世纪 70 年代的情况有何异同？"

20 世纪 70 年代末，保罗·沃尔克出任美联储主席。为了遏制通货膨胀，他将最优惠利率提升到 20%，国债利率上升到了 15%。随后，美国经济遭遇了严重的衰退。那次为了遏制通货膨胀，美国经济衰退了很长时间，人们承受了大量痛苦。我当然不希望美国经济出现衰退。当年的情况比较特殊，沃尔克的铁腕手段得到了政府的支持。现在回过头来看，沃尔克的决断完全正确。美国现在的政坛人士没那么大的魄力，即使现在有像沃尔克一样的人掌管美联储，政府也不可能允许他使用那么强硬的手段，引发那么严重的经济衰退。当年的通货膨胀，让我们付出了经济衰退的代价。现在的通货膨胀，谁知道我们要承担怎样的后果呢？

贝琪·奎克：再问您一个相关的问题，这几个问题都是关于通货膨胀的……

说不定将来的后果可能很严重，说不定我们到时候会后悔，后悔没有选择主动承受经济衰退。将来的后果说不定比经济衰退更严重，比经济衰退更难解决。

贝琪·奎克：请问是什么样的后果？

那些滥发货币的拉美国家下场如何？它们迎来了独裁者。拉美国家民主制度的终结，如柏拉图所说，与早期城邦民主制度的衰落如出一辙。每人手里都有一张选票，这是非常平等。但是，在某些政客的蛊惑和煽动之下，普通民众分不清黑白，民主制度很容易土崩瓦解。柏拉图说得不无道理。古希腊的城邦民主制度确实是这样衰落的，拉美国家的民主制度也一而再再而三地重蹈覆辙。但愿美国不要走到那一步，至少我本人不希望有那一天。

贝琪·奎克：我也不希望有那一天。查理，再请教您两个关于通货膨胀的问题。这几个问题都是关于通货膨胀的，但是每个问题的角度略有不同。这个问题来自西蒙·雅各布斯（Simon Jacobs）。他是这么说的："在过去两年里，美国实施了大规模的货币和财政刺激政策。按照传统的经济学理论，美国的刺激政策引发了40年以来最严重的通货膨胀。您认为这种观点正确吗？如今，美联储着手遏制通货膨胀，请问我们是否要为之付出巨大的经济代价？"

第一个问题，我同意美国的刺激政策规模前所未有。谁也不知道后果有多严重，是会像日本那样呢，还是比日本吃更多的苦头。未来如何，我们不得而知。

可以肯定的是，不管后果有多严重，都是我们自找的。前些年，我们就一直非常担心，说不会有好结果，现在看来，我们之前的担心有些过虑了。按照以前的标准，日本发行货币的规模绝对是达到了天量，但日本不照样还是个高度发达的文明国家吗？开动印钞机的做法太有诱惑力了，印钞机一开，背负的债务轻松就还上了，手里的钱还变多了。对于立法者来说，这样简单的解决办法有很大的诱惑力。既能还上债，还能有更多钱花，简直太美了。开动印钞机有如此强大的诱惑力，政府很可能用之无度，一次次把印钞机开足马力。

贝琪·奎克：这个问题来自亚特兰大的史蒂文·泰德（Steven Tedder）。他也很担心通货膨胀的问题，他问的问题更深入了一层。问题是这样的："通货膨胀将会有多严重？除了持有优质股票，个人投资者该怎么做才能有效抵御通货膨胀造成的不良影响？"

有时候，没什么好的选择，眼前的选择一个比一个差，不得已，只能从中选一个不是那么差的。这种不得已的情况，在生活中经常出现。芒格家族持有伯克希尔股票、开市客股票，还通过李录的基金持有中国的股票，另外，还有点每日期刊公司的股票和一些公寓。我觉得这样的安排完美吗？我不觉得完美。我觉得这样的安排说得过去吗？我觉得还算说得过去。从芒格家族的安排中，你可以明白一个道理：过度的分散没什么好处。很多人主张分散投资。要我说，能找到四个绝佳的投资机会，你就得谢天谢地了。金融学教授告诉学生，投资要分散。很多基金经理觉得高度分散才能显示出他们的专业。追求高出平均水平的投资收益，找到四个绝佳的机会，就足够了。四个好机会已经足够了，非要找到 20 个，那是痴心妄想。大多数人的能力有限，没那个脑子，找不到 20 个好机会。

　　贝琪·奎克： 好的。这个问题来自缅因州伍尔维奇的彼得·诺斯（Peter North）。他说："疫情之前，美国政府的财政赤字保持在将近 20% 的水平。在两党轮流执政的大背景下，这一现象有其深层次的原因。如今，随着人口出生率下降，政府的财政赤字将进一步走高。目前，将未落实的社保和医保资金计算在内，美国的财政赤字率高达 33%。美国背负着 30 万亿美元的巨额负债，在利率上升之后，我们需要偿还更多的利息。如今的利息支出占美国总支出的 6%。将来一旦利息成倍增长，我们必然面临雪上加霜的局面。我们怎样才能让公众以及政府认识到这个问题的严重性，及早采取行动？"

　　债务负担如此沉重，想一想，只要多印些钞票，就能把欠的钱还上，这么简单的解决办法，对政府、对美联储都有很大的诱惑力。但是，印钞只是权宜之计，在短期内，问题似乎能得到解决，但会埋下长期隐患。

　　当年的魏玛德国疯狂印制钞票，后来怎么样了？整个国家垮掉了，希特勒趁机攫取了政权。超发货币的风险很大，后果可能很严重。上一次，我们加码印钞，没什么事，可以再来一次。再来一次，又没什么事，可以再来一次。政府一次又一次加码，会把我们带到危险的境地。没完没了地搞下去，早晚有一天，会把国家搞垮了。

　　我们不能再这么玩火了，该收手的时候，要收手。日本也发行了大量货币，但日本没什么事。日本没事，我们美国未必没事。

我不欣赏令人沉迷的游戏，怀念小时候读的《世界百科全书》

　　贝琪·奎克： 这个问题的提问者是新加坡的纳雷什·德赛（Naresh

Desai）。他在邮件中写道："伯克希尔买入了动视暴雪（Activision Blizzard）的股票。请您问一下查理·芒格，这只股票是谁买的？是沃伦，还是托德·库姆斯、泰德·韦施勒？伯克希尔在买入之前，是否对微软即将收购动视暴雪的计划有所耳闻？"

对此我无可奉告。我可以说的是，我非常欣赏动视暴雪的首席执行官鲍比·科迪克（Bobby Kotick），他是一位出类拔萃的商界领袖。我也认为，游戏这个行业将长期存在下去。但是，我是个老年人，我看不惯年轻人沉迷游戏，看不惯他们一周对着电视玩40多个小时。游戏让年轻人沉迷其中，无法自拔，我不认为这是文明中光彩的一面。游戏很容易让人上瘾，一旦玩上瘾了，什么都不管不顾了，我看不惯这种让人玩物丧志的东西。

贝琪·奎克：好的，我们接着问下一个问题，提问者是穆罕默德·尼亚（Mohammad Nia）。他在来信中写道："我是查理·芒格的长期追随者。请您问一下查理如何看待元宇宙？如何看待最近微软对动视暴雪的收购？请查理·芒格分析一下，元宇宙有什么实际价值吗？或者说，元宇宙是和比特币一样的海市蜃楼？"

即使没有元宇宙，就在现有网络游戏技术的基础上，动视暴雪等游戏公司也能越做越大。有些游戏有益身心，可以和家人、朋友一起玩，这样的游戏没什么不好的。但是，有些游戏却基本上一无是处。比如说，一个人握着机枪对着电视疯狂扫射，一个星期有40个小时就坐在那玩这个，你觉得好吗？我觉得不好。

很多游戏是好的，很多游戏是正常的消遣和娱乐，只不过用的是电子的形式而已。有益身心的游戏，我不反对。但是，就像我刚才说的，有的人一个星期有40个小时沉迷于虚拟世界，幻想自己握着机枪疯狂扫射，这是我看不惯的。

贝琪·奎克：这个问题来自佛罗里达州迈阿密市的韦斯·罗迪

（Wes Roddy）。他的问题是："请问在您丰富多彩的投资生涯中，哪笔投资是您最得意的？哪笔投资是最糟糕的？为什么？"

我想说的一笔投资是《世界百科全书》。在伯克希尔做过的投资中，这笔投资很少有人提及。我是看《世界百科全书》长大的。我小时候，推销员挨家挨户上门推销这套百科全书。在编写《世界百科全书》之前，编辑人员将英语单词按照难度划分了等级，他们只在词条解释中使用简单的单词，而且他们在撰写内容方面非常用心。即使是普通的小孩子，也能不费力地读懂《世界百科全书》。在很多年里，通过投资这套百科全书，伯克希尔每年能获得 5000 万美元的税前利润。能投资《世界百科全书》，我感到很自豪，毕竟，我是读这套书长大的，而且这笔投资很成功，每年能赚 5000 万美元。

没想到，突然杀出来个比尔·盖茨，他在微软的电脑软件中免费赠送电子版百科全书。我们的 5000 万美元就这么没了。现在，《世界百科全书》主要销售给图书馆，每年只能带来几百万美元的利润。《世界百科全书》还是一套好书，还是一套很好的产品，但是它已经不再流行了，也不能给我们创造丰厚的利润了。《世界百科全书》的没落是文明的损失。《世界百科全书》曾经是我的骄傲，但现在它已经风光不再，也失去了赚钱能力。这就是资本主义的创造性破坏。

有些东西，失去以后，是无法取代的，会非常令人怀念。现在的小孩子喜欢看电视，我觉得《世界百科全书》对他们更有益。我小时候读《世界百科全书》，学到了很多别人不知道的东西。整天只知道看电视，不读《世界百科全书》，现在的孩子还真不如我们那时候。看电视也有看电视的好处。

补充一句，我并没因为《世界百科全书》没落了而陷入悲伤。我已经学会适应了。我只是怀念《世界百科全书》，仅此而已。

不支持削弱互联网公司，国会没有大的道德问题

贝琪·奎克： 我能理解您的观点。下面这个问题是关于反垄断的。大卫·卡斯（David Kass）问道："最近，莉娜·可汗（Lina Khan）出任联邦贸易委员会主席，乔纳森·坎特（Jonathan Kanter）出任司法部反垄断部门负责人。他们都表示，要采取强硬的反垄断措施。请问您认为我们有必要针对大型科技公司采取更严厉的反垄断措施吗？"

大型科技公司的强大程度关系到我们国家的竞争力。我不支持削弱美国的互联网公司。我觉得美国拥有强大的公司，这是好事。哪个国家不为自己拥有强大的公司而感到骄傲？我觉得"大"没有什么不好。我不希望外国公司在互联网领域占据垄断地位。我希望美国拥有强大的公司，这样我们才有国际竞争力。所以说，我不认为我们需要在互联网领域大张旗鼓地进行反垄断。

贝琪·奎克： 您是否担心反垄断措施削弱我们的互联网公司？

显然，这届政府会实施更加严厉的反垄断措施。我对这个问题担心吗？不担心。我觉得政府的反垄断措施不会产生特别大的实际影响。

贝琪·奎克： 好的。这个问题还是大卫·卡斯问的。我选了这个问题，因为这个问题也是我想问的。他问道："目前，国会正在考虑立法，限制国会议员持有和交易股票的行为。请问您怎么看？"

我不觉得国会里有什么严重的道德问题。也许有个别国会议员偶尔有一些轻微的违规行为，总的来说，我不觉得存在什么大问题。

发展新能源、保存石油能源是明智的做法

贝琪·奎克： 约翰·范·艾克（John Van Eakow）在邮件中问了几

个关于能源的问题。我把他的邮件念一下,他是这么写的:"查理,您以前一直主张美国保留国内的油气资源,多从国外进口石油和天然气。请问您现在还这么认为吗?最近,拜登总统取消了拱心石输油管道(Keystone Pipeline)项目,并且限制在美国土地管理局(Bureau of Land Management)管理的土地上进行勘探活动。请问您如何看待拜登总统对于美国国内石油和天然气能源的态度?拜登总统的这些举措是否是迫于国内的环保呼声?从欧洲的情况来看,受风力减弱影响,风能发电大幅减少,我们如何才能获得稳定的可再生能源?我们一直在减少使用煤炭和石油,但我们真能获得足够的可再生能源,填补能源缺口吗?"

这是一个很大的问题,不是三言两语就能说清楚的。毫无疑问,现在我们已经有能力获得大量太阳能和风能,新能源的效率很高,不比传统能源差。对于碳氢化合物能源,我主张保留,反对无序开采。现在的新能源,无论是太阳能,还是风能,效率都非常高,我支持大力发展新能源。

即使没有全球变暖的问题,我也支持政府的做法,也就是,大力发展太阳能和风能。发展可再生能源,有利于保存石油和天然气,这是明智的做法。

石油能源还有别的用途,特别是在化工领域,石油是生产化肥的原料,石油是非常宝贵的能源。我主张把尽可能多的石油能源留在地下,把大量的石油能源储存起来。美国的石油能源是我们的宝贵资产。我们的石油能源如同艾奥瓦州的表层土壤一样宝贵。我不愿把我们的表层土壤运送到非洲,也不愿把我们的石油能源消耗殆尽。我们应该好好保护石油这种自然资源。石油早晚有用完的一天,所以要省着用。我的观点与众不同,但我就是这么想的。如今,随着科技进步,我们可以获得大量太阳能和风能,我对此感到欢欣鼓舞。可再生能源有很大的发展潜力。既然现在太阳能和风能的技术已经效率很高了,我们应该多发展可再生能源。

至于全球变暖,我始终认为全球变暖没人们想象的那么可怕。

贝琪·奎克： 为什么？

地球的温度 200 年后应该会上升一摄氏度。我们燃烧大量的煤炭和石油，地球的温度才会上升一摄氏度。很多人一提到全球变暖，就觉得像天要塌下来一样，我觉得没那么夸张。

疫情带来了很多影响，我们应该适应

贝琪·奎克： 这个问题也是汤姆·西摩问的。他说："最近，伯克希尔宣布，股东可以前往现场参加今年的股东会。目前，无论是在美国，还是在全世界，新冠疫情仍然没有平息，奥密克戎变种传播力还很强，请问您和沃伦如何看待疫情的风险？另外，请问去现场参加伯克希尔股东会的股东是否需要出示接种证明？"

具体的情况，我不太了解。现在应该还没完全定下来。有可能的话，我们非常希望股东能来到现场参加会议。这是我们目前的想法。

贝琪·奎克： 新冠疫情的风险，怎么应对呢？

我估计应该行，我们应该能开成现场会。

贝琪·奎克： 刚才的问题中还提到了新冠疫情和奥密克戎变种。请问您如何看待疫情？疫情将如何发展？

如果我们运气好的话，疫情会逐渐消退，变成和感冒差不多的小毛病。美国每年有三万人死于流感。加上奥密克戎，每年上升到六万人。慢慢地，我们就习惯了。

贝琪·奎克： 谈到新冠疫情，下面这个问题也是与新冠疫情有关的。马萨诸塞州韦斯特伍德的柯察·方塔纳亚（Kecha Fortnaya）说："在疫情的冲击之下，大公司和小公司的差距越拉越大。受疫情影响，小公司陷入了前所未有的生存困境。在疫情期间，某些州禁止商家营业，但家得宝和 Stop & Shop 超市却可以营业。小公司什么时候才能获得和大公司一样的平等地位？难道小公司只能一天不如一天，最后完全变成大公司的天下吗？"

我认为小公司将长期存在。想想看，大型购物中心里不也有很多中小商户吗？确实，现在的小公司，生意没以前那么好做了。但是，美国经济的发展离不开小公司。

我们也需要大公司。我们需要苹果和谷歌那样的大公司，它们为我们提供了良好的服务。在过去，全国的电话网络都归美国电话电报公司经营，我不觉得有什么问题。现在，苹果和谷歌成为我们这个时代的巨无霸，我也不觉得有什么问题。既有一些大公司，也有众多小公司，这很正常，这就是我们的经济体系。

贝琪·奎克： 那么，您认为小公司能获得平等的竞争地位吗？现在，罗素 2000 指数（Russell 2000 Index）已经从高位下跌了 15%。特别是最近几个月，跌得幅度比较大。

如果对我有一些了解，你就会知道，预测在短期之内，罗素 2000 指数和标普指数哪个表现更好，这样的事，我是不会做的。我根本不知道哪个指数能有更好的表现。其实，这样的问题，我连想都不想。我只考虑哪里有好的投资机会，适合芒格家族、伯克希尔或每日期刊公司买入。潮水有起有落，我不妄想预测潮水的起落，我只想着自己怎么能游得好一些。

贝琪·奎克： 来自多伦多的保罗·莱尼（Paul Leani）提了一个问题……您继续讲。

我觉得痛苦是正常的。如果你做长期投资，无论是投资股票，还是投资房地产，我可以告诉你，一定既有哀鸿遍野的时候，也有蓬勃兴旺的时候。你要做的就是，无论是遇到了好时候，还是遇到了坏时候，都要安然

无恙地活下去。 正如吉卜林的诗中所说："它们其实都是幻象。"有白天，也有黑夜，你有什么受不了的吗？没有。有时是黑夜，有时是白天。有时是繁荣，有时是衰退。我始终相信，应该尽到自己最大的努力，坚持到底。

贝琪·奎克： 查理，这个问题是旧金山的杰弗里·马洛伊（Jeffrey Malloy）问的。他的问题是这样的："在过去一年里，很多美国人辞去了工作。我们可以在媒体中看到大量类似报道。请问您如何看待这一趋势？公司的首席执行官该怎么做才能留住员工？"

这是疫情产生的一个副作用，很多人习惯了新的工作方式，用不着每周五天，天天去公司办公。很多人再也不愿像过去那样，天天去公司上班了。特别是在互联网行业，很多员工不愿回到过去那种去公司打卡上班的日子，他们更愿意在自己喜欢的地方，自己觉得更舒适的地方办公。这种改变已经发生了，我们不可能回到过去了。另外，很多公司再也不会让董事当空中飞人了，用不着每次董事会都得面对面地围着同一张桌子开。一年在现场开两次董事会就可以了。在疫情之前，伯克希尔就已经这么做了。伯克希尔的惯例是，董事们每年面对面开两次会，其他的会议用电话连线的方式召开。伯克希尔觉得这样很好。开那么多会，在天上飞来飞去，纯属浪费。我刚才说的这些，是疫情带来的好的改变，我们的生活因此更简单、更节约、更高效了。有些改变已经成为现实，过去的日子一去不复返了。

从另一方面来讲，政府发放的福利太优厚了，撒钱撒得有点过头了。 饭店招聘服务员，根本招不到人，没人愿意干伺候顾客的活。我觉得政府的刺激政策有些过了。也许拉里·萨默斯说得没错，我们的刺激政策过火了，再收敛一些就好了。

其实仔细想想，就能想明白，资本主义制度之所以有效，是因为在资本主义制度之下，一个身体健全的年轻人，不出去工作，会尝到很多苦头。正是因为社会让拒绝工作的人吃到苦头，整个经济体系才能正常运转。我们的经济体系之所以有效，我们之所以能享受到现代化的繁荣，是因为我们的制度不允许年轻人好逸恶劳，我们的制度会让不愿工作的年轻人吃到苦头。不让年轻人吃苦，让他们在家中舒舒服服地待着，不用上班就能领到钱，这会对我们的经济体系造成巨大的破坏。我们应该吸取这次的教训，下次再有类似情况，别这么漫天撒钱。

贝琪·奎克： 他还想请教您，公司的首席执行官怎么做才能留住员工？

员工期待的工作方式改变了，我身边的首席执行官都在积极地适应这种变化。 所以我说，有些改变已经发生了，我们不可能回到过去了。举个例子，有的员工，他的工作是通过电话和全球的工程师沟通，解决客户的技术问题，这样的工作，为什么一定要去办公室上班呢？另外，现在的交通拥堵越来越厉害，通勤越来越困难，居家办公可以减少通勤时间，这是好事。

人员精简、充分放权，让我们避免了官僚病

高管薪酬问题就是代理问题

贝琪·奎克： 丹尼·博兰德（Denny Poland）在邮件中问了一个关于高管薪酬的问题。他的问题是这样的："很多上市公司的高管薪酬制度不合理，管理层和股东的利益不一致。请问投资者和董事会该如何改变高管薪酬制度，才能让管理层和股东的利益一致？"

这其实就是经济学家所说的代理问题（Agency Problem）。如果你管理自己的公司，因为是你自己的财产，你肯定会兢兢业业地把公司管好。如果你给别人打工，你就不会那么上心，你心里装着的是自己、自己的前途、自己的家庭，而不是公司。**在资本主义制度下，管理者经营自己的财产，管理效率会非常高；管理者给别人打工，例如，像国有企业那样，管理效率会很低。这是谁都无法否认的现实。**

邓小平推动了一场巨大的改革

我发现，在一个文明社会中，只有在管理者管理的资产中，一大部分是他自己的，他才能做好管理工作。有一段时期，中国在农业方面采取了人民公社制度，效果并不理想。后来，中国采取了家庭联产承包责任制，农户缴纳一小部分收入给集体和国家，其他经营收入全部归自己所有。采用家庭联产承包责任制后，第一年粮食产量就增长了60%。人民公社的效率太低，还是家庭联产承包责任制效率更高。正因为如此，中国共产党放弃了人民公社制度，采取了更高效的新制度。他们通过改变生产关系，极大地提高了生产力。

我非常敬佩中国共产党的壮举。邓小平推动了一场巨大的改革，他必将作为一位伟大的领袖而永载史册。为了解放生产力，提高生产力，邓小平打破了旧思想的束缚。邓小平是当时中国的最高领导人，他有推动变革的能力。正是因为邓小平推动了改革开放，经过几十年的发展，中国才能摆脱贫穷，走向富裕。邓小平真是一位伟人，中国创造了人类历史上的奇迹。

邓小平提出了建设有中国特色的社会主义。有中国特色的社会主义，简单说，就是在中国共产党的领导下，保护私有财产，大力发展市场经济。不管他的理论叫什么，他做的绝对是对的。邓小平力挽狂澜，引领中国走上了现代化的道路。

金融系统正风气，在人性的阻力面前不可能做好

贝琪·奎克： 这个问题来自一位名叫罗伯（Rob）的股东。"请问在加里·詹斯勒（Gary Gensler）的带领下，证券交易委员会怎么做才能让金融系统风清气正？"

这可不是那么容易的。**在现实生活中，人们总是会给自己的谋生方式找出很多合理化的理由。**其实，在大多数人的谋生方式中，都存在一些不那么符合道德规范的事，特别是在金融、财富管理这样的行当。人们在做

决定的时候，总是把自己的利益摆在第一位，客户的利益放在第二位，人性天生如此。

你想找个有责任心的基金经理，把自己的养老钱托付给他管理，可真不好找。如今，大公司的董事每年能拿到 30 万美元的薪酬。独立董事的待遇很丰厚。很多独立董事非常想拿这 30 万美元，他们很想保住这个位置，根本不独立。这样的制度很不合理。我也想不出什么好的解决办法。在人性的阻力面前，很多事情是不可能做好的。

我年轻的时候，由于工作关系，和电影行业有些接触。那时候，我发现，在电影行业里，所有人都在谋取私人利益，损害股东的利益。电影行业里就是那种文化。归根结底，无非是源于人性的自私自利。人性如此自私，一个文明社会很难保持健康发展。伯克希尔、每日期刊很特殊。以每日期刊为例，查理·芒格，98 了，盖瑞·萨尔兹曼，83 了。公司大大小小所有的事，都由盖瑞·萨尔兹曼全权处理。

这就是伯克希尔·哈撒韦的用人之道：完全放权，几乎撒手不管。我们做得怎么样呢？美国大大小小的报纸，活下来的没几家。《华尔街日报》《纽约时报》、汤森路透的电子版报纸，它们不会消失，但大多数报业公司早已退出了历史的舞台。

在报纸行业走向末路的大环境中，《每日期刊》这份小报也难逃厄运，但我们持有大量流动资产和有价证券，我们还开拓了潜力巨大的软件生意。在 500 家报业公司中，能活下来的，也就两三家而已。这样一想，每日期刊已经相当了不起了。

是我们带领每日期刊走到了今天，但你看我们，我们多老了啊。多年以来，我和盖瑞没从每日期刊公司领过一分钱的薪水。我们没拿过董事费，没从公司报销过任何费用。盖瑞很了不起，他一个人做五六个人的工作，大大小小的事都由他负责。伯克希尔总部只有大约 30 名员工，而且他们还不是负责内部审计的。看看伯克希尔，经营管理得多好！

公司一旦患上了官僚病，效率低下，浪费严重，根本没法管理。官僚病是一种非常难治的病。多少患上了官僚病的大公司都死了，美国钢铁、柯达、西尔斯百货、联合百货公司（Federated Department Stores）。

有的公司，失去了往日的光辉，但它们还活着，原来的生意还继续着。有的公司，原来的生意是彻底没法做了，只能把资本撤出来，原来的生意没了，但钱还在。伯克希尔属于后者。伯克希尔从三个生意很烂的公司起家，这三个公司的生意都做不下去了，但我们把钱从这三个公司中挪了出来。时至今日，伯克希尔已经成为全美国资产负债表上净资产最雄厚的公司。

伯克希尔怎么就能这么成功呢？伯克希尔不像其他大公司一样，容易染上官僚病。我们伯克希尔总部根本没几个人，在巨大的商业帝国顶部，只有那么几个人负责管理，我们不会染上官僚病。伯克希尔是其他公司学不来的。伯克希尔的成功是机缘巧合的结果。**从某些方面来说，每日期刊公司是迷你版的伯克希尔。**在整个报纸行业走向消亡的大环境中，洛杉矶的一份小报竟然能活得这么好，这实属不易。

传统媒体的衰落是文明的重大损失

既然说到了报纸，我又想感慨一下，我们非常怀念逝去的报纸。在过去，各地的报纸，各自形成垄断地位，它们具有强大的护城河，具有长期稳定的赚钱能力。在过去，新闻报道的价值观是客观真实。那时候的报纸对政府起着舆论监督的作用。人们将报纸称为"第四权"，意思是说，报纸如同政府的第四个分支机构。如此高的地位，是报纸偶然获得的。现在，95%的报纸已经不复存在了。

报纸消亡了，取而代之的是什么呢？是一群博眼球的疯子。人们爱听疯话，各路疯子吸引到和他们一样疯狂的人。疯子凑到一起，变得更加疯狂。我很怀念过去的报纸和像沃尔特·克朗凯特那样的主持人。传统媒体的衰落是文明的重大损失。传统媒体消亡了，这不是谁的错，而是资本主义创造性破坏的结果。但是，报纸的消亡是国之不幸。在新兴媒体中，新闻分成两派，不是迎合左翼的脑残，就是迎合右翼的脑残。为了迎合各自的受众，新闻报道甚至不惜歪曲事实。这对我们的国家来说不是好事。我不知道这个问题该怎么解决。也许我们应该成立第三个政党。

如今，美国的民主党和共和党通过选区划分确定自己的势力范围，两党都有自己的铁票仓。两党共同的担心是，在自己的势力范围内，自己的议员席位被抢走。于是，每10年左右，无论是极"左"的，还是极右的，他们都会行动起来，把中间派从立法机构中赶出去。

这样一来，在立法机构中，头脑清醒的中间派根本没有生存空间。这样的政府是有问题的。这样的现状背离了民主的初衷。 现在，事情已经发展到这个地步，而且情况日益恶化，问题很严重。我根本不知道，这么严重的问题，该怎么解决。

贝琪·奎克：我正想请教您，该怎么解决呢？

也许成立第三个政党是一条出路。美国曾经这么做过。 我们因为成立了第三个政党，才废除了奴隶制。如今，在国会之中，仍然有一些小规模的团体，例如，40多人的，其中既有民主党成员，也有共和党成员。我们也许可以成立一个新的政党，这或许是个办法。

美国现在的政治弊端深重，仇恨和对立情绪太激烈了，太不对劲了。一个充满愤怒情绪的人，无法好好地生活，一个充满愤怒情绪的立法机构，无法正常运作。在如今的政治环境中，完全不存在信任。

我们这一代人则不同。就以"二战"结束后来说，我们那时候的政治家提出了这样一句口号："政治止于大洋之滨。"在巴丹死亡行军中，日本屠杀了很多美军战俘。德国的希特勒屠杀了大量犹太人。但是，我们却在战后帮助德国和日本，与这两个国家成了朋友，这多了不起啊。再看看我们现在的政治生态，和当年可真没法比。

贝琪·奎克：比不了。

不说了。换下个话题吧。

因为有臃肿的公司，才有 3G 资本的用武之地

贝琪·奎克：迈克尔·维赫特莱（Michael Wichterle）的问题是："查理，关于 3G 资本和零基成本管理，请问您有什么最新看法？在过去五年里，您的想法是否发生了变化？"

一家富得流油的公司，受人性侵蚀，很容易染上官僚病，出现大量浪费，做大量无用功。例如，没完没了的开会，除了浪费时间，什么用没有。在染上了官僚病的大公司，很多资金被毫无意义地消耗了。很多钱，白花了。在很多这样的公司，把成本削减 30%，公司会变得更精简，更高效。裁撤冗员，调整架构，对这样的公司来说是好事。在很多成功的大公司，普遍存在人浮于事的现象。

富裕了以后，人很容易松懈下来，这是人性使然。我有个朋友，他在一家公司担任董事，这家公司的总部设在欧洲。公司专门安排一架协和式客机，把他从洛杉矶接到欧洲。从洛杉矶到德国往返需要花费 10 万美元。一位董事的路费，就要 10 万美元。有些大公司的浪费现象太严重了。

另外，精简成本也不能太严苛。有些公司的老员工，为公司勤勤恳恳工作了很多年，对他们要特殊照顾一下。要讲效率，但不能单纯地追求效率，不考虑其他因素。总之，对于人浮于事的机构，该大刀阔斧地精简，还是要精简。

亨氏公司的一张董事会会议桌是花 60 万美元买来的。开市客公司的董事会会议桌才 300 美元。两家公司的差别多大，两家公司的价值观差别多大。因为有臃肿的公司，才有 3G 资本的用武之地。3G 资本把这些公司收购下来，就是要治一治它们的官僚病。精简有可能精简得过头。但是，我们的很多大公司确实太铺张浪费了，就像很多富裕的家庭太铺张浪费了一样。

一方面，我们不希望存在严重的冗余；另一方面，我们不希望裁撤冗员伤害到普通员工。要做得恰到好处，很不容易。

很难预测好公司未来将如何，但微软、苹果、Alphabet、开市客会一直强大

贝琪·奎克： 来自加拿大多伦多的保罗·莱尼问道："我们今天的科技巨头，例如，微软、苹果和 Alphabet 等公司，它们是否拥有长期的竞争优势？它们能与三四十年前的可口可乐相媲美吗？"

要预测过去哪家公司发展得好，这很简单，因为过去发生的事，我们已经知道了。要预测将来会怎样，那可就难了。我真说不好。虽然很难预测，但我觉得 50 年后，微软、苹果、Alphabet，应该仍然是非常强大的公司。我年轻的时候，如果你问我，那时候的百货商店将来会怎样，那时候的报业集团会怎样，我绝对想不到它们会走向破产。70 年、80 年、90 年之后的事，不是那么好预测的。

通用汽车把股东的钱亏光了，柯达把股东的钱亏光了。当年它们如日中天的时候，谁能想到啊？每次发生科技变革，总会有一大批公司遭到淘汰。未来会怎样，没法预测。

曾经的美国电话电报公司并没有完全消失，它在被拆分之后，换了一种存在形式。那些被淘汰的公司，有的完全销声匿迹了，有的还留有只鳞片爪。

贝琪·奎克： 查理，这个问题是关于开市客的。来自加州的艾米·帕特尔（Ami Patel）问道："您最近表示，股票存在泡沫和估值过高的现象。请问开市客的股价是否存在泡沫，是否估值过高？现在，无论是看市销率，还是看市盈率，开市客的股价都达到了历史最高位。开市客的股价已经创了新高，现在还能买吗？"

这个问题问得很好。我始终认为，再好的公司，价格也不能没个边。哪怕是像开市客这么优秀的公司，价格高到一定程度，也不能买了。这么说吧，如果我负责管理一只主权基金或者退休基金，我的眼光可以放在 30

年、40年、50年之后，按开市客现在的价格，我可以买入。开市客这么优秀的公司很难得，我非常欣赏开市客这家公司。

我不是说，我本人会在现在这个价格买入开市客。毕竟，我习惯以便宜的价格买入，这么贵的价格，我下不去手。开市客现在的价格很高，但是我从来没动过卖出一股开市客的念头。去年圣诞节，我在开市客买了几件法兰绒衬衫，一件才七美元左右。衬衫的质量非常好，手感很柔软。我还买了几条奥维斯牌（Orvis）的裤子，大概也是七美元一条。我买的裤子腰部是带弹力的，还防水。开市客拥有强大的采购能力，它为顾客精挑细选商品，让顾客买得放心，进军电商领域，开市客一定能占据一席之地。

按开市客现在的股价，我不一定会买，但我绝对不会卖。我相信，在长远的将来，开市客将越做越大，越做越强。开市客配得上成功。它拥有优秀的文化和良好的道德观。**真希望美国有更多像开市客这样的好公司，这样的好公司有益于整个社会的发展。**

关于助学贷款和无窗学生宿舍

贝琪·奎克：好。这个问题来自科德角的乔恩·考克斯（Jon Cox）。他的问题是："芒格先生，请问您认为读大学，获得大学文凭，有什么意义？政府是否应该加大发放助学金的力度，提高减免助学贷款的规模？"

这也是一个很复杂的问题。现代教育是现代文明的伟大成就之一。美国的大学创造了非凡的成就，现代文明中的科学技术创造了非凡的成就。**我们能取得如此巨大的成就，覆盖面广泛的免费教育功不可没，我们应该继续加大对教育的投入。**

在我们的学校教育中，有很多老师，他们拿着政府发放的薪水，但是却误人子弟。莘莘学子带着梦想进入校园，却被不合格的老师耽误了。这是学校教育中存在的弊端。尽管如此，相信我们仍然会加大对公共教育的投入力度。

从另一方面来讲，国家建立了社保制度之后，每个人都想从中得到更多。从国家那拿到贷款的人，希望国家能把他的贷款给免了。**每个人都要求国家发更多的钱。本杰明·富兰克林早就对此表示过忧虑。**他说过，一个民主国家，当它的公民习惯了通过投票获得更多福利，这个民主国家就支撑不了多久了。200多年前的富兰克林不是在危言耸听。所有人都指望政府发钱，这不是好事。我们应该自力更生，而不是依赖政府的帮助。

贝琪·奎克：既然谈到了大学，我再问一个和大学有关的问题。这个问题问到了您引起的一场争议。提问的人是这么说的："在您设计的宿舍楼中，为什么有一部分房间没有窗户？请问您是怎么想的？请您给我们讲一讲，让我们知道您为什么做出了这样的决定。"

正常人当然选择有窗户的房间，不愿意住没窗户的房间。我之所以舍弃部分房间的窗户，是从建筑设计的整体考虑，是为了实现其他功能。以豪华邮轮为例。在豪华邮轮上，很多客房没有窗户。很多客房在内舱，有的客房在邮轮中部，只有门朝着走廊，没有窗户。由于邮轮的结构限制，有窗户的房间很少。邮轮的形状是无法改变的，只有舍弃大量客房的窗户，邮轮才能正常运转。毕竟，邮轮的设计不能违反流体力学的规律。要保证一艘大型邮轮正常运转，大量客房必然要设计成没有窗户的。

同样的道理，为了留出更多互动交流的空间，为了方便来自不同专业的师生相互学习，我们舍弃了部分房间的窗户。**舍弃了部分房间的窗户，我们的宿舍楼能容纳更多学生，我们的宿舍楼能提供大量用于沟通交流的公共空间。**

部分房间虽然没有窗户，但空气非常清新，而且我们设计了人造窗户，可以完美地模拟阳光照射的效果。这个取舍很值得。在豪华邮轮上，安装人造窗户的客房，一周的租金大约是两万美元。很长时间以来，迪士尼的豪华邮轮上一直有两种客房，有窗户的和没窗户的。有窗户的，价格比较便宜。没窗户，但安装了人造窗户的，价格更高一些。没窗户的不但不差，反而更好呢。其实，就是个简单的取舍问题。那个批评我的建筑设计师，他是个木头脑袋，一点也不开窍，绝对是没救了。做建筑设计，当然要有所取舍了。

指数基金影响太大不会有好结果，怎么投资还是看能力大小

贝琪·奎克：查理，这个问题来自迈克·布兰奇。他的问题是："请问被动投资对股票的估值有何影响？"

什么投资？

贝琪·奎克：被动投资。

盖瑞·萨尔兹曼：被动。

哦，影响很大。指数基金的规模越来越大，造就了一批新大佬，也就是那些掌控着指数基金投票权的人。贝莱德集团（BlackRock）的拉里·芬克（Larry Fink）以及先锋集团的掌舵者，他们的权势堪比教皇。<u>随着指数投资的兴起，大量投票权集中到了指数基金手里，这将产生很大的影响。具体会产生怎样的影响，我不知道，估计不是什么好影响。</u>如今，投票权集中到了拉里·芬克等指数基金掌控者的手中，我不想让他们说了算。

贝琪·奎克：下面这个问题比较难回答。这个问题来自查尔斯·弗朗西斯（Charles Francis），他在邮件中是这么写的："我想请教一下查理，在量化宽松结束后，谁来向全球政府发放贷款？随着联邦公开市场委员会（FOMC）退出资产购买计划，缩减资产负债表的规模，政府需要的大量资金从哪来？谁来向政府发放贷款？利率是多少？量化宽松结束后，缺口该怎么填补？"

问题里问的是中国，还是美国？

贝琪·奎克：按他说的，他问的应该是美国。

好的。在中国，地方政府过度依赖土地财政。中国的房地产市场出现了过热的现象。中国政府进行了一些调控，给房地产市场降降温，带来了一些阵痛。在美国，我们拥有强大的经济实力，我们创造了科学技术高度发达的文明。美国强大的经济和先进的科技是我们的根基。在现代化的工厂里，到处是机器人在操作，先进的程度让人无法想象。像这样的现代化工厂越来越多。中国在这方面也不差，中国也有很多机器人工厂。

机器替代人是大势所趋。 我不知道将来会发展成什么样，但是肯定有很多人需要适应新的发展。有的人本来拥有一份稳定的工作，结果被机器人替代了，这样的人会受到冲击。就像当年的柯达公司一样，本来生存得好好的，突然新技术问世了，柯达的产品直接被淘汰了。面对突如其来的冲击，柯达能怎么办？除了被淘汰，还能怎么办？很多人接受不了被淘汰的命运。我觉得这是一种自然而然的结果。

贝琪·奎克： 来自休斯顿的弗兰克·王（Frank Wang）问道："不考虑税收问题，我打算现在空仓，全部持有现金，在未来12个月里，等到出现了好机会，我再进场。您觉得我的想法可行吗？"

持币观望，盼着有好机会的时候再投资，这样的事，在我整个的投资生涯中，我从来没做过。我从来都是在自己能找到的机会中，选择最好的去投资。 我过去如此，现在也不会改变。现在每日期刊没什么现金，都投出去了。伯克希尔持有大量现金。但是，伯克希尔持有大量现金，不是因为伯克希尔预测市场会跌，想等到下跌以后再出手。伯克希尔持有大量现金，只是因为没找到值得买的好机会。你提的问题，我不知道怎么回答。我只能告诉你我们的做法。

贝琪·奎克： 这个问题是 V.J.V 问的："2020年初，股市出现了较大幅度的调整，伯克希尔为什么没有趁此机会买入更多公司？是因为在收购新公司方面，管理层的态度变得保守了吗？当然了，几年前，伯克希尔买入苹果公司的股票，收获颇丰，这笔投资做得非常漂亮。"

不是我们变得保守了。**我们没有进行新的收购，是因为我们找不到价格合适的机会。** 就这么简单。别人把价格抬得太高了。很多资金做收购，并不是为了长期持有，而是为了赚管理费。私募股权基金热衷于收购，它们追求资产规模，管理的资产规模越大，它们收的费用越多。

花的是别人的钱，出手当然大方了。我们用的是自己的钱，我们像管理自己的钱一样，管理股东的钱。伯克希尔持有一部分闲置资金，这也不是什么坏事。就拿每日期刊公司来说，次贷危机爆发后，出现了止赎潮，我们通过止赎权公告业务赚了 3000 万美元。正是因为当时我们手里有这 3000 万美元，我们才抓住了绝佳的投资机会。手里有现金，才进退从容。另外，因为每日期刊公司财力雄厚，我们开展软件业务，更容易获得政府部门的信任。我们不缺钱，政府部门更信得过我们，我们也确实值得信任。

我知道，有些股东觉得未来很复杂、很困难，你们对未来有很多担心。我想送你们一句话。这句话是哈佛法学院的一位老教授对我说的，他说："查理，有什么问题，告诉我，我让你们更困惑。"我觉得这位老教授是在启发我、激励我。我现在也用同样的话启发和激励你们。**你们有担心、有疑虑是对的，这证明你们在思考。** 你们在思考，这是对的。你们思考的问题也是对的，例如，通货膨胀问题、国家的前途和命运。

贝琪·奎克： 这个问题是迈克尔·丰塔纳（Michael Fontana）问的。他说："我有一位邻居，是一位很优秀的小伙子，今年 22 岁，在特斯拉和通用电气实习过，现在在普渡大学（Purdue University）读书。我在油田工作过 37 年，有丰富的工作经验。他对高科技十分在行。我们经常一起探讨投资。这个小伙子的投资风格很激进，他最关注的是人工智能和成长股。我想劝他更稳一些，以追求稳定的股息收入为主。芒格先生，请问您怎么看？"

投资风格因人而异，没有一种投资风格是适合所有人的。 有的人就有那个天赋,他们能看懂难以估值的东西,他们有能力做高难度的投资。有的人,没那么大的本事,那就不要逞能,还是选择自己能看懂的比较好。一定要清楚自己的能力有多大。把钱交给别人管理的话,要清楚你的基金经理能力有多大。你怎么投资,在很大程度上取决于你的能力大小。

如果你觉得现在的投资很难做,甚至有些不知道该怎么做好,那就对了。"难"是人生的常态。你觉得难的话,说明你的脑子是清醒的,投资当然难了。和我们这代人相比,现在的年轻人,太难了。现在的年轻人,想要出人头地,想要获得财富,必须比我们那时候付出远远更多的努力。

在洛杉矶这样的大城市,想买一套像样点的房子,得多少钱啊?另外,所得税可能还会越来越高。投资不可能像以前那么容易了。我生活的过去 98 年,是分散投资股票的黄金年代。只要持有分散的投资组合,指数变化的时候,跟着调整一下,例如,加入苹果和 Alphabet 等公司的股票,就能实现很高的投资收益率。

在过去几十年里,投资指数,每年能实现 10%、11% 左右的收益率,即使扣除通货膨胀的影响,也能实现 8%、9% 的收益率,这样的收益率已经非常高了。在世界历史上,没有任何一代人取得过这么高的投资收益率。现在从大学毕业的年轻人,他们将来未必能像我们这代人一样,拥有那么好的投资机会。他们做投资不可能像我们那时候那么容易了。

现代文明社会,生活越来越好,幸福感却越来越低

贝琪·奎克:这个问题是史蒂夫(Steve)问的。他的问题是:"关于当前的经济和股市,您最担心的是什么?您感到最乐观的是什么?"

在我们的文明社会中,科学技术达到了前所未有的高度,这是最让人感到乐观的。现代文明中的伟大成就基本上是在过去 200 年里实现的。从 1922 年到 2022 年,在这过去 100 年里,我们实现了现代文明中的绝大部分成就。在 1922 年之前的 100 年里,我们也实现了现代文明中的许多成就。

在过去200年之前的几千年里，人类社会基本上一成不变。古代人的生活环境非常恶劣，寿命很短，生活很单调。古代没有印刷机、没有空调、没有现代的医药。文明发展到现在，已经完全能满足人类的基本需求。

在1922年之前的100年里，人们发明了蒸汽机、蒸汽船、铁路，改进了农业技术，改进了排水管道。在1922年之后的100年里，人们发明了覆盖范围广泛的电网、现代医药、汽车、飞机、电影、空调。人类的福祉实现了巨大的进步。我们的先辈生活很苦，想要三个孩子，必须生六个，因为有三个孩子会在襁褓中夭折。眼看着自己一半的子女死去，那是多大的痛苦啊。在过去200年里，特别是在过去100年里，人类文明取得了飞跃式的发展。

在现代文明社会中，人们的基本需求完全能够得到满足。在美国，穷人现在主要的问题是肥胖。过去，人们的问题是吃不饱。现在，人们的问题是太胖了。时代真的变了。

令人想不到的是，人们的生活水平显著提高了，人们的生活更自由了，人与人之间更平等了，人们能享受到现代文明的种种便利，但是与过去生活很苦的时候相比，人们反而更不幸福了。其实，原因很简单。**驱动世界发展的，不是贪婪，而是嫉妒。**

现在，所有人的生活都比过去好了很多倍，但人们不把这个当回事。人们盯着的是别人比自己过得更好，人们总是因为别人有这有那，自己没有，而耿耿于怀。难怪古时候，上帝教导摩西，不可贪恋他人的妻子、牛驴以及一切。在古代的犹太人之间，就已经存在嫉妒了。由此可见，嫉妒是人的天性。

像我这么大岁数的人，我们经历过大萧条，那时候的生活特别苦。我小时候，天黑了，还可以在奥马哈的街头无忧无虑地闲逛。现在我们的日子好过了，但让我想不到的是，天一黑下来，我在洛杉矶的街头散步，会担心治安问题。我不知道怎么才能改变现状。生活水平提高了六倍，但很多人觉得非常不幸福，甚至觉得自己受到了不公平的待遇，因为总是有别人比自己得到的更多。我很早就找到了克制嫉妒的方法。我谁都不嫉妒。别人爱有什么有什么，我根本不在乎。但是，很多人的嫉妒心非常重。更可恶的是，有些政客为了自己升官，挑唆人们的嫉妒心理。有些电视节目专门火上浇油，激化社会矛盾。

犹太人在《旧约》中说得很对，我们不应该嫉妒别人。我们不应该听信别人的挑唆，任由嫉妒心理作祟。话说回来，炫富有什么好的？戴个劳力士手表，除了被抢劫犯盯上，还有什么用？人们都盼着有朝一日能实现高消费，能在别人面前炫富。人们的欲望是现代资本主义社会发展的动力。我建议年轻人避免高消费，那不是你们该去的地方。远离高消费，远离炫富。欲望的满足无法带来幸福。但是，人们对欲望的追求，确实推动着文明的发展和进步。

贝琪·奎克：这个问题来自杰里·米勒（Jerry Miller）。请您继续。

人们的欲望越多，失落感也越强。哈佛大学的史蒂文·平克是一位非常有智慧的学者。他告诉我们，人们各方面的生活水平比过去好了很多，但是人们普遍觉得，社会越来越不公平了。生活越来越好，人们的幸福感却越来越低。现实就是这么矛盾。

我们合作无间、幸福生活的秘诀

贝琪·奎克：这个问题来自威斯康星州霍巴特的杰里·米勒。他想请您总结一下您与沃伦·巴菲特在这一生之中亲密无间的合作。他在来信中写道："请问您和沃伦经历过的最困难的事是什么？您和沃伦经历过的最快乐的事是什么？你们两人如同亲兄弟一般。你们这对好搭档堪称美国的国宝。愿上帝始终保佑你们。"

我们都是快要见上帝的人了。谁知道人死后会是怎样的？

沃伦和我，在我们俩的合作过程中，我们取得了很多成绩，也收获了很多快乐。在我们的合作过程中，最让我们感到欣慰的是，我们能够与很多优秀的人携手开创事业。在每日期刊这个小公司中，我和盖瑞共事，也获得了很多成功和喜悦。你说呢，盖瑞？

盖瑞·萨尔兹曼：是啊，和您一起共事，我很荣幸。

能和优秀的人走到一起，我很荣幸。能和优秀的人一起做一些事，我很荣幸。我们不像其他很多公司，我们没有沾染上官僚风气。我们没被困难打倒，我们抓住了机会。我们很幸运。

我们靠的是什么？就是那些老生常谈的美德。盖瑞和我，我们没什么秘诀。**我们把每一天的工作做好，尽量保持脑子清醒，勇敢面对种种困难。只要把这些最基本的东西做到了，你就能成功。**

上天眷顾，沃伦和我的运气非常好。从我们的成功中，你们可以学到一些东西。举个例子，很多人不得不给性格暴躁的老板打工。很多老板好像有神经病一样，动不动就大发雷霆。在这样的老板手下做事，真是遭罪。沃伦和我没碰上这样的麻烦，这是我们的福气。

贝琪·奎克：查理，这个问题是库马尔（Kumar）问的。"我感觉您很幸福，很知足。请问您的幸福从何而来？您有什么幸福的秘诀吗？"

别人问我怎么才能幸福？我总是回答说，降低你的预期，也就是让你的预期更符合现实。在生活中，一个人总是有很多不切实际的预期，他就好像笼子中的鸟，明明飞不出去，却一个劲地扑腾，不断用翅膀拍打笼子，最后只能撞得头破血流。何苦呢？你的预期要符合现实。生活中有苦有甜，一切要坦然接受。在这个世界中，有很多好人。多结交好人，多和好人来往，不好的人，离他们远远的。

李光耀与俾斯麦

贝琪·奎克： 最后一个问题来自马特·麦卡利斯特（Matt McAllister）。首先，他想向您表达感谢，感谢您无私地分享，让我们领略到智慧的奥妙。他的问题是："请告诉我们，您最敬重的五个人是谁？我们也想向他们学习。"

让我选出我最敬重的一个人，我选不出来。在和我同一时代的人里，新加坡的李光耀可以说是最伟大的领导人之一。可以说，正是新加坡的李光耀启发了中国的邓小平。邓小平借鉴了李光耀治理新加坡的经验。李光耀的一生非常了不起。我见证了很多人类的伟大行为。例如，"二战"后，美国实施了马歇尔计划，为人类做了一件好事。

我也看到了很多我不想看到的行为，例如，美国两党之间尖锐的仇恨。随着国家越来越富裕，社会保障体系的覆盖能力应该逐步提升。我们这么富裕的国家，应该建立一套完善的社会保障体系。

你们知道社会保障体系这个概念最早是谁提出来的吗？是德国的奥托·俾斯麦（Otto Bismarck）。俾斯麦人称"铁血首相"，他的权力比德国皇帝还大。社会保障体系是俾斯麦想出来的。没人记得奥托·俾斯麦的这项功绩，但他确实为资本主义民主制度做出了重大贡献。世界就是这么复杂，有些事很难说清楚。奥托·俾斯麦是社保制度的创造者，我们应该把他的画像挂在墙上。

贝琪，问题问完了吗？

股东们愿意听我们说，我们就年复一年地讲

贝琪·奎克： 问完了。查理，感谢您花时间解答大家的问题。盖瑞，也谢谢您。还要感谢所有发送问题的股东，感谢大家参加每日期刊公司的股东会。

不是我们想成为什么大师，让全世界的人听我们讲话。以前，我们和我们的股东非常熟。我们觉得，既然大家每年就来这么一次，我们应该开诚布公地回答大家的问题。就这样，好多年过去了，股东年复一年地向我们提出五花八门的问题，我们就年复一年地耐心解答。既然大家愿意听我们说，我们就一直把这件事做下来了。沃伦和我不想成为大师，是大家把我们捧出来的。在股东会上回答这么多问题，以前我真有些不适应，因为我平时很少讲这么多话。现在，我已经习惯了，但愿大家也习惯了。

贝琪·奎克： 是的，我们早就习惯了听您讲话。

好，今年的会就到这。

索引

除字母开头词条直接归入该字母下外，其他词条均按汉语拼音字母排序。

A

A. 贺拉斯·埃里克森 A. Horace Erickson 289
阿尔·戈尔 Al Gore 368
阿尔·马歇尔 Al Marshall 512
阿尔弗雷德·诺思·怀特海 Alfred North Whitehead 340—341
阿尔戈纳市 Algona 555
阿吉特·贾因 Ajit Jain 265，311—312，324，579
阿拉巴马州 Alabama 173，512
阿拉米达市 Alemeda 538
阿莱克西斯·克里斯托福罗斯 Alexis Christoforous 711
阿兰·施瓦茨 Alan Schwartz 408
阿里巴巴 Alibaba 584，695，711，714—718
阿曼森公司 H.F. Ahmanson & Co. 11
阿姆斯特朗世界工业公司 Armstrong World Industries 320
阿图·葛文德 Atul Gawande 587，634
埃迪·坎特 Eddie Cantor 292
埃迪·兰伯特 Eddie Lambert 622
埃尔布里奇·阿莫斯·斯图亚特 Elbridge Amos Stuart 183
埃克森 Exxon 8，65—66，524，541，559—560，588
埃隆·马斯克 Elon Musk 455，489—490，624，667—668
埃坦·韦特海默 Eitan Wertheimer 370
艾伦·艾尔兰 Ellen Ireland 640
艾伦·格林斯潘 Alan Greenspan 280，283—284，410，505，527
艾米·帕特尔 Ami Patel 739
艾萨克森 Isaacson 352，376
爱比克泰德 Epictetus 339，627
爱彼迎 Airbnb 527
爱达荷州 Idaho 23
爱德华·O. 索普 Edward O. Thorp 550
爱丽丝·施罗德 Alice Schroeder 225—226，263，290

爱因斯坦 Einstein 425，459，471—472，625，674
《爱因斯坦：生活和宇宙》Einstein: His Life and Universe 352，376
安达信 Arthur Andersen 309，392，448
安德鲁·卡内基 Andrew Carnegie 328，511，535—536
安迪·格鲁夫 Andy Grove 230
安迪·基尔帕特里克 Andy Kilpatrick 375—376
安迪·理查德森 Andy Richardson 640
安·兰德 Ayn Rand 527
安然 Enron 334，342，392，395，448
奥乐齐 ALDI 452
奥马哈乡村俱乐部 Omaha Country Club 547
奥马哈中心高中 Omaha Central High 546
奥斯卡·王尔德 Oscar Wilde 691
奥托·俾斯麦 Otto Bismarck 749
奥维斯牌 Orvis 740
澳大利亚 Australia 482，524，533—534，572，603，643，645，709

B

B.B. 罗宾逊 B.B.Robinson 577
《巴伦周刊》Barron's 52，196
巴菲特效应 Buffett Effect 222—223
巴里大楼 Barry Building 700
把我包括在外 Include me out 237
邦尼梅德 Bonnymede 123
包厘街储蓄银行 Bowery Savings Bank 5—6，14，25，67
保罗·阿诺德 Paul Arnold 263
保罗·克鲁格曼 Paul Krugman 446
保罗·莱尼 Paul Leani 731，739
保罗·沃尔福威茨 Paul Wolfowitz 345
保罗·沃尔克 Paul Volcker 388，426，722—723
保险业 Insurance 69，104，174
报纸业 newspapers 288，570
鲍比·科迪克 Bobby Kotick 726

鲍勃·阿斯顿 Bob Aston 39
鲍勃·博德 Bob Bird 129
鲍勃·布鲁斯 Bob Bruce 40
鲍勃·弗拉哈迪 Bob Flaherty 347
贝蒂·彼得斯 Betty Peters 139—140
贝尔里奇石油公司 Belridge Oil 456—457，613
贝尔斯登公司 Bear Stearns 408
贝莱德集团 BlackRock 742
贝内特·斯图尔特 Bennett Stewart 273
贝琪·奎克 Becky Quick 711—750
贝塔系数 beta 313，383—384
本（杰明）·格雷厄姆 Benjamin Graham 68，73—76，88，95—96，178—179，190，192—193，218，253，296，303—305，307—308，370，383，416，457，506，559，585，622，721
本（杰明）·富兰克林 Benjamin Franklin 48，75，329，426，486—487，562，663，705—706，741
本杰明·摩尔 Benjamin Moore 316
比尔·罗伯茨 Bill Roberts 715
比尔·盖茨 Bill Gates 131，157，191，355，399—400，437，472，530，560，668—669，701，727
比特币 Bitcoin 569，596，598—599，664—665，677，691，711，719，726
比亚迪 BYD 379，399—405，419，422，451—452，489，505，516—517，533，572—574，584，618—620，668，687，692—693，695，700，714，717
彼得·贝弗林 Peter Bevelin 376
彼得·基威特 Pete Kiewit 120
彼得·考夫曼 Peter Kaufman 336，357，376，434，449，458，550，569，574—575，585，601，612，626，629，639—640，646，662，712
彼得·诺斯 Peter North 725
标准差 standard deviation 313
标准石油托拉斯 Standard Oil Trust 241
边境调节税 Border Adjustment Tax 553
宾夕法尼亚大学 University of Pennsylvania 161
冰雪皇后（DQ）Dairy Queen 306，316
波动率指数 Volatility Index, VIX 597
伯克希尔（·哈撒韦）股东会 Berkshire hathaway Annual Meeting 82，105，117，183，187—188，191，193，199，202，221，223，242，270，275，285，289，296—297，303，307，313—314，322，325，327，334，356，358—359，368，398，404，411，415，417，589，730
伯克希尔·哈撒韦致股东的信 Berkshire Hathaway Letters to Shareholders 9，18，24，42，84，89，91，108，204，245，303，308，319，458—459，495，579，629
伯灵顿北方铁路公司 Burlington Northern 398，420—421
伯灵顿工业 Burlington Industries 319
伯尼·麦道夫 Bernie Madoff 387—388，406
伯尼·桑德斯 Bernie Sanders 505，526，529—531，545
布莱恩 Bryan 34
布朗鞋业 H.H. Brown 124

布伦特伍德市 Brentwood 700

C

《财富》Fortune 110，290，293，307
《超级金钱》Supermoney 357
《聪明的投资者》The Intelligent Investor 96，303
裁员成本 downsizing costs 120—121，142—143
查尔斯·弗朗西斯 Charles Francis 742
查尔斯·托马斯·芒格 Charles Thomas Munger 583
储贷行业 S&L industry 9—10，18—20，38，42，45，47—54，56，58，60—65，68—69，71，79，101，113—115，124—125，169，254，322，381，386
储蓄机构管理局 Office of Thrift Supervision 70
次级抵押贷款 subprime mortgage 76，347—349，450
从错误中学习 learn from mistakes 89，145，189，200—201，351—352，354，412—413，551，574，614，700，706
长岛 Long Island 117，155
长期资本管理公司 Long Term Capital Management 212，246—247，369

D

《大卫·科波菲尔》David Copperfield 291
《帝王》The Mikado 390
达顿书店 Dutton's Books 700
达尔文 Darwin 270，471—473
大都会通信公司 Capital Cities 8—9，12，255，617
大富矿 Big Bonanza 240
大湖化工 Great Lakes Chemical 278
大平原软件公司 Great Plains Software 471
大通银行 Chase Bank 91
大卫·奥格威 David Ogilvy 9
大卫·德雷曼 David Dreman 192
大卫·卡斯 David Kass 728
大卫·斯文森 David Swensen 494—495
大卫·希尔斯特罗姆 David Hillstrom 263
大西部储蓄贷款公司 Great Western Savings and Loan Association 11
大萧条 Great Depression 239，292—293，388，488，527，593，608，618，635，659，666，691，720，746
代理问题 Agency Problem 733
戴尔 Dell 287
戴维·麦卡洛 David McCullough 329
丹·埃文斯 Dan Evans 505，511
丹麦 Denmark 501—502
丹尼·博兰德 Denny Poland 733
丹尼尔·凯尼格 Daniel Koenig 713
丹尼斯·尼尔 Dennis Neer 120，142—143
单一支付制度 Single Payer System 446，623
担保债务凭证 Collateralized Debt Obligation 406
盗贼统治 kleptocracy 365
道格·艾华士 Doug Ivester 207

索引 753

德崇证券 Drexel 138
德里克·博克 Derek Bok 78
邓迪小学 Dundee Elementary 547
迪克·福尔德 Dick Fuld 414—415
迪克·罗森塔尔 Dick Rosenthal 5—6
迪士尼 Disney 255—256，741
第一波士顿 First Boston 347
第一银行 Bank One 80
第一州际银行 First Interstate 101，167
蒂芙尼 Tiffany 595
蒂姆·霍顿斯 Tim Hortons 444
电视台 television 152，158，173，217—218，437，472，496，672
调整后息税折旧摊销前利润 adjusted EBITDA 658
定价错误的机会 mispriced bets 179，359，409，416
动视暴雪 Activision Blizzard 726
多（元）模型思维 multiple model system 166，174—176，195，242，248—252，272—273，400，426—427，517—518，581
多元零售公司 Diversified Retailing 558

E

厄普顿·辛克莱 Upton Sinclair 382
二十世纪福克斯公司 Twentieth Century Fox 255
《21世纪资本论》Capital in the Twenty-first Century 433，444

F

《法国陆军操典》French Army Manual 36
《福布斯》Forbes 307
发行股份 share issuance 203，244—245
房地产 real estate 5，21，26，28—30，39，49—51，77，79—81，92—93，100，110，112—114，118，122—123，134，140，143—145，169，208，219—220，223—224，238，254，284，299，318，345，425，436，439—440，445，486，508，520，612，632，654，674，680，699—700，731，743
房地产投资信托基金 Real Estate Investment Trust 223—224
房利美 Fannie Mae 100，107—108，124—125，140—141，168—169，254—255，387，450，488
菲尔·安吉利德斯 Phil Angelides 408
菲利普·费雪 Philip Fisher 179，253，296，303—304
费马 Fermat 195
分散投资 diversification 258，298，383，557，608，724，745
分析师 analyst 75，194，225—226，234—235，614，656
分析瘫痪症 analysis paralysis 404—405
弗兰基·林 Frankie Lam 712
弗兰克·墨菲 Frank Murphy 496
弗兰克·王 Frank Wang 743

弗朗西斯·培根 Francis Bacon 195
佛陀 Buddha 330—331
服装区 Garment District 520
浮存金 Float 33，102—103，147，155—156，226，229，267，356，398，418—420，422—423，464，516，666
负债 debt 35，37，50，54，60—66，88—90，120—122，142—143，186，264，373，389，392，409，411，424，439，463，479，494，592，636，691，725，736，742
复利 compound 11，163，169，180，195，197，616—618，626
富国银行 Wells Fargo 88，91—93，101，123，134，143—144，158，167—168，411—412，431，442，470，520—521，539—540，572，574，591，621，689—690
富勒神学院 Fuller Theological Seminary 270

G

《工商巨子：约翰·戴维森·洛克菲勒传》Titan: The Life of John D. Rockefeller, Sr. 242，454
《国内税收法规》Internal Revenue Code 5，561
盖茨基金会 Gates Foundation 705
盖可保险 GEICO 102，117，152，154，187—188，198，220，223—224，226—231，267，316，352，412，585，610
盖瑞·萨尔兹曼 Gerry Salzman 436，440，461，484，489，491，536，539，564—565，571，574，601—603，615—616，633，640—641，644，655，677—682，693—694，703，706，708，712—713，735，742，748—749
盖瑞·威尔科克斯 Gary Wilcox 613，640，647
高盛 Goldman Sachs 153，161，292，388—389，409—410
戈尔兹伯勒市 Goldsboro 217
格莱纳尔公司 Glenair 616
格兰特·麦克法登 Grant McFadden 349—350，611—612
格里高利·派克 Gregory Peck 639
公认会计原则（GAAP）Generally Accepted Accounting Principles 267—268
拱心石输油管道 Keystone Pipeline 729
狗鱼模型 Dog Fish Model 400
估值 valuation 42，166—167，172，184—187，197，207—208，212，215，227，277—278，301，326，391，512，514—515，527，578，584，615，652，681，687，692，739，742，745
古埃特·米尔纳 Guat Milner 640
谷歌 Google 441，497—498，572，584—585，646，721
股票期权 stock options 120，182—183，206—207，212—214，239，243，284，321，373，503
雇员忠诚保证保险 fidelity bond 229
官僚主义 bureaucracy 79，438，506，592，602，629—630，714
冠军国际 Champion International 86，182

管理层 management 8—10，22—24，26，33，37，49，55，79，82—84，92，94，128—130，140，143，146，152，160，167，183，185，194，202—203，205—206，212—214，221—222，226，240，246—247，258，276，296，304，306—308，310，315，323—324，373—374，406，438，457，521，620，636，640，642—643，647，680，689—690，693，712，714，733，743
  优秀的 8—9，33，92，94，128，183，258，315，374，457，521，680，693
硅谷 Silicon Valley 183，213，270，284，318，527，683
郭思达 Roberto Goizueta 234
国际收割机公司 International Harvester 134
国民城市银行 City National 101
国民赔偿公司 National Indemnity 422

H

《后翼弃兵》Queen's Gambit 688
《华尔街日报》Wall Street Journal 70，220，307，453，457，587，642，735
《华盛顿邮报》The Washington Post 83，375，430，617
哈佛法学院 Harvard Law School 23，212，524，647，720，744
哈里·科恩 Harry Cohn 612
哈耶克 Hayek 666
海军上将芒格 Admiral Munger 258—259
汉堡王 Burger King 444
汉迪·哈曼公司 Handy Harman 177
汉森工业 Hanson Industries 84
好生意/理想的公司 ideal business 16，21，24，75，80，85，95—96，100，107，113，123，129，134，157—159，166—169，171，185—186，190，192，195—196，203，220，244，257，279，286，288，299，319，355，372，374，397—398，417—419，456，468，514，541，559，566，614，617，646，689—690，701
好时公司 The Hershey Company 168，595
好事达保险 Allstate 231
好习惯或秘诀 good habits or secrets 383，400，417，433，461—462，475—476，485，550—551，576，603，607—608，610，614，627，631，649，651，660—661，670，705，708，711，747—748
合奏效应 lollapalooza 62，335—336，340，541—543
河滨市 Riverside 644
荷兰皇家石油公司 Royal Dutch 201
赫伯特·斯坦 Herbert Stein 322
赫布·凯莱赫 Herb Kelleher 627—628
赫兹租车 Hertz 271
黑色星期五 Gold Panic 33
黑石集团 Blackstone 352
黑袜丑闻 Black Sox Scandal 65
黑鹰战争 The Black Hawk War 555，607
亨利·考夫曼 Henry Kaufman 80，140
亨利·辛格尔顿 Henry Singleton 88，96，503，539—540，617，685，688
亨氏 Heinz 490，654，738
亨廷顿图书馆 Huntington Library 336
红杉基金 Sequoia Fund 191
红衣主教黎塞留 Cardinal Richelieu 428
互联网 Internet 157，218—220，225，262，284—289，296，303，319—320，431，464，467—468，495—497，584—585，595，653，681，683—684，687，711，718，728，732
互助储蓄 Mutual Savings 1，3，10，15，25—26，29，37，39，42—44，46，49，58，63—65，67—68，71—72，80，82，85，87，100，106—108，111—114，123，131，133，151，169，184，216
护城河 moat 485，489，497，563，595，630，652—653，662，664，677，688，718，736
花旗银行 Citibank 81，91
华尔街 Wall street 17，174，220，266，381，385，405，407，409—410，414—415，442
华盛顿公共电力供应系统 Washington Public Power Supply System 75
华盛顿互惠银行 Washington Mutual 322，380
化学银行 Chemical Bank 91
辉瑞 Pfizer 417
惠勒芒格合伙公司 Wheeler, Munger & Co. 163
婚姻 marriage 292，330，510，550—551，707
霍华德·阿曼森 Howard Ahmanson 484，624，667
霍尼韦尔 Honeywell 304

I

IBM（国际商业机器公司）International Business Machines Corporation 120—122，130，143，286—287，399—400，438，473，508—509，515，540
IPO 热潮 IPO frenzy 101
ISD 科技公司 ISD Technologies 441
ITT 集团公司 ITT Corporation 501

J

J 曲线 J-curve 646
《加州律师》California Lawyer 431，681
《将世界甩在身后》The New New Thing 270
《杰出投资者文摘》Outstanding Investor Digest 156，248
《金融机构改革复兴与实施法案》FIRREA 115
《经济学人》The Economist 84
机会成本 opportunity cost 198—199，202，296，299—301，357—358，372，398，420，514—515
基德尔·皮博迪 Kidder Peabody 141
基金会投资管理者协会 Foundation Financial Officers Group 241，275，556
激励机制 incentive 49，52，105—106，174，194，212，309，502，540，580，670，674，690
基威特公司 Kiewit 616
吉比·布鲁金顿 Zibby Bruington 547
吉卜林 Kipling 383，450，522，649，683，732

索引 755

吉恩·阿贝格 Gene Abegg 677，690—691
吉尔福特·格雷泽 Guilford Glazer 385—387，390，394，400
吉列 Gillette 85，155，176，182，203
吉姆·霍尔 Jim Hall 714
吉姆·克莱顿 Jim Clayton 318
吉姆·克莱默 Jim Cramer 606，618
吉姆·米歇尔 Jim Mitchell 713
吉姆·斯莱特 Jim Slater 270
吉诺·塞格雷 Gino Segre 327
嫉妒 envy 299，338—339，347，349，353，380—381，444—445，450，456，473，521，530，613—614，634，719，746—747
加兰童装 Garan 316
加勒特·哈丁 Garrett Hardin 54，131，180
加里·詹斯勒 Gary Gensler 734
加拿大 Canada 101，168，355，421，444，524，603，654—655，739
加拿大国家铁路公司 Canadian National 421
加州大学洛杉矶分校 UCLA 329，337，658
加州大学圣巴巴拉分校 UCSB 443
加州的"四大爱尔兰流氓"California's four Irish rascals 240—241，269
加州理工学院 Caltech 195，340，368，390，414—415，688
伽利略 Galileo 77
家得宝 Home Depot 287，731
贾斯培·琼斯 Jasper Johns 367
贾斯汀·达特 Justin Dart 272
价值投资 value investing 24，170—171，301，356，469，492，505—506，512，514，583，606，609，617—618，651，653—654，686—687，718，721
《价值线》Value Line 193—194，234—235，384
检查清单 check list 354—355，509，686
箭牌公司 Wrigley company 158，196，219—220，232，251，452
教皇乌尔班 Pope Urban 427—428
教育 education 58，62，75，78，105，149，175，226，242，251，276—277，284，313，318，335，340—341，349，358，411，413，454，462，473，487，503，510，550，601，604—605，625，659，662，669，702，740
杰夫·贝索斯 Jeff Bezos 469，595，693
杰夫·冈拉克 Jeff Gundlach 714—715
杰弗里·马洛伊 Jeffrey Malloy 732
杰弗里·斯基林 Jeffrey Skilling 392
杰弗瑞·卡森伯格 Jeffrey Katzenberg 256
杰克·伯恩 Jack Byrne 40
杰克·麦克唐纳 Jack McDonald 275，314
杰里·米勒 Jerry Miller 747
杰米·戴蒙 Jamie Dimon 393
杰森·茨威格 Jason Zweig 457
杰伊·古尔德 Jay Gould 33
捷威 Gateway 287
金霸王公司 Duracell 203
金西部金融公司 Golden West Financial 114
进化论 Evolution 270—272，472—473

实践进化 evolution-practice evolution 271—272，287，648
经济增加值 Economic Value Added, EVA 273
精密钢材（公司）Precision Steel 3—4，11—12，15，25，40，67，87，99，111，113，133，151，165，181，208，211，261，263，285，295，333，372
景岛社区 Isla Vista 443
净流动资产投资法 Net-Net 304
巨灾保险 super cat 116
巨灾指数期货 Catastrophe Index Future 119
飓风"安德鲁"Hurricane Andrew 117—118，139

K

《科学火星人》The Martians of Science 376
KKR 公司 Kohlberg Kravis Roberts & Co. L.P. 95，352
会计 accounting 18，36，40，57，59，64—65，69，94，107，113，120—122，142—143，166，183，186，194，206—208，212—214，239—240，243，247—248，267—269，275，278，308—310，320，334，342，359，381，386，390—395，409，411，434—435，448，469，500—502，569，572，577，640—641，643，681，716
卡尔·雷查德 Carl Reichardt 93，167
卡尔·莫斯卡特罗 Carl Moscatello 718
卡尔·伊坎 Carl Icahn 492
卡夫亨氏 Kraft Hein 490，654
卡琳娜·米切尔 Karina Mitchell 711
卡萝尔·卢米斯 Carol Loomis 110，369
卡内基钢铁公司 Carnegie Steel 328
卡斯佩斯家族 Caspers family 33
开市客 Costco 159，251，287—288，314—315，400，419，452，455，489，511，556，591—592，595，608，616，620，648，689，693，711，724，738—740
凯恩斯 Keynes 79，239，280—281，388，462，593，666
凯撒医疗集团 Kaiser 674
凯斯湖 Cass Lake 449
凯文·克莱顿 Kevin Clayton 318，421
堪萨斯银行业担保公司 Kansas Bankers Surety Company 165—166，181，187，211，229，261，265，333，362，374
康菲石油 Conoco Phillips 356—357，371
康姆斯托克矿脉 Comstock Lode 240，269
康伍德 Conwood 346
柯察·方塔纳亚 Kecha Fortnaya 730
柯达 Kodak 130，324，399，437，472，594，702，736，739，743
科技变革 technical revolution 212，215—216，218，464，472—473，495，739
科克兰 Kirkland 595
科林·马歇尔爵士 Sir Colin Marshall 127
科尼利厄斯·范德比尔特 Cornelius Vanderbilt 241，536

科斯塔梅萨市 Costa Mesa 713
科特家具租赁公司 CORT Business Services 262—263，271—272，278—279，295—296，319—320，333，423—424
科瓦斯 Cravath 250
可口可乐 Coca-Cola 35，37，83，92，96，137，155，162，176，193，197，204，207，233—234，262，276—279，423—424，508—509，515，525，546，556，692，739
克莱伦斯·丹诺 Clarence Darrow 510
克莱顿房屋公司 Clayton Homes 317—318，421—422
克莱门特·艾德礼 Clement Attlee 624
克利夫兰·克利夫斯公司 Cleveland Cliffs 177
克罗克国民银行 Crocker National Bank 167
克罗尼尔·佩恩公司 Colonial Penn 231
库马尔 Kumar 748

L

拉里·蒂施 Larry Tisch 5
拉里·芬克 Larry Fink 742
拉里·卡尔普 Larry Culp 689
拉里·佩奇 Larry Page 498
拉里·萨默斯 Larry Summers 685，732
拉什·林博 Rush Limbaugh 642
拉维·梅塔 Ravi Meta 716
蓝筹印花公司 Blue Chip Stamps Co. 41，72，129，149，237，298，430，512—513，682
劳尔德·贝兰克梵 Lloyd Blankfein 409
劳合社 Lloyd's of London 31，100，104—106，129—130，154
乐购 Tesco 373，433，452
雷丁市 Redding 478
雷蒙德·肯德尔 Raymond Kendall 349
李光耀 Lee Kuan Yew 395—396，405，407，413—414，426，467，481—483，562—563，623，674—675，696—697，707—708，749
李柯 405
李录 LiLu 383，401，556，569，585—586，601，608—610，619，625—626，636，651，687—688，692，705，724
里维安 Rivian 719
理查德·道金斯 Richard Dawkins 270—271
理查德·雷恩沃特 Richard Rainwater 204
理查德·塞勒 Richard Thaler 581
理性 rationality 222，275，393，451，567，625，649，659—662，671，699
利捷航空 NetJets 224，226，262，279，320
利率 interest rate 5，9，20，26，34，38，42，44—55，61—63，69—71，78，80，82，85，90—91，140—141，172—173，176，180，226，239，254，267—268，278，280—282，284，301—302，315，318，322，381，391，412，420，424，450，464，499—500，516，618，623，653，666—667，680，685，697，721—722，725，742
L.P. 哈特利 L.P. Hartley 328

LTV 集团公司 LTV Corporation 501
《林登·约翰逊传》The Years of Lyndon Johnson 329
利率掉期交易 Interest Rate Swap 267—268，391
莉娜·可汗 Lina Khan 728
联邦储蓄贷款保险公司 Federal Savings and Loan Insurance Corporation，FSLIC 10，18—19，24，45，48，55，57—61
联邦存款保险公司 Federal Deposit Insurance Corporation(FDIC) 5，19，55，70，95，166
联邦公开市场委员会 FOMC 742
联邦快递 Federal Express 315
联邦住房贷款银行 Federal Home Loan Bank，FHLB 24，57
联邦住房贷款银行体系 Federal Home Loan Bank System 18，35
联邦住房贷款银行委员会 Federal Home Loan Bank Board 18，43，58
联邦住房抵押贷款公司／房地美 Federal Home Loan Mortgage Corporation/Freddie Mac 26，34，37，42—46，63，80—81，83，88，94，97，100，107—108，112—113，124—125，134，140—141，155，160，166，168—169，253—255，387，450，488
联邦住房管理局 Federal Housing Administration 49，348，488
联邦住房企业监督办公室 Office of Federal Housing Enterprise Oversight，OFHEO 387，389
联合百货公司 Federated Department Stores 736
联合包裹服务公司 UPS 315
联合多美公司 Allied Domecq 221—222
联合健康保险公司 United Health 373
联合零售商店 Associated Retail Stores 85
联合银行 Union Bank 93
脸书 Facebook 584—585
林登·约翰逊 Lyndon Johnson 329，665
零基成本管理 Zero Based Budgeting 490，738
流程再造 practice improvement 215—216
留存收益 retained earnings 22，360
卢·辛普森 Lou Simpson 188，198，223—224，230，278，362—363，452
鲁伯特·默多克 Rupert Murdoch 457
路易斯·韦森特 Louis Vicente 26，30，123，216
旅行者集团 Travelers Group 182，208
伦纳德·米库尔斯基 Leonard Mikulsky 721
罗宾汉券商 Robin Hood 677，683—685，719
罗伯 Rob 734
罗伯特·卡洛 Robert Caro 329
罗伯特·彭斯 Robert Burns 344
罗伯特·西奥迪尼 Robert Cialdini 199—200，242，248—249，252，634
罗杰·洛温斯坦 Roger Lowenstein 200
罗纳德·伯克尔 Ronald Burkle 512
罗纳德·里根 Ronald Reagan 69，650
罗森普瑞纳公司 Ralston Purina 617
罗丝·布朗金 Rose Blumkin 708
罗素 2000 指数 Russell 2000 Index 731
洛根市 Logan 472，508，538—539，644

索引　757

洛克菲勒 Rockefeller 241—243，453—455，554
洛马普里塔 Loma Prieta 82
麻省投资者信托基金 Massachusetts Investors Trust 576

M

《买入美国，正当时》*Buy American. I Am.* 599
《每日期刊》*Daily Journal* 430，457，464—465，468，491，534，641，735
《迷人的温度》*A Matter of Degrees* 327
马丁·卡西斯 Martin Cassis 640
马尔科姆·蔡斯 Malcolm Chace 369
马尔萨斯陷阱 Malthusian Trap 480，655—656
马可·奥勒留 Marcus Aurelius 339，627
马克·拉萨罗 Mark Lazaro 720
马克·吐温 Mark Twain 281，335
马克斯·普朗克 Max Planck 62，547
马特·麦卡利斯特 Matt McAllister 749
马修·罗斯 Matthew Rose 420—421
玛丽·康兰 Mary Conlan 640，647，711
玛丽安德尔湾 Marina Del Ray 453
玛丽乔·罗德里格斯 Maryjoe Rodriguez 640，711
玛莎百货 Marks & Spencer 222
迈尔斯布里格斯类型指标 Myers Briggs Type Indicator 707
迈卡·米斯克 Micah Misik 719
迈克·布兰奇 Mike Branch 721，742
迈克·米尔肯 Mike Milken 76—77
迈克尔·艾斯纳 Michael Eisner 256
迈克尔·丰塔纳 Michael Fontana 744
迈克尔·刘易斯 Michael Lewis 270
迈克尔·维赫特莱 Michael Wichterle 738
迈蒙尼德 Maimonides 448，545
迈铁公司 Mitek 422
麦当劳 Mcdonald 22—23，166，316
麦克阿瑟 MacArthur 252
麦克莱恩公司 McLane 315—316
芒格 & 托尔斯律师事务所 Munger Tolles 694
梅隆家族 Mellon family 347
梅耶尔 Mayer 70—71
美丰储蓄 Home Savings of America 114
美国储蓄机构联盟 U.S. League of Savings Institutions 58，63—66
美国大学优等生荣誉学会科学图书奖 Phi Beta Kappa Award in Science 180
美国电话电报公司 AT&T 135—136，592，731，739
美国广播公司 American Broadcasting 12
美国国际集团 American International Group 226，228—231
美国合众银行 US Bank 691
美国铝业公司 Alcoa 145
美国石膏公司 USG 320—321，349，373
美国土地管理局 Bureau of Land Management 729
美国运通 American Express 300，489，540
美国在线 America Online 285
美国证券交易所 American Stock Exchange 64，137，237
美国中部能源公司 MidAmerican Energy 289，324，423—424，490—491
美联银行 Wachovia 411
美林 Merrill Lynch 153
蒙大拿州 Montana 23，578
蒙特西托 Montecito 28，123
米考伯先生 Mr. McCawber 291
米歇尔·史蒂文斯 Michelle Stevens 640
密苏里州 Missouri 117
密歇根大学 University of Michigan 460，533，610
摩根士丹利 Morgan Stanley 153，174，389
莫尼什·帕波莱 Mohnish Pabrai 565，569，585—586
莫扎特 Mozart 339，485—486，543，613—614，631
墨菲收音机公司 Murphy Radio 496
默克 Merck 417
默邱利通用公司 Mercury General 231
慕尼黑再保险 Munich Reinsurance 418
穆迪 Moody's 347
穆罕默德·阿里 Muhammad Ali 41
穆罕默德·尼亚 Mohammad Nia 726
妙佑医疗 Mayo Clinic 338

N

《逆向投资策略》*Contrarian Investment Strategies* 192
《纽约客》*New Yorker* 634
《纽约时报》*The New York Times* 570，599，642，735
《女人》*The Ladies* 683
《女装日报》*Women's Wear Daily* 13
纳雷什·德赛 Naresh Desai 725
奈飞 Netflix 688
南澳大利亚州 South Australia 572，645
南加州大学 University of Southern California 156，174，191，199，248，348—349，428，671，702
南希·佩洛西 Nancy Pelosi 627
内布拉斯加家具城 Nebraska Furniture Mart 12，264，276，708
内布拉斯加州 Nebraska 112，130，554
内在价值 intrinsic value 33，42，85，95，171，178—179，185—186，208—209，245，257，321，360，373，380，463，652，692
能力圈 Circle of Competence 73—74，100，263，296，299—300，372—374，461，508—509，527，560，568，624—625，630，652，701，703
尼克·布雷迪 Nick Brady 369—370
逆向思考 inversion 660—661
年报 annual report 18，24，37—38，42—43，64，80，83—84，89，108，144，147—148，158，160，185—186，193—195，198，204，208，226，235，240，244—245，265，303，308，319，379，423，433，458—460，495—496，579，680，682，713—

714
纽柯钢铁公司 Nucor 162
纽约证券交易所 New York Exchange 43，64，603
诺查丹玛斯 Nostradamus 35
诺曼·布劳格 Norman Borlaug 554

O

欧·亨利 O. Henry 58
欧盟 european Union, EU 413，415—416
欧内斯特·米兰达 Ernest Miranda 640

P

PS 集团 PS Group 82，128，160
帕洛阿尔托市 Palo Alto 284，318
帕萨迪纳 Pasadena 16，26，29—30，64，112，114，152，166，184，208，296，334，352，380，399，408，425，582
帕斯卡 Pascal 195
帕特里克·沃尔夫 Patrick Wolff 356，417
排列组合 permutations and combinations 149，195，199—200
赔率 bet 116，312，485，651
漂亮五十 Nifty Fifty 134，137，171，196—198，238，548，653—654
平安太平洋银行 Security Pacific 101，168
苹果公司 Apple Inc. 497，558，560，584，619，630—631，718，731，739，744—745
婆罗洲 Borneo 535
浦项钢铁 POSCO 370—372，563
普渡大学 Purdue University 744
普惠公司 Paine Webber 225—226
普莱斯会员店 Price Club 159
普鲁斯特 Proust 542
普通商品公司 commidity business 6，61，145，177，191，286，289，372，528

Q

《穷查理宝典》 Poor Charlie's Almanack 7，68，335—336，429，467，601，627，629，707
期刊科技 Journal Technologies 431，468，471，507，536—537，539，616，640，642，644，678—679，713—714
企业文化 corporate culture 240，317，689
企业租车 Enterprise 271
迁移中心 Relocation Central 296
谦卑 humility 4，12—13，176，664—665
前进保险 Progressive 230
前列腺特异性抗原 Prostate-specific antigen, PSA 544
强化效应 reinforcement 264，337—338
强生公司 Johnson & Johnson 89，201，373
乔·布兰登 Joe Brandon 359—360，374—375
乔恩·考克斯 Jon Cox 740
乔纳森·坎特 Jonathan Kanter 728
乔治·桑 George Sand 670

乔治·斯蒂格勒 George Stigler 54
乔治·萧伯纳 George Bernard Shaw 343—344
乔治·约瑟夫 George Joseph 231
清算价值 Liquidation Value 23，42，85，148，170，185，190，208—209，224，297，304，310，360，456
全美航空 US Air Group 86，127—128，145—146，150—151，159，166，176—177，182，201—202，209
全球变暖 global warming 367—369，590，669，701，729—730

R

R.C. 威利公司 R.C. Willey 264，455
《如果》 If 522
认知偏差 cognitive bias 580—581
日本 Japan 12，90，100，109，212，222，238—239，247，255，280—282，301—302，327，372，382，447，462，480，493，499，516，573，623，654—656，721—722，724—725，737
日本制铁 Nippon Steel 372
荣·切尔诺 Ron Chernow 242，454
瑞格理 Wrigley 158，220
瑞克·盖林 Rick Guerin 258—259，430—431，471，518，533—536，547，601，612，616，633，640，677，682，694
瑞肯泰克公司 Recontek 160
瑞士再保险 Swiss Reinsurance 418

S

Stop & Shop 超市 Stop & Shop 731
3G 资本 3G Capital 490—491，494，738
《商界局外人》 Outsiders 616
《深奥的简洁》 Deep Simplicity 376
《生活在极限之内》 Living Within Limits 131，180
《时代》 Time 642
《史上最伟大的交易》 The Greatest Trade Ever 427
《世界百科全书》 World Book Encyclopedia 198，725，727
萨拉·安德森 Sarah Anderson 712
萨缪尔·高德温 Samuel Goldwyn 237
塞德里克·哈德威克 Cedric Hardwicke 650
塞缪尔·约翰逊 Samuel Johnson 691—692
塞涅卡 Seneca 627
赛斯·斯科菲尔德 Seth Schofield 146
三花公司 Carnation Company 183
桑迪·戈特斯曼 Sandy Gottesman 237
莎莎·嘉宝 Zsa Zsa Gabor 292
山姆·沃尔顿 Sam Walton 41—42，121，315，512
山姆会员店 Sam's Club 316，452
商学院 business schools 9，35，75，77，105，135，162，194，213，228，251，275，296—297，299，301，313—314，340，343，356，367，369，373，382—385，413，428—429，485，533，702
社会认同 social proof 161

圣巴巴拉市 Santa Barbara 27—32，66，77，112，118，122，145
圣莫尼卡 Santa Monica 32
施乐 Xerox 399，437
石油 oil 22，56—57，143，201，204，241—242，283，356—357，371，456，498，505，524，535，541，543，554，587—589，668，701，728—730
史蒂文·平克 Steven Pinker 479，747
史蒂夫 Steve 745
史蒂夫·考斯普 Steve Cospel 723
史蒂文·泰德 Steven Tedder 724
史泰博 Staples 287
世界储蓄公司 World Savings 114—115，125，380
市净率 price-to-book ratio 192，233，238，559
市盈率 P/E ratio 137，191—192，197，214—216，232—233，250，458，548，558，654，677，685，692，717，739
收购 acquisition 1，3—5，7—8，12—13，26，33，40，52，82—85，89，92，95—96，100，124，128—129，134，136，147—149，155，160，166—168，170，173，182—183，187—188，190，201，203，212，215，222，224—226，231，236，244—245，250，257，262—263，267，271—272，279，291，297—300，304，306，310，315—320，323，335，338，352—353，360，362—363，371，379—380，394，397—398，420—421，423—424，430—431，438—441，458，463，465，468—472，490，494，500，507—508，512，538，559，570，590，617，680，684，694，706，719，726，738，743—744
收敛交易 convergence trading 179
书呆子 nerd 131，574，649，664，671
双重杠杆 double leverage 107
水力压裂法 fracking 498
税收倒置 tax inversion 444
思科 Cisco 213
斯多葛学派 Stoicism 601，627，659
斯科特·米尔纳 Scott Milner 641
斯坦利·德鲁肯米勒 Stanley Druckenmiller 292
所罗门兄弟公司 Salomon Brothers 6，16—17，26，33—34，80，107，152，369，633
索尔·普莱斯 Sol Price 315

T

《探索智慧》Seeking Wisdom 376
《探寻价值》The Quest for Value 273
《天路历程》Pilgrim's Progress 686
泰德·韦施勒 Ted Weschler 625，726
泰格·伍兹 Tiger Woods 292，530
泰勒科技公司 Tyler Technologies 537—538，603，714
汤姆·西摩 Tom Seymour 714，719，730
汤普森出版公司 Thompson Publishing 135—136
汤森路透公司 Thomson Reuters 437，735
唐纳德·特朗普 Donald Trump 505，552，573，627
唐纳德·托尔 Donald Towle 166
陶氏化学 Dow Chemical 416，609
套利 arbitrage 17，68，74，296，304—305，367
特百惠 Tupperware 272
特里·派珀 Terry Piper 263，372
特利丹 Teledyne 503，539，617
特殊目的收购公司 SPAC 684，719
特斯拉 Tesla 489，517，667—668，691—692，744
铁锤人 a man with a hammer 175，273
通货膨胀 inflation 48，57，226，282，446，479，527，592—593，618，665，698，721—724，744—745
通用电气 General Electric 96，186，207，219，231，277，304，437，590—591，609，650，689，744
通用动力 General Dynamics 176，222，617
通用汽车 General Motors 128，130，146，324，384，438，440，472，528，592，702，739
通用食品 General Foods 8，85，362
通用影业 General Cinema 617
通用再保险 General Reinsurance 223—225，245，267—268，310，359—360，375
桶里射鱼 shoot fish in a barrel 83，237，469—470，509，559
投机 speculation 53，56—57，61，137，161—162，191，212，219，237—239，281，283，527，598—599，658，677，682—685，692，721
托德·库姆斯 Todd Combs 625，726
托马斯（汤姆）·墨菲 Thomas/Tom Murphy 8，12—13，616，694
托马斯·爱迪生 Thomas Edison 437
托马斯·卡莱尔 Thomas Carlyle 35，581，584
托马斯·皮凯蒂 Thomas Piketty 433，443—444，529，531
托尼·奈斯利 Tony Nicely 230

W

瓦迪兹号 Valdez 65
瓦兰特制药公司 Valeant 505，525，552—553
瓦斯姆 Wassim 716
王传福 401，405，516，573，619
威尔·罗杰斯 Will Rogers 335
威尔克斯-巴里市 Wilkes-Barre 13
威廉·奥斯勒爵士 Sir William Osler 34—36，336，581
威廉·桑代克 William Thorndike 616—617
韦斯·罗迪 Wes Roddy 726—727
维克多·尼德霍夫 Victor Niederhoffer 569，597
维沙尔·帕特尔 Vishal Patel 716
文艺复兴科技公司 Renaissance Technologies 597—598
问题资产救助计划 Troubled Asset Relief Program 406
沃尔玛 Wal-mart 41，121，288，314—316，400
沃尔特·克朗凯特 Walter Cronkite 581，648，736

沃伦·巴菲特 Warren Buffett 1，9，16，22，47，63，65，68，73—75，84，88，96，120，130，135，142，152，178，189，191，193，200，204，221—223，232—233，240，246—248，251，255—258，273，306，311，313，323，330—331，334—335，338，340，343，346，355—356，375—376，379，383，397—398，406，417，423，425，430，459，467，484，508，514，525，529，558，564—566，578—579，585—586，594，601，607，609，616，621，625—626，657，668，682，690，705，716—717，748
无效的市场 inefficient market 358—359
伍德拉夫基金会 Woodruff Foundation 556
伍迪·艾伦 Woody Allen 415
物理学 physics 62，175，192—193，311，327，352，376，461—462，543，568，592，624，705

X

《谢尔曼法》Sherman Act 593
《新闻周刊》Newsweek 642
西尔斯百货 Sears Roebuck 130，324，622，736
西科—金融保险公司 Wesco-Financial Insurance Company 3—4，15，25，67，85—87，99，111—112，133，151，165—166，181，211，261
西蒙·雅各布斯 Simon Jacobs 723
西塞罗 Cicero 510—511
西屋信用 Westinghouse Credit 144
希腊 Greece 73，366，381，413，415—416，480，624，723
息税折旧摊销前利润 EBITDA 646，658
喜诗糖果 See's Candies 190，228，256—257，285，316，362
鲜捷超市 Fresh and Easy 452
现代货币理论 Modern Monetary Theory 698
香港 HongKong 281，283，371，445
消防员基金保险公司 Fireman's Fund Insurance Company 6—7，31—33，36，39—40，102—103
萧氏工业 Shaw Industries 319
销售件数 unit case volume 276
小盘股 small caps 191，291，297，416
校董事讲席教授 Regents Professor 248
谢尔盖·布林 Sergey Brin 498
谢皮科效应 Serpico Effects 269
心理学 Psychology 104，106，161，199—200，264，274，280—281，291，337，343，345，347，427，542—543，564，580，625，662—663，703，707
新加坡 Singapore 395—396，405，407，445，467，481—483，562—563，587，623，674—675，694，696，707，725，749
新马德里镇 New Madrid 117
新时代慈善基金会 Foundation for New Era Philanthropy 161
新世纪金融 New Century Financial 347
新曙光科技公司 New Dawn Technologies 438，441，472
新英格兰银行 Bank of New England 95

薪酬 compensation 17，57，70，101，146，163，183，194，213—214，224，235，241，244，268，275，407，446—447，482，516，536，566，575—576，641，733，735
信任 trust 24，26，33，61，80，143，146，153，163，178，258，285，314，316，338，341，370，384，398，435—436，449—450，477—478，535，571—572，615—616，709，737，744
雪佛龙 Chevron 524

Y

103 提案 Proposition 103 32，66
20 世纪 20 年代佛罗里达房地产投机 Florida real estate boom in the '20s 219—220，237—238，284
延迟满足 deferred gratification 535—536，541，543，550—552，564，663—664
《饮料文摘》Beverage Digest 276
《影响力》Influence 199—200，242，248—249，634
《约翰·亚当斯》John Adams 329
雅虎 Yahoo 285
雅虎财经 Yahoo Finance 677，711
亚伯拉罕·林肯 Abraham Lincoln 628
亚当·斯密 Adam Smith 84，557，649，666，695，697
亚利桑那州立大学 Arizona State University 248
亚马逊 Amazon 584，587，595，693，700，717
烟蒂股 cigar butts 303，370，416
药品福利管理业务 Pharmacy Benefit Management 372
伊莱休·鲁特 Elihu Root 451
伊丽莎白·沃伦 Elizabeth Warren 505，526，635
伊利诺伊国民银行 Illinois National Bank 450，677
伊士曼化学公司 Eastman Chemical Company 652
伊斯卡 Iscar 370—371，399，464，559
医保制度 healthcare 447，473—475，587—588，623
医药行业 medicine 307，372—373，474
溢价，相对于内在价值的 premium above intrinsic value 8，178
银行业 Banking industry 19，55—56，68，74，92，100—101，104—105，115，123，139，152，157—158，165—166，181，187，211，229，254，261，265，281，314，322—323，333，362，374，388，393，431，520—521，578，636，691
银子弹 silver bullet 230
印度 India 366，368，405，484，562—563，629，654，661
英国航空 British Air 127—128，176
英萨尔公用事业公司 Insull Utilities 292
永续科技公司 Sustain Technologies 680
优步 Uber 527
优胜美地国家公园 Yosemite National Park 468
游戏驿站 Game Stop 677，683，718—719
有效市场假说 efficient market theory 221
约翰·范·艾克 John Van Eakow 728

索引 761

约翰·冯·诺伊曼 John von Neumann 344
约翰·格里宾 John Gribbin 376
约翰·古弗兰 John Gutfreund 17，33
约翰·利西奥 John Liscio 52
约翰·马龙 John Malone 617
约翰·梅里韦瑟 John Meriwether 268
约翰·穆尼 John Mooney 717
约翰·伍登 John Wooden 337
约翰·B. 麦考伊 John B. McCoy 80
约翰斯·霍普金斯大学医学院 The Johns Hopkins University School of Medicine 35
约瑟夫·弗雷泽·沃尔 Joseph Frazier Wall 328
阅读 reading 180，194，270，277，303，307—308，343，453—454，458，476，517，519—520，615，670
约翰·保尔森 John Paulson 427

CAPM 461—462
资产收益率 return on assets 42，44，60，94，96，136，167，207，232，238，370，579，690
棕榈泉 Palm Springs 38，78
总收益互换 Total Return Swap 409
最低标准 minimum threshold 100

Z

《战胜一切市场的人》A Man for All Markets 550
《证券分析》Security Analysis 95，303
《自私的基因》The Selfish Gene 180，270—271
债券 Bonds 4，5，7，12，45，53，75—76，91，137，141，152，154，162，166，300—302，326，353，361，369，393，441，488，499—500，577，609
　　市政债券 municipals 4—5，7，154，441，577，609
　　免税债券 tax-exempt 12，75
　　垃圾债 junk bond 17，52，53，59，68，75—77，90，305—306，334，347—348
詹姆斯·凯恩 James Cayne 408
芝加哥期货交易所 Chicago Board of Trade 119
指数基金 index fund 204—205，456，492—493，548—549，569，596，598，605—606，641，657，705，742
智能投顾 Robo-advisors 492
中国 China 281—283，319，334，355，366—368，371，379，396，398，401—405，410—411，428，443—445，447，451—452，454，461—462，467，480—483，487，490，493，495—497，516—517，529—530，562—564，573—574，589，598—599，601，604，609，618—619，625—626，629，636，651，654—657，668，672，692，694—696，698，705，711，714—717，719，722，724，734，742—743，749
中央山谷 Central Valley 134
州立农业保险公司 State Farm Insurance Company 69，102，118，154，231
朱尔斯·斯坦眼科研究所 Jules Stein Eye Institute 351
资本集团 Capital Group 236
资本收益率 return on capital 81，85，108，123，168，172—173，176，195—196，206—207，214，232，238，251，257，273，286—290，323，372，450，463，620
资本资产定价模型 The Capital Asset Pricing Model,

Talks at the Annual Meetings

MUNGERISM

1987—2022